THE COMPASS TO HEAVEN

천국의 나침반

기독교 복음의 핵심

김만열 지음

기독교문서선교회

기독교문서선교회(Christian Literature Center: 약칭 CLC)는 1941년 영국 콜체스터에서 켄 아담스에 의해 시작되었으며 국제 본부는 미국 필라델피아에 있습니다.

국제 CLC는 59개 나라에서 180개의 본부를 두고, 약 650여 명의 선교사들이 이동도서차량 40대를 이용하여 문서 보급에 힘쓰고 있으며 이메일 주문을 통해 130여 국으로 책을 공급하고 있습니다.

한국 CLC는 청교도적 복음주의 신학과 신앙서적을 출판하는 문서선교기관으로서, 한 영혼이라도 구원되길 소망하면서 주님이 오시는 그날까지 최선을 다할 것입니다.

The Compass to Heaven
The Essence of Christian Faith

Written by
Kim Man Yeol

Korean Edition
Copyright © 2017 by Christian Literature Center
Seoul, Korea

추천의 글 1

정 인 찬 박사
웨스트민스터신학대학원대학교 총장

항해하는 사람에게 나침반이 필요하고, 처음으로 길을 찾아가는 사람에게 지도와 약도가 필요하듯, 좋은 신학과 신앙의 길을 찾는 사람에게는 길안내서와 같은 양서(良書)가 필요합니다.

지금까지 기독교 이해와 복음에 관한 많은 책이 출판되었으나, 이번에 김만열 목사가 출간한 『천국의 나침반: 기독교 복음의 핵심』은 목회자에게는 복음 이해의 주교재로, 교사들에게는 기독교 진리를 가르치는 교과서로, 평신도들에게는 신앙의 기본을 정립하는 지침서가 될 줄 믿습니다.

어떤 책은 어려워서 다 읽고 난 후에도 이해가 안 되는 책이 있고, 어떤 책은 성경의 원리에서 어긋나 성경적으로 신학적으로 잘못된 책들이 있고, 어떤 책들은 읽을거리가 없는 책들도 있습니다.

그러나 이 책은 읽으면 읽을수록 복음의 핵심을 바로 깨달을 수 있고, 복음의 진수가 그 속에 담겨 있습니다. 조직신학의 기초편이라고 할 수 있고, 복음의 정체성을 잘 정립한 책입니다.

이 시대만 아니라, 다음 세대에도 복음의 진리를 깨닫기를 원하는 모든 분에게 이 책이 좋은 가이드라인이 될 줄 믿으며 적극적으로 추천하는 바입니다.

추천의 글 2

최 갑 종 박사
백석대학교 총장, 신약학 교수

오늘날 교회 안에서 가장 많이 사용하고 있는 성경의 어휘 중 하나가 "복음"입니다. 그러나 복음에 대하여 성경적 의미를 바로 아는 분은 많지 않은 것 같습니다. 복음서나 바울서신에 나타나고 있는 복음의 어휘를 살펴보면, 복음은 하나님께서 예수 그리스도를 통하여, 특별히 그의 십자가의 죽으심과 부활하심을 통하여 이루신 구원의 역사와 선포만을 지칭하지 않습니다. 복음은 그리스도께서 이미 이루신 구원 사건과 선포만이 아니라, 이 구원 사건을 믿는 자 안에서 이루어 가시는 성령의 구원 사역도 포함합니다. 말하자면 복음은 우리의 믿음의 영역이 아닌 우리의 삶의 영역도 포함합니다.

그런데도 많은 사람은 복음을 전자의 영역만으로 생각하고 윤리를 복음으로부터 제외시킵니다. 한국교회의 윤리 퇴보는 복음에 대한 이와 같이 잘못된 이해와 무관하지 않습니다.

이 점에서 김만열 목사가 쓴 『천국의 나침반: 기독교 복음의 핵심』은 우리 모두가 한 번 읽어야 할 가치가 있습니다. 저자는 이 책에서 독자의 눈높이에 맞추어 쉬운 말로 복음의 핵심을 잘 설명하고 있기 때문입니다.

추천의 글 3

이 경 직 박사
백석대학교 신학대학원 조직신학 교수

『천국의 나침반: 기독교 복음의 핵심』은 성도들이 복음의 본질을 정확히 배우지 못해 잘못된 가르침에 쉽게 휘둘리는 모습을 김만열 목사가 목회현장에서 보면서 안타깝고 절박한 마음으로 집필한 조직신학 책입니다. 이 책의 독자는 일차적으로 신학생들이나 전문적인 학자들이라기보다는, 복음의 본질(本質)을 제대로 알아야 하는 성도들입니다.

이 책은 특정 교리를 부각시키거나 전문적인 논의를 펼치기보다는 복음의 본질을 이루는 내용들을 성경 본문에 대한 충실한 해석을 통해 제시한다는 점에서 성경적인 조직신학 책이라 할 수 있습니다. 일부 조직신학 책이 너무 논쟁 중심이어서 독자에게 어려움을 주는 데 반해, 이 책은 성경을 중심으로 교리를 일목요연(一目瞭然)하게 제시하는 점에서 "성도"(聖徒)를 위한 목회적 조직신학을 담고 있습니다.

또한 이 책은 복음의 본질을 하나의 체계로 제시하기 위해 필요한 요소들을 모두 다루기보다는, 성도들이 올바른 기준을 잡지 못하는 교리들을 중점적으로 다루었다는 점에서 교회를 위한 조직신학의 전범(典範)을 보여주었다 할 수 있습니다. 귀한 책으로 그리스도의 몸 된 교회를 섬기시는 김만열 목사의 노고에 깊이 감사드립니다.

머리말

김 만 열 목사
여인교회 담임

　영원히 지속되는 절대 거룩, 절대 사랑의 나라에 들어가기를 인생의 제1 목표로 삼은 자라면 성령과 은혜의 충분한 기름을 준비하는 데 모든 힘을 쏟을 것입니다(마 25:4). 그런데 불행하게도 보편적 진리는 없다며 모든 가치를 상대화시키는 현대의 포스트모더니즘(후기 구조주의)의 시대에 참된 기준점을 찾지 못해 얼마나 많은 사람이 가치 교란, 이상과 현실 간의 괴리(간극) 등 수많은 문제에 봉착하여 방황하고 있는지 모릅니다.

　그래서인지 하나님께서는 말씀을 바로 알지 못해 끝없이 방황하는 영혼이 더는 없어야 하겠기에, 그리고 복음의 본질이 더는 훼손되어서는 안 되겠기에, 약 이십여 년 전부터 필자에게 당신의 말씀을 조금도 가감하지 말고 알기 쉽게 정립하라는 사명을 주셨습니다. 당장에 활활 타는 유황불못에 떨어져도 시원찮을 저에게 큰 은혜를 주셔서 말씀의 도구로 삼아주시니 감사할 따름입니다.

　성경은 각양 좋은 은사와 온전한 선물이 다 위로부터 빛들의 아버지께로부터 내려오는데(약 1:17), 그 수많은 은사 중에서 사탄의 궤계를 능히 부술 수 있는 가장 강력한 무기가 성령의 검, 곧 하나님의 말씀이라고 합니다(엡 6:17). 공중권세를 잡은 사탄 마귀가 우는 사자처럼 두루 다니며 삼킬 자를 찾는 이 패역한 시대에(벧전 5:8), 좌우에 날선 말씀의 검으로 관절과 골수를 찔러 쪼개어 그 말씀을 자기 안에 체화시키는 작업은 아무리 강조해도 지나치지 않을 것입니다(히 4:12). 그러나 이게 전부가 아닙니다. 여기서 한 걸음 더 나아가 더 큰 영적인 싸움에서 승리할 수 있도록 그 검을 더욱 예리하게 갈아야 합니다(계 19:15). 이것이 이 책이 쓰인 이유입니다.

이 책은 크게 6부로 나뉘어 있습니다.
제1부에서는 "신이 무엇인가? 참된 진리가 무엇인가?"를 다뤘습니다.
제2부에서는 천지창조의 비밀과 에덴동산에서의 아담의 타락, 그리고 죄와 사탄에 관해 다뤘습니다.
제3부에서는 구원의 대열에 동참하기 위한 믿음과 양심과 회개에 관해 다뤘는데, 믿음과 회개의 열매에 대한 분명한 선을 그어줌으로써, 실컷 예수님을 믿어 하나님의 일을 하고도 후에 이럴 줄 몰랐다고 땅을 치고 후회하는 일이 없도록 했습니다.
제4부에서는 소망과 기도, 그리고 예배에 관해 다뤘습니다.
제5부에서는 이신칭의와 관련한 문제와 사랑과 자기부인, 십자가, 여러 성화의 모습 등을 사랑과 믿음과 소망이라는 신앙의 실제를 반영하여 풀었습니다. 가능한 한 하나님의 말씀 한 구절마다 그 시대의 배경에 충실한 성경의 의미를 최대한 살리면서, 성경 전체의 맥락을 좀 더 강조하고자 했습니다. 또 무엇보다도 공의와 선악과 존재이유 등에 관하여 아직까지 그 개념 자체가 정립되지 않은 게 현실인데, 하나님께서 주신 은혜로 이에 대한 분명한 답을 제시하려 했습니다.
제6부에서는 개혁신학적 입장에서 종말에 대해 다뤘습니다.

이 책이 있기까지 수많은 어둠의 세력의 방해가 있었으나 주님께서 다 이기게 해 주셨습니다. 모쪼록 이 책을 통하여 오만 가지 죄악을 범한 필자까지도 불쌍히 여겨주신 하나님의 긍휼하심과 기적에 기적으로 역사하신 하나님의 은혜가 독자에게 전달되어 하나님을 바로 알지 못해 고통당하는 자가 없기를 바라마지 않습니다.

차례

추천의 글 1 (정인찬 박사 | 웨스트민스터신학대학원대학교 총장) _5
추천의 글 2 (최갑종 박사 | 백석대학교 총장, 신약학 교수) _6
추천의 글 3 (이경직 박사 | 백석대학교 신학대학원 조직신학 교수) _7
머리말 _8

제1부 | 신(神)의 속성 ——————————————— 16

1장 ◆ 진리 _17
- 1. 기독교 진리의 객관적인 특성 _17
- 2. 기독교 진리의 주관적인 특성 _20
- 3. 우리에게 진리는 예수님뿐이다 _21
- 4. 진리를 영접한 자의 공통적인 특징 _22

2장 ◆ 삼위일체 하나님의 속성 _24
- 1. 하나님에 대한 바른 인식 _24
- 2. 하나님은 누구신가? _25
- 3. 예수님은 누구신가? _31
- 4. 성령님은 누구신가? _37
- 5. 삼위일체(三位一體) 하나님의 관계 _41

제2부 | 인간의 창조 · 타락 ——————————— 44

3장 ◆ 천지창조의 비밀 _45
- 1. 하나님은 무에서 유를 창조하셨다 _45
- 2. 창조가 의미 있으려면 먼저 예수님을 믿어야 한다 _47
- 3. 하나님의 시간은 인간의 시간과 다르다 _48
- 4. 하나님의 형상대로 창조된 인간 _51
- 5. 뱀(사탄)의 유혹에 넘어간 아담과 하와 _53

4장 ◆ 죄와 사탄 _59
- 1. 죄란 무엇인가? _59
- 2. 사탄의 실체 _62
- 3. 죄의 특성 _63

5장 ◆ 에덴동산의 회복 _68
- 1. 모든 인간은 "마음의 에덴동산"을 가지고 있다 _68
- 2. 마음의 죄는 하나님만이 씻어주실 수 있다 _69
- 3. 죄를 지으면 죄악의 가시가 마음 안에 자란다 _71
- 4. 한 줄기 복음의 빛이 스치다 _72
- 5. 기회를 잘 살려야 한다 _73
- 6. 사랑과 믿음과 소망, 회개와 공의와의 관계 _74

제3부 | 구 원 ─────────────── 76

6장 ◆ 믿음, 십자가, 부활의 원리 _77
- 1. 믿음의 원리 _77
- 2. 십자가의 원리 _80
- 3. 부활의 원리 _84

7장 ◆ 믿음의 정의 _87
- 1. 눈에 안 보이는 주님의 사랑에 연합한 것이다 _87
- 2. 정확 무오한 하나님의 말씀을 믿는 것이다 _92
- 3. 목숨을 담보로 주님을 구세주로 의지하는 것이다 _94
- 4. 세상이나 인간이 아닌, 주님만을 바라보는 것이다 _95
- 5. 어린아이처럼 순수하고 단순한 것이다 _97
- 6. 주님이 인정해 주시는 믿음이라야 한다 _98
- 7. 주님과 인격적인 관계를 맺는 것이다 _98
- 8. 주님의 살과 피를 먹는 것이다 _99
- 9. 주님의 사랑의 종이 되는 것이다 _101
- 10. 주님과 피의 사랑의 언약을 맺는 것이다 _102
- 11. 자기 안에 거룩한 성전(聖殿)이 이뤄지는 것이다 _106
- 12. 주님 안에 거하는 것이다 _111
- 13. 주님을 인격적으로 아는 것이다 _112
- 14. 주님의 죽으심과 함께 세상적인 자아도 죽는 것이다 _113
- 15. 주님의 이름을 합당하게 시인하는 것이다 _116
- 16. 어린이 영접이 예수님 영접이 되려면 _118
- 17. '주(主)된 믿음'과 '종(從)된 믿음' _120
- 18. '주(主)된 믿음'의 여러 모습 _121

- 19. 적극적으로 주님을 영접해야 한다 _123
- 20. 구원의 확신의 중요성 _124
- 21. 믿는 자가 가지는 정체성이란? _131

8장 • 마음 _136
- 1. 옥토의 마음을 가져야 한다 _136
- 2. 마음의 그릇을 깨끗이 씻어야 한다 _141
- 3. 새 부대를 준비해야 한다 _143
- 4. 먼저 자신의 들보를 빼내야 한다 _147
- 5. 어린이처럼 순수한 마음을 가져야 한다 _148
- 6. 하나님 앞에 진심을 확보해야 한다 _150

9장 • 회개의 정의와 원리 _152
- 1. 죄를 짓는 이유 _152
- 2. 회개의 중요성 _153
- 3. 회개의 정의 _155
- 4. 죄 용서의 원리 _156
- 5. 회개하기 어려운 이유 _160
- 6. 죄에 대하여 애통해야 한다 _162
- 7. 구원받으려면 반드시 회개해야 한다 _166
- 8. 어떻게 회개해야 하나님의 마음이 풀어질까? _169
- 9. 회개의 결과 _184
- 10. 무슨 죄든 말로만 회개하면 된다는 태도는 위험하다 _185
- 11. 나는 과연 회개가 제대로 되어 있을까? _186
- 12. 회개한 후 더 이상 죄를 짓지 말아야 한다 _194
- 13. 물세례냐? 성령세례냐? _195

제 4 부 | 소망 ──────────── 204

10장 • 소망 _205
- 1. 소망의 정의 _205
- 2. 소망의 종류 _209
- 3. 소망의 밑그림을 그려야 한다 _209
- 4. 하나님의 비전을 품은 자의 특징 _211
- 5. 성령의 더 큰 은사를 받도록 애써야 한다 _213
- 6. 궁극적 소망을 향한 탄식의 삼중주 _217

11장 ◆ 기도 _218
  ◆ 1. 어떤 기도를 해도 다 응답받아야 하는가? _218
  ◆ 2. 기도의 정의 _219
  ◆ 3. 기도해야 하는 이유 _220
  ◆ 4. 기도의 일반적인 방법 _223
  ◆ 5. 응답받는 기도의 비결 _225
  ◆ 6. 기도의 효과 _243

12장 ◆ 예배와 안식일 _244
  ◆ 1. 안식일(安息日)의 영적 의미 _244
  ◆ 2. 하나님이 받으시는 예배 _247

제5부 | 성화(聖化) ——————————— 256

13장 ◆ 믿음과 행함의 관계 _257
  ◆ 1. 이신칭의에 대한 오해 _257
  ◆ 2. 회개와 믿음과의 관계 _268
  ◆ 3. 중생과 회심과 칭의와 믿음의 관계 _279
  ◆ 4. 상대적인 구원인가? 절대적인 구원인가? _281
  ◆ 5. 전적 부패와 전적 무능력 _286
  ◆ 6. 회개와 사랑과의 관계 _291
  ◆ 7. 믿음과 순종과의 관계 _292
  ◆ 8. 무언의 신뢰 _296
  ◆ 9. 앎과 행함의 관계 _297
  ◆ 10. 과거 · 현재 · 미래적 구원 _299
  ◆ 11. 믿으면 행하게 된다 _302
  ◆ 12. 잘못된 믿음의 여러 유형들 _317
  ◆ 13. 믿으면 율법을 더 잘 세우게 된다 _322

14장 ◆ 사랑 _333
  ◆ 1. 사랑은 모든 하나님의 말씀의 강령이다 _333
  ◆ 2. 사랑에 실체가 있을까? _334
  ◆ 3. 하나님 사랑의 여러 특성들 _335
  ◆ 4. 황금률을 이뤄야 한다 _363
  ◆ 5. 하나님을 몸과 마음을 다하여 사랑해야 한다 _365
  ◆ 6. 이웃을 내 몸처럼 사랑해야 한다 _369

15장 ◆ 자기부인과 십자가 _397
- 1. 날마다 자기를 부인해야 한다 _397
- 2. 자기 십자가를 져야 한다 _399
- 3. 주님만 따라가야 한다 _405
- 4. 천국 문이 좁은 이유 _409
- 5. 하나님의 뜻을 행해야 한다 _411
- 6. 주님과 복음을 위하여 목숨도 아끼지 말아야 한다 _414

16장 ◆ 공의 _419
- 1. 공의의 정의 _420
- 2. 공의와 사랑은 하나다 _420
- 3. 선악과(사탄) 존재 이유 _426
- 4. 예수님을 넘으면 살 수 없다 _433
- 5. 하나님은 자비를 베풀 자에게 자비를 보이신다 _439
- 6. 하나님의 사랑과 공의 모두 받아들여야 한다 _439
- 7. "불의한 자는 불의함에 그대로 있게 하라"는 의미 _441
- 8. 좌로나 우로나 치우치면 안 된다 _442

17장 ◆ 기준정립 _445
- 1. 하나님은 항상 기준을 두고 행하신다 _445
- 2. 기준을 왜곡하면 안 된다 _448
- 3. 신앙적인 양심이 불량하면 안 된다 _450
- 4. 신앙의 중심을 잡아야 한다 _451
- 5. 영적인 개의 세력을 조심해야 한다 _458
- 6. 이단에 속한 사람을 조심해야 한다 _459
- 7. 거짓 선지자와 거짓 목자를 조심해야 한다 _460
- 8. 거룩한 것을 삼켜서는 안 된다 _462
- 9. 믿다 실족한 자는 철저히 회개해야 한다 _463
- 10. 사망죄에 걸리지 않도록 조심해야 한다 _472
- 11. 거룩과 불결을 구별해야 한다 _476
- 12. 하나님을 경외해야 한다 _479

18장 ◆ 성화의 기타 여러 모습들 _485
- 1. 하나님을 좀 더 구체적으로 인식해야 한다 _485
- 2. 성화의 경지를 높여야 한다 _488
- 3. 주님과 동행하려면 _492

- 4. 성숙한 신앙 인격을 가져야 한다 _494
- 5. 저항의 영성을 가져야 한다 _495
- 6. 인내의 열매를 맺어야 한다 _498
- 7. 고난을 이겨야 한다 _501
- 8. 광야의 영성을 가져야 한다 _511
- 9. 시험을 이겨야 한다 _513
- 10. 사탄 마귀를 이기려면 _521
- 11. 하나님과 인간 앞에서 겸손해야 한다 _524
- 12. 온유해야 한다 _527
- 13. 교만의 뿔을 높여서는 안 된다 _529
- 14. 말을 조심해서 해야 한다 _537
- 15. 신앙공동체 모두를 품어야 한다 _540
- 16. 징계를 달게 받아야 한다 _546
- 17. 비판하면 안 된다 _549
- 18. 책망의 조건 _553
- 19. 섭리에 대한 확신이 주는 유익 _557
- 20. 오늘날 성찬의 의미 _560

제6부 | 종말 ─────────────── 565

19장 ◆ 천국과 천년왕국 _566

- 1. 성경에서 종말의 개념 _566
- 2. 부활 때 우리는 어떻게 되는가? _569
- 3. 천년왕국에 대한 여러 학설들 _570
- 4. 첫째 부활과 둘째 사망 _572
- 5. 천국과 새 예루살렘성 _575
- 6. 지옥과 음부 _579
- 7. 항상 지금 깨어 있어야 한다 _582

참고문헌 _587

The Compass to Heaven
The Essence of Christian Faith

제1부
신(神)의 속성

1장 진리
2장 삼위일체 하나님의 속성

1장

진리

1. 기독교 진리의 객관적인 특성

우리가 매일 보는 자연현상 속에 일정한 진리의 법칙이 숨어 있듯이, 인간의 마음에도 일정한 법칙이 있다. 가령 어린아이가 식사 중인데, 엄마 아빠가 부부싸움을 하면 밥이 잘 넘어갈 리 만무하다. 또 아무리 시각장애인이 세상이 없다고 주장해도 세상은 있는 것처럼, 눈에 보이지 않는 진리 또한 그러하다. 다만 죄로 말미암아 영적인 시각장애인이 되었기에, 진리를 볼 수 없을 뿐이다.

그런데도 하나님이 없다고 주장하는 자가 있다. 그러나 필자는 그에게 묻고 싶다.

결과가 있는데 원인이 없다는 게 말이 되는가?

이런 태도는 우리가 매일 마시는 공기가 조금만 없어도 죽는다는 사실을 잘 알고 있으면서도 당연하게 여겨, 아예 논의에서 빼버리는 것과 같은 게 아닌가?

중세의 신학자 토마스 아퀴나스는 하나님의 존재에 대한 다섯 가지 증명을 다음과 같이 펼쳤다.

"최초로 어떤 대상을 움직이게 하는 것은 하나님이시다. 최초의 원인은 하나님이시다. 모든 가치의 근원은 하나님이시다. 어떤 대상에게 목적을 가지고 움직이게 하는 것은 하나님이시다. 우연적 존재가 아니라 필연적 존재는 하나님이시다."

보통 철학에서의 진리는 "누구나 인정하여야 할 보편타당한 지식이며, 영원히 참된 이치"를 말한다. 이에 비해 기독교의 진리(אֱמֶת,에메트, ἀλήθεια, 알레쎄이아)는 삼위일체의 하나님, 곧 성부 하나님, 성자 하나님, 성령 하나님만을 말한다(시 31:5; 요일 5:7; 요 14:6, 17; 15:26; 16:13; 시 119:151, 142).

이성적인 능력으로는 절대로 최초의 원인(제1원인)을 추론할 수 없음을 알아야 한다. 진흙이 토기장이에 대하여 "너는 무엇을 만드느뇨?"라고 말할 수 없는 것처럼, 피조물로서의 인간이 하나님을 동급으로 생각해서는 안 된다(사 45:9).

그러면 기독교 진리에는 어떤 객관적인 특성이 있을까?

첫째, 진리(眞理)는 반드시 이뤄져야만 한다. 성경은 다음과 같이 말씀하신다.

> 하나님은 사람이 아니시니 거짓말을 하지 않으시고, 인생이 아니시니 후회가 없으시도다. 어찌 그 말씀하신 바를 행하지 않으시며, 하신 말씀을 실행하지 않으시랴?(민 23:19)

가령 "하나님께 진실로 회개하면 용서해 주신다."라는 (하나님의) 말씀이 이뤄지지 않는 경우가 있다면 진리가 아닐 것이다. 하지만 그런 경우는 없다. 그 말씀이 진리이기 때문에, 믿고 순종하면 반드시 이뤄진다.

둘째, 진리는 상황에 따라 변개되지 않아야 한다(말 3:6). 가령 쉬운 상황에서는 잘하는데, 힘든 상황에서는 짜증내며 실망하고 낙담하는 자라면 믿을 만한 사람이 아니라고 여겨질 것이듯이, 충분히 할 수 있다고 해 놓고 정말 그런 상황이 닥쳤을 때, 말을 은근슬쩍 바꾼다면 진리가 아닌 것이다.

셋째, 영적인 진리는 눈에 띄게 보이는 것이 아니다. 보이는 진리는 믿을 수 없다. 왜냐하면 얼마 안 있으면 사라질 것이기 때문이다.

넷째, 진리라면 영원히 죽지 않아야 한다.

죽은 후 다시 살아나지 못한다면, 그게 어찌 진리가 되겠는가?

가령 인류의 성자(聖者)로 추앙받는 석가모니, 마호메트, 공자는 죽은 후 살아나지 못했다. 따라서 설사 이들이 모두 진리에 관해 얘기했다고 하더라도 살아나지 못했으므로 이들은 진리가 아니다. 아울러 이들이 죽었다가 다시 살아야만 알 수 있는 진리에 대해서 많은 얘기를 했을지라도 역시 거짓일 뿐이다. 반면에 예수님은 죽은 후 다시 살아나셨으므로 진리 자체가 되시며, 우리로 하여금 참된 진리로 인도할 수 있다.

다섯째, 진리는 끊어짐이 없어야 함과 동시에, 끊어진 것들을 이어줘야 한다. 이는 진리가 끊어진다면 믿을 수 없기 때문이며, 또 눈에 보이지 아니하는 영이신 하나님과 눈에 보이는 육체를 가진 인간은 차원이 다르기에, 중간에서 이를 이어주지 않고는, 진리를 알 수 없고 그 안에 들어갈 수도 없기 때문이다.

여섯째, 만물과 영혼 자체를 지으신 분이라야 한다. 만물과 영혼 자체를 지으신 분에게 죽은 몸과 영혼을 다시 살리는 것은 전혀 문제가 되지 않을 것이다.

일곱째, 알파와 오메가 되시는 분이라야 한다. 그래야 시작과 끝을 알기에, 모든 것을 아는 진리라고 할 수 있다.

시작과 끝을 모르는데 모든 것을 안다고 할 수 없는 것 아닌가?

여덟째, 하늘에서 내려온 분이라야 한다. 그래야만 하나님이 계시는 하늘로 올라갈 길을 알 수 있을 것이기 때문이다(요 3:13). 가령 등산할 때 처음 산을 타보는 사람이라면, 기존에 선배 등산가들이 미리 길을 뚫어 그 길 주변 나무에 빨간 리본 같은 것을 묶어두지 않았을 경우 길을 헤매기 십상일 것이다.

그런데 하늘로 올라가는 길은 이보다 훨씬 힘들 것 아닌가?

따라서 하늘에서 내려온 길도 모르는 자가 우리에게 하늘로 올라갈 길을 알려줄 수 있다는 것은 새빨간 거짓말에 불과하다.

아홉째, 시간과 장소에 구애됨이 없이 누구에게나 진리를 줄 수 있어야 한다. 가령 남반구에 있는 사람이나 북반구에 있는 사람이나 그 인원수와 상관없이 동시에 진리를 받을 수 있어야 한다. 왜냐하면 진리는 시공을 초월하기 때문이다.

열째, 배타적인 절대성을 가져야만 한다(마 7:13-14). 빛과 어둠, 진리와 비진리는 결코 양립할 수 없다(고후 6:14-15; 마 6:24). 그래서 진리의 길은 사탄의 방해와 유혹을 이겨냄으로 복잡한 곁가지가 다 치워진 단순한 길이다.

열한째, 항상 관계성 속에서 존재해야만 한다. 관계를 무시한 진리는 그것이 참된 진리라는 것을 바로 전달할 수 없다. 이것이 우리가 믿는 기독교의 하나님이 삼위일체의 하나님이신 이유다.

열두째, 영원한 생명을 주는 진리는 전적으로 이타적이라야 한다. 나와 내 가족, 내 이웃과 무관한 진리는 진리가 아니다. 진리라면 자기를 희생하여 상대방의 유익을 구한다. 즉 진리는 그냥 말 몇 마디로 저절로 알아지는 것이 아니라, 반드시 그 안에 내포된 희생의 사랑을 통해서만 그 내용이 전달된다.

열셋째, 진리는 누구도 의지하지 않고 스스로 존재해야 한다(출 3:14). 다른 존재를 의지하여 서야 한다면, 그 존재가 힘이 약해지거나 아니면 없어졌을 때 바로 설 수 없다. 따라서 진리라면 누구에게도 종속되지 않고 스스로 독립함으로 피조물이 자기를 의존할 수 있도록 사랑으로 다스려야 한다.

2. 기독교 진리의 주관적인 특성

그러면 우리 각자에게 있어서 참된 진리가 무엇일까?

첫째, 내 모든 더러운 죄를 (중심적으로) 온전히 씻어 줄 수 있어야 한다. 이러기 위해서는 "조금도" 죄가 없는 분이라야 한다.

더러운 것이 완전히 깨끗해지려면, 조금도 더러움이 없는 물로 씻어야 할 것 아닌가?

둘째, 더러운 것이 영원히 깨끗해지려면, "영원히" 죄가 없는 분이 씻어 줘야만 한다. 그러기 위해서 반드시 부활해야 한다. 만일 죽은 후 다시 살아나지 못한다면, 영원히 깨끗해질 수 없기 때문이다.

셋째, 누구에게나 진리를 줄 수 있으려면, 진리 자체가 대신 죽어주고 다시 살아남으로 인해, 시공간을 초월하여 이 진리를 받아들이는 자의 죄를 완전히 죽게 해야 한다. 그래야만 받아들이는 자가 그것이 정말 진리임을 깨달을 수 있다.

그러면 예수님만이 다시 살아나셨다는 것을 어떻게 알 수 있을까?

그것은 인간이 진실로 회개하고 예수님을 영접할 때이다. 이때 진리의 영인 성령님이 오셔서(요 16:13) 예수님만이 영원히 부활하신 분임을 알게 하신다. 따라서 다른 성인(聖人)들은 죽은 후 다시 살아나지 못했기에, 그들이나 그들이 한 말을 아무리 잘 믿어도 진리의 영인 성령을 받지 못한다.

어둠은 오직 빛의 관점에서만 바르게 이해할 수 있다. 빛이 자기의 마음 안에 쪼였을 때라야, 자기 안의 어둠을 바로 알 수 있다. 내 안에 빛을 모셔 들여야만, 그것이(그 빛이) 내게 있어서 진리다. 즉 진리 그 자체로는 아무것도 아니고 진리 안에 있는 생명을 알 때, 비로소 진리를 진정으로 알 수 있게 된다. 많은 사람이 진리에 대해서 궁금해하지만, 진리를 체험할 때 그 맛을 알게 된다. 그래서 성경이 "너희는 여호와의 선하심을 맛보아 알지어다!"라고 말씀하시는 것이다(시 34:18, 참고 벧전 2:3).

> 가령 많이 배우지 못한 두 남녀라도 사랑의 그 고귀하고 깊은 것을 말로 표현하지 못할 뿐, 사랑에 대해 아주 잘 알고 있을 수 있다. 직접 체험하고 있기 때문이다. 반대로 사랑에 관한 박사 학위를 받은 자라도 정작 참된 사랑을 모를 수 있다. 아직 한 번도 사랑해 보지 않은 자라면 말이다.

3. 우리에게 진리는 예수님뿐이다

우리에게 있어서, 주관적·객관적 진리의 특성 모두를 완전히 만족시킬 수 있는 분은 예수 그리스도뿐이다(요 11:35; 14:9; 10:30; 빌 2:7-8). 그래서 성경은 예수 그리스도가 길이요 진리요 생명이라고 말씀하신다(요 14:6).

예수님만이 진리가 되시는 이유는 다음과 같다.

첫째, 예수님만이 말씀이 육신이 되어 하늘에서 내려오셨고(요 8:23),

둘째, 예수님만이 성령으로 잉태되었으며, 즉 예수님만이 마리아와 요셉의 육체적인 관계에 의해 탄생한 것이 아니라 그저 한 여자의 몸만 빌려 성령으로

잉태되었을 뿐이며,[1]

셋째, 예수님만이 성령을 무한히 받음으로 하나님의 말씀을 전하셔서 말씀 자체가 되셨고(요 1:1; 3:34),

넷째, 예수님만이 인류의 죄 문제를 해결하기 위해 십자가에서 죽어 주시고 부활하셨기 때문이다.

바로 이렇게 죽었다가 다시 살아나신 예수님만이 우리에게 성령을 주셔서, 우리를 하늘로 올리실 수 있다.

그러기에 우리에게 있어 진리는 우리를 사랑하사 우리를 위해 대신 죽어 주시고 다시 살아나신 예수님뿐이다(요 11:25; 행 4:12). 더 높은 수준의 진리를 내 안에 모시는 것도 단순하다. 우리를 위해 죽으시고 다시 사신 분의 우리를 향한 사랑을 더 깊이 받아들이면 된다.

4. 진리를 영접한 자의 공통적인 특징

그러면 진리를 영접한 자에게 어떤 특징이 있을까?

첫째, 인간은 스스로 노력한다고 해서 결코 진리 자체가 될 수 없고, 오직 진리가 되시는 예수님을 영접할 때, 그 진리 안에 속할 뿐이다. 또 진리는 내 마음대로 얻을 수 없고, 오직 성령님이 역사해 주셔야만 가능하다. 따라서 진리에 속한 자는 진리를 거슬러 아무것도 할 수 없고, 오직 진리를 위해서만 (뭐든) 할 수 있다(고후 13:8).

둘째, 진리의 말씀을 영접함으로 중생한 자는(약 1:18), 자기도 모르게 진리에 속한 삶을 살게 된다. 즉 진리의 말씀에 거하는 자는 진리를 알게 되고, 주님의 제자가 되며, 그 진리로 말미암아 진정 자유로워진다(요 8:31-32).

셋째, 진리에 서 있는 자는 오직 진리만 의지하기에, 진리의 관점에서 진리와 비진리를 분명하게 구별함으로, 비진리에 대해서 양보나 타협함이 없이 어

---

[1] 즉 남자의 DNA와 여자의 DNA가 결합한 것이 아니라, 성령의 능력으로 무에서 유가 창조되어 예수님의 수정체가 생겼고, 이것이 마리아의 탯줄로 연결돼 필요한 영양분을 공급받았다는 얘기다.

떤 상황에서도 진리만을 선택한다.

그래서 성경은 진리가 자기 안에 없는 자는 진리 위에 서지 못하고 거짓을 말할 때마다 제 것으로 말한다고 말씀하시며(요 8:44), 또 하나님과 사귐이 있다 하고 어두운 (죄) 가운데 행하면, 진리를 행하지 아니한 자가 된다고 말씀하신다(요일 1:6, 참고 요일 2:4). 경건의 모양은 있으나 경건의 능력을 부인하는 자들은 항상 배우나, (정욕에 이끌리는 가운데서 배우므로) 진리의 지식에 이를 수 없다는 말씀도 마찬가지이다(딤후 3:7).

넷째, 진리에 서면, 극한 상황에 부닥친 자의 심정을 헤아린다. 그래서 비록 자신은 죽더라도 진리의 힘을 의지하여 이웃을 살린다. 진리에 연합한 자는 주님으로부터 화목하게 하는 직책이 주어졌기 때문이다(고후 5:18). 이처럼 주님께 연합한 자는 이타적인 사람이 되어, 만나는 사람 모두를 하나님과 연결시킨다.

다섯째, 진리에 바로 선 자는 설사 실패하더라도 낙심하거나 중심이 흔들릴 정도로 영향을 받지 않고, 대저 의인은 일곱 번 넘어져도 다시 일어난다는 말씀처럼(잠 24:16) 진리만을 의지하여 다시 일어선다. 그렇지 않고 자꾸 인간이나 환경을 의지하면서 특권만을 누리려 하는 자나, 또는 실족했다고 해서 "하나님께서 나와 같은 사람은 절대 사랑하시지 않을 거야!" 하면서 포기하는 자는 진리 위에 바로 선 자가 아니다.

여섯째, 진리에 서면, 죽음을 두려워하지 않는다. 사실 우리 인간은 본성적으로 한 번도 죽어 본 적이 없기에, 육체의 죽음을 매우 두려워한다. 그런데 좀 더 근본적으로는 죄를 지었을 때 맞이하는 영혼의 죽음을 더 두려워한다고 할 수 있다. 이에 대해 진리 자체가 되시는 예수님은 눈에 보이는 육체의 죽음을 두려워하는 우리를 대신하여 죽어 주시고, 우리가 하나님 앞에 진실로 회개의 열매를 맺고 당신을 믿기만 하면 죽어도 다시 사는 영의 몸을 가지게 하여, 눈에 보이는 육체를 죽이지 않고도 더 근원적인 영적인 악의 세력을 멸할 수 있게 하셨다.

2장

삼위일체 하나님의 속성[1]

1. 하나님에 대한 바른 인식

하나님에 대한 바른 인식은 마치 취직 시험 응시자가 시험에 합격할 수 있는 교과서를 선택하는 것과 같다. 왜냐하면 응시자가 아무리 많은 노력을 해도 그 시험에 맞지 않는 책으로 공부했다면 별 효과를 보지 못할 것이듯이, 하나님을 제대로 모르면 구원과 무관하게 되기 때문이다. 그러므로 하나님이 어떤 분이신지를 정확히 아는 것은 아무리 강조해도 지나치지 않다. 이에 대해 성경은 하나님을 (바로) 아는 지식이 없으면 망한다고 말씀하시며(호 4:6), 또 예수님이 누구인 줄 (제대로) 알아야만, 영생의 생수를 받을 수 있다고 말씀하신다(요 4:10).

필자가 대학교 시절, 고시를 준비하던 때였다. 촌뜨기로서 아무것도 몰랐던 나는 해당 시험 과목의 교과서가 무엇인지 제대로 몰라, 그저 유명한 대학교 교수님이 쓴 책이면 다 되는 줄 알고 그 책만 공부한 적이 있었다.

그런데 "이게 웬일인가?"

---

[1] 여기서는 성부 성자 성령 하나님의 대략적인 특성 몇 가지만 살펴본다. 신학자들은 하나님의 속성 중, 인간은 공유할 수 없는 '비공유적 속성'과 인간도 공유할 수 있는 '공유적 속성'으로 나눈다. '공유적 속성'으로는 '영성, 지혜, 참되심, 사랑, 자비, 선하심, 의로움, 거룩함, 하나님의 뜻' 등을 들 수 있고, '비공유적 속성'으로는 '하나님의 독립성, 자존성, 불변성, 무한성, 영원성, 편재성, 단일성' 등을 들 수 있다(헤르만 바빙크, 『개혁주의 신론』, 이승구 역 [서울 : CLC, 1998], 159-369).

대부분 시험 문제에 나오지 않아서 1년의 세월만 쓸데없이 보내고 말았다.

칼빈은 하나님에 대한 지식을 얻으려면 경건한 마음이 필수라고 말한다. 세속의 때가 잔뜩 묻어 있으면 하나님에 대한 인식 자체가 왜곡된다. 이것이 출애굽기 19장 24절에, 하나님께서 시내산에서 모세에게 십계명 돌판을 주실 때, 아직 하나님과의 관계가 바로 정립되지 않은 백성과 제사장들이 최소한의 준비도 없이 하나님께서 정하신 선을 넘어 하나님께 가까이 나아오면 돌파해 버리시겠다고(יִפְרֹץ, 이프라츠, 뚫고 나갈 것이라고, 파괴할 것이라고) 말씀하시는 이유다.

2. 하나님은 누구신가?

(1) 하나님은 전지전능한 분이시다

하나님의 이름은 '여호와'(יהוה], 예호와)다(출 6:3). 여기서 '여호와'라는 이름은 "스스로 존재하는 자"라는 뜻인데(출 3:14), 이는 인과법칙을 초월하여 원인 없이 독립적으로 존재한다는 의미다. 그래서 성경은 하나님 이전에 지은 신은 없고, 하나님 후에도 없고(사 43:10; 신 32:39-40), 하나님만이 시작과 끝이시며(사 44:6; 계 21:6), 우리를 구원해 줄 참 신이시고 영원한 왕이라고 말씀하신다(사 45:5; 43:11; 렘 10:10).

그러면서도 성경은 '여호와'라는 이름이 우리를 구원하시는 하나님이심을 기억하게 하는 '기호'(記號, זֵכֶר, 제캐르, 기억하게 하는 이름)라고 말씀하신다(호 12:5). 그만큼 하나님께서 우리 인간과 인격적인 관계를 원하시기에, 당신의 이름을 계시해 주셨다. 이에 대해 성경은 하나님의 (영원한) 사랑이 우리 안에 있게 하려고 당신의 이름을 계시하셨다고 말씀하신다(요 17:26).

그러므로 피조물인 인간이 스스로 존재하시는 하나님처럼 자기 스스로 설 수 있다고 생각하거나, 아니면 하나님의 존재에 대해서 의심할 때, 스스로 피조물의 한계를 넘어선 것이 된다. 즉 인간이 피조물로서의 기초 전제 자체를 부정하면, 자신을 만드신 하나님과 관계없게 된다.

또 성경은 하나님께서 권능으로 땅을 지으셨고, 지혜로 세계를 세우셨으며, 명철로 하늘들을 펴셨다고 말씀하시고(렘 10:12), 천지에 있는 모든 것, 곧 광대하심과 권능과 영광과 이김과 위엄과 주권(主權)이 다 하나님께 속하였다고 말씀하신다(대상 29:11-12). 그러기에 하나님이 하시는 일의 시종을 측량할 수 없고(전 3:11), 즉 위로 하늘을, 아래로 땅의 기초를 전혀 탐지할 수도 없다(시 145:3; 렘 31:37).

그런가 하면 성경은 하나님이 빛이시자(요일 1:5), 빛들의 아버지가 되시며(약 1:17), 오직 그분에게만 죽지 아니함이 있고, 가까이 가지 못할 빛에 거하시며, 아무 사람도 보지 못하였고, 또 볼 수도 없는 분이라고 말씀하신다(딤전 6:16). 그러기에 시공(時空)의 제약을 받는 인간의 눈에 하나님의 얼굴이 보인다면, 그 하나님은 가짜다. 왜냐하면 하나님은 시간과 공간을 초월하신 분이기 때문이다. 그래서 성경은 태양을 바로 눈앞에서 가까이서 직접 보면 눈이 멀어버리듯이, 직접 하나님의 얼굴을 보면, 누구도 살 수 없다고 말씀하신다(출 33:20).

또 성경은 하나님께서 빛도 조성하시고 어둠도 창조하시며, 평안도 만드시고 환난도 창조하시고(사 45:7), 온갖 것을 그 씌움에 적당하게 지으시되, 심지어 악인도 악한 날에 적당하게 하셨다고 말씀하신다(잠 16:4). 그러나 하나님이 어둠을 창조하셨다고 해서 그 어둠에 관여하시거나 그곳에 거하시는 분이 전혀 아니며, 어둠의 세력과 동급이거나 하위에 계신 분도 아니다. 오히려 하나님은 어제나 오늘이나 모든 어둠을 완전히 밝히시는 분이다.

즉 악인을 하나님의 말씀에 불순종한 자들을 징계하는 도구로 쓰셨다고 해서(사 44:28; 45:3), 하나님께서 악에 발을 담갔다고 할 수 없고, 또 그 도구로 쓰임 받는 자들도 선하다고 할 수 없다. 가령 믿다가 타락한 후 끝까지 회개하지 않았다면, 설사 한때 그자가 하나님의 일을 매우 잘한 것처럼 보여도, 하나님의 온전한 도구로 사용된 것이 아니다.

그러기에 우리는 설사 우리가 환난의 어두운 터널에 있더라도, 흑암마저도 창조하시고 다스릴 정도로 전능하신 하나님이심을 믿고, 끝까지 하나님의 선한 도구로 쓰임받아 기이한 빛의 세계에 들어갈 수 있도록 해야 한다(벧전 2:9).

또한 하나님은 입술의 열매를 짓는 분이시라, 언약하신 말씀을 다 이루시고(사 57:19; 민 23:19), 결코 거짓이나 변개함이 없으시며(삼상 15:29), 변역하지도 않으신다(말 3:6). 이에 대해 성경은 "일을 행하는 여호와, 그것을 지어 성취하는 여호와"라고 말씀하신다(렘 33:2). 따라서 우리가 하나님의 모든 약속의 말씀을 믿고 실천하면, 반드시 그 말씀이 이뤄진다.

전지전능하신 하나님은 시온의 공의가 빛같이, 예루살렘의 구원이 횃불같이 나타나도록 시온을 위하여 잠잠하지 아니하며, 예루살렘을 위하여 쉬지 아니하시고(사 62:1), 졸지도 아니하시고 주무시지도 아니하신다(시 121:4). 특히 하나님은 날마다 우리의 짐을 지시는데(시 68:19), 그러면서도 피곤치 아니하시며 명철이 한이 없으시다(사 40:28). 우리와 차원이 다른 분인 까닭이다. 그러기에 우리는 밤낮 가리지 않고 모든 기도의 제목을 하나님께 아뢰고, 하나님께 찬양을 드리는 가운데, 항상 하나님과 동행하는 자가 되어야 한다.

(2) 하나님은 선하시고 인애와 자비가 풍성하시다

여호와께서는 만유를 선대하시며, 그 지으신 모든 것에 긍휼을 베푸시고(시 145:9), 당신을 기다리는 자들에게나 구하는 영혼에게 선을 베푸신다(애 3:25). 또 하나님은 죄악을 사유(赦宥)하시며, 인자와 진실이 풍성하시고(출 34:6; 시 86:15; 145:8), 인애를 기뻐하심으로 노를 항상 품지 않으시며(미 7:18), 노하기를 더디 하신다. 하나님께서는 회개하며 당신의 집에 돌아온 탕자의 입에서 "종으로라도 삼아 주세요!"라는 말이 나오기 전에, 벌써 아들로 대접하신다(눅 15:11-32). 이런 하나님의 선하심은 우리의 마음을 녹여 참회의 눈물을 흘리게 만드는 신령한 햇살이다.[2] 이에 대해 칼빈은 하나님께서는 너그러우심에 싫증을 느끼지 않으시고 힘이 다하는 일도 없으시다고 말한다.[3]

또 하나님은 치료(רָפָא, 라파)의 하나님이셔서(출 15:26), 믿음만 있으면 못 고

---

[2] 토마스 왓슨, 『안심하라』, 조계광 역 (서울 : 규장, 2009), 26.
[3] 존 칼빈, 『기독교 강요 3권』, 김충호 역 (서울 : 한국 출판사, 2000), 283.

치는 질병이 하나도 없고, 위로(סנם, 나함, παράκλησις, 파라클레시스)의 하나님이시므로(고후 1:3), 마음이 상한 자를 고치시며, 모든 상처를 싸매신다(시 147:3; 사 30:26; 61:1). 그래서 누구든지 진실한 마음으로 모든 상처와 아픔을 하나님께 토로하면, 마치 당신이 아프신 것처럼 그 신음을 들으시고 위로하시며, 우리의 상처를 깨끗하게 치료하신다. 이렇게 하나님은 우리의 피난처이시요, 힘이시며, 환난 중에 만날 큰 도움이시고(시 46:1), 기름부음 받은 자의 구원의 산성이 되신다(시 28:8). 즉 하나님은 언제나 우리와 함께 행하시며, 우리를 위해 대적을 치시고 우리를 구원하신다(신 20:4).

(3) 하나님은 영원히 살아계신다

성경은 성부 하나님께서 죽은 자의 하나님이 아니요, 산 자의 하나님이시기에(막 12:27), 죽은 자를 살리시며 없는 것을 있는 것 같이 부르신다고 말씀하신다(롬 4:17). 즉 '영원한 천국으로 들어갈 몸으로 살아있느냐? 아니면 영원한 지옥으로 들어갈 몸으로 살아있느냐?'가 관건일 뿐, 하나님에게는 모든 사람이 살아있다. 이는 하나님께서 영원히 살아계시기 때문이다(눅 20:38).

(4) 하나님은 공의의 하나님이시다

하나님은 그 모든 길이 공평하고 진실무망하시며(신 32:4), 모든 행위에 의로우시며 모든 행사에 은혜로우시다(시 145:17). 하나님은 노하기를 더디 하시며 권능이 크시지만, 자기를 거스르는 자에게는 보복하시고, 자기를 대적하는 자에게 진노를 품으시며, (회개하지 않는) 죄인은 결코 용서하지 아니하신다(나 1:2-3). 또 하나님은 질투하시는 분이기에, 당신을 미워하는 자의 죄를 갚되, 삼사 대의 자손들에게까지 이르게 하신다(신 5:9-10). 이에 대한 에드워즈의 표현을 보자.

> 하나님의 진노의 활은 이미 시위에 걸려 있습니다. 하나님의 공의가 여러분의 가슴을 향해 겨냥한 채 시위를 당기고 있습니다. 그 화살이 여러분을 쏘지 못하도록 잠시라도 막고 있는 것이 있다면 그것은 오직 하나님의 임의로 정하신

전적인 뜻, 진노하신 하나님의 전적인 뜻뿐입니다. … 지금 지옥불 속으로 떨어지지 않도록 여러분을 붙들고 계신 하나님은, 마치 거미나 다른 징그러운 벌레가 불 속으로 떨어지지 않도록 붙잡고 있는 사람처럼 아주 역겹고 혐오스러운 심정으로 여러분을 붙잡고 계십니다. 여러분을 향한 그분의 진노가 불길처럼 활활 타오르고 있습니다.[4]

이런 하나님의 공의로우심은 하나님을 하나님 되게 만드는 일종의 보호막이다. 그러기에 설령 억울한 일을 당하더라도, 완전히 공평하신 하나님이심을 믿고 나아가야 한다. 그러면 하나님의 때가 될 때 반드시 신원받는다. 즉 하나님으로부터 아무런 응답도 받지 못하는 시간이 오래 지속되더라도, 이내 추슬러 하나님의 살아계심을 믿고 나아가면 반드시 응답받는다.

(5) 하나님은 불이시다

성경은 하나님의 보좌는 불꽃이며(단 7:9), 그분의 발아래에는 청옥을 편 듯하고, 하늘같이 청명하다고 말씀하신다(출 24:10). 또한 하나님의 불은 시온에 있고, 하나님의 풀무는 예루살렘에 있으며(사 31:9), 하나님의 오른손에는 불 같은 율법이 있다고 말씀하신다(신 33:2-3). 옛날 시내산이 온통 연기로 자욱했던 이유도 하나님이 불 가운데서 강림하셨기 때문이었다(출 19:18).[5]

높고 거룩한 곳에 영원히 거하시는 하나님은(사 57:15) 뜨겁고 거룩한 성령의 불(אֵשׁ, 에쉬)로 응답하시며(왕상 18:24), 이 불로 우리의 모든 더럽고 불결한 죄를 태우신다. 그런데 이 "성령의 불"(πῦρ, 퓌르)(요 12:49)은 세상에서 흔히 볼 수 있는 장작불 같은 불과 그 성격이 완전히 다르다.

---

[4] 조나단 에드워즈, 『진노한 하나님의 손에 붙들린 죄인들』, 간보헌 역 (서울 : 생명의말씀사, 2004), 34-36.

[5] 보통 시내산의 위치를 시나이 반도에 있는 것으로 추정하여 많은 사람이 그쪽으로 성지 순례를 가고 있으나, 갈라디아서 4장 25절을 보면 시내산이 아라비아에 있다고 말씀하신다. 이와 관련하여 사우디 왕자의 주치의였던 김승학 박사가 사우디 아라비아의 라오즈산(2,403m)을 직접 탐사하여 라오즈산이 시내산이라는 증거를 찾아냈다. 그에 의하면 사우디 정부가 아무나 들어가지 못하도록 막고 있어서 그렇지, 지금도 라오즈산(고지도엔 호렙산으로 기록되어 있다고 함) 정상에, 불에 그슬린 자국이 선명하다고 한다(김승학, 『떨기나무』 [서울 : 두란노, 2007]).

그 차이점 몇 가지를 들면 다음과 같다.

첫째, 세상에서의 불을 쬐면 바깥에서부터 우리 몸이 뜨거워지지만, 성령의 불은 정반대로 우리 안에서 뜨겁게 타오른다.

둘째, 세상에서의 불은 우리 몸의 살과 뼈까지 통과하지 못하지만, 성령의 불은 온몸의 살과 뼈와 관절과 골수까지도 통과한다.

셋째, 바깥에서부터 뜨거워지는 세상의 불은 물리적인 불이기 때문에 그 앞에 가까이 다가가면 타 죽지만, 성령의 불은 생명의 불이기 때문에 뜨거울수록 더 왕성한 생명의 역사가 일어난다.

그러면서도 성경은 하나님의 말씀이 불(אֵשׁ, 에쉬) 같고, 반석을 쳐서 부스러뜨리는 방망이(פַּטִּישׁ, 팟티쉬, 대장간 망치) 같아, 말씀을 도적질하는 선지자들을 칠 것이라고 말씀하신다(렘 23:29-30). 그래서 성경은 하나님을 소멸케 하는 불이라고 말씀하신다(히 12:29). 노아 당시의 물 심판 이후 이제 불 심판이 남아있다는 말씀이나(벧후 3:6-7), 또 하나님께서 불에 옹위(擁衛)되어(בָּאֵשׁ, 바에쉬, in fire, 불 가운데서) 강림하실 때, 혁혁한 위세로 노를 베푸시며 맹렬한 화염으로 견책(譴責)하시고, 불과 칼로 모든 혈육에게 심판을 베푸신즉, 많은 자가 살육을 당하게 된다는 말씀도 마찬가지 맥락에서 이해할 수 있다(사 66:15-16).

마지막 심판 날 하나님은 불꽃 같은 눈으로(계 1:14) 어두움에 감춰진 것들을 드러내고 마음의 뜻을 나타내시며, 온 세상을 공평하고도 명정(明正)하게 심판하신다고 말씀하신다(고전 4:5). 그러기에 어느 누구도 이 불 앞에 숨지 못함과, 모든 언행심사가 마치 극초화질 비디오 장면처럼 드러날 것임을 깨닫고, 날마다 자신의 신앙을 점검하는 자가 되어야 한다(고후 13:5).

> 당신은 지존하시고, 온전히 선하시며, 완전한 능력을 갖추고 계시며, 가장 자비롭고 공의로우시며, 깊이 숨겨진, 그러나 가장 친밀하게 임재하시는 분입니다. 당신은 아름다움과 강함을 모두 온전하게 갖고 계시며, 항상 계시되 그 능력을 헤아릴 수 없고, 스스로 변하지 않지만 만물을 변하게 하시는 분입니다. 당신은 결코 새로워지지도, 절대 낡지도 않지만 모든 것을 새롭게 하는

분입니다. 당신은 진노하시지만, 언제나 평온을 잃지 않으십니다.[6]

-성 어거스틴-

3. 예수님은 누구신가?

(1) 예수님은 우리의 구세주이시다

예수님의 이름은 그리스어로 "예수"(Ἰησοῦς, 이에수스), 히브리어로는 "여호수아"(יְהוֹשׁוּעַ, 예호슈아)인데, "자기 백성을 죄에서 구원하신다."라는 의미다(마 1:21). 또 다른 예수님의 이름이 있는데 "임마누엘"(Ἐμμανουήλ, 엠마누엘)로, 그 의미는 "하나님이 우리와 함께 계시다"이다(사 7:14; 마 1:23, 참고 마 28:20).

아무리 큰 죄를 지은 자도 진실로 회개하고 예수님을 믿으면 구원받는다는 의미에서, 예수님의 이름은 현세와 내세의 모든 이름보다 뛰어난 이름이다(엡 1:21; 행 4:12). 주님은 전혀 죄가 없는 분이기에 과거 현재 미래의 모든 인류의 죄를 단번에 지실 수 있고, 하나님의 완전한 공의를 능히 충족할 수 있으시다.

또 예수님을 '메시야'(Μεσσίας, 멧시아스, מָשִׁיחַ, 마쉬아흐)(요 4:25; 대하 6:42)로 부른다. 이 말은 "하나님의 기름부음을 받은 자"(그리스도, Χριστός, 크리스토스)라는 의미다. 성경에서 "왕, 선지자, 제사장"만이 기름부음을 받을 수 있다고 말씀하시는데, 성부 하나님으로부터 한량없는 성령을 받으신 예수님은(요 3:34) 세 직분 모두를 가지고 계신다.

(2) 예수님과 하나님은 본질상 하나이시다

하나님과 예수님은 본질상 하나이시다(요 10:30, 참고 렘 23:5-6). 즉 존재양식으로는 각각 독립된 객체이지만, 본질에 있어서는 온전한 일체성을 지닌다. 그래서 성경은 예수님을 아는 것이 하나님을 아는 것이요(요 8:19), 예수님을 본 것이 하나님을 본 것이요(요 12:45; 14:9), 예수님을 믿는 것이 하나님을 믿는 것

---

[6] 성 어거스틴, 『참회록』, 송용자 역 (서울 : 씨뿌리는 사람, 2008), 28.

이며(요 12:44; 14:1; 막 9:37), 예수님을 공경하는 것이 하나님을 공경하는 것이고(요 5:23), 예수님을 미워하는 것이 곧 하나님을 미워하는 것이라고 말씀하신다(요 15:23). 오직 예수님만이 길이요 진리요 생명이신 까닭이다(요 14:6). 이에 대해 톰 스매일은 성부는 자신의 거울이요 대변인이며 대행자인, 성자를 통해 말씀하시고 일하신다고 말한다.[7]

성경은 예수님께서 모든 만물보다 먼저 나셔서 모든 만물을 창조하셨다고 말씀하신다(골 1:15-16). 즉 천지의 보이는 것들과 보이지 않는 것들, 권세 등이 예수님으로 말미암고, 예수님을 위하여 창조되었다(골 1:16). 이처럼 예수님은 만유(모든 것)이시요, 또 만유 안에 계시는 분이고(골 3:11), 성부 하나님으로부터 하늘과 땅에 있는 모든 권세를 받으셨기에(마 28:18), 예수님이 열면 어느 누구도 닫을 자가 없고, 닫으면 열 자가 없다(계 3:7; 사 22:22).

그래서 성경은 천하 인간에 구원을 얻을 만한 다른 이름을 우리에게 주신 일이 없다고 말씀하시고(행 4:12), 예수님으로 말미암지 않고서는 하나님께 나아올 자가 없다고 말씀하시며(요 14:6), 예수님 안에 지혜와 지식의 모든 보화가 감춰져 있다고 말씀하신다(골 2:3). 따라서 모든 신령한 보물을 얻기를 바라는 자는 오직 예수 그리스도에게 집중해야 한다.

> 예수님이 당신을 메시야로 계시하셨을 때의 절기가 수전절이었다(요 10:22-38). 더럽혀졌던 성전이 청소되어 다시 봉헌된 것을 기념하는 수전절(修殿節, feast of dedication)은 구약성경 끝의 말라기에서 마태복음 사이의 중간기에 생겨난 절기인데, 이 절기가 생긴 배경을 개략적으로 살펴보면 다음과 같다.
> 이집트를 거쳐 바사(페르시아) 전체를 손에 넣은 알렉산더는 약 10여 년 동안 왕성하게 헬레니즘을 전파하며 세계 최대 제국을 건설했으나 원인 모를 병을 이기지 못하고 BC 323년 33세의 나이로 죽는다. 그리하여 헬라 제국은 크게 원래의 헬라와 프톨레미 왕조와 셀류커스 왕조로 분열된다. 이 중 마게도니아 장군의 아들 프톨레미 소테르(Ptolemy Soter, BC 323-283)를 중심으로 한 애굽 왕

---

[7] 톰 스매일, 『잊혀진 아버지』, 정옥배 역 (서울 : IVP, 2005), 116.

국은 약 300년 동안 지속된다. 이 왕조는 BC 320년 유대를 교묘하게 합병하여 약 122년간 다스리기도 했지만 대체로 이스라엘을 선대해서, BC 250년 헬라어로 된 구약성경 70인경을 편찬하기까지 한다.

셀류커스(Seleucus)를 중심으로 하는 수리아 왕국은 우여곡절 끝에 BC 223년 20세의 안티오쿠스 3세가 왕위에 오르면서 (망명한) 카르타고의 명장 한니발과 함께 세력을 넓혀나간다. 이때 유대는 재빠르게 안티오쿠스 3세를 끌어들여 유대에서 프톨레미 군대를 몰아내 그의 통치를 받는다.

그러나 안티오쿠스 3세가 로마와의 전쟁에서 두 차례나 패하면서 극심한 재정난에 시달리자 유대인들에게 핍박을 가하고 결국 그는 암살당한다. 이후 셀류커스 3세의 뒤를 이어 안티오쿠스 4세(Antiochus Epiphanes)가 왕위에 오르지만, 이집트를 정복하려 했다가 로마의 힘에 밀려 실파하자, 그 분풀이로 제우스 상까지 예루살렘 성전에 세우는 등 유대를 극심하게 핍박한다.

그를 대항하여, 회개와 갱신 운동을 펼쳤던 '하시딤'(Hasidim, 바리새파, 열심당, 에세네파, 사두개파 등이 결합한 경건한 단체)과 율법에 충실한 삶을 추구했던 하스몬(Hasmon) 가의 마타디아(Mattothias, BC 167~166) 제사장을 중심으로 저항 운동이 있어 오다가, BC 166년 '마카비'(Maccabeus)라는 별명을 가진 마타디아의 셋째 아들 유다가 게릴라식 저항 운동을 총지휘하면서, BC 164년 12월 예루살렘에 입성하여 제우스의 상을 허무는 등 성전을 복원하여 하나님께 봉헌한다. 이를 기념하여 수전절(봉헌절, 하누카)이 생겨난다.

요한복음 10장 22-23절을 보면, 성전을 장사하는 집으로 만들지 말라면서 성전을 청결하게 하신(눅 19:45; 요 2:15-16) 예수님이 수전절에 성전 안 솔로몬 행각에서 다니셨다고 말씀하신다. 당시 유대에는 예수님을 신성모독죄로 잡아 죽이려는 사람들이 많았지만, 예수님은 개의치 않고 성전에 나아가 진리의 말씀을 선포하시고 당신만이 참된 성전 그 자체이시라는 것을 보여주신 것이다. 유대인들은 태양력으로 12월 25일부터 8일간 이 수전절을 각 집에서 지켰는데, 매일 한 개의 촛불을 더해 마지막 날에는 8개의 촛불을 모두 켰기에, '빛의 절기'라고도 일컬어진다.

이 절기는 첫째, 마카비를 중심으로 한 유대인들이 성전을 청결케 하여 하나님께 봉헌한 것처럼, 오늘날에도 자기 안에 성령이 거하는 성전을 이룬 자들은 항상 자신을 정결케 하여 하나님께 드려야 함과, 둘째, 예수님께서 당신을 세상의 빛으로 비유하신 것에서 볼 수 있듯이(요 9:5) 우리 믿는 성도 역시 날마다 세상에서 빛 된 삶을 살아야 함을 교훈해 준다.

훗날 목적을 달성했다고 여긴 하시딤 군대가 철수하자 힘을 잃은 마카비는 셀류커스 왕조의 수리아 군대에 의해 사망하고(BC 160), 그의 막내 동생 요나단(Jonathan BC 160-142)이 결국 이 왕조에 의해 유다의 대제사장이 된다. 학자들은 광의적 의미로 이 마카비의 자손들의 왕조를 마카비의 조상인 '하스몬'(Hasmon) 을 따라 '하스모니안 왕조'(The Hasmonean dynasty, BC 142-63)라 부른다.

이로부터 수십 년이 흐른 후 로마 삼두 정치 때, 로마의 힘을 빌려 갈릴리 지역에서 왕이 된 에돔 족속의 후손인 헤롯 대왕(Herod Great, BC 37-4)은 동방박사들의 방문을 받은 후, 유대인의 왕으로 나신 아기 예수님을 죽이기 위하여 베들레헴과 그 모든 지경 안에 있는 두 살 아래의 사내아이 모두를 죽인다(마 2:16). 그리고 그가 죽은 후 그의 아들들이 나라를 나누어 다스리게 된다. 즉 사마리아와 유다, 이두메는 헤롯 아켈라오(Herod Archelaus, BC 4-AD 6, 마 2:22; 눅 3:1, 헤롯 대왕의 세 번째 처의 아들)가, 갈릴리와 베뢰아는 헤롯 안티파스(Herod Antipas, BC 4-AD 39, 마 14장, 눅 3:1, 헤롯 대왕의 네 번째 처의 아들)가, 갈릴리 북쪽 이두래와 드라고닛은 헤롯 빌립 2세(Herod Philip II, BC 4-AD 34, 눅 3:1, 헤롯 대왕의 다섯 번째 처의 아들)가 말이다.

이 가운데 헤롯 아켈라오는 아버지 헤롯 대왕처럼 너무 잔인하여 6년 만에 권좌에서 쫓겨나고, 그 뒤를 본디오 빌라도가 계승한다. 또 헤롯 안티파스는 예수님으로부터 여우라는 평가를 받았던 왕으로(눅 13:32), 자기 이복동생 헤롯 빌립의 아내 헤로디아를 왕비로 맞이한 사실을 심하게 책망한 세례 요한을 목 베어 죽인다. 이후 헤롯 대왕의 손자 헤롯 아그립바 1세(Herod Agrippa I, AD 41-44)가 예수님의 열두 제자 중 한 명인 사도 야고보를 죽였는데(행 12:2), 훗날 주의 사자가 쳐서, 벌레(충)에게 먹혀 죽었다고 성경이 증언한다(행 12:23).

(3) 예수님은 죄인을 불러 회개하게 하려고 오셨다

그런데 예수님은 의인을 부르러 오신 것이 아니라 죄인을 불러 회개하게 하려고 오셨다(마 9:13; 막 2:17). 즉 주님은 당신의 재림 전까지 죄인들에게 충분한 기회를 줘서 모두 구원코자 하셨다(요 12:47; 딤전 2:4; 벧후 3:9). 그래서 성경은 예수님께서 항상 우리를 위해 하나님 아버지 앞에서 대언자(παράκλητος, 파라클레토스, 보혜사)로서 변호하신다고 말씀하신다(요일 2:1, 참고 히 7:25; 롬 8:34).

(4) 예수님은 불을 땅에 던지러 오셨다

이뿐 아니다. 마귀의 일을 멸함으로써 양으로 생명을 얻게 하되 더 풍성히 얻게 하려고 오신 예수님은(요일 3:8; 요 10:10) 다음과 같이 말씀하신다.

> 내가 불(πῦρ, 퓌르)을 땅(세상)에 던지러 왔노니 이 불이 이미 붙었으면 내가 무엇을 원하리요?(눅 12:49)

예수님께서는 우리 믿는 자 모두가 성령의 권능(δύναμις, 뒤나미스)의 불을 받아, 마지막 심판의 날까지 진리에 바로 서서 비(非)진리를 가르는 사역(예비적 심판의 사역)을 통하여, 땅끝까지 복음을 증거하기를 원하신다(행 1:8). 그러나 어리석은 제자들은 하나님의 능력으로 자기들의 입신양명을 위하는 등 하나님의 지고한 뜻을 제대로 이해하지 못하여 불을 제대로 붙이지 못했다(눅 9:54; 막 10:37-38). 그래서 성경은 예수님께서 이 불을 붙이기 위하여 당신이 직접 십자가 죽음의 세례를 완수하기까지 얼마나 답답해하셨는지(συνέχομαι, 쉬네코마이, 압박감에 시달렸는지, 애가 타셨는지) 모른다고 말씀하신다(눅 12:50).

> 성경은 하나님께서 세상을 심판하려 하심이 아니라, 세상을 구원하러 예수님을 보내셨기에(요 3:17), 우리 인간이 하나님(예수님)의 말씀을 듣고 지키지 아니할지라도 우리를 (당장에) 심판하지 아니하신다고 말씀하신다(요 12:47). 그러면서도 성경은 예수님께서 심판하러 이 세상에 오셨다고 말씀하신다. 이는 보지 못하는 자들로 보게 하고, 보는 자들로 소경 되게 하기 위함이다(요 9:39). 즉 소

경 되었던 자들이라도 회개하고 예수님만 믿으면 영안(靈眼)이 열리게 되지만, 모든 것을 보면서도 예수님이 하나님의 아들이라는 진리를 불신하는 자들은 결국 영적인 소경이 되어 하나님의 진노의 심판을 받게 된다. 이에 대해 성경은 (예수님을) 믿는 자는 심판을 받지 아니하지만, 믿지 않는 자는 벌써 심판을 받은 것이라고(κέκριται, 케크리타이, 직설법 완료 수동형) 말씀하신다(요 3:18).

복음을 전파하는 자를 영접하지도 않고 그의 말도 듣지 아니하는 자는 그 집에서 나가 발의 먼지를 떨어버려 저희에게 증거로 삼으라는 말씀이나(마 10:14-15; 눅 9:5), 이스라엘로(성도들로) 이가 날카로운 새 타작기(מוֹרַג, 모라그, 탈곡기)로 삼아 산들을 쳐서 부스러기를 만들 것이라는 말씀(사 41:15), 성도 안에 있는 말씀으로 불이 되게 하여 불순종하는 백성을 나무처럼 사를 것이라는 말씀(렘 5:14), 믿는 자에게 천국의 열쇠를 주셨다는 말씀(마 16:19), 그리고 이미 도끼가 나무 뿌리에 놓였으니 좋은 열매를 맺지 아니하는 나무마다 찍어 불에 던져질 것이라는 말씀(마 3:10) 모두, 마지막 심판 날이 오기 전에 예수님의 제자들이 펼치는 사역이 예비적 심판의 의미를 담고 있음을 보여주고 있다.

즉 주님의 죽으심과 함께 세례를 받음으로(연합함으로) 자기의 의에 대하여 종말을 고하고 이제 예수 그리스도의 의로만 사는 자는 미리 하나님의 심판을 받은 바 되어, 자기 의로 살았던 모든 자를 종국적으로 심판하는 날에 심판받지 않게 된다. 이런 자는 성령의 기름을 충분히 준비한 지혜로운 다섯 처녀와 같아 매일 종말론적인 삶을 살면서 어서 속히 주님이 재림하시기만을 학수고대한다. 특히 하나님의 말씀과 성령의 권능이 임한 자에게는 추수할 일꾼으로서(눅 10:2; 요 4:35-36) 알곡과 가라지를 가르는 예수님의 예비적 심판으로서의 사역이 주어지는데, 이런 자에게는 너무도 분명한 하나님의 증거의 빛이 나타나므로, 이 빛을 보았으면서도 거절하는 자는 핑계할 수 없게 된다.

그리하여 궁극적으로 마지막 날 주님께서는 인간이 선악 간에 몸으로 행한 것을 따라 심판하시되(고후 5:10), "당신을 저버리고 당신이 하신 말씀(ῥήματα, 레마타, 개개의 말씀들)을 받지 아니하는 자를 심판하실 것이다"라는 바로 그 말씀(λόγος, 로고스)이 저를 심판하게 된다(요 12:48).

예수님은 그날에 당신의 입에서 나온 이한(예리한 말씀의) 검으로 만국(萬國)을 치시되(계 19:15), 철장(鐵杖, 쇠막대기)을 가지고 그 만국(불신자들의 나라)을 질그릇 깨뜨리는 것처럼 하실 것이다(계 2:27; 12:5). 이때 예수님을 좇았던 열두 제자들도 열두 보좌에 앉아 이스라엘 열두 지파를 심판하게 되며(마 19:28), 아울러 (믿음으로) 이기는 자들도 주님의 이 사역에 동참하게 된다(계 2:27).

4. 성령님은 누구신가?

(1) 성령님은 믿는 자 안에서 내주하신다

성경을 보면 "성령"이라는 단어가 많이 등장한다. '성령 세례' '성령의 열매' '성령 모독'(훼방, 거역) '성령 강림(降臨)' '성령 충만' '성령 은사' '성령 권능' 등.

하지만 그 의미가 보통 사람에게는 너무 생소하다. 그런가 하면 이단과 사이비 종파에서도 병을 고치는 경우가 있다(참고 살후 2:9). 가령 무당들이 점을 치고 최면술사가 최면을 걸고 초능력자가 능력을 행하기도 한다. 그러나 이들이 행하는 능력은 거룩하신 성령의 힘이 아니라, 귀신의 힘을 빌리는 것뿐이다.

그런데 보통 사람들은 이 두 세계가 눈에 보이지 않으니 성령의 역사와 귀신의 속임수를 분별하기가 쉽지 않고, 또한 성령을 받는다는 것도 보통 사람이 보기에는 새빨간 거짓말처럼 여겨지기 쉽다. 하지만 누구라도 하나님의 말씀에 비추어 진실로 회개하여 예수님을 믿기만 하면, 그의 영혼에 보혜사(대언자) 성령님이 오셔서 내주(來住)하심으로 두 역사를 능히 분별할 수 있다.

(2) 하나님과 참사랑의 교제를 나누도록 하신다

독생자를 내어주신 하나님은 당신의 뜻을 이뤄 드리려는 자의 마음에 들어가, 그를 통해 당신의 참사랑을 온 천하만국에 나타내 보이기를 원하신다. 하나님은 우리가 영원히 당신의 사랑의 다스림(구속)을 받기를 원하시기에, 예수님을 믿는 자에게 성령님을 보내셔서, 성령님을 통하여 하나님과 참사랑의 교제를 나누도록 하셨다. 성령님만이 하나님의 깊은 것들까지도 통찰하실 수 있으며(고전 2:10), 하나님의 사정을 아시는 까닭이다(고전 2:11).

성경은 어리석은 인간이 연약하여 마땅히 기도해야 할 바를 알지 못하기에 보혜사 성령님께서 우리의 연약함을 도우셔서, 말할 수 없는 (절대적인) 탄식으로 우리를 위해 친히 간구하고 계신다고 말씀하신다(롬 8:26-27, 참고 행 4:3). 즉 예수님과 마찬가지로 성령님도 우리를 위해 변호하신다.[8] 성령님은 정죄 · 심판 · 판단 · 비판의 영이 아니라, 치료 · 평강 · 위로 · 용서의 영인 까닭이다.

(3) 성령님은 예수님만을 증거하는 영이시다

성령님은 예수님만을 증거하는 영이다. 이에 대해 성경은 성령님이 예수님의 것을 가지고 장래 일을 우리에게 알리는 영이라고 말씀하신다(요 16:14). 또 성경은 예수님이 길이요 진리요 생명이라고 말씀하시는데, 하나님과 예수님으로부터 보내심을 받은 성령님도 진리의 영이라서, 인간으로 하여금 진리이신 예수 그리스도께로 인도하신다(요 16:13-15).

(4) 성령님은 공의의 영이시다

또 성령님은 공의의 영이시라, 죄에 대하여, 의에 대하여, 심판에 대하여 세상을 책망하신다고 말씀하신다(요 16:7-11). 성령님이 임재(臨齋)하시면 예수님을 믿지 않는 '불신앙의 죄'와 예수님을 정죄한 '세상의 의'에 대해서 책망하셔서, 오직 그리스도의 의만이 옳다는 증거를 내시고, 그리스도를 심판한 세상 임금(사탄)을 심판하신다(요 16:11; 12:31). 즉 성령님이 오심으로, 세상이 불의하게 그리스도를 죽도록 판결한 부분에 대하여, 오히려 그리스도께서 세상의 권세자와 정사들(ἀρχαί, 아르카이, 세속적 권세를 주관하는 영적 존재들)을 친히 심판하는 분이라는 사실을 증명한다.[9]

(5) 성령님은 풍성한 생명수를 공급하신다

태초에 하나님은 인간에게 모든 만물을 다스릴 수 있도록 하셨는데 어떻게

---

8 요한복음 14장 16절에 "또 다른 보혜사"가 나오는데, 이단 종파는 이 보혜사가 "교주"(재림주)라고 주장하기도 한다. 하지만 성경에 "보혜사"는 "성자 하나님"과 "성령 하나님" 오직 이 두 분뿐이다.

9 제임스 뷰캐넌, 『성령의 사역 회심과 부흥』, 신호섭 역 (서울 : 지평서원, 2006), 71.

다스릴 수 있었겠는가? 모든 것을 잘 알아야 다스릴 수 있지 않았겠는가?

그래서 하나님은 태초의 인간 아담에게 당신의 숨, 곧 성령을 불어넣어 주셔서 모든 것을 다 알게 하시고(창 2:19), 모든 만물을 다스릴 수 있도록 하셨다.

성경은 이 성령을 '(하늘 위의) 신령한 물'로 표현한다. 가령 창세기 2장 10절을 보면 "강이 에덴에서 흘러나와 동산을 적시고, 거기서부터(에덴을 지나서) 갈라져 네 근원(비손, 기혼, 힛데겔, 유브라데)이 되었으니"라고 말씀하신다. 이 4대 강들은 그 이름이 말해 주듯이, 풍부하고 깊고 빠르고 시원하게 흘러 우리 영혼을 적셔준다(참고 단 7:10).**10**

또 에스겔 47장 1–12절을 보면 다음과 같이 말씀하신다.

> 예루살렘에 있는 성전 안의 성소로부터 맑은 물이 흘러나와 성전 동문의 문지방을 거쳐 동쪽으로 흘러가는데, 그 물이 성소를 통하여 나오므로 강 좌우 가에는 각종 먹을 과실나무가 자라서 그 잎이 시들지 아니하며 열매가 끊이지 아니하고 달마다 새 열매를 맺으며, 강물이 이르는 곳마다 모든 생물이 살고, 또 고기가 심히 많아지며 바닷물이 되살아나겠고

또 요한계시록 22장 1–2절에도 다음과 같이 말씀하신다.

> 수정같이 맑은 생명수의 강이 하나님과 및 어린 양의 보좌로부터 나와서 길 가운데로 흐르는데, 강 좌우에 생명나무가 있어 열두 가지 열매를 달마다 맺고

이 물은 예수님께서 주시는 물로서, 믿는 자 안에서 영생하도록 솟아나는 샘물이 되고(요 4:14), 그 배에서 생수의 강이 되어 흐르게 되는데(요 7:38), 이 생수의 강이 흐르는 곳에 모든 것이 살아나는 역사가 일어난다(겔 47:8–12). 이에 대해 사도행전 2장을 보면, 예수님이 승천하신 후, 마가의 다락방에서 120명의 제자가 10일 동안 전심으로 기도하여 오순절이 되던 날, 주님이 약속하신

---

10 "비손"(פִּישׁוֹן, 피숀)은 '넘치게 흐름'을, "기혼"(גִּיחוֹן, 기혼)은 '터져(튀어) 나옴'을, "힛데겔"(חִדֶּקֶל, 힛데켈)은 '빠르게 흐름'을, "유브라데"(פְּרָת, 페라트)는 "시원하게 흐름"을 의미한다.

성령의 은사(권능)를 받았다고 말씀하신다(행 2:3).

참고로 이스라엘의 3대 절기에는 유월절(출 12:11; 민 9:2), 맥추절(출 23:16; 34:22; 민 28:26), 초막절(레 23:34; 신 16:13)이 있다. 이 가운데 구약의 유월절(1월 14일, 한국 달력으로 약 4월경)은 현대의 고난절의 예표다. 그리고 유월절이 끝나는 안식일 이튿날에 지키는 초실절(1월 16일, 주일)은 그해 익은 곡물의 첫 이삭 한 단을 여호와께 바친 절기로, 현대의 부활절의 예표다.

또 초실절로부터 밀 수확이 끝마칠 때까지의 49일이 지나 50일째 되는 날이 맥추절(칠칠절)인데, 이는 현대 오순절의 예표다. 재미있는 점은 유월절 어린양을 잡은 후, 곧 출애굽 후 50일째 되던 날, 모세가 시내산에 올라 율법을 받았다는 것이다(출 19:1, 11). 이날은 하나님께서 정하신 예배 처소에서 과거 애굽에서 노예 생활을 했던 자기들의 처지를 잊지 아니하고, 하나님께서 복을 주셔서 첫 수확의 열매를 하나님께 바칠 수 있게 되었다는 기쁨을, 힘없고 소외되고 불쌍한 자들, 곧 고아들과 과부들과 레위인들과 나그네들을 불러모아 함께 마음껏 먹고 마시며 교제하는 잔치 가운데 누린 날이었다(신 16:11, 참고 히 13:16). 이는 현대에도 오순절, 곧 성령의 인도하심을 따라 맺은 성령의 열매들과 전도의 열매들로 인해 함께 즐거워하는 절기로 이어진다. 즉 맥추절은 세상으로부터 교회 안으로 추수된 모든 영혼이 기쁨으로 함께하는 날인 것이다.

마지막으로 초막절은 광야 40년 동안 하나님의 보호를 받아 살아남은 것에 대해 감사하는 절기요, 땅에서 수확한 식물들을 거둬 저장한 후에 감사함으로 지키는 절기이며, 장차 주님과 함께 천국에서 누릴 즐거움을 상징적으로 표현한 절기로, 현대의 추수감사절의 예표다.

하나님의 영이 만민에게 부어지면 지극히 높으신 이의 능력이 임하게 되어, 눌린 자를 자유케 하며(눅 4:18), 자녀들이 장래 일을 말하게 되고, 늙은이는 꿈을 꾸게 되며, 젊은이는 이상(異像, visions)을 보게 되고(욜 2:28-29), 큰 산도 평지가 되는 등 불가능한 일도 가능해지며(슥 4:6), 광야가 아름다운 밭이 되고(사 32:15, 참고 사 11:6-7), 마른 뼈가 다시 살아나게 된다(겔 37:9-10).

이에 대해 성경은 성령(聖靈)은 하나이지만, 은사(恩賜)는 다양하게 존재하는데(롬 12:4-8; 고전 12:8-11, 28),[11] 각양 좋은 은사와 온전한 선물이 다 위로부터 빛들의 아버지께로부터 내려와(약 1:17), 성령님께서 당신의 뜻대로 각 사람에게 신령한 여러 은사를 나눠주신다고 말씀하신다(고전 12:11; 엡 2:7). 이는 성도를 온전케 하여 봉사의 일을 하게 하며, 그리스도의 몸을 세우기 위함이다(엡 4:11-12). 그리하여 예수님을 믿는 것과 아는 일에 하나가 되어 온전한 사람을 이루어 그리스도의 장성한 분량이 충만한 데까지 이르게 하신다(엡 4:13).

5. 삼위일체(三位一體) 하나님의 관계

성경에는 없지만, "삼위일체"를 다룰 수밖에 없는 이유가 삼위일체에 대한 고백이 전체 기독교의 핵심이요 총체인데, 그것 없이는 창조는 물론 구속, 거룩하게 하심이 보존될 수 없기 때문이다.[12]

"삼위일체"(Trinity)는 니케아 종교회의(Nicea, AD 325년) 때 공인되었는데, 여기서 성자(聖子)는 성부(聖父)에 의해서 창조된, 죄가 없는 최초의 피조물이라고 주장하는 아리우스 이단을 정죄하여, 성부와 성자는 동일한 본질(Homogeneity)이며, 영원히 공존하고, '창조된 것이 아니라 나신 것'이라고 공포했다. 즉 성부 성자 성신 이 세 분이 한 분 하나님으로 신적 본질(Essence)이 같다고 말이다.

칼빈은 하나의 본질(Essence) 안에 결코 구분·분리될 수 없지만 구별되는 세

---

11 성경에 열거된 성령의 은사는 약 30가지쯤 있다(참고 롬 12:6-8; 엡 4:11; 고전 12:4-11). 그 중에 보통 사람이 신비롭게 생각하는 은사가 몇 가지 있다. 가령 '방언' '통변' '예언' '영분별' '귀신을 쫓아냄' '병을 고침' '능력 행함' 등. '방언'은 주로 혀에 뜨거운 성령의 기운이 임할 때 받게 되는데, 이는 원칙적으로 모국어가 아닌 다른 나라의 언어로 말하는 것이다(행 2:4, 광의적 의미에서 문장 방언 외에 아주 기초적인 단어 방언이나 영적인 비밀을 계시하는 천상의 언어까지 이에 포함하기도 한다). '통변'은 방언을 통역해 주는 것이다. '예언'은 하나님의 뜻을 성도에게 전달하는 것이다. '영분별'은 말씀과 성령의 다스림을 받는 자와 그렇지 못한 자를 구별하는 것이다(참고 요일 4:6). '능력을 행함'은 성령의 권능을 행하는 것이다. 이런 성령의 은사는 사람에 따라 다양하게 받기도 하고 한 개만 받기도 하는데, 한 가지 은사만 보더라도 깊게 받은 자가 있고 얕게 받은 자도 있는 등 한마디로 천차만별이다.

12 헤르만 바빙크, 「하나님의 큰일」, 김영규 역, (서울 : CLC, 1599), 150.

"위격"(位格, Person),[13] 세 "실재"(Subsistence), 세 "본체"(Hypostasis)가 존재한다고 본다.[14] 즉 세 하나님들(3 Gods) 혹은 세 신들(3 gods)이 아니라, 성부와 성자와 성령 삼위 하나님께서 서로 다른 세 인격체(3 Persons)이지만 각자 모두 완전한 신성을 가지고 있으면서도, 절대적인 신성 자체는 하나라는 것이다.

그러기에 삼위일체(Trinity)는 "양태론"(樣態論)[15]처럼, 한 분이 세 가지 신분을 가지고 그에 따른 역할을 하시는 것이 아니라, 세 분이 각각의 신분을 가지고 다른 사역을 하시는 것을 말하며, 또 "삼신론"(三神論)[16]처럼 세분의 신이 각각 분리되어 세 하나님이 계심으로 절대적인 신성을 폄하하는(깎아내리는) 것이 아니라, 동일한 본질을 가지고 세 '위격'(位格, Person)으로 계시는 것을 말한다.

이는 마치 수학에서 1+1+1=3이지만, 1×1×1=1이듯이, 눈에 보이는 차원은 3이 1이 될 수 없지만, 시공을 초월하는 눈에 안 보이는 차원은 3이 1이 될 수 있다는 의미다.

이게 가능한 이유는 성부 하나님이 영(靈)이시며(요 4:24), 성자 하나님, 곧 말씀도 영이시고(요 6:63), 성령 하나님도 거룩한 영이신 까닭이다.

세 분의 관계를 보면, 성부와 성자와 성령께서는 독립적으로 존재하지 않고, 성부는 성자 안에, 성자는 성부 안에, 성부와 성자는 성령 안에 함께 거하신다. 그러면서도 삼위 안에서 성자는 성부에게, 성령은 성자에게 사역상(事役上) 종속 관계를 가진다. 즉 성자께서는 성부의 보내심을 받으셨으므로 성

---

13 여기서 "위격, 실재, 본체"라 함은 허상이나 가공한 것이나 부분적이거나 비동질적이거나 불완전한 비인격체가 아닌, 실상과 실체를 가진 "동일 본질"(Homoousios, 호모우시오스)의 완전한 신성의 절대성을 지닌 인격체를 의미한다.
14 존 칼빈, 『기독교 강요 上』, 234.
15 "양태론"(樣態論, Modalism)은 성부 하나님이 직접 육신을 입고 성자 예수로 오셔서, 십자가에서 죽고 부활하여 오순절에 성령으로 오셨다는 이론이다. 즉 동일한 한 분의 하나님이 세 가지 양태로서 나타나 시간적인 차이를 두고 사역하였다는 것으로, 예수님의 인성(人性)을 부인한다.
16 "삼신론"(Tritheism)은 성부와 성자와 성령이 완전히 셋으로 분리되어, 성부가 한 하나님이고 성자가 한 하나님이며 성령이 한 하나님이라고 주장하는 이론이다. 기타 삼위일체 교리에 반하는 이단으로, "양자론"(養子論, 역동적 단일신론, Dynamic Monarchianism)이 있는데, "양자론"은 예수님은 처음에는 다른 사람과 똑같은 사람이었지만, 하나님께서 그에게 성령을 부어서 아들을 삼았다고 주장함으로써 예수님의 신성을 부인한다. 또한 "가현설"(假現說, Docetism)이 있는데, 이 이론은 예수님이 하나님의 아들인 것은 신이 인간의 몸을 입고 나타났을 뿐이라고 주장함으로써, 예수님이 인간이 되시고 역사적인 인물로 사신 것을 부인한다.

부에게(요 6:38; 17:7; 고전 3:23), 성령께서는 성부에게서 나오시지만(요 15:26) 성자의 보내심을 받으셨으므로(요 15:26) 성자에게 종속 관계를 가진다.[17]

그러나 이는 삼위의 관계적인 측면에서 그럴 뿐이다. 그러기에 공생애 시절에 예수님께서 부자 청년에게 "어찌하여 선한 일을 내게 묻느냐? 선한 이는 오직 한 분이시니라."(마 19:17)고 말씀하셨을 때 비록 육신을 입고 계셨을 때 자신을 낮추어 말씀하심으로 신성과 인성의 오묘한 조화를 이루고 계셨을 뿐이지, 조금도 신성이 부족하다는 의미가 아니다.

카이퍼는 하나님의 모든 역사에 있어서, 그것들을 발생하는 능력은 성부로부터, 질서를 이루는 능력은 성자로부터, 완성하는 능력은 성령에게서 나왔다고 말한다.[18] 즉 성부 하나님은 모든 만물의 창시자이며(계 4:11), 성자 하나님은 모든 만물의 중재자이시고(요 1:3), 성령 하나님은 모든 만물을 가능하게 하는 능력자이시다(창 1:2).[19] 이를 다른 각도에서 보면, 성부는 우리를 위하시고, 성자는 우리와 함께하시고, 성령님은 우리 안에 계신다(요 14:11). 그리하여 우리는 예수님으로 말미암아(for), 성령님에 의해서(by), 하나님께로(to) 간다.

이는 구속 사업에서도 마찬가지이다. 즉 하나님께서는 구원의 방침을 세우셨고, 예수님께서는 구원의 중보자(中保者, Mediator)로서 인류 구원의 중보적 경륜(경영)을 이루셨으며, 성령님께서는 그 구원을 인류에게 시행하시되, 내면적인 역사로 각 개인의 마음속에서 일하신다.[20]

요컨대 하나님은 신이고, 우리 인간은 시공의 제한을 받는 피조물일 뿐이다. 그러기에 차원이 전혀 다른 양자가 연결되려면, 오직 참 신이자 참 인간으로 희생의 가교 역할을 하신 성자 예수님을 믿어야만 한다. 그때 비로소 성령님이 그에게 들어가 하나님과 교제를 나눌 수 있다. 즉 하나님만 있고 예수님이 없다면 하나님과 연결될 수 없고, 하나님과 예수님만 있고 성령님이 없다면 각 사람 안에서 결코 하나님의 사랑을 알 수 없다.

---

17 박윤선, 『개혁주의 교리학』(서울 : 영음사, 2003), 119-120.
18 고든 J. 스파이크만, 『개혁주의 신학』, 류호준 · 심재승 역 (서울 : CLC, 2002), 186, 중인용.
19 고든 J. 스파이크만, 『개혁주의 신학』, 184-185.
20 박윤선, 『개혁주의 교리학』, 124-125.

The Compass to Heaven
The Essence of Christian Faith

제2부
인간의 창조·타락

3장 천지창조의 비밀
4장 죄와 사탄
5장 에덴동산의 회복

3장

천지창조의 비밀

1. 하나님은 무에서 유를 창조하셨다

우주의 끝을 규정할 수 있겠는가?[1]

수억 년 후 과학이 발달하여 가장 작은 입자를 발견했다고 해도, 아직 과학이 더 발달하지 못해서 그렇지, 그 입자 안에 무한한 우주가 있을 수 있다.

우주도 그러하지만, 인체의 신비는 참으로 경이롭다. 가령 1초마다 약 1,500만 개의 세포가 태어나고 죽고, 또 우리 몸의 세포 수를 대략 100조 개로 보는데, 모든 세포의 DNA를 꺼내서 붙이면 약 1,000억km, 곧 지구 둘레를 250만 번이나 회전하는 길이라고 한다. 그런가 하면 눈의 근육은 24시간 동안 약 10만 번 움직이는데, 특히 눈을 깜박거릴 때 걸리는 시간은 0.025초이기 때문에 먼지들이 잘 들어가지 못한다고 한다. 또한 사람의 신경줄 한 가닥에 80만 개의 섬유, 실오라기가 있어 약 1억 3천 2백만 개의 정보를 뇌로 전달할 수 있다고 하며, 허파에는 공기 방이 약 3백만 개나 되어 거기에서 산소를 약 3백조가 되는 세포에 다 전달한다고 한다.

---

[1] 2011년도에 노벨물리학상을 받은 미국 버클리대학의 펄무터 박사, 호주 국립대의 슈미트 박사, 미국 존스홉킨스대학의 리스 박사에 의하면, 초신성이 예상보다 어두워짐을 통해 우주가 점점 더 빠른 속도로 팽창하고 있다는 것을 밝혀냈다고 한다. 이들은 지난 1998년께 지구에서 멀리 떨어진 50개 이상의 초신성을 관찰한 결과, 이들이 폭발하면서 내뿜은 빛이 예상보다 약했다는 사실을 밝혀냈는데, 노벨위원회는 이러한 현상이 우주의 팽창 속도가 빨라지고 있음을 보여주는 것으로, 우주물리학을 뿌리부터 뒤흔든 놀라운 발견이라고 평가했다.

누가 이 신비로운 육체를 만들었단 말인가?

육체는 부모가 만들었다고 하더라도 그 최초의 부모의 육체는 누가 만들었는가?

최초의 눈에 보이는 물질은 누가 만들었는가?

도대체 무(無)에서 유(有)가 어떻게 창조될 수 있는가?

눈물은 90%의 수분과 7%의 식염과 2%의 단백질과 1%의 점액소로 이루어졌다고 하는데, 엄마가 자식을 위해서 흘리는 눈물의 값어치를 그저 0.1g의 액체 분비물로만 보려는 데서 인간의 비극이 시작된다는 것을 알아야 한다. 인간이 하나님의 형상을 입은 것이 아니라고 주장하는 진화론은 지극히 존귀한 인간이 원숭이만도 못한 존재라는 것을 부각시킬 뿐이다.

차가 있다면 차를 만든 사람이 있을 것이듯이, 밖을 만드신 이가 속도 만드시지 않았겠는가?(눅 11:40)

"태아에게 이런 마음을 줘서, 이런 마음을 만들어야지!"

이것은 부모의 희망 사항일 뿐이다. 과학이 발달하여 인간 유전자의 조합으로 말미암아 육체를 만들 수 있다고 해도, 영혼은 우리 인간의 힘으로 만들 수 없다. 뇌가 있다고 해도 태아의 마음은 전혀 진화하지 못한다.

"닭이 먼저냐? 달걀이 먼저냐?"

이런 문제는 이미 설 땅을 잃어버렸다.[2]

달걀에서 갓 태어난 새끼를 부모가 일정 기간 먹여주지 않으면 새끼 혼자 살 수 없음은 상식 아닌가?

더욱이 번식을 위해서는 달걀도 암수 두 개가 동시에 있어야 한다.

무엇보다도 하나님이 아니고서야 태초 원시 시대에 어떻게 이렇게 고도로 복잡한 달걀의 DNA 유전정보를 창조하고 설계할 수 있었겠는가?

---

[2] 영국 셰필드(Sheffield)대학과 워윅(Warwick)대학의 공동 연구팀의 실험 보고에 의하면, 달걀 형성 과정에서 OC-17로 알려진 오보클레디딘(ovocledidin)이라는 단백질 성분이 탄산칼슘(calcium carbonate)을 방해석 결정체(calcite crystals)로 바꿔 달걀 껍데기(나중에 병아리가 될 노른자를 보호하는 집)를 만들어 주는 역할을 하는데, 이 성분이 닭의 난소에서 발견된 성분과 동일하다는 것을 밝혀냈다고 한다. 즉 닭의 난소에서 발견된 오보클레디딘 단백질 성분이 있어야만 달걀이 만들어질 수 있다는 것이다.

그래서 성경은 다음과 같이 말씀하신다.

> 하나님의 진노가 불의로 진리를 막는 사람들의 모든 경건치 않음과 불의에 대하여 하늘로 좇아 나타나나니, 이는 하나님을 알 만한 것이(γνωστὸν, 그노스톤) 저희 속에 보임(φανερόν, 파네론)이라. 하나님께서 이를 저희에게 보이셨느니라. 창세로부터 그의 보이지 아니하는 것들, 곧 그의 영원하신 능력(δύναμις, 뒤나미스)과 신성(θειότης, divinity, 쎄이오테스)이 그 만드신 만물에 분명히 보여 알게 되나니, 그러므로 저희가 핑계치 못할지니라(롬 1:18-20, 참고 행 17:26-27).

여기서 "보이셨느니라"(ἐφανέρωσεν, 에파네로센)는 동사 과거형이 쓰여 "이미 보이셨다"이며, "분명히 보여"(καθορᾶται, 카쏘라타이)는 동사 현재 수동형이 쓰여 "현재 보인다"이고, "알게 되나니"(νοούμενα, 노우머나)는 분사 현재 수동형이 쓰여 "계속적으로 알게 된다"이며, "그러므로"(εἰς τὸ εἶναι, 에이스 토 에이나이)는 부정사 결과적 용법으로 쓰였다. 따라서 이 문장은 만물이 일정한 방향으로 돌아간다는 이치를 인정하는 사람이라면, 그 만물에 하나님의 능력과 신성이 계속적으로 보임을 그 양심이 부인할 수 없으므로, 졸대자 되시는 하나님을 모른다고 핑계할 수 없다는 뜻이다(참고 롬 2:14-15).

2. 창조가 의미 있으려면 먼저 예수님을 믿어야 한다

창세기 1장 1-2절을 보면, 하나님이 첫째 날부터 일곱째 날까지 본격적인 창조를 하시기 전에 미리 창조된 것들이 있었다.[3] 이것들을 전제로, 첫째 날에서부터 일곱째 날까지의 창조가 진행되었다. 이후 하나님은 첫째 날부터 셋째 날까지 "분리" 창조 사역을 하시고, 넷째 날부터 여섯째 날까지 "채우시는" 사역을 하셨다.

---

[3] 이를 신학적인 용어로, "제1원인" 또는 "일차적인 창조"라고 부른다. 이에 비해 제2원인(이차적인 창조)은 첫째 날부터 일곱째 날까지 창조된 것을 말한다.

이처럼 하나님은 항상 우리보다 앞서 행하시면서 우리의 필요를 채워 주셨다(출 23:23; 신 31:8). 세상이 인간보다 먼저 창조된 이유도, 이것들이 인간에게 필요했기 때문이었다. 하나님은 인간에게 좋은 것들로만 순서대로, 그리고 각양각색의 종류대로 창조하시되, 말씀으로 모든 만물을 선하게 창조하셨다. 하나님은 인간에게 참사랑을 주는 일이 무척이나 좋으셨다. 그러기에 당신이 창조하신 하늘과 땅의 모든 것이, 당신이 보시기에 그리도 좋으셨던 것이다.

그런데 하나님의 주권적인 의지로 무에서 유를 창조하는 자유로운 행동으로서, 만물이 성부로부터, 성자로 말미암아, 성령 안에서 나왔다는 창조가 내게 의미 있게 인식되려면, 참빛 되시는 예수님을 믿어야만 한다(요 1:9). 왜냐하면 이 세상이 아무리 아름답게 창조되었어도, 내 마음이 어둠 속에 있으면, 만사가 귀찮고 어둡게 보일 뿐이기 때문이다.

그러므로 내게 있어서 진정한 의미의 창조는 예수 그리스도를 믿음으로써 새로운 피조물이 된 것, 곧 옛것은 지나가고 새것이 된 것이다(고후 5:17). 주님을 만날 때라야 비로소 '어둠'에서 '빛'으로, '혼돈(混沌)과 공허(空虛)'에서 '질서(秩序)와 충만(充滿)'으로 변화된다. 이런 의미에서 예수 그리스도를 통한 '새 창조'는 '옛 창조의 완성'이며, '장차 도래할 완성된 하나님 나라의 시작'이다(롬 6:4; 갈 6:15; 엡 2:15; 골 1:23).

3. 하나님의 시간은 인간의 시간과 다르다

창세기 1장 5절에서 말씀하신다.

> 저녁이 되며 아침이 되니, 이는 첫째 날이니라.

그런데 여기 '첫째 날'의 "날"(יוֹם, 욤)이라는 단어에는 천지창조의 비밀을 풀 수 있는 심오한 뜻이 숨겨져 있다. 그러면 "날"의 의미가 무엇일까?

성경에서 "날"(יוֹם, 욤)은 대부분 24시간을 나타낼 때 쓰이지만, 우리가 보통 생각하는 하루 24시간의 개념만은 아니다. 왜냐하면 천지창조의 첫째 날부터 사용된 이 단어는 넷째 날 해와 달과 별들을 창조하시기 이전에 이미 있었고(창 1:14), 성경 가운데는 이 단어가 일 년(삼상 1:21; 2:19), 네 달(삼상 27:7), 한 달(왕하 15:13) 등을 나타낼 때도 사용되었으며, 성경 이곳저곳에 가령 여호와의 날(사 13:9; 겔 30:3; 욜 3:14; 습 1:14-16; 슥 14:1)처럼 '하나님이 정하신 특정한 시간' 개념으로 이 "날"을 사용하고 있기 때문이다(출 6:28; 암 9:11; 렘 50:27).

> 하늘의 궁창(穹蒼, 창공에 광명이 있어 주야(晝夜)를 나뉘게 하라. 또 그 광명으로 하여 징조(徵兆, ורות, 오토트, 표징들)와 사시(四時, מﬠדים, 모아딤, 절기들)와 일자(日字, ימים, 야밈, 날들)와 연한(年限, שנים, 솨님, 연도들)이 이루라(창 1:14, 참고 창 8:22).
> 그 사람 엘가나와 그 온 집이 여호와께 "매년제"를 드리러 올라갈 때에(삼상 1:21)
> "여호와의 큰 날"이 가깝도다. 가깝고도 심히 빠르도다. … 그 날은 분노의 날이요 환난과 고통의 날이요 황무와 패괴의 날이요 캄캄하고 어두운 날이요 구름과 흑암의 날이요 나팔을 불어 경고하며 견고한 성읍을 치며 높은 망대를 치는 날이로다(습 1:14-16).

그런가 하면 하나님께서 천지를 창조하실 때 창세기 1장에서는 '첫째 날이니라'와 같이 '서수(序數) 개념의 날'을 사용하시면서도, 출애굽기 20장 11절과 31장 17절에서는 '하나님께서 엿새 동안 천지를 창조하셨다'와 같이 '기수(基數) 개념의 날'도 사용하신다(참고 출 31:17).

이처럼 성경에서의 "날"이라는 개념은 '특정한 시간'을 의미할 때도, 기수에도 서수에도 동시에 쓰이고 있으므로, "중성적(中性的) 개념의 시간"에 가깝다는 사실을 알 수 있다.

이는 마치 첫째 날 '빛'과 넷째 날 '광명(빛)'이 같은 빛이 아니라, 첫째 날 '빛'은 '원초적인 빛'을, 넷째 날 '광명'은 햇빛과 달빛과 별빛의 '자연계의 빛'을 의미하는 것과 같다(창 1:3, 14).

따라서 하나님께서 엿새 동안에 천지를 창조하셨다는 말씀을 반드시 6일×24시간이라고 단정할 필요는 없다. 무엇보다 "하나님의 목적과 관련한 순서적 개념의 하나님의 논리적 시간"(עֵת, 에트, καιρος, 카이로스)과 "인간의 목적과 관련한 기수적 개념의 세상의 물리적 시간"(זְמַן, 제만, χρονος, 크로노스)은 (양자가 전혀 동떨어진 개념은 아니지만) 기준과 차원 자체를 달리한다. 이는 하나님의 시간은 몇십억 년의 세상 시간도 한순간일 수 있다는 얘기다.

이에 대해 성경은 말씀하신다.

> 주께는 하루가 천 년 같고, 천 년이 하루 같으니라(벧후 3:8, 참고 시 90:4).

그러기에 지구가 수십억 년 나이를 가졌다고 해도 전혀 이상한 말이 아니다. 이런 관점에서 보면, 성인의 몸으로 창조된 태초의 아담이 죄를 범하기 전에는 서수적 개념이 적용되어 시간과 무관한 영적인 안식의 상태에 있었는데, 이후 죄를 범하여 에덴동산에서 쫓겨남으로 기수적 개념이 적용되어 비로소 나이를 먹었다고 할 수 있다. 그래서 예수님을 믿으면 세상 (역사) 시간에 속하면서도 하나님의 (구원의) 시간에 연합되어 이미 영생을 얻은 자가 되며, 설사 그의 육체는 썩어서 흙으로 돌아가더라도 영원히 죽지 않는 몸을 가지게 되어 둘째 사망의 해를 받지 않는다.

> "날"과 관련하여 크게 3가지 학설이 있다. 창조 기사의 날은 24시간이 아니라, 길이를 알 수 없는 장구한 시대를 가리킨다는 "시대설"(時代說, 요세푸스, 오리겐), 현재의 길이와 동일한 24시간이라는 "일자설"(日字說, 칼빈, 루터), 제4일에야 비로소 태양이 생겼다는 사실에 착안, 전(前) 3일은 '시대'이고 후(後) 3일은 '일자'라는 "혼합설"(混合說, 어거스틴, 바빙크) 등이 그것이다.
> 오늘날 대부분은 "일자설"을 지지하고 있다.
> 그러나 햇빛과 달빛과 별빛이 전혀 아닌 원초적 빛만으로 "낮" "밤" "저녁" "아침" "날"이 있게 되었다는 점에서 "일자설"의 한계가 있고, 또 넷째 날 해와 달과 별이 생긴 이후나 이전이나 상관없이 "저녁이 되고 아침이 되니"라는 말씀이 반복되어 나온다는 점에서 "혼합설"의 한계가 있다.
> 그래서 필자는 아담이 타락 전까지는 에덴동산을 다스리며(עָבַד, 아바드, 경작하

며) 지키는 가운데(창 2:15, 참고 창 2:5), 누구든지 나이를 먹고 죽어야만 하는 세상 시간에 영향받지 않는 영적 안식 상태, 곧 죽음이 없는 상태가 지속되었다고 본다(창 3:19; 롬 5:14; 고전 15:22).

4. 하나님의 형상대로 창조된 인간

하나님은 당신의 '형상'과 '모양'대로 인간을 창조하셨다(창 1:26-27; 엡 4:22).[4] 하나님은 다른 피조물과 달리, 친히 호흡(성령)을 불어넣어 주셔서, 인간을 당신의 형상을 닮은 살아있는 영혼으로 창조하셨다(창 2:7).

갓난아이가 엄마나 아빠를 쏙 빼닮으면 그 부모가 얼마나 기쁘겠는가?

그래서 하나님은 다른 피조물을 창조하실 때 "보시기에 좋았더라"는 표현과 달리, 당신의 "형상"과 "모양"을 따라 인간을 만드신 후 "보시기에 심히 좋았더라"고 말씀하셨다(창 1:31).

여기서 '형상'(צֶלֶם, 쩰렘)은 '모습' '이미지' '복사본' 등을 뜻하고, '모양'(דְּמוּת, 데무트)은 '닮은꼴'(비슷함)을 말한다.

성경은 "하나님을 알 만한 것이 저희 속에 보임이라. 하나님께서 이를 저희에게 보이셨느니라."(롬 1:19)고 말씀하시는데, 칼빈은 하나님께서 인간의 영혼 속에 당신의 형상(신적인 속성)을 새겨 넣어, 인간을 통해 당신을 반사시키셨다고 말하고,[5] 그것을 "내적 선(善)"이라고 부른다.[6]

이에 대해 데머신(주후 4세기 저술가)은 다음과 같이 말한다.

> 인간의 영혼 속에서 하늘나라의 광채가 번쩍입니다. 영혼은 하나님의 생각과 형상을 지니고 있기 때문입니다.[7]

4　칼빈은 "형상"이라는 말과 "모양"이라는 말을 같이 본다(존 칼빈, 『기독교 강요 上』, 293).
5　존 칼빈, 『기독교 강요 上』, 292-293.
6　존 칼빈, 『기독교 강요 上』, 296.
7　토마스 왓슨, 『고난의 참된 의미』, 임세일 역 (서울 : 목회자료사, 2013), 130, 중인용.

왓슨은 영혼은 진흙 반지에 박힌 다이아몬드와 같고, 얼마간의 신적인 영광의 빛이 비취는 거울이며, 하나님의 호흡에 의하여 점화된 하늘의 불꽃으로[8] 안전하게 하나님의 약속 안에 숨겨져 있고, 그리스도의 상처 안에 숨겨져 있으며, 하나님의 법령 안에 숨겨져 있다고 말한다.[9]

또한 광의로 볼 때, 이 '형상'은 인간이 맺고 있는 다양한 관계성과 소명들 속에서, 인간으로서 마땅히 행해야 할 것을 행하도록 하는 모든 은사와 재능들이 총체적으로 인간에게 부여된 상태를 지칭한다.[10] 이에 대해 바빙크는 이 형상 속에 인간의 육체까지 포함시킨다.[11] 결국 인간의 영혼과 육체 모두, 즉 전(全)인격이 하나님의 형상을 닮아서 창조되었다고 말할 수 있다.[12]

이런 의미에서 하나님의 형상을 닮은 인간은 "도덕적인 존재"이면서도 "영적인 존재"로, 하나님을 대신(대리)하여 에덴동산을 다스리는 존재다. 영(靈)이신 하나님께서는 당신의 사랑을 쏟아부을 수 있도록, 인간만을 영적·도덕적 존재로 만드시고, 부어주신 성령으로 만물을 다스리도록 하셨다. 가령 하나님께서는 태초의 인간 아담에게 당신의 숨(성령)을 불어넣어 줌으로써 지혜가 풍성히 솟아 나오도록 하여 그 지혜로 하여금 각종 들짐승과 새들의 이름을 짓도록 하셨다(창 2:19).

여기서 "하나님의 형상을 닮은 것"이라고 한 이유는 그리스도만이 "하나님의 형상(복사본)" 그 자체이신 까닭이다(골 1:15; 고후 4:4; 출 33:19).

어떻게 우리 피조물인 인간이 영이신 하나님의 복사본이 될 수 있겠는가?

우리는 결코 하나님의 복사본이 될 수 없고 단지 하나님의 형상을 본받을(닮을) 수 있을 뿐이다(롬 8:29).

---

8   토마스 왓슨, 『십계명 해설』, 이기양 역 (서울 : CLC, 2016), 259.
9   토마스 왓슨, 『십계명 해설』, 40.
10 안토니 A. 호크마, 『개혁주의 인간론』, 류호준 역 (서울 : CLC, 2004), 126.
11 헤르만 바빙크, 『개혁교의학2』, 박태현 역 (서울 : 부흥과개혁사, 2011), 698.
12 개혁신학적 입장은 영과 혼을 나누지 않으며, 이 영혼이 몸과도 유기적으로 연결된 것으로 본다. 기독교는 전인적(全人的)인 인간, 곧 영혼과 육체가 분리되는 것이 아니라, 육체와 영혼이 한 인격 안에서 통일되는 인간론을 지향한다. 이는 마치 예수님의 인성과 신성이 구별되어 고유의 완전한 속성을 가지지만, 한 인격 안에 통일되어, 분리되지 않고 나누어지지 않고 섞이지도 않고 혼동되지 않는 것과 맥을 같이한다.

그래서 칼빈은 우리가 그리스도의 형상과 같아질 때, 온전한 하나님의 형상을 지니게 된다고 말한다.[13] 사도 바울도 약하고 천박한 초등학문(형식적인 율법)으로 다시 돌아가려는 갈라디아 성도들을 위해 그들 안에(ἐν) 온전한 그리스도의 형상(복사본)이 이루기까지 다시 한번 산고의 진통을 겪노라고 말한다(갈 4:19, 참고 롬 8:29; 고후 3:18).

결국 "하나님의 형상을 닮은 자아"는 "중생함으로 하나님의 영에 온전히 연합되어, 내 안에 나는 없고 하나님의 영만 있게 된 자아"를 일컫는다(고후 3:18). 이를 "참 인간" "속 사람"(엡 3:16) "새 사람"(엡 2:15; 4:24; 골 3:10; 삼상 10:6)이라고도 하는데, 이 자아는 비록 겉 사람이 후패(朽敗)할지라도(썩어질지라도, 쇠할지라도), 그리스도 안에 감춰진 새 생명으로 인하여, 날마다 새로워지는 특징이 있다(고후 4:16-17).

이에 반해 "세상적인 자아"는 "본성적(本性的)인 자아" 혹은 "죄를 허용한 변질된 자아"로, "중생하지 못해 목이 곧고 이기적이고 강퍅한 어른의 자아" "옛 자아" "쓴 뿌리"(히 12:15) "겉 사람" "잃어버린 자아" "육(肉)의 자아" 등을 일컫는다.

이처럼 하나님은 인간을 당신의 형상대로 창조하셨어도, 속까지 완전히 똑같게 창조하지 않으시고 피조물인 인간에게 일정한 한계를 지니게 하셔서, 당신을 끊임없이 찾지 않으면 안 되도록 하셨다. 즉 하나님은 우리로 하여금 오직 성령님을 통해서만 당신을 알도록 하셨다.

5. 뱀(사탄)의 유혹에 넘어간 아담과 하와

그런데 불행하게도 최초의 인간 아담과 하와는 하나님이 금하신 선악과를 먹음으로 하나님의 창조 질서를 깨뜨리고 하나님의 형상을 잃어버렸다. 다시

---

13 존 칼빈, 『기독교 강요 上』, 295.

말해 아담과 하와[14]는 완전한 성화자가 아니었다. 아담은 어린아이 과정이 없었고, 또 원죄가 없었다는 면에서 아담 이후의 인간들과 차이가 있지만, 그 안에도 잠재적인 죄성이 있었던 것이다.

그래서 그런지 간교한 뱀은 태초의 인간의 이런 허점을 노리고, 선악과를 따 먹으면 반드시 죽는다는 말씀을 직접적으로 듣지 못한(창 2:17) 하와에게 다가가 다음과 같이 유혹했다.

> 하나님이 참으로 너희더러 동산 안에 있는 모든 나무의 실과를 먹지 말라 하시더냐?(창 3:1)

물론 여기서 하와를 유혹한 존재는 뱀 그 자체가 아니라, 뱀 안에서 조종하는 사탄이다.[15] 간교의 왕인 사탄 마귀가 들짐승 중에 가장 간교하게 지음을 받은 뱀을 통해서 역사한 것이다. 이에 하와는 이런 말을 들었다고 답한다.

"동산 나무의 실과를 먹을 수 있으나, 하나님께서 혹 죽을 수 있으니, 동산 중앙에 있는 나무의 실과는 먹지도 말고 만지지도 말아야 한다."(창 3:3)

여기 사탄의 유혹을 보라!

"천 개를 다 못 먹게 하시더냐?"

"아니, 그중 한 개만 못 먹게 하셨어!"

"천 개를 다 먹으라고 하시더냐?"

"아니, 그중 한 개만 못 먹게 하셨어!"

이 중에서, 어떤 것이 더 넘어가기 쉬운 유혹일까?

똑같은 말이라도 "아" 다르고 "어" 다른데, 이처럼 사탄은 하와로 하여금 하

---

[14] '하와'라는 이름은 범죄 후 아담이 믿음으로 반응하여 지은 이름인데, 여기서는 편의상 '여자'(הָאִשָּׁה, 이솨아, 아내)라고 하지 않고, '하와'(חַוָּה, 하우와, 산 자의 어미)라고 한다(창 3:20; 2:23).

[15] 동물은 꿈을 꾸거나 원대한 비전을 가질 수 없다. 창세기 3장에서 뱀이, 그리고 민수기 22장에서 나귀가 말을 했다는 기록이 나오지만(창 3:1-4; 민 22:28-30), 성경 어디서도 동물이 직접 하나님과 인격적인 교제를 나눴다는 얘기는 없다. 또 동물은 무엇보다도 하나님의 사랑의 기준에 맞춰 사랑할 수 없다. 동물은 하나님의 영을 입을 수 없기에 하나님과 영적 교제를 나눌 수 없다. 그래서 성경은 동물의 혼은 결국 땅으로 내려갈 뿐이라고 말씀하신다(전 3:21).

나님께서 인간의 자유를 전적으로 억압하는 뉘앙스를 풍기게 하여, 부정적인 마음을 가지게 하였다.

즉 하나님께서 다 잘해 주고 딱 한 가지만 제한했을 뿐인데, 그 제한한 딱 한 가지가 불만이도록 만든 것이다. 가령 한 가지 약점이 있는 누군가를 매장하려고 할 때, 어차피 답이 "아니, 한 가지가 문제야!"라고 나올 것을 뻔히 알면서, "개 전부 다 문제가 있지?"라고 물음으로써, 그 답이 나올 때, 전체적으로 부정적인 이미지를 가지게 하여, 그 한 가지 약점을 집중적으로 부각시키는 것과 같은 이치다.

앞에서 언급했듯이, 하와는 하나님의 말씀을 정확하게 알지 못한 치명적인 약점이 있었다. 그래서 하나님의 "동산 중앙에 있는 나무 가운데 선악을 알게 하는 나무의 실과를 먹으면 정녕 죽으리라!"는 말씀을, "동산 중앙에 있는 나무의 실과를 먹으면 혹시 죽을 수 있으니, 먹지도 만지지도 말라!"는 말씀으로 인식했던 것이다. 이 기회를 놓치지 않고 뱀은 이렇게 유혹했다.

"너희가 절대로 죽지 아니하리라! 너희가 그것을 먹는 날에는 너희 눈이 밝아 하나님과 같이 되어 선악을 알 줄을 하나님이 아심이니라!"

하나님께서 마치 이기심과 질투심 때문에 인간에게 선악과를 먹지 못하게 한 것처럼 유혹한 것이다(창 3:5).

하와는 선악과가 보암직하고 먹음직하고 지혜롭게 할 만큼 탐스럽게 보였다. 그녀의 마음에 이기심과 탐심이 꿈틀거린 까닭이리라! 결국 그녀의 이 이기심과 탐심 때문에 사탄의 유혹에 넘어가 선악과를 먹는다. 덩달아 아담도 아내를 몹시 사랑해서인지, 아니면 선악과를 먹고도 하와의 육체가 멀쩡히 살아있음을 보아서인지, 결국 그 선악과를 먹어버리고 만다(창 3:6).[16]

이 일로 인하여 하나님께서는 뱀에게 다음과 같이 선포하신다.

---

16 아담은 선악과를 먹은 하와가 죽지 않았음을 보고, 하나님의 말씀이 거짓이라고 생각하여 선악과를 먹었을지 모른다. 또 어쩌면 하와를 따라서 자기도 죽으려고 선악과를 먹었을지 모른다. 이에 대하여 밀턴은 『실낙원』에서 "아담은 처음에는 몹시 놀랐으나, 그녀가 멸망한 것을 깨닫고는 열렬한 사랑으로 말미암아 그녀와 함께 멸망하기로 결심했다."고 표현하고 있다(J. 밀턴, 『실낙원』, 이경애 역 [서울 : 일신서적, 1994], 308).

> 네가 이렇게 하였으니, 네가 모든 육축과 들의 모든 짐승보다 더욱 저주를 받아 배로 다니고 종신토록 흙[17]을 먹을지니라. 내가 너로 여자와 원수가 되게 하고 너의 후손도 여자의 후손[18]과 원수가 되게 하리니, 여자의 후손은 네 머리를 상하게 할 것이요, 너는 그의 발꿈치를 상하게 할 것이니라(창 3:14-15).

아담과 하와는 완전해지고 싶었다. 신이 되는 것을 감당할 수도 없으면서 신이 되고 싶어 했다. 그래서 선악과만 먹으면 피조물로서의 한계를 뛰어넘어 신(神)이 될 수 있다는 뱀의 유혹에 쉽게 넘어갔다. 자기의 실체를 분명히 인정하는 데서부터 진리의 출발점이 시작되는데, 아담은 근저에서부터 이를 무시했다. 그래서 얻었다고 생각한 진리는 진리가 아니라, 비(非)진리였다.

이제 아담은 뱀 안에 있었던 더러운 사탄의 꾐에 넘어가, 어둠의 영역까지 주제넘게 침범해 버렸다. 하나님의 형상을 따라 창조된 인간이 하나님을 닮기는커녕, 어둠의 일에 관여하고 말았다. 하나님의 영을 받은 자가, 자기가 이름을 지어준 뱀의 말을 듣고서 말이다.

그 결과 아담은 어둠의 권세 아래에 놓여, 거룩하고 참된 마음의 땅, 곧 영적인 에덴동산에서 쫓겨난다(창 4:14, 참고 레 18:27-28). 그리고 땅도 아담으로 인하여 저주를 받아, 아담은 종신토록 땀을 흘리며 수고하여야 그 소산을 먹게 된다. 또 하와는 잉태하는 고통이 크게 더해져 자식을 낳게 되었으며, 하나님

---

17 성경은 하나님이 흙(עָפָר, 아파르, dust)으로 사람을 지으셨다고 하시며(창 2:7), 흙(אֲדָמָה, 아다마, ground) 속에서 취함을 입었다고도 하신다(창 3:19). 이는 일개의 인간이란 존재가 말 그대로 아무것도 아닌 미천한 질그릇과도 같은 존재임을 보여준다(고후 4:7). 또한 범죄한 아담에게 "너는 흙으로 돌아갈 것이다."라는 말씀도 "아파르"로서의 흙과 "아다마"로서의 흙이 동시에 쓰이고 있다(창 3:19). 그런가 하면 각종 들짐승과 공중의 각종 새를 지으실 때의 흙과 에덴동산에서 쫓겨난 후 그의 근본된 토지를 갈게 하실 때의 흙은 "아다마"가 쓰이고 있다(창 2:19; 3:23). 이처럼 인간을 창조할 때의 "흙"이 "아다마"와 "아파르"가 동시에 섞여서 쓰이고 있는데, 통상 아담이란 이름이 "붉은 흙"(황토?, אֲדָמָה, 아다마, ground)을 의미하기에, 티끌이나 먼지로 번역되는 "아파르"는 "실체 없는 흙"으로 범죄한 영혼의 썩어질 "육"(肉)을 상징하기도 한다. 이런 의미에서 뱀이 종신토록 흙을 먹고 산다는 말씀은 인간의 썩어질 육을 먹고 산다는 의미로 볼 수 있다(요 6:63).
18 여기서 '여자의 후손'은 '예수 그리스도'를 의미하는데, 예수 그리스도가 십자가에 못 박힘으로 사탄이 이긴 것 같았는데, 오히려 예수님이 사탄의 근거가 되는 머리를 다 부숴버릴 것이라는 의미다.

으로부터 "너는 남편을 사모하고 남편은 너를 다스릴 것이니라."는 말씀을 듣게 된다(창 3:16-19).

여기에는 생명의 숨을 불어넣어 인간을 만드신 하나님의 은혜를 조금이라도 느껴보라는 메시지가 담겨있다. 즉 새 생명 창조에의 고통을, 그리고 남편의 갈빗대로 창조되었음에도 그 고마움을 모르고 오히려 남편까지 선악과를 먹게 만든 것에 대한 책임을 조금이라도 느껴보라고 말이다. 이렇게 해서 하나님은 남자와 여자와의 관계에 대한 질서를 세우셨다.

아담은 선악을 잘 분별하여 어둠(악)을 이긴 것이 아니라, 선악을 바로 분별하지 못한 상태에서 어둠에 패배했으며, 거룩한 사랑으로 선악을 아는 자가 아니라, 타락하여 더러움이 섞인 사랑으로 선악을 아는 자가 되어 버렸다. 또 선악과를 먹었다고 해서 육체가 바로 죽지는 않았으나, 하나님께 돌이키지 않는 이상 그 영혼은 이미 죽은 상태가 되었고, 때가 차면 육체의 죽음을 맞이할 수밖에 없게 되었으며, 이 유산을 고스란히 후손에게 물려주게 되었다.

아담은 선악과를 먹은 후 눈이 밝아졌으나, 사탄의 말과 정반대로 영의 눈이 열린 것이 아니라, 육(肉)의 눈이 열려 벌거벗은 게 부끄러워졌다(창 3:7). 그래서 무화과나무 잎을 엮어 치마를 삼았다. 그래도 자기들 안에 남아있었던 하나님의 형상, 곧 양심의 빛이 발동하여 하나님의 말씀에 불순종한 자기의 영적인 상태가 어둠인 줄 알고 그 어둠(수치)을 감추기 위해 치마를 한 것이다.

그러나 무화과나무 잎을 엮어서 치마를 한다고, 눈에 보이지 않는 죄로 인한 수치가 감춰질 수 있겠는가?

이에 대해 성경은 다음과 같이 말씀하신다.

> 나는 가까운데 하나님이요 먼데 하나님은 아니냐? 사람이 내게 보이지 아니하려고 누가 자기를 은밀한 곳에 숨길 수 있겠느냐? 나 여호와가 말하노라. 나는 천지에 충만하지 아니하냐?(렘 23:23, 참고 겔 11:5)

그런데도 많은 사람들은 오늘날 이 수치를 가리기 위해서 돈을 모으고 권력을 잡으려 하며 얼마간 도덕적으로 선한 일도 하면서 입을 싹 씻으려고 한다.

이를 통해 자기들의 죄를 감출 수 있다고 생각하다니! 얼마나 어리석은가?

그러나 하나님은 사랑이시라(요일 4:8), 죄 때문에 어쩔 줄 몰라 하는 그들을 불쌍히 여겨 찾아오셨다. 즉 그로부터 시간이 얼마 동안 흘러 날이 서늘할 때 하나님이 아담에게 물으셨다.

"네가 어디 있느냐?"

이 음성을 듣자 아담과 하와는 여호와 하나님의 낯을 피하여 동산 나무 사이에 숨는다(창 3:8). 선악과를 먹으면 반드시 죽는다는 하나님의 엄중한 말씀으로 인하여 하나님의 진노의 심판이 두려워, 감히 하나님 앞에 나설 수 없었던 것이다.

요컨대 뱀 안에서 역사한 사탄은 하나님께서 이미 다 만들어놓은 것들 위에 편승한 존재에 불과했다. 즉 사탄은 하나님과 대등한 또 하나의 영의 세계의 축이 아니라, 철저히 하나님의 피조물에 불과했다. 그런데도 하와는 뱀 안에 있었던 사탄과 정상적인 대화를 나눔으로써 거기에 넘어갔다. 본인의 이기심과 탐욕을 주체할 수 없어, 사탄의 말을 하나님의 말씀보다 더 신뢰했다. 여기서 하와는 "누가 말했느냐?"를 먼저 확인해야 했다. 즉 "피조물이 말했느냐? 하나님이 말했느냐?" 그리고 말했다면 "무슨 기준으로 말했느냐?" 등을 말이다.

이처럼 사탄의 유혹에 넘어가는 사람들은 상대방의 실체를 분명히 확인하지 않는 경향이 있다. 즉 이들은 하나님의 말씀을 "마음속 깊이" "천금보다 무겁게" "영원의 시각으로 진중(鎭重)하게" "내 생명보다 귀하게" 받아들이지 않고 아주 "겉만 얄팍하게" "깃털보다 가볍게" "순간의 시각으로 충동적(즉흥적)으로" "내 생명보다 하찮게" 받아들이곤 한다.

4장

죄와 사탄

1. 죄란 무엇인가?

보통 한국에서 조상에 대해서 이야기할 때 경주 김씨, 전주 이씨, 나주 김씨 등 자기 조상 중에서 가장 출중한 사람을 기점으로 이야기한다. 그런데 가만히 보면 불교, 이슬람교, 유교 등 성인군자가 만든 종교 또한 그렇다는 것을 알 수 있다. 즉 그 시대에 정말 훌륭한 사람이 일정한 시스템을 만들어 놓고 세력화하여 거기서부터 전 세계로 자기네의 우수성을 퍼뜨리는 식이다. 그러나 죽음을 피할 수 없는 인간이 만들어 놓은 것들은 다 한계를 지님을 부인할 수 없다. 따라서 조물주 하나님으로부터 그 뿌리가 시작되는 것이 아니라, 인간이 만들어낸 기준으로부터 시작되는 것은 답을 찾을 수 없어 혼란이 가중될 뿐이다.

죄도 마찬가지이다. 인간적이고 교양적인 관점에서 죄를 정의하는 것은 한계가 있다. 기준점 자체가 틀리기 때문이다. 가령 세상적인 기준으로 보면 도덕적으로 착한 사람은 죄와 무관하지만, 하나님의 기준으로 보면 세상에서 죄와 무관한 듯 보이는 사람도 죄인 중의 죄인이 될 수 있다.

그러면 하나님의 기준에서 죄가 무엇일까?

"죄"는 히브리어로 "핫타아"(חַטָּאָה), 헬라어로 "하마르티아"(ἁμαρτία)인데, 과녁 혹은 올바른 지점에서 빗나가거나 그에 도달하지 못한다는 뜻을 지니고 있다. 즉 성경에서 "죄"는 사랑해야 하는데 사랑하지 못하고, 미워하지 말아야 하는데 미워하는 등 "하나님의 말씀을 불신하고 불순종하는 것"(웨스트민스터 소요리문답 제14문, any want of conformity unto, or transgression of, the law of God), 곧

"하나님의 뜻을 거역·배반하여 하나님을 떠남으로 그분과의 관계가 단절된 것"을 말한다.

김세윤은 성경에서 말하는 죄의 개념에는 인간이 창조주 하나님의 피조물이라는 것이 전제되어 있다면서, 죄의 본질을 "하나님에 대한 인간의 옳지 않은 태도, 곧 자기를 주장하려는 의지의 발로의 결과, 하나님께 의존하는 태도로서의 순종을 버림으로 인해, 온 우주를 창조하신 하나님의 무한한 자원을 공급받아 그 자원에 의존하여 살 수 있는 존재로서의 활로를 끊어버리고 스스로를 스스로에게 닫아버리는 것"으로 본다.[1]

피조물이면서도 하나님 없이 얼마든지 스스로 존재할 수 있다고 생각하는 태도가 하나님과의 관계를 단절시킨다는 것이다. 생각해 보라!

육의 부모가 자식을 낳았는데, 자식이 부모를 몰라보고 이 세상에서 마치 자기 혼자 존재하기라도 한 마냥 한다면, 부모 입장에서 얼마나 큰 죄라고 생각하겠는가?

이는 영의 부모인 하나님과 자식인 인간과의 관계에서도 마찬가지이다. 우리의 생명의 근원이신 하나님과의 관계가 단절되면, 하나님의 뜻을 거역·대적하게 되고, 그 뿌리에서부터 죄의 노예가 되어 결국 사망을 맞이하여 지옥으로 가게 된다.

벌코프는 죄는 실재하지만, 아무도 그 기원을 설명하지 못한다고 보고,[2] 이 '죄'라는 범주 안에 "죄책"(罪責)과 "부패"(腐敗)를 포함한다. 여기서 "죄책"은 "율법 또는 도덕적 요구를 어긴 행위에 대해서 처벌 또는 정죄를 받게 되는 것"을 말하고, "부패"는 "모든 신자에게 생득(生得)적으로 임하는 것"을 말한다.[3] 쉽게 말하면, "죄책"은 직접 죄를 지음으로써 처벌받게 되는 책임을 의미하고, "부패"는 태어날 때부터 직접 죄를 지은 것은 아니지만, 아담과 하와의 원죄로 인해 마음의 토양이 오염되어, 죄를 지을 가능성이 있는 상태를 말한다.

---

1 김세윤, 『구원이란 무엇인가?』 (서울 : 두란노아카데미, 2001), 16.
2 헤르만 바빙크, 『개혁교의학3』, 박태현 역 (서울 : 부흥과개혁사, 2011), 175.
3 루이스 벌코프, 『조직신학 上』, 권수경·이상원 역 (서울 : 크리스챤다이제스트, 2002), 449.

죄는 마귀의 배설물이며 악의 복합체이며 해악이 증류된 결정체이다.[4] 죄의 독은 얼마나 강한지 한 방울로도 온 바다를 오염시키기에 충분하며, 죄의 열매는 얼마나 독하고 유해한지, 한 번 깨물어 먹는 것으로 온 인류가 죄에 중독되었다.[5] 죄는 양심 속에 가책의 벌레를 넣어주고, 지옥 속에 불을 넣어준다.[6]

죄는 뱀의 독보다도 더 해로운데, 이럼에도 죄를 사랑하는 자가 이토록 많음은 어찌된 일인가?

그런데 이 죄는 처음에 아주 사소한 것처럼 보이는 데에서부터 시작한다. 그중 1순위는 '생각'이다. 가령 요한복음 13장 2절에 다음과 같이 말씀하신다.

> 마귀가 벌써 시몬의 아들 가룟 유다의 마음에 예수를 팔려는 생각(καρδία, 카르디아)을 넣었더니

사탄이 좋아하는 양분은 의심 · 불안 · 두려움 · 조급 · 음란 · 교만 · 혈기 등 다양하지만, '생각'이 사탄의 제1 통로인 셈이다.

좋든 싫든 우리의 '생각'이 사탄의 주파수에 맞춰지면, 사탄은 예고 없이 그 생각을 타고 들어와 자리를 잡아버린다. 이는 마치 돼지기름과 같은 부패한 우리의 본성에, '부정적인 생각'이라는 불덩어리를 던진 것과 같아, 순식간에 우리 영혼이 이 불로 잠식당하고 만다. 그런데도 어리석은 인간은 이게 눈에 보이지도 않고 큰 것도 아니라고 해서 무시하곤 하는 실수를 자주 범한다.

> 이솝 우화를 보면, 폭풍우 치는 날 고슴도치 한 마리가 토끼굴로 와서는 피신하게 해 달라고 간청하면서 조용한 손님이 되겠다고 약속한다. 그러나 그가 대접을 잘 받은 후에는, 몸의 가시를 세워서 가련한 토끼들을 그들의 굴에서 다 몰아 내쫓을 때까지 버티고 나가지 않는다.

---

[4] 토마스 왓슨, 『팔복 해설』, 라형택 역 (서울 : CLC, 2012), 127.
[5] 토마스 왓슨, 『묵상의 산에 오르라』, 돈 키슬러 편, 조계광 역 (서울 : 생명의말씀사, 2013), 104.
[6] 토마스 왓슨, 『주기도문 해설』, 이기양 역 (서울 : CLC, 2008), 550.

이처럼 탐욕도 마음속으로 슬며시 들어와서 그것을 감아 틀고 앉으려고 온갖 그럴싸한 구실들을 늘어놓아도 일단 우리가 그것을 받아들이기만 하면, 그 가시가 모든 좋은 것들을 다 질식시켜 버리고 우리의 마음에서 모든 신앙심을 몰아내어 버릴 때까지는 결코 찌르는 짓을 중단하지 않는다.[7]

2. 사탄의 실체

'아침의 아들 계명성'(사 14:12)과, '하나님을 보좌하는 그룹'으로 불렸으며, 하나님의 천사들 중 하나였으나(겔 28:13-17), 교만하여 자기 처소를 떠나 하나님을 대적하다가 정죄받은 영물 곧 사탄(Σαταvᾶς, 사나타스, Satan)[8]은 어원적으로 "방해자" "참소자" "대적자" "변절자"라는 뜻을 지닌다(사 14:12-15; 겔 28:13-17; 벧후 2:4; 유 1:6). 이 사탄은 하나님으로부터 공중권세를 넘겨받은 영물로(요 14:30; 고후 4:4; 엡 2:2; 요일 5:19; 요 12:31-33), 때로는 "미혹의 영"(요일 4:6)으로, 때로는 "우는 사자"(벧전 5:8)처럼, 또 때로는 "광명 천사"(고후 11:14)의 모습으로 우리에게 나타난다.

사탄으로 상징되는 뱀의 현상학적인 특징을 보면 재미있는 면을 발견할 수 있다.

첫째, 뱀은 찬피동물로 눈물샘이 없는데, 이는 뱀의 속성 자체가 무정함을,

둘째, 뱀의 혀는 두 개로 갈라져 있는데, 한 입 가지고 두말함을,

---

[7] 토마스 왓슨, 『팔복 해설』, 232.
[8] 사탄(Satan)은 성경에서 "이 세상 신"(고후 4:4) "이 세상 임금"(요 12:31) "강한 자"(눅 11:21) "바알세불"(마 12:24) "벨리알"(고후 6:15) "공중의 권세를 잡은 자"(엡 2:2) "아바돈"(계 9:11) "아볼루온"(계 9:11) "붉은 용"(계 12:3, 참고 사 51:9; 27:1; 시 74:13) "옛 뱀"(계 12:9) "마귀"(계 12:9) 등으로 일컬어진다. 특히 요한계시록 12장 3절에 "붉은 용"은 일곱 머리에 일곱 면류관이 있고 뿔을 열 개 가진 것으로 묘사되는데, 여기서 '머리가 일곱'이라 함은 '그 간교함이 이루 말할 수 없음'을, '열 뿔'은 '그 권세의 막강함'을, '일곱 면류관'은 예수님이 쓰신 금 면류관을 모방했음'을 보여준다. 이에 반해 예수 그리스도를 상징하는 '어린양'은 머리 한 개에 일곱 뿔이 있고 일곱 눈을 가진 분으로 묘사되는데(계 5:6), 여기서 '일곱 뿔'이라 함은 '하늘과 땅의 모든 권세를 가짐'을, '일곱 눈'이라 함은 '온 땅에 보내심을 입은 하나님의 일곱 영', 즉 '이 세상 모든 것을 완전하게 감찰하심'을 의미한다.

셋째, 뱀의 머리는 크지만 그 꼬리가 가는 것은, 처음에는 은혜롭게 성령으로 시작했다가 마지막에는 세상 정욕으로 끝냄을 상징한다.
넷째, 뱀은 언제나 머리를 들고 다니는데 이는 교만함, 그래서 그런지 뱀은 눈꺼풀이 없어 눈을 감지 못하는데, 교만한 자는 항상 안식하지 못함을 상징하며,
다섯째, 뱀은 언제나 빈틈을 찾는데, 이는 인간의 약점을 늘 찾아다님을 상징한다. 사탄은 우리가 조금이라도 틈을 주면 금방 비집고 들어오는 존재다.
여섯째, 뱀은 어둡고 습한 곳을 좋아하는데, 사탄에 잡힌 자들이 어둡고 음침한 곳을 좋아하는 데에는 다 그만한 이유가 있다.
일곱째, 뱀은 자기 머리보다 10배나 큰 짐승도 통째로 먹을 수 있는데, 그만큼 뱀은 탐욕의 동물이다.
여덟째, 그런가 하면 뱀은 귀가 없어 듣지 못한다. 이 또한 마귀에 잡히면 말씀에 귀가 먹은 자가 된다는 것을 상징한다.
아홉째, 특히 뱀은 성기가 2개나 되는데, 동물학자들에 의하면, 뱀이 모든 피조물 중에 성교하는 시간이 48시간으로 가장 길다고 한다. 그러니까 뱀은 정욕면에서 동물의 왕인 셈이다. -(예화사전)-

다만 여기서 유의할 점은 하나님과 사탄을 동급으로 놓아서는 안 된다는 점이다. 즉 사탄은 하나님의 말씀을 불신하고 불순종하는 자들을 위해 마련된 도구일 뿐이다. 이미 예수님께서는 십자가에서 죽임을 당하시고 부활 승천하셨기에, 이제 누구든지 죽음과 사탄을 완전히 이기신 예수님을 제대로 믿기만 하면 능히 사탄을 제압할 수 있다(창 3:15; 약 4:7).

3. 죄의 특성

사탄의 유혹으로부터 비롯된 죄는 하나님과 이웃과의 관계를 철저히 파괴한다. 진짜 노름꾼은 처음에는 져주고 결정적인 순간에 한 방으로 끝내듯이, 사탄은 우리에게 그럴싸하게 보이는 것들을 쥐여 주고, 내게 소중한 것을 다

빼앗아버린다. 여기서 우리가 분명히 알아야 할 점은 하나님에게도 공짜가 없듯이, 악마에게도 공짜가 없다는 점이다. 죄를 지으면, 반드시 그에 상응한 대가를 치러야 한다.

그런데 이 죄에는 몇 가지 특성이 있다.

(1) 고착성

사탄 마귀는 한 번 인간의 몸과 영혼에 들어오면 잘 떠나지 않는다. 마치 거머리를 떼어내기가 쉽지 않듯이, 한 번 죄를 허용한 이상, 죄를 내보내기가 쉽지 않다. 죄를 허용한 만큼, 그 죄가 자기의 주인이 되었기 때문이다.

(2) 부패성

죽은 피(어혈)가 우리 몸 안에 있게 되면 피가 돌지 않아, 점점 부패하여 우리 몸의 저항력을 담당하는 백혈구가 감당할 수 없을 지경까지 이르러 때로는 암으로까지 발전하는 것처럼, 사소한 죄라도 그대로 놔두면 얼마 안 가서 흉측하게 부패해버린다.

(3) 전염성

쓰레기가 버려져 있으면 "아! 이곳에 쓰레기를 버려도 되는가 보다!" 하며 더 버리는 것과 같이, 죄를 지으면 더 쉽게 죄를 짓게 된다. 한 번 죄를 지으나 두 번 죄를 지으나, 더럽혀진 것은 마찬가지일 테니 말이다. 또한 죄는 전염병처럼 주변에 급속히 전염된다. 가령 요즘 인터넷을 통한 모방 범죄가 많음을 생각해 보라!

> 악인과의 교제는 매우 불결케 하는 것으로써 이것은 전염병을 가진 자들 가운데로 다닌 것과 같습니다. "열방과 섞여서 그 행위를 배우며"(시 106:35)라고 했습니다. 만일 당신이 빛나는 갑옷을 녹슨 갑옷과 섞어 놓는다면 빛나는 갑옷은 녹슨 갑옷을 빛나게 하지 못하지만, 녹슨 갑옷은 빛나는 갑옷을 망쳐 놓을 것

입니다.[9]

선인이 악인에게 좋은 영향을 미치는 것보다 악인이 선인에게 더 빨리 악한 영향을 미칩니다. 이는 포도즙이 식초를 달콤하게 만드는 것보다 식초가 포도즙을 더 빨리 시큼하게 만드는 이치와 같습니다. 속된 친구들이 우리의 영혼에 끼치는 해는 전염병에 감염된 사람들이 우리의 육체에 끼치는 해와 같습니다.[10]

(4) 연대성(連帶性)

라이프 성경사전에 의하면, 원죄는 "첫 인류인 아담의 범죄로 인해 그의 후손으로 태어나는 모든 인류가 생래적(生來的)으로 지니게 되는 본질적인 죄"를 가리킨다. 즉 인류의 대표자인 아담이 범한 죄는 인류의 "영적(靈的) 연대성"에 의해서 모든 인류에게 영향을 미쳐, 결국 이 원죄는 출생 이후 각자가 지은 모든 자범죄(自犯罪, actual sin)의 원인이 된다.

그리하여 아담의 원죄(原罪, original sin)로 인하여 후손들에게 그 죄성(罪性)이 그대로 미쳐, 인간은 태어날 때부터 총체적으로 부패한 죄의 성향(性向)과 본성(本性)을 지니게 된다. 죄짓는 것을 가르쳐 주지 않아도 인간이 쉽게 배우고 따라 하는 이유가 여기에 있다.

태초의 인간 아담이 죄를 범한 결과, 죄가 세상에 들어왔고(롬 5:12), 아담 이후의 모든 인간이 정죄를 받아 사망에 이르게 되었다(롬 5:18). 이에 대해 성경은 "한 사람으로 말미암아 죄가 세상에 들어오고 죄로 말미암아 사망이 왔나니, 이와 같이 모든 사람이 죄를 지었으므로 사망이 모든 사람에게 이르렀느니라."고 말씀하신다(롬 5:12, 참고 시 51:5; 14:2-3; 49:12; 전 7:20; 렘 17:9; 롬 3:10-18, 23; 5:17; 7:18, 20-23; 고전 15:22; 엡 2:3; 4:18; 사 64:6; 요일 1:8). 즉 사망이 아담의 범죄와 같은 죄를 짓지 아니한 자들 위에도 왕 노릇 하게 된 것이다(롬 5:14).

---

9   토마스 왓슨, 『주기도문 해설』, 207.
10 토마스 왓슨, 『천국을 침노하라』, 돈 키슬러 편, 조계광 역 (서울 : 생명의말씀사, 2014), 229.

그리하여 아담 이후의 인류는 죄의 "연대성"으로 말미암아 직접 죄를 짓지 않았어도 죄와 사망 아래서 신음하게 되어, 육체의 죽음을 맞이할 수밖에 없게 되고, 가시, 엉겅퀴, 지진, 홍수 등 세상의 가시적인 속성의 영향을 받을 수밖에 없게 된다. 이에 대해 마샬은 인간은 원죄로 인하여 태어난 순간부터 하나님과 경건에 대하여 죽은 자로 살아갈 수밖에 없다고 말한다.[11]

(5) 가장성(假裝性)

죄는 자기의 정체를 자꾸 감추고 속이려 하는 경향이 있다. 죄는 독약보다 더 치명적이고 배설물보다 더 더러우면서도 맛좋은 별식이라도 되는 듯이 자기의 정체를 숨긴다.

(6) 책임 회피성

죄는 자꾸 책임을 타인에게 미루려고 한다. 그래서 죄를 지은 사람은 이리저리 변명을 해대기 바쁘다. 가령 선악과를 먹은 하와가 아담에게, 또 아담은 뱀에게 그 책임을 돌린 모습을 보라!(창 3:10-13) 꼭 보면 죄를 범한 인간은 자기를 만드신 하나님에게 그 책임을 묻는 경향이 있다.

> "네이버 중고나라"라는 카페는 한국에서 2017년 10월 2일을 기점으로 약 1,585만 명 이상의 사람들이 애용하고 있다. 중고 거래의 특성상 거의 반값 이하로, 또 때로는 잘만 하면 신품과 같은 제품을 헐값에 구할 수도 있다.
> 그런데 가령 거래 경험이 전무(全無)한 자가 어떻게 할 줄 몰라 할 수 없이 이를 잘 아는 사람에게 부탁한다고 했을 때, 혹시 거래가 잘못된 경우 일어날 수 있는 모든 책임을 그자에게 전가시키려 한다면 그 사람이 이 자의 부탁을 들어줄까? 이리되면 중개를 맡긴 사람은 말 그대로 평생 이런 거래가 의심스러워서 하지 못하게 될 가능성이 높아지고, 그 결과 중고 거래를 통하여 정말 좋은 제품을 값싸게 얻을 기회를 놓치게 될 것이다.

---

11 월터 마샬, 『성화의 신비』, 장호준 역 (서울 : 복 있는 사람, 2015), 45.

(7) 지배성

죄를 지으면 곧바로 누구나 죄의 종이 되어, 원하든 원하지 않든 사탄에 일평생 종노릇을 하게 된다. 죄를 짓는 자마다 누구든 하나님 앞에서 불법자가 된다(요일 3:4). 죄를 지은 자는 참으로 신기하게도 죄에 눌려 있으면 그것이 좋지 않다는 것을 뻔히 알면서도 끊지 못하고, 여전히 어리석은 생각과 말과 행동을 반복하게 되는데, 이 모든 것은 죄의 "지배성" 때문이다. 이에 대해 성경은 말씀하신다.

> 죄를 범하는 자마다 죄의 종이라(요 8:34).
> 너희 자신을 종으로 드려 누구에게 순종하든지 그 순종함을 받는 자의 종이 되는 줄을 너희가 알지 못하느냐? 혹은 죄의 종으로 사망에 이르고, 순종의 종으로 의에 이르느니라(롬 6:16).

5장

에덴동산의 회복

1. 모든 인간은 "마음의 에덴동산"을 가지고 있다

　아담의 타락 이후의 모든 인간은 사는 동안 흥미진진한 참사랑을 나누며 행복하게 살기를 바라고 있다. 하지만 세상은 그런 그를 가만히 놔두지 않는다. 그 영향을 받아서인지 인간은 원치 않게, 또 때로는 고의로 죄를 범하여 자기 안에 무거운 죄짐(죄의 짐)을 허용하고 만다. 여기서 우리는 우리가 얼마나 미약한 피조물에 불과한지를 알 수 있다. 이 세상에서 내 마음대로 믹든 해도 좋을 것 같은데, 거기에는 엄연한 선악의 기준이 존재하여 원하든 원치 않든, 그 기준에 따라 제한을 받아야 하는 것이다.

　"무엇이 진리일까?"

　"인생이란 무엇인가?"

　이러한 고민을 하는 동안에 시간은 하염없이 흘러간다. 그와 동시에 선악 간 괴리의 골은 더 깊어진다. 설사 남녀 간 진짜 목숨을 건 사랑을 한다 해도, 죽음과 사탄 등의 문제는 절대로 해결할 수 없다.

　타락 전의 인간은 "마음의 에덴동산"을 가지고 있었다고 할 수 있는데,[1] 이때는 순수하고 바른 양심으로 온갖 고귀한 가치를 창출해 낼 수 있었다. 이 동산에 있으면, 자기도 모르는 가운데 하나님의 사랑에 속한 바 되었다. 하지만 한 번 죄를 범하니, 다시는 그 세계로 돌아갈 수 없다는 것과 죄를 범하기 전까지

---

[1] 존 밀턴은 『실낙원』에서 "아담과 하와가 에덴동산으로부터 추방된 이후로 모든 인간의 마음속에는 에덴을 그리워하는 마음이 있다."라고 말한다.

의 자기 마음의 에덴동산이 얼마나 소중한 것이었던가를 깨닫게 된다. 그 안에 담긴 온갖 진귀한 보물을 예전에는 복에 겨워 몰랐던 것이다.

그런데 이렇게 죄를 범하여 에덴동산에서 쫓겨난 인간이, 세상에 적응하는 부류는 크게 세 가지다.

첫째, "어차피 망가진 마당에 아무렇게나 살자!"

둘째, "그래도 세상의 건전한 기준에 맞춰 착하게 살아보자!"

셋째, "진실로 회개하고 예수님을 믿어, 그 잃어버렸던 '원래의 자아'를 회복하자!"

2. 마음의 죄는 하나님만이 씻어주실 수 있다

그러면 여기서 "어떻게 셋째 부류에 속하는 것이 가능할까?"라는 질문이 생긴다. 이 문제를 이해하기 위해서 우리는 먼저 "관계"라는 개념을 이해할 필요가 있다. 만약 우리 몸에서 오장육부와 손발과 같은 지체가 서로 유기적으로 연결되어 있지 않다면 곧바로 죽을 것이다. 마찬가지로 기독교의 사랑은 철저히 관계적이다.

보통 관계를 맺으려면 한쪽이 다른 쪽에 맞추면 된다. 그런데 하나님과 인간과의 관계는 좀 다르다. 이 경우 하나님이 세속의 인간의 기준에 맞춰서는 교제가 이뤄질 수 없다.

어떻게 감히 피조물인 인간이 조물주 되시는 하나님과 관계를 맺을 수 있겠는가?

그러기에 인간이 하나님과 관계를 맺으려면, 오직 성신(聖神)이신 성령님이 오셔서 매개 역할을 하셔야 한다.

특히 마음의 죄는 하나님만이 용서하시고 씻어주실 수 있다.

자동차를 만든 사람이 자동차의 고장을 가장 잘 고칠 수 있는 것처럼, 마음을 만드신 하나님이라야 이 문제를 능히 해결해 주실 수 있지 않겠는가? (슥 12:1)

만약 누군가가 자기 스스로 마음의 더러운 죄짐을 덜어내거나, 또는 그 죄로 인해 죽게 된 마음을 다시 살려낼 수 있다고 한다면, 자기의 양심마저 속이는 셈이 될 것이다.

눈에 보이는 육체도 한 번 죽은 다음에는 살려내지 못하는데, 어떻게 인간의 마음을 살려낼 수 있단 말인가?

죽은 마음을 다시 살려내는 일은, 눈에 보이는 죽은 육체가 다시 살아나는 것보다 더 어려운 일 아닌가?

그러므로 오직 우리 안에 있는 마음의 무거운 죄를 해결 받으려면, 성령님을 모셔서 하나님과 관계를 맺어야 한다. 그런데 인간이 하나님과 관계 맺기를 원한다고 해서 저절로 관계를 맺을 수 있는 것이 아니다. 즉 하나님이 관계를 맺고 싶지 않으시면 그뿐이다.

그러나 하나님은 자비와 인애와 긍휼이 풍성하신 분이다.

인간을 만드신 분이 얼마나 인간의 연약한 피조성을 잘 아시겠는가? (시 103:14)

그래서 성경은 우리가 하나님을 사랑해서가 아니라 하나님이 우리를 사랑하셔서, 화목제로 예수님을 세상에 보내셨다고 말씀하신다(요일 4:10).

즉, 하나님은 인간과 거룩한 사랑 관계를 맺으시기 위해, 지극히 높으신 분이면서도 마치 전혀 그러하지 않은 것처럼 당신을 우리의 수준으로 낮추셔서 이 땅에 내려오셨고, 우리의 죄를 씻어주시기 위해 우리 대신 혹독한 죗값을 치르시며, 마치 죽을죄를 저지른 사람처럼 십자가에 못 박혀 죽으셨다. 그리고 우리에게 영원히 새 생명을 주시기 위해 부활하셨고, 그럼으로써 당신을 믿는 사람들의 죄가 완전히 용서되도록 하셨다.

예수님께서 낮고 천한 이 세상에 내려오셔서 죽으심은 마귀의 일을 멸하고(요일 3:8), 죄에 억눌려 영적으로 보지 못하는 자들을 보게 하며(요 9:39), 죄인들을 불러 회개하도록 하여(마 9:13; 눅 5:32; 막 2:17; 겔 18:23, 30-32, 참고 벧후 3:9), 지극히 높고 영화로운 곳으로 올리기 위해서였다. 또 예수님이 육신의 몸을 입고 마리아의 뱃속에서 성령으로 잉태되심은, 육신의 몸에서 난 자로 하여금 성령으로 나게 하기 위해서였으며, 하나님이 인간이 되심도, 인간이 하나님을 닮아 참 인간이 되도록 하기 위해서였다.

그러므로 이제 누구든지 하나님 앞에 진실로 회개하여 예수님을 영접하기만 하면 성령님이 그 안에 오셔서 영생의 선물을 맛볼 수 있다. 즉 아담이 죄를 범함으로 얼굴에 땀을 흘려야 식물을 먹을 수 있게 되었듯이, 죄를 범한 인간도 먼저 회개와 믿음의 땀을 흘리기만 하면 하늘나라 양식을 먹을 수 있게 되었다 (창 3:19).

3. 죄를 지으면 죄악의 가시가 마음 안에 자란다

죄를 지으면, 죄악의 가시가 자기 마음 안에 자라고, 참 마음과 거짓 마음이 동시에 존재하게 되며, 그와 동시에 육체와 정신의 괴리가 일어나고, 원치 않는 사탄이 들어와 자리를 잡게 된다. 이에 대해 성경은 인간이 죄를 지을 때, 주님의 마음이 그에게서 멀어지고(겔 23:18-19), 하나님의 얼굴이 가려지며(신 31:18; 32:20; 사 59:2-3; 렘 33:5; 겔 39:23-24, 참고 렘 5:25), 생명록에서 지워지고(출 32:33), 모든 진귀한 보물을 뺏기며(렘 15:13), 급기야 (영혼이) 죽게 된다고 말씀하신다(롬 6:23; 약 1:15). 이를 다른 각도에서 보면, "마음의 에덴동산"에서 쫓겨난 것이라고 할 수 있다.

죄를 지으면, 흉물스럽게 더럽혀진 자신의 모습이 너무 역겨워 죽고만 싶게 된다. 그럼에도 죄가 섞인 세상을 통째로 부정하면, 세상에 발을 깊숙이 디디고 있는 자기의 존재 근거가 흔들리기 때문에, 애써 모른 체하고 그냥 세상 속에 자기를 묻고 지내게 된다. 때로는 다시는 원래의 자기 모습으로 돌아갈 수 없다고 생각하여 절망하면서도, 범죄로 말미암아 훼손된 마음으로는 거대한 세상을 상대하기가 역부족이기에, 거기에 타협하지 않고서는 도무지 버틸 수 없는 것이다.

이때를 놓치지 않고 세상과 사탄이 "원래 인생은 그런 거야!" 하면서 그를 환영하고 위로해 준다. 그렇게 그는 점차 본래의 양심을 속이는 가운데 "하나님이 어디 있나?" 하면서 세상 편이 되어 간다. 세상 편에 서면, 흥미진진한 전율도 있고 맛도 있으며, 조금만 내 양심을 속이면 누구도 간섭하지 않는 편안함이 있기에, 복잡하게 생각하지 않아도 된다.

이제 그는 현재의 자기 모습이 자기의 본래 모습인 양 거기에 안주하고, 한두 번 죄를 범해도 육체가 당장에 죽지 않는 것을 보면서 스스로 자기를 합리화시키며, 나보다 훨씬 더 악한 사람도 오히려 큰소리치며 당당히 살아간다고 위로한다. 그리하여 점점 죄가 주는 순간적인 달콤한 쾌락에 빠지고, 양심이 점점 멍들어 가며, 급기야 가치 기준마저 세상적인 가치 기준으로 바뀌어 버린다.

이제 그는 마음에 굳은살이 박여, 죄를 짓고도 양심의 가책마저도 느끼지 못하고, 죄를 짓기 전에는 (죄 섞인) 세상이 너무도 싫었지만, 순수한 세계에서 쫓겨나 방황하는 자기를 받아 준 세상을 좋아하게 된다.

4. 한 줄기 복음의 빛이 스치다

하지만 마음의 한구석에서 실오라기처럼 남아있는 양심의 불씨가 그를 스친다. 그리하여 언제까지나 자신의 양심을 속일 수 없다는 것을 알게 된다. 보기 좋게 세상에서 성공하면 다 될 줄 알았는데, 그게 아니라 오히려 그에 비례해서 공허감과 허무감도 함께 밀려 들어와 영원한 사랑을 위해서 세상이 자기에게 해 줄 수 있는 것이 하나도 없다는 것을 눈치 챈 것이다.

그런데 불행하게도 이제는 하나님이 주신 "진심"의 재산을 스스로 다 탕진한 꼴이 되어(눅 15:13), 진실한 마음을 온전히 가지는 것 자체가 힘들게 되어 버렸다. 자기 안에 원치 않는 악독이 가득하고 양심마저 멍들어 버렸기 때문이다. 이제야 그는 예전의 모든 것이 풍족했던 하나님 아버지 집을 돌아본다 (눅 15:17).

이런 즈음에 한 줄기 복음의 빛이 그에게 스친다.

"너를 사랑한다. 너의 죄를 다 용서했다. 회개하고 내게로 돌아오라!"

세상의 논리로는 절대 안 되는 죄 용서함 받는 문제를, 하나님의 사랑을 믿고 회개만 하면 해결해 주신다는 것이다.

하지만 그의 마음속에 '나 같은 자격 없는 죄인이 어떻게 감히 용서받을 수 있단 말인가?' 하면서 반신반의해 한다.

이 점을 하나님께서는 잘 알고 계셨다. 그래서 당신의 사랑하는 독생자 예수 그리스도를 이 세상에 보내셔서 그 대신 십자가에 못 박아 죽게 하시고 부활시키심으로써 그에 대한 당신의 사랑이 정말임을 보여주셨다(참고 롬 5:8).

인류 역사가 진행되는 동안 어느 누구도 죄 용서함 받는 문제를 해결할 수 없었는데, 예수님만 믿으면 해결된다니! 이게 사실이라면 정말 엄청난 일일 것이다.

5. 기회를 잘 살려야 한다

극히 드문 일이기는 하지만, 전혀 눈치를 채지 못하게 다른 사람을 대신하여 죽어주는 사건이 가끔 뉴스에 보도된다. 마찬가지로 지금으로부터 약 2,000년 전에 하나님의 아들 예수님께서 우리 죄를 용서해 주시기 위해서 십자가에서 죽으신 후 부활하셨다. 약 2,000년 동안 가려진 진실이, 증인들(목격자들)의 입을 통해 오늘날 그에게 전해진 것이다.

여기서 1년 전이 아니라 약 2,000년 전이라면, 너무 오래전의 이야기라서 현실과 맞지 않는다고 생각할 수 있지만, 그것은 문제가 안 된다. 왜냐하면 시간 여부를 떠나서 그것이 진실인지가 중요하고, 무엇보다 하나님의 시간은 약 2,000년 전이나 1년 전이나 할 것 없이 항상 영원한 현재이기 때문이다.

그러므로 이 사실을 믿어 부활하신 주님의 영, 곧 성령님이 과연 자기 안에 오시는지만 확인하면 된다. 즉 우리에게 복음의 빛이 스쳤다면, 이 기회를 살리는 데 모든 힘을 쏟는 것이 더 중요하다(요 12:35-36). 이것이 참사랑에 대한 진지한 마음이 엄습해 올 때를 놓치지 않고, 어둠이 엄습하기 전에 모든 소유를 팔아서라도 그 빛을 자기 것으로 만들어, 주님이 정하신 기준에 들어가야 하는 이유다(마 13:44).

아버지! 살려 주세요! 하늘을 거역한 죄인입니다. 제게 아들 대접은커녕, 그저 품꾼의 하나로만이라도 받아 주소서!(눅 15:19) 그래서 그곳(참사랑과 진실의 세계)에서 나오는 부스러기라도 먹게 해 주소서!(참고 마 15:27)

이렇게 고백하며 나갈 때, 비로소 하늘에서 큰 잔치가 베풀어지고, 하나님의 천사들 앞에 기쁨이 되며, 하나님 아버지께서 저 멀리에서부터 달려나와, 그를 아들로 다시 받아주시는 역사가 일어난다(눅 15:10-32).

6. 사랑과 믿음과 소망, 회개와 공의와의 관계

그러면 여기서 기독교의 '믿음' '사랑' '공의' '회개' '소망' 등이 무엇일까?
여기에서는 개략적으로만 살펴본다. 먼저 '믿음'은 예수님을 구세주로 모셔 들이는 것이고, '사랑'은 예수님이 우리를 죽기까지 사랑하셨으니 받아들인 그 사랑으로 하나님과 이웃을 섬기는 것이다. '공의'는 하나님의 사랑을 일정한(거룩한) 수준으로 유지하는 것이고, '회개'는 하나님의 사랑의 기준에 맞춰 걸림이 되는 모든 죄와 허물에 대해 주님께 용서를 구하는 것이며, '소망'은 천국에 영원히 거하기를 바라는 것과 주님 안에서 원하는 모든 것을 바라는 것이다.

이를 비유로 설명하면 다음과 같다. 죄를 범한 사람은 바닷물에 빠져 죽어가는 자와 같은데(시 107:23-30), 운이 좋게도 이 사람이 자기 앞에서 한 줄기의 빛과 같은 '구원의 배'를 발견했을 때, 우리는 이를 두고, '소망'을 품기 시작했다고 말한다.
그런데 물에 빠져 죽어가는 자가 "살려 달라!"고 했을 때는 자기의 신분이나 고집, 재산, 권세, 자존심 등은 따질 수 없을 것이다. 구해 주는 사람이 구해 주거나 구해 주지 않거나 하는 것은 그 사람의 마음이기 때문이다. 그러기에 그 사람에게 자기 사정을 상세히 얘기하고, 자비를 바라지 않으면 안 된다. 즉 '소망'은 내가 비록 이 세상에서 최고의 것을 다 가지고 있다고 해도 죽으면 모두가 허사이니, 나의 모든 걸 희생하더라도 일단 살고 봐야겠다는 마음이다.

그다음 그 배에서 구명 밧줄을 던져 줬어도, 배에 들어갈 때까지 자기를 다 맡기고 이 밧줄을 꽉 붙잡아야만 한다. 이것이 '믿음'이다. 즉 하나님과 사랑 관계를 맺기를 원하는 자는 그 이전에 신뢰 관계를 맺어야 하는데, 이를 위해서 하나님의 대속의 사랑을 있는 그대로 믿어야 한다.

그런데 이 하늘의 배는 거룩하다. 그러기에 이 배에 들어가려면, 목숨까지도 희생할 각오로 마음속의 역겨운 죄에 대하여 속죄해야 한다. 하늘 위 맑고 거룩한 사랑을 받아들이려면, 기본적으로 '참된 양심'을 가지고 있어야 한다. 더러운 마음을 가지고서는 감히 이 거룩한 사랑을 담을 수 없기에 이 마음을 씻는 작업을 해야 한다. 이것이 바로 "회개"다.

그다음 구사일생으로 배 안에 들어왔다고 해서 완전히 끝난 것은 아니다.

배 안에만 있으면 뭐하겠는가?

폭풍우가 휘몰아치면 언제든지 배가 좌초될 수 있지 않겠는가?

그러기에 목적지에 안전하게 도착해야만 한다. 그런데 여기에 조건이 있다. 그것은 그 목적지에 도착하기 위해서 내가 조타수를 잡으면 안 되고, 끊임없이 선장(예수 그리스도)의 말을 준수해야 한다는 것이다. 다시 말해 자기의 남은 삶을 성령님의 인도하심을 따라, 그 구원받은 은혜의 흔으로 살아야만 한다. 이것이 '사랑'이다. 즉 '믿음'으로 주님과 '신뢰 관계'가 맺어진 자는 자연스럽게 그것을 토대로 '사랑 관계'로 발전하게 된다.

그런데 사랑을 다른 각도에서 봤을 때, 이를 '공의'라 한다. 즉 '공의'는 '하나님과의 사랑 관계가 가능하도록 하기 위해서 필요한 최소한의 기준선'이다. 이 공의의 기준을 잘 지켜야 '사랑'을 안심하고 행할 수 있다.

우리는 여기서 소망, 믿음, 사랑, 회개, 공의 등이 따로 떨어져서 작용하는 것이 아니라, 전체적으로 소망을 가진 자가 회개한 양심과 믿음을 기본 토대로 한 채, 사랑과 공의를 중심으로, 나사처럼 서로 유기적으로 상승작용을 하게 된다는 것을 알 수 있다.

The Compass to Heaven
The Essence of Christian Faith

제3부
구원

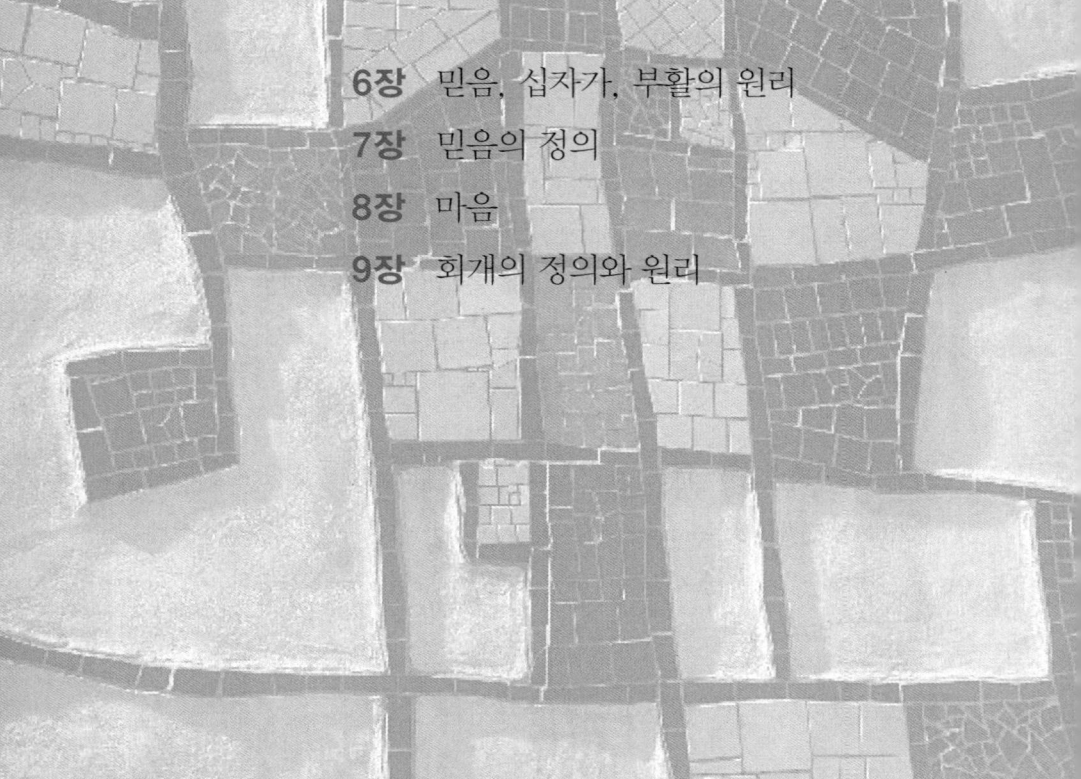

6장 믿음, 십자가, 부활의 원리
7장 믿음의 정의
8장 마음
9장 회개의 정의와 원리

6장

믿음, 십자가, 부활의 원리

1. 믿음의 원리

(1) 어린아이는 그냥 믿는다

우리는 태어날 때를 전혀 기억하지 못하더라도 아무 의심 없이 어머니를 참 내 어머니로 믿는다. 얼굴 모습이 엄마를 닮지 않아도 믿는다. 믿는 데에는 아무 이유가 없다. 혹 의심이 나서 "정말 내가 엄마 자식이야?"라고 물어도 엄마가 "정말 너는 내 아들이다!"라고 말하면 믿는다. 심지어 거짓말을 밥 먹듯이 잘하는 아버지가 "너는 내 아들이다!"라고 말해도 아무 의심 없이 믿는다.

성경은 약 2,000년 전에 있었던 역사적 사실을 있는 그대로 기술한 책이다. 거짓말을 잘하는 자들이 쓴 책이 아니라, 모든 거짓을 철저히 회개한 자들이 성령의 감동을 받아썼다. 그들은 이 성경을 지키기 위해서 목숨까지도 초개처럼 버렸다.

생각해 보라!

오병이어의 기적, 부활의 신비 등이 가짜라고 한다면, 그 당시에 수많은 목격자가 있었을 터인데, 이런 거짓에 목숨을 거는 어리석은 자가 있었겠는가?

만약 그게 조금이라도 거짓이라면 성경에 기록될 리 만무할 것이다.

그런데 왜 믿지 않는 것일까?

피조물의 세계에서도 간혹 기적과 같은 일들이 일어나는데, 모든 피조물을 창조하신 하나님께서 작정하신 일이 왜 일어나지 않는다고 생각할까?

여기서 우리가 분명히 알아야 할 점이 한 가지 있다. 그것은 막 태어난 아기는 부모의 사랑을 잘 알 수 없지만, 부모는 이 아이를 사랑해서 낳았다는 것이다. 마찬가지로 하나님 앞에서 모두 갓난아이와 같은 우리가 분명히 알아야 할 사실이 한 가지 있는데, 그것은 하나님께서 온 인류를 진심으로 사랑하신다는 것이다.

(2) 눈에 보이지 않는 진리를 믿어야 구원받는다

왜 보통 사람들이 하나님의 사랑을 잘 믿지 못할까?

그것은 인간의 눈에는 지금 눈에 보이는 것만이 실제 존재하는 것처럼 보이기 때문이다. 하지만 하나님의 세계에서는 전혀 다르다. 하나님은 영원히 존재할 수 있는 것만이 진정으로 존재하는 것으로 보신다.

그러기에 눈에 보이는 존재들이 눈에 보이는 한계를 넘어서 눈에 보이지 않는 영생의 참사랑을 믿음으로 받아들여야 구원받을 수 있다. 즉 눈에 보이는 세상적인 것으로 죄를 범하여 눈에 보이지 않는 생명을 잃어버린 인간은, 눈에 보이는 것들을 버리는 대가를 치름과 동시에, 눈에 보이지 않는 주님을 마치 눈에 보이는 것처럼 믿는 대가를 치러야, 잃어버린 생명을 다시 찾을 수 있다. 특히 눈에 보이지 않는 것을 보이는 것으로 믿을 때, 세상 사람들로부터 "바보"라고 놀림을 받거나 아니면 아무 이유도 없이 핍박을 받게 되는데, 영생의 대열에 참여하기 위해서는 반드시 이 놀림과 핍박을 이겨내야 한다.

(3) 죄용서의 가치를 바로 알아야 한다

어떤 분야에 있어서 세계 최고의 비법이 있다면 아무에게나 주지 않을 것이다. 가령 코카콜라 회사가 자기네 제조비법을 다른 회사에 다 넘겨주면 그 회사는 망할 것이다. 그 노하우는 그 회사의 생명과도 같기 때문이다. 그럼에도 이런 위험을 무릅쓰고 그 노하우를 전해 준다면, 적어도 그것을 받는 쪽이 그에 합당한 가치를 알아야 할 것이다.

하나님에 대한 믿음도 그러하다. 영원한 생명의 보물을 준다면, 적어도 그 보물을 받는 쪽이 그에 합당한 가치를 알아야 한다. 즉 그것을 넘겨준 분의 마음과 하나가 되어야 한다.

그렇지 않고 하나님의 아들이 나 대신 죽었어도 사실상 나와는 관계없다고 생각하거나, 생명을 살리는 말씀을 들으면서도 별 두려움이 없다거나, 내 죄가 용서되기 위해 그만한 대가가 치러졌음에도 죄에 대해 별생각이 없다거나, 주님께 엄청난 상처를 줬으면서도 죄용서의 대가를 쉽게 생각한다면, 주님은 다음과 같이 말씀하신다.

"얼마나 더 내 몸을 찢고 피를 흘려야 내 사랑을 믿겠단 말이냐?"

그러므로 구원을 받으려면, 비록 눈에 보이지 않지만 죄를 죽기까지 싫어하시는 주님의 사랑을 믿어야 한다. 주님의 말씀과 성령님의 조명을 받아 모든 죄를 낱낱이 회개하고 주님을 믿어야 한다. 진정 과거에 허용한 악의 세력 이상으로 주님의 보혈을 믿을 때, 주님을 만날 수 있다.

수영할 때 몸에 힘을 빼야 물에 뜰 수 있듯이, 나를 주님께 다 맡겨야 내 안에서 구원의 방주가 뜰 수 있다(구원받는다). 영적인 아벨의 순결한 피가 뿌려져야, 그 사람 안에 있는 살인자 카인이 쫓겨난다(창 4:8-16). 예수님보다 더 사랑하는 것이 없어야 주님을 볼 수 있다(요 14:23).

우리가 보이지 않는 주님을 믿으면, 하나님께서 얼마나 기뻐하시는지 모른다. 썩어질 세상 육(肉)을 버리고, 영원히 변하지 아니하시는 영(靈)의 아버지를 믿으니, 하나님께서 기뻐하시는 것이다. 이에 대해 성경은 다음과 같이 말씀하신다.

> 너의 하나님 여호와가 너의 가운데 계시니, 그는 구원을 베푸실 전능자(גִּבּוֹר, 깁보르, 강한 용사)시라. 그가 너로 인하여 기쁨을 이기지 못하시며, 너를 잠잠히 사랑하시며, 너로 인하여 즐거이 부르며(환호성을 올리며) 기뻐하시리라(습 3:17).

즉 조금 있으면 나라가 멸망할 상황인데도 그것과 전혀 무관하게 도무지 기쁨을 참을 수 없을 정도로, 그리고 바라보는 것만으로도 마음이 흐뭇한 가운데 잠잠히 사랑하신다는 것이다. 주님은 이렇게 의심 없이 당신을 영접하는 자에게 하나님의 자녀가 되는 권세와 함께(요 1:12-13), 썩어질 세상의 정욕을 버린 것과는 비교도 안 되는 하늘의 신령한 복과 땅의 기름진 복을 선물로 주신다.

2. 십자가의 원리

(1) 십자가의 사랑이 모든 문제의 해결책이다

자기 목에 십자가 목걸이가 걸려 있으니 그 십자가가 자기를 구원해 줄 것으로 생각하는 사람이 많다. 십자가로 흡혈귀를 제압하는 영화의 한 장면처럼 말이다. 이는 그렇게 해서라도 두려움을 이겨보려는 몸부림일 것이다. 이들은 십자가의 구체적인 의미를 잘 모르면서도, 주님이 자기와 관계가 있다고 생각한다. 이런 경우가 하나님의 사랑을 형식적이고 양적인 것으로 오해하고 있는 대표적인 경우다.

소위 믿는다고 하는 자도 자기의 구원받음이 자신의 노력으로 된 것이 전혀 아니라고 해서 십자가를 이론적으로만 가볍고 값싼 것으로 생각하는 경향이 있다. 하지만 입장을 바꿔서 예수님께서 당하신 고난이 바로 내가 당해야 할 고난이었고, 예수님께서 당하신 죽음이 원래는 내가 당해야 할 죽음이었다는 것을 인정한다면 이런 생각은 싹 사라질 것이다.

보통 사람이 십자가에서 처형을 당했다는 것은 그리 대단한 일이 아니다. 그보다 더 잔인하게 죽이는 방법이 얼마든지 있을 수 있기 때문이다. 십자가가 인류 역사상 획을 긋는 역사적인 사건이 되는 이유는 하나님의 아들이신 예수님께서 인류의 죄를 대신 영원히 속하려고 십자가 위에서 죽으셨기 때문이다. 하나님의 이 위대한 사랑이 우리 마음을 감동시키기 때문에 십자가가 우리의 생명보다 소중한 것이다.

즉, 세상과 인간을 창조하신 분의 아들이 인류의 죄를 속하기 위하여 낮아지셨고, 우리 대신 손발에 못을 관통당하셨고, 가시 면류관을 쓰신 채 우리 죄가 벌거벗겨진 듯 수치를 당하셨으며, 창에 배를 찔리시고 온몸이 채찍에 맞아 살갗이 뜯기셨다. 하나님은 십자가에서 인간을 이렇게 용납하심으로써 우리와의 관계를 지탱하셨다.

예수님이 십자가에서 당하신 수치는 우리가 끝까지 당하여야 할 수치였다. 주님은 약 3년 반 정도의 공생애 기간에(참고 요 2:12-13; 6:4; 11:55) 생명의 말씀을 증거하시고, 무한한 성령의 권능으로 모든 각색 병자와 귀신 들린 자, 연약한 자를 고치신 후 십자가에 매달려 죽으셨다(마 4:24; 눅 4:40). 그리고 3일 동안(참고 창 22:4-14; 출 8:27; 에 4:16; 욘 1:17; 2:10; 요 2:19) 음부에 내려가서 서,[1] 악마의 권세와 죽음에 대한 공포와 지옥의 고통을 상대로 직접 맞붙어 싸움으로써 그것들을 모두 정복하고 개선하셨다.[2]

그리스도의 지옥강하는, 우리를 구속하시는 대가로서 몸을 주셨을 뿐 아니라 그보다 더 위대하고 훌륭한 값도 주셨음을, 즉 정죄와 버림을 받은 사람의 무서운 고민을 그의 영혼이 겪으셨음을 보여준다.[3] 그러기에 이 세상에서 버림받은 체험이 있는 그 누구라 할지라도 자기의 아픔 대신, 일순위로 예수님의 지옥강하의 고통을 생각하면 이를 능히 극복할 수 있다. 왜냐하면 예수님의 지옥강하보다 더 큰 버림을 당한 자는 세상에 없을 것이기 때문이다. 이처럼 십자가에 인간의 능력으로는 전혀 할 수 없는 해결책이 들어 있기에 그토록 중요하게 다뤄지는 것이다.

이런 십자가의 사랑만이 하나님의 한없는 사랑과 완전한 공의를 알게 하여, 절대로 용서되지 않을 내 마음의 죄를 산산이 깨뜨릴 수 있다. 즉 우리는 십자가를 통하여서만, 죄를 확실하게 심판하시는 하나님의 무서운 공의와, 죄인을 사랑하셔서 죄인의 모습으로 십자가를 짊어지신 하나님의 한없는 사랑과, 나를 대신하여 죽으실 정도로 내가 하나님 앞에 소중한 존재라는 것을 깨닫게 된다.

요컨대 세상의 시선으로 십자가를 보면, 저주요 죽음이요 불통이다. 그래서 많은 사람이 십자가를 거부한다. 하지만 그 속을 들여다보면, 축복이요 생명이요 부활의 씨앗이다. 부활은 십자가 선상에서 죽을 때에만 일어나기 때문이다.

(2) 어찌하여 나를 버리셨나이까?

누구든지 어떻게든 십자가 고난을 피하고 싶을 것이다. 주님도 그러하셨다. 십자가에서 죽음을 맞이하는 것은 너무나도 고통스러운 일이었기에, 성자 예

---

[1] 칼빈은 '음부강하'(陰府降下)를 비유적으로 해석하여, 그리스도께서 실로 지옥과 같은 고통을 겪으신 십자가의 고난을 가리키는 것으로 본다(루이스 벌코프, 『조직신학 下』, 576).
[2] 존 칼빈, 『기독교 강요 上』, 712.
[3] 존 칼빈, 『기독교 강요 上』, 710.

수님은 성부 하나님께 세 번씩이나 이를 거두어 달라고 간절히 기도하셨다(마 26:39, 42, 44).

하지만 예수님은 이 기도가 하나님의 뜻이 아님을 아셨다. 그래서 당신의 뜻을 꺾으셨다. 즉 예수님께서는 이 기도를 통하여, 자신의 뜻이 그와 아버지의 뜻 사이에 끼어들지 못하도록 싸우셨다.[4] 인간의 힘으로는 죄를 영원히 이길 수 있는 사람이 아무도 없기 때문이었다. 그래서 주님은 12군단(λεγεών, 레게온)되는 천사들을 얼마든지 동원할 수도 있었지만(마 26:53) 그 권세를 사용하지 않고 온몸을 바쳐 십자가를 묵묵히 견디셨다.

분명 예수님은 당장 눈에 보이는 것으로만 볼 때는 하나님으로부터 버림을 당하셨다. 그러나 하나님은 죄에 대한 영원한 심판을 위해, 아들을 못 본 척하셨을 뿐이었다. 성부 하나님은 당신의 아들이 모든 인류의 죄를 온몸으로 짊어지고 십자가에 못 박히셨기에, 그 죄로 인하여 얼굴을 돌리셔야만 하셨다. 그만큼 하나님은 죄를 싫어하셨다.

즉 하나님은 갈보리의 칠흑 같은 어둠 속에서 외아들의 비참한 죽음을 전혀 보지 못한 것처럼, 속으로 그 슬픔을 삭이셨다. 그러나 하나님의 이 침묵은 지금 당장 숨이 넘어가는 아들의 눈에 버려진 것처럼 보였을 뿐, 이루 말할 수 없는 아들의 아픔과 함께한 침묵이었다.

그래서 처음에는 자식도 이를 탄식했다. (하나님의) 공의를 완전히 만족시켜 온 인류의 죄를 용서하려는 당신의 뜻을 이루려면 어쩔 수 없는 일이었기에 순종했지만, 인성(人性)도 가지셨기에 그 십자가의 고통이 너무도 참혹하여 견디기 힘들었던 것이다. 참 하나님이시자 참 인간이셨던 성자 예수님은 참 인간이 느낄 수 있는 극한 죽음의 고통에 대한 탄식을 다음과 같이 처절하고도 절묘하게 표현했다.

> **엘리 엘리 라마 사박다니!**(ἠλί ἠλί λαμά σαβαχθανι;) **곧 나의 하나님! 나의 하나님! 어찌하여 나를 버리셨나이까?**(마 27:46; 막 15:34)

---

[4] 헬무트 틸리케, 『헬무트 틸리케의 주기도문』, 박규태 역 (서울 : 홍성사, 2008), 126.

그러나 성자 예수님은 십자가의 고난이야말로 성부 하나님이 자기를 더욱 사랑하는 증거가 됨을 잘 알고 있었다. 아들은 이런 아버지를 사랑했다. 그래서 예수님은 마지막 임종 직전에 "다 이루었다!"(τετέλεσται, 테텔레스타이)(요 19:30), 그리고 큰 소리로 불러 "아버지여! 내 영혼을 아버지 손에 부탁하나이다!"라는 말씀을 하신 후 운명하셨다(눅 23:46).

그러니까 "나의 하나님! 나의 하나님! 어찌하여 나를 버리셨나이까?"라는 탄식은 역설적인 사랑의 탄식이었다. 즉 이 탄식은 죄가 없으신 분이 죄에 대한 진노를 온몸으로 느끼는 슬픔의 탄식임과 동시에, 인류의 죄를 단번에 버리셨다는 기쁨의 탄식이었고, 또한 당신이 모든 것을 잃고 또 무참히 고통을 당하더라도, 우리만큼은 영원한 지옥의 고통 속에 버리지 않고 반드시 건지시겠다는 사랑의 탄식이었다.

예수님이 버림받으신 결과, 우리 믿는 자 모두는 이제 영원히 버림받지 않게 되었다. 십자가의 비참한 죽음 속에 이미 부활의 영광을 예비해 놓으신 하나님은, 또한 예수님과 함께 자신을 십자가에 못 박는 자들도 영원히 부활의 혜택을 누리게 하셨다(롬 6:5).

(3) 예수님은 십자가에서 사랑과 공의를 완성하셨다

이처럼 예수님은 십자가에서 하나님이 당신에게 맡기신 과업 모두를 완수하셨다(요 19:30). 사랑을 완성했고, 공의를 완성했으며, 율법을 완성했다(롬 13:10; 10:4).

즉 "몸과 마음을 다해 하나님을 사랑하고, 이웃을 내 몸처럼 사랑하라! 대접을 받고 싶은 대로 먼저 대접하라!"는 율법과 선지자의 궁극적인 원리를 완전히 이루셨다. 그리고 부활하셔서 하늘에 오르신 후, 믿는 자에게 성령을 보내주신다(행 2:1-4, 참고 갈 3:14; 요 16:7; 14:26; 20:22).

이제 양심이 산 사람들은 자기 때문에 십자가에 못 박힌 주님을 보고 다음과 같이 말한다.

"저 십자가는 내가 져야 하는데, 주님이 지시다니! 제가 죽어야 마땅한 죄인입니다. 저를 죽여주세요!"

3. 부활의 원리

히트를 친 드라마나 명작 중에 '사랑'과 '죽음'이라는 주제를 다루지 않은 것이 없다. 그만큼 인간은 사랑과 죽음에 관심이 많다. 그런데 사실 보통 사람이 궁극적으로 관심을 가지는 것은 '죽음을 이긴 사랑'이다. 왜냐하면 영원히 살고 싶은 마음은 누구나 있기 때문이다.

예수님이 십자가에 못 박히실 때, 주변의 몇몇 사람들이 예수님에게 "네가 하나님의 아들이라면 십자가에서 내려와 봐라!"며 비아냥거렸다(마 27:40, 42; 막 15:30, 32). 그러나 이들은 십자가에서 내려오는 것보다, 죽음을 완전히 이기고 부활하는 것이 더 큰 표적이라는 것을 모르는 무지한 자들이었다(마 12:39).

우리는 부활하신 주님을 통해서 그분이 전에도 계셨고, 지금도 계시며, 앞으로도 영원히 계실 분임을 알 수 있다(계 1:8). 하나님은 아브라함처럼 당신의 말씀에 순종하려고 외아들 독자 이삭을 죽이려는 자를 위해, 미리 예비하신 어린 양을 대신 죽이시는 분이다(창 22:13). 우리에게 부활의 사랑을 보여주기 위해서이다.

(1) 예수님은 믿는 자 안에서 성령의 형태로 거주하신다

만약 가장 사랑하는 애인이 죽었다고 생각했는데 부활하여 내 안에 들어왔다면, 얼마나 가슴이 미어지겠는가?

주님이 그런 분이셨다. 주님은 성령을 우리에게 보내셔서 부활하셨음을 명확히 보여주셨다. 예수 그리스도는 지금도 믿는 자 안에서 계속 성령의 형태로 거하시면서, 그들과 함께 영원한 사랑을 지속하신다. 성령님은 영이라서 시공을 초월하여 믿는 자에게 들어가 그와 함께 영원한 사랑을 나눌 수 있기 때문이다.

기독교는 부활의 종교다. 부활은 시공을 초월한다. 부활은 하나님의 지식이 인간의 과학과 역사를 넘어서는 지식임을 보여준다. 이에 대해 성경은 부활했을 때의 차원이 현세의 차원과 다르다고 말씀하신다(막 16:12; 눅 24:31, 36; 요 20:26). 가령 살과 뼈가 있는 예수님의 몸이 벽을 관통하는 것처럼 말이다.

그러면서도 부활은 현세의 차원과 완전히 단절된 것이 아니라 서로 연결됨을 보여준다. 즉 부활의 영이 우리 안에 오시면, 예수 그리스도의 십자가의 가장 낮아진 자리가 곧 가장 영광스러운 자리임을 알 스 있다. 비록 시공의 제한을 받는 이 세상에 살고 있으나 하나님의 나라가 자기 안에 이뤄져 있어, 마치 누에가 고치라는 무덤에 갇힌 후 시간이 지나면 하늘을 나는 나비로 변화되듯이, 우리 몸도 죽음과 동시에 영의 몸으로 변화될 것임을 깨달아 알 수 있는 것이다(고전 15:42-44).

(2) 성도는 부활의 능력으로 산다

주님의 부활에 연합한 자는 마치 지금 죽어 주님 곁에 있는 자처럼 된다. 이런 자는 시작이 끝이 되고 끝이 시작이 되는 부활의 능력으로 살아간다(계 22:13). 십자가 사랑으로 구원받은 자는 예수님의 죽음으로 말미암아 한없이 슬프지만, 그러면서도 예수님의 부활로 말미암아 한없이 기쁘다. 왜냐하면 주님의 죽음으로 그 사람 안에 성령님이 오셨기 때문이다(요 16:7).

주님은 당신의 이 사랑에 호응하여, 당신의 삶을 대신해서 살아줄 자들을 찾고 계신다. 즉 신령과 진정으로 하나님께 예배드리며(요 4:23), 전심으로 하나님을 향하고(대하 16:9), 당신과 하나님의 나라를 위해 목숨을 거는 자들을 찾고 계신다. 주님은 죽으셨다가 다시 살아난 전능하신 분이기 때문에, 당신처럼 사랑에 목숨을 거는 자들을 능히 다시 살릴 수 있는 까닭이다(마 10:39; 막 8:35; 눅 17:33).

성도는 오직 믿음, 곧 부활하신 분의 능력으로 산다. 성경은 그리스도께서 다시 사신 것이 없으면 우리의 믿음도 헛되고, 우리의 전파하는 것도 헛것이요, 우리가 여전히 죄 가운데 있을 것이라고 말씀하신다(고전 15:17). 그러므로 시작과 끝을 모두 아는 진리는 저 먼 데 있는 것이 아니라, 바로 여기, 곧 부활하신 주님께 있다. 그래서 성경은 그리스도가 "하나님의 비밀"이라고 말씀하신다(골 2:2).

(3) 성육신과 십자가의 죽음과 부활은 하나다

성자 예수님은 참 인간이시요, 동시에 참 하나님이시다. 예수님 안에는 항상 인성(人性)과 신성(神性), 두 본성(本性)이 존재한다. 성육신하실 대나 십자가에서 죽으실 때나 부활하실 때나 항상 동시에 존재하였다.[5] 이와 아울러 두 본성을 지니신 예수님이 한 분 하나님이신 것처럼, 성육신, 십자가, 부활 등은 모두 하나다.

가령 예수님의 생애 가운데 성육신과 십자가의 죽음을 빼면, 우리에게 예수님은 참 하나님으로서만 다가올 뿐이고, 또한 예수님의 생애 가운데 부활을 빼면, 우리에게 예수님은 참 인간으로서만 다가올 뿐이다. 이들 중 하나를 빼면 기독교의 본질이 왜곡된다.

따라서 말씀이 자기 안에서 육신이 되지 못한 것, 즉 말씀이 자기 안에서 이뤄지지 않은(성육신의 사랑이 없는) 예수님 영접은 기독교에서 말하는 참된 주님 영접이 아니다. 또한 두 본성을 지니신 예수님 가운데, 십자가의 죽음만 믿고 부활은 믿지 않거나, 부활만 믿고 십자가의 고난은 아랑곳하지 않는 믿음도 반쪽짜리 믿음일 뿐이다(롬 10:9; 8:17-18).

사정이 이러한 데도, 오늘날 인격 대(對) 인격으로 주님을 영접하지 않는 무책임한 반쪽짜리 영접이 얼마나 많이 남발되고 있는지 모른다. 그래서 신앙생활을 잘하다가 조금만 힘들어지면, 원망하고 불평하며 때로는 주님을 떠나기도 한다. 환난 날에 낙담하면 힘이 미약해지며(잠 24:10), 혹이나 광야 생활이 힘들다고 원망 불평하면, 불뱀에 물릴 수 있다는 하나님의 엄중한 경고의 말씀이 있는데도 이들은 이렇게 나 몰라라 하는 것이다(출 16:3; 민 11:33; 21:6).

---

5 '성자(聖子)는 성부(聖父)와 본질이 하나'라는 사실을 확립한 325년 니케아 신조에 이어, 451년 칼케돈 신조는 "기독론의 시금석"으로 불리는데 이 신조를 살펴보면, 그리스도는 신성에서 완전하시고 인성에서 완전하시며, 참 하나님이시자 참 인간이시고, 이성적인 혼과 육체를 가지셨으며, 신성에 따라 성부와 동질(同質)이시고, 인성에 따라 우리와 동질이시며, 죄를 제외한 모든 점에서 우리와 같으시다. 또한 신성에 따라 창세 전에 성부로부터 나시고, 마지막 날에 우리와 같이 되시며, 우리의 구원을 위하신 그리스도는 성자이시며, 주이시고, 독생자이며, 혼동과 전환과 분할과 분리 없이 두 본성으로 알려지신 바 되셨다. 또한 연합으로 인해 두 본성의 차이가 결코 없고, 오히려 하나의 인격 안에서 동시에 각각의 성격을 보존하고 계시며, 하나의 본체이시지 두 인격으로 따로 계시거나 나뉘어 계시지 않으신 하나님이시자 말씀이시다.

7장

믿음의 정의

1. 눈에 안 보이는 주님의 사랑에 연합한 것이다

성경은 믿음에 대하여 다음과 같이 말씀하신다.

> 믿음은 바라는 것들에 대한 실상이요, 보이지 않는 것들에 대한 증거다(히 11:1).

이처럼 기독교의 믿음은 보이지 않는다는 특징이 있다. 그러면 보이지 않는 믿음이 무엇일까?

첫째로, 눈에 보이지 않는 예수님을 정말 보이는 분으로 믿는 것이다(히 11:27). 이는 곧 하나님이 우리를 이처럼 사랑하사, 우리를 구원하기 위하여 참 인간이 되심과 말씀이 육신으로 되심과(요 1:14) 모든 성경이 일점일획도 오류가 없는 하나님의 말씀임과 우리를 영원히 살리시기 위하여 부활하셨음을 믿는 것을 말한다.

기원전 8세기경에, 대제국 앗수르에 반기를 든 북이스라엘의 베가 왕이 아람(시리아)의 르신 왕과 연합전선을 구축한 후, 남유다 아하스 왕(BC 735-720)에게도 함께하자고 제안한다. 그러나 아하스 왕이 거절하자, 베가는 르신과 연합군을 조직하여 대대적으로 유다를 침공한다. 역대하 28장에 보면, 이때 아람은 유다를 공격하여 요단강 동편을 점령하는 데 성공하고, 북이스라엘은 하루 만에 유다 용사 12만 명을 죽이고, 20만 명을 사마리아에 포로로 끌고 가버린다.

이 소식을 듣자 아하스 왕과 그의 백성들의 마음이 마치 삼림이 바람에 흔들림 같이 (심하게) 흔들리게 된다(사 7:2).

이때 하나님께서는 (이사야 선지자를 통해) 아하스 왕에게 "베가와 르신은 연기 나는 두 부지깽이 그루터기에 불과하니, 두려워 말며 낙심치 말라!"며 안심시키면서(사 7:5), "만일 너희가 이 사실을 믿지 아니하면 정녕히 굳게 서지 못하리라!"고 하신 후, "깊은 데에서든지 높은 데에서든지 여호와께 한 징조를 구하라!"(사 7:8, 11)고 말씀하신다. 어떠한 불가능한 일이라도 구하라는 것이다.

하지만 아하스 왕은 "구하지 아니하겠나이다! 나는 여호와를 시험하지 아니하겠나이다!"라고 하면서, 하나님의 호의를 묵살한다(사 7:12). 하나님을 의지하는 것보다 당시 신흥 강대국인 앗수르(앗시리아)를 의지하는 것이 훨씬 현실적이라고 생각한 그는 이러한 자기의 마음을 교묘하게 포장하여 "하나님을 시험하지 않겠다!"고 표현한 것이다.

이런 아하스의 태도에 분개하여 이사야는 "너희가 사람을 괴롭게 하고 그것을 작은 일로 여겨서 또 나의 하나님을 괴로우시게 하려느냐?"[1](사 7:13)라고 책망하면서, 하나님이 친히 징조를 보여주실 것이라고 말한다. 하나님은 당신의 호의를 철저히 묵살한 이들에게 마치 호세아 선지자로 하여금 탕녀와 결혼하게 하심으로 패역한 이스라엘을 끝까지 품어 주신다는 상징을 보여주신 것처럼, 어떻게든 이스라엘을 구원하고자 일방적으로 징조를 주신 것이다(참고 호 1:2).

그런데 이 징조가 재미있다. 징조를 주시려면 천사를 통해 두 연합군 군사들의 눈을 멀게 하거나, 아니면 천재지변을 일으켜 그들을 다 몰살시켜야지, 엉뚱하게도 처녀가 아들을 낳게 한다는 것이다(사 7:14). 인간의 생각으로 볼 때 처녀가 잉태하여 아들을 낳는다는 것은 근본적으로 있을 수 없는 일이다. 하지만 하나님은 그 불가능한 기적을 징조로 보여 주시겠다고 말씀하신다. 여기에는 한마

---

1 여기서 '사람을 괴롭게 하는 일'이란 '두 나라의 공격을 막기 위하여 군대를 모으고 전쟁을 준비하여 백성을 괴롭게 하는 일'을 말하며, '하나님을 괴롭게 하는 일'이란 '남유다를 구원하시려는 하나님의 호의를 가볍게 여기고 불신앙의 방법을 사용하여 자기 생각이나 현실을 하나님보다 우선시하는 일'을 말한다.

디로 "'처녀'² 가 아이를 낳는 불가능한 일도 내가 하는데, 그깟 전쟁에서 너로 하여금 이기지 못하게 하겠느냐?"라는 의미가 담겨 있다. 오늘날에도 많은 사람이 현실적인 이유를 들어, 마치 유다의 아하스 왕처럼 예수님께 징조를 구하지 않고 예수님의 능력을 사실상 믿지 않는 경향이 있는데, 이에 대한 책망인 셈이다.

둘째로, 믿음은 눈에 보이지 않는 (하늘 위의 신령한) 물과 성령으로 거듭나는 것이다.

성경은 예수님의 이름을 믿는 자에게 하나님의 자녀가 되는 권세를 이미 주셨다고(ἔδωκεν, 에도켄, 직설법 과거형) 말씀하신다(요 1:12). 그런데 하나님의 자녀가 되기 위해서는 거듭나야만 한다. 거듭나야만 하나님의 나라가 보이고, 그 나라에 들어갈 수 있다(요 3:3-5). 이에 대해 성경은 다음과 같이 말씀하신다.

> **사람이 물과 성령으로 나지 아니하면 하나님 나라에 들어갈 수 없느니라**
> (요 3:5).

그러면 물과 성령으로 거듭나야 한다는 뜻이 무엇일까?

여기서 "거듭나다"(γεννάω ἄνωθεν, 겐나오 아노쎈)라는 말씀은 엄마 뱃속에서 다시 태어나는 것이 아니라, "하늘 위로부터 질적으로 새롭게 다시 태어나는 것"을 말한다. 그리고 "물로 거듭나는 것"은 "회개의 물세례"를, "성령으로 태어나는 것"은 "믿음의 성령세례"를 의미한다(참고 겔 36:25-26; 요 13:8).

이를 좀 더 자세히 얘기하면, 버려진 아이를 데려다가 사랑으로 키우는 어머니를 종종 만날 수 있는데, 어떻게 보면 이 어머니는 사랑으로 이 아이를 낳은 셈이다. 마찬가지로 성경에서도 요한복음 1장 12-13절에 이렇게 말씀하신다.

---

2 자유주의 신학자들은 여기서 사용된 처녀의 원어가 "알마"(עַלְמָה)로 "젊은 여자"일 뿐이라고 해서 성자 예수님의 동정녀 탄생을 거부한다. 하지만 젊은 여자가 아들을 낳는 것이 징조가 될 수 없고(사 7:14), 또 70인경에서 이 단어가 '순수한 처녀'의 의미로 쓰이고 있으며, 성경 이곳저곳에서 순수한 처녀와 젊은 여자가 혼용되어 사용되기에 이런 주장은 정당하지 않다.

> 영접하는 자, 곧 그 이름을 믿는 자들은 … 혈통으로나 육정으로나 사람의 뜻
> 으로 나지 아니하고 오직 하나님께로부터 난 자들이니라.

우리 인간은 어찌 보면 아무것도 아닌 피조물이다. 그런데 성경은 일개의 피조물인 인간이 예수님을 믿으면 하나님의 말씀과 성령으로 낳아진바 되어 지존자의 아들(하나님의 자녀), 곧 지극히 존귀한 '신적(神的)인 존재'가 된다고 말씀하신다(시 82:6).

"개과천선(改過遷善)"이란 말이 있다. "잘못을 고쳐 착하게 된다"는 뜻이다. 마찬가지로 우리 영혼도 예수님을 믿기 전에는 죄악과 악독과 허물로 가득하여 사실상 죽은 상태가 되지만, 회개와 믿음으로 모든 죄악과 악독과 허물이 씻겨 다시 사는 상태가 된다. 이것이 "중생"이요 "세례"다(벧전 3:21; 딛 3:5). 이는 하나님의 은혜로 죽은 영혼이 다시 살아나 새로운 생명으로 사는 것이요, 죄악과 악독과 허물이 가득한 옛 자아가 죽고, '하나님의 말씀'과 '하나님의 영'이 임함으로 새 자아가 살아나는 것, 곧 하나님의 자녀로 다시 태어나는 것이다(약 1:18).

> 필자가 초등학교 4학년 때 몹시 추운 한겨울 날 "호순이"라는 개가 새끼를 5마리나 낳은 적이 있다. 이때 아버지는 혹시라도 문제가 될까 봐 빨갛게 달아오른 석유 난로를 개집 문 앞에 놔두고 짚으로 개집 전체를 둘러 쌓아주셨다. 그때 나는 호순이가 새끼를 하나씩 낳는 과정을 직접 목격했다. 갓 낳은 새끼들의 눈망울이 얼마나 초롱초롱하고 순수했던지 유리알보다도 더 선명했으며, 본능적으로 엄마의 젖을 찾아가는 새끼들의 모습은 신비 그 자체였다.

이처럼 진실로 하나님 앞에 회개하고 예수님을 믿으면 모든 악독과 죄악이 씻긴 순수한 어린아이처럼 된다. 이에 대해 성경은 말씀하신다.

> 누구든지 그리스도 안에 있으면 새로운 피조물이라. 이전 것은 지나갔으니, 보라! 새것이 되었도다(고후 5:17).

이런 자, 즉 회개의 세례를 받고 예수님(말씀)을 바로 믿어 십자가에서 하나님의 자녀로 거듭 태어난 자라야 천국에 갈 수 있다. 그리고 이렇게 말씀과 영으로 중생하면 자기도 모르게 하나님의 말씀과 하나님의 영을 찾아간다.

영혼이 죽었다 다시 산 곳, 곧 하늘 위 지극히 높은 곳으로부터 다시 태어난 곳, 곧 십자가가 그의 영혼의 고향인 셈인데, 이곳에서 주님의 이름을 불러야 주님이 그 음성을 알아들으실 수 있고, 바로 이런 곳이라야 주님이 편안히 거하실 수 있다. 그 이유는 주님은 죄인의 구주가 되시기 때문이다(눅 5:32). 이렇게 주님은 십자가에서 거듭난 자와 동행하신다.

셋째로, 믿음은 우리 영혼이 눈에 보이지 않는 하나님의 사랑에 연합한 것이다. 성경은 이에 대하여 (나의) 돌감람나무 가지가 (예수님의) 참감람나무로 접붙임 되는 것이라고 말씀하신다(롬 11:17). 여기서 "접붙임 되는 것"(ἐνεκεν-τρίσθης, 에네켄트리스쎄스)은 '접붙이다'(ἐγκεντρίζω, 엥켄트리조)의 직설법 과거 수동형이므로 "예수 그리스도 안에 나의 전(全) 인격이 녹아 들어있어 예수 그리스도의 생명의 진액만을 공급받고 있는 상태"를 뜻한다. 즉 예수님을 믿는다는 것은 마치 피조개가 바위에 딱 붙어 정상적인 방법으로는 그것을 떼기가 몹시 힘든 것처럼, 주님의 마음과 하나 되어 떼려야 뗄 수 없게 된 것이다.

넷째로, 믿음은 눈에 보이지 않는 천국이 자기 안에 이뤄진 것이다.

예수님을 믿어 죄 용서를 다 받으면, 눈에 보이지 않는 천국이 자기 안에 이뤄져 있어 언제든지 하늘 고향을 맛볼 수 있는 상태로 된다. 즉 하나님의 다스림을 받는 하늘나라가 이미 자기 안에 이뤄짐으로, 눈에 보이지 않는 하늘나라의 소망이 견고하게 자기 안에 있어, 세상과 자기는 간데없고 그분만 있게 된다.

그런데 이러한 믿음은 전적으로 성령님이 역사해 주셔야만 한다. 성령님으로 말미암아 하나님의 사랑이 우리 마음에 부어지는 까닭이다(롬 5:5). 그래서 믿음으로 말미암은 의는 "누가 하늘에 올라가겠느냐? 누가 음부에 내려가겠느냐?"(롬 10:7)라고 말하지 않는다. 즉 믿음이란 인간 스스로의 힘으로 예수님을 찾아서 하늘로 가고, 또는 음부로 갈 수 있는 것이 아니라, 전적으로 주님의 은혜가 있어야만 하는 것이다.

2. 정확 무오한 하나님의 말씀을 믿는 것이다

구약 39권과(AD 90년 얌니아 종교회의) 신약 27권(AD 397년 카르타고 교회회의)으로 정경화(正經化) 된 성경에는 창세기부터 요한계시록까지 죽은 자를 살게 하고 무에서 유를 창조하는 등 불가능을 가능하게 하는 말씀으로 꽉 채워져 있다. 그러면서도 성경은 철저히 인간의 영혼을 구원하는데 관계되는 사건들 위주로 기록되었다. 특히 성경에는 동성연애, 근친상간 등 인간의 깊은 폐부까지도 적나라하게 기록되어 있는데 그 이유는 조금도 거짓이 없기 때문이다(참고 창 19:30-38; 38:14-18; 롬 1:26-27).

또 성경은 약 1,600여 년간에(BC 1,500년-AD 96년) 걸쳐 성령의 감동을 전(全) 인격적으로 받아 자기 안에 체화시킨 약 40명의 기자들에 의해 기록되었다. 그래서 성경의 이야기가 마치 내가 겪는 이야기처럼 생생하다. 그리고 설사 성경 저자들의 지식의 수준, 성격, 감정, 처한 상황, 관점 등이 다 달라도 본질적인 뜻만큼은 훼손되지 아니한 채 모든 시대에 적용된다. 이는 심지어 사실관계가 다른 부분이 있더라도 마찬가지이다.[3] 이것을 성경의 "유기적인 영감설"(Organic Inspiration)이라고 한다. 여기서 '유기적 영감설'이라 함은 저자를 기계적 도구로 사용하지 않고, 저자의 재능과 능력과 품성 등 전(全) 인격을 그대로 사용하시되, 성령의 감동을 주셔서 하나님의 뜻을 조금도 오류가 없이 기록하도록 했다는 뜻이다.

성경은 하나님의 입으로 명령하신 책들이며, 하나님이 영감을 불어넣으신 책이다(딤후 3:16). 현재의 성경은 모두 사본임에도 불구하고, 사본의 말씀이 원본에 기록된 하나님의 말씀과 같다는 것을 알 수 있는 것도 성령의 감동하심으로 인해서이다.

성경이 이렇게 일점일획도 오류가 없는 하나님의 말씀임을 믿을 때 참된 믿

---

3 사본에는 성경 기록자가 역사적인 사실관계를 잘못 기술했거나, 원본을 옮기는 과정에서 빠졌거나, 각 공동체 속에서 입으로 전해진 내용이 여러 가지 편집 등으로 말미암아 잘못 기록된 경우가 있다. 가령 어떤 성경에서는 부자 청년이 예수님의 말씀을 다 듣고 돌아갔다고 기록하지만(마 19:22), 다른 성경에서는 부자 청년이 간 후에 예수님이 제자들에게 말씀하셨다고 기록한다(막 10:23, 참고 왕하 16:5, 1-2; 18:1, 10, 13; 사 7:1; 행 7:4).

음을 가질 수 있다. 그래서 성경은 주의 종을 통해서 선포된 말씀을 사람의 말로 받지 아니하고 하나님의 말씀으로 받을 때에만 그 말씀이 그 사람 안에서 역사한다고 말씀하신다(살전 2:13). 즉 복음의 말씀을 들은 자가 성령님의 인도하심을 받아 믿음을 화합해야만 그 말씀이 유익이 된다(히 4:2).

하기는 하나님께서 우리를 위하여 율법을 만 가지로 기록하셨다 한들 정작 우리가 이와 아무런 관계가 없는 것으로 여긴다면 무슨 소용이 있겠는가?(호 8:12)

이에 대해 칼빈은 성령은 반드시 성경에 의해 인정되어야 하고,[4] 성경은 성령의 내적 증거에 의하여 확증된 후라야 사람의 마음에 받아들여질 수 있다고 말한다.[5]

따라서 참된 믿음을 가지려면 모든 인간적인 관점이나 상대주의적 관점이나, (이성이나 과학이나 현실이 성경보다 먼저라는) 현실즈의적 관점을 십자가에 못 박아야 한다. 계산하는 신앙은 간교의 왕인 사탄의 먹잇감이 될 뿐이다. 그리고 성경의 저자들에게 인간적인 약점이 있다고 해서 그것으로 인해 성경을 깡그리 불신하거나 경시하지 말고 이를 타산지석으로 삼아, 하나님의 모든 말씀은 모든 시대를 막론하고 반드시 이뤄지는 권능의 말씀임을 그대로 받아들여야 한다. 그럴 때 비로소 기적을 일으키는 말씀의 능력을 체험할 수 있으며, 절대 거룩과 안식과 행복의 세계인 하나님의 나라에 들어갈 수 있다.

> 위선자는 설교에서 귀를 솔깃하게 하는 멋진 문구나 지성을 만족시키는 것만을 찾습니다. 그는 영양분을 얻기 위해 젖을 찾는 어린아이가 아니라 정원에 들어가 좋은 향기가 나는 꽃을 찾는 사람처럼 말씀을 대합니다. 그런 태도는 경건이 아니라 호기심에 더 가깝습니다. 이에 대해 성경은 "그들은(악을 버리지 못한 이스라엘 백성들은) 네가(하나님의 말씀을 선포하는 에스겔 선지자가) 고운 음성으로 사랑의 노래를 하며 음악을 잘하는 자 같이 여겼나니"(겔 33:32)라고 말씀하십니다.[6]

---

4 존 칼빈, 『기독교 강요 上』, 163.
5 존 칼빈, 『기독교 강요 上』, 141.
6 토마스 왓슨, 『묵상의 산에 오르라』, 42-43.

3. 목숨을 담보로 주님을 구세주로 의지하는 것이다

믿음은 예수님을 그냥 의지하는 것이 아니라, "구세주"로 의지하는 것이다. 여기서 "구세주로 의지한다"는 의미가 무엇일까?

첫째, 하나님께서 아바 아버지('Αββᾶ ὁ πατήρ, 압바 호 파테르) 되시며 나를 영원히 사랑하신 분임을 믿고 나의 모든 것을 맡기는 것을 말한다. 즉 하나님의 무한한 영광을 조금이라도 범하면 죽음이라는 것을 알고, 주님의 나를 향하신 사랑에 대한 한없는 경외심을 가지고, 나의 모든 것을 주님 앞에 굴복시키는 것이다.

둘째, 나를 비워 주님만을 구세주로 모시는 것이다. 나를 비우지 않으면 하늘의 힘을 얻지 못한다. 내 안에 내가 주인이 되어 있으면 삶이 고달프다. 죽을까 봐 두려워 내 생명을 맡기지 못하면 부활의 능력을 체험하기 힘들다. 나를 비우는 데는 고통이 따르지만, 나를 비우지 않으면 주님을 닮을 수 없다. 성경이 마음을 다하여, 곧 온 마음을 기울여 여호와 하나님을 의뢰하라고 말씀하시는 이유가 여기에 있다(잠 3:5). 이에 대해 칼빈은 자신을 불신하는 생각이 깊지 않고서는 그리스도를 충분히 믿을 수 없고, 자신 안에서 절망을 체험하지 않고서는 결코 그리스도 안에서 충분한 위로를 얻지 못할 것이라고 말한다.[7]

셋째, 목숨을 걸고 주님을 의지하는 것이다. 나라는 존재는 사탄과 죽음 앞에서 아무런 힘을 쓸 수 없는 무능한 존재다. 그러기에 마치 번지 점프할 때 안전 로프를 믿고 몸을 던지듯이, 부활의 주님이 나를 살려주실 것을 믿고, 나의 생명을 주님의 품에 다 던져야(맡겨야) 구원 받고(막 8:35), 하늘의 새 힘과 평안과 기쁨을 공급받을 수 있다.

> 쾌면 쾌변 쾌식 등이 건강의 3대 원리라고 하는데, 특히 잠을 잘 자지 못하면 온종일 뻐근하고 피곤하다. 그 이유는 잠잘 때 자꾸 나의 의식이 작용하면 깊은 안식을 취할 수 없고 그 결과 면역 세포가 활성화되지 못하여 몸의 깊은 부

---

7 존 칼빈, 『기독교 강요 3권』, 180.

분까지 도달하지 못하므로 피로 물질이나 염증 등을 충분히 처리하지 못하기
때문이다.

마찬가지로 우리 영혼도 주님께 모든 것을 맡길 때 주님이 처리하신다. 그렇지 않고 주님께 다 맡기지 못하고 자꾸 내가 나서면 깊은 곳까지 치료의 효과가 미치지 못한다. 그래서 성경은 믿음으로 좇아 하지 아니하는 모든 것이 죄라고 말씀하시며(롬 14:23), 또 무엇을 하든지 말에나 일에나 다 주 예수의 이름으로 하고 그를 힘입어 하나님 아버지께 감사하라고 말씀하신다(골 3:17).

예수님을 시인하는 것도 마찬가지이다(눅 12:8-9; 마 10:32-33).
생각해 보라!
가장 친한 친구라고 생각했는데, 목숨이 위태로운 결정적인 순간에 나를 배신한다면 진정한 친구라고 할 수 있겠는가?
가령 예수님의 어머니 마리아를 보면, 그녀는 자기로부터 메시야가 잉태될 것이라는 하나님의 말씀을 들은 후 "말씀대로 내게 이루어지이다!"(γένοιτο, 게노이토)라고 고백했다(눅 1:38). 이 경우 약혼한 여자의 신분이었기에 그 말씀이 이뤄지면, 신랑에게 버림받고 간음죄로 간주되어 돌어 맞아 죽을 수 있는 상황이었음에도 말이다.

4. 세상이나 인간이 아닌, 주님만을 바라보는 것이다

믿음은 주변의 환경이 어려워졌어도 인간과 환경과 물질을 바라보는 것이 아니라, 낙심하지 않고 하나님만 바라보는 것이다(렘 9:4; 미 7:5-6; 시 146:3; 왕하 18:21; 마 19:16-30). 이에 대해 성경은 "내 영혼아! 네가 어찌하여 낙망하며, 어찌하여 내 속에서 불안하여 하는고? 너는 하나님을 바라라. 그 얼굴의 도우심을 인하여 내가 오히려 찬송하리로다!"(시 42:5)라고 말씀하신다.
주님의 명령을 따라 정말 기적적으로 물 위를 걸었던 베드로가, 그만 주위의

바람을 보고 두려워하므로 물에 빠졌던 것처럼(마 14:24-33), 주변의 인간과 환경과 물질을 먼저 바라보면 답이 나오지 않는다. 인간은 아무리 위대해도 변할 수 있고, 죽음과 사탄 앞에서는 전적으로 무능력하며, 환경이나 물질은 결국 썩을 것이기 때문이다.

성경은 이스라엘의 초대 왕 사울이 하나님을 두려워하지 않고 백성을 두려워하여 그들을 청종한 까닭에, 아말렉을 완전히 진멸하라는 하나님의 명령을 어겨 하나님으로부터 버림을 받았다고 말씀하신다(삼상 15:24). 하나님 대신에 이집트(세상)를 의지하면 죽게 된다는 말씀이나(왕하 18:21), 모든 율법을 지켰으나 재물만큼은 버리지 못한 부자 청년은 영생의 길에 들어서지 굿하게 되었다는 말씀도 마찬가지이다(마 19:16-30).

> **하나님께서 심지(예체르, 틀)가 견고한 자(싸무크, 굳건하게 때 받치는 자)를 평강에 평강으로 지키시리니, 이는 그가 주를 의뢰함이니이다**(사 26:3).

이 말씀도 결국 아무리 어려운 환경이라도 한결같은 중심으로 주님을 의지하는 자에게 어느 누구도 빼앗을 수 없도록 하늘의 충만한 평강으로 보호해 주시겠다는 뜻이다.

나침반의 바늘은 북극을 가리킬 때까지는 이쪽저쪽으로 흔들리기를 멈추지 않는다.[8] 하나님은 어떠한 환경에서도 요동함이 없이 인간을 의지하지 않고 당신만을 의지할 때 인권(人權)을 주시고, 물질을 의지하지 않고 당신만을 의지할 때 물권(物權)을 주시며, 세상을 의지하지 않고 당신만을 의지할 때 영권(靈權)을 주신다.

광야에서 가나안 땅을 향하여 갈 때, 멀리 돌아서 가게 한다고 불평했던 이스라엘 백성이 하나님이 보내신 불뱀에 물려 죽어갔으나, 하나님의 약속의 말씀을 따라 장대 위에 단 놋뱀을 바라봄으로 기적적으로 살았던 것처럼(민 21:4-9), 누구든지 죄의 독에 물려 죽어가는 사람이라도 십자가에 달리신 하나님의

---

8 존 플라벨, 『하나님의 섭리』, 조계광 역 (서울 : 규장, 2009), 98.

독생자 예수님만 바라보면 살 수 있다(요 3:14-15).

믿는다고 하면서 신앙에 힘이 없는 이유는 주님 외에 다른 뭔가를 의지하는 것이 있기 때문이다. 예수님이 이미 내 모든 죄를 용서하셨다는 사실이 잘 믿어지지 않는 이유도 아직 내 모든 것을 주님께 바치지 못했기 때문이다. 이런 자들은 다음의 말씀을 깊이 생각해 봐야 한다.

> 사람을 믿으며 혈육으로 그 권력을 삼고 마음이 여호와에게서 떠난 사람은 저주를 받을 것이라(렘 17:5-6).

5. 어린아이처럼 순수하고 단순한 것이다

또한 구원받을 만한 믿음은 어른의 마음, 곧 거짓과 불순함과 계산과 가식이 다 제거된 어린아이처럼 순수하고 단순한 마음을 기본 전제로 한다. 이런 믿음이라야 세상을 이기게 되는 까닭이다. 그래서 성경은 돌이켜 어린아이들(παιδία, 파이디아, 갓난아이들 또는 7세 이하의 순수한 아이들)과 같이 되지 아니하면 결단코 천국에 들어가지 못한다고 말씀하신다(마 18:3, 참고 마 11:25; 시 8:2).

그런데 얼마나 많은 사람이 어른의 마음을 가지고 있으면서도 구원을 받았다고 착각하는지 모른다. 그러기에 이들이 가장 먼저 할 일은 어른의 마음을 제거하는 일이다. 하나님의 계시의 문은 가식과 위선과 거짓으로 가득한 어른의 마음이 비워졌을 때 열림을 잊지 말아야 한다.

> 진실로 너희에게 이르노니, 너희가 돌이켜 어린아이들과 같이 되지 아니하면 결단코 천국에 들어가지 못하리라(마 18:3).
> 천지의 주재이신 아버지여! 이것을(원문에서는 복수형, 하나님의 지혜들을) (세상적으로) 지혜롭고 슬기 있는 자들에게는 숨기시고 어린 아이들에게는 나타내심을 감사하나이다. 옳소이다! 이렇게 된 것이 아버지의 뜻이니이다(마 11:25-26).

6. 주님이 인정해 주시는 믿음이라야 한다

예수님은 마지막 날 "우리가 주의 이름으로 선지자 노릇 하며, 주의 이름으로 귀신을 쫓아내며, 주의 이름으로 많은 권능을 행하지 아니하였나이까?"라고 아무리 소리쳐도, 불법을 행하는 자에게는 천국 문이 열리지 않을 것이라고 경고하신다(마 7:22-23). 나만 주님을 안다고 되는 것이 아니라 주님이 나를 알아야 한다. 즉 아무리 내 쪽에서 예수님을 믿는다고 하더라도, 예수님이 인정해 주시지 아니하면 그뿐이다(참고 시 1:6). 믿음이 의롭게 되어지는 수단이 아니라 구원을 얻게 하는 공로라면, 믿음으로 받는 구원은 사실상 율법의 행위로 받는 구원일 뿐이다.[9]

그러니까 내 기준과 내 생각으로 믿는 것이 참된 믿음이 아니라, 오직 주님의 기준에 따라 믿을 때라야, 그래서 예수님이 나의 믿음을 받아 주시고 있을 때라야 참된 믿음이다. 그러기에 실제 예수님의 피로 죄 씻김을 받지 못했으면서, 당연히 하나님께서 받아주실 것으로 생각해서는 안 된다. 이에 대해 성경은 예수님의 소원대로 계시를 받는 자만 하나님을 알 수 있다고 말씀하시며(마 11:27; 눅 10:22), 또 하나님 아버지께서 심으시지 않은 것은 모두 뽑힐 것이라고 말씀하신다(마 15:13).

7. 주님과 인격적인 관계를 맺는 것이다

믿음은 주님과 인격적인 신뢰 관계를 맺는 것이다. 주님과의 인격적인 교제는 인간만이 가지는 특징인데, 부활하셔서 영원히 살아계시는 주님은 인간의 모든 일에 대해서 일일이 인격적으로 관여하신다. 인간은 바로 이런 주님의 사랑을 인격적으로 받을 때만 변화받을 수 있다. 그래야 인격적으로 책임질 수 있기 때문이다.

---

9 월터 마샬, 『성화의 신비』, 404.

예수님은 단번에 인류의 모든 죄를 해결해 주셨다. 구원은 절대적인 주님의 은혜로 단번에 이뤄진다(히 9:28). 그런데 믿음은 "말 한마디로" 단번에 되는 것이 아니라, "인격적으로" 단번에 되는 것이다. 믿음은 지식이나 이론이 아니라 "실제"다. 믿음은 온몸과 마음으로 체험하는 것이지, 지적인 호기심의 대상이 아니며, 종교적이고 교양적인 것도 아니다. 그래서 오히려 많이 배웠거나, 돈이 많거나, 법 없이도 살 수 있는 도덕적인 사람은 뭔가 자기 스스로 선을 행할 수 있다고 생각하기에 상대적으로 주님을 영접하기 어려울 수 있다.

8. 주님의 살과 피를 먹는 것이다

애굽(이집트)에서 노예생활을 하던 이스라엘 백성을 해방시키기 위해 하나님의 능력을 받은 모세가 이집트 왕 바로에게 갖가지 이적을 보여줬어도 아무 소용이 없었지만, 문 인방(引枋)과 좌우 설주(楔柱)[10]에 유월절 어린양의 피를 보여 줬을(발랐을) 때 비로소 거기에서 나올 수 있었다(출 12:1-30).

피가 하나님에게 무슨 의미가 있기에 이처럼 생명을 좌지우지하는 걸까?

피에는 두 가지 종류가 있다. '육체의 피'가 있고, '영(靈)의 피'가 있다. 우리 육체에 피가 부족하면 빈혈이 생기고, 피가 탁하면 혈관이 터지기 쉽고, 피가 통하지 않으면 살이 썩게 되듯이,[11] 눈에 안 보이는 영의 피가 흐르지 않으면, 그 영혼은 죽는다. 그래서 하나님께서는 우리가 반드시 이 영의 피를 먹어야만 살 수 있다고 말씀하신다(요 6:53).

이 피가 바로 "예수 그리스도의 피" 즉 "예수 그리스도의 십자가의 사랑"이다. 우리는 여기서 믿음은 "예수님의 살과 피를 먹는 것"이라는 또 하나의 믿

---

[10] '좌우 설주'는 '좌우 기둥'을 말하고, '문 인방'은 '그 기둥을 연결하는 나무'를 말한다. 따라서 '문 인방과 좌우 설주'는 '집의 가장 중요한 부분'을 상징한다.

[11] 혈액은 우리 몸에 필요한 산소와 영양소를 공급하며, 동시에 몸의 대사로 인하여 생긴 노폐물을 체외로 분비하는 역할을 한다. 성인 정상인의 피의 양은 약 5L로, 이 피가 우리 몸을 한 바퀴 도는 데 걸리는 시간은 약 30초 정도이며, 몸 안의 피가 3분의 1이상 흘러나오면 죽는다고 한다. 이런 의미에서 육체의 피는 '생명의 근원'이라고 할 수 있다.

음의 정의를 도출할 수 있다.[12] 즉 예수 그리스도의 십자가의 사랑을 믿어지는 마음으로 먹어 자기 생명이 되어 흐르게 했을 때 사는 역사가 일어난다. 그래서 성경은 예수님의 살과 피가 (우리 영혼의) 참된 양식이요 참된 음료라고 말씀하시며(요 6:55), 또 내 마음의 문 인방과 좌우 설주, 곧 내 마음의 중심에 어린 양 예수님의 피가 발라져 있어야 구원받을 수 있다고 말씀하신다(출 12:23).

또한 성경은 피는 모든 육체의 생명이며, 육체의 피는 그 생명을 위해 있기에(레 17:14), 이 피를 먹지 말라고 말씀하신다. 피를 먹는 자는 끊어진다는 것이다(창 9:4; 레 17:11, 14; 신 12:23).

여기서 왜 피를 먹지 말라고 하셨을까?

여기에는 두 가지 의미가 함축되어 있다.

첫째, 피를 먹음으로 하나님이 지으신 거룩한 생명(피)을 더럽히지 말고, 오히려 그 생명을 존귀하게 여기라는 뜻이다.

둘째, 피를 먹으려면 그 생명을 죽여야 하는데, 특히 사람의 경우에 피를 흘리게 함으로 그 생명을 죽이는 죄를 범하지 말라는 뜻이다(참고 겔 35:6). 하나님의 형상을 따라 창조된 인간을 죽이는 것은 하나님의 절대 주권과 그 존엄을 파괴하는 행위인 까닭이다.

성경은 말씀하신다.

> 사람의 피를 흘리게 하면 그 사람이 그 피를 흘릴 것이니, 이는 하나님이 자기 형상대로 사람을 지었음이니라(창 9:6).
> 피가 땅을 더럽히나니, 피 흘림을 받은 땅은 이를 흘리게 한 자의 피가 아니면 속할 수 없느니라(민 35:33).

즉 죄를 지음으로 (마음의) 땅을 더럽힌 자는, 자기가 죽어야만 그 땅이 깨끗해진다는 것이다.

그러나 인간은 본능적으로 연약하여 죽음을 두려워한다. 이런 약함을 아시

---

[12] 물론 여기에서 예수 피는 실제 먹는 것이 아니라, 마음으로 먹는 것을 의미한다(히 10:21-22).

는 하나님께서 구약 시대에 (짐승의) 피를 단에 뿌리게 함으로써, 우리의 생명을 위하여 속하게 하셨다(레 17:11). 생명이 피에 있으므로 피가 죄를 속하기 때문이었다(레 17:11). 이때의 피는 하나님의 모든 말씀에 대하여 우리와 세워진 언약의 피였다(출 24:8).

하지만 구약의 이 (짐승의) 피는 죄를 능히 씻지 못했다(히 10:4). 그래서 하나님은 신약 시대에 당신 아들의 피를 흘리게 하시고, 이 피를 (믿음으로) 마음에 뿌림 받는 자로, 악한 양심에서 벗어나 (영적인) 몸을 맑은 물로 씻어(히 10:22), 모든 사람의 피에 대해 깨끗하게(상관없게) 하셨다(행 20:26). 즉 피를 밖으로 흘리는 것은 죽음인데, 이것을 주님이 대신하여 십자가에서 죽으시고, 이 피의 사랑을 믿어 자기 영혼에 흐르게 하는 자를 영원히 살게 하셨다. 이런 의미에서 예수님의 피는 '생명' 곧 '부활'이라 할 수 있다(참고 요 11:25~26). 그러므로 우리는 주님의 살과 피를 먹음으로 주님의 용서의 피가 내 마음속 깊은 곳까지 흐르게 하여, 주님의 피의 권세가 우리 마음을 영원히 다스리도록 해야 한다.

9. 주님의 사랑의 종이 되는 것이다

우리가 예수님을 믿으면 "하나님의 아들(양자)"이 되지만(요 1:12), 그와 동시에 주님의 "사랑의 종"이 되기도 한다(딛 1:1, 참고 사 41:14). 성경은 예수님이 오신 이유가 섬김을 받으려 함이 아니라 도리어 섬기려 하고, 자기 목숨을 많은 사람의 대속물로 주려 함이었다고 말씀하신다(막 10:45).

천국은 주님이 다스리시는 곳이라는 말씀은 주님의 다스림을 받을 준비를 한 자가 천국에 갈 수 있고, 이 세상에서 섬기는 종으로 살아야 마지막 날 주님과 더불어 천국을 다스리게 된다는 뜻을 담고 있다(눅 22:30). 이런 의미에서 믿음은 "주님의 사랑의 종이 되는 것"이라고 할 수 있다.

종은 자기는 불편해도 주인의 마음을 편하게 해 드려야 하고, 언제 어느 때고 종이어야 한다. 그러기에 우리는 이 세상에서 아무리 좋은 일을 많이 했어도, 그저 하나님의 무익한 종으로서 마땅히 해야 할 일을 했을 뿐이라고 고백해야 한다. 그게 하나님으로부터 한량없는 은혜를 받은 자의 마땅한 태도다(눅 17:10). 행여나 우리가 결코 선생이나 지도자로 불려서는 안 된다. 왜냐하면 선생이나 지도자는 오직 예수 그리스도 한 분뿐인 까닭이다(마 23:8-10). 그래서 성경은 종이 상전보다 높지 못하나, 종이 상전 같으면 족한 줄 알고 행하는 자가 복이 있다고 말씀하신다(요 13:16-17).

10. 주님과 피의 사랑의 언약을 맺는 것이다

만약 누가 약속을 깨는 일을 반복하면 아무도 그 사람이 하는 말을 믿어 주지 않을 것이다. 주님과 인격적인 언약 관계를 맺는 것도 마찬가지이다. 하나님은 언약을 깨는 것을 매우 싫어하시는데, 그래서 그런지 '언약(בְּרִית, 베리트)'에는 "언약을 어기면 자른다(죽는다)"라는 뜻이 숨겨져 있다(창 17:4-7).

하나님이 목숨을 건 언약 맺기를 기뻐하시는 이유는, 인간이 그 언약을 깨면 죽임을 당할 정도로 그 언약이 귀하다는 것을 알게 하고, 인간으로 하여금 당신을 경외하여 더 풍성한 생명을 얻게 하며, 더러운 세상에서 벗어나 신의 성품에 참여토록 하기 위함이다(말 2:5; 벧후 1:3-4, 참고 겔 16:62-63). 이런 의미에서 믿음은 '알고 있는 말씀은 죽기까지 지키겠다는 무언의 약속을 주님과 맺는 것'이라고 할 수 있다.

언약에는 '은혜 언약'과 '행위 언약'이 있다.[13] '은혜 언약'은 "불신자가 아무 공로 없이 오직 믿음으로 구원받는 언약"이고, '행위 언약'은 "기신자(旣信者)가 믿음에 의한 행함으로 체결되는 언약"이다. 하나님은 각 사람의 신앙 성숙 정도

---

[13] '행위 언약'은 창조주 하나님과 피조물인 인간이 불확실한 순종을 조건으로 맺지만, '은혜 언약'은 하나님 아버지와 죄인들을 대신하신 그리스도의 절대적이고 확실한 순종을 조건으로 맺는다는 점에서 그 차이점이 있다(루이스 벌코프, 『조직신학 上』, 496-497). 그러나 이러한 차이점이 있다고 하여 행위 언약이 폐하여진 것은 아니다. 그 이유는 은혜 언약은 행위 언약의 고발 앞에서만 그 의의를 명백히 밝히기 때문이다(박윤선, 『개혁주의 교리학』, 195-228). 이런 면에서 구약과 신약의 모든 계시 운동은 이 은혜 언약을 보여주며, 또한 그것과 관련된 하나님의 행위를 취급한다(박윤선, 『개혁주의 교리학』, 228).

에 따라 언약을 체결하시지만,[14] 전체적인 의미에서 언약의 본질은 같다. 그래서 하나님께서는 당신의 언약을 특정 시대, 특정인에게만 세운 것이 아니라, 모든 인류와 세우셨다고 말씀하신다(신 29:14-15; 막 13:37).

> 가령 신명기 29장을 보면, 하나님은 기원전 1406년경, 이스라엘 백성이 광야 40년 연단을 마치고 막 가나안 땅에 들어가려고 할 무렵, 모압 평지에서 다시금 그들과 언약을 체결한다. 이미 하나님은 시내산에서 출애굽 1세대들과 (시내산) 언약을 체결했었지만, 하나님의 말씀에 불순종함으로 징계를 받아 갈렙과 여호수아를 제외하고는 광야에서 다 죽고, 이제 출애굽 2세대들만 남게 되자, 임종을 얼마 남겨두지 않은 모세에게 마지막 과업으로 모압에서 다시금 언약을 체결하신다.
> 즉 이들(출애굽 2세대들)은 가나안 땅에 들어갈 준비가 제대로 되어 있지 않았던 것이다.
> 생각해 보라!
> 홍해의 갈라짐, 만나, 메추라기, 구름 기둥, 불 기둥 등 하나님의 기적을 늘 체험했던 출애굽 1세대들도 원망·불평했는데, 그것을 제대로 체험하지 못한 출애굽 2세대들은 얼마나 더 그랬겠는가?
> 그래서 하나님은 시내산 언약이 당시에 있었던 자들과만 맺은 것이라는 오해를 불식시키기 위하여, 다시 한번 모압 언약을 허락하시고, 이를 통해 하나님의 언약은 어느 시대를 막론하고 인류 모두에게 효력이 미친다고 선포하신다 (신 29:15, 참고 사 59:21).

주님과의 언약이 형성되려면, 마치 태양과 행성들이 서로 잡아당기는 힘의 균형으로 (태양을 중심으로) 일정 궤도를 돌듯이, 하나님의 주권과 인간의 자유의지가 동시에 작용해야 한다. 그러기에 주님과 언약을 맺은 자는 이 언약에

---

14 예컨대 하나님이 아브라함과 맺으신 언약을 보면, 처음엔 약속을 하셨고(창 12장), 그다음 언약을 체결하셨으며(창 15장), 그다음 언약에 대한 표징을 주셨고(창 17장), 그런 후 언약을 확정하셨다(창 22장).

대해 책임을 지니고 있으며,[15] 그에게 부여된 언약의 의무 조항들을 실행하여야 한다. 이런 의미에서, 곧 그 '완성'과 '유지'란 측면에서 은혜 언약은 상호적이며, 쌍방적이다.[16]

이에 대해 벌코프는 그리스도가 신자들을 중생시키며 신앙을 일으킴으로써 자신과 연합시키지만, 신자도 역시 신앙의 자각적 행위를 통해 자신을 그리스도와 연합시키며, 성령님의 영향 하에서 지속적인 신앙으로 이 연합을 계속 유지한다고 본다.[17]

호크마도 칼빈의 사상 속에 하나님의 형상을 형성하는 두 가지 중요한 요소가 있는데, 하나는 하나님의 전적인 은혜적 행위이며, 또 다른 하나는 그 행위에 대한 인간의 반응이라고 말한다.[18]

그럼에도 이 언약 관계의 주도권은 하나님께 있다. 하나님이 창조주이시고, 인간은 피조물이기 때문이다. 이런 의미에서 은혜 언약은 그 '기원'에 있어서 일방적이다. 즉 은혜 언약은 하나님께서 당신의 기준에 들어온 사람과만 맺으시기에, 항상 '주님의 언약'이다(겔 16:61-62).

> 가령 하나님께서는 메소포타미아 연합군과의 전쟁에 휘말려 포로로 끌려간 롯을 구출한 아브람이 메소포타미아 연합군의 보복 공격을 두려워할 때, 당신 자신이 친히 아브람의 상급이요 방패가 되어 주신다고 말씀하신다(창 15:1). 그러면서 그와 언약을 맺으시는데, 이때의 언약은 여러 동물을 둘로 쪼개어 놓고 쌍방이 그 사이를 지나는 당시 고대 근동의 계약과 달리, 하나님의 임재를 상징하는 '불타는 횃불'만 홀로 지나가는 언약이었다(창 15:17).

주님과 맺는 언약은 인간끼리 맺는 언약과 달리, 하나님 쪽에서 파기하시는

---

15 이에 대해 존 스토트는 우리의 책임이 감소하지 않고 오히려 더 도덕적인 책임을 지게 된다고 말한다(존 스토트, 『그리스도의 십자가』, 황영철 · 정옥배 역 [서울 : IVP, 2007], 176).
16 고든 J. 스파이크만, 『개혁주의 신학』, 318-322. 안토니 A. 호크마, 『개혁주의 인간론』, 21.
17 루이스 벌코프, 『조직신학 下』, 698.
18 안토니 A. 호크마, 『개혁주의 인간론』, 85.

법이 없다. 그래서 성경은 이러한 하나님의 언약을 "소금 언약"(covenant of salt)이라고 부른다. 하나님께서는 대제사장 아론 및 그의 후손 제사장들의 분깃을 확실하게 보증해 주신다는 의미에서, 그리고 다윗 왕권의 영원성을 보장해 주신다는 의미에서 이 용어를 사용하셨다(민 18:19; 삼하 7:16; 대하 13:5).

또한 이 소금은 소제(素祭)에도 넣었는데(레 2:13, 참고 겔 43:24; 출 30:35), 소금에 썩지 아니하고 부패를 방지한다는 상징적인 의미가 있기 때문이었다. 그래서 소제에 넣는 소금을 '언약의 소금'이라고 부른다. 이는 절대 변하지 않는 소금 맛처럼, 영원히 불변하는 언약이라는 뜻으로, 오늘날 영원히 변하지 않는 복음과 일맥상통한다. 즉 하나님께서는 오늘날에도 예수 그리스도를 믿고 따르는 모든 성도로 하여금 왕 같은 제사장들이요, 택하신 족속이요, 거룩한 나라요, 그의 소유된 백성으로 삼으시는 불변의 언약을 세우신다(벧전 2:9, 참고 출 19:5-6).

오히려 약속을 깨는 쪽은 항상 인간이다. 그러나 이 경우에도 하나님께서 예전에 그와 맺은 언약을 완전히 폐하시지는 않는다. 이에 대해 성경은 말씀하신다.

> 만일 그 자손이 내 법을 버리며 내 규례대로 행치 아니하며 내 율례를 파하며 내 계명을 지키지 아니하면, 내가 지팡이로 저희 범과를 다스리며 채찍으로 저희 죄악을 징책(懲責)하리로다. 그러나 나의 인자함을 그에게서 다 거두지 아니하며 나의 성실함도 폐하지 아니하며 내 언약을 파하지 아니하며 내 입술에서 낸 것도 변치 아니하리로다(시 89:30-34, 참고 겔 16:59-63).

하나님은 신자가 아무리 약속을 어겨도, 어떻게 하든 다시 돌아오도록 해서 약속을 이루신다. 즉 하나님은 이렇게 옛 언약을 깬 자에게, 예수 그리스도로 말미암아 성령을 통해 인간의 심비(心碑)에 새기는 "새 언약"을 세우신다(렘 31:31-32; 32:39; 겔 11:19-20; 36:26, 참고 눅 22:20; 고후 3:3; 히 8:13).

그러나 하나님이 아무리 사랑이라고 하더라도 공의의 하나님이시기도 하므로(시 89:14) 언약을 깬 자에게 무한정 자비가 베풀어지는 것은 아니다. 그래서 성경은 하나님의 생명을 건 언약을 지키면 복이요, 안 지키면 저주가 된다고 말씀하신다(신 30:15).

그러므로 주님과 언약을 맺을 때는 내 생애의 마지막 진심을 가지고, 어떤 일이 있어도 자기 양심과 믿음을 지켜 그 사랑을 놓치지 않을 중심으로 맺어야 한다.

11. 자기 안에 거룩한 성전(聖殿)이 이뤄지는 것이다

스트레스를 받거나 운동을 심하게 하거나 잠을 잘 자지 못하면 몸에 피로물질이 쌓이는데, 특이한 점은 죄를 지은 경우에도 몸 안에 좋지 않은 물질이 그대로 쌓이게 된다는 점이다.

마음만 움직였을 뿐인데도 눈에 보이는 몸에 정확히 반영되다니 참으로 신기한 일이 아닌가?

그래서 성경은 건강한 영혼은 병을 지탱하며, 즐거운 마음은 좋은 약이 되고 얼굴을 빛나게 하지만, 마음의 근심은 심령을 상하게 한다고 말씀하신다(잠 17:22; 18:14; 15:13). 이처럼 인간의 영혼과 몸은 서로 유기적으로 연결되어 있다. 여기서 몸은 영혼의 명령을 그대로 반영하는 일종의 매개체 역할을 하는 셈이다.

(1) 영의 몸은 불멸한다

예수님은 죄의 뿌리인 우리의 육(肉)을 죽이려고, 당신의 거룩한 영의 몸을 마치 죄의 몸인 것처럼 깨뜨리셨다. 예수님의 육신의 몸이 죽임을 당해야, 인류의 죄가 용서되는 길이 열리기 때문이었다. 그리고 주님은 주님의 몸[19]이 된 자(될 자)들을 영원히 의롭게 하려고 다시 살아나셨다(롬 4:25). 즉 영으로 살리심을 받은 예수님은(벧전 3:18) 시공을 초월한 영을 우리에게 주셔서, 우리로 하여금 영의 몸이 되도록 하심으로, 누구든지 예수님을 믿고 죄용서를 받으면 자

---

19 성경에서 '주님의 몸'은 '성전' '교회' '방주' '지체' 등으로 불린다.

기의 몸을 죽이지 않아도 천국에 갈 수 있게 하셨다.

> 이를 부연 설명하면 우리가 주님을 영접할 때, 주님과 연합된 마음이 몸에도 그대로 이뤄져, '주님의 몸' 곧 모든 죄가 주님의 보혈로 다 씻긴 '영(靈)의 몸'[20] 이 된다(고전 15:44, 참고 롬 7:24). 그리하여 예수님만 믿으면 죽어도 다시 살며, 살아서 예수님을 믿으면 영원히 죽지 않는다(요 11:25-26). 즉 예수님만 믿으면 설사 그 몸이 죽게 되어도 영의 몸으로 부활하며, 살아있는 동안에 예수님을 믿으면 육체의 호흡이 끊어져도 둘째 사망 곧 영원한 죽음의 심판에 이르지 않는다. 이 세상에 살고 있는 성도의 몸은 겉으로 볼 때 죽었나 살았나를 떠나서, 영원히 죽지 않는 영의 몸이 되는 것이다.

이처럼 죄와 무관한 영의 몸은 죽는다고 해도 죽은 것이 아니다. 육의 몸은 죽으면 그뿐이지만, 영의 몸은 죽어도 산다. 죄 있는 육체가 당장에 죽지 않았다고 해서 죽지 않은 것이 아니듯이, 죄 없는 몸이 지금 죽었다고 죽은 것이 아니다. 육체의 눈으로 볼 때 분명 주님은 죽임을 당하셨지만, 영의 눈으로 볼 때, 주님은 성도의 몸 안에서 영원히 살아계신다. 그래서 영의 몸이 된 자는 죽어도 다시 살리심을 믿기 때문에, 육체의 죽음을 두려워하지 않는다.

(2) 교회는 주님의 성전이다

이 "주님의 몸"을 다른 용어로, "성전"(聖殿)이라 부른다. 성전에는 '눈에 보이는' 성전(ἱερόν, 히에론)이 있고, '마음에 지어진' 성전(ναός, 나오스, 성전)이 있다. 이 중에서 본질적인 의미의 성전은 후자의 성전이다. 눈에 보이는 성전, 곧 예배당은 아무리 크고 화려하게 지어도, 마음 안에 지어진 성전에 비할 바 못된다(왕상 8:27; 대하 2:6; 6:18). 눈에 보이는 것들은 얼마 가지 않아서 썩어질 것이기 때문이다. 후자의 성전은 '주님이 거하실 장소로 선택한 처소'인데(엡 2:22), 성도는 전체적으로는 '그리스도의 거룩한 몸'이요, 개별적으로는 '그리스

---

20 여기서 '영(靈)의 몸'은 '거룩한 몸' '의(義)의 몸' '예수 그리스도의 핏값으로 대신 산 몸'(행 20:28) 등을 말하고, '육(肉)의 몸'(요 6:63)은 '불결한 몸' '죄의 몸'(롬 6:6) 등을 말한다.

도의 지체(肢體)'다(고전 12:27).

이 성전을 다른 말로 "교회"[21]라고 부른다. 예수님은 우리의 신앙고백 위에 음부의 권세가 이기지 못하는 당신의 교회를 세우셨다(마 16:18-19). 이 교회는 창조 때부터 마지막 때까지 택함받은 공동체의 모임이며(하이델베르크 교리문답 54문), 진리의 기둥과 터이고(딤전 3:15), 주님의 피로 세운 자들의 모임이며, 기도하는 집이다(사 56:7).

또 만물을 충만하게 하시는 분으로 충만한 곳(엡 1:23), 즉 사랑과 진리의 말씀 자체이신 예수님으로 충만한 곳이며, 하나님의 임재와 영광이 나타나는 곳이다(학 1:8). 또한 교회는 그리스도의 군대로, 우리를 구원하신 대장께서는 자기 군사를 단 한 사람도 잃지 않으신다.[22]

그런가 하면 이 교회는 '위에 있는 예루살렘'(갈 4:26) '새 예루살렘' '하늘의 예루살렘' 등으로 불린다.[23] 히브리서 12장 23절을 보면, 천국에서 볼 수 있는 것 중에 "하늘에 기록한 장자(長子)들의 총회"가 나오는데, 천국의 모형이 '교회'임을 생각해 볼 때, 이 용어는 교회가 어떤 곳인지를 잘 설명해 준다.

> 즉 출애굽기 4장 22절을 보면, 하나님은 이스라엘을 두고 "내 아들 내 장자"라고 말씀하신다. 이는 이스라엘이 출애굽 할 때, 이집트 바로 왕이 계속 완강히 거절하자, 열 번째 재앙으로 이집트의 모든 장자를 죽이는 재앙을 주셨지만, 어린양의 피를 문 인방과 좌우 설주에 바른 집의 이스라엘의 장자들은 죽이지 아니하셨던 까닭이다.
> 그래서 하나님은 "이스라엘의 장자된 자는 (하나님의 것이니), 다 대속하라!"고 말씀하시고(출 13:13, 참고 민 3:13), 후에 모든 첫 태에 처음 난 자를 대신하게 한

---

21 참고로 내적인 성전이 이뤄지지 않은 자도 외적인 성전, 곧 유형 교회를 구성할 수 있다. 눈에 보이는 유형 교회는 구원을 받을 수 있는 무형 교회(진실하게 믿는 자)와 그렇지 못한 자(교회에는 나오지만 진실하게 믿지 않는 자)를 다 포함한다. 그러기에 엄밀한 의미에서 주택이 가정이 아닌 것처럼, 교회 건물(예배당)이 교회가 아니라고 할 수 있다.
22 J. C. 라일, 『거짓에 속고 있는 교회에게』, 조계광 역 (서울 : 지평서원, 2013), 33.
23 루이스 벌코프, 『조직신학 下』, 814.

레위인은 당신 것이라고 말씀하시면서(민 3:12),²⁴ 장자들의 대속을 레위인들에게 맡기신다. 이때 이스라엘 장자들의 숫자가 레위인들보다 273명이 많으므로, 남은 273명에 대해서는 한 명에 5세겔(20데나리온, 일용직 노동자 20일 품삯)씩 제사장들에게 바치도록 하신다(민 3:46-47).

한마디로 이스라엘은 대속의 은총을 받아야만 살 수 있는 장자와도 같은 존재라는 뜻이다. 오늘날 믿는 자도 영적인 이스라엘로서, 마치 이스라엘의 장자처럼 예수 그리스도의 대속의 은총을 받아야만 살 수 있다는 의미에서, 교회는 "핏값 주고 사신 장자들의 모임"이라고 할 수 있다.

(3) 교회는 무오(無誤)하지 않다

그런데 앞에서 언급했듯이 교회는 무오하지 않다.²⁵ 그래서 교회에는 가라지 신자도 있고 알곡 신자도 있으며, 또 완전한 자들이 아니라 예수님을 닮아 온전해지려는 자들이 함께 섞여 있다. 그래서 마치 육체의 부모가 자식이 정말 훌륭한 자가 되도록 모든 헌신을 아끼지 않듯이, 하나님께서도 당신의 자녀들이 원대한 당신의 사랑의 분량에 이를 때까지, 교회를 통하여 가르치시고 훈련하시고 양육하신다. 이에 대해 칼빈은 "교회를 어머니로 가지지 않는 자는 하나님을 아버지로 모실 수 없다."라고 말하며, 심지어 교회의 품을 떠나서는 죄 용서를 받을 수 없다고 말한다.²⁶

신자는 머리 되시는 예수님으로부터 사랑을 공급받아 거룩한 성전으로 자라되, 온몸이 각 마디를 통하여 도움을 받고 연결되고 결합되며(엡 4:16; 골 2:19), 성령님을 통하여 하나님의 거처로 지어져 간다(엡 2:20-22; 4:16; 골 2:19). 이유는 딱 한 가지, 우리가 집을 짓는 이유가 주인이 그 집에서 평안히 살기 위해서

---

24 이렇게 레위인은 모범적으로 모든 이스라엘의 장자를 대신하여 하나님을 섬기는 모습을 보여줬는데, 그 대표적인 예가 '도피성'이다. 즉 하나님께서는 레위인들의 성읍 48개 중 6개에 '도피성'을 두어 부지(不知) 중 살해한 자들을 받아주고 돌보는 모본을 보이도록 하셨다(민 35:13).

25 존 칼빈, 『기독교 강요 下』, 신복윤 외 3인 역 (서울 : 생명의말씀사, 2002), 191.

26 존 칼빈, 『기독교 강요 下』, 13.

이듯이, 성전이 지어져 가는 것도 궁극적으로 주인 되시는 주님이 그 안에서 평안히 거하시도록 하기 위해서이다.

그리하여 우리가 이 세상에 사는 동안 마음 안에 성전을 지으면, 천국에서도 그대로 이어져, 마지막 날 완전한 의미의 영적인 몸으로 변화된다.[27] 주님이 이 날 살리시는 것은 주님으로부터 죄 씻음을 받은 영혼과 그 영혼을 그대로 반영하는 영적인 몸이다. 이렇게 하여 우리 모두 마지막 날, 주님이 성전(ναὸς, 나오스, 성전) 그 자체가 될 천국에 들어가게 된다(계 21:22).

(4) 성전을 더럽혀서는 안 된다

따라서 주님을 믿어 거룩하고 아름다운 주님의 몸의 일부가 된 자는 지극히 귀하게 그 몸을 다루는 것이 마땅하다. 주님의 몸의 일부가 된 자는 주님의 명령을 따라 주님의 영광만을 나타내야 한다(고전 6:20). 행여나 내 안에 꿈에도 그리던 주님이 계시는데, 내 언행심사는 전혀 주님을 원치 않는 듯한 태도를 보여서는 안 되고, 어떻게든 하나님이 핏값을 주고 사신 몸을 함부로 해서도 안 된다. 이에 대해 성경은 누구든지 하나님이 주신 성령의 전(殿)인 성소(성전)를 더럽히면 멸망당하고(겔 5:11; 고전 3:17; 6:19), 음행함으로 창기와 합하여 그리스도의 지체를 가지고 창기의 지체로 만들면, 저와 한 몸이 되어 자기 몸에 죄를 범한 것이 된다고 말씀하신다(고전 6:15).

주님의 몸을 내 몸처럼 다루는 데서부터, 신앙의 적신호가 켜짐을 알아야 한다. 그래서 주님께서 성전을 더럽게 만든 자들을 그토록 심하게 꾸짖고, 철저하게 하나님의 성전을 청결케 하셨던 것이다(요 2:16). 그러므로 (마음 안) 성전이 무너졌다면, 믿음을 회복하여 알고 있는 하나님의 모든 말씀을 지킴으로 다시 세워야 한다.

> **너희 몸은 너희가 하나님께로부터 받은 바 너희 가운데 계신 성령의 전인 줄을 알지 못하느냐? 너희는 너희의 것이 아니라**(고전 6:19).

---

[27] 참고로 나사로의 부활은 죄가 전혀 없는 영의 몸의 부활이 아니었다. 그저 부활을 미리 보여주시기 위한 표적이었을 뿐이다(요 11:43). 부활의 몸은 다시 죽을 수 없는 몸이기 때문이다.

12. 주님 안에 거하는 것이다

성경은 땅과 거기 충만한 것과 세계와 그중에 거하는 자가 다 여호와의 것이라고 말씀하신다(시 24:1). 또한 하나님이 신자를 핏값으로 사셨으니, 신자는 그리스도의 것이라고 말씀하신다(롬 1:6; 고전 6:20; 7:23). 주님께서 더 크고 풍성한 사랑을 주시기 위해 당신의 소유로 못 박으신 것이다. 이처럼 신자는 그리스도만이 그의 모든 것이 된 자요, 그의 모든 것은 다 주의 것이 된 자다(골 3:11; 롬 14:8; 고전 3:23).

하나님께서는 우리를 영원히 포기하지 않으시고, 병이 나실 정도로 사랑하시며(아 5:8), 우리를 당신의 손바닥에 새기셨고(사 49:16), 백발이 되기까지 안으시고 품으시며(사 46:4), 우리가 물 가운데로 지날 때 함께하시고, 불 가운데로 지날 때 타지도 아니하게 하신다(사 43:2). 이 불 같은 사랑에 들어간 자가 곧 주님의 것이 된 자로서, 그리스도 안에 거하는 자이다. 이런 의미에서 믿음은 "주님 안에 거하는 것"이다.

여기서 "거(居)한다"(μένω, 메노)는 "계속 거주한다"는 뜻으로, "주님 안에 거한다"는 의미는 마치 우리가 집에서 식사도 하고, 화장실도 가고, 공부도 하고, 마음껏 쉴 수 있을 때 집에 거주한다고 말할 수 있듯이, 하나님의 말씀이 없이는 다른 어떤 것도 할 수 없고, 그 말씀 안에 지속적으로 머물며, 알고 있는 모든 말씀을 중심으로 믿고 지킨다는 뜻이다(요 15:10; 요일 4:15; 3:24; 2:3).

즉 믿음은 포도나무에 접붙임 되어 그 포도나무로부터 생명의 진액을 공급받는 가지처럼, 주님과 떼려야 뗄 수 없는 관계로 연합하여 주님과 함께 사는 것을 말한다. 그러기에 그리스도 안에 거하지 못함으로(엡 2:12), 자기 것이 하나님의 것이 되어 있지 않은 자는 하나님의 것이 다 자기 것이라고 주장해서는 안 된다.

> 내 안에 거하라. 나도 너희 안에 거하리라. 가지가 포도나무에 붙어 있지 아니하면 절로 과실을 맺을 수 없음같이, 너희도 내 안에 있지 아니하면 그러하리라(요 15:4).

13. 주님을 인격적으로 아는 것이다

요한복음 17장 3절에서 이렇게 말씀하신다.

> 영생은 곧 유일하신 참 하나님과 그의 보내신 자 예수 그리스도를 아는 것이니이다.

또 호세아 4장 6절에 하나님을 아는 지식이 부족하면 멸망한다고 말씀하신다. 여기서 "안다"(γινώσκω, 기노스코)는 지식적으로 아는 것이 아니라, "인격적으로 관계적으로 능력적으로 체험적으로 아는 것"을 일컫는다(창 22:12).

가령 약 2,000년 전의 사람들이 하나님의 아들 예수님의 겉모습을 봤다고 해서 예수님을 안다고 할 수 없다. 왜냐하면 거기에는 주님과 인격적인 관계가 없기 때문이다. 이런 의미에서 믿음은 "주님을 인격적으로 아는 것"이라고 할 수 있다.

그런데 하나님의 영의 형상으로 창조된 우리가 하나님을 인격적으로 알기 위해서는, 반드시 성령님이 우리 안에 오셔야 한다. 그래서 성경은 하나님께서 성령을 통해 지혜와 계시의 정신을 (성도에게) 주셔서 당신을 알게 하신다고 말씀하시고(엡 1:17), 또 하이델베르크 교리문답 21문도 성령님이 주신 믿음에 의해 하나님을 알 수 있다고 말한다.

아울러 하나님을 인격적으로 아는 것은 "공의의 기준 내에서, 악을 모르는 가운데(죄악의 열매를 먹지 아니한 가운데) 아는 것"을 말한다(계 2:24). 성경은 "그 날에 많은 사람이 나더러 이르되, '주여! 주여! 우리가 주의 이름으로 선지자 노릇 하며 주의 이름으로 귀신을 쫓아내며 주의 이름으로 많은 권능을 행치 아니하였나이까?' 하리니, 그때 내가 저희에게 밝히 말하되, '내가 너희를 도무지 알지 못하니 불법을 행하는 자들아! 내게서 떠나가라!' 하리라."(마 7:22-23)고 말씀하신다. 이런 자들은 당신이 도무지 알지 못하는 자들이라는 것이다.

그러므로 하나님께서 먹지 말라 하신 선악과를 먹음으로(죄를 지어 더럽혀짐으로) 선과 악을 동시에 아는 것, 즉 하나님이 주신 선한 것도 체험하여 알 뿐만 아니라, 동시에 마귀가 주는 악한 것도 직접 죄를 지음으로 아는 것은 선(하나님)을 바로 안 것이 아니다. 가령 엘리의 아들들처럼 불량한 자는 겉으로 하나님의 일을 잘한 것 같아도 하나님을 바로 알았다고 할 수 없으며(삼상 2:12), 강도가 자기가 능욕한 처녀를 육체적으로 알았다고 해서 그 처녀를 알았다고 할 수 없고, 더럽고 악한 귀신이 예수님이 그리스도이신 것을 알았다고 해서 그분을 바로 알았다고 할 수 없다(막 1:24; 3:11; 눅 4:4). 이 모두는 인격적으로 바르고 친밀하며 거룩한 관계에서 안 것이 아니기 때문이다.

14. 주님의 죽으심과 함께 세상적인 자아도 죽는 것이다

(1) 십자가를 똑바로 봐야 한다

예수님을 영접한다 하면서도, 예수님이 내 죄악 때문에 십자가에 못 박혀 죽으셨다는 인식을 회피하거나, 막연하게 생각하거나, 아니면 이론적으로만 생각하는 경우가 많다.

왜 그럴까?

이에 대한 본질적인 이유는 자기 자아도 또한 주님과 함께 죽을까 봐 두려워서라고 할 수 있다. 예수님을 말로만 믿는다고 해서 저절로 세상적인 자아가 죽는 것이 아니다. 정말로 인격적으로 주님을 믿을 때, 나도 모르게 세상적인 자아가 죽는다.

이런 의미에서 믿음은 "주님의 죽으심과 함께 세상적인 자아를 십자가에 못 박는 것"이라고 할 수 있다.

엄밀한 의미에서, 주님이 날 불쌍히 여겨준 은혜에 도달할 정도까지 나를 버리는 것이 주님과의 관계의 첫걸음이다. 그래서 구약 시대에 하나님은 제물을 바칠 때 각을 뜨고, 다 으깨진 고운 가루로 드리라고 하셨던 것이다(레 1-5장). 우리의 세상적인 자아를 다 깨뜨리고 경배를 드리라는 것이다.

그러면 어떻게 세상적인 자아를 죽일 수 있을까?

이에 대한 답은 십자가다. 우리가 십자가 앞에 설 때, "더 이상 내 자아가 살면, 나는 사람도 아니야!"라는 고백이 나오며, 내 모든 세상적인 기득권을 더는 주장할 수 없게 된다. 내 영혼이 죄에서 해방되려면, 사실상 하나님의 아들을 짓밟고 살아나야 하기 때문이다(행 3:15; 4:10).

그런데 십자가를 똑바로 보는 자는 자기 죄로 말미암아 죽으신 주님을 어떻게든 살려보려고 발버둥 치게 된다. 이때 주님은 이런 자를 위해 대신 보혈의 피를 흘려주시고, 성령님을 보내 그 사람 안에 내주(內住)하신다.

그래서 성경은 십자가 외에는 아무것도 알지 아니하는 것이 주님을 바로 아는 것이라고 말씀하신다(고전 2:2). 나를 위하여 십자가를 짊어지신 주님을 위해 나의 모든 것을 바칠 때, 그분이 나의 모든 것이 되어 주시며, 내 안에 나를 위해 대신 사신 분만 있게 되고, 주님께서 모든 것을 다 하실 수 있음이 믿어지며, 거기서 죄와 세상과 사탄을 이기는 능력이 나온다.

(2) 세상적인 자아가 살아있으면 부활의 사랑을 맛보기 힘들다

주님 앞에 세상이 다 굴복했어도, 주님 안에 들어가 내 세상적인 자아를 굴복시키지 않고서는, 결코 세상을 이긴 믿음을 소유하지 못한다. 세상적인 자아가 죽지 않은 곳에서는 주님이 대신 죽어주실 수 없어, 부활의 사랑을 맛보기 힘들다. 예수님이 약 2,000년 전에 객관적으로 죽었다는 사실만으로는 아무 소용이 없다. 여전히 내가 주인이 되어 있으므로, 주님이 자기 안에서 죽으시고 부활하지 않으면, 주님의 마음과 결코 연합할 수 없다.

세상 소리가 들리고 내 목소리를 낸다는 것은 아직 십자가를 똑바로 보지 않았기 때문이다. 내 목소리를 내기 때문에 하늘 위에서 내려오는 맑은 음성을 들을 수 없는 것이다.

생각해 보라!

마음속에 번민이 가득하고, 자꾸 인간의 목소리에 더 주의를 기울이고, 자기 자아의 목소리가 시끌벅적 들리는데, 어떻게 이런 곳에서 나지막한 주님의 음성이 잘 들릴 수 있겠는가?(왕상 19:12)

세상적인 자아가 살아있으면 마치 타다가 만 숯과 같아, 주님이 그를 불쌍히 여겨주셨다는 생각이 무뎌짐으로 다시 죄에 눈이 돌아가기 쉽고, 아직 다 안

탄 부분이 방해할 것이어서 진실한 마음을 가져보려고 해도 잘 안 된다. 이런 의미에서 십자가 앞에서 세상적인 자아가 온전히 죽지 못했다는 것은 죄를 완전히 이기신 주님을 온전히 의지하지 않고 있다는 증거가 된다고 할 수 있다. 이런 자는 아무것도 아니면서 된 줄로 생각하는 자로서, 스스로 자기를 속이는 자일뿐이다(갈 6:3).

(3) 비수를 세상적인 자아에 꽂아야 한다

그러기에 우리는 더 이상 내가 사는 것이 아니라, 내 안에 주님이 사시도록 해야 한다(갈 2:20). 내 죄로 말미암아 예수 그리스도께 비수를 꽂은 바 된 자는 그 비수를 자기의 세상적인 자아에 꽂아야 한다. 그리하여 영(靈)으로써 몸의 행실을 죽여(롬 8:12-13), 더는 죄가 군림하지 못하도록 해야 한다(롬 6:6-7; 고전 15:34).

행여나 주님이 주시는 자유를, 육체의 정욕을 위한 자유로 삼아(갈 5:1, 13; 벧전 2:16, 11), 육신에 져서 다시 죄를 지으므로 더러운 몸을 만들어서는 안 된다(고전 6:15). 육신을 따라 육신의 생각을 품지 말아야 한다(롬 8:12, 7, 9-10; 7:6; 6:14; 갈 5:17). 죄에 죽은 자는 더 이상 죄 가운데 살아서는 안 되기 때문이다(롬 6:1-2, 15; 8:5-7; 요일 5:18).

오히려 그리스도와 함께 살아난 자는 성령님의 인도하심을 따라 하늘 위엣 것을 찾아야 한다(골 3:1-3). 오직 위로부터 난 지혜, 곧 성결하고 화평하고 관용하고 양순하며(εὐπειθής, 유페이쎄스, 잘 순종하며), 긍휼과 선한 열매가 가득하고 편벽과 거짓이 없는 지혜를 구해야 한다(약 3:17).

그리고 예수 그리스도를 알기에 게으르지 않고 열개 없는 자가 되지 않도록, 더욱 힘써 우리 믿음에 덕(ἀρέτη, 아레테, 존경심을 일으키는 은혜)을, 덕에 지식을, 지식에 절제를, 절제에 인내를, 인내에 경건을, 경건에 형제 우애를, 형제 우애에 사랑을 공급해야 한다(벧후 1:5-8).

또 성령으로부터 영생을 거둘 수 있도록 날마다 성령을 위해(εἰς, 에이스) 심는 자가 되어야 한다(갈 6:8). 썩는 양식을 위하여 일하지 말고 영생하도록 있는 양식을 일해야 한다(요 6:27; 사 55:2). 살아도 주를 위하여 살고, 죽어도 주를 위하여 죽어야 한다(롬 14:8, 참고 롬 6:12-13, 16-19). 또 먹든지 마시든지 무엇을 하든지, 다 주님의 영광을 위하여 해야 한다(고전 10:31). 그리하여 나를 건드리면 예수님의 향기가 나오고, 나를 짜내면 예수님의 피의 사랑이 나오도록 해야 한다.

15. 주님의 이름을 합당하게 시인하는 것이다

성경은 말씀하신다.

> 네가 만일 네 입으로 예수를 주로 시인하며, 또 하나님께서 그를 죽은 자 가운데서 살리신 것을 네 마음에 믿으면 구원을 얻으리니, 사람이 마음으로 믿어 의에 이르고 입으로 시인하여 구원에 이르느니라(롬 10:9-10).
> 누구든지 여호와의 이름을 부르는 자는 구원을 얻으리니, … 남은 자 중에 나 여호와의 부름을 받을 자가 있을 것임이니라(욜 2:32).

그러면서도 성경은 하나님께서 역사해 주셔야 예수님을 구세주로 시인할 수 있고(마 16:17), 오직 성령님에 의해서만 예수님을 구주라 시인할 수 있다고 말씀하신다(고전 12:3).

따라서 입으로만 주님을 시인했다고 해서, 그것이 곧바로 성령님에 의한 시인이라고 단정할 수 없다는 점에 유의해야 한다.

이게 무슨 뜻인가?

이는 입으로만 하나님 아버지라 부르면 당연히 성령님이 오신다는 것이 아니라, 참된 믿음을 가져 성령님이 오셨을 때라야 비로소 아버지라 부를 수 있다는 얘기다(롬 8:15). 이것이 합법적인 부름이다. 즉 겉 형식만 있다고 해서 당연히 속 내용이 채워지는 것이 아니듯, 단순히 예수님을 구주라고 부른다고 해서 자기 안에 구원과 관련된 성령님이 임했다고 볼 수 없다는 말이다.

누군가의 이름을 부를 때, "이름"에는 그 사람의 모든 인격이 담겨있다는 점에서, 이름은 사실상 그의 생명과도 같다고 할 수 있다.

그런데 생각해 보라!

자기 이름을 더럽히려고 남에게 그 이름을 주는 사람이 있겠는가?

"이름"을 준다는 것은 자기의 모든 것을 위임할 정도로 그 이름을 감당할만한 인격을 갖췄다는 얘기다. 가령 하나님께서 당신의 이름을 예수님에게 넘겨 주셨다는 말씀 속에는(요 17:6) 예수님만이 당신의 이름을 감당할 유일한 분이셨다는 의미가 담겨있다.

주님과의 관계가 가까운 자는 단 한 번 주님의 이름을 불러도 주님과의 인격적인 친밀함을 느낀다. 하지만 주님과의 관계가 먼 자는 아무리 많이 주님의 이름을 불러도, 자기의 모든 인격이 담긴 채 부르지 못한다.

하나님께서는 이런 자들이 많이 기도할지라도 듣지 아니할 것이라고 말씀하신다.

> 헛된 제물을 다시 가져오지 말라! … 성회(聖會)와 아울러 악을 행하는 것을 내가 견디지 못하겠노라. 내 마음이 너희의 월삭과 정한 절기를 싫어하나니 그것이 내게 무거운 짐이라. 내가 지기에 곤비하였느니라 … 너희가 많이 기도할지라도 내가 듣지 아니하리니 이는 너희의 손에 피가 가득함이라(사 1:13-15).

예수님을 많이 아는 것 같아도, 주님을 의지하는 마음이 곪아있거나 정상적이지 못하면, 주님의 이름을 불러도 공허한 메아리만 돌아오거나 뭔가 주님이 나와 별로 관계없는 저 먼 곳에 계시는 분으로 인식하게 된다. 이는 흑암의 세력이 뿌린 씨로 인하여 그 순간 양심이 마비되었거나, 아니면 죄악의 침침한 너울이 드리워져 있어서이다.

이게 아니라 주님을 의지할 때는 어린아이처럼 순수하고 맑고 건강해야, 주님의 거룩하심과 전능하심이 실감나게 느껴질 수 있어 거기로부터 무한한 능력의 보물을 끌어낼 수 있다. 이런 자세가 갖춰져야 합법적으로 주님의 이름을 사용할 수 있다.

그러기에 주님의 이름을 사용할 때는, 당신의 이름을 우리에게 주신 그 취지를 바로 알고, 내 생명보다 귀하게 사용해야 한다. 그래야 비로소 그 이름을 감당할 수 있게 된다.

곧 주님의 이름을 부르는 것이 유효하기 위해서는 주님께서 들으실 만한 자가(시 55:16), 죄와 상관이 없는 경건한 자가(히 9:28; 애 3:25-26), 상한 심령으로 자기를 불쌍히 여겨달라고 비는 자가, 그리고 (구원받기로 작정된) 남은 자[28]가 성령님의 인도하심을 받아(고전 12:3; 롬 10:14) 주님의 이름에 합당한 영광을 돌리는 가운데 성심으로(호 7:14) 불러야 한다.

그래서 성경은 예수님의 이름을 부르는 자마다 불의에서 떠나 있어야 한다고 말씀하시고(딤후 2:19, 참고 렘 23:36; 암 6:10; 시 14:4), 하나님의 이름으로 거짓 맹세하지 말아야 한다고 말씀하시며, 오히려 하나님의 이름을 망령되이 부르면 죄가 된다고 말씀하신다(신 5:11; 레 19:12, 참고 말 1:6; 레 24:16).

16. 어린이 영접이 예수님 영접이 되려면

성경은 우리가 예수님의 이름으로 어린이를 영접하면, 곧 예수님을 영접한 것이 되고(마 18:5; 막 9:37; 눅 9:48), 예수님이 보낸 사람을 영접하면, 곧 예수님을 영접한 것이 되며(요 12:44; 13:20), 예수님을 영접하면, 곧 하나님을 영접한 것이 된다고 말씀하신다(마 10:40; 막 9:37; 요 13:20).

그런데 원칙적으로 성경의 원리는 하나님을 사랑하면 이웃, 심지어 원수까지도 사랑하게 되며, 또 하나님을 믿으면 예수님이 하늘로부터 내려온 것을 믿게 되고, 예수님의 말씀을 지키면 제자의 말도 지키게 되는 것이다(요 15:20). 그러면 혹자는 바로 위에서 언급한 말씀과 서로 모순되는 게 아니냐고 따질 수 있다.

---

28 "남은 자"(Remnant)란 하나님의 구원의 역사 속에서, 인간의 패역과 불순종으로 야기된 하나님의 진노의 심판으로 말미암아 멸절될 위기 속에서도, 하나님의 크신 은총에 의하여 시대마다 그 심판으로부터 남겨둔 '소수의 의인'을 지칭한다(사 1:8-9; 30:17; 10:20; 습 3:12-13; 암 5:15; 욜 2:32; 시 116:12-14; 롬 11:5; 창 45:7; 렘 32:38-39; 스 9:13-15; 계 12:17).

아니다! 어린이를 영접하는 것이 곧 예수님을 영접한 것이라는 말씀은 예수님을 믿는 어린이 몇 명을 잘 대해줬다고 해서, 그것이 곧 예수님 영접과 같다는 의미가 아니다. 또 이웃을 사랑하는 것이 하나님을 사랑하는 것과 똑같은 것이 된다거나, 불쌍한 이웃 몇 명을 잘 대접해 준 것이 예수님을 영접하는 것과 똑같은 것이 된다는 의미도 아니다. 이는 마치 남자와 여자 간에 신뢰 관계도 없는데, 일방적으로 한쪽이 다른 쪽에게 몇 번 잘해준 것에 대해서 그것이 진정한 사랑이라고 말할 수 없는 것과 같다.

반대로 주님이 죄인을 영접해 주셨다고 해서 갑자기 죄인이 의인이 되는 것도 아니며, 또 공생애 사역 초기에 예수님이 열두 제자를 부르셨다고 해서 그들이 곧바로 능력을 행하는 제자가 되었다는 것도 아니다. 이는 그저 앞으로 죄인이 주님을 구세주로 영접할 것임을, 또 부족한 제자가 후에 온전한 제자가 될 것임을 믿어준다는 얘기일 뿐이다.

이처럼 부수적인 영접과 온전한 의미의 영접은 전혀 다른 얘기다. 가령 성령의 은사나 기적은 예수님을 더 잘 믿으라고 주신 하나님의 선물일 뿐, 이것들을 받았다고 예수님을 영접한 것이라고 할 수 없다. 그래서 성경은 부수적인 것을 통해서라도 본질적인(주된) 것을 얻으라는 의미에서, 다음과 같이 말씀하신다.

> 하나님의 말씀에 대하여 많이 말하면서도 정작 자신은 행하지 않는 사람일 경우에 그 행위는 본받지 말되, 그 말씀만큼은 들어라!(마 23:3)
> 내가 내 아버지의 일을 행하거든 나를 믿지 아니할지라도 그 일은 믿으라! (요 10:37-38)
> 나를 따르지 않는 자라도 나의 이름을 사용하여 귀신을 쫓아낼 때는 그자를 막지 말라!(막 9:38-39)

그러면서도 성경은 말씀하신다.

> 모세의 글도 안 믿는 자가 어떻게 예수님의 말씀을 믿을 수 있겠는가?(요 5:47)

모세와 선지자의 말을 듣지 않는데, 어떻게 죽은 자로부터 살아난 자가 설득하면 듣겠는가?(눅 16:31)

부모도 공경하지 않는데, 어떻게 하나님을 공경할 수 있겠는가?(마 15:4-9)

형제(자매)를 미워하는데, 어떻게 하나님을 사랑할 수 있겠는가?(요일 4:20)

자기네끼리 영광을 받으면서 오직 하나님으로부터 오는 영광을 구하지 않는데, 어떻게 예수님을 믿을 수 있겠는가?(요 5:44)

즉 부수적인(종된) 것도 안 되어 있는데, 어떻게 본질적인(주된) 것을 취할 수 있겠느냐는 것이다.

그러기에 어린이를 영접한 것이 예수님을 영접한 것이 되는 경우는 예수님을 사랑하기에 어린이를 영접했을 때라고 할 수 있다. 즉 하나님을 사랑하기 때문에 예수님만을 증거하는 그의 제자를 영접하면 그것이 곧 예수님을 영접한 것이 되고, 또 하나님을 사랑하기 때문에 원수나 불쌍한 이웃을 영접하면 그것이 곧 예수님을 영접한 것이 된다.

17. '주(主)된 믿음'과 '종(從)된 믿음'

여기서 편의상 "온전한 믿음"을 '본질적인 믿음' 혹은 '주(主)된 믿음' 혹은 '1차 믿음'이라 하고, "부수적인 믿음"을 '종(從)된 믿음' 혹은 '2차 믿음'이라고 한다. '1차 믿음'은 '구원과 관련된 믿음'이다(히 10:39; 벧전 1:9). 1차 믿음으로 죄 용서를 받는다. 이에 반해 '2차 믿음'은 '이미 구원받은 자가 주님의 뜻 안에서 구한 모든 소원이 다 이뤄졌음을 믿는 믿음'이다. 2차 믿음으로 질병이 치유되며, 귀신이 떠나가기도 한다(마 9:27-29; 눅 5:12-13). 주님은 1차 믿음을 가진 자(구원받은 자)가 당신 안에서 구한 소원이 다 이뤄진 것으로 믿고 당신의 이름으로 구하면, 무엇이든지 이뤄주시겠다고 말씀하신다(막 11:22-24; 요 16:24).

가령 네 사람이 한 중풍병자를 고치기 위하여 집의 지붕을 뚫고 구멍을 내어 그가 누운 상을 달아 내렸을 때, 예수님께서 그들의 믿음을 보시고 중풍병자의 죄를 용서하시고 병을 치료하신 사건과(막 2:1-11), 로마 백부장이 사랑하는 하인의 병을 고치기 위하여, "주님이 제집에 들어오심을 감당하지 못하겠나이다! … 말씀만 하옵소서!"라고 말함으로 치유 받게 된 사건에서(눅 7:2-10), 네 사람의 믿음과 백부장의 믿음으로 말미암아 중풍병자와 하인이 치료와 죄 용서를 받은 것이지, 엄밀히 말해서 중풍병자나 하인 본인의 믿음이 아닌 것이다.

설사 중풍병자가 죄에 대한 용서를 받았다고 하더라도, 구원을 받을 만한 '온전한' 죄 용서가 아니라, 병만 치료받은 '부분적인' 죄 용서일 뿐이라고 할 수 있다.[29] 본인의 믿음이나 회개가 전혀 없는데, 순전히 다른 사람의 믿음으로 병이 치료되고 귀신도 나갔다고 해서 온전한 믿음을 가졌다고 볼 수 없다는 말이다. 이에 대해 제임스 패커는 다음과 같이 말하다.

"은사는 그저 그리스도를 표현하고 기리고 나타내고 전하기 위해 발휘하는 능력일 뿐이다."[30]

18. '주(主)된 믿음'의 여러 모습

그러면 성경에서 '1차 믿음' 곧 '천국에 들어갈 수 있는 믿음'을 어떻게 말씀하고 계실까?

- 물과 성령으로 거듭나야 한다(요 3:5).
- 천국이 자기 마음 안에 이뤄져 있어야 한다(눅 18:17).
- 예수님을 믿고 회개해야 한다(마 3:2; 4:17). 즉 최소한 회개와 칭의의 예복을 준비해야 한다(마 22:12; 슥 3:3-4).

---

29 굳이 이 부분을 '온전한' 죄 용서로 본다면, 모든 인간의 중심을 꿰뚫어 보시는 주님께서 중풍병자의 구원받을 만한 믿음까지 보시고, 아니면 저희의 믿음(중풍병자를 지붕에서 내린 네 사람의 믿음)에 중풍병자의 믿음까지 보시고 죄를 용서하셨다고 할 수 있다(참고 요 11:39).
30 제임스 패커, 『성령을 아는 지식』, 홍종락 역 (서울 : 홍성사, 2006), 115.

- 돌이켜(회심하여) 어린아이의 마음처럼 되어야 한다(마 18:3). 즉 하나님의 나라를 어린아이처럼 순수하게 받아들여야 한다(눅 18:17).
- 하나님을 바로 아는 지식이 있어야 한다(요 17:3; 호 4:6).
- 성령의 기름을 충분히 준비해야 한다(마 25:4).
- 예수님을 믿는 자의 의(義)가 최소한 위선자의 대명사격인 서기관들의 의(義)보다 나아야 한다(마 5:20).
- 알고 있는 모든 사람의 허물과 죄를 중심으로 다 용서해야 한다(마 18:35).
- 하나님이 주신 은혜의 달란트를 세상 땅속에 묻어두지 말고 그것을 가지고 최선을 다해 장사해야 한다(마 25:27).
- 하나님의 나라와 복음을 위해 목숨을 아끼지 말아야 한다(눅 17:33).
- 쟁기를 가지고 뒤를 돌아보지 않아야 한다(눅 9:62).
- 그 무엇보다, 그 누구보다 주님을 더 사랑하고 있어야 한다(마 10:37).

반대로 천국에 들어갈 수 없다고 기록한 말씀을 몇 개 열거해 본다.

- 우상 숭배자(계 22:15)
- 하나님의 진리를 거짓으로 바꾼 자(롬 1:25)
- 불신자(계 21:8) 불의한 자(고전 6:9; 벧후 2:9)
- 불법을 행하는 자(마 7:23; 13:41; 눅 13:27)
- 거짓말하는 자(계 21:8)
- 실족케 하는 자(마 13:41)
- 가증한 일을 행하는 자(계 21:27)
- 원수 맺는 자(갈 5:20)
- 욕하는 자(고전 6:10)
- 비방하는 자(렘 6:28; 롬 1:30)
- 교만하게 자랑하는 자(롬 1:30)
- 부모를 거역하는 자(롬 1:30)
- 경건의 모양만 있지 경건의 능력을 부인하는 자(딤후 3:5)
- 하나님을 알되 하나님께 합당한 영광을 돌리지 않는 자(롬 1:21)

- 항상 (하나님의 말씀을) 배우기는 하지만 정욕(ἐπιθυμία, 에피쒸미아)에 이끌린 가운데에서 배우므로 진리의 지식, 곧 구원받을 수 있는 참된 복음의 지식에 이르지 못하는 자(딤후 3:6-7)
- 은혜에 감사치도 않고 오히려 생각이 허망해진 자(롬 1:21)
- 음란한 자, 음행자, 마술하는 자(계 21:8; 22:15)
- 탐욕이 있는 자(롬 1:29; 골 3:5; 약 1:15)
- 혈과 육(고전 15:50; 엡 6:12)
- 쾌락을 하나님보다 더 사랑하는 자(딤후 3:4)
- 동성연애자(창 19:7-11; 롬 1:24; 고전 6:9; 딤전 1:10)
- 자기를 사랑하는 자(딤후 3:1)
- 돈을 사랑하는 자(딤후 3:1)
- 방탕한 자(갈 5:21)
- 술 취하는 자(잠 23:21; 롬 13:13; 고전 5:11; 6:10; 엡 5:18)

19. 적극적으로 주님을 영접해야 한다

그런데 왜 사람들은 예수님을 잘못 믿는 사람들만 보고 기독교 자체를 싸잡아 비난하며, 또 왜 하필 신앙이 엉터리인 사람을 보고 실족하며 시험에 들까?

그리고 왜 하나님의 종이 말씀을 전할 때도 어떤 이는 그냥 인간의 소리로 듣는가 하면, 어떤 이는 하나님의 말씀으로 들을까?

많은 사람이 실컷 세상을 맛본 후에, 또 죽기 얼마 전에 예수님을 믿어 보겠다고 한다. 또 소위 믿는다고 하는 사람 중에도 나중에 십자가를 지겠다는 사람들이 많다. 이들은 주로 예수님 우편에 앉은 강도가 죽기 몇 시간 전에 구원받은 사건을 은연중에 신봉하는 듯하다(눅 23:43).

하지만 위암에 걸린 후 보험에 가입할 수 있겠는가?

나중에 회개하고 제대로 하나님의 일을 하겠다고 하는 사람처럼 어리석은 자가 없다. 왜냐하면 이 경우 십중팔구 주님과의 교제의 채널을 잊어버리기 쉽고, 처음의 마음이 나중까지 그대로 유지된다는 법도 없기 때문이다. 오히려 나이를 먹을수록 몸도 노화되고 상대적으로 세상 죄를 더 허용하게 되어, 처음에 가졌던 순수한 마음을 잃어버리기 십상이다. 얼마나 많은 사람이 사탄이 파 놓은 이 함정에 빠져 눈물을 흘리는지 모른다.

> 취한 사람은 경주에 적합하지 않습니다. 어떤 사람들은 이 경주를 무시하다가 질병이나 죽음이 찾아오면 그제야 달리려고 애씁니다. 병든 사람은 달리기는 고사하고 걷기조차 힘듭니다. 물론 참된 회개는 아무리 늦어도 늦지 않습니다. 그러나 손을 움직이거나 눈을 들어 위를 바라보기 어려울 때가 되면 세상에서 천국까지 달려가는 경주를 시작하기에 적절하지 못합니다.[31]

그러기에 아직 참사랑의 세계를 체험해 보지 못한 자는 바로 지금 일단 자기의 모든 편견을 버리고, 하나님의 말씀을 적극적으로 믿고 순종해 보는 자세가 필요하다. 로마의 앞잡이 노릇을 한 키 작은 여리고의 세리장(세무서장) 삭개오가 수많은 군중으로 말미암아 나아갈 수 없는 상황에서도 주님을 만나기 위해 적극적으로 뽕나무에 올라가 그 목적을 이룬 것처럼(눅 19:4), 능동적이고 적극적인 믿음의 자세는 아무리 강조해도 지나치지 않다.

20. 구원의 확신의 중요성

(1) 하나님의 자녀가 가지는 특권으로서의 구원의 확신

하나님의 자녀가 되면 하나님의 권속(οἰκεῖος, 오이케이오스, 가족)이 되고(엡 2:19), 하늘나라 시민권을 가지게 되며(빌 3:20), 또 왕 같은 제사장(벧전 2:9, 사 61:6에는 여호와의 제사장)이 되고, 거룩한 하나님의 백성이 된다(벧전 2:9). 중생하여 하나님의 자녀로 산다는 것이 이처럼 엄청난 일이다. 하나님은 우리 성도

---

[31] 토마스 왓슨, 『천국을 침노하라』, 115.

를 "신적인 존재"[32]로 삼아주셨다. 성경은 하나님이 우리를 사랑하신다는 그 복음의 비밀은 천사들도 살펴보기를 원하는 일이라고 말씀하시고(벧전 1:12), 심지어 마지막 심판 날 우리(성도)가 천사들을 판단하게 될 것이라고 말씀하신다(고전 6:3).

즉 성경은 하나님께서 인간을 당신[33]보다 조금 못하게 하시고 영화와 존귀로 관을 씌우셨다고 말씀하신다(시 8:5). 그래서 성경은 (세상과 벗이 되려고 하는 것에 대하여) 우리 속에 거하게 하신 성령님이 시기하기까지 하나님께서 우리를 사모하신다(εςπιποθέω, 에피포쎄오, 간절히 바라신다)고 말씀하시며(약 4:5, 참고 롬 8:19), 땅에 있는 성도(聖徒)는 존귀한 자라고 말씀하시고(시 16:3), 또 모든 천사들마저도 부리는(λειτουργικός, 레이투르기코스, 섬기는) 영으로서 구원 얻을 후사들을 위하여 섬기라고 보내진 존재들일 뿐이라고 말씀하신다(히 1:14). 예수님의 존귀를 힘입은 성도들이 하나님을 가장 가까이서 섬기는 영적인 존재인 천사들로부터 섬김을 받는다는 것 자체가 얼마나 큰 특권인가?

하나님의 자녀가 되면, 이 세상 모두가 나를 배신하고 미워하고 버려도, 하나님만큼은 나를 영원히 버리지 아니하시고 사랑하신다는 자부심이 있다(참고 삼하 23:5). 이 세상 모든 것을 다 준다고 해도 하나님의 자녀가 되었다는 사실과 바꿀 수 없다는 자긍심 말이다. 이런 자는 죽으면 천국행 티켓이 예약되어 있고, 지금 현재 이미 그 사람 안에 지극히 거룩한 천국이 이뤄져 있다.

---

[32] 가령 출애굽기 7장 1절에 "여호와께서 모세에게 이르시되, 볼지어다! 내가 너를 바로에게 신같이 되게 하였은즉, 네 형 아론은 네 대언자가 되리니"라고 말씀하신다. 엄청난 하나님의 능력과 말씀을 위임받은 모세는 바로에게 신과 같은 존재가 되어 그를 압도하며 호령하게 된다는 뜻이다. 하나님의 자녀의 복이 이렇게 엄청나다.

[33] 여기 시편 8장 5절의 "당신"의 원어는 "엘로힘"(אֱלֹהִים)이다. 그러기에 이 문장은 "인간을 하나님보다 조금 못하게 하셨다."라는 의미다. 즉 이 말씀은 하나님의 형상을 닮은 인간의 피조성의 위대함을 표현하고 있다. 신학자들은 큰 틀에서 시편 8장 4절 후반절에 나오는 인자(the son of man)를 예수님으로 보아 이 시를 메시아 시로 분류한다. 그래서 그런지 시편 8장 5절의 "하나님" "신들" "신적인 존재" "천사" 등의 여러 뜻을 지닌 "엘로힘"이란 단어를 히브리서 2장 7절에서 인용할 때, 70인경을 따라 "예수님을 잠시 동안 천사(ἀγγέλους, 앙겔루스, 천사들)보다 못하게 하시며 영광과 존귀로 관을 씌우셨다."라고 표현하고 있다. 즉 하나님께서 성육신하신 예수님을 낮추시어 잠시 동안 천상의 존재(내지는 하나님)보다 조금 못하게 하셨으나, 부활시킴으로 영화와 존귀의 관을 쓰게 하셨다는 것이다.

어떤 사람이 집을 상속받았으면 잠시 세를 준 기간이 끝나면 그의 것이 될 것으로 미리 기대합니다. 그는 아직 들어가 살지는 않아도 "이 집은 내 것이다."라고 미리 말할 수 있습니다. 그처럼 믿는 자는 잠시 동안 이 땅 위의 삶 뒤에 천국을 상속하게 되고 그래서 그는 지금 "그리스도는 내 차지이다. 영광은 내 것이다."라고 말할 수 있습니다.[34]

이에 대해 성경은 에베소서 2장 5-6절에서 다음과 같이 말씀하신다.

허물로 죽은 우리를 그리스도와 함께 살리셨고(συνεζωοποίησεν, 쉬네조오포이에센) **또 함께 일으키사**(συνήγειρεν, 쉬네게이렌) **그리스도 예수 안에서 함께 하늘에 앉히시니**(συνεκάθισεν, 쉬네카씨센)

여기서 '함께 살리셨다' '일으키사' '앉히시니' 세 동사 모두 직설법 과거형으로 쓰였다. 따라서 주님을 믿는 자는 이미 주님과 함께 구원받았고 함께 일으켜졌으며 함께 하늘에 앉혀있다. 그래서 하나님의 자녀가 되면 절로 "우리가 담대히 가로되, 주는 나를 돕는 자시니 내가 무서워 아니하겠노라! 사람이 내게 어찌하리오!"라는 고백이 나온다(히 13:6, 참고 요일 5:14; 엡 3:12).

구원의 확신을 가진 만큼 하나님으로부터 말할 수 없는 힘과 위로를 얻고, 또 설사 넘어지더라도 다시 주님을 붙잡고 일어설 수 있다. 이 확신은 세상을 동경하지 않도록 만들고, 거룩한 담대함을 낳으며, 임종을 맞이할 준비를 하도록 만들고, 모든 양식에 양념이 되게 하며, 의무 이행에 활력을 준다.[35] (구원의) 확신은 마음을 북돋워 더욱 기도하게 하고 모든 은사를 다잡아 새롭고 더욱 높은 기풍을 향하도록 한다.[36] 브룩스는 이 확신이 하나님의 광채이자, 그리스도인의 기쁨과 면류관이라고 말하며,[37] 바빙크는 확신 없는 믿음은 존재하지 않

---

34 토마스 왓슨, 『팔복 해설』, 44-45.
35 토마스 브룩스, 『지상에서 누리는 천국』, 이태복 역 (서울 : 지평서원, 2012), 236-250.
36 토마스 굿윈, 『믿음의 본질2』, 임원주 역 (서울 : 부흥과개혁사, 2013), 102.
37 토마스 브룩스, 『지상에서 누리는 천국』, 51.

는다고 말한다.[38]

다만 구원의 확신은 의롭다 함을 얻게 하는 믿음의 행위라기보다는 칭의 이후에 따르는 결과요 열매일 뿐임을 유의해야 한다.[39] 이 이야기는 믿음이 없는 사람은 구원을 받을 수 없지만, 확신은 없어도 구원은 받을 수 있다는 얘기다.[40]

즉 확신이 없으므로 자기에게 믿음이 전혀 없다고 생각해서는 안 된다. 어떤 것을 확실히 갖는 것과 그것을 확실히 가졌다는 것을 아는 것은 별개일 뿐이다.[41] 확신이 없는 곳에도 진실한 믿음이, 아니 거기에도 엄청난 양의 믿음이 있을 수 있다. 가령 복음서에 나오는 가나안 여인은 강력한 믿음을 가지고 있었지만, 그녀의 확신에 대해서는 성경에서 찾아볼 수가 없다(마 15:22-26).[42]

(2) 하나님은 당신의 자녀를 버리지 아니하신다

하나님의 버림을 받는 일은 잠시 잠깐이다. 이에 대해 성경은 말씀하신다.

> 내가 넘치는 진노로 내 얼굴을 네게서 잠시 가렸으나 영원한 자비로 너를 긍휼히 여기리라(사 54:8).
> 내가 장구히 노하지 아니할 것은 나의 지은 그 영과 혼이 내 앞에서 곤비(困憊)할까 함이니라(사 57:16).

태양이 구름으로 가려져 빛이 땅에 도달하지 못한다 해도 여전히 그 영향력은 미치고 있듯이, 하나님의 사랑하시는 양자된 자가 (하나님의) 얼굴의 빛을 보

38　헤르만 바빙크, 『개혁교의학4』, 박태현 역 (서울 : 부흥과개혁사, 2011), 134.
39　J. C. 라일, 『거룩』, 장호준 역 (서울 : 복 있는 사람, 2009), 277.
40　토마스 브룩스, 『지상에서 누리는 천국』, 71. 브룩스는 확신에 도달하지 못하는 이유로, "트집을 잘 잡는 기질, 받은 은혜의 분량이 극히 작고 연약함, 새삼 생각나는 지난날의 죄, 하나님의 말씀과 탁월한 성도들의 기준에 못 미침, 부패한 본성이 일으키는 두려움과 의심, 자기 성찰과 점검을 소홀히 함" 등을 들고 있다(토마스 브룩스, 『지상에서 누리는 천국』, 72-80).
41　J. C. 라일, 『거룩』, 268.
42　토마스 브룩스, 『사탄의 책략 물리치기』, 서창원·최도형 역 (서울 : 엘맨, 2007), 254.

지 못해도 그 은혜의 영향력은 여전히 그에게 미치고 있다.[43] 여호와께서는 결코 그 백성을 버리지 아니하시며 그 기업을 떠나지 아니하신다(시 94:14, 참고 요 10:28-29; 롬 11:1-2; 삼상 12:22; 사 54:7-8, 10; 44:21; 49:15; 43:2; 미 7:7). 하나님의 백성이 아무리 자주 좌절하고 넘어질지라도 여전히 그들 안에는 하나님의 씨가 거한다.[44] 그것이 복음 안에 있는 그리스도의 은혜다.

> 하나님께서 그 자녀로부터 얼굴을 숨기실 때도 당신의 마음은 그를 향하고 있습니다. 요셉이 그의 형들에게 거칠게 말하고 그가 그들을 정탐꾼으로 여기고 있다고 믿게 만들 때도 여전히 그의 마음은 그들을 향하였고, 그가 그전에 가졌던 것과 같은 사랑으로 가득하여, 정(情)을 억제하지 못하여 밖으로 나가 울었습니다. … (이처럼) 하나님이 저버리시는 것과 부자 관계를 끊어버리시는 것은 별개의 문제입니다.[45]

그러므로 성도는 본의 아니게 실족할 때에도 "나는 이미 세례받았고 구원받았다"는 확신을 항상 가져야 한다. 이런 확신의 목적은 마음 놓고 죄를 지으라는 것이 아니라, 오직 자기 죄로 신음하는 자들을 위로하여 그들로 혼란과 절망에 빠지지 않도록 하려는 것이다.[46] 즉 죄를 죄로 드러나게 하는 율법의 기능으로 말미암아, 심한 죄의식에 빠져 선을 행하고자 하는 소망마저 꺾이지 않도록 하려는 데 그 목적이 있다. 실수로 구원의 확신을 놓친 자들에게 브룩스는 다음과 같이 권고한다.[47]

> 확신보다 그리스도에게 더 마음을 쏟으십시오. 확신은 잃어버렸으나 하나님의 아들이라는 신분은 잃어버리지 않았다는 것을 숙고하십시오. … 가장 탁월

---

43 토마스 왓슨, 『팔복 해설』, 353.
44 토마스 굿윈, 『그리스도인의 성장』, 황의무 역 (서울 : 지평서원, 2010), 52.
45 토마스 왓슨, 『팔복 해설』, 355-356.
46 존 칼빈, 『기독교 강요 下』, 373.
47 토마스 브룩스, 『지상에서 누리는 천국』, 526-538.

하고 고상한 성도들도 확신을 잃은 후에 다시 찾았다는 사실을 숙고하십시오.
… 비록 확신을 잃어버렸을지라도 성령의 복된 역사와 감화력은 잃어버리지는 않았음을 숙고하십시오.

그러기에 가령 구원의 확신이 있는 자는 구약 시대 모세가 하나님의 말씀에 불순종하여, 말씀으로 반석에 물을 내라는 명령을 어기고 주님이 주신 지팡이로 자기 임의대로 반석을 두 번 쳐서 물을 내게 하는 바람에, 결국 하나님이 약속해 주신 가나안 땅에 들어가지 못했음을 두고(민 20:11-12), 가나안 땅이 천국을 상징한다고 해서 지옥에 갔다고 말하지 않는다. 오히려 하나님께서 사명이 다한 모세를 두고, 말씀으로 반석에 물을 내라는 하나님의 명령에 불순종한 부분에 대하여 징계를 받게 하심으로 천국에 들어가게 하신 것을 믿는다. 변화산상에서 예수님과 엘리야와 모세가 대화를 나눈 장면을 생각해 보라!(막 9:4)

(3) 하나님은 믿음이 연약한 자도 기쁘게 받으신다

모든 성경이 중요한 목적으로 삼는 것은 하나님이 자신의 백성을 향하여 자비롭고 관대하며 은혜롭고 오래 참으신다는 사실을 우리가 의심하지 않고, 소망을 품고 하나님을 신뢰하게 하는 것이다.[48] 이에 반해 사탄은 영혼들을 서글프고 의심스럽고 미심쩍고 불안한 상태 아래에 두고자 할 때, 그리고 그들의 인생을 지옥으로 만들고자 할 때, 영혼들로 하여금 죄를 뚫어지게 응시하며 바라보게 하고 구세주보다는 죄에 더 신경을 쓰도록 한다.[49]

설사 실족했어도 믿음으로 일어섬으로 자기가 죄의 하수인이 아니라는 것을 분명히 보여주는 것이 아니라, 죄로 인하여 자신에 대하여 지나치게 낙망하는 것은 문제다. 가령 환난으로 인해 죽기를 원한다거나, 고통을 면하기 위해 죄악된 수단에 의존한다거나, 몸이 상할 정도로 근심하는 것처럼 말이다(고후 2:7).[50]

---

[48] 토마스 브룩스, 『지상에서 누리는 천국』, 55, 중인용.
[49] 토마스 브룩스, 『사탄의 책략 물리치기』, 서창원·최도형 역 (서울 : 엘맨, 2007), 244.
[50] 크리스토퍼 러브, 『낙망하는 내 영혼의 회복』, 245-249.

크리스토퍼 러브는 하나님의 백성이 낙망하는 이유는 하나님께서 (성도가 범죄할 때) 당신의 얼굴을 감추심으로써 (회개하지 않는) 자기 백성이 위로와 기쁨으로 배부르지 못하게 하며, 죄의 해악을 알게 하시고, 인간의 (구원에 대한) 확신이 거룩함에 이르는 본질이 아님을 알게 하시는 까닭이라고 말한다.[51]

하나님은 우리가 당신의 언약을 붙잡고 나가기만 하면 아무리 작고 연약한 믿음일지라도 받으신다. 하나님은 우리가 비록 갈대처럼 연약한 믿음밖에 없을지라도 그리스도와 온전히 연합한 바르고 참된 믿음만 가지고 있으면, 비록 여전히 부패성을 가지고 있을지라도 결코 그것들을 제거하거나 자르지 아니하신다. 그러므로 우리가 꿈에도 잊지 말아야 할 사실은 우리의 죄보다 하나님의 자비와 그리스도의 공로가 훨씬 크다는 점이다.

이에 대해 데이비드 클락슨은 주님께서는 연약하고 죄악된 기도라서 그 기도가 비록 수준이 낮아 거절하여 마땅하고, 벌하실 정도로 그분을 진노케 하는 부패를 동반한 기도라 할지라도, 거기에도 여전히 하나님을 좇는 사모함과 은혜로운 것이 있어서, 그 기도가 하나님의 영과 은혜로서 나온 것으로 인정하실 정도로 은혜로운 분이시라고 말한다.[52] 심지어 그는 하나님의 약속을 받지도 못했고, 또 성공하리라고 확신할 수도 없는 불신자의 기도도 주님께서 들으신다고 말한다(창 21:17; 왕상 21:25, 28-29; 행 8:22, 참고 욘 3:9).[53]

성경은 이 음란하고 죄 많은 세대에서 예수님과 복음의 말씀을 부끄러워하면, 인자가 아버지의 영광으로 거룩한 천사들과 함께 올 때 그 사람을 부끄러워할 것이라고 말씀하신다(막 8:38). 아울러 성경은 이같이 말씀하신다.

> 오직 나의 의인은 믿음으로 말미암아 살리라. 또한 (믿음에서) 뒤로 물러가면 (ὑποστέλλω, 휘포스텔로, 아래로 움츠리며 물러가면) 내 마음이 저를 기뻐하지(εὐ-δοκέω, 유도케오, 좋게 생각하지) 아니하리라(히 10:38).

---

51 크리스토퍼 러브, 『낙망하는 내 영혼의 회복』, 113-115.
52 데이비드 클락슨, 『살아 역사하는 믿음』, 송영의 역 (서울 : 지평서원, 2006), 172-177.
53 데이비드 클락슨, 『구원 얻는 믿음』, 송영의 역 (서울 : 지평서원, 2006), 290.

그러기에 하나님의 자녀가 되었으면, 사망이나 생명이나 천사들이나 권세자들(ἀρχαι, 아르카이, 세속적 권세를 주관하는 영적 존재들)이나 현재 일이나 장래 일이나 능력이나 높음이나 깊음이나 다른 아무 피조물이라도 우리를 우리 주 그리스도 예수 안에 있는 하나님의 사랑에서 끊을 수 없음을 믿고(롬 8:38-39), 사자(Lion)처럼 담대히 나가야 한다. 성도의 몸은 오직 예수님께서 핏값을 주고 사신 몸으로, 성령님이 내주하시는 몸이라는 자존감을 가져야 한다. 설사 지속적인 실패와 심한 좌절을 겪어 더는 회복이 불가능하다고 여겨질 때조차도 죄악으로 멸망당한 도성(都城) 아드마나 스보임처럼 우리를 결코 놓으시지도 가만히 놔두시지도 아니하실 것이라는 하나님의 말씀을 믿고(호 11:8) 지극히 존귀한 하나님의 자녀로서의 특권과 권세를 당당하게 사용해야 한다.

21. 믿는 자[54]가 가지는 정체성이란?

이하에서는 믿는 자가 가지는 정체성(正體性)을 몇 가지 열거해 본다.

첫째, 믿는 자(의인)는 예수 그리스도의 완전한 의(義)를 영접한 자로서, 하나님 편에서 의인(義人)으로 인정해 주실지라도(義認, 의인), 여전히 자기편에서는 더 이상 죄를 안 지을 중심을 가지면서, 더 큰 죄인일 뿐임을 고백한다.

> 요한복음 10장 34-36절에, 예수님께서 당신이 성부 하나님과 하나라고 말씀하시자 바리새인들이 돌로 치려는 장면이 나온다. 이때 예수님께서는 시편을 인용하시며 "너희 율법에 기록한바 '내가 너희를 신이라 하였노라!' 하지 아니하였느냐? 성경은 폐(閉)하지 못하나니 하나님의 말씀을 받은 사람들을 신이라 하셨거든, 하물며 아버지께서 거룩하게 하사 세상에 보내신 자가 '나는 하나님의 아들이라!' 하는 것으로 너희가 어찌 참람(僭濫, 신손 모독)하다 하느냐?"라고 말씀하신다.

---

54 여기에서 '믿는 자'는 중생한 자와 성화 단계에 있는 자 모두를 포함한다.

흔히 시편 82장 6절에 너희, 곧 하나님의 말씀을 위임받은 재판관들을 일컬어 "신들"[55]이며 다 "지존자의 아들들"이라고 말씀하시는데, 이 말씀을 가지고 이단 사이비 종파들은 피조물인 인간이 전능자 하나님(혹은 재림 예수, 보혜사 성령)이 될 수 있다고 주장한다.

그러나 시편 82장은 피조물인 인간이 신이 될 수 있다는 말씀이 아니라, 일차적으로 하나님께서 "신들"이라고까지 높여주셨던 이스라엘 (종교) 지도자들의 타락에 대한 심판의 말씀이다. 그러니까 요한복음 10장 34-36절의 말씀은 하나님의 말씀을 받은 사람들과 자신(예수님)을 대비시켜, 당신이 성부 하나님과 하나라는 사실에 대하여 신성모독죄로 모는 사람들을 향하여, 하나님의 말씀을 받은 위임받은 너희들도 "신들"이며 "지존자의 아들들"이라고 불리거늘, 하나님의 독생자로 보내심을 받은 나(예수)의 신성을 왜 믿지 못하여 죽이려고 하느냐는 뜻이다.

창세기 6장 2-3절에 하나님의 아들들이 사람의 딸들의 아름다움을 보고 자기들의 좋아하는 모든 자로 아내를 삼자, 여호와께서 "나의 신(神)이 영원히 사람과 함께하지 아니하리니, 이는 그들이 육체가 됨이라."고 말씀하신다. 하나님의 말씀이 임하여 신적인 존재들, 곧 하나님의 형상을 닮은 존재가 된 자들이 그에 걸맞지 않게 하나님의 공의를 왜곡하고 정욕을 좇아 평범한 사람의 딸들

---

[55] 여기서 "신들"이란 단어는 "엘로힘"(אֱלֹהִים)으로 쓰이고 있다. "엘로힘"은 성경에서 크게 네 가지로 쓰인다. "하나님", "신적(神的) 존재들"(=하나님의 영이 임한 왕 같은 제사장들), "하나님의 권위를 위임받은 재판관들"(출 22:28), 그리고 "우상들이나 이방 신들"(출 20:23; 12:12; 사 42:17; 수 24:15, 참고 삼상 28:13) 등이 그것이다. 오늘날 국회에서는 법을 만들고 그 법조문에 대해서 법학자들이 해석하고, 이를 공부한 사람들이 사법시험에 합격한 후 이 중 소수의 사람이 판사가 되어 판결을 내린다. 판사는 법을 만든 자도 아니고 법을 해석하는 자도 아니며, 일개의 인간일 뿐임에도 현실 세계에서 엄청난 힘을 발휘한다. 우리가 사는 공동체가 합의하여 이런 권위를 정당화시켜주고 있다. 그래서 법원에서 최종 판결 받으면 그것으로 끝이다. 마찬가지로 당시에 이스라엘의 재판관은 하나님의 말씀과 율법에 따라 판결을 내렸는데, 이는 곧 하나님께서 판결하시는 것과 같은 효과를 냈다. 당시 그들은 요즘 판사들과 비교할 수 없을 정도의 위엄과 권위와 권세를 갖추고 있었기에, 하나님으로부터 너희는 "신들"이라는 말씀을 들었던 것이다. 그러니까 일차적으로 위 본문에서 "신들"이란 순수한 성부 성자 성령 하나님이 아니라, "하나님의 말씀과 능력의 권위를 위임받은 대리자로서의 재판관들"로서, 오늘날 "신과 같은 존재들"을 의미한다고 할 수 있다.

의 겉 아름다움만 보고 자기들의 좋아하는 모든 자로 아내를 삼는 강퍅하고 악독이 가득한 육의 사람이 된 것이다.

그리고 창세기 6장 4절에 "당시에 땅에 네피림이 있었고 그 후에도 하나님의 아들들이 사람의 딸들을 취하여 자식을 낳았으니 그들이 용사라. 고대에 유명한 사람이었더라."고 말씀하신다. 예부터 미인은 용맹한 자가 얻는다고 했는데, 하나님의 능력을 받은 자들이 그 힘과 지혜를 엉뚱한 데 사용하여 예쁜 여자를 마음대로 취함으로, 거기서 나온 자식들이 부모의 악한 쪽을 닮아 압박과 폭력을 휘두르는 고대의 유명한 "용사" 곧 "네피림"(בְּלִים, 네필림, 침략자들, 거인들)(창 6:4; 민 13:33)이 되었다. 그 결과 세상에 죄악이 만연하게 되어 하나님으로부터 물 심판을 피할 수 없게 된다(참고 갈 3:3).

성자 하나님은 제2위 하나님이시다. 그래서 "독생자"(the one and only son)로 표현한다. 이에 반해 피조물인 인간이 회개하고 예수님을 믿으면 하나님의 "양자의 영"(the Spirit of sonship)을 받는다(롬 8:15). 즉 하나님의 독생자이신 예수님과 동급으로 참 신이 되는 것이 아니라, 그 신을 닮은 신적인 존재가 될 수 있을 뿐이다.

믿음으로 하나님의 자녀(양자)가 되면 하나님 편에서 우리를 의인으로 인정해 주시지만, 우리 편에서는 더 큰 죄인임을 자각하게 되는 이유가 여기에 있다. 하나님은 당신의 외아들을 죽이시고 우리를 양자로 거둬들이셨는데, 하나님께서 우리를 신적인 존재로 인정해 주셨다고 해서 내가 마치 신이라도 되는 마냥 피조물로서의 선을 넘어서야 되겠는가? 성경은 에스겔 28장 2절에 이렇게 말씀하신다.

> 인자야! 너는 두로 왕에게 이르기를, 주 여호와의 말씀에 네 마음이 교만하여 말하기를, '나는 신이라! 내가 하나님의 자리 곧 바다 중심에 앉았다!' 하도다. (그러나) 네 마음이 하나님의 마음 같은 체할지라도 너는 사람이요, 신이 아니거늘

요컨대 피조물인 우리는 참 하나님(the true God)이 될 수 없고 하나님을 믿어 예수님을 닮은 신적 존재들(gods)만 될 수 있을 뿐이다. 그것도 하나님이 좋게 봐주셔서 그렇다. 인간이 만약 하나님의 말씀을 영접하여 정말 삼위일체 하나님과 동급이 된다면, 신약 성경 13권(히브리서를 뺀다면)을 썼던 사도 바울은 신 중의 신이라고 해야 할 것이다. 그러나 사도 바울은 스스로 자신을 가리켜 "죄인 중에 내가 괴수니라."(딤전 1:15, 참고 행 10:26)고 고백했다.

둘째, 믿는 자(의인)의 뿌리는 움직이지 않는 까닭에(잠 12:3), 뒤로 물러가 침륜(沈淪, 멸망)에 빠지지 않으며(히 10:38-39, 참고 시 55:22), 설사 일곱 번 넘어져도 회개를 통해 다시 일어난다(잠 24:16). 이에 대해 성경은 의인은 그 뿌리로 말미암아 결실을 본다고 말씀하신다(잠 12:12).

셋째, 이런 자는 주님의 의에 목말라 있어(마 5:6), 이 세상에서 영광을 받지 않고(요 5:44; 7:18), 죽었으면 죽었지 주님의 피가 더럽혀지지 않게 한다. 그래서 사탄에 질 바엔 차라리 죽음을 선택한다. 하나님을 사랑하는 사람은 이 세상의 행복을 잃는 것보다 영적인 축복을 잃는 것에 대해 더 큰 두려움을 느낀다.[56] 이런 자는 하나님 나라의 의를 위하여 목숨을 아끼지 아니하므로 고난도 많다(잠 12:13, 참고 시 37:39; 사 26:7). 하지만 주께서 그 모든 고난으로부터 그를 구해내시며(시 34:19), 하나님께서는 이런 겸손하고 정직한 의인만이 하나님의 도를 행할 수 있다고 말씀하신다(호 14:9).

넷째, 이런 자는 하나님으로부터 받은 은혜가 무한하기에 그 은혜를 티끌만큼이라도 갚고자 만나는 모든 사람에게 은혜를 주고 또 준다(시 37:21; 마 18:21-35, 참고 시 112:5; 116:12; 롬 1:14).

다섯째, 믿는 자는 성령님께서 주시는 구원의 확신을 가지고, 하나님의 이름의 절대적인 위엄을 의지하며(미 5:4), 주님 안에서 자기 믿음을 가지되 죽기까지 그 믿음을 부인하지 않고, 공의가 짓밟히는 속에서도 "그리 아니하실지라도"라는 믿음으로 산다(롬 1:17; 합 2:4).

여섯째, 자기의 양심과 은혜를 지키지 않고서는 섣불리 하나님의 이름을 들

---

[56] 토마스 왓슨, 『고난의 참된 의미』, 109.

먹거리지 않고, 자기 모든 삶과 언행심사가 주님의 사랑보다 더 크지 않도록 하며, 오히려 주님을 향한 첫사랑을 더 발전시킨다.

일곱째, 이런 자는 가난한 심령이 되어 항상 가장 큰 죄인이라는 부담을 지니 자신의 존재가 송두리째 흔들리지만, 그 흔들림을 멈추게 하려고 오직 주님의 은혜만을 의지한다.

여덟째, 믿는 자는 주님의 피를 대가로 한 사랑을 마지막이라고 받아들이고, 주님과 더불어 자기의 세상적인 자아도 죽음으로 항상 지금이 마지막인 것처럼 산다.

아홉째, 이런 자는 하늘의 소망이 다 이뤄졌다고 믿기에, 능력 주시는 자(주님) 안에서 모든 것을 할 수 있다고 믿고(빌 4:13), 하나님의 모든 말씀에 대해 "아멘!"만 한다(고후 1:20).

열째, 이런 자라야 천국을 위해 모든 것을 포기할 정도로 천국을 지극히 존귀하게 여기며, 성령으로 시작하여 성령으로 끝을 내기에(갈 3:3), 어디서 시작하여 어디로 가는지 안다.

8장

마음

1. 옥토의 마음을 가져야 한다

삶의 모든 문제는 마음에서 나온다는 의미에서, 마음은 모든 것의 척도라고 할 수 있다. 어떤 마음을 가지고 있느냐에 따라서 모든 것이 달라진다. 성경에서도 영생의 말씀을 받아들이는 인간의 마음의 상태를 네 가지로 비유하여 말씀하신다(마 13:3-23; 막 4:3-20, 26-29; 눅 8:12-15).

(1) 길가의 마음

첫째는 "길가의 마음"이다. "길가"는 사람들이 마구 짓밟고 다녀서 단단히 굳어진 땅이다. 이 "길가의 마음"은 비유로 볼 때, "사탄이나 세상에 그 마음을 송두리째 빼앗긴 마음"을 말한다. 성경은 이런 길가의 마음에 '하나님의 영원한 생명을 주는 말씀'의 씨를 뿌리면, 악한 자 곧 마귀가 와서 그 말씀을 빼앗아 버린다고 말씀하신다(마 13:19; 눅 8:12).

길가의 마음을 가진 자는 그 마음이 너무 강퍅하고 딱딱하여, 도무지 씨가 거기에 뿌리를 내릴 수 없다. 세상적인 가치 기준으로 완전히 변질되었기 때문이다.

믿는다고는 하나, 사실상 믿음의 근저가 틀어져 버린 자도 여기에 속한다. 이런 마음을 가진 자는 양심에 화인 맞아 외식함으로 거짓말하고(딤전 4:2), 죄를 지어도 죄의식을 느끼지 못하며, 무슨 말씀을 전해줘도 기준이 달라 알아듣지도 못하고 전혀 다른 기준으로 받아들인다.

(2) 돌짝밭 마음

둘째는 "돌짝밭[1] 마음"이다(마 13:5; 눅 8:6). 이런 땅은 흙이 깊지 못하고 습기가 없어서 싹이 났다가 말라 버리거나(눅 8:6), 해가 솟아오르면 금세 시들어 버린다(눅 8:13). 이런 마음을 가진 자는 말씀을 받을 때 때로 뜨겁게 받기도 하지만, 그 마음이 일관되지 못하고 일시적으로 받기에, 말씀으로 말미암은 핍박이 오면 얼마 안 가서 식어 버린다. 신앙의 뿌리가 깊지 못하므로 잠시 믿다가 시련을 받을 때면 변절하는 것이다(마 13:21; 막 4:17; 눅 8:13). 이렇게 하나님 앞에 얕은 중심을 가지면 열매를 맺기는커녕 가지나 줄기까지 성장하지도 못한다.

(3) 가시 떨기 마음

셋째는 "가시 떨기(덤불) 마음"이다.
사과나무 옆에 바로 가시나무가 있으면 어떠한가?
여간 불편하지 않겠는가?
가시 떨기 마음이 이런 것이다. 이런 마음을 가지면, 하나님의 말씀을 받아들이기는 하지만 가시와 같은 세상적인 마음도 동시에 허용하여, 하나님도 섬기지만 여전히 세상도 사랑한다. 그리하여 가시들, 즉 세상의 염려와 재리(財物)의 유혹, 일락(ἡδονή, 헤도네, 逸樂, 쾌락 추구), 기타 욕심 등이 말씀을 억눌러 열매를 맺지 못하게 한다(마 13:22; 막 4:19; 눅 8:14).
이런 마음의 소유자가 가지는 특징이 있다.

① 어느 정도 말씀의 뿌리는 있지만, 세상적인 투와 쾌락의 나무도 더불어 자라므로 열매를 맺는 데까지는 이르지 못한다.
② 악의 뿌리가 온전히 뽑히지 않아 신앙의 태도가 모호하고 미지근하다.
③ 어느 정도까지 말씀을 이해하지만, 온전히 소화하지 못하여 깊은 깨달음에 이르지는 못한다.
④ 이 부류에 속한 자가 자신을 볼 때, 과거의 자기보다 훨씬 깨끗해진 것으

---

[1] 이스라엘 지형은 30㎝ 정도만 흙으로 되어 있고, 그 이하는 석회암으로 이뤄진 데가 많다고 한다.

로 보며, 눈에 띄는 큰 죄를 지은 것도 아니므로 적당히 자신을 합리화시킨다.
⑤ 이런 자를 세상 사람이 볼 때는 치우치지 않게 종교 생활을 하는 것처럼 보이지만, 하나님 편에서 볼 때는 좌로나 우로 치우친 신앙을 가진 것에 불과하다.

이 마음을 가지면 눈에 잘 보이지 않아 회개하기가 쉽지 않기 때문에, 어찌 보면 길가의 마음이나 돌짝밭 마음을 가진 자보다, 영적으로 질이 더 안 좋다고 볼 수 있다.

(4) 옥토(沃土)의 마음

넷째는 "옥토(沃土)의 마음"이다. 옥토는 말 그대로 비옥한 땅이다. 가령 논을 보면, 덩어리진 돌도 없고 가시도 없고 딱딱하지도 않고 잘 다져진 진흙이라서 밟으면 푹신푹신하며, 적당한 수분이 있고 통풍도 잘되어 씨가 뿌리를 깊게 내릴 수 있다.

"옥토의 마음"은 앞서 설명한 세 가지 마음밭을 다 갈아엎은 마음인데, 이 마음을 가진 자는 속 중심까지 하나님의 은혜로 깊게 갈아져, 자기 안에 뿌려진 말씀의 씨가 거목이 되도록, 바르고 곧고 참된 마음으로 오래 참아 풍성한 결실을 본다(막 4:20; 눅 8:15).

즉 옥토밭 마음을 가진 자는 어린아이와 같은 순수하고 온유한 품성으로 하나님의 말씀에 순종하며, 천국의 보물을 자기 것으로 만들기 위해 모든 세상적인 기득권을 희생하고, 죽는 날까지 뜨겁게 신앙을 지킨다. 많은 사람이 하나님의 은혜를 받았다 해도 얼마 안 있으면 시들어 버리기 마련이지만, 옥토의 마음을 가진 자는 주님께 받은바 은혜가 매우 깊어, 그럴 때마다 십자가를 생각하며 그 십자가 앞에 자기를 더욱 죽인다.

그만큼 영적인 농부 되시는 예수님께서 자기의 모든 언행심사와 삶을 주관하셔서, 수시로 자기 안에 있는 잡초를 뽑고, 퇴비도 주시며, 때에 따라 적절한 생명수도 공급하실 수 있도록 자기를 내어드린다.

(5) 기타 유형들

또 인간이 하나님의 말씀을 어떻게 받아들이는지에 따라 (영적인) '양' '염소' '개' 등으로 나눌 수 있다. 여기서 '양'[2]은 양심이 살아있고, 목자의 음성에 순종하는 부류를, '염소'는 알면서도 불순종하는 부류를, 그리고 '개'는 그 기준마저 틀어져, 자기 비위에 맞지 않으면 사실상 목자를 물어뜯는 부류를 말한다.

또 신자 중에서도 '알곡 신자' '가라지 신자' '쭉정이 신자' 등으로 나눌 수 있다. 여기서 '가라지'는 알곡과 비슷하게 생겼고 알곡과 더불어 자라나지만 전혀 다른 종류를 말하고, '쭉정이'는 알곡과 같은 종류이지만 열매를 맺지 못하여 껍데기만 남아있는 것을 말한다. 하나님은 심판의 날 알곡 신자와 가라지 · 쭉정이 신자를 분명히 갈라, 알곡은 모아 (천국) 곳간에 들이고, 가라지 · 쭉정이는 꺼지지 않는 불에 태우시겠다고 말씀하신다 (마 3:12; 13:30, 40).

(6) 묵은 땅을 갈아엎어야 한다

> 숙변(宿便, stercoral)은 몸 안의 노폐물로서, 스트레스를 받거나 단 음식이나 기름진 음식을 너무 많이 먹었을 때 장에 생기게 되는데, 이 숙변이 수십 년 묵으면 마치 아스팔트의 타르처럼 까맣고 진득진득한 물질이 되어 배출시키기 쉽지 않아 만병의 근원이 된다고 한다.

우리 영혼의 묵은 땅도 마찬가지이다. 여기서 '묵은 땅'이라 함은 오래도록 기경(起耕, 흙갈이)하지 않은 땅을 말하는데, 처음부터 묵은 땅이 따로 있는 것이 아니라, 옥토밭일지라도 가만히 내버려 두면 언제부턴가 묵은 땅이 된다.

---

2 양이 가지는 특성은 다음과 같다. 첫째, 양은 목자가 앞장서서 움직일 때만 움직인다. 그래서 양은 물을 먹을 때에도 한 모금 마시고는 자기 목자가 어디 있는가를 확인한 후에야 다시 물을 마시는 경향이 있다. 둘째, 양은 멀리 보지 못하여 길을 잃기 쉽다. 셋째, 양은 도살장에 끌려갈 때도 소리를 지르지 않는다. 또 양은 뿔 이빨 발톱 등의 방어능력이 없어, 물려 죽을 때에도 저항하지 않는다. 넷째, 양은 다른 동물과 달리 상한 것을 먹으면 금방 탈이 난다. 또한 양은 조금만 춥거나 더워도 병에 걸리기 쉽다. 다섯째, 양은 혼자서는 살기 힘든 동물이라 서로 밀착하여 함께 있는 것을 좋아한다.

아담과 하와의 원죄 이후에 땅에 가시와 엉겅퀴가 생기게 된 까닭에(창 3:18), 인간의 마음도 가만히 내버려 두면 본인도 모르게 얼마 되지 않아 잡초와 엉겅퀴가 무성해지는 것이다.

이 묵은 땅이 우리 심령에 있어서는 하나님을 만나기 어렵다. 교회에 20-30년 동안 다녀도 마음밭갈이를 하지 않으면 결코 말씀이 일정 깊이 이상 들어가지 못한다. 아무리 좋은 말씀을 줘도 도중에 튕겨버리는 까닭이다. 그러기에 에덴동산에서 쫓겨난 자는 그의 근본이 되는 토지를 갈아야만 살 수 있듯이(창 3:23), 성부 하나님을 만나려면 어떻게든 묵은 땅을 기경하여(렘 4:3; 호 10:12) 죄의 뿌리를 드러내 고사시켜야 한다.

즉 길가나 돌짝밭이나 가시떨기 마음을 가진 자들은 회개를 통해, 말씀이 깊게 뿌리를 내릴 수 있도록 마음밭을 갈아엎어 옥토의 마음으로 만들어야 한다. 각자가 말씀에 저항하기 위해 쳐놓은 방어선을 모조리 허물어뜨려야 한다. 그리고 자꾸 성령의 단비를 뿌려 주되, 하나님이 나를 정말로 사랑하신다는 말씀에 비추어 걸림이 있다면, 그것을 중심으로 철저히 회개해야 한다.

아울러 거친 음식, 즉 복을 준다는 단 말씀만 먹는 것이 아니라, 상한 심령으로 통회하고, 자기를 부인하며 고난과 십자가를 짊어져야 한다는 쓴 말씀도 많이 먹어야 한다. 과자나 사탕 등을 많이 먹으면 숙변이 많이 쌓일 수 있듯이, 단 말씀만 계속 먹으면 타성(惰性)에 젖은 영적인 숙변이 쌓일 수 있는 까닭이다.

> 대부분의 사람이 위로받기 위해 교회에 가는 것 같습니다. 이제 우리는 위로가 신앙의 주된 목적으로 간주되는 시대에 살고 있습니다. 지금 우리는 '평안 숭배'라는 질병에 걸려 있습니다. 우리는 생각의 평안, 마음의 평안 그리고 영혼의 평안을 찾아 헤맵니다. 우리는 긴장을 풀고 편하게 살기를 원합니다. 우리는 전능하신 하나님께서 우리의 어깨를 두드리며 위로해 주시기를 바랍니다. 기독교가 이렇게 시시껄렁해졌습니다.[3]

---

3   A. W. 토저, 『내 자아를 버려라』, 이용복 역 (서울 : 규장, 2008), 46-47.

(7) 농부의 심정으로 씨를 뿌려야 한다

세상에서 지혜로운 농부라면 먼저 땅을 다 갈아엎은 후 씨를 뿌릴 것이다. 가령 길가의 밭에 씨를 뿌리는 자는 없을 것이다. 성경에서도 가시덤불 속에 씨를 뿌리지 말라고 말씀하신다(렘 4:3). 이는 하나님과의 관계가 틀어지면, 밭을 갈아도 땅이 효력을 내지 못하기 때문이다(창 4:12). 즉 길가나 돌짝밭이나 가시떨기 마음에서는 진리의 열매를 거둘 수 없다는 뜻이다.

그러면서도 성경은 밭갈이를 할 만한 상황이 되지 않을 때 농부들이 좋은 땅 척박한 땅을 가리지 않고 일단 씨를 뿌리듯이, 패역(悖逆, 반역)한 자들이 듣든지 아니 듣든지 하나님의 말씀을 전하라고 말씀하신다(겔 2:7; 3:11; 딤후 4:2). 예수님께서도 매우 다양한 마음밭을 가진 사람들에게 영생의 말씀을 뿌리신 바 있다.

그러므로 나의 이웃이 길가, 돌짝밭, 가시떨기 마음을 가졌다고 해서, 씨 뿌리는 일을 중지해서는 안 된다(전 11:6). 왜냐하면 그들이 언제 개심하여 밭갈이를 함으로 옥토의 마음을 가질지 모르기 때문이다.

2. 마음의 그릇을 깨끗이 씻어야 한다

하나님은 무한한 사랑을 이미 인간에게 주셨고 또 계속 주시기를 원한다. 문제는 인간이 얼마나 이 사랑을 받을 만한 깨끗한 그릇을 갖추고 있느냐이다. 즉 하나님은 우리에게 항상 복을 주시려고 하는데, 어리석은 인간이 다만 온전한 그릇이 되지 않아 담지 못할 뿐이다. 이에 대해 성경은 말씀하신다.

> 내 백성이 두 가지 악을 행하였나니, 곧 생수의 근원 되는 나를 버린 것과 스스로 웅덩이를 판 것인데 그것은 물을 저축하지 못할 터진 웅덩이니라(렘 2:13).

하나님으로부터 은혜를 받은 만큼 그릇의 질과 크기가 결정된다. 그런데 성경은 다음과 같이 말씀하신다.

큰 집에는 금과 은의 그릇이 있을 뿐 아니요, 나무와 질그릇도 있어 귀히 쓰는 것도 있고 천히 쓰는 것도 있나니, 누구든지 이런 것에서 자기를 깨끗하게 하면 귀히 쓰는 그릇이 되어, 거룩하고 주인의 쓰심에 합당하며 모든 선한 일에 예비함이 되리라(딤후 2:20-21).

그만큼 그릇의 질과 크기보다는 일단 주님의 보혈로 마음의 그릇을 정결하게 씻는 것이 더 중요하다는 얘기다.

그러므로 천국에 들어가고 싶은 소망을 가진 자마다, 마음을 삼가 지켜(잠 4:23; 신 4:9; 잠 25:28; 요일 3:3) 미혹되지 않도록 하고(신 11:16), 예수님의 깨끗하심과 같이 자기를 깨끗하게 해야 한다(요일 3:3; 시 24:3-4; 마 5:8; 고후 7:1).

> 신자의 마음은 그리스도의 동산입니다. 그 동산에서 자라는 꽃은 하나님에 대한 예배가 깃든 사랑이며, 이 꽃은 그리스도만이 사용할 수 있습니다. 신부는 그리스도 외에는 아무도 들어오지 못하도록 정원 열쇠를 잘 간수해야 합니다.[4]

그런데 마치 똑같이 깨끗한 그릇이라도 그 그릇을 구성하는 흙의 미세함과 유약의 질과 불의 세기에 따라 그릇의 값어치가 결정되는 것처럼, 하나님은 우리의 그릇이 깨끗하다는 전제하에, 그릇의 크기보다는 질을 더 귀하게 보신다는 점에 유의할 필요가 있다.

영화 「아바타」의 촬영 장소였던 중국 장가계의 우뚝 솟은 산봉우리를 보면 큰 바위 틈바구니에서 약 2-3m 정도밖에 안 되는 소나무들을 많이 발견할 수 있는데, 놀랍게도 그 작은 소나무들 모두 최소 수백 년 이상의 나이를 먹었다고 한다.

그러므로 열매의 크기만 가지고 판단할 일은 아니다. 정말 어려운 상황에서

---

[4] 토마스 왓슨, 『고난의 참된 의미』, 96.

도 자기 자리를 지켜 열매를 맺으면 하나님께서 얼마나 기뻐하시는지 모른다. 그러기에 "나는 왜 이리 연약하고 무능하고 그릇이 작을까?"라고 푸념을 늘어놓을 필요가 없다. 왜냐하면 하나님은 작은 그릇이라도 열매를 많이 맺으면 오히려 더 크게 보시고(계 3:8), 약하게 보이는 몸의 지체라도 오히려 요긴하게 보시며, 몸의 덜 귀히 여기는 부분들이라도 더욱 귀한 것들로 입혀 주시기 때문이다(고전 12:22-23).

또 내가 이런 그릇밖에 안 된다고 "하나님! 제발 좀 다른 그릇으로 바꿔 주세요!"라고 불평할 필요도 없다. 그것도 그럴 것이 하나님은 그런 자에게 "네 은혜가 네게 족하다(충분하다)!"라고 말씀하시고, 오히려 '저는 그것마저도 과분합니다!'라고 겸손하게 나올 때 더 큰 그릇으로 만들어 주실 것이기 때문이다. 이처럼 그릇은 내가 인위적으로 몸부림을 친다고 만들어지는 것이 아니라, 전적으로 주님의 뜻에 달렸다.

3. 새 부대를 준비해야 한다

(1) 기독교의 채움이란?

기독교의 채움은 다른 종교의 그것과 본질적으로 몇 가지 중대한 차이가 있다.

첫째, 구멍 난 항아리에 아무리 은혜의 물을 부어도 소용없다는 점이다(학 1:6; 렘 2:13). 양심 그릇이 깨진 상태가 되면, 하나님의 말씀을 온전히 담을 수 없기 때문이다.

둘째, 더러운 그릇에다 깨끗한 물을 넣어도 그 물만 더러워질 뿐이라는 점이다. 생각해 보라!

거지가 아니고서야 매일 먹는 국그릇을 씻지 않고 거기다 계속 국을 담아 먹을 사람이 있겠는가?

셋째, 구멍 난 항아리를 냇가에 던져 푹 잠기게 한 채 강제로 물을 채우더라도, 이는 인격적으로 채우는 것이 아니므로, 하나님께 상달되지 않는다는 점이다. 왜냐하면 기독교의 채움은 먼저 그 항아리의 구멍을 온전히 메꾼 다음의 채움이기 때문이다.

이런 의미에서 감당하지도 못할 은혜를 많이 받아 놓았다고 해서 마냥 좋은 것만은 아니다. 자기의 양심 그릇이 구멍 난 상태에서 주님의 거룩함을 받아들일수록, 더욱 양심이 화인 맞아 사탄의 공격에 무방비 상태가 될 수 있다. 오히려 이런 자는 자기를 잃은 바 되어 사탄으로부터 자기를 지킬 수 있는 마음의 방화벽이 없어짐으로 더 큰 사탄의 놀이터가 될 수 있다.

(2) 신앙적인 양심을 가져야 한다

누가복음 17장 11절 이하를 보면, 공생애 기간 중 예수님께서 예루살렘으로 가실 때 사마리아와 갈릴리 사이로 지나가시다가, 유대인들이 무시하는 한 마을에 들어가시는 장면이 나온다. 그곳의 나병(한센병) 환자 10명이 예수님을 만나 멀리 서서 소리를 높여, "예수, 선생님이여! 우리를 불쌍히 여기소서!"라고 부르짖는다. 이를 불쌍히 여기신 예수님께서 이들을 보시고, "가서, 제사장들에게 너희 몸을 보이라!"고 말씀하신다.

의심할 법도 했지만, 그들 모두 아직 전혀 고침을 받지 못했으면서도 예수님의 말씀에 순종하여 길을 가다가 놀랍게도 그들 모두 병이 낫는다. 그중 유대인 출신 9명은 예수님의 말씀대로 제사장들에게 몸을 보이러 간다. 이때는 제사장의 (나병에서 완전히 나았다는) 확인증이 있어야만 그토록 가고 싶었던 집에 돌아갈 수 있었던 까닭이다(레 14장).

그런데 나머지 1명, 즉 혼혈 잡족 출신의 사마리아인의 태도는 이와 달랐다. 그는 자기가 나은 것을 보고 큰소리로 하나님께 영광을 돌리며, 예수님께 돌아와 발아래 엎드려 감사를 표했다. 어떤 면에서는 제사장들에게 너희 몸을 보이라는 예수님의 명령을 어긴 것이다. 그러나 예수님께서는 이를 두고 다음과 같이 말씀하신다.

"열 사람이 다 깨끗함을 받지 아니하였느냐?

그 아홉은 어디 있느냐?

이 이방인 외에는 하나님께 영광을 돌리러 돌아온 자가 없느냐?"
그러면서 그 자에게는 구원의 선물까지 안겨주신다(눅 17:11-19).

이 사건은 하나님의 말씀에 진정으로 순종하는 길이 무엇인지, 그리고 구원 받을 수 있는 믿음을 가지려면 그 이전에 참 양심이 얼마나 중요한 역할을 하는지를 잘 보여준다.

통상 양심은 "자기의 행위에 대하여 옳고 그름을 판단하고, 바른말과 행동을 하려는 마음"을 말한다. 이에 비해 기독교의 "양심"(συνειδησις, 쉬네이데시스)은 "영원하신 성령으로 말미암아 흠 없는 자기를 하나님께 드린 그리스도의 피가, 어찌 너희 양심으로 죽은 행실에서 깨끗하게 하고 살아계신 하나님을 섬기게 못하겠느뇨?"(히 9:14)라는 말씀에서 보듯이, "(주님의 기준으로) 선과 악, 의와 불의를 식별하고 판단한 가운데(고전 5:12), 하나님에 대해 인격적으로 책임을 지는 마음"을 말한다.

이런 양심은 마치 소화기관과 같아서 신앙적인 양심이 건강하다면, 먼저 참 사랑의 음식인지, 아니면 세상이 주는 썩은 음식인지 명확히 분별할 수 있다. 또 이 양심을 가지면, 베드로처럼 주님의 말씀으로 말미암아 고기를 많이 잡았어도 "나는 죄인이오니 나를 떠나소서!(눅 5:8)"라고 겸손하게 고백하게 된다. 이런 양심이라야 "무서워 말라! 이제 후로는 네가 사람을 취하리라(사람을 낚는 어부가 되리라)."는 약속의 말씀을 듣게 되는 것이다(눅 5:9, 참고 마 4:19).

내 믿음이 주님께서 인정해 주시는지 알 수 없기에, 신앙적인 양심이 얼마나 중요한지 모른다. 성경은 계명의 목적이 청결한 마음과 선한 양심과 거짓이 없는 믿음으로 나는 사랑이라고 말씀하시고(딤전 1:5), 이 양심을 버리는 자는 파멸된다고(딤전 1:18-19) 말씀하신다.

그러므로 우리는 범사에 양심을 따라 하나님을 섬기고(행 23:1), 우리의 선행을 욕하는 자들로 부끄러움을 당하도록 선한 양심을 가져야 하며(딤전 1:19; 딤후 1:3; 벧전 3:16), 항상 하나님과 사람에 대하여 양심에 거리낌이 없도록 힘써야 한다(행 24:16, 참고 히 10:22).

(3) 새 포도주는 새 부대에 담아야 한다

한번 마약에 빠지면 좀처럼 빠져나오기 어려운 것처럼, 죄에 한 번 빠진 사람도 좀처럼 그 죄에서 헤어나오기 쉽지 않다. 그의 입맛이 이미 세상 죄가 주는 즐거움에 길들었기 때문이다. 예수님은 이에 대해 "묵은 포도주를 마시고 새것을 원하는 자가 없나니, 이는 묵은 것이 좋다 함이니라."고 말씀하신다(눅 5:39, 참고 벧후 2:22; 잠 26:11).

상식적으로 낡은 가죽 부대는 새 포도주가 발효하여 가스가 팽창할 때, 그 압력을 견디지 못하고 터져버리므로 포도주도 쏟아지고 부대도 망가져 버린다(막 2:22). 구약 성경에서 하나님의 궤를 들여다본 (5만) 70명[5]의 벧세메스 사람들 모두 죽었다는 말씀이나(삼상 6:19), 또 부정한 몸을 가지고 이스라엘 자손이 구별하여 여호와 하나님께 드리는 성물(聖物)에 가까이하는 자는 죽게 된다는 말씀도(레 22:3) 마찬가지 맥락에서 이해할 수 있다.

신앙이란 인간의 전 존재의 전환이 일어나는 경험이요,[6] 굳어진 틀을 항상 새 틀로 교체하는 것이다. 과거의 구태에 매달리면 한 걸음도 앞으로 나아갈 수 없다. 그러므로 주님 앞에 나아가려면 항상 새 판을 짜야 한다(참고 레 11:33; 15:12). 낡은 가죽 부대의 마음을 가진 자가 정말 새 포도주(예수 그리스도)를 원한다면, 먼저 자기의 마음 부대를 새 마음 부대로 바꿔야 한다(마 9:16-17). 성경이 불결한 자가 만진 것은 다 불결하게 된다고 말씀하시므로(민 19:22), 조금이라도 불결한 것이 우리 마음 그릇에 떨어지면 그 그릇(마음 판) 자체를 깨뜨려야 한다(레 11:33).

유대인들처럼 과거의 형식적인 율법에 얽매인 마음을 가지고서는 결코 새로운 주님의 사랑을 담을 수 없다. 주님은 우리 영혼이 부패해지는 것을 매우 싫어하신다. 그래서 마치 곰팡이가 미지근한 온도에서 더욱 번식하듯이, 우리 영혼도 미지근하면 더욱 부패하기 쉽다고 보고 미지근한 자를 토하여 내치시겠다고 말씀하신다(계 3:16). 미지근한 마음으로도 주님의 마음을 움직일 수

---

5 70인경과 요세푸스 등은 당시 벧세메스 인구가 몇만 명도 안 된다고 보아, 70인이 죽었다고 본다.
6 디이트리히 본회퍼, 『옥중서간』, 에버하르트 베트게 편, 고범서 역 (서울 : 대한기독교서회, 2002), 229.

있다고 믿는 것은 철저한 착각이다.

4. 먼저 자신의 들보를 빼내야 한다

자기들의 눈에는 순결하나, 아직도 자기들의 더러움을 씻어내지 아니하는 무리가 있다(잠 30:12-13). 죄를 지으면 마음의 눈에 빨간 색안경을 낀 것과 같게 되어, 이 안경을 쓴 채로 세상과 하나님을 바라보면 세상과 하나님이 온통 빨갛게 보이고, 또 빨간 죄에 물들여진 자신을 바라보면 자신이 제대로 보이지 않을 텐데 말이다.

겉으로만 은혜를 받은 자는 속은 시커먼데 겉에만 눈이 내린 것과 같거나, 뿌리는 병들었는데 가지만 잠깐 이식한 것과 같다. 이런 자는 시간이 흐를수록 은혜가 시들어지고 자기의 본색이 나오기 마련이다. 그러기에 이 사실을 잘 모르는 이웃은 그와 교제를 한 후 얼마 안 가서 상처를 입는다. 그의 마음 안의 눈 속을 휘젓고 다녔더니 눈이 걷히자 그의 본색을 발견한 까닭이다.

자기 안에 죄의 배설물을 가진 자가 겉에 화려한 황금 옷을 입었다고 냄새가 나지 않겠는가?

성경은 자기 들보(δοκός, 도코스, beam, 큰 결점)[7]는 그대로 둔 채 이웃의 티(κάρφος, 카르포스, mote, 아주 작은 결점)를 빼는 일을 할 수 없다고 말씀하신다(마 7:4).

자신 안에 있는 사탄 마귀를 이기지도 못한 자가 어떻게 사탄 마귀를 이기는 하나님의 일을 할 수 있겠는가?(참고 전 10:11)

드라마 『동의보감』을 보면, 스승 유의태가 허준에게 "사람의 목숨을 우습게 여기지 않았다면, 어떻게 의원도 아니면서 병자를 치료할 수 있는가?"라고 심하게 꾸짖는 장면이 나온다.

하물며 영혼의 문제를 다루는 신앙의 세계는 얼마나 중차대하게 임해야 하겠는가?

---

[7] '들보' 혹은 '서까래'는 집 지붕을 올릴 때 주로 사용되는 목재로, '기둥보다는 얇지만 상당히 두껍고 기다란 목재'를 말한다.

사탄의 종 된 사람이 온 힘을 다하여 사탄과 대항해 싸울 수 있다고 생각하는가?
마귀의 왕국에 속해있는 사람이 그 나라에 큰 해를 끼칠 일을 하겠는가?
적과 계약을 맺고 있는 사람이 과연 그리스도께 진실할 수 있을까?[8]

그러므로 죄를 지은 후 진실로 회개의 열매를 맺지 않고 하나님의 일을 하거나, 들보조차 빼내지 않은 자가 주님의 이름을 들먹여가면서 어설픈 사랑을 실천하면 오히려 역효과를 낼 수 있다(참고 왕상 13:33). 성공하는 회사는 품질에 자신이 없으면 결코 제품을 시장에 내놓지 않는 것처럼,[9] 세상적인 자아가 주님 앞에 온전히 죽지 않은 채 주제넘게 이웃 사랑을 실천하면, 이웃에게 좋지 않은 영향을 끼칠 수 있다.

가령 에이즈에 걸린 자가 이웃을 살리려고 헌혈한다면 어떻게 되겠는가?

또 조직폭력배가 은혜를 받아 신학교를 졸업했다고 하지만, 여전히 과거의 구습을 버리지 못했다면 얼마나 많은 사람에게 상처를 주겠는가?

하나님의 종에게 신앙 외에 세상적인 야망과 욕심이 남아있는 것도 마찬가지이다. 그것을 아는 수많은 성도에게 상처를 입힐 수 있다. 이런 자는 결과적으로 하나님 앞에 헛되이 일한 것으로 간주될 뿐이라는 사실에 유념해야 한다(고후 6:1).

5. 어린이처럼 순수한 마음을 가져야 한다

성경은 하나님의 나라는 어린아이의 것이고(막 10:14), 하나님의 나라를 어린아이처럼 받들지 않는 자는 절대로 그곳에 들어갈 수 없다고 말씀하신다(막 10:15). 즉 어른의 마음에서 돌이켜, 어린아이와 같이 되지 아니하면 천국에 들어갈 수 없다는 것이다(마 18:3).

---

8   리처드 백스터, 『참된 목자』, 고신석 역 (서울 : 프리셉트, 2011), 69.
9   가령 2016년 10월 삼성이 〈갤럭시 노트7〉을 출시했으나 수만 가지 부품 중에서 겨우 한두 가지의 흠으로 인하여 무려 7조 원이 넘는 손실을 봤다.

그러면 대체 어린아이와 어른 사이에 어떤 차이가 있기에, 천국이 어린아이의 것이라고 말씀하시는 것일까?

여기에서 어린이와 어른의 차이점을 몇 가지 살펴본다.

첫째, 어린이들은 보통 매우 단순하며 순수하고 천진난만하여 계산에 밝지 않지만, 어른들은 계산에 밝아 잔머리를 잘 굴리고, 그래서인지 진실을 몇 번이고 얘기해줘도 잘 믿지 않는 경향이 있다.

둘째, 어린이들은 부모님이 다해 줄 것으로 믿기 때문에 아무 걱정이 없지만, 어른들은 모든 것을 다 책임져야 하기에 걱정거리가 많다.

셋째, 어린이는 홀로 아무것도 못 하고 부모를 의지해야만 한다. 마찬가지로 어린이 마음이 되어야 순수하게 주님만을 의지할 수 있어, 주님의 강하신 능력을 담을 수 있다. 그래서 성경은 하나님이 원수와 보수자(報讐者)를 잠잠케 하기 위하여 어린아이들과 젖먹이들의 입에 권능을 두셨다고 말씀하신다(시 8:2). 즉 '젖먹이'처럼 비록 세상에서는 연약하나 겸손하게 하나님의 이름을 의지하는 자가 주님의 권능을 담을 수 있어, 인간의 힘을 자랑하며 교만하게 하나님의 존재를 부인하는 악인들을 부끄럽게 할 수 있다(고전 1:27-29).

넷째, 순수한 어린이들은 전혀 악을 모르는 기준에 연합되어 있기에, 악을 대할 때 죽음으로 생각하고, 지극히 작은 죄라도 죽을죄라고 인식한다. 깨끗한 곳에 더러운 쓰레기를 버리면 금방 표가 나듯이, 순수한 어린이 마음으로 볼 때 불결한 죄는 금방 표가 나기 때문이다. 빛에 속할수록 어둠이 얼마나 어두운지 알 수 있고, 생명에 가까울수록 조그만 죄를 지어도 그것이 죽음임을 분명히 알게 된다.

아울러 어린이는 하나님을 지극히 높고 두려운 분으로 인식하여, 아주 조그만 것 하나에도 하나님의 절대적인 창조의 권능을 느끼고 감사한다. 하지만 어른들은 세속의 때가 많이 묻어 있어 아픈 데도 그 아픔을 느끼지 못하는 경우가 많다.

다섯째, 어린이는 훗날 어디로 얼마만큼 뻗어갈지 아무도 모른다. 즉 어린이 마음이 될 때 비로소 영안(靈眼)이 열리고, 하나님의 마음을 파고들어 갈 수 있어 신앙이 쑥쑥 성장하게 된다.

그러므로 우리는 어른의 마음을 다 버리고, 뱀처럼 슬기롭고 비둘기처럼 순수한 자가 되어야 한다(마 10:16). 즉 위험에 처한 뱀이 신속하고도 교묘하게 그 상황을 빠져나가는 것처럼 원수 사탄 마귀의 궤계(詭計, 간사한 꾀)에 넘어가지 말고, 또 비둘기처럼 세속의 때로 오염되지 말고 순수하게 믿음을 지켜 나가야 한다.

6. 하나님 앞에 진심을 확보해야 한다

한마디 말을 할 때도 진실이 없고, 주와 복음을 위해서 목숨을 걸 때도 진실이 없고, 생각 하나에도 순수함이 없는 자는 그동안 거짓말을 많이 했기 때문이다. 학문의 기초는 티끌만큼이라도 속이지 않는 데 있는 것처럼, 신앙의 세계도 진심만이 참사랑의 언약 관계의 기초가 된다. 그래서 성경은 하나님께서 자기에게 간구하는 모든 자, 곧 진실하게 간구하는 모든 자에게 가까이하시며(시 145:18, 참고 시 15:1-4; 대상 29:17; 잠 3:32), 행위가 정직한 자에게 (당신의) 말씀이 유익하게 되고(미 2:7, 참고 잠 14:9; 2:7, 21; 시 112:4), 주께서 이렇게 (정직한 길을 걷는) 의인의 길을 평탄케 하신다고 말씀하신다(사 26:7).

여기서 '진심'(לֵב, 레브, 성심)은 '조금도 거짓이 없는 바르고 참된 마음'을 말한다. 진심은 히브리인들의 사고에서 지정의(知情意)의 좌소(座所)이자, 인간이 하나님과 교제를 나눌 수 있는 유일한 기관인데, 공의로우시고 정직하신 하나님께서는(신 32:4) 인간의 마음에 진심을 만드시고, 우리의 당신을 향한 진심을 달아보신다. 따라서 하나님과 교제를 나누기 원하는 사람은 반드시 이 진심을 갖춰야 한다.

가령 예레미야 3장 10절에 "이 모든 (행음한) 일이 있어도 그 패역한 자매 유다가 진심으로 내게 돌아오지 아니하고 거짓으로 할 뿐이니라."고 말씀하신다. 또 호세아 7장 13-14절에 "내가 (범죄한) 저희를 구속하려 하나 저희가 나를 거슬러 거짓을 말하고, 성심(진심)으로 나를 부르지 아니하였으며, 오직 침상에서 슬피 부르짖으며 곡식과 새 포도주를 인하여 모이며 나를 거역하는

도다."라고 말씀하신다.

즉 많은 사람이 죄를 범함으로 곤경에 처했을 때, 자신들의 죄에 대해 탄식하며 진실한 회개의 열매를 맺기보다, 그저 어려워진 환경 탓에 하나님께 나아와 불쌍히 여겨달라고 하기는 하지만, 그들의 진심은 오직 현재의 세속적인 축복을 받는 데에만 있기 때문에, 행여나 천신만고(千辛萬苦) 끝에 복을 받을 경우에도, 하나님의 절대적인 은혜는 아랑곳하지 않고 "언제 그랬던가?" 하면서 예전의 죄악된 습관으로 다시 돌아가는 경우가 많은데, 이에 대한 질책의 말씀이다.

결국 위선적이고 거짓된 진심은 개가 그 토하였던 것에 돌아가고 돼지가 씻었다가 더러운 구덩이에 도로 누웠다 하는 말이 저희에게 응한 것에 불과하다는 것이다(벧후 2:22; 잠 26:11).

신자에게 견딜 수 없는 하나님의 세 가지 진실이 있다.

첫째, 죄 없는 하나님이 내 죄를 담당하셨다는 것이다. 죄 없는 분이 아니었다면 내 양심이 그리 찔리지 않았을 것이다.

둘째, 바로 그분이 내 죄를 담당하기 위해서 죽으셨다는 것이다. 만약 죽지 않으셨다면 이렇게까지 내 양심이 요동치지 않았을 것이다.

셋째, 바로 그분이 나를 영원히 의롭게 하시기 위해서 살아나셨다는 것이다. 만약 부활하시지 않았다면 그냥 묻어 두고 살지도 모르는데, 부활하셨기에 내 양심을 속이려야 속일 수 없게 되었다.

우리 인간이 이런 시작과 끝이 영원히 일관된 주님의 진심에 다가가려면, 먼저 모든 거짓을 버리고 진심의 땅을 깊게 파야 한다.

그런데 삽을 가지고 10m 깊이의 땅을 판다고 생각해 보라!

그 정도로 깊이 파기 위해서는 그 깊이만큼 주변의 흙까지 밖으로 내보내는 수고를 감내해야 하지 않겠는가?

이렇게 진심의 깊이는 그 주변의 잡스러운 마음을 다 제거해야 하는 무게를 가지고 있다.

9장

회개의 정의와 원리

1. 죄를 짓는 이유

하나님께 죄를 지어 자학(自虐)하는 자들이 있는가 하면, 죄를 짓고도 죄의식조차 느끼지 못하는 자들이 있고, 죄의 짐이 있는데 그대로 살아가는 자들도 있다. 또한 영적인 암에 걸렸으면서도 눈에 보이지 않는다고 해서 마음 놓고 살아가는 자들이 있고, 하나님이 여러 번 구해 주셨으나 자기 죄로 인해 낮아짐을 당하는 자도 있다(시 106:43). 자칭 믿는 자라면서도 "배가 고파 죽을 지경인데 장자(長子)의 명분이 내게 무슨 유익이 있으리오?" 하면서 견디기 힘든 극한 상황에서 자기 기분과 감정과 뜻을 이기지 못해, 에서처럼 팥죽 한 그릇에 소중한 하늘 재산을 팔아먹는 경우도 있다(창 25:34, 참고 사 55:2). 이렇게 잘 믿다가도 현실이 어렵다고 하나님의 은혜를 내팽개치는 자가 뜻밖에 많은 것이다.

특히 현대에는 첨단과학이 엄청난 속도로 발전하고 있어, 유익한 정보든 해악을 끼치는 정보든 순식간에 전 세계에 전달되고 있다. 그만큼 좋은 일 하기도 죄를 짓기도 쉬워졌다.

그러면 왜 사람들이 자꾸 죄를 짓게 될까?

그 이유는 다음과 같다.

첫째, 하나님이 자기를 얼마나 깊게 사랑하시는지 모르고 있어서이다. 이 세상에서 자기를 진정으로 사랑해 주는 분을 알지 못하기에 마음 가는 대로 자기를 맡기는 것이다. 특히 상황이 어려워질 때 더욱 그러하다. 이처럼 인간은 아무도 자기의 가치를 알아주는 사람이 없다고 여길 때, 자기 몸과 마음을 함부로 하곤 한다.

둘째, 죄에 대하여 진노하시는 주님 앞에 바로 서 있지 못해서이다.

생각해 보라!

죄를 그토록 싫어하시는 하나님이 자기 앞에 있다면 죄를 쉽게 지을 수 있겠는가?

셋째, 죄에 대한 상대적인 관점을 가져서이다. 죄에 더 깊이 빠지는 이유도 마찬가지이다. 예컨대 불법 대선자금 500억에 비하면 5억은 아무것도 아닌 것처럼 보여 죄를 별로 안 지은 것 같다. 또 한 번 죄를 지으면 더 죄를 짓는다 한들 그 죄가 없어지는 것은 아니므로 죄에 더 깊이 빠지기 쉽다. 이처럼 죄지은 인간은 하나님의 절대적인 기준과 비교하기를 거부하는 경향이 있다.

넷째, 악한 일에 대한 징벌이 속히 실행되지 않아서이다(전 8:11). 특히 기신자(旣信者)가 몇 번 죄를 지었지만 하나님의 징벌이 바로 임하지 않는다고 해서, 주님을 가볍고 쉽게 여겨 계속 죄를 짓는 경우가 많은데, 결국 이런 자는 자기를 불쌍히 여겨주신 주님의 사랑을 역이용한 게 되어 스스로 마귀가 파놓은 함정에 빠지게 된다.

2. 회개의 중요성

마태복음 22장의 혼인 잔치 비유를 보면, 잔치를 주관하는 왕이 '예복'도 입지 않고 잔치에 참여한 자를 질책하시면서 "그의 손발을 묶어 바깥 어두운 데에 내던지라!"(마 22:2-14)는 말씀이 나온다. 여기서 '예복'은 '회개'와 '칭의'의 옷을 의미한다(참고 눅 3:3; 딛 3:5; 계 22:14; 갈 3:27, 본서 270p 하단 참조). 성경은 예수님이 이 땅에 오신 이유가 잃어버린 자를 찾아 구원하기 위해서(마 18:11-13; 눅 15:8-10; 19:10; 겔 18:23), 즉 죄인들을 회개에 이르게 하기 위해서라고 말씀하신다(마 9:13). 예수 그리스도의 이름으로 죄 사함을 얻게 하는 회개가 온 세상에 전파되는 것이 하나님의 뜻이다(눅 24:47, 참고 호 5:15; 겔 33:11).

그뿐 아니다. 하나님은 회개할 필요가 없는 아흔아홉 명의 의인보다 한 명의 죄인이 회개하는 것을 더 기뻐하시고(눅 15:7), 죄인 한 명이 회개하면 하나님의 사자들 앞에 기쁨이 된다고 말씀하신다(눅 15:10).

반대로 성경은 사람이 회개치 아니하면 멸망당하며(눅 13:3, 참고 시 7:12; 겔 18:30; 행 17:30; 8:22; 마 11:20-24; 18:6-9; 계 2:16, 21-23), 회개에 합당한 열매들을 맺지 못하면 지옥 불에 떨어진다고 말씀하신다(마 3:8-10).

하나님께서는 우리가 우리의 죄를 뉘우치고 당신의 얼굴을 구하기까지 당신의 처소로 돌아가서 기다리신다(호 5:15, 참고 마 18:3; 겔 18:23). 즉 죄에 대한 대가를 충분히 치른 후라야 당신의 얼굴을 나타내신다.

"믿습니다!"라고 아무리 목에 힘을 줘도, 회개를 통해 죄 용서를 받지 못하면 주님의 귀에 들리지 않는다. 죄 문제가 해결되어 있지 않으면 사실상 하나님의 사랑을 있는 그대로 받아들이지 못한다.

죄는 배설물보다도 더 독하고 역겹고 더러운 냄새를 풍기는 데, 가령 간음죄 등 실제적인 죄를 지음으로 자기 몸을 더럽힌 자가 몸을 깨끗이(회개의 열매를 맺음으로) 씻지 않고 흰 예복만 입었다고 해서 천국 혼인 잔치에 참여할 수 있겠는가?

오히려 몸을 배설물로 도배한 자는 더러운 옷을 입고 있는 자보다 더 문제가 있는 게 아닌가?

그러기에 회개의 중요성은 아무리 강조해도 지나치지 않다.

이에 대해 본회퍼는 다음과 같이 말했다.

"회개는 인간이 그리스도께 드릴 수 있는 최고의 영광이다."[1]

또 에드워드는 다음과 같이 말했다.

"만약 내가 여러분에게 단 5초만 지옥을 보여줄 수 있다면, 하나님 앞에서 신실하게 살지 않을 사람이 없을 것이다."

그런가 하면 토마스 아 켐피스는 이렇게 말했다.

"지옥에서 한 시간 동안 벌을 받는 것이, 이 세상에서 천 년 동안 뼈저리게

---

[1] 디이트리히 본회퍼, 『나를 따르라』, 허혁 역 (서울 : 대한기독교서회, 1965), 82.

속죄하는 것보다 더 고통스러울 것이다."[2]

하나님께서는 아주 사소한 죄라고 할지라도 용납하지 않으신다. 하나님은 죄를 그토록 미워하여 그 죄가 완전히 끊어질 수 있도록 독생자의 생명까지 십자가에 못 박으셨다. 성경은 마지막 심판 날에 하나님의 빛이 거짓과 교만과 음란 등 모든 어둠을 드러내(요일 1:5; 딤전 6:16), 감추진 것이 드러나지 않을 것이 없고, 숨은 것이 알려지지 않을 것이 없다고 말씀하신다(마 10:6; 눅 8:17; 눅 12:2). 이런 의미에서 "대죄"(大罪)와 "소죄"(小罪)가 따로 있는 것이 아니라, 칼빈의 주장처럼 죄는 모두 "대죄"라고 할 수 있다.[3]

> 우리가 하찮게 간주하기 쉬운 죄들이 하나님의 가장 커다란 진노를 가져왔다는 점에 유의하라! 가령 금단의 열매를 따먹는다거나(창 3:16-22), 안식일에 나뭇가지 몇 개를 줍는다거나(민 15:32-36), 법궤에 손을 대는 것(삼하 6:6-7)과 같은 죄 말이다. 오! 이런 죄들이 사람들의 머리와 심장에 얼마나 무시무시한 진노를 초래했는지! 아무리 미미한 죄라도 죄는 하나님의 율법, 하나님의 본성, 하나님의 존재, 하나님의 영광을 거스른다는 점을 잊어서는 안 된다.[4]

3. 회개의 정의

기독교의 "회개"(悔改)는 마치 암 덩어리를 떼어내는 것처럼, "하나님 앞에 모든 죄 덩어리를 다 내어놓고 다시는 죄를 짓지 않겠으니 용서해 달라고 비는 것"을 말한다. 즉 회개는 "지식적으로 죄를 분별하고, 감정적으로 죄를 미워하고, 의지적으로 하나님을 향하여 결단하는 것"이다.[5]

이에 대해 호크마는 다음과 같이 말한다.

---

[2] 토마스 아 켐피스, 『그리스도를 본받아』, 68.
[3] 존 칼빈, 『기독교 강요 上』, 591.
[4] 토마스 브룩스, 『사탄의 책략 물리치기』, 61.
[5] 박윤선, 『개혁주의 교리학』, 321.

"참된 회개란 지적으로 무엇보다도 먼저 하나님의 거룩하심과 존엄성을 아는 지식을 포함하며, 감정적으로 단지 죄의 결과들에 대해서만 아니라, 죄 그 자체에 대한 가슴 저린 슬픔이 있어야만 하고, 의지적으로 죄로부터의 내면적인 돌아섬과 용서를 추구함이 있어야만 한다."[6]

즉 "회개"(悔改)는 한자로 '뉘우치고 고침'이란 뜻에서 보듯이, 하나님의 기준에 비추어 잘못된 모든 말과 행동을 돌이키는 것까지 포함한다. 그러기에 단순히 죄를 깨닫거나, 혹은 피상적인 변화만 있거나, 부분적으로만 개혁한다고 해서 참된 회개가 이루어지는 것은 아니다.[7]

4. 죄 용서의 원리

(1) 속죄제의 참된 의미

레위기에는 구원받은 백성이 어떻게 하나님의 자녀답게 살며, 하나님과 교제를 더 깊이 나눌 수 있는지에 대하여 자세하게 기록되어 있다. 특히 레위기 1-7장까지 하나님께 드리는 다섯 가지 제사법(예배법)이 소개되어 있는데, 번제, 속죄제, 속건제, 화목제, 소제 등이 그것이다.[8] 이 가운데 "속죄제"의 예배법을 통하여 어떻게 해야 하나님 앞에 예배가 상달되고, 또 죄 용서를 받아 하나님과의 관계를 회복할 수 있는지 살펴보기로 한다.

속죄제는 크게 4가지 단계로 진행되었다.

첫째, 어떤 족장[9]이 여호와의 금령 중 하나라도 부지중에 범한 후, 그 범한

---

[6] 안토니 A. 호크마, 『개혁주의 구원론』, 류호준 역 (서울 : CLC, 2001), 211-212.
[7] 조셉 얼라인, 『회개의 참된 의미』, 이길상 역 (서울 : 목회자료사, 1991), 18.
[8] 참고로 '번제'는 '하나님에 대한 전적 헌신과 봉사'를, '속죄제'는 '죄용서'를, '화목제'는 '하나님과 이웃과의 화목과 친교'를, '소제'는 '하나님에 대한 충성과 감사'를, '속건제'는 '하나님의 성물(聖物)이나 이웃에게 해를 끼침에 대한 보상'을 의미하는 예배법이다.
[9] 속죄제는 신분에 따라 수송아지(제사장, 온 회중), 숫염소(족장), 암염소(평민), 어린 암양(평민) 등을 제물로 바쳐야만 했는데, 여기서는 편의상 족장의 경우만 다룬다. 신분에 따라 바치는 짐승이 다르고 제사법도 약간 다를지라도 그 본질은 같기 때문이다.

죄에 대해 깨우침을 받았을 때 자기가 직접 흠 없는 숫염소를 예물로 준비해야 했다.

둘째, 그가 직접 염소 머리에 안수함으로 자기가 지은 죄를 숫염소에게 전가해야 했다.

셋째, 그다음 그가 직접 이 숫염소를 죽여야 했다(레 4:21-24). 여기에는 오늘날 자기 죄를 예수님께 전가시키고, 지극히 존귀한 예수님을 (자기 안에서) 직접 죽여야 한다는 의미가 내포되어 있다.

넷째, 이후 하나님과 백성(여기서는 족장)을 중재하는 제사장이 그 희생 제물의 피를 손가락으로 찍어 번제단 뿔에 바르고, 그 피는 번제단 밑에 쏟고, 그 모든 기름은 화목제 희생의 기름같이 단 위에 불살라야 했다(레 4:25-26). 하나님은 이를 통해 숫염소에게 전가된 죄가 완전히 살라짐을 보여주셨다.

이렇게 여러 가지 복잡한 제사 과정을 거치게 함으로써, 하나님께서는 이스라엘 백성에게 예배를 통한 당신의 은혜가 얼마나 귀한지 알도록 하셨다.

그런데 한 번 생각해 보라!

자기 대신 억울하게 죽은 짐승의 피를 볼 때, 얼마나 양심에 가책을 받았겠는가?

또 피를 뿌릴 때 얼마나 피 냄새가 진동하였겠는가?

> 필자가 연평도에서 군(軍) 생활을 할 때, 우리 소대가 체육대회 상품으로 살아있는 돼지 한 마리를 받은 적이 있다. 우리는 그 돼지를 잡아 로스구이를 해 먹기로 했는데, 일등상사 되시는 분이 칼로 돼지 목을 바로 따지 못하여, 20분 이상 돼지가 울부짖는 소리를 해댔다. 그 소리가 어찌나 마음을 후벼 파는지, 정말 눈 뜨고는 못 볼 처참한 광경이었다.

마찬가지로 이스라엘 백성들은 속죄제를 지내는 동안, 자기 대신 죄 없이 죽어가는 짐승의 울부짖음과 거기서 나오는 피를 보면서 "내 죄를 용서받기 위하여 죄 없는 짐승을 대신 죽여야만 할 정도로 죄가 정말 무서운 것이구나! 다시는 죄를 짓지 말아야지!" 하면서 다짐했을 것이다.

(2) 참 하나님이자 참 인간이신 예수님

하나님은 사랑의 하나님이시지만, 더러운 죄를 그냥 넘어가면 주님의 거룩한 공의의 속성이 훼손되기에, 당신의 공의를 훼손하지 않고 죄를 넘어가는 방법을 마련하셨다. 그것이 곧 '참 하나님'이자 '참 인간'이신 당신의 아들을 우리 대신 죽이는 방법이었다. 하나님은 당신의 아들을 죽임으로 인해 우리의 죄를 용서하시고 당신의 의를 선포하셔서, 당신도 의롭게 되시고 우리도 의롭게 하심으로써 완전한 당신의 의를 이루셨다(롬 3:25).

만약 예수님께서 '참 하나님'일 뿐이라면, 예수님이 죽은 것만으로는 '신이니까 그럴 수 있겠지!' 하면서, 인간에게는 남의 나라 얘기로 받아들여질 것이기에, 이래서는 하나님의 사랑을 만족시킬 수 없었을 것이다.

또 만약 예수님이 '참 인간'일 뿐이라면, 아무리 의로운 성인(聖人)이 대신 죽어도, '인간은 인간일 뿐' 하나님에게는 남의 나라 얘기로 받아들여질 것이기에, 역시 하나님의 공의를 만족시킬 수 없었을 것이다.

이에 대하여 칼빈은 다음과 같이 말했다.

"하나님만으로서는 죽음을 느낄 수 없으며, 사람만으로서는 죽음을 정복할 수 없겠으므로, 하나님께서는 (예수님 안에) 인성(人性)과 신성(神性)을 결합하셔서 죄를 대속하는 데는 약한 인성을 죽음에 내어주고, 다른 본성의 권능으로 죽음과 싸워 우리를 위해서 승리를 얻으려고 하셨다."[10]

(3) 죄가 전혀 없으신 분만이 하나님의 공의를 만족시키실 수 있다

예수님은 죄가 전혀 없으신 분이기에 십자가에 못 박혀 죽으실 필요가 없었다. 하지만 인류의 죄를 속하려고 마치 죄가 있는 자처럼 십자가에 죽으셨다. 우리를 율법의 저주에서 벗어나게 하려고 일부러 저주를 받으신 것이다(갈 3:13; 롬 8:3).

이 자체로만 볼 때는 사탄이 이긴 것처럼 보였다. 하지만 이로 인해 사탄의 머리가 부서져 버렸다(창 3:15). 아무 자격도 없는 사탄이 죄가 전혀 없는 분을

---

10 존 칼빈, 『기독교 강요 上』, 647.

죽임으로 하나님의 공의를 정면으로 위반하였기 때문이다. 여기서 중요한 점이 있다. 반드시 죄가 전혀 없는 분이 십자가에서 죽어야만 하나님의 영원한 진노의 무게를 감당할 수 있고, 다시 살아날 수 있다는 것이다.

하나님은 우리를 지극히 귀하게 여기셔서 우리의 죄가 드러나면 세상적으로 매장될 것을 아시고, 믿는 자만 알도록 은밀하게 죄를 짊어지심으로 그 죄로 인해 죽고만 싶었던 우리의 심정을 담당하셨다. 예수님은 십자가에서 우리의 엄청난 죄악을 참으시며, 대신 몸을 찢고 피 뿌려 다 용서하심을 보여주심으로써, 당신 안에 있는 생명을 우리에게 주셨다(요 5:26). 그리고 우리를 당신의 영광으로 입혔다.[11]

(4) 믿는 자에게 양심적인 책임 문제가 발생한다

그러기에 우리 안에 있었던 죄의 짐이 사라졌다면, 예수님이 그 죄를 지시고 죽으셨음을 알아야 한다. 즉 이 사랑을 받아들인 자에게 양심적인 책임 문제가 발생하는 것이다. 죄의 짐이 사라진 자는 주님께서 자기를 대신하여 당하신 십자가의 아픔이 생각나서 몸 둘 바 모른다. 양심이 깨어 있는 자는 원상 회복력이 강하여 아픔을 예민하게 느끼기에, 어떤 수단이라도 써서 빨리 정상으로 되돌아가기를 바란다. 마찬가지로 하나님 앞에 깨어 있는 자는 지옥의 고통이 얼마나 무서운지 알기에, 죄에 대한 모든 것을 그만두지 않으면 견디지 못한다.

반면에 양심이 마비될수록 자기 영혼이 죽어있음을 심각하게 느끼지 못하고, 하나님 앞에 자기를 다 버리지 못하니, 자기를 용서할 수 없고 주님의 사랑을 온전히 믿지도 못한다.

사정이 이러하기에 모순되게도 예수님이 내 죄를 대신하여 "내 안에서" 죽어주시도록, 죽도록 회개해야 한다는 얘기가 나온다. 내 죄가 용서되기 위해서는 주님이 내 안에서 죽으시고 부활하시는 것 외에 다른 수가 없기 때문이다. 흔히 회개할 때 "내 죄가 정말 주님께 옮겨지면 어쩌지!"라는 생각을 하게 되는 이유도 여기에 있다. 즉 죄가 죽음인데, 죽음인 죄가 주님께 전가되면 주님도

---

11 디이트리히 본회퍼, 『나를 따르라』, 95.

죽게 된다는 양심의 가책 말이다.

그러나 이게 끝이 아니다. 주님은 죽으셨다가 다시 살아나셨다. 죄가 없으신데 죽으시고 다시 살아나셨다는 것을 빛으로 비유하면 흑암을 완전히 밝힌 무한히 밝은 빛이라고 할 수 있다. 따라서 이 큰빛을 모신 자는 자기의 큰 어둠이 주님의 빛으로 말미암아 밝혀진 까닭에, 눈이 부셔 고개를 들 수 없게 된다.

5. 회개하기 어려운 이유

아무리 불가능한 문제라도, 전지전능하신 하나님은 단번에 하실 수 있다(롬 6:10; 히 7:27). 죄용서도 단번에 이루어진다(히 10:10; 유 1:3). 그러므로 우리는 그저 죄용서 받았다는 확신이 올 때까지, 하나님 앞에 회개의 기도를 통해 자기를 다 맡기기만 하면 된다.

그런데 왜 회개하기가 참 어렵다고 느껴질까?

그 이유는 다음과 같다.

첫째, 하나님의 진리의 사랑을 받아들이면 거짓은 물러나야만 하는데, 그 거짓을 버리기 힘들기 때문이다. 진실에는 많은 대가가 따르기 마련이므로 그 대가를 치를 준비가 되어 있지 않은 자들은 "하나님은 지금 나에게 어떤 분이신가?"라는 간단한 질문에도 정직하게 대답하지 못한다.

둘째, 인간이 죄를 범하면 본의 아니게 사탄 마귀를 사실상 주인으로 모시게 되는데, 이 더러운 사탄은 영물이므로 시간과 공간의 제한을 받는 인간이 자기 스스로의 힘으로 이 영물을 이기지 못하는 까닭이다.

가령 2-3일만 변비에 걸려도 괴로운 법인데, 하물며 30-40년 이상 죄로 인한 영적인 변비에 걸린 자라면 얼마나 힘들겠는가?

셋째, 묵은 포도주 맛을 본 사람은 새 포도주 맛이 싫기 때문이다(눅 5:39). 그래서인지 전에 즐겼던 죄악을 단절하는 것은 마치 마약을 끊는 것처럼 쉽지 않다. 왜냐하면 그 사람 안에서 편하게 살고 있던 사탄이 죽기 살기로 발악할 것이기 때문이다. 이런 자는 죄 섞인 세상적인 자아의 죽음이 두려워, 사탄을 온전히 미워하지 못한다.

많은 사람이 너무 쉽게 그리고 아무런 아픔이 없이 은혜를 받으려 한다. 하지만 그렇게 세상적인 자아가 깨지지 않는 은혜를 받으면 상황이 조금만 어려워질 때 흔들려 실족하기 쉽다. 이에 대해 달라스 윌라드는 개인이든 단체든 지배적인 개념을 바꾼다는 것이 인생의 가장 어렵고 고통스러운 일 가운데 하나인 것처럼, 진정한 "회심"은 엄청난 고통이 따르는 경험이라고 말한다.[12]

토마스 왓슨은 인간들에게 회개가 어려운 이유가 죄인들의 양심에 죄의 자각이라는 화살이 꽂히면, 얼른 가서 이 화살을 다시 빼내어 뉘우침의 효능이 더 이상 지속되지 못하도록 하기 때문이라고 본다.[13] 즉 영혼이 거의 상하는 순간에 자기들 스스로가 스스로에게 결정적으로 방해하니 사람들의 영혼이 철저히 상하게 되지 못한다는 것이다.

성 어거스틴을 보라! 그는 죄를 회개하고 반복하지 않기 위해서 팔뚝을 피가 나도록 물어뜯으며 안타까워했다. 토마스 아 켐피스는 노아가 몇 사람과 더불어 자기들의 목숨을 구할 배를 만드는 데 무려 100여 년 이상 걸렸는데, 이 세상을 만드신 창조주를 어찌 한 시간 만에 맞이할 준비를 할 수 있겠냐고 반문한다.[14] 수많은 사람이 수없이 눈물을 흘리고 온갖 수고를 한 다음에야 간신히 얻는 것을, 왜 단숨에 얻으려 하느냐는 것이다.[15] 오늘날 구원에 이르는 회개를 (고후 7:10) 단숨에, 아니면 말 몇 마디로 다 끝냈다고 여기는 자들을 향한 경고의 말씀이다.

> 회심은 어떤 사람들이 생각하는 것처럼 평탄하고 쉽게 넘어가는 과정이 아닙니다. … 마음이 상하는 이 과정은 물론 상처를 입히는 일이지만, 상처를 입지 않고는 구원도 없습니다. … 접붙이기하려면 가지를 잘라내야 하고 상처를 낸 곳에 접가지를 접목해야 합니다. 접가지를 바깥에 둘이거나 줄로 묶어놓기만

---

12 달라스 윌라드, 『마음의 혁신』, 윤종석 역 (서울 : 복있는 사람, 2003), 166.
13 토마스 왓슨, 『경건』, 김동완 역 (서울 : 복있는 사람, 2015), 346.
14 토마스 아 켐피스, 『그리스도를 본받아』, 245.
15 토마스 아 켐피스, 『그리스도를 본받아』, 187.

하면 아무 소용이 없습니다. 그러면 수액이 뿌리에서 가지로 전달되지 않습니다. 접붙이기하려면 반드시 나무에 상처를 내야 합니다.[16]

죄를 죽이는 일은 십자가에서 당하는 죽음만큼 고통스러운 일입니다. 성경은 그 일을 오른손을 찍어내고 오른눈을 뽑아내는 것과 같은 고통으로 표현하고 있습니다. 그래서 주님께서는 "그 길은 좁고 협착하여 찾는 이가 적음이니라"고 말씀하셨습니다(마 7:14). 어떤 한 부분의 외적인 행실만이 아니라, 죄의 전 체계를 멸하는 죄 죽이기의 일은 마치 몸 전체에 고통을 수반하는 십자가의 죽음과 같습니다. 십자가에서 몸의 모든 근육과 신경에 몸서리칠 정도의 강한 고통이 수반되는 것처럼, 죄를 죽이는 일 또한 그러한 총체적 고통이 수반되는 것입니다. 하나님의 성령은 어떤 특정한 정욕에 대해서만 싸움을 벌이시지 않습니다. 성령님께서는 죄의 원리, 죄의 뿌리와 전투를 벌이십니다. 이것은 영혼 전체에 매우 고통스러운 갈등과 고뇌를 가져옵니다. 그 갈등이 영혼의 모든 기능에 영향을 미치는 것입니다.[17]

6. 죄에 대하여 애통해야 한다

일반적으로 연민과 공포의 감정을 발산시키기 위해 더욱 큰 고통을 불러일으켜 자극하면, 맑고 시원한 감정을 느끼게 되는데, 이러한 "감정의 정화"를 일컬어 "카타르시스"(catharsis)라고 한다. 가령 우리가 소설을 읽다가 큰 감동을 느낄 때 나도 모르게 눈물이 나오는 경우가 바로 카타르시스가 발동된 것이다.

의학자들에 의하면, 보통 우리 눈에는 약 1억만 개의 세포와 30만 개의 회로가 있고, 울든 혹은 울지 않든 눈에는 항상 눈물이 고여있다고 한다. 만약 사람의

---

16 존 파이퍼, 『고난의 영웅들』, 이용중 역 (서울 : 부흥과개혁사, 2008), 78, 중인용.
17 존 플라벨, 『은혜의 방식』, 서문 강 역 (서울 : 청교도신앙사, 2011), 494.

눈에 눈물이 고여있지 않으면 곧 눈이 멀게 된다는 것이다. 일반적으로 이 눈물은 백혈구를 증가시키고 피부를 맑게 하며 몸 안에 있는 피로 물질을 없애주는 역할을 한다. 눈물에는 다양한 종류가 있는데, 여러 눈물 중에서 우리 영혼의 노폐물을 씻어준다는 의미에서 가장 큰 치료 효과를 내는 게 우리 마음의 깊은 곳에서 나오는 속죄의 눈물이라고 할 수 있다.

스가랴 선지자는 우리가 예수님을 만날 때 눈물 없이 만나지 못할 것을 예언했다(슥 12:10). 스가랴의 예언대로 우리는 눈물 없이 십자가를 대하지 못한다. 우리의 더럽고 역겨운 죄가 주님에게 전가되어 사실상 주님을 죽인 것을 생각하면 눈물이 나오지 않을 수 없다. 이에 대해 왓슨은 회개의 눈물로 이루어진 강이 아니고는 노를 저어 낙원에 이를 방법이 없다고 말한다.[18]

철학자들이 말하는 눈물은 네 가지 특성이 있는데 뜨겁고 축축하고 짜고 쓰다고 합니다. 회개의 눈물 역시 마찬가지입니다. 얼어붙은 양심을 녹일 만큼 뜨겁고, 단단한 마음을 적셔 부드럽게 할 만큼 축축하며, 영혼이 죄로 부패하는 것을 방지할 만큼 짜고, 세상 사랑의 맛을 싹 가시게 할 만큼 씁니다. 나는 여기에 하나 더 보태겠습니다. 회개의 눈물은 답니다. 우리 마음에 내적인 기쁨을 가져다준다는 점에서 그렇습니다.[19]

그러므로 주님으로부터 죄용서 받고자 하는 자는 '상한 심령'(שָׁבַר רוּחַ, 쉬바르 루아흐)을 가져야 한다. 회개하기 전에는 반드시 교만한 마음을 낮추시는 성령의 역사가 필요하다(고후 10:5).[20] 여기서 '상한 심령'이란 "죄지은 것에 대하여 애통하며 죄에 대하여 상처를 내는 마음"을 말한다. 하나님은 이런 자를 가까이하시고 중심에 통회하는 자를 구원하신다고 말씀하신다(시 34:18, 참고 시 51:17; 사 66:2; 57:15).

---

18 토마스 왓슨, 『회개』, 김동완 역 (서울 : 복 있는 사람, 2015), 67.
19 토마스 왓슨, 『회개』, 116.
20 리차드 십스, 『내가 어찌 너를 버리겠느냐』, 조계광 역 (서울 : 규장, 2008), 22.

성부 하나님의 절대적인 은혜를 의지하여 자기의 부패한 본성과 죄와 허물의 육(肉)을 치는 것이 본질적인 의미의 '상한 심령'이다. 그런데 믿다 타락한 사람이나 적당히 신앙생활을 하려는 사람이 육을 깨뜨리라는 말씀을 들으면, 감사하게 여기기는커녕, 속에서 부글부글 끓고 분노하며 때로는 절망과 실망과 낙심에 빠지곤 한다. 그래서 그런 말씀을 전하는 목자를 부담스러워 한다.

이런 자들의 한결같은 주장은 육을 치는 것은 자기 힘으로 억지로 안 되는데 왜 그런 아프고 듣기 싫은 말씀을 주느냐는 것이다. 즉 그들은 가령 교만이든, 혈기든, 정욕이든, 분노든, 누구로부터 깊게 베인 상처든, 건드리면 자기의 기분과 감정, 비위를 거스르는 것이라 아프니까 건드리지 말고, 그것보다는 육의 상태에 있는 자기 비위에 맞춰 사랑과 소망의 말씀만을 줘서 자기의 마음을 좀 편하면서도 아프지 않게 해달라고 요구한다.

이는 마치 환자가 의사더러 '나 고치려면 상처나지 않게 안 아프게 하라!' 혹은 '수술하지 않고 그냥 소독만 잘해 주라!' 혹은 '다 나았다는 소망만 심어주라!'는 식이다. 이리되면 상처의 겉만 치유할 수밖에 없어 아무리 잘 관리해도 굉장히 오래 걸릴 수 있고, 사실상 상처를 그냥 놔둘 수밖에 없어 그 상처로 말미암아 마음이 더 굳어질 수 있으며, 진통제 몇 개 섞어놓고 암의 특효약으로 판매하라고 부추기는 것과 같게 되어, 결국 환자를 치료하는 의사더러 자기 비위나 잘 맞추는 가짜 의사가 되라는 얘기일 뿐일 텐데도 말이다.

왜 이런 자세가 나올까?

첫째, 그만큼 자기 중심의 이기적인 관점이 뼛속 깊이 박혀있어, 때로는 자기에게 달콤한 맛을 선사하는 정욕과 음란과 교만과 혈기를 한꺼번에 버리기가 아깝기 때문이다.

둘째, 자기들의 육에 메스를 갖다 대는 것이 너무 아프고 두렵고 부담스럽기 때문이다.

셋째, 주님 안에서 깨어있지 못해, 사태를 제대로 분별하는 감각마저 마비된 까닭이다. 그래서 그들은 하나님의 인생의 시계가 언제 멈춰질지 모르는데도 그냥 그대로 놔두라 한다.

자아가 시퍼렇게 살아있는 자에게 말씀의 수술칼을 대면 마치 생살을 찢는 것과 같아 오히려 상처를 입힐 수 있다. 하지만 아프다는 이유로 단 말씀만 주면 치유 받는 시간이 아주 오래 걸릴 수 있고, 또 평생 고치지 못할 수도 있다. 그러기에 이 경우에 가장 지혜로운 태도는 먼저 성령님께 자신을 전폭 맡겨 그 은혜로 자신의 자아를 마춰시켜 겸손한 심령을 가지는 것이다.

하나님의 뜻대로 하는 근심(λύπη, 뤼페, 슬픔, 아픔)은 구원에 이르게 하는 회개를 이루게 한다(고후 7:10). 이 근심은 우리로 하여금 얼마나 간절하게 하고(절박한 마음으로 죄용서 받으려 하며), 얼마나 변명하게 하며(원래 죄를 지으려 한 것이 아니라고 변호하게 하며), 얼마나 분하게 하며(자신의 죄에 대해서 분노하게 하며), 얼마나 두렵게 하며(죄인을 징벌하시는 하나님을 두려워하게 하며), 얼마나 사모하게 하며(주님 한 분만을 그리워하게 하며), 얼마나 열심 있게 하며(죄를 용서받으려는데 온 정성을 다하게 하며), 얼마나 벌하게 하는지(죄악에 대하여 스스로 책망하게 하는지) 모른다(고후 7:11).²¹

거룩한 눈물의 소금기가 양심에 쓴 구더기를 죽인다.²² 이 세상에서 눈물을 더 많이 흘릴수록, 저 천국에서 더 많은 위로를 누리게 된다(마 5:4). 하나님은 무릇 시온에서 슬퍼하는 자에게 화관을 주어 그 재를 대신하며, 기쁨의 기름으로 그 슬픔을 대신하며, 찬송의 옷으로 그 근심을 대신하신다(사 61:3).

그러므로 주님께 죄 용서를 받으려면, 죄를 지은 것에 대해 가슴 깊이 슬퍼해야 한다. 곧 내 영혼이 죽어있는 것에 대해 슬퍼하면서 주님께 살려달라고 애원해야 한다. 죄에 대한 처절한 슬픔을 가지고 내 죄로 말미암아 주님과 이웃의 몸과 마음을 갈기갈기 찢어 놓은 아픔에 동참해야 한다. 자기가 상처를 입은 것보다, 주님과 이웃이 자기 죄로 말미암아 상처를 입은 것에 대하여 더 슬퍼해야 한다. 그리고 도려내는 아픔을 감수하며, 내 영혼의 병든 것을 주님의 수술대에 올려놓아야 한다. 행여나 죄가 드러나지 않았다고 해서 뻔뻔히 살

---

21 박윤선은 여기의 "간절함"을 "무관심과 반대되는 정성 깊음"으로, "변명"을 "자기 잘못을 인정하며 용서를 빎"으로, "분함"을 "자신을 분하게 여김"으로, "두렵게 함"을 "하나님을 두려워함"으로, "사모하게 함"을 "바울이 오기를 사모함"으로, "열심이 있게 함"을 "잘못된 것을 고치기 원하는 열심"으로, "벌하게 함"을 "자신을 벌하고자 원하는 심중"으로 해석한다(박윤선, 『개혁주의 교리학』, 320-321).

22 토마스 왓슨, 『회개』, 35.

아가는 강퍅함은 모두 깨져야 한다. 뿌리 깊은 가식을 숨기고 죄를 두루뭉술하게 넘어가려는 사람은 결코 주님으로부터 죄 용서를 받을 수 없다.

7. 구원받으려면 반드시 회개해야 한다

(1) 하나님께 마음을 찢어야 한다

누가 스스로 자기 죄를 깨끗하게 했다고 말할 수 있겠는가?(잠 20:9)

성경은 죄 없다고 말하면 스스로 속인 게 되고, 진리가 그의 속에 있지 아니한 것이라고(οὐκ ἔστιν, 우크 에스틴, 직설법 현재형) 말씀하신다(요일 1:8). 또 자기의 죄를 숨기는 자는 형통치 못할 것이라고(לֹא יַצְלִיחַ, 로 야츨리아흐, 히필 미완료형) 말씀하시며(잠 28:13), 우리가 하나님을 버리거나 주님께 돌아가지 않으면, 주님도 우리를 버리시고 우리에게 돌아오지 아니하신다고 말씀하신다(슥 1:3; 말 3:7; 대하 24:20; 렘 15:6).

죄로 인하여 차갑게 굳어진 마음을 녹이려면 얼마나 뜨거운 울부짖음이 있어야 하겠는가?

그러기에 우리는 하나님 아버지 앞에 겸비(謙卑)한 가운데 통절히 회개하되, 세상맛이 조금도 안 날 때까지 죄악된 세상 마음을 찢어야 한다. 조금도 거짓이 없이 하나님께 우리의 마음을 들어올려야(נָשָׂא, 나사, 마음을 담아 가져가야) 한다(애 3:40-41). 회개의 열매를 맺을 때까지 회개해야 한다(마 3:8-10, 2; 4:17; 행 26:20). 악한 길과 불의한 생각을 다 버리고 전심으로 주님께 돌아가야 한다 (렘 24:6-7; 대하 30:9, 참고 사 56:7; 렘 15:6; 호 14:2).

(2) 일곱 번 넘어져도 다시 일어나야 한다

인간은 한없이 연약하여, 알면서도 죄를 짓고 모르면서도 죄를 짓다가 낙심에 빠지는 경우가 많다. 이에 대해 하나님은 인간이 죄를 범했어도 영원히 다투지 아니하시며 끊임없이 노하지 아니하신다고 말씀하신다. 그 이유는 끝없이 화만 내면 인간들이 당신 앞에서 곤비할까(יַעֲטוֹף, 야아토프, 困憊, 피곤하여 견디지 못할까) 함이다(사 57:16-17).

그러므로 본의 아니게 넘어졌을 때는 하나님의 약속의 말씀을 붙잡고 주님께 나아와 진심으로 용서를 빌어야 한다. 의인은 일곱 번 넘어져도 다시 일어난다(잠 24:16, 참고 미 7:8). 의인은 넘어질지라도 여호와께서 손으로 붙드시기에 아주 엎드러지지 아니한다(시 37:24). 이때 주님을 뵐 면목이 없다고 주님에게서 멀어지면 죄가 더 커지기 십상이다. 어떤 이유든 주님에게서 멀어지는 것은 자기 의가 그만큼 살아있다는 얘기일 뿐이다.

(3) 죄에 대한 책임은 본인이 직접 져야 한다

그런데 하나님께서는 우리가 죄를 지었을 때 이렇게 말씀하신다.

> **내가 너를 흩었던 그 열방은 다 멸할지라도 너는 아주 멸하지 아니하리라. (그러나) 내가 너를 공도(公道)로 징책(懲責)할 것이요, 결코 무죄한 자로 여기지 아니하리라(렘 46:28; 30:11).**

이 말씀은 하나님께서 자비로 대해주셔도 "죄에 대한 책임"까지 무마되는 것은 아니라는 의미를 담고 있다(렘 31:30; 겔 18:4, 20). 자기 죄는 자기 책임이라는 것이다. 그래서 성경은 비록 노아 다니엘 욥 이 세 사람이 거기에 있을지라도 그들은 자기의 공의로 자기의 생명만 건질 것이라고 말씀하신다(겔 14:14).

사정이 이러하므로 모든 죄가 하나님 앞에 대죄일지라도, 죄질에 따라 회개의 깊이와 강도도 달라져야 한다(참고 요 19:11; 암 5:12; 창 18:20; 렘 16:12; 겔 16:47; 마 23:14).

즉 "주님과의 관계를 근저에서부터 무너뜨리는 죄냐?

초범죄냐? 누범죄냐?

악의냐? 선의냐?" 등.

가령 연쇄살인죄나 잔학무도한 죄를 생각해 보라!

이런 심한 죄를 지어 놓고 아버지 앞에 입으로 말 몇 마디만 회개하고서 이미 용서받았다고 믿는다면 말이 되겠는가?

쉽게 얻은 것은 쉽게 떠난다. 사람들이 영적 침체에 빠지거나 신앙을 저버리는 이유는 죄의 심각성을 모르고 그 죄를 애통해하지 않기 때문이다. 회개라는 희생의 대가를 충분히 치르지 않으며, 죄에 대한 책임을 회피하고, 하나님의 용서를 가볍게 생각하는 곳에 사탄의 덫이 있음을 잊지 말아야 한다. 사탄은 죄를 경시하고 약화시켜 생각하도록 유혹한다. 사탄은 회개하는 일은 쉬운 일이므로 죄를 그렇게 심각하게 생각할 필요가 없다고 다음과 같이 속삭인다.[23]

> 돌아와서 죄를 고백하고 슬픔에 잠겨 용서를 구하는 일은 그리 어려운 일이 아니다. 이렇게 부르짖기만 하면 된다.
> "주님 제게 긍휼을 베풀어주소서!"
> 만일 네가 이렇게만 한다면 하나님은 은전(恩典)을 베풀어 너의 죄를 용서해 주시며 너의 영혼을 구원해 주실 것이다.

성경은 "너희 죄가 정녕 너희를 찾아낼 줄 알라!"(민 32:23, 참고 창 4:10)고 말씀하시는데, 죄가 크고 중할 때, 너무 오래 묵은 죄였을 때, 죄인 줄 알면서 지었을 때 회개하기가 상대적으로 어려울 것이다. 왜냐하면 죄가 너무 크고 중하면 회개하기가 상대적으로 부담스러울 것이고, 오래 묵은 죄라면 기억이 잘 나지 않아 어디서부터 회개해야 하는지 막막할 것이며, 알면서 지은 죄라면 더 질이 좋지 않은 영이 들어와 참된 회개를 방해할 것이기 때문이다.

> 회개를 미루면 죄가 강해지고 우리 마음이 굳어지며, 마귀의 구속력은 더욱 커집니다. 심은 지 얼마 안 된 나무는 쉽게 뽑을 수 있지만, 그 나무가 땅속 깊이 뿌리 내리면 여럿이 대들어도 제거할 수 없습니다. 죄 또한 뿌리가 깊으면 뽑아내기 어렵습니다.[24]

---

[23] 토마스 브룩스, 『사탄의 책략 물리치기』, 92.
[24] 토마스 왓슨, 『회개』, 131.

그러기에 가능한 한 그 죄들을 돋보기로 들여다보고, 과거의 죄나 현재의 죄가 하나님 앞에서 동일한 죄라는 점을 의식하면서 그것이 더 크고 가까이 다가오도록 해야 한다.[25] 나의 죄를 볼 때는 볼록 돋보기로 보아 크게 확장해 보되, 그 죄에 대한 용서를 구할 때는 오목 돋보기로 보아 마치 그 돋보기로 태양의 빛을 모아 종이를 태우듯, 나를 사랑하신다는 하나님의 그 지고한 사랑에 끝까지 집중하여 모든 죄악을 태워버리도록 해야 한다.

> 죄는 멀리서 보면 아주 작아 보입니다. 그때는 자신이 범한 죄에 대하여 정서적인 반응이 아주 가까이 나타나지 않습니다. … 그러나 지은 지 오래된 죄라 할지라도 하나님 앞에서 죄라는 본질은 처음 지었을 때와 동일한 것이기 때문에, 여러분도 그것을 현재의 무게로 다루어야 합니다. 반역죄를 지은 사람의 죄가 20년 전에 범한 것이라 할지라도 지금 처벌되는 것과 같습니다. 요셉의 형제들이 자신들의 죄가 오래전에 지은 것이라 할지라도 마치 지금 지은 것처럼 생생하게 여겼을 때 비로소 그들의 양심의 고통은 새롭게 살아나기 시작했으며, 그 죄는 그들 눈앞에 드러날 수 있었습니다(창 42:21-22).[26]

8. 어떻게 회개해야 하나님의 마음이 풀어질까?

구약에서 사울 왕은 우리가 볼 때 그렇게 큰 죄를 지은 것 같지는 않은데, 진실로 회개하지 않아 하나님께로부터 버림을 받았다. 하지만 다윗 왕은 어찌 보면 간음죄와 간접 살인죄 등, 사울 왕보다 더 큰 죄를 여러 번 지었음에도, 그때마다 진실하게 회개하여 하나님께 용서를 받았다.

그런가 하면 신약에서도 세 번이나 주님을 저주하고 부인한 베드로는 자기 의와 생각을 내던져 하나님의 의로우심과 자비로우심을 믿고 진실하게 회개하

---

[25] 존 프레스톤, 『황금홀』, 홍상은 역 (서울 : 지평서원, 2005), 152.
[26] 존 프레스톤, 『황금홀』, 151-152.

여 용서를 받았지만, 주님을 팔아먹은 죄를 지은 가룟 유다는 자기 의와 생각이 몹시 강해 하나님이 정하신 마지막 선까지 넘음으로 진실한 회개를 하지 못해 버림을 받았다.

우리는 여기서 하나님께 상달되는 회개가 있고, 그렇지 않은 회개가 있음을 알 수 있다.

그렇다면 어떻게 회개해야 죄로 말미암아 진노하시는 하나님의 마음을 풀어줄 수 있을까?

특히 너무도 많은 죄를 지어 우리 영혼에 더러운 것들을 무방비로 허용했다면, 이를 빼내기 위하여 어떻게 회개해야 할까?

(1) 주님의 인격(임재) 앞에서 죄를 고백해야 한다

〈공공의 적〉이라는 영화가 있다. 남자 주인공은 잘나가는 증권 회사원임에도, 돈에 눈이 어두워 급기야 칼로 부모까지 죽이려 한다. 칼을 휘두르는 과정에서 그의 손톱 일부가 잘려나가는데, 그 자식의 칼에 맞아 죽어가는 어머니가 자식의 베인 손톱을 발견하고 혹시나 이 손톱으로 말미암아 자식에게 해가 갈까 봐 그 손톱을 입에 삼키고 죽는다.

하나님 아버지와 자녀와의 관계도 마찬가지이다. 우리는 야곱의 아들 유다처럼 발각되지 않았을 뿐이지 발각되었다면 큰 창피를 당해야만 하는 죄들(창 38:26; 37:26-27), 그리고 차마 입으로 꺼내지 못하는 죄들을 숨긴 채 하나님과 이웃과의 진실하고 거룩한 관계를 끊으려고 하지만, 하나님 아버지는 어떻게든 우리와 관계를 맺으려고 한다.

그 대가가 예수 그리스도의 참혹한 십자가의 죽음이었다. 바로 이 십자가만이 우리를 항상 초월하여 참 인간으로 돌아오게 한다.[27] 십자가의 큰빛을 똑바로 보면, 억장(가슴)이 무너진 채 내 모든 죄악을 다 내놓고 한 번만 용서해 달

---

[27] 디이트리히 본회퍼, 『나를 따르라』, 124.

라고 구하지 않을 수 없다.

하나님이 얼마나 인격적이시면 "하늘에 계신 아버지!"라고 부르면서 기도하라고 하셨겠는가?

그러므로 하나님께 돌아가려는 자는 하나님과의 관계가 어디서부터 떨어졌는지를 생각하고(계 2:5), 주님께 상처를 입힌 죄에 대한 주님의 섭섭한 감정이 풀어질 때까지 회개해야 한다. 새 생명의 창조적 잉태의 고통을 감수한 채, 하나님 아버지께 매듭지었던 고리를 하나하나 풀어 헤쳐 나가야 한다.

나를 사랑한 주님께 수만 번 상처를 입혔으니 얼마나 용서를 빌어야 하겠는가?

나로 인해 상처를 입은 이웃을 생각해 볼 때, 얼마나 죄로 말미암아 아파해야 하겠는가?

죄에 대한 마지막 자세가 되어 있어야, 주님이 정하신 구원의 마지노선 안에 들어와 용서받을 수 있다. 그러기에 양심이 조금이라도 있다면 지금이라도 주님의 마음에 상처를 줄 수 있는 모든 것을 무장해제 해야 한다.

그렇지 않고 하나님의 존재를 무시한 채, 존재론적이거나 관념적으로 회개해서는 하나님께 상달되지 않는다. 이 경우 하나님은 나의 하나님이 아니라 저 먼 곳에 계시는 하나님이 되고 만다. 이것이 회개할 때, 하나님과 아무 관계도 없이 식음을 전폐하고 100일간 금식 기도하는 것보다, 어린아이가 아버지에게 하는 것처럼 그냥 순수하고 진실하게 용서를 비는 것이 더 잘 상달되는 이유다. 이는 마치 이웃을 대할 때, 인격이 전혀 없는 허수아비처럼 대하면 기분 좋게 생각하지 않을 것이듯이 하나님도 그러하시기 때문이다.

(2) 주님의 기준에 맞춰 회개해야 한다

회개는 철저히 주님의 기준에 맞춰서 해야 한다. 어떤 여자와 사랑 관계를 맺으려면 그 여자가 요구하는 기준에 맞춰 그녀가 싫어하는 것을 다 버려야 하듯이, 거룩하신 하나님과 사랑 관계를 맺으려면 영원히 변하지 않는 "하나님의 말씀"의 기준에 맞춰 하나님이 싫어하시는 것 모두를 버려야 한다.

사람이 흑암과 사망의 그늘에 앉으며 곤고(困苦)와 쇠사슬에 매임은 하나님의 말씀을 거역하며 지존자의 뜻을 멸시하기 때문이다(시 107:10-11). 따라서 하나님의 말씀에 비추어 걸림이 있는 자는 말씀으로만 치유할 수 있다. 인간은 떡으로만 사는 게 아니라, 하나님의 입에서 나온 모든 말씀으로 사는 존재인 까닭이다(신 8:3).

그런데 우리가 하나님의 말씀의 기준에 맞추기 위해서는 먼저 할 일이 있다.

첫째, 성경의 무오(無誤)함을 믿어야 한다. 그래야 말씀이 하나님의 말씀으로 들리게 되고, 이때 비로소 이 기준에 맞춰 회개할 수 있다.

둘째, 자기에게 걸림이 있는 하나님의 말씀을 자기 생명보다 더 귀하게 받아들여야 한다. 즉 말씀에 묶인 자는 그 말씀 앞에 걸림이 되는 부분에 대하여 철저히 회개한 후, 그 말씀을 자기 안에 가져야 한다. 이렇게 모든 불의에 대해 회개하는 가운데, (ㄱ) 말씀을 가지고 하나님께 돌아갈 때(호 14:2) 비로소 죄로 말미암아 묶인 것이 풀린다. 예배가 중요한 이유가 여기에 있다. 예배 시간에 생명의 말씀이 선포되기 때문이다.

셋째, 다른 사람의 죄와 상대적인 비교를 해서는 안 되고, 비교는 오직 절대적인 하나님의 말씀과만 해야 한다. 그래야 그 말씀의 빛에 비추어, 자기가 얼마나 큰 죄인인지 알게 되어 하나님의 자비만을 전적으로 의지하여 살려달라고 간절히 구할 수 있다.

(3) 조금도 속임이 없이 회개해야 한다

회개할 때, 나의 모든 죄를 조금도 속임이 없이 있는 그대로 주님께 고백해야 한다. 뼈저리도록 거짓이 없는 중심으로 하나님께 내 죄를 용서해달라고 빌어야 한다. 어떤 일이 있어도 변명하지 않을 때, 주님께서 나를 변호하여 주신다. 하나님은 절대로 속이시지도 속으시지도 않으시며, 만홀히 여김(μυκτηρίζω, 뮈크테리조, 업신여김)을 받지도 않으신다(갈 6:7; 약 1:13).

> 필자가 초등학교 1학년 때, 서울 외할머니가 우리 집에 오셔서 나를 목욕시킨 적이 있다. 외할머니는 영하 10도가 넘는 한겨울에도 찬물로 목욕하시는 분이셨는데, 그래서 그런지 어느 날 내 무릎에 쇠때가 끼었다고 하면서, 둥그런 돌

멩이를 가지고 심하게 문대셨다. 얼마나 문대시는지 나중에는 피가 나올 정도 였다.

세속의 때가 오래 묵은 자일수록, 진실한 마음을 가지고 회개하기가 매우 힘 들어지겠지만, 이때도 정말 죽었다고 복창하고 나를 주님께 다 바치면, 주님께 서 조금씩 마음의 묵은 때를 없애주심을 체험하게 되니 낙심할 일만은 아니다. 그렇게 계속 조금도 속임이 없는 마음으로 죄와 피 흘리기까지 싸우다 보면 언 젠가 다 뚫리는 역사가 일어난다.

(4) 죽을죄임을 알고 회개해야 한다

하나님의 은혜로 우리 죄가 주님에게 전가(轉嫁, 옮겨짐)될 때는 그 죄가 있어 서는 절대로 살 수 없을 정도로 '죽을죄'로 인식하고 있을 때이다. 여기서 '죽을 죄'라는 것은 '큰 죄'만이 아니라, '사소한 죄'라고 하더라도 하나님 앞에서 절대 적인 죄가 된다는 뜻이다. 그러기에 죄 용서를 받으려면, 먼저 내 영혼이 사실 상 죄로 말미암아 죽은 상태라는 것을 분명히 느끼고 있어야 한다. 그다음 죽 은 상태에 있는 내 영혼에 대해 가슴 아파하며 하나님께 살려달라고 간절히 빌 어야 한다.

누가복음 18장 11-14절을 보면 세리와 바리새인 이야기가 나온다. 요즘으로 말하자면 세리는 일제 강점기에 한국인이면서도 자기 동족의 피를 빨아먹는 세금 징수인을 말하고, 바리새인은 율법에 능통한 전문가이지만 언행일치가 안 되는 사람을 말한다. 이 중 세리는 하나님 앞에 나아갈 때, 구원을 확신하기 는커녕 하나님과 너무도 멀어져 버린 자신의 모습에 가슴을 치고 통곡하며 자 기를 불쌍히 여겨 달라고 간절히 용서를 구한다. 반면에 일주일에 두 번이나 금식하고 십일조를 꼬박꼬박 내는 바리새인은 자기가 세리보다 더 의로우니, 당연히 하나님으로부터 복을 받을 것으로 믿는다. 그러나 이때 주님은 스스로 의롭다고 여기는 바리새인보다, 세리를 더 의롭게 보셨다.

그러면 여기서 하나님 앞에 '죽을죄'를 내놓는다는 의미가 무엇일까?

첫째, 주님의 이름을 더럽히면 죽음인 줄 알고 마지막으로 다가가는 것을 말한다. 즉 죽는 한이 있어도 다시는 죄를 저지르지 않겠다는 무언의 약속을 전제로 그 죄를 하나님 앞에 내놓는 것이다.

둘째, 이 세상 모든 인류 앞에 공개적으로 다 드러낸 것 이상으로 죽을죄임을 인정하는 것이다. 그 이유는 온 우주보다 큰 하나님 앞에 드러내야 하는 까닭이다.

그러기에 죽을죄라는 인식을 가진 자가 이 죽을죄를 하나님 앞에 꺼낼 때 얼마나 두렵고 떨리겠는가?

죄를 보고 진노하시는 그분께 나와야 하니 말이다.

그러므로 하나님 앞에 죽어야 마땅할 죄를 지었음을 인정하고, 내가 지은 죄가 죽을죄로 여겨질 때까지 속죄의 열매를 맺어야 한다. 하나님 앞에 가장 큰 죄인이라는 "정체성"을 잃어버린 회개는 참된 회개가 아니다. 하나님 앞에 가장 큰 죄인이 되어 있어야 주님을 만날 수 있다. 예수님은 죄인의 구주이시기 때문이다(눅 5:32).

(5) 죄의 뿌리까지 뽑히도록 철저히 회개해야 한다

그런데 회개할 때 특히 유의할 점이 있는데, 그것은 적당히 회개해서는 곤란하다는 점이다. 적당히 잘라내면 곪아 부스럼밖에 안 된다. 성경에 왜 눈이 실족케 하거든 빼어 내버리고, 오른손이 실족케 하거든 찍어 내버리라고 했는지 생각해 봐야 한다(마 5:30; 막 9:43).

성경은 '온몸 죄'뿐 아니라 '발 씻을 죄'마저도 예수님께서 씻기지 않으시면 당신과 상관이 없다고 말씀하신다(요 13:8-10). 집 안에 반역자 하나를 숨겨주는 자 역시 왕권에 대한 반역자이듯, 죄 하나를 받아주는 자 또한 반역한 위선자일 뿐이다.[28]

그러므로 우리는 하나님 앞에 나아갈 때 물과 성령(불), 즉 물로 씻지 못할 것

---

28 토마스 왓슨, 『회개』, 82.

은 불로 태우고, 불로 태우지 못할 것은 물로 다 씻김을 받고 나아가야 한다. 그래서 구약 시대에 하나님께서는 미디안 전쟁에서 승리하고 돌아온 이스라엘 군인들에게 다음과 같이 말씀하셨다. "금, 은, 구리, 쇠, 주석, 납 등 무릇 불에 견딜 만한 물건은 불을 지나게(통과하게) 하라! 그리하면 깨끗해지려니와 (그것만으로는 안 되고) 정결케 하는 물로(도) 그것을 깨끗하게 해야 한다. 그리고 무릇 불에 견디지 못할 모든 것은 물을 지나게(통과하게) 해야 한다."(민 31:22-23)

2013년 4월 15일 미국 매사추세츠 주에서 진행된 보스턴 마라톤 대회의 결승점 근처에서 두 차례의 폭발로 인해 부상 2600여 명, 사망 3명의 희생자가 발생했다. 폭발 직후 추가피해 발생에 대비해 지하철 운행이 중단되었고 현장의 상공은 비행금지구역으로 지정되었다. 범인은 이민가정 출신 타메르란과 조하르였는데, 이 둘을 잡기 위하여 며칠 동안 경찰과 군인들, FBI, 그리고 수많은 시민들이 불편을 겪어야만 했다.

우리 영혼의 전쟁도 마찬가지이다. 암 덩어리 한 개가 온몸을 힘들게 하고 테러 분자 한 명이 온 국민을 피곤하게 하듯이, 우리 영혼의 죄 덩어리 한 개가 온 영혼의 에너지를 빼앗아 간다. 죄의 뿌리까지 다 뽑지 않고 이런저런 이유로 가만히 내버려 두면, 견디기 힘든 내적 외적 환경이 조성될 때 이 세력이 참지 못하여 언제 폭탄을 터트릴지 모른다.

재미있는 점은 성령님도 인격(위격)을 가지신 것처럼, 사탄도 인격을 가지고 있다는 것이다. 그 하수인인 귀신들도 역시 지성과 감정과 의지가 있어, 발각되면 죽을 수(쫓겨날 수) 있으므로 온 힘을 다하여 숨으려 하고, 만약 들킨다면 최대한 발악하면서 저항하려 한다. 이쪽에서 말 몇 마디만 해서 되지 않는 이유다.

따라서 며칠 밤을 새워서라도 이를 발본색원(拔本塞源)하여 뿌리까지 다 뽑아야 한다. 겉만 회개해서는 안 되고, 죄의 뿌리까지 완전히 뽑히도록 회개해야 한다. 상한 심령으로 죄를 뉘우치는 일을 너무 성급히 처리하면 상처가 아물기도 전에

깁스를 풀었을 때와 비슷한 결과가 나타나게 된다는 사실에 유의해야 한다.[29]

자기 죄를 죽도록 미워하는 가운데 예수님을 의지해야 그 죄를 용서받는다. 하나님은 우리가 죄를 절대적으로 미워할 때만 살리신다. 정녕 모든 사람 앞에서 내 죄가 드러난 것과 같은 부담을 질 때, 그래서 누가 봐도 다시는 그 죄를 저지르지 않을 것이라고 여길 때 주님이 용서하신다. 자기의 생명을 담보로 수치스러운 죄를 드러냈을 때, 주님께 죄를 용서받을 수 있다(참고 스 9:6).

다른 사람의 눈치를 보는 것도 잠시뿐이다. 아프면 아프다고 해야 한다. 이렇게 자신의 부끄러운 죄를 그대로 인정한다는 것 자체가 사탄을 죽기까지 싫어한다는 증거가 되므로 사탄도 더 이상의 낙이 없게 되어 나갈 수밖에 없다. 사탄을 원수처럼 여길 때, 사탄과 원수가 되는 주님이 내 안에서 그 사탄을 속히 부수실 수 있다.

그렇지 않고 지극히 작은 죄라고 해서 그대로 방치할 경우 얼마 가지 않아 문제가 발생한다. 이는 마치 댐에 지극히 작은 구멍 하나를 내버려둘 경우에 훗날 온 댐이 무너지는 것과 같다. 아프면서 안 아픈 척하면 그 아픔이 속으로 꼭꼭 숨는다. 죄를 감추면 사실상 사탄을 좋아하는 것이 되기에, 주님께서 그 죄를 짊어주지 않으시고, 사탄도 나가지 않는다. 죄에 대한 수치를 숨기면, 하나님도 내게서 당신의 얼굴을 숨기신다. 이렇게 수치에 대한 무뎌진 인식은 죄를 용서받는 데 있어서 별 효과를 내지 못한다.

> 회개하는 순간 나는 사람들에게 경멸을 당할 것입니다. … 하지만 여러분을 비난하는 그들이 누구인지 잘 생각해 봅시다. 그들은 하나님에 대해 무지하고 영적으로 혼미한 사람들입니다.
> 이처럼 정신없는 사람들이 여러분을 비난할까 싶어 걱정입니까?
> 미친 사람이 쳐다보며 웃는다고 신경 써야 합니까?
> 악한 자들이 무슨 이유로 여러분을 비난합니까?
> … 비난이 두려워 회개하지 않고 있다가 하나님의 저주를 받으니, 이교도들의

---

29 리차드 십스, 『내가 어찌 너를 버리겠느냐』, 34.

비난을 듣더라도 회개하는 편이 낫습니다.[30]

(6) 성령님의 인도하심을 따라 회개해야 한다

회개는 내가 주인이 되는 마지막 아성(牙城)을 포기하는 것이다. 나 자신의 노력으로 의인이 될 수 있다고 여기는 것을 온전히 포기하는 것, 즉 내 의는 죽고 하나님의 의만 살게 하는 것이 회개다. 이에 대해 성경은 하나님이 죄를 알지도 못하신 자로 우리를 대신하여 죄를 삼으신 것은 우리로 하여금 저의 안에서 하나님의 의가 되게 하려 하심이라고 말씀하신다(고후 5:21).

그러기에 주님께 자기의 모든 죄를 자복(自服)했다고 해서 그 죄를 당연히 용서받는 것이 아님을 유의해야 한다.

내가 회개하고 싶다고 해서 회개가 된다면 얼마나 좋겠는가?

그래서 성경은 인간 편에서 할 일은 다 하고, 주님의 구원의 손길을 잠잠히 기다려야 한다고 말씀하신다(애 3:26).

> 회개는 우리 힘으로 할 수 없는 일입니다. 그리스도를 죽은 자들 가운데서 살린 그런 힘이 아니고는, 세상을 만든 그런 힘이 아니고는 죄인의 마음을 깨뜨리거나 돌이킬 수가 없습니다. 여러분이 만일 여러분 자신의 마음을 녹일 수 있다면 여러분은 금강석도 녹일 수 있을 것입니다.[31]

이런 회개는 성령님의 인도하심을 받아, 주님이 나를 위해 대신 죽어 주셨다는 그 사랑의 감동을 놓치지 않았을 때 가능하다. 성령님이 오셔야 부드러운 마음을 가지게 되어 하나님 앞에 행한 선하지 않은 행위를 기억하고, 모든 죄악과 가증한 일을 스스로 밉게 볼 수 있다(겔 36:31). 목욕탕에 가서 뜨거운 물에 담그면 때가 불어 잘 벗겨지듯이, 활활 타오르는 성령의 불에 푹 담글 때, 즉 성령님이 인도하시는 깊은 회개일수록 영적인 노폐물이 더 많이 나오게 된다.

---

30 토마스 왓슨, 『회개』, 154.
31 토마스 브룩스, 『사탄의 책략 물리치기』, 93.

(7) 하나님을 경외하며 회개해야 한다

또한 주님께 죄를 고백할 때 하나님을 두려워하는 가운데 고백해야 한다. 하나님을 두려워함으로 하나님을 하나님으로서 대접할 때, 성령님이 역사하셔서 참회의 눈물도 빨리 나온다. 주님을 두려워하며 나가야 하는 이유는 내 죄를 아뢰면 주님에게 죄가 전가되어, 내 안에서 주님을 죽게 할 것이라는 양심 때문이다. 즉 주님께 자기 죄를 아뢸 때 행여나 그 죄를 주님께 묻힐까 봐 두려워하는 자가 그만큼 죄에 대한 심각성을 아는 자라고 할 수 있다.

이런 자는 '회개를 통하여 또 하나의 죄를 주님께 범하게 되는 것이 아닐까?'라고 생각한다.

"나 하나만으로 더럽혀지면 충분한데, 나 같은 놈 때문에 주님까지 욕을 보이다니!"

이처럼 참된 회개는 죄가 하나님을 공격하는 것이요 대적하는 것이기 때문에 죄 때문에 애통해한다.[32] 그러나 주님 앞에 다 아뢰지 않으면 죄 용서를 받을 수 없으니, 두려움을 무릅쓰고 용서를 구해야 한다. 모순되게도 바로 이런 태도가 더 주님을 의지하고 믿은 게 된다.

(8) 은밀하게 회개해야 한다

하나님은 참사랑의 고결성을 훼손하지 않는 은밀한 회개를 기뻐하시고 그 죄를 은밀하게 지켜 주신다. 주님이 이 죄를 드러내시면 그것이 곧 내게 있어서 죽음이다. 이렇게 해서 하나님과 생명 대 생명의 은밀한 관계를 맺는다.

그러기에 꼭 사람들 앞에 드러내 놓고 간증한다고 해서 좋은 것만은 아니다. 오히려 사람들 앞에 내 죄를 가볍게 드러내면, 죄가 정말 죽어야 하는 것임을 제대로 전달할 수 없어 하나님과 이웃을 하찮게 대우한 것이 될 수 있다.

(9) 회개할 때 고비를 잘 넘겨야 한다

참회할 때 꼭 보면, 정도를 넘어서 주변의 환경이 방해하거나, 회개하지 못

---

[32] 토마스 브룩스, 『사탄의 책략 물리치기』, 99.

하도록 내 안의 세상적인 자아가 요동치는 때가 있다. 이 위기만 잘 넘기면 좋을 텐데 이 고비를 넘기기가 참으로 쉽지 않다.

왜 그럴까?

그 이유는 우리가 이미 하나님 앞에 죄 용서를 다 받았다는 말씀을 감당할 중심이 형성되지 않았기 때문이다. 즉 죄와 무관하게 살겠다는 중심이 형성되어 있지 않기에, 사탄이 주는 이런 방해를 이기지 못하는 것이다. 하나님의 사랑을 어차피 더럽힐 테니 자기 양심이 이 사랑을 받아들이는 것을 허락하지 않는다.

그러므로 진정으로 하나님께 죄 용서를 받으려면, 견디기 어려운 상황이 닥쳤을 때 주님의 사랑을 믿지 못하게 만드는 모든 방해를 이겨내야 한다. 내가 살 길은 주님이 날 사랑하신다는 진리에 더욱 집중하는 길밖에 없다. 문제 해결을 받으려면, 죄용서 받겠다는 하나의 생각에 대해서 무섭도록 집중하여, 회개를 귀찮게 여겨 나중으로 미루려는 유혹을 이겨내야 한다.

(10) 행동으로 이어져야 한다

회개는 그저 마음과 말로만 하는 것이 아니라 구체적인 행동으로까지 이어져야 한다. 가령 남유다 요시야 왕이 유월절을 지켰을 때는 모든 산당(山堂)과 우상을 다 제거한 후였다(왕하 23:20). 바벨론 포로에서 돌아와 회개한 이스라엘인들도 이방 아내와 자식도 다 버릴 정도의 개혁을 했다(스 10:3).

> 하나님의 마음에 합(合)하다고 인정을 받았던 다윗에게 밧세바와 간음한 죄와 그의 남편 우리아를 간접적으로 살인한 죄 이상으로 하나님 앞에 괘씸한 죄가 있었으니, 그것은 하나님의 전적인 은혜로 주변 나라들을 모두 제압한 후 통일 왕국을 세운 그의 인생 말년에 하나님의 명령 없이 공명심(功名心)과 교만한 마음으로 마치 자기의 능력으로 이 모든 일을 이룬 양, 이스라엘의 인구를 조사한 죄였다. 이를 괘씸히 여기신(대상 21:7) 하나님은 그를 책망하기 위해 사탄으로 하여금 그의 마음을 충동질(격동)시켜 인구조사를 강행하도록 하신다.
>
> 후에 이 인구조사가 하나님과의 관계에 있어서 걸림이 된 줄 안 다윗은 "내가 이

일을 행함으로 큰 죄를 범하였나이다. 여호와여! 이제 간구하옵나니, 종의 죄를 사하여 주옵소서! 내가 심히 미련하게 행하였나이다!"라고 회개한다(삼하 24:10). 그런데 어찌 된 일인지 하나님께서는 바로 다윗을 용서하시지 않고, 다윗의 선견자 갓을 통해 7년 기근, 3개월 도망, 3일 온역의 징계들 중에서 하나를 선택하라고 하신다. 이에 다윗은 "여호와께서는 긍휼이 크시니 우리가 여호와의 손에 빠지고 내가 사람의 손에 빠지지 않기를 원합니다."라고 답한다. 이후 하나님은 출애굽기 30장 12절에 곧 "이스라엘 자손의 수효를 따라 (인구) 조사할 때에 조사받은 각 사람은 그 생명의 속전을 여호와께 드릴지니, 이는 그 계수할 때에 그들 중에 온역(סֶגֶף, 네게프)이 없게 하려 함이라."는 말씀에 따라 3일 동안 7만 명의 생명을 전염병으로 거둬가신다(삼하 24:15-25; 대상 21:18-26).

그러면 여기서 왜 3일간의 온역이 하나님의 손에 빠지는 것이었을까?

원래 이 말씀은 이스라엘의 인구를 조사할 때 하나님의 전적인 은혜로 말미암아 여기까지 온 것에 대하여 감사하라는 의미로 생명의 속전(贖錢)값을 내도록 하신 말씀이다. 하지만 다윗은 이 말씀에 담겨 있는 속전의 의미를 무시하고 인구조사를 감행했다. 그래서 하나님께서는 당신의 말씀대로 불법적인 인구조사의 대가는 죽음뿐이라는 것을 보여주셨다. 이는 오늘날에도 죄의 전염병으로 죽어 마땅한 인류의 죄를 대속하신 예수님의 생명의 속전의 가치를 무시하고 벌인 행위는 모두 불법적인 죄라는 것을 보여준다(롬 14:23).

7만 명이 죽은 이후, 천사가 아라우나(대상 21:15에서는 오르난) 타작마당 곁에서 예루살렘을 향하여 그 손을 들어 멸하려 할 때, 하나님께서 "족하다! 이제는 네 손을 거두라!"고 명령하신다. 이때 백성을 치는 천사를 본 다윗은 곧 여호와께 "나는 범죄하였고 악을 행하였삽거니와 이 양무리는 무엇을 행하였나이까? 청컨대 주의 손으로 나와 내 아비의 집을 치소서!" 하면서 비로소 참된 회개의 열매를 맺는다(삼하 24:17).

그러자 하나님은 갓을 통해 아라우나의 타작마당에서 예배를 드리라고 말씀하신다. 재미있는 점은 여기 아라우나 타작마당이 있는 곳은 바로 다윗보다 약 1,000년 전에 아브라함이 독자 이삭을 바친 모리아 땅이었고, 솔로몬의 성전 터였으며, 예수님이 십자가에서 죽으셨던 갈보리 땅이었다는 것이다. 이처럼 하나님께서는 오늘도 진실한 회개의 열매를 맺는 아라우나 타작마당에서의 예배를 기뻐하신다.

그런데 여기서 "왜 다윗이 한번 회개했는데 징계를 받았을까?"
이는 그만큼 죄에 대한 책임이 무섭다는 것이다.

얼마나 죄에 대한 책임이 무서웠으면, 하나님의 아들이 대신 그 죄를 져주셨겠는가?

하나님은 인간을 책임지는 존재로 만드셨다. 그러기에 죄에 대한 책임을 회피하는 것은 사탄의 영역임을 알아야 한다.[33] 죄의 책임을 피하려고 하는 자는 죄 없이 죄를 걸머지신 예수 그리스도의 구속의 신비로부터 자신을 떼어놓는 것일 뿐이다.[34]

> 만 가지 지식을 아느니 한 가지 죄라도 죽여 없애는 편이 낫습니다. 부정한 지식인은 빛의 천사로 모습을 바꾼 사탄과 다를 바 없습니다. … 회개 없는 지식은 사람들을 지옥으로 인도하는 횃불에 불과합니다.[35]

그러므로 회개에는 다음과 같은 원칙이 있다.

첫째, 나 혼자 지은 죄에 대해서는 회개를 통해 주님께 직접 책임을 져야 한다. 그래야 하나님으로부터 미리 징벌을 받은 바 되어 하나님의 진노를 피할 수 있다.

둘째, 내 죄로 말미암아 이웃에게 정신적·물질적 손해를 입혔다면, 하나님께만 회개하면 안 되고 그 이웃을 직접 찾아가서 용서를 빌고 물질적인 손해에 대해서도 그에 걸맞게 보상해줘야 한다. 가령 불법으로 갈취한 이웃의 재산이

---

[33] 가령 아담과 하와는 선악과를 먹은 후, 아담은 하와에게, 하와는 뱀에게 그 죄에 대한 책임을 돌렸는데(창 3:11-13), 우리는 생명을 죽인 책임, 영혼을 죽인 책임을 사탄으로부터 발견하지 못한다. 아울러 거짓말에 대한 책임, 하나님의 말씀을 뒤집은 책임 역시 사탄으로부터 발견하지 못한다. 사탄은 그 어떤 것도 책임을 지지 않는다. 그 결과 사탄은 하나님으로부터 평생 저주를 받는다(창 3:14-15).

[34] 디이트리히 본회퍼, 『윤리』, 손규태 역 (서울 : 대한기독교서회, 1974), 208.

[35] 토마스 왓슨, 『회개』, 115.

있다면 몇 배라도 보상해야 한다. 이것이 구약 시대의 "속건제"(אשם, 아샴) 개념이다(출 22:1; 레 5:6; 눅 19:8-9). 그것도 할 수만 있다면 빨리해줘야 한다. 이웃에게 죄를 지었다는 얘기는 이웃의 영혼을 차로 치어 죽인 것과 같기 때문이다.

> 영화 〈밀양〉을 보면, 여주인공 신애가 교통사고로 세상을 떠난 남편의 고향 밀양에서 피아노 학원을 운영하는 중, 유괴당한 아들을 구하기 위하여 얼마 안 되는 재산 모두를 유괴범에게 준다. 그럼에도 싸늘한 아들의 시체만 돌려받는다. 이런 상황에서 전도를 받고 기도회에 참여하게 되는데, 이때 깊은 은혜를 받아 유괴범을 수용한 교도소까지 가서 그에게 "주님의 사랑으로 당신을 용서합니다!" 하면서 어렵게 얘기를 꺼낸다.
> 그런데 이 유괴범은 교도소에서 윤기가 잘잘 흐르는 얼굴로 너무도 태평하고 담담하게, 자기는 이미 교도소에서 하나님께 용서받았다고 말한다. 그리고 크게 웃으며, 그녀에게 "이런 평안을 진작 누렸으면 좋았을 것을!" 하고 말하자, 그녀의 마음이 뒤집혀 버린다.
> "내 마음에 아직도 고통과 처절한 피눈물이 남아있는데! 누가 용서해줬단 말인가?
> 내가 용서하지 않았는데, 당신이 먼저 용서받았다는 게 말이 되느냐?
> 남에게 피해를 준 사람이 이렇게 뻔뻔스러운 모습으로 나와서야 되겠느냐?"
> 이때부터 신애는 미치며 방황하기 시작한다.

주님의 기준 안에서 하나님과 나, 나와 이웃 간의 관계에 걸림이 없어야 진정한 안식과 자유를 얻는다. 그렇지 않고 하나님과 이웃을 사랑한다면서 여전히 하나님과 이웃에게 상처를 주고 있다면 아직 참된 안식과 자유를 얻은 것이 아니다. 그러므로 이 경우에는 먼저 하나님과 이웃과의 관계에 있어서 걸림이 있는 모든 것들을 청산하여 그 관계를 정상으로 돌려놓아야 한다.

셋째, 내 죄가 사회와 연관이 되었을 때는 사회에 대한 책임까지도 져야 한다. 특히 공인(公人)이 신앙공동체 전체에 큰 해를 끼친 경우, 개인적으로 회개의 열매를 맺었다는 증거를 내야 함은 물론이거니와, 전체 신앙공동체에 대해서도 책임을 져야 한다. 이런 태도가 하나님과 신앙공동체에 대한 책임 있는 그리스도인의 모습이다. 본인만 하나님과 자기 교회 앞에 괜찮으면 된다는 태도는 신앙인으로서 성숙한 태도가 아니다.

또한 히틀러 한 사람의 잘못으로 지금도 독일이 피해 민족에게 보상을 해 주고 있는 것처럼, 비록 우리가 직접 죄를 지은 것은 아니지만, 과거 우리 조상으로 인하여 피해를 본 개인이나 사회나 민족이 있다면 그에 대하여 연대책임을 지는 자세도 요구된다. 특히 하나님 앞에 부끄럼이 없고 열심히 하나님을 섬긴다고 하지만, 묘하게 일이 잘 풀리지 않을 때는 조상이 지은 죄의 영향을 받았을 수도 있기에 이마저도 회개할 필요가 있다.[36]

(11) 이웃의 모든 죄와 허물까지도 용서해야 한다

더 나아가 온전한 회개가 되기 위해서는 이웃의 죄도 진심으로 다 용서해줘야 한다. 왜냐하면 성경이 알고 있는 내 이웃의 모든 죄와 허물을 용서해야, 하나님께서도 내 죄를 온전히 용서해 주신다고 말씀하시기 때문이다(막 11:25). 그래서 예수님은 제자들에게 이렇게 기도하라고 가르쳐주셨다.

> **우리가 우리에게 죄지은 자를 사하여 준 것 같이 우리 죄를 사하여 주옵소서!**
> (마 6:12)

하나님으로부터 (일만 달란트의 엄청난) 자기 죄를 용서받아놓고, (일백 데나리온

---

[36] 가령 사무엘하 21장을 보면, 다윗 왕이 이스라엘을 통일한 후 3년 기근을 맞게 된다. 이때는 기원전 약 1,000년 전의 시대였기에, 한 나라에 1년도 아니라 3년씩이나 기근이 오면, 정치·경제 등 모든 분야에서 문제가 되었고 왕의 자리마저 위태로웠다. 이에 다윗은 하나님께 간절히 기도한다. 그리하여 하나님으로부터 사울 왕이 기브온 사람을 죽였기 때문이라는 응답을 받는다. 즉 기브온 족속은 가나안 족속 중 하나로, 원래는 하나님의 명령에 따라 여호수아에게 멸절당해야 마땅한 족속이었지만, 간교한 속임수로 이스라엘과 화친 조약을 맺어 자기들의 생명을 보호받고 이스라엘의 노예로 살아갔는데, 훗날 이를 못마땅하게 여긴 사울 왕이 이스라엘 백성의 인기를 얻고자 기브온 족속을 억울하게 죽임으로 기근이 왔다는 것이다. 이스라엘과 유다를 향한 사울 왕의 '잘못된 열심'이 다윗 시대에까지 영향을 미친 것이다. 그래서 다윗 왕은 기브온 족속의 소원대로 사울 왕의 자손들 가운데 7명을 넘겨주어, 묶인 겿을 풀게 하여 그 기근에서 벗어난다 (삼하 21:9).

의 지극히 작은) 이웃의 죄를 용서하지 못한다면 양심이 불량한 자라는 것이다. 이는 내 죄가 이웃의 "죄에 대한 책임"까지는 아니더라도, 이웃의 "죄"에 대해서만큼은 간접적으로 연결되어 있음을 보여준다.

9. 회개의 결과

회개하기 전에는 "회개"라는 그 쓰디쓴 단어를 견딜 수 없었지만, 그 후로는 회개가 말할 수 없이 달았다고 루터는 말한다.[37] 이처럼 죄를 죽이는 일에는 놀라운 달콤함이 존재한다. 죄 죽이기를 통해 자신의 양심 속에서 복된 평온과 활력을 얻을 수 있다.[38]

모든 죄를 다 버리고 주님께 용서를 빌었다면, 이제 주님이 다 용서해 주셨음을 겸손히 받아들이는 일만 남는다. 주님은 자기 힘으로는 이 세상을 더 이상 살고 싶지 않은 사람의 영혼을 살리시고, 남은 삶 동안 당신과 함께 살아가게 하신다.

이에 대해 성경은 우리가 진실로 죄를 자백하면, 하나님께서 모든 불의에서 우리를 깨끗하게 하시고, 안개가 사라지는 것처럼 우리 죄를 없애주시며, 주홍 같은 죄도 양털처럼 하얗게 씻어 주시되, 오직 당신의 이름을 위하여 모든 죄를 주님의 등 뒤에 던지심으로써 더 이상 우리의 죄를 기억하지 아니하신다고 말씀하신다(요일 1:8-9; 사 44:22; 1:18; 43:25; 38:17, 참고 시 85:2; 사 43:25).

> 회개자의 슬픔은 산고를 겪는 여인의 슬픔과 같습니다. 여자가 해산할 때는 근심에 잠깁니다. 진통할 때가 왔기 때문입니다. 그러나 아이를 낳으면, 사람이 세상에 태어났다는 기쁨 때문에 그 고통을 더 이상 기억하지 않습니다.
> 이처럼 겸손한 죄인의 슬픔이 은혜를 낳습니다. 이 어른 신생아가 태어났을 때

---

[37] 토마스 왓슨, 『회개』, 145, 중인용.
[38] 존 플라벨, 『은혜의 방식』, 511.

의 기쁨은 얼마나 크겠습니까?[39]

10. 무슨 죄든 말로만 회개하면 된다는 태도는 위험하다

그런데 많은 사람이 회개한다고 하지만, 회개의 열매를 맺을 때까지(끝장을 볼 때까지) 회개하지 않고서도 다 회개했다고 생각한다. 상당수의 사람이 죄의 뿌리까지 완전히 제거할 정도로 회개하지 않고도 그렇게 믿고 있다. 나무로 비유하자면, 그저 줄기까지, 가지까지, 잎사귀까지, 심지어 싹만 날 정도의 회개만 했을 뿐인데 말이다. 그래서 그런지 절대적인 하나님의 은혜를 받은 자가 상대적인 인간의 은혜를 받은 것처럼 행동하기도 한다. 아니 하나님으로부터 큰 은혜를 받은 자가 삶 속에서는 전혀 은혜를 받지 않은 것처럼 행동하기도 한다.

> 우리 성품에는 중심축을 이루는 여러 기둥들이 있다. 이 기둥들 하나하나는 마치 고압 전선줄을 구성하는 것과 같은데, 고압 전선줄을 보면, 여러 선들이 모여 조그만 단위의 심지를 구성하고, 이것들이 모여 하나의 전깃줄을 구성한다. 마찬가지로 우리 성품의 중심축 중에서 교만의 기둥이 있다고 했을 때, 이 교만도 작은 교만의 줄들이 모여 작은 단위의 심지를 구성하고 이것들이 모여 하나의 큰 기둥을 형성한다. 그런데 수십 년 동안 크고 작은 수많은 교만의 중심축(심지)을 허용해 놓고서, 하나님께 살려달라고 몇 번 용서를 구해 그분으로부터 그만큼 불쌍히 여김을 받아 교만의 작은 심지 몇 개만 빼냈을 뿐인데도 그 교만의 기둥 자체가 통째로 뽑혔다고 믿는 자가 얼마나 많은지 모른다.

이렇게 된 데에는 다음과 같은 이유가 있다.

첫째, 자신의 마음을 조금도 속임이 없이 주님 앞에 다 열어 놓지 못했기

---

[39] 토마스 왓슨, 『회개』, 116.

때문이다.

둘째, 어느 정도까지 진심을 확보해야 하나님께서 인정해 주시는 회개인지 잘 몰랐기 때문이다.

셋째, 자기의 신앙 양심이 병들었기 때문이다.

그러나 여기서 우리가 분명히 알아야 할 것은 믿음으로 자신과 세상을 이기지 못한 자는 사실상 주님께 죄 용서를 받지 못한 자일뿐이라는 점이다. 주님의 십자가 보혈로 자신의 전 인격이 온전히 변화받지 못한 자가 믿는 체하는 것은 하나님과 자신을 속이는 일이다. 믿는다 하면서 아직도 죄에 대해 눈이 돌아감은 주님께 뼈가 닳도록 용서를 빌지 않았기 때문이다. 회개했다고 하지만, 아직도 죄와 상관이 있는 생각을 함은 주님 앞에 회개가 덜 되었다는 신호다. 주님께 죄 용서를 온전히 받지 못했으니 자기의 삶 속에서 주님 외에 다른 것을 먼저 의지하는 것이다.

요컨대 무슨 죄든 입으로만 회개하면 다 된다는 회개는 100점 중, 10점짜리 회개일 뿐이다. 수많은 사람이 얼마 가지도 못하는 권좌를 차지하기 위하여 그토록 치밀하게 준비하여 때로는 피 튀기는 싸움도 불사하는데, 영원한 하나님의 나라를 차지하겠다는 자가 이토록 안일하게 입 몇 마디로만 대처해서야 되겠는가? 그러므로 자기의 신앙의 상태가 이런 모습이라면, 어서 속히 주님의 십자가만 바라보고 죄를 버리고 미워하는 작업에 모든 힘을 집중해야 한다.

11. 나는 과연 회개가 제대로 되어 있을까?

예수님을 믿어 하나님 앞에 죄 용서를 다 받으면, 다음과 같은 증거가 생긴다.

(1) 성령님이 내주(內住)하신다

하나님께 죄 용서를 다 받은 자는 이제 죽어도 여한이 없다고 생각한다. 평강의 왕 예수님은 모든 죄를 용서받아 당신이 다스리시는 영의 몸 곧 성전이 이뤄진 자에게 평강을 주신다(참고 학 2:9). 정말 뿌리까지 죄 용서를 받은 자는 어떤 상황에서도 마음이 평안하다(요 14:27). 왜냐하면 세상이 알 수 없는 하늘 위의 평안이 그를 다스리기 때문이다(참고 골 3:15; 살전 5:23; 살후 3:16; 벧후 3:14). 이는 생명을 버려야만 하는 극한 상황에서도, 또 자존심이 구겨지는 상황 등에서도 마찬가지이다.

(2) 죄의 능력이 떠난다

진실로 회개하면 죄의 능력이 떠난다. 하나님의 영이 임하면, 자기 안에 있던 어둠이 나가게 된다. 사탄은 죄에 대해 죽은 자를 건들지 못한다(요일 5:18). 회개한 자는 모든 죄를 주님께 다 털어놓았기에, 더 이상 죄의 권세가 그를 지배하지 못한다. 죄에 죽은 자가 되면 죄가 더 이상 그를 주관하지 못하는 것이다(요일 3:6).

더 나아가 하나님께 난 자는 죄를 짓지 않는다(요일 3:9). 여기서 "죄를 짓지 않는다"(οὐ ποιει, 우 포이에이)는 의미는 "절대적으로 죄를 지을 수 없다"는 뜻이 아니라, "계속적으로 습관적인 죄를 지을 수 없다"는 의미다. 왜냐하면 동일한 성경을 쓴 사도 요한이 요한일서 1장 10절에서 이렇게 말씀하고 있기 때문이다.

> 만일 우리가 죄를 짓지 아니하였다 하면 하나님을 거짓말하는 자로 만드는 것이니

(3) 마음에 천국이 이뤄진다

진심으로 회개하면 마음에 천국이 이뤄진다. 죄 용서를 받고 나면, 자기 심령 안에 거룩한 세계가 펼쳐진다. 회개한 자는 예수님의 이름과 하나님의 영으로 죄 씻음을 받아 거룩하고 의롭게 된다(고전 6:11). 그리하여 주님께 회개한 양심은 생명수 가운데 젖는다(통일 찬송가 182장).

(4) 어떠한 상황에서도 마음이 평안하다

하나님께 죄 용서를 다 받은 자는 이제 죽어도 여한이 없다고 생각한다. 정

말 뿌리까지 죄 용서를 받은 자는 어떤 상황에서도 마음이 평안하다(요 14:27). 왜냐하면 세상이 알 수 없는 하늘 위의 평안이 그를 다스리기 때문이다(참고 골 3:15; 살전 5:23; 살후 3:16; 벧후 3:14). 이처럼 평강의 왕 예수님은 모든 죄를 용서받아 당신이 다스리시는 영의 몸 곧 성전이 이뤄진 자에게 평강을 주신다(참고 학 2:9). 이는 생명을 버려야만 하는 극한 상황에서도, 또 자존심이 구겨지는 상황 등에서도 마찬가지이다.

(5) 은밀한 기쁨이 그를 지배한다

회개하면 영생을 얻은 은밀한 기쁨이 그를 지배한다. 이 기쁨에 대해 성경은 이렇게 말씀하신다.

> 내가 이것을 너희에게 이름은 내 기쁨이 너희 안에 있어, 너희 기쁨을 충만하게 하려 함이니라(요 15:11, 참고 시 4:7; 행 2:28).

또 회개하면 통일 찬송가 412장에서 보듯이, 그의 영혼의 그윽이 깊은 데서 맑은 가락이 울려나며, 하늘 곡조가 언제나 흘러나와 그의 영혼을 고이 감싼다. 이에 대해 조나단 에드워즈는 다음과 같이 말한다.

"진토까지 낮아져 자신을 비우면, 아니 하나님 앞에서 자신을 완전히 소멸시키면, 다른 어떤 것도 비견할 수 없는 기쁨을 발견하게 된다."[40]

(6) 전 인격과 전 삶이 거룩하게 변화받는다

회개하면 옛 자아가 죽게 되고 새 자아가 부활된다(하이델베르크 교리문답 88-90문). 죄 용서를 받으면, 예수님 안에서 새로운 피조물이 된다(고후 5:17). 그리하여 그의 모든 기대와 꿈이 예수님께 연결된다.

진정으로 회개하면, 전 인격과 전 삶이 거룩하게 변화받아 잃어버린 하나님의 형상, 곧 참 인간성을 회복한다. 무엇보다도 교만하고 강퍅한 마음이 하나

---

[40] 조나단 에드워즈, 『놀라운 회심의 이야기』, 양낙흥 역 (서울 : 크리스챤다이제스트, 2002), 87.

님의 사랑으로 녹아져 겸손하고 온유한 마음으로, 그리고 악독한 심령이 다 빠져 선하고 순수한 어린이 심령으로 된다.

(7) 진리를 알게 된다

회개한 자는 진리 되시는 분과 생명 대 생명의 인격적인 관계를 맺음으로 죄에서 해방되어 진리를 알게 된다(딤후 2:25). 아울러 여호와의 선하심을 맛보아 아는 자는(시 34:8) 그동안 자기 영혼을 눌렀던 그 무거운 죄가 그냥 없어진 것이 아니라, 예수 그리스도의 희생의 대가였음을 깨닫는다.

(8) 무한한 감사가 나온다

죄 용서를 다 받으면 주님이 항상 자기를 사랑하고 계심을 느끼게 되고, 주님만을 더욱 의지하게 된다. 회개의 열매를 맺으면, 그저 주님이 자기 죄를 용서해 주셨다는 사실 자체만으로 무한히 감사하게 된다. 이런 자에게는 아주 사소한 일에도 감사밖에는 나오지 않는다. 심지어 고난과 핍박이 와도 감사하게 여긴다. 덤으로 사는 인생이기 때문이다. 더 나아가 죄 용서를 다 받으면, 하나님 앞에 무한한 은혜의 빚을 진 자임을 알게 되어, 어떻게든 그 빚을 갚으려 한다(롬 1:14).

(9) 하나님 앞에 가장 큰 죄인이 된다

누구든지 회개하면 자기가 하나님 앞에 가장 큰 죄인임을 깨닫게 된다. 이는 내가 아무리 착하더라도 하나님의 절대적인 기준에 비추어 보면, 전혀 아무것도 아님을 알게 되고, 또 설사 다른 사람이 나보다 더 큰 죄를 지었더라도, 그 죄와도 비교할 수 없는 하나님의 큰 은혜를 받았음을 깨달아 알게 되기 때문이다. 이런 자에게 임하는 주님의 은혜는 다음과 같다.

① 주님이 큰 은혜를 내려 항상 자기를 돌아보게 하신다
프랑스가 낳은 대학자 파스칼은 다음과 같이 말했다.
"의인인 척하는 죄인이 있고, 죄인임을 아는 의인이 있다."

죄 용서를 다 받았으니, 이제 위풍당당한 의인이 되었는가?

회개 한 번 해 놓고 목에 힘이 들어가는가?

그러나 자기 스스로 의롭다고 여기는 의인(義人)은 교만하여 남에게 상처를 줄 수 있음을 알아야 한다. 이에 대해 종교개혁자 루터는 말한다.

"죄수만이 자유가 소중한 것을 알고, 죄인만이 의인이 될 수 있다."

그리스도인은 하나님 앞에서 죄인이면서 동시에 의인이다. 그래서 진실로 회개의 열매를 맺으면, 설사 주님이 의인이라 칭하여 주셔도 과분한 대우임을 안다. 가장 큰 죄인이 되면 누가 아무리 자기를 높여줘도 더 큰 죄인임을 느끼게 되어 더 낮아지고 더 마음이 찢어지고 더 상한 심령이 되는 것이다. 주님이 큰 은혜를 내려 자기를 항상 돌아보게 하시는 까닭이다. 정녕 참된 성도들은 은혜가 더할수록 자신들의 선함보다도 부패함이 훨씬 더 크다고 생각한다.[41]

> 이런 자는 은혜를 더 받을수록 더 겸손해지는데 그것은 자신이 하나님께 점점 더 크게 빚진 자가 되는 것을 알기 때문입니다. 만일 그가 무슨 일을 할 수 있다면 그것은 자신의 힘보다 그리스도의 힘 때문이란 것을 인정합니다(빌 4:13). 배가 돛의 힘보다 바람 덕분에 항구에 도달하게 되는 것처럼, 그리스도인들이 빠른 진척을 보인다면 그것은 자신의 노력의 돛 때문인 것보다는 성령의 바람 덕분인 것입니다. 심령이 가난한 자가 가장 성도답게 행동할 때는 스스로가 '죄인 중의 괴수'라고 고백하게 됩니다. 그는 다른 사람들이 그들의 죄가 넘쳐서 부끄러워하는 것보다 더 그의 은혜가 부족한 것에 대하여 낯을 붉힙니다.[42]

② 자기가 가장 큰 죄인임을 땅끝까지 느끼게 한다

십자가의 은혜는 죄인으로서의 인격과 항상 같이 간다. 이런 자는 자기가 항상 주님 앞에 가장 큰 죄인이라는 인식이 시간이 갈수록 선명해진다. 십자가의

---

41 조나단 에드워즈, 『신앙감정론』, 존 스미스 편, 정성욱 역 (서울 : 부흥과개혁사, 2005), 460.
42 토마스 왓슨, 『팔복 해설』, 62.

은혜는 자기가 하나님 앞에 가장 큰 죄인임을 땅끝까지 느끼게 한다. 위대한 전도자 사도 바울도 시간이 갈수록, 사도 중에 가장 작은 자, 모든 성도 중에 지극히 작은 자보다 더 작은 자, 죄인 중 괴수라고 고백했다(고전 15:9; 엡 3:8; 딤전 1:13-15). 그 이유는 무한히 비천하고 증오스러운 자신이, 과거에 자신이 처했던 위치보다 더 낮은 자리까지 내려왔다고 해도, 그것은 자신이 있어야 할 위치보다는 훨씬 더 높기 때문이었다.[43]

토마스 아 켐피스는 자기를 모든 사람보다 열등한(부족한) 자라고 여기지 않는 한, 어떠한 영적인 발전도 이루지 못했다는 점을 명심하라고 경고한다.[44] 그는 사람이 철저하게 회개할 때 세상만사가 비통하고 씁쓸해지는데,[45] 육신을 제압하고자 한다면 진심으로 자신을 천하게 여기는 것이 절대적으로 필요하다고 본다.[46] 이에 대해 찰스 스탠리는 깨어짐의 시간 동안 더욱 죄인이라는 사실을 깨닫고 더욱 새로워지고 깨끗해지고 강해지며,[47] 인간은 어떤 식으로든 깨어져야 할 필요성 그 이상으로는 성장하지 못한다고 말한다.[48]

③ 자기가 가장 큰 죄인임을 인정한다

주님께 죄 용서를 받은 자는 자기가 하늘 아래 둘도 없는 가장 큰 죄인임을, 하나님 앞에서뿐만 아니라 만나는 모든 이웃 앞에서도 인정한다. 주님께 죄 용서를 받으면, 주님이 내 죄를 용서해 주셨다는 생각 외에 다른 생각이 들지 않는다. 가장 큰 죄인이 되면 이웃과 대면하는 것도 그저 감사할 따름이다. 이런 사람이 남의 죄를 보게 되면 "나는 이 사람보다 더 악하고 독한 사람이었는데! 만약 내 죄가 샅샅이 밝혀진다면, 이 사람 앞에서도 고개를 들고 다니지 못할 텐데!" 하면서 주님이 내 죄를 용서해 주신 것을 먼저 생각한다.

이처럼 십자가와 함께 죽은 자는 누구도 정죄하지 않는다. 오히려 회개한 자

---

43 조나단 에드워즈, 『신앙감정론』, 470.
44 토마스 아 켐피스, 『그리스도를 본받아』, 84.
45 토마스 아 켐피스, 『그리스도를 본받아』, 56-57.
46 토마스 아 켐피스, 『그리스도를 본받아』, 143.
47 찰스 스탠리, 『깨어짐의 은혜』, 오수현 역 (서울 : 올리브북스, 2010), 240.
48 찰스 스탠리, 『깨어짐의 은혜』, 252.

는 자기 죄를 용서받기까지의 주님의 기준에 올라온 자이기에, 그 기준대로 남의 죄를 용서한다.

더 나아가 회개하면 하나님에게뿐만 아니라, 이웃에게까지 종이 되어 섬긴다(막 9:35; 고후 4:5). 영원한 생명이 있는 자는 그 영혼이 살아있기에 이웃의 생명을 얼마나 귀하게 여기는지 모른다. 그래서 성령님에 의해 인도된 회개는 반드시 섬김의 길, 십자가 고난의 길로 나아간다. 아낌없이 사랑을 주는 것을 아까워하는 자아가 십자가와 함께 죽은 바 되었기 때문이다.

④ 세상맛이 뚝 떨어지게 된다
가장 큰 죄인이 된 자는 지극히 작은 죄라도 주님 앞에 다 드러내 사탄이 자기 안에서 힘을 쓸 수 있는 모든 길을 차단하기 때문에, 세상의 정욕적인 마음이 더는 숨을 데가 없다. 그래서 성령님이 오시면 자기도 모르게 세상맛이 뚝 떨어져, 과거에 세상적으로 즐겼던 것들이 죽기까지 역겨워진다.

정말 회개하면, 나와 이웃과 주님을 죽인 세상적인 자아가 다시 살아나게 될 때 그것이 곧 죽음임을 안다. 즉 죄 용서를 받으면, 죄를 행한 자신이 얼마나 싫어지는지 모르는데(겔 36:25-32), 이런 의미에서 죄가 역겨워진다는 것은 일종의 주님과의 관계를 멀어지지 못하게 만드는 보호막인 셈이다.

⑤ 더 이상 자기 힘으로 살 수 없다
가장 큰 죄인이 되면 더 이상 자기 힘으로 살 수 없다. 주님이 내 치명적인 약점을 다 아시니, 조금만 흔들어 버리면 자기 존재의 근거가 산산조각이 날 것이기 때문이다. 그러기에 전적으로 주님만을 의지하지 않으면 견디지 못한다.

재미있는 점은 가장 큰 죄인이 된 자라야 역설적으로 주님의 거룩한 이름을 힘입을 수 있다는 것이다. 이런 자라야 주님의 거룩한 이름이 얼마나 높고 위대한지 알기에, 그에 걸맞게 사용할 수 있다.

⑥ 자기를 부인하는 것을 최대의 기쁨으로 여긴다
십자가의 감동은 자기를 부인하는 것을 최대의 기쁨으로 여긴다. 하나님 앞

에 큰 죄인이 된 자는 자기를 부인함으로써 하나님의 은혜를 오히려 더 활활 불태우는 것을 하나님이 기뻐하신다는 것을 알고 있기에, 날마다 십자가 앞에서 자기를 죽이며 산다(고전 15:31).

영국의 소설가 위더가 쓴 『플랜더스의 개』를 보면, 할아버지와 함께 우유를 배달해 주며 생계를 이어가던 가난한 아이 네로가, 어느 날 어떤 주인에게서 냉대 받고 버려진 개를 보고, 그 개를 불쌍히 여겨 자기 집으로 데려와 "파트라슈"라고 이름을 짓고 잘 보살펴준다.

'파트라슈'는 비록 말 못하는 한 마리의 개에 불과했으나, 자신이 받은 은혜를 조금이라도 갚기 위해 추운 겨울에도, 때로는 몸이 아파도 하루도 쉬지 않고 불평 한마디 없이 할아버지와 네로의 일을 열심히 돕는다. 그리고 늘 먹을 것이 모자라도 자기의 처지를 기쁘게 여기며 만족하고, 이 세상에서 자기보다 더 행복한 개는 없다고 믿는다. 그것은 자신이 옛날에 학대받고 살았던 때에 비하면, 지금이 매우 행복했기 때문이다.

그런데 그 지역 유지(有志)였던 좋아하는 여자 친구 "0-로아"의 아버지의 오해를 사게 된다. 즉 네로가 아로아에게 선물로 줬던 인형 때문에 그녀 아버지의 방앗간이 불이 난 것으로 말이다. 그리하여 네로는 심한 냉대를 받게 되고, 급기야 의지했던 할아버지마저 돌아가시자 밀린 집세를 내지 못해 살던 집에서 쫓겨난다. 크리스마스이브에 마지막으로 희망을 걸었던 미술 대회에서조차 낙방했음을 확인한 그는 힘없이 걸어가다, 거리에 떨어진 아로아 아버지의 두툼한 지갑을 줍고 그녀의 집에 가져다준다. 아울러 파트라슈마저 힘들게 해서는 안 되겠다고 판단하여 파트라슈를 아로아의 집에 맡기고 홀로 떠난다. 이제 파트라슈는 부잣집에서 편안히 살 수 있게 된 것이다.

그러나 파트라슈는 한겨울의 혹독한 추위에도 아랑곳하지 않고 그 맛있는 음식과 따뜻한 난로를 뿌리치고 주인 네로와 함께한다.

파트라슈는 한낱 동물이었지만, 할아버지와 어린 네로가 길가에서 다 죽어가는 자기의 목숨을 구해준 일이 얼마나 큰 은혜인 줄 잊지 않고 계속 간직하고 있었기에, 그 집에 눌러앉아 맛있는 음식을 대접받기를 거두하고 자기를 던진 것이다.

그렇게 파트라슈는 결국 주인과 함께 추위와 배고픔으로 지쳐 거리를 헤매다가, 크리스마스 날 예배당에서 주인을 껴안은 채 함께 얼어 죽는다. 뒤늦게 아로아 아버지의 오해가 풀려 네로를 찾았으나 이미 때는 늦고 말았다.

12. 회개한 후 더 이상 죄를 짓지 말아야 한다

예수님께서 38년 된 베데스다 병자를 낫게 하신 후 성전에서 그 사람을 만났을 때, "보라! 네가 나았으니 더 심한 것이 생기지 않게 다시는 죄를 범치 말라!"(요 5:14)고 말씀하셨으며, 간음한 여자가 돌에 맞아 죽게 되었을 때 "너희 중에 죄 없는 자가 먼저 돌로 치라!"는 말씀으로 그녀를 살리신 후 "나도 너를 정죄하지 아니하노니, 가서 다시는 죄를 범치 말라!"(요 8:7-11)고 말씀하셨다.

이제 하나님 앞에 회개했다면 과거의 죄와 연결된 모습을 보여서는 안 된다. 가령 탕녀가 회개했다면 과거의 탕녀 옷을 입어서는 곤란하다. 죄 용서를 받아 놓고 다시 죄를 짓는 경우, 때에 따라서 과거의 죄보다 더 무거운 죄가 형성될 수 있다(마 12:43-45). 그것은 마치 사랑하는 여자와 결혼해 놓고 바람피우는 것과 같기 때문이다.

그러므로 한 번 회개했으면 더 이상 악을 행하지 않아야 함은 물론이거니와, 악을 눈으로 동정하지도 말아야 하고, 오히려 악을 멀리하여 악의 집 문에도 가까이 가지 말아야 하며(잠 5:8), 악은 모든 모양이라도 버려야 한다(살전 5:22).

시험의 경계선에 가까이 가면서도 시험에 들지 않도록 기도하면 되겠는가?[49] 말벌집 근처에 가까이 다가가는 것은 얼마나 위험한 일인가?

야곱의 딸 디나는 죄악이 관영한 세겜 성에 어슬렁거리다가 순결을 잃었다(창 34:2, 참고 단 3:22). 성경은 무엇이든지 속된 것은 천국에 들어갈 수 없다고 말씀하신다(계 21:27). 옷을 깨끗이 유지하고 싶은 사람은 진흙탕 길을 피하듯이, 우리가 마음이 청결하기를 원한다면 악인의 무리를 피해야 한다.[50]

---

49 토마스 왓슨, 『팔복 해설』, 267.
50 토마스 왓슨, 『팔복 해설』, 281.

회개하는 영혼은 두려움이 많습니다. 그는 생명보다 소중한 하나님의 사랑을 잃을까 두려워합니다. 삼가는 마음이 없어 구원에 이르지 못할까 두려워합니다. 마음이 부드러워졌지만, 회개의 눈물이 얼어붙어 또다시 죄 안에서 굳어질까 두려워합니다.[51]

13. 물세례냐? 성령세례냐?

(1) 왜 구약에서 할례를 거행하도록 하셨을까?

창세기 17장 10절을 보면, 하나님께서는 모세로 하여금 이방인이든 누구든 남자는 다 난지 팔일 만에 할례를 받도록 하셨는데, 이 할례를 통해 당신의 언약이 할례받은 자의 살에 있어 영원한 언약이 되도록 하셨다(창 17:13). 그리고 이때 할례를 받지 않은 자는 언약을 배반한 것으로 간주하여 백성 중에서 끊어지도록 하셨다(창 17:14).

그런데 여기서 왜 하필 할례를 8일 만에 받도록 하셨을까?
성경에서 숫자 8은 '새로운 시작'을 의미한다. 가령 주일이 안식일 다음 날인 여덟 번째 날인데, 이는 곧 '예수 그리스도의 부활로 말미암은 새로운 시작'을(마 28:1), 또 소나 양의 첫 새끼를 일주일 동안 어미와 함께 있게 하다가 8일째 드려야 했는데, 이는 '하나님께 바쳐졌을 때부터 새롭게 시작됨'을(출 22:29-30), 또 아론과 그 아들들의 제사장 위임식이 끝난 후 8일째 아론의 제사장 취임식이 거행되었는데, 이때부터 '새로운 제사장 사역이 시작됨'을(레 9:1), 또 문둥병 환자와 유출병 환자가 정결하게 되기 위하여 예물을 8일째 제사장에게 드려야 했는데, 이때부터 '새롭게 정상인으로 다시 시작할 수 있음'을(레 14:23) 의미한다.

그런가 하면 누가 홀연히 그 곁에서 죽어서 나실인(스스로 구별한 자)의 머리를 더럽혔을 때 8일째 제사장에게 예물을 드려야 했는데, 이 또한 '모든 죄를 씻고

---

51 토마스 왓슨, 『회개』, 138.

새롭게 시작함'을(민 6:10), 마지막으로 할례 시 8일이 되는 때에 피가 가장 응고가 잘되고 고통이 작은데, 이때부터 '하나님 안에서 새로운 인생을 시작함'을 상징하고 있다. 결국 성경에서 나오는 8일은 사망에서 생명으로 옮겨가듯이, '하나님 안에서 새롭게 시작하는 날'을 의미하는 것이다.

이스라엘 백성들이 광야 40년 훈련 기간이 거의 끝나갈 무렵, 가나안 땅 입성을 앞두고 여리고성에 맞닥뜨리게 된다. 이때 여리고성은 가나안 토착민들이 살고 있었던 가장 큰 철옹성이었다. 이 원주민들은 청동제 무기를 사용했던 이스라엘과 달리 철제 무기를 사용했고, 무엇보다 지금 이스라엘 백성들은 40년 광야 생활로 말미암아 심신이 극도로 피곤한 상태였다. 그런데 하나님은 이때 여호수아를 통해, 이스라엘 백성의 할례를 명령하신다(수 5:1-5).

상식적으로 할례는 남자 성기의 포피를 베는 것이기에 할례를 행하면 며칠 동안 아무 힘도 쓸 수 없고, 더구나 요단강이 갈라지는 기적으로 강을 이미 건넜기에 사실상 퇴로 자체가 불가능한 상황이었다. 즉 적군이 이 사실을 알고 공격했을 때 모조리 몰살당할 수밖에 없는 상황이었다.

그런데도 왜 하나님께서는 이스라엘 백성에게 할례를 하도록 명하셨을까? 그것은 일차적으로(본질적으로) 이 전쟁이 철저히 당신의 전쟁이고, 오직 당신의 능력으로 모든 것을 다 하신다는 사실을 알리기 위해서였다. 그리고 이차적으로 광야 40년 동안 할례받았던 출애굽 1세대들이 가데스에서의 반역 사건으로 말미암아 갈렙과 여호수아 외에 다 죽고, 출애굽 2세대들만 남은 까닭이었다. 이것이 하나님께서 오늘날에도 거대한 문제 앞에서 먼저 자신을 죽이는 할례를 시행하도록 요구하시는 이유다.

(2) 세례는 죄에 죽고, 의에 사는 것이다

구약의 할례는 신약의 세례와 맥을 같이 한다. 세례는 구약의 할례에서 보듯이 "하나님 앞에 육적인 자아를 베는 것"을 말한다. 즉 할례에 피 흘림이 있는 것처럼, 세례는 자기 육적인 살을 베어내는 아픔을 통해, 주님의 살을 찢은 아픔에 동참하는 것이다.

그래서 성경은 세례가 육체의 더러움을 제하는 것이 아니라, 3번이나 저주·맹세까지 하면서 예수님을 부인했으나 펑펑 울면서 미어지는 마음으로 하나님의 도우심을 구하며 다시 하나님을 향해 나아가 마음의 죄를 모두 용서받은 베드로처럼, 선한 양심이 하나님을 향해 찾아가는(ἐπερώτημα, 에페로테마, 요구하는, 응답하는) 것이라고 말씀하신다(벧전 3:21).

즉 세례는 손으로 주는 것이 아니라, 죄악 된 육적 몸을 벗는 것이요(골 2:11), 예수 그리스도의 피를 믿음으로 우리 양심이 죽은(죄악된) 행실로부터 깨끗하게 되는 것이다(히 9:14).

또 세례는 "죄에 죽고 의에 사는 것"이요, "옛 사람이 죽고 새 사람이 태어나는 것"을 말한다. 곧 주님과 함께 죽은 바 되고, 주님과 함께 새 생명으로 일으켜진 것이다(롬 6:4; 골 2:11-12). 성도는 그리스도의 죽음에 연합한 세례를 통하여 죄에서 자유를 얻고, 죄로부터 결별(訣別)함으로써 그리스도의 몸의 한 지체(肢體)가 된다. 이에 대해 성경은 그리스도와 합하여 세례를 받은 자는 그리스도로 옷 입었다고 말씀하신다(갈 3:27).

성경은 육체로 십자가에 죽임을 당하셨으나, 영으로 부활하신 예수님이 예나 지금이나, (가령 구약 시대에 노아처럼, 당신을 믿는 사람들을 통하여), 영(성령)으로 "옥에 있는 영들", 곧 노아 시대 방주를 예비할 동안 하나님이 오래 참고 기다리실 때에 불순종한 자들을 향하여 (죄를 회개하여 구원의 방주로 들어와야 심판을 면한다는 복음을) 전파하셨다고 말씀하신다(벧전 3:18-19). 여기서 "옥에 있는 영들"[52] 은 '죽은 시체들'이 아니라, '죽은 영혼들'을 가리킨다. 그래서 성경은 "이를 위하여 죽은 자들에게도 복음이 전파되었으니, 이는 육체로는 사람처럼 심판을 받지만, 영으로는 하나님처럼 살게 하려 함이니라."고 말씀하신다(벧전 4:6, 참고 벧

---

52 가톨릭이나 그리스 정교회에서는 베드로후서 2장 4절과 유다서 1장 6절을 들어 "옥에 있는 영들"을 "범죄한 천사들"로 보고, 이 옥을 '연옥'으로 해석한다. 그리하여 주님이 "옥에 있는 영"들에게 전파하셨으니, '연옥'에 있는 영혼들도 다시 구원의 기호가 있다고 믿는다. 하지만 이때 사용된 '옥'이라는 단어는 보통 '지옥'을 의미하는 '게엔나'(γέεννα) '하데스'(ᾅδης) '쉐올'(שְׁאוֹל) '타르타로스'(ταρταρός)(벧후 2:4) '조포스'(ζόφος) (유 1:6) 등이 아니라, 전혀 다른 '휠라케'(φυλακη, 죄수를 가둬두는 감옥)(참고 계 20:7)가 사용되었고, 20절에서 "옥에 있는 영들"이 "순종하지 아니한 자들"이라고 받고 있음을 볼 때, 이 해석은 옳지 않다. 그러므로 여기 "옥에 있는 영들"은 아직 하나님의 복음을 믿지 않아 영적인 감옥에 갇혀 있는 '불신자들'을 의미한다.

전 3:18; 롬 6:63; 1:4; 8:10; 고전 6:3; 5:5).

이때 (이 복음의 말씀을 믿고) 하나님의 진노의 물 심판을 피한 자들이 참된 의미의 세례자이다(벧전 3:21). 즉 "물"은 예수 그리스도의 부활하심으로 말미암아 우리를 구원하는 표로써, 곧 "세례"를 가리키는데(벧전 3:21), 여기에는 예수님의 죽으심과 연합하여 옛 사람이 죽는 세례를 받은 자는 하나님의 진노의 물 심판으로부터 구원받아, 예수님의 부활하심과 연합하여 새 사람으로 살게 되는 영생의 표를 가지게 된다는 의미가 담겨 있다(롬 6:3).

성부와 성자와 성령의 이름으로 세례를 주라는 예수님의 지상명령도 마찬가지이다(마 28:19). 여기서 "성부와 성자와 성령의 이름으로" 세례를 주라는 말씀은 그 "이름 안으로"(εἰς τὸ ὄνομα, 에이스 토 오노마), 즉 하나님과 예수님과 성령님의 인격 속으로 온전히 녹아드는 세례를 주라는 뜻이다.

이러한 세례는 하나님이 우리 죄를 모두 용서해 주셨다는 외적인 표현으로, 믿음을 인(印)친 것이고, 언약의 징표가 되며, 믿음을 확고하게 한다.[53] 다만 이 세례는 마치 결혼식과 같아서, 결혼식을 올려놓고 남편이 잘못했을 때 다시 결혼식을 올릴 필요 없이 회개만 하면 되듯이, 한 번 세례받은 자는 죄를 지을 때마다 매번 세례를 받을 필요가 없다.

(3) 마음의 세례(할례)를 받아야 한다

여기서 우리는 형식적인 세례를 받았다고 해서 저절로 믿음이 생기고 당연히 구원받는 것이 아니라는 것을 알 수 있다. 즉 세례를 받아 죄가 용서되는 것이 아니라, 용서를 받음으로 인해 세례를 받는 것이다. 그래서 성경은 믿고 세례를 받는 자만 구원을 받는다고 말씀하신다(막 16:16). 다시 말해 세례는 자기 죄를 철저히 회개한 자를 죄가 없다고 도장을 찍어주는 행위일 뿐이다.

요컨대 하나님의 영(靈) 안에서 하나님을 경배하며, 그리스도의 피로 씻김받고, 예수 그리스도 안에서 기뻐하며, 육신을 신뢰하지 않는 자가 참 할례받은 자이다(빌 3:3; 히 9:14; 10:21-22).

---

53 존 칼빈, 『기독교 강요 下』, 384.

표면적 육체의 할례가 참 할례가 아니라(롬 2:28-29), 마음의 할례(세례)가 참 할례(세례)이다(갈 6:15; 5:6; 롬 3:28). 할례는 영에 있고 법문에 있지 않다(롬 2:29). 그래서 성경은 무(無)세례자도 언약을 온전히 지키면 세례를 받은 자로 인정된다고 말씀하신다(롬 2:25-27).

성경은 할례받지 않은 자와 불결한 자는 시온(천국)에 들어가지 못한다고 말씀하신다(사 52:1). 그러기에 우리는 어떻게든 스스로 할례를 행하여 마음 가죽을 베고, 목을 곧게 함으로써 성령님을 거스르지 말고(신 10:16; 렘 4:4; 겔 44:9; 행 7:51), 육신의 죄들이 벗겨지는 실제적인 할례(세례)를 받아 하나님께 속해야 한다.

(4) 물세례를 받은 자는 반드시 성령세례까지 받아야 하는가?

세례 요한은 인간을 회개시키기 위하여 물세례를 베풀었다. 이를 '회개의 세례'라고 한다(막 1:4; 눅 3:3; 행 13:24; 19:4). 이 위대한 사역을 하던 그가 자기 뒤에 오시는 이, 곧 하나님의 아들 예수 그리스도께서 불과 성령으로 이스라엘 백성들에게 세례를 베풀 것이라고 선포했다(마 3:11; 눅 3:16).[54] 이 선포대로 예수님께서는 공생애 기간에(광의로 부활 승천 후 오늘날까지 포함하여) 성령의 무한한 능력으로 믿음과 권능의 성령세례를 베풀어 주셨다.

그런데 어떤 사람들은 이를 들어 물세례와 성령세례가 전혀 다르다고 한다. 즉 이들은 눈에 띄는 성령의 권능의 역사만을 성령세례로 본다.[55]

그래서 많은 사람이 물세례와 성령세례가 동일한지, 아니면 물세례를 받은 자가 다시 성령세례까지 받아야 하는지 헷갈려 하고 있다.

이렇게 된 데는 성경에 "세례"라는 용어가 3가지 의미로 쓰이기 때문이다.

첫째, "성령의 은사를 받는 것"이 성령세례인 것으로 쓰인 경우다. 가령 사도행전 19장 1-6절을 보면, 바울이 세례 요한으로부터 물세례를 받았으나 성령이 있음도 듣지 못한 에베소의 어떤 제자들에게 이렇게 말한다. "세례 요한이

---

54 성경은 예수님께서 세례를 베풀매, 사람들이 다 그에게로 갔다고 말씀하시면서도(요 3:26, 22-23; 4:1), 예수님이 세례를 주신 것이 아니라, 제자들이 세례를 줬다고 말씀하신다(요 4:2).

55 어떤 면에서 사도행전 1장 5절의 "성령의 권능"을 의미하는 "성령세례" 또한 우리의 잠재적인 죄까지도 더 깊게 태우고 씻기기 때문에, 이를 '세례'로 표현했지 않나 싶다.

회개의 세례를 베풀면서 백성에게 '내 뒤에 오시는 이, 곧 예수님을 믿으라!' 하였다." 그러자 저희가 듣고 바울에게서 예수님의 이름으로 세례를 받는다. 그후 바울이 그들에게 안수하니 성령이 그들에게 임하므로 방언도 하고 예언도 하게 된다(참고 행 8:9-17).

특히 사도행전 1장 4-5절에 예수님이 부활하신 후 40일 동안 사도들과 함께하시며 저희에게 분부하여 다음과 같이 말씀하신다.

> 예루살렘을 떠나지 말고 내게 들은바 아버지의 약속하신 것을 기다리라! 요한은 물로 세례를 베풀었으나, 너희는 몇 날이 못 되어 성령으로 세례를 받으리라!

여기서 세례는 의심할 여지없이 "성령의 권능(은사)"을 가리키고 있다. 이 말씀들을 근거로, 물세례를 받은 자는 반드시 성령세례(주로 방언 은사)까지 받아야 구원받을 수 있다고 가르쳤던 교단이 문제가 된 적이 있다.

둘째, "십자가의 죽음을 맞이하는 것"이 세례라는 용어로 쓰인 경우다. 가령 마가복음 10장 38절에 예수님께서 당신의 보좌 오른편과 왼편에 앉으려고 욕심을 내는 제자들에게 "나의 받는 세례를 받을 수 있겠느냐?"라고 말씀하시는데, 이때의 세례는 '십자가의 죽음'을 의미한다.

셋째, "예수님의 이름을 믿어 나의 의와 모든 죄악을 베어버리고, 보혜사 성령님을 모셔 하나님의 의와 생명으로만 사는 것"이 참된 성령세례인 것으로 쓰인 경우다. 이에 대해 성경은 다음과 같이 말씀하신다.

> 그러므로 너희는 가서 모든 민족을 제자로 삼아 아버지와 아들과 성령의 이름으로 세례를 베풀고, 내가 너희에게 분부한 모든 것을 가르쳐 지키게 하라 (마 28:19-20).
>
> 믿고 세례를 받는 사람은 구원을 얻을 것이요, 믿지 않는 사람은 정죄를 받으리라(막 16:16).

이 말씀들에서는 오늘날처럼 "성부와 성자와 성령의 이름으로 물세례를 주는 것"이 "예수님의 이름을 믿어 구원받는 것"에 대한 인침으로 쓰였다. 그런데 성경은 가장 중요하면서도 근본적인 세례가 바로 "회개하여 예수님의 이름으로 (물)세례받는 것" 곧 "믿음의 성령세례"라고 말씀하신다(참고 행 5:31; 눅 5:32; 24:47).[56] 이에 대해 성경은 "너희가 회개하여 각각 예수 그리스도의 이름으로 세례를 받고 죄 사함을 얻으라. 그리하면 성령을 선물도 받으리니"(행 2:38)라고 말씀하신다.

생각해 보라! 기본적으로 죄 문제도 해결되지 않았는데 소위 성령의 권능(은사) 세례를 받은들 무슨 의미가 있겠는가?(마 11:21) 이런 의미에서 예수님을 믿어 그리스도 안에 있는 자는 이미 성령으로 세례받은 자라 할 수 있다. 즉 "성령세례"를 회심 이후의 제2의, 혹은 제3의 단계로 생각해야 할 아무런 필요가 없다.[57]

> 하나님으로부터 한량없는 성령의 권능을 부여받은 예수님은(요 3:34) 세례 요한의 선포대로 공생애 기간에 온갖 죄악으로 신음하는 자들과 불치병에 걸려 고통을 겪는 자들, 그리고 귀신들린 자 모두를 치료해 주셨다. 이는 세례 요한의 물세례에서는 상상할 수 없던 일이었다. 예수 그리스도의 이 권능의 역사는 마치 가나의 혼인 잔치에서 첫 이적을 일으키실 때 밋밋한 물을 맛좋은 포도주로 만드신 것과 같아(요 2:1-11), 오늘날에도 예수님의 이름을 믿는 자는 누구든지 이런 권능의 역사에 동참할 수 있다. 이에 대해 성경은 "내가 성령을 힘입어 귀신을 쫓아내는 것이면 하나님의 나라가 이미 너희에게 임했다."라고 말씀하신다(마 12:28). 그러니까 광의적 의미에서 이것이 바로 예수님이 당신의 "이름"으로, 곧 "성령과 불"로 세례를 베푸신 것이다. 이처럼 예수님의 이름에는 엄청난 능력이 들어있다. 그리고 이는 오늘날 성부와 성자와 성령의 이름으로 (물)세례받는 데까지 이어진다.

그러면서도 예수님은 부활 승천하실 때 주님의 제자들에게 "권능의 성령세

---

[56] 만약 이러지 않고 구원의 징표와 관련한 세례를 "물세례"에만 한정시키거나, 특별한 성령의 은사가 임했을 때 "성령세례"로 본다면 의미의 혼동이 생긴다.
[57] 안토니 A. 호크마, 『개혁주의 구원론』, 34.

례"를 받게 될 것이라고 말씀하셨다(행 1:5). 즉 예수님은 당신의 이름으로 "믿음의 성령세례"를 받은 자들로, 한 걸음 더 나아가 "권능의 성령세례"까지 받게 하여 패역한 시대에 보다 강력하게 하나님의 일을 할 수 있도록 하셨다.

그러기에 성도는 주님께서 당신의 제자들에게 위로부터 능력을 입을 때까지, 즉 권능의 성령세례를 받을 때까지 예루살렘성에서 유(留)하라 하신 말씀을 끝까지 붙잡고(눅 24:49), 초대 교회 성도들처럼 전적으로 기도하는 가운데 이 세례까지도 받을 수 있도록 해야 한다.

(5) 예수님께서 받으신 세례

예수님께서 본격적으로 하나님의 일을 시작하시기 전에 세례 요한으로부터 세례를 받으셨다. 사실 예수님은 아무 죄가 없으시므로 인간으로부터 세례를 받으실 필요가 없었다. 그러나 예수님께서는 구원받아야 할 죄인이 반드시 받아야 할 세례의 모범을 손수 보이시기 위하여 피조물인 세례 요한으로부터 세례를 받으셨다. 전혀 회개할 필요가 없으신 분이 일부러 인간에게 세례를 받음으로 죄악으로 죽을 수밖에 없는 사람들과 동일시하셨다. 그리하여 당신이 구원해야 할 죄인들의 삶의 자리가 어떤 것인지 직접 맛보셨다.

이를 잘 알고 있었던 세례 요한은 예수님께 여쭙는다. "내가 당신에게서 세례를 받아야 할 터인데 당신이 내게로 오시나이까?"(마 3:14)

그러자 예수님은 말씀하신다. "우리가 이와 같이 하여 모든 의를 이루는 것이 합당하니라."(마 3:15)

여기서 "세례를 통해 (하나님의) 모든 의를 이루는 것"이 무슨 뜻일까?

율법에 의하면 삼십 세가 되어야 제사장이 될 수 있었는데, 이때 제사장은 먼저 씻어야 했고, 그다음 기름부음을 받아야 했다. 이 율법을 온전히 이루기 위하여 왕이자 선지자요 제사장 되시는 예수님께서 삼십 세[58] 되셨을 때(눅 3:23), 세례 요한으로부터 세례를 받으셨던 것이다(출 29:4-7; 민 4:3; 레 8:6-36).

---

[58] 당시 예수님은 갈릴리 나사렛에서 사셨는데, 세례 요한이 활동하던 장소, 곧 요단강 근처로 가기 위하여 약 80km를 걸어와서 세례를 받으셨다. 참고로 요셉이 이집트의 총리가 되었던 때도 삼십 세였고, 또 다윗이 이스라엘 왕이 되었던 때도 삼십 세였다.

즉 이 세례는 회개의 세례가 아니라, 하나님의 의를 이루는 세례였다.

또 여기에는 참 하나님이시면서 참 인간이신 예수님께서 십자가에서 인류의 죄를 대속하기 전에, 죄 있는 인간의 모습을 취하신 후, 모든 인류의 대표로 죄 씻음을 받는다는 의미가 내포되어 있다. 즉 하나님의 나라를 이루기 위하여(우리를 완전히 구원하기 위하여), 세례 요한으로부터 죄를 잘라 버리는 표식[59]으로서의 물세례의 형식이 반드시 필요했던 것이다.

마치 그것을 증명해 주기라도 한 것처럼 성경은 이렇게 예수님이 마치 죄인이라도 된 듯한 세례를 받으실 때, 하늘 문이 열리고 하나님의 성령이 비둘기 같이 예수님의 머리 위에 내려왔으며, 하늘로서 "이는 내 사랑하는 아들이요 내 기뻐하는 자라!"는 음성이 들렸다고 말씀하신다(마 3:16-17; 눅 3:22).[60] 아담의 타락 후 죄로 인하여 지옥에 갈 수밖에 없는 모든 인류를 대신 구원하겠다는 징표로 세례를 받으신 예수님을, 성부 하나님께서 기뻐하지 않을 수 없으셨던 것이다.

요컨대 예수님의 궁극적인 사역은 세례의 사역이었다. 즉 인간들의 죄를 대신하여 당신이 직접 십자가에 죽음으로 그들의 모든 죄를 씻기는 사역이었다. 예수님의 제자들을 향한 마지막 지상명령도 모든 족속으로 제자를 삼아 아버지와 아들과 성령의 이름으로 세례를 주라는 것이었다(마 28:19-20). 이러한 예수님의 세례 사역은 하나님 아버지의 약속하신 것, 곧 성령의 권능을 받고 예루살렘과 온 유대와 사마리아와 땅끝까지 이르러 주님의 증인이 되는 세례로까지 이어지며(행 1:8), 우리로 하여금 인류 모두를 의해 받으신 세례인 십자가를 바라보게 한다. 그리고 다음과 같이 물으신다.

> 너희 구하는 것을 너희가 알지 못하는도다! 너희가 나의 마시는 잔을 마시며 나의 받는 세례를 받을 수 있느냐?(막 10:38)

---

59 헤르만 바빙크, 『개혁교의학3』, 504.
60 동방교회는 예수님이 주님으로 우리에게 나타난 것은 요단강에서 세례받은 때부터라고 믿기 때문에, 이날을 '주현절'(主顯節, Epiphany)로 부르고 성탄절보다 더 중요한 날로 지킨다.

The Compass to Heaven
The Essence of Christian Faith

제4부

소망

10장　소망
11장　기도
12장　예배와 안식일

10장

소망

1. 소망의 정의

(1) 소망은 영혼의 닻이다

사랑이 단 한 방울도 없어서 몸과 마음이 점점 썩어가는 것을 느껴 본 적이 있는가?

세상이 이 정도라도 돌아가는 것은 그나마 사랑 믿음 소망이 조금이라도 남아있기 때문이다. 정말 사랑이 단 한 방울도 없는 체험을 한 자라면, 신뢰를 주는 말 한마디를 한다는 것이 얼마나 기적인지 알 것이다. 이런 의미에서 자기에게 아직도 희망이 남아있고 소원을 이룰 것이라는 믿음을 가지고 있다는 것은 정말 복 받은 일이다. 그래도 기댈 곳이 있기 때문이다.

하지만 이 세상에는 그런 희망마저 뺏긴 채, 마지못해 살아가는 사람들도 많다. 이들 중 어떤 이는 자살을 감행하기도 하고, 또 어떤 이는 우리 사회의 극단적인 문제아가 되기도 한다. 어떤 면에서는 단돈 천 원이 없어 굶어가는 사람보다, 오히려 사랑이 단 한 방울도 없이 살아가는 자가 더 불행하다고 할 수 있다.

황우석 교수의 논문 조작이 다 드러난 후에도, 왜 그의 지지자들은 그를 신뢰했던가?

그것은 살 소망마저 꺾인 상황에서도 자신들의 병을 고칠 수 있다는 희망을 품게 해줬기 때문이 아닌가?

어려운 환경에 처하다 보면 "언제까지나 이렇게 살 수 없어!" 하면서 더 나은 세계를 동경하곤 한다. 그래서 실오라기 같은 가능성만 있다면 그것만이라도 붙들고 싶어 한다. 마찬가지로 신앙생활을 할 때 현실이 어려워도 버틸 수 있는 것은, 죽으면 더 나은 곳에 갈 수 있다는 소망 때문이다.

우리나라는 양극화 현상이 심해 돈 없는 사람들은 대개 대를 이어 가난하게 살 수밖에 없다. 그래서 잘 살지 못하는 사람들 가운데 많은 사람이 고시를 통하여 신분의 급상승을 노린다. 그러나 이것은 어디까지나 공부를 잘하는 사람에게만 해당한다. 사법고시의 경우 2017년에 이마저도 끊겼다. 이에 비해 구약 이스라엘에는 "희년"(禧年)[1]이라는 제도가 있었는데, 희년만 되면 그동안 잃어버린 기업이나 신분 등을 원상으로 회복할 수 있어, 빈부 격차가 그나마 줄어들었다고 할 수 있다. 그러기에 구약의 이스라엘 사람에게는 이 희년이 큰 소망으로 다가왔다.

사전적인 의미로 '소망'은 "장래 실현될 것임을 기대에 찬 즐거움을 가지고 참을성 있게 기다리는 것"이다. 이에 비해 기독교의 '소망'은 마치 믿음의 조상 아브라함이 자기 나이 100세, 그리고 경수(經水)가 끊겼던 자기 아내 사라가 90세가 되었을 때조차도, 하나님께서 자기들에게 아들을 주시고 또 많은 민족의 조상이 되게 해주시겠다는 약속의 말씀을 믿고 바란 것처럼(롬 4:19, 참고 창 17:16-21; 18:11), "모든 희망이 사라진 상황, 곧 인간적으로 결코 바랄 수 없는 가운데에서 (하나님의 능력을 의지하여) 바라는 것"을 말한다(롬 4:18). 왜냐하면 성경이 보이는 소망은 구원받는 소망이 아니라고 말씀하시기 때문이다(롬 8:24).

하기는 인간의 능력으로 얼마든지 손에 쥘 수 있는 소망이라면 누군들 하지 못하겠는가?

그러나 어차피 이런 것들은 조금 있으면 다 썩어질 것들이기에 우리의 진정한(영원한) 소망이 될 수 없다.

성경은 이 '소망'을 "영혼의 닻"에 비유한다(히 6:19). 가령 1597년 명량대첩에

---

[1] "희년"(יוֹבֵל, 요벨, 禧年)이란 7년마다 지키는 안식년을 7번 지낸 다음 해로 '숫양의 뿔'을 의미하는데, 이는 희년을 알리기 위해서 분 "숫양의 뿔 나팔"에서 유래한다. 50년마다 돌아오는 이 희년에, 이스라엘은 종들을 자유롭게 했고, 땅의 소유권을 본래 소유주에게로 돌렸으며, 빚진 자의 빚을 면제했고, 땅을 쉬게 했다(레 25장).

서 이순신 장군이 기껏 12척밖에 되지 않는 배를 가지고, 한국에서 가장 조류가 빠른 울돌목까지 일본 전함을 유인하여, 미리 알아 둔 바닷물의 썰물과 밀물의 교차 시간을 이용함으로 133여 척이 넘는 일본의 배를 침몰시켰을 때 배를 고정시켜 주는 닻의 역할이 지대했던 것처럼, 천국의 소망을 향한 우리 영혼의 닻이 예수 그리스도에게 꽉 박혀 있으면, 어떤 평지풍파(平地風波)에도 떠내려가지 않고 끄떡없게 된다.

(2) 소망은 새 힘을 공급해 준다

몇 년 전 필자의 집을 리모델링한 적이 있다. 이때 기억나는 사람 중에 조 목수가 있다. 그는 거의 다른 사람보다 두 배 정도의 속도로 정말 열심히 일했다. 일을 많이 한다고 품삯을 더 줄 것도 아니고, 그렇다고 나와 무슨 특별한 관계가 있는 게 아닌데도 말이다. 나중에 알고 보니, 이분은 학창 시절에 전국 기능 경시대회에서 은상까지 받은 분이셨는데 일감이 없는 날이 많아, 일만 생기면 일 자체가 그렇게 좋아서 열심히 일했다고 한다.

이처럼 소망은 우리에게 새 힘을 공급해 준다. 하늘나라에 들어갈 수 있다는 소망만 있으면 못 먹어도 배부르다. 우리에게 소망이 있으면 험한 세상에서 능히 살아갈 힘을 가지게 되고, 불가능한 일이 가능해지며, 살길이 열린다. 많이 부족해도 하나님의 나라를 위해 도구로 쓰임을 받을 수 있다는 사실 하나만으로도 얼마나 위로가 되는지 모른다. 이렇게 소망이 우리를 영원한 하늘나라로 이끌어 간다.

(3) 소망은 돌파구다

어떤 구두닦이에게 아들이 있는데, 이 아들의 비전이 아버지처럼 구두닦이가 되는 것이라면 과연 아버지의 마음이 흡족할까?

모든 직업이 다 신성하지만 그래도 아버지의 자식을 향한 마음은, 자식이 더 크고 위대한 인물이 되어서 많은 사람에게 더 좋은 영향력을 끼치는 데 있을 것이다. 하나님의 마음도 마찬가지이다. 어떤 신통한 예언자가 있는데, 그가 말하기를 "당신은 폐지나 줍는 사람이 되는 것이 하나님이 만세 전부터 예정하신 뜻이다."라고 한다면 참 예언이겠는가?

기독교의 예정은 이런 게 아니다.

> 몇 년 전 세계 수영 대회 100m 결승전을 치를 때, 한국의 수영 천재 박태환이 아무리 미국의 수영 황제 펠프스를 따라잡으려고 해도 역부족이었고, 결국 그는 1등과 큰 시간차로 2등을 했다. 하지만 그는 자신의 최고 기록을 깼고, 그것이 곧 한국 신기록이었다.
> 이때 박태환은 불행한 선수였을까?
> 아니다! 박태환이 비록 2등을 했지만 그는 최선을 다했고, 자신의 한계를 넘었으니 행복했을 것이다. 만약 박태환이 처음부터 나는 펠프스의 적수가 아니라면서 목표를 낮게 잡아 이 목표만 달성하는 데 만족했다면, 자기의 한계를 넘기도 쉽지 않았을 것이다.

행여나 "이곳이 좋사오니!" 하면서 현실에 안주하거나(마 17:4; 막 9:5; 눅 9:33), "나는 뭘 해도 역시 안 돼!" 하면서 포기한다면 결코 그 세계를 벗어나지 못한다. 성경에 자족하는 인생이 행복하다고 말씀하는 것은 현재 처한 자기 현실 안에서 만족하라는 얘기가 아니라, 물질에 정복당하지 말고 믿음으로 물질을 다스리라는 의미이다. 그러므로 이 경우에 어떻게든 틀을 깨뜨려 돌파구를 마련해야 한다. 이런 의미에서 돌파구(突破口) 역할을 하는 것이 '소망'이다. 이 '소망'은 마치 '한 줄기 빛'과 같아, 누구든지 이 빛에 쪼이기만 하면 꽉 막힌 어둠이 확 트인다.

요컨대 "송충이는 솔잎만 먹어야 한다."고 충고함으로 미리부터 어린아이의 꿈을 꺾으면 안 된다. 적당히 현실에 안주하여 시간만 보내기보다는, 원대한 비전을 가진 후, 이를 이루기 위하여 부족하지만 최선을 다하는 편이 더 낫다. 즉 어떤 비전을 가지고 있느냐에 따라 우리의 미래가 결정되기에, 가능하면 큰 뜻을 품고 최고 수준에 기준을 두고 나아가야 한다.

2. 소망의 종류

'소망'은 그 구하는 대상에 따라 "하늘 위엣 것을 구하는 소망" "세상적으로 건전한 것을 구하는 소망" "세상의 정욕을 구하는 소망" 등으로 나눌 수 있다.

또 '소망'은 누가 보여줬느냐에 따라 "하나님이 보여주신 소망" "내가 원하는 소망" 등으로 나눌 수 있다.

또 앞서 편의상 믿음을 '1차 믿음'과 '2차 믿음'으로 나눴듯이, 소망도 '1차 소망'과 '2차 소망'으로 나눌 수 있다. 즉 '1차 소망'은 구원과 관련된 것으로, '천국에 대한 궁극적인 소망'을 말하고, '2차 소망'은 "이미 구원받은 자가 주님의 뜻 안에 있는 것을 구하는 부차적인 소망"을 말한다.

3. 소망의 밑그림을 그려야 한다

성경은 하나님의 계시(חָזוֹן, 하존, vision)가 없으면 방자히(פָּרַע, 파라, 제멋대로) 행한다고 말씀하신다(잠 29:18). 즉 꿈이 없으면, 적당히 세상을 살아가며 많은 시간을 방황하며 보내게 된다. 사탄은 하나님의 꿈을 품은 요셉에게 그러했던 것처럼, 오늘도 구덩이를 만들어서 꿈꾸는 자를 매장하려 한다(창 37:22).

이에 반해 하나님은 우리에게 소원을 두고 행하게 하신다고 말씀하신다(빌 2:13). 우리를 향한 하나님의 생각은 재앙이 아니라 곧 평안이요, 우리 장래에 소망을 주려 하는 생각이다(렘 29:11). 하나님은 절망과 저주의 아골 골짜기[2]에 소망의 문을 만들어 주시기 원하신다(호 2:15, 참고 사 65:10). 그래서 오늘날에도 성령님을 통해서 우리가 원대한 비전을 품도록 도우신다.

---

2   "아골"(עָכוֹר, 아코르)은 히브리어로 '괴로움(고통)'이란 뜻인데, 이스라엘의 가나안 정복 전쟁 때 유일하게 패배한 아이성 전투의 패배 원인이 여리고성 전투에서 전리품을 취하지 말라는 하나님의 명령을 어긴 아간의 죄 때문임을 밝혀낸 온 이스라엘 백성이 그와 함께, 그의 자식과 소유, 그리고 그가 취한 전리품 모두를 아골 골짜기에서 죽이고 불사른 후 돌무더기를 크게 쌓은 적이 있었다(수 7:24-26). 그런데 이후에도 계속 바로 그곳에 많은 사람의 시체를 묻었던 까닭에(겔 37:1), 아골 골짜기가 절망과 좌절과 고통의 상징이 되었다.

여호수아 18장을 보면, 여호수아를 중심으로 한 이스라엘 백성들이 요단강 동편 외에 요단강 서편 가나안 땅을 대부분 정복한 후 그 기업을 분배하는데, 이미 분배받은 5지파들(곧 유다 지파와 에브라임 지파와 므낫세 지파, 르우벤과 갓 지파)과 달리, 나머지 7지파는 여전히 땅을 분배받지 못하고 있었다.

이때 여호수아는 그들에게 "너희 하나님 여호와께서 너희에게 주신 땅을 취하러 가기를 어느 때까지 지체하겠느냐? … 그 땅에 두루 다니며 그 기업에 상당하게 그려서 내게로 돌아오라!"고 책망한다(수 18:3-4). 즉 하나님이 주신 비전을 보지 못하고 이런저런 이유, 곧 철제 무기를 가지고 철옹성과 같은 유리한 지역에서 자기들보다 머리 이상이 큰 거인 원주민 족속의 남은 잔당들과 전쟁을 해야 하는 부담과 두려움 때문에 적당히 세상에 안주하려는 자들에 대한 책망이다. 하나님은 이런 자들에게 비전(의 기업)에 대한 구체적인 밑그림을 그려오라고 명령하신다.

하나님은 당신의 종 모세가 죽음이 임박했을 때 가나안 땅을 바라보게 하셨다(신 34:1). 왜 그러셨을까?

죽음이 임박하면 모든 것이 분명해진다. 죽음이 임박한 상황에서 10억짜리 차를 며칠이나 끌고 다닐 수 있겠는가?

이때도 현실을 찾겠는가? 아니면 하나님이 주신 비전(기업)을 찾겠는가?

지금 나라가 위기에 처했는데도 엘리사의 종 게하시처럼, 정신 차리지 못하고 그저 자기라도 어떻게든 아람(시리아)의 나아만 장군의 불치병을 고쳐준 대가를 취해야겠다고 뒤를 쫓아가는 모습이 내 모습은 아닌가?(왕하 5:20-26)

죽음이 임박하면, 무엇이 인생에서 그리고 하나님 앞에서 정말 가치 있는 줄을 더욱 분명히 알게 되는데, 이것이 곧 깨어있는 자의 모습이다. 주님과 함께 죽은 사람, 곧 종말론적인 삶을 사는 사람은 깨어있는 자이기에 하나님의 비전이 얼마나 중요한지 안다. 그래서 이런 자는 우선순위가 분명하여 세상 사람이 바라보는 이목보다, 하나님이 자기를 어떻게 바라보는지를 더 중하게 여긴다. 막연한 비전을 가진 자는 현실에 눌리고 기가 꺾여 그로 인해 무기력함을 느낄 뿐이지만, 분명한 비전을 가진 자는 그 비전이 주는 힘이 현실의 힘보다 훨씬 강하기에 현실이 그다지 크게 영향력을 미치지 못한다.

4. 하나님의 비전을 품은 자의 특징

2016년에 한국과 중국이 월드컵 축구 예선전을 치른 적이 있었는데, 이때 3:2로 한국이 가까스로 중국을 이겼다. 이전까지 중국은 한국과의 전적에서 30전 29패를 당했었기에 심각한 "공한증"(恐韓症)에 시달리고 있었다. 그런데 이 게임에서 중국의 모든 매체는 자기네 팀이 비전이 있는 팀이라고 칭찬했다. 비록 게임에는 졌어도 '기초, 정신력, 전술, 실력' 등 모든 면에서 한국과 대등해졌다는 것이다. 반대로 한국은 게임에는 이겼으나 이대로 가면 비전이 없는 팀이 된다고 모든 매체로부터 책망을 받았다.

하나님이 주신 비전이 있는 자는 지금은 실패를 거듭할지라도 언젠가는 반드시 성공한다고 믿는다. 즉 요셉처럼 하나님이 주신 비전이 있는 자는 설사 형제들로부터 사실상 인신매매를 당하고 억울하게 감옥에 갇혔더라도 소망을 잃지 않는다. 그 이유는 최악의 상황이 계속되더라도 하나님이 자기를 사랑하시고 하나님이 함께하신다는 신앙의 기초, 즉 속 중심만큼은 건강하기 때문이다.

하나님이 주신 비전을 품은 자는 다음과 같은 특징이 있다.

첫째, 언제나 긍정적이며 그 꿈을 이루기 위해 적극적이다. 그러기에 이런 자는 (주님 안에서) 자기가 발바닥으로 밟는 곳을 하나님께서 이미 모두 주셨음을 믿고 나아간다(수 1:3; 신 11:24).

특히 비전의 사람은 전도서 11장 4-6절 말씀대로, 세상의 계산으로 볼 때 씨를 뿌려 봤자 손해가 예상되는 상황이지만, 완벽한 조건을 고집하지 않고 아침에도 씨를 뿌리고 저녁에도 손을 거두지 않는다.

> 풍세를 살펴보는 자는 파종하지 아니할 것이요, 구름을 바라보는 자는 거두지 아니하리라. … 너는 아침에 씨를 뿌리고 저녁에도 손을 거두지 말라. 이것이

잘 될는지 저것이 잘 될는지, 혹 둘이 다 잘 될는지 알지 못함이니라(전 11:4-6).

둘째, 목표가 분명한 자는 온통 관심이 그 목표를 이루는 데 집중되어 있어, 비록 놀 때에도 목표만큼은 확실히 하고 노는 것처럼, 천국에 대한 목표가 분명한 자는 그의 남은 소원이 천국에 들어가는 것에만 집중되어 있기에, 그 꿈이 성취될 날만을 고대하며 오늘도 현실 속에서 열심히 땀을 흘린다. 그래서 하늘의 소망이 있는 자는 예수님의 깨끗하심과 같이 자기를 깨끗하게 하며(요일 3:3), 그 소원을 달성하기 위해 그 어떤 희생도 마다치 않는다.

셋째, 이런 자는 현실적으로 아직 이뤄지지 않았더라도, 죽는 순간까지도 꿈이 이뤄졌음을 믿는다. 하나님이 주신 비전을 품은 자는 꼭 기도 응답이 당대에 눈에 띄게 이뤄지지 않았어도, 믿음으로 구하고 다 이뤄졌다고 믿고 그것으로 족한(충분한) 줄 안다. 즉 이 산더러 명하여 여기서 저기로 옮기라고 믿고 기도했을 때, 설사 그 기도에 대한 응답이 당대에 이뤄지지 않는다고 할지라도, 하나님의 때가 될 때 반드시 성취된다고 믿는다(마 17:20).

북이스라엘의 선지자 엘리야가 갈멜산에서 바알 선지자 450명과 능력 대결을 펼쳐 승리하자, 북이스라엘의 아합 왕의 왕비, 곧 시돈 태생의 이세벨이 그를 죽이려 한다. 어마어마한 하나님의 능력을 분명 직접 목격했을 텐데도, 악랄 그 자체였던 이세벨이 자기를 죽이려 하자, 이제 답이 없다고 생각한 듯, 엘리야는 목숨을 부지하기 위하여 저 멀리 남유다 끝 브엘세바로 도망친다. 그리고 거기서 자기 사환을 두고 광야로 들어가 하룻길을 행한 후 로뎀나무 아래에서 하나님께 죽기를 구하다가 잠이 든다. 이때 놀랍게도 하나님의 천사가 그를 깨워 숯불에 구운 떡과 물을 먹고 마시게 했는데, 이후 그는 그 힘으로 40주야 길을 가서 하나님의 산 호렙산에 이르러 하나님을 만나, 거기서 세 가지 새로운 사명을 부여받는다. 첫째, 아람 장관 하사엘에게 기름을 부어 왕이 되게 하는 것, 둘째, 북이스라엘 예후에게 기름을 부어 왕이 되게 하는 것, 셋째, 후계자 엘리사를 세우는 것이었다(왕상 19:15-16).

그런데 이게 웬일인가? 하나님은 엘리야 선지자로 하여금 후계자 엘리사만 세우도록 하시고, 나머지 두 사명은 엘리사 선지자 때 이루게 하셨다(왕하 8:15; 9:1). 우리가 생각할 때, 엘리야는 강력한 성령의 종이므로 하나님이 부여해 주신 새로운 세 가지 사명에 대한 기도 응답 모두 당대에 그것도 매우 빨리 이뤄졌을 것으로 생각하는데, 성경은 그렇게 말씀하지 않는다.

넷째, 자연계의 동식물이 꽃을 피우고 열매를 맺기 위해 모진 바람도 견디며 온 힘을 쏟듯이, 천국의 소망이 있는 자는 어떤 경우가 와도 인내한다. 산이 높을수록 골짜기가 깊은 것처럼, 꿈이 클수록 시련도 더 큰 법이기에, 하나님이 주신 비전의 사람은 하나님이 그 꿈을 이루실 줄 믿고, 어떠한 고난도 두려워하지 않는다. 오히려 큰 꿈을 이루기 위하여 소탐대실(小貪大失)하지 않고, 대국적인 견지에서 크고 작은 많은 희생마저 애써 감수한다.

요컨대 하나님으로부터 비전을 부여받은 자는 주님께서 함께하시기에 사망의 음침한 골짜기를 다닐지라도 해를 두려워하지 않는다(시 23:4). 이런 자는 예수 그리스도의 보배를 자기 마음의 질그릇에 가졌기에, 사방으로 우겨쌈을 당해도(θλιβόμενοι, 쓸리보메노이, 외적인 압박을 당해도) 싸이지 아니하며, 답답한 일을 당해도(ἀπορούμενοι, 아포루메노이, 내적인 짓누름을 당해도) 낙심하지 아니하며, 핍박을 받아도 버린 바 되지 아니하며, 거꾸러뜨림을 당해도(καταβαλλόμενοι, 카타발로메노이, 갑자기 쓰러뜨림을 당해도) 망하지 아니하고(고후 4:7-9), 오히려 예수님의 생명이 자기의 몸과 죽을 육체에 나타나도록 하기 위해 항상 예수님 죽인 것을 몸에 짊어지고, 예수님을 위하여 죽음에 넘기우는 삶을 산다(고후 4:10-11; 고전 15:31).

5. 성령의 더 큰 은사를 받도록 애써야 한다

성경은 말씀하신다.

> 너희에게 만일 믿음이 한 겨자씨만큼만 있으면, 이 산을 명하여 여기서 저기로

옮기라 하여도 옮길 것이요, 또 너희가 못할 것이 없느니라(마 17:20).

지극히 작은 겨자씨와 같은 믿음도 사람들 눈에 잘 띄지 않아 없는 것 같지만, 이 믿음만을 가지고도 온 세상을 바꿀 수 있다.

여기서 '겨자씨 믿음'은 가령 지극히 작게 보이는 임신 8주의 태아에게 조금이라도 문제가 있다면, 성장했을 때 장애인이 되거나 때로는 태어날 때 죽을 수도 있듯이, 아주 작더라도 특별한 문제가 없는 한, 거목이 되기에 전혀 지장 없는 "온전한 믿음"을 말한다.

성경은 하나님의 나라가 말이 아닌 능력에 있고(고전 4:20), 복음도 말로만 된 게 아니라 성령과 능력과 큰 확신으로 된 것이며(살전 1:5), 사도 바울이 사도의 표된 것도 모든 참음과 표적과 기사와 능력을 행했기 때문이었다고 말씀하신다(고후 12:12).

권능으로 땅을 지으셨고, 지혜로 세계를 세우셨고, 명철로 하늘들을 펴신 하나님은(렘 10:12), 예수님께 하늘과 땅의 모든 권세를 주셨다(마 28:18). 그래서 예수님이 공생애 기간 이스라엘 백성에게 말씀을 가르치실 때, 그 말씀에 권세가 있었으며(눅 4:32), 각색 병과 고통에 걸린 자, 귀신들린 자, 간질하는 자, 중풍병자들을 다 고치실 수 있으셨다(마 4:24; 8:16; 막 1:34).

그리고 성경은 말씀하신다.

> 자기 아들을 아끼지 아니하시고 우리 모든 사람을 위하여 내어주신 하나님이 어찌 그 아들과 함께 모든 것을 우리에게 은사로 주지 아니하시겠는가? (롬 8:32)
>
> 너희가 악할지라도 좋은 것을 자식에게 줄 줄 알거든, 하물며 너희 천부께서 구하는 자에게 성령을 주시지 않겠느냐?(눅 11:19)
>
> 내가 진실로 진실로 너희에게 이르노니, 나를 믿는 자는 내가 하는 일을 그도 할 것이요, 또한 그보다 큰 일도 하리니, 이는 내가 아버지께로 감이라(요 14:12).

하나님은 우리 모두가 당신에 대하여 제사장 나라가 되기를 원하신다(출

19:6). 하나님의 능력을 제한하면 실망을 낳고, 그 실망들은 낙심하게 만들며, 그 낙심들은 믿음을 연약하게 만들고, 믿음의 힘과 생명력을 손상시킨다.[3]

따라서 "여호와께서 당신의 신을 모든 백성에게 주사 다 선지자 되게 하시기를 원하노라."(민 11:29)는 모세의 바람이 우리의 바람이 되어야 한다. 구원받은 믿음이 갖춰진 자는 기본적인 믿음에 만족해서는 안 되고, 할 수만 있다면 기도의 분량을 채움으로써 더욱 큰 은사(말씀과 사랑의 은사)를 받도록 사모해야 한다(고전 12:31). 즉 '사랑과 희락과 화평과 오래 참음과 자비와 양선과 충성과 온유와 절제' 등 성령의 열매를 더욱 많이 맺도록 해야 한다(갈 5:22-23).

그리고 할 수만 있다면 방언 예언 통변 등 성령님이 주시는 여러 부수적인 선물도 보다 많이 받도록 구해야 한다(고전 12:4-11; 행 1:8). 그리하여 하나님의 뜻 안에서 '2차 믿음'과 연관된 '2차 소망'의 땔감을 더 많이 구하고 활활 태움으로써, 하나님이 다스리시는 섭리를 내 쪽으로 당길 수 있도록 해야 한다.

더 나아가 스가랴 4장 6-7절에 "이는 힘으로 되지 아니하며 능으로 되지 아니하고 오직 나의 신(성령)으로 되느니라. 큰 산아! 네가 무엇이냐? 네가 스룹바벨 앞에서 평지가 되리라."고 말씀하시므로, 뱀과 전갈을 밟으며 원수의 모든 능력을 제어할 권세와 강력한 성령의 권능까지 받도록 애써야 한다(눅 10:19; 고전 12:31; 14:1, 12; 행 1:8).

아울러 늘 성령의 충만(充滿, 기름부으심)의 은혜를 입어야 한다. 성경은 다음과 같이 말씀하신다.

술 취하지 말라! 이는 방탕한 것이니 오직 성령의 충만을 받으라!(엡 5:18)

여기서 "성령의 충만을 받으라"(πληροῦσθε ἐν πνεύματι, 플레루스쎄 엔 프뉴마티)는 명령법 현재 수동형이 쓰였다. 즉 이 말씀은 "성령에 의해서 계속적으로 채워지도록(충만해지도록) 하라!"는 뜻이다. 따라서 우리는 자아도취나 황홀경에 빠질 게 아니라, 성령님이 나의 전 인격을 온전히 압도하셔서 주님의 은혜가

---

[3] 데이비드 클락슨, 『살아 역사하는 믿음』, 70.

주체하지 못할 정도로 넘치도록 계속 노력해야 한다. 그리하여 마치 참깨를 압착기의 강력한 힘으로 으깨야 참기름이 나오는 것처럼, 주님의 사랑을 믿고 지속적으로 우리 자아를 으깸으로 주님의 죽으심과 연합한 바 되어 그 안에서 성령의 기름이 나오도록 해야 한다.

> 기름부으심은 하나님의 선물, 곧 하나님이 자기의 사자에게 주시는 인장(印章)입니다. 그것은 수많은 시간 동안 눈물을 흘리며 씨름하는 기도를 통해서 성령의 기름부음을 받은 것으로, 택함받은 용감하고 참된 자에게 주시는 천국의 기사 작위(爵位)입니다.[4]

또한 대저 하나님의 모든 말씀은 능치 못하실 일이 없으므로(눅 1:37; 렘 32:27; 창 18:14) 말씀과 온전히 연합하여 다음과 같이 당당히 선포해야 한다.

> 할 수 있거든이 무슨 말이냐? 믿는 자에게는 능치 못할 일이 없느니라(막 9:23)
> 내게 능력 주시는 자 안에서, 모든 것을 할 수 있느니라(빌 4:13)

주님은 악하고 음란한 세대가 표적을 구한다고 말씀하신다(마 12:39). 하지만 그런 표적을 보고라도 예수님을 믿는 것이 믿지 않는 것보다 나을 것이기에, 이렇게 음란하고 악한 세대에 은사가 얼마나 필요한지 모른다.

보혜사 성령님 외에 성령의 은사까지 받고 말씀을 전한다면 얼마나 복음전달의 효과가 크겠는가?

은사를 바르게 사용하기만 하면 더 많이 하나님께 영광을 돌릴 수 있고, 더 많은 영혼을 주님께 인도할 수 있으며, 교회에도 더 많은 덕을 세울 수 있으니, 은사는 아무리 사모해도 지나치지 않다.

그러므로 방언 말하기를 금해서는 안 되고(고전 14:39), 성령의 은사를 소홀히 여기지 말아야 하며(딤전 4:14), 예언을 멸시하지 말아야 한다(살전 5:20). 또

---

4   E. M. 바운즈, 『기도의 능력』, 이정윤 역 (서울 : 생명의말씀사, 2011), 114.

어떤 일이 있어도 성령님을 거스르거나(행 7:51) 훼방하거나(마 12:31) 소멸해서는 안 되며(살전 5:19), 성령님을 근심하게 해서도(λυπέω, 뤼페오, 슬프게 해서도) 안 되고(엡 4:30; 사 63:10), 오직 성령의 충만함을 받아야 한다(엡 5:18).

6. 궁극적 소망을 향한 탄식의 삼중주

성경은 아담의 타락 이후, 아무 죄 없는 자연계까지도 가시와 엉겅퀴를 내는 등 허무한 데 굴복하고 있기에, 피조물들이 목이 빠지도록 하나님의 아들들이 나타나기만을 고대한다고 말씀하신다(롬 8:19). 하나님의 아들들이 나타나야 자연 세계가 회복될 것이기 때문이다. 물론 이 표현은 의인화된 표현이다.

그것도 그럴 것이 AD 40여 년경의 자연이 오염되었다면 얼마나 오염되었겠는가? 그럼에도 바울은 피조물의 탄식 소리를 이처럼 생생하게 들었다.

또한 우리 안에 계시는 성령님도 우리가 최종 구원을 향해 가는 여정에서 바른길로 가지 못할 경우, 말로 표현할 수 없을 정도의 절대적인 탄식으로, 마땅히 빌 바를 알지 못하는 우리 연약함을 도우셔서, 하나님의 뜻대로 친히 하나님께 간구하신다고 말씀하신다(롬 8:26-27).

성도도 마찬가지이다. 최종 구원의 완성을 향해 가는 십자가의 길이 극도로 험하기에, 최종적인 소망이 빨리 이루어지기만을 간절히 바라며 탄식하게 된다. 하나님의 말씀을 지키기 위하여 본의 아니게 받는 핍박과 연단(鍊鍛)과 고난이 때로는 견디기 힘들 정도로 크기에, 또 연약한 인간의 힘으로는 아무것도 할 수 없음을 알기에 탄식할 수밖에 없는 것이다.

하지만 하나님이 주시는 환난은 인내의 열매를 맺게 하고, 이 인내는 우리의 신앙 인격을 더욱 연단(δοκιμή, 도키메, 성숙)시키며, 신앙 인격이 단련된 자는 이제 최종적인 구원에 이르는 소망을 이루게 되므로(롬 5:3-4), 결코 낙심하고 절망해서는 안 된다. 오히려 피조물의 탄식과 성령님의 탄식 모두 인간의 최종 구원을 향한 소망에 맞춰져 있음을 깨닫고, 주님이 재림하실 때 조금도 부끄럼이 없도록 궁극적 소망을 잃지 않고 만반의 준비를 갖추는 자가 되어야 한다.

11장

기도

1. 어떤 기도를 해도 다 응답받아야 하는가?

말만 일사천리, 그러나 하나님께 응답받지 못하는 기도가 얼마나 많은가? 특히 기도 응답이 미뤄질 때, 과연 내가 드린 기도가 하나님께 상달되었는지 의심하기도 한다. 가령 마가복음 16장 17-18절을 보면 믿는 자는 독을 먹어도 괜찮고, 안수로 병을 고치며, 새 방언을 하고, 귀신을 내쫓으며, 병든 자에게 손을 얹으면 나을 것이라고 말씀하신다.

그런데 만약 믿는 자가 불치병을 고치지 못한다면 믿음이 없는 자일까? 이에 대해 성경은 모세가 아무리 가나안 땅을 가고 싶어 했어도 하나님께서는 그저 바라보게만 하셨으며(신 32:49), 다윗이 하나님을 위해 성전을 지으려 했어도 허락하지 않으셨고(삼하 7:5), 예수님께서도 십자가의 죽음을 피하기를 세 번이나 구하셨으나 "나의 원대로 마옵시고 아버지의 원대로 하옵소서!"(막 14:36)라고 기도하셨다고 말씀하신다. 또 예수님으로부터 권능을 부여받은 제자들도 고치지 못하는 병이 있었고(막 9:29), 사도 바울도 정작 자신의 육체에 가시가 있어 주님께 고쳐 달라는 간절한 기도를 세 번씩이나 올렸어도 고침을 받지 못했다고 말씀하신다(고후 12:7).

물론 하나님도 인격(위격)이 있으시기에, 인간이 오래도록 복을 많이 누리고 사는 것에 많은 관심을 가지고 계시고, 또 할 수만 있다면 인간들이 모두 강한 성령의 능력을 받아 서로 사랑하며 많은 병자들을 고쳐줄 수 있기를 바라신다. 하지만 항상 그런 것만은 아니다. 어느 경우에는 하나님의 뜻이 이와 다를 수도 있다고 말씀하신다. 가령 불치병에 걸린 사람의 입장에서 볼 때, 예수님이 오래도록 살아 자기의 병을 고쳐 주기를 바랄 것이지만, 그리되면 인류의 죄 문제를 해결할 수 없는 것처럼 말이다.

그러므로 믿는 자가 어떤 기도를 해도 하나님으로부터 다 응답받아야 한다고 생각하는 것은 주제넘은 일이다. 하나님의 종이 어떤 병을 고치지 못했거나, 모든 종류의 귀신을 내쫓지 못했다고 해서 무능한 종이라고 규정해서도 안 된다. 왜냐하면 이는 "하나님의 뜻이냐 아니냐, 혹은 믿음이 약하느냐 강하느냐의 문제"일 뿐이기 때문이다. 기적이나 표적은 좀 더 악한 세대들을 위해서 마련된 부수적인 것인데, 이것이 이루어지지 않았다고 해서 주된 것마저 이뤄지지 않은 것으로 생각하면 오산이다.

2. 기도의 정의

첫째, 기도는 우리의 생명줄이다. 생명이 있으면 호흡하게 되듯이, 물과 성령으로 중생한 자, 곧 하나님의 자녀로 태어나 영적인 생명이 있는 자는 반드시 기도하게 된다. 이는 마치 갓 태어난 아이가 본능적으로 엄마에게 젖을 달라고 우는 것과 맥을 같이 한다. 그것만이 살길이니까 말이다. 그래서 왓슨은 하나님의 자녀들은 아무도 벙어리로 태어난 자가 없다고 말한다.[1] 이런 자는 기도하지 않으면 영적인 부패가 시작된다는 것을 잘 알고 있다.

둘째, 기도는 마귀와의 영적인 전쟁이다. 우리가 기도할 때 보이지 않지만 천상에서 하나님의 천사(장)와 마귀와의 치열한 전쟁이 벌어진다(단 10:13). 이 전쟁은 우리가 죽는 날까지 한 순간도 쉬지 않고 진행되기에, 우리는 기도를 통해서 내가 죽어 성령님과 천사(장)의 도움을 받든지, 아니면 내가 살아 마귀에게 패하든지 둘 중 하나를 선택해야 한다.

셋째, 기도는 하나님과의 대화다. 기도를 히브리어로 '하나님과의 교제

---

1 토마스 왓슨, 『십계명 해설』, 412.

(תְּפִלָּה, 테필라)', 헬라어로 '신성한 대화'(προσευχη, 프로슈케)라 한다. 즉 기도는 하나님의 말씀을 받아들일 자세를 갖추는 것으로,[2] 나의 모든 것을 하나님께 다 내려놓고 침묵의 저편에서 들려오는 주님의 음성을 듣는 것이다. 하나님과 인격적인 대화를 통해, 주님과 나만 아는 은밀한 사랑의 비밀을 늘려나갈 수 있다. 이에 대해 하나님께서는 당신의 비밀을 당신의 종에게 먼저 보이시고 행한다고 말씀하신다(암 3:7; 창 18:17). 서로 자주 대화하지 않으면 후에 부부관계에 있어서 심각한 문제가 발생할 수 있듯이, 기도를 통해 하나님과 대화하지 않으면 후에 하나님과의 관계에 있어서 큰 문제가 발생한다.

넷째, 기도는 하늘 문, 곧 하나님의 마음을 두드리는 것이다. 기도를 통해 하늘 보좌와 연결되어, 하늘의 보물을 내 것으로 만들 수 있다. 기도에 성공하면 전능하신 하나님께서 모든 복을 보장해 주신다는 의미에서, 바른 기도는 만사형통의 열쇠라고 할 수 있다. 자기를 하나님 앞에 제물로 바치는 기도를 더욱 많이 하여 하나님께서 주시는 하늘의 신령한 양식을 보다 많이 받아먹어야 할 이유다.

다섯째, 기도는 하나님을 변화시키는 것이 아니라, 내가 변화되는 것이다. 기도는 전지전능하신 그분의 뜻 앞에 내 뜻을 굴복시키는 것이다(마 26:39).

하나님의 나를 향하신 선하신 뜻보다 더 선한 것이 어디 있겠는가?

그런데도 왜 우리는 하나님으로부터 정말 좋은 것을 받기를 거부하고, 자꾸 별 보잘것없는 자기의 뜻만을 관철하려고 할까?

3. 기도해야 하는 이유

예수님만 잘 믿으면 되지, 왜 기도해야 할까?
그 이유는 다음과 같다.
첫째, 예수님께서 기도하셨기 때문이다. 예수님은 제자들을 택하실 때나 뭔

---

[2] 디이트리히 본회퍼, 『신도의 공동생활』, 문익환 역 (서울 : 대한기독교서회, 1998), 108.

가 어려운 일이 있을 때, 산(山) 기도나 새벽 기도, 밤샘 기도를 하셨다(막 1:35; 눅 6:12).

얼마나 기도가 중요하면 예수님께서도 수없이 기도하셨겠는가?

예수님의 제자들을 보라! 예수님의 모든 능력의 근원이 기도로부터 온다는 것을 잘 알았기 때문에, 수많은 이적을 행한 예수님에게 더 큰 능력을 달라고 요구하지 않고, 먼저 기도하는 방법을 가르쳐 달라고 요구했다(눅 11:1).

둘째, 기도로 구해야만 받을 수 있기 때문이다. 성경은 하나님이 우리를 위해 에덴동산처럼 좋은 것을 마련해 두셨어도, 우리가 구해야만 받을 수 있다고 말씀하시며(겔 36:37), 또 하나님께서는 "내가 반드시 너를 복 주고 복 주며 너를 번성케 하고 번성케 하리라."고 말씀하셨어도, 아브라함처럼 오래 참아 그 약속을 받아야 한다고 말씀하신다(히 6:13-15). 이뿐 아니라 하나님께 부르짖어야 크고 비밀스러운 것을 보여주시며(렘 33:3), 또 무엇보다 금식과 기도로만 고칠 수 있는 문제가 있다고 말씀하신다(막 9:29).

하나님께서는 기도를 많이 그리고 깊게 하는 자를 선택하여 쓰신다. 이에 대해 앤드류 머레이는 다음과 같이 말한다.

"하나님의 자녀는 기도로 모든 것을 정복할 수 있다. 그래서 사탄은 교인들에게서 이 무기를 빼앗으려고 최선을 다한다."

셋째, 하나님께서 우리에게 상 주시기를 기뻐하시기 때문이다. 하나님은 우리가 조금만 잘해도 푸짐한 상을 주시고 싶어 하신다. 가령 선지자의 이름으로 선지자를 영접하면, 선지자의 상을 주시겠다고 말씀하시며(마 10:41), 또 그리스도께 속한 자라 하여, 제자의 이름으로 (보잘것없는) 작은 자 중 하나에게 냉수 한 그릇이라도 주면 결단코 상을 잃지 아니하리라고 말씀하신다(마 10:42; 막 9:41). 누군가 내 능력을 믿어줄 때 기특하여 선물을 주고 싶은 것처럼, 하나님께서도 당신의 능력을 믿고 나아가는 자에게 큰 선물을 안겨주고 싶어 하신다. 그러기에 하나님께 나아가는 자는 반드시 그가 계신 것과 또한 그가 자기를 (계속해서 간절히) 찾는 자들에게 상을 주시는 이심을 믿어야 한다(히 11:6).

넷째, 대화를 깊이 하면 상대방의 깊은 본심도 알게 되듯이, 기도를 깊이 하면 하나님의 깊은 속뜻까지 알게 되기 때문이다. 육체를 지닌 인간이 영이신 하나님 아버지의 뜻을 저절로 알 수는 없는 노릇이기에, 기도를 통해 성령님의 감동을 받음으로, 하나님 아버지의 뜻을 구해야 한다. 이에 대해 성경은 이렇게 말씀하신다.

> 사람의 사정을 사람의 속에 있는 영 외에는 누가 알리요? 이와 같이 하나님의 사정도 하나님의 영 외에는 아무도 알지 못하느니라(고전 2:11).

성령은 모든 것 곧 하나님의 깊은 것이라도 통달하시는 까닭이다(고전 2:10).

다섯째, 하나님의 뜻은 우리가 거룩해지는 것인데(레 20:26), 이 세상의 모든 것은 하나님의 말씀과 기도로 거룩해지기 때문이다(딤전 4:5).

여섯째, 예수 그리스도를 힘입어 직통으로 하나님과 교제를 나눌 수 있기 때문이다. 예수님이 아니었다면, 기도해도 직통으로 상달될 수 없었던 때를 생각해 보라! 이 굴러온 복을 놓쳐서는 안 된다.

일곱째, 시험에 들지 않기 위해서이다. 훈련받지 않은 병사가 전쟁터에서 죽기 쉽듯이, 기도로 훈련받지 않으면 사탄과 싸우는 전쟁터에서 패하기 쉽다. 끊임없이 기도를 통해 하나님의 뜻을 구하지 않으면, 어떤 일을 할 때 하나님의 말씀보다 현실을 앞세우게 되어 있어 순간순간 크고 작은 마귀의 미혹에 넘어가기 쉽다. 그러기에 항상 깨어서 기도해야 한다(눅 22:40, 45-46).

여덟째, 기도하지 않으면 마음의 잡초가 우거져, 자기 안에 계시는 성령님을 질식시키는 결과를 가져오기 때문이다.

아홉째, 하나님으로부터 더 큰 복을 받기 위해서다. 역대상 4장 10절을 보면, 사사기 시대에, "고통을 겪으면서 낳았다"라는 이름을 가진 야베스(עַבֵּץ, 야베쯔)가 나온다. 그의 이름에서 보듯이, 야베스는 아마도 많은 사람에게 고통을 안겨 주었을 것이다. 그러나 그는 하나님께 "원하건대 주께서 내게 복에 복을 더하사, 나의 지경(한계)을 넓히시고, 주(主)의 손으로 나를 도우사, 나로 환난을 벗어나 근심이 없게 하옵소서!"라고 기도함으로써, 본인이 처한 어려운 환경을 극복했다(대상 2:55).

그러므로 우리도 "제 영혼의 집은 당신이 들어오시기에는 너무 좁습니다. 그러니 당신께서 들어오실 수 있도록 크게 넓혀 주소서!"라고 기도해야 한다.[3] 가능하면 기도의 입을 넓게 열어, 장막터를 넓히며, 처소의 휘장을 아끼지 말고 널리 펴되, 줄을 길게 하여 말뚝을 견고히 해야 한다(시 81:10; 사 54:2-3).[4] 즉 하나님이 주시는 큰 복을 받기 위해 좀 더 멀리 볼 줄 아는 영안(靈眼)을 가지고, 마음의 그릇을 통 크게 넓혀, 전 세계를 십자가의 사랑으로 품되, 세찬 비바람에도 견딜 수 있는 중심을 갖춰야 한다.

4. 기도의 일반적인 방법

맨 처음 기도의 자리에 나아갈 때, 무엇을 어떻게 해야 할지 막막한 경우가 많다. 이에 간략하게 일반적인 기도의 방법을 소개한다.

첫째, 기도할 때 먼저 급한 불을 꺼야 한다. 가령 아직 주님으로부터 죄 용서를 받지 못했으면 그것부터 기도해야 하고, 또 형제와 뭔가 묶인 것이 있다면 그것부터 풀어놓고 와서 기도해야 한다(마 5:23-26). 자기에게 죄악이 남아있을 때, 그 어떤 기도라도 응답받기 어렵고(렘 7:16), 땅에서 형제와 묶인 것이 있으면 하늘에서도(하나님께도) 그대로 묶이기 때문이다.

둘째, 진실하게 아뢰어야 한다. 마음을 꿰뚫지 못하는 기도는 결코 하늘을 꿰뚫지 못한다.[5] 주님은 진실하게 간구하는 자를 가까이하신다(시 145:18-19). 처음 기도할 때, 대개 하나님과 너무도 멀리 떨어진 이유로 무엇을 어떻게 구해야 할지 잘 모른다. 그러나 그 기도가 진실하고 진지하기만 하다면, 하나님 앞에 상달되니 걱정할 필요 없다. 세속의 때가 많이 굳었어도 몸부림치며 계속 구하면, 어느새 그 기도가 진심으로 변한다. 정말 막연하고 까마득하며 거의 절망 수준이라고 하더라도, 만리장성도 벽돌 한 개부터 쌓았다는 것을 상기하

---

3 성 어거스틴, 『참회록』, 29.
4 여기서 '장막'은 '고대 근동 지방 유목민들의 일시적인 거주용 천막'을, '휘장'은 '천막 내부를 가리는 천'을, '줄'과 '말뚝'은 '장막을 고정하는 데 필요한 것들'을 말한다.
5 토마스 왓슨, 『주기도문 해설』, 471.

고 계속 두드리면, 마침내 열리는 역사가 일어난다.

셋째, 은밀한 골방에서 기도하는 것이 좋다. 그 이유는 하나님과 나만 아는 진실을 좀 더 쉽게 끄집어낼 수 있기 때문이다. 사람들이 주위에 있으면, 왠지 주변이 의식이 되어 상대적으로 집중도가 떨어짐으로 진심 어린 기도가 잘 나오지 않을 수 있다. 물론 성화의 단계가 높아 아무리 소란스러운 환경이 조성되어도 개의치 않고 하나님과 교제를 나눌 수 있다면, 바로 거기가 기도의 골방일 것이다.

넷째, 하나님 앞에 최대한 예의를 갖춰야 한다. 그중 하나가 무릎을 꿇는 것이다. 육체의 무릎 꿇음은 하나님 앞에 나의 모든 것을 굴복하겠다는 표현이다. 그러기에 기도할 때 마음이 잘 움직여지지 않으면, 무릎이 끊어지는 고통을 감수해서라도 하나님 앞에 진심을 찾을 필요가 있다. 이렇게 무릎을 꿇음은 주님이 나 대신 당하신 고통에 조금이라도 동참하겠다는 표현이기도 하다.

그러나 더 중요한 것은 마음의 무릎을 꿇는 것이다. 주님을 의지하여 마음의 무릎을 꿇는 시간을 늘려갈수록, 성령님이 역사하셔서 영혼이 더욱 부드러워지고 맑아지며, 마치 쇠처럼 빨갛게 달궈져서, 대장장이 되시는 하나님께서 원하시는 모양으로 빚으실 수 있다.

다섯째, 어린아이처럼 순수한 마음으로 기도해야 한다. 하나님은 당신의 영으로 거듭난 영적인 어린아이의 기도에 큰 관심을 가지고 계신다(참고 시 8:2).

여섯째, 구체적으로 구해야 한다. 회개 기도를 하건, 믿음의 기도를 하건, 기도의 구체성이 모자라면 기도 응답도 구체적으로 받기 힘들다.

일곱째, 하나님의 응답의 때를 묵묵히 기다리면서 기도해야 한다. 어떤 기도는 즉각적으로 응답되기도 할 것이며, 좀 더 어렵고 원대한 기도에는 많은 시간이 걸릴 것이다.

여덟째, 우리의 중보자 되시는 예수님의 이름으로 기도해야 한다(딤전 2:5; 롬 8:34; 요일 2:1, 참고 출 28:9-21). 웃시야 왕이 교만하여 제사장도 없이 분향하고자 했을 때 하나님께서 진노하사 그를 문둥병으로 치셨음을 생각해 보라!(대하 26:16) 여기서 "예수님의 이름으로 기도하라"는 의미는 하늘 보좌 우편에서 항상 우리를 위해 변호하시며 간구하시는 예수님을 믿고, "그분의 인격을 걸고 기도하라"는 뜻이다. 그런데 예수님의 이름은 내 생명을 희생시켜서라도 결코 팔아먹어서는 안 되는 귀한 이름이다. 그러므로 예수님의 이름으로 기도할 때는 그 이름을 더럽히면 죽음인 줄 알고 생명을 걸고 기도해야 한다.

> 주님께서는 (우리 기도의) 찌꺼기를 모두 걸러내시고 오로지 정금만을 하나님께 내보이십니다. 그리스도께서는 성도들의 기도에 당신의 향기를 섞습니다. (그래서) … 이 기도가 우리에게서 나올 때는 약하고 불완전하지만, 그리스도께로 갔다가 다시 나올 때는 강하고 능력 있는 기도가 됩니다.[6]

5. 응답받는 기도의 비결

(1) 본질을 건드려야 한다

하나님이 우리에게 관심을 두시는 것은 기도 내용보다는 우리와의 친밀한 관계 그 자체다.

> 필자가 어렸을 때, 엄마에게 "엄마! 10원만!" 하면서 하루에도 수십 번씩 졸랐던 적이 있다. 그때 뽀빠이를 매우 좋아했는데, 그 과자값이 10원이었다. 많은 사람이 내 안에 거지가 들어와 있다고 놀려댔지만, 그래도 군것질은 내 삶의 기쁨이었다. 그래서 하루에도 몇 번씩 엄마를 졸라 한 봉지를 다 먹은 후에는 어김없이 또 달라고 했고, 이렇게 하여 하루에도 몇 봉지씩 먹었다. 엄마는 겉으로는 싫은 기색을 하며 야단치고 주지 않으려 했지만, 그래도 엄마 옆에서 계속 조르는 나를 싫어하지 않으셨다. 이러는 가운데 나와 엄마와의 관계는 더욱 돈독해졌고, 엄마는 과연 나의 엄마요 조금도 의심이 없이 좋은 엄마였다.

기도할 때에는 하나님과의 관계를 반영해야 한다. 가령 가까운 관계도 아닌

---

6   토마스 왓슨, 『경건』, 150.

데 매우 가까운 것처럼 요구하거나, 일단 이 순간만 넘기고 보자는 기도는 관계에 충실한 태도가 아니다. 주님의 섭섭한 마음은 하나도 풀리지 않았는데, 자꾸 본질에서 벗어나 중언부언 기도하면 응답받기 힘들다(마 6:7).

하늘에 계신 아버지와 아들 사이에 무슨 계산이 필요하겠는가?

하나님 아버지는 이미 자식이 필요한 것을 다 알고 계시고(마 6:32), 당신과의 관계에 충실하기만 하면 보너스까지 주신다.

그러기에 자꾸 내가 원하는 것만 구하지 말고, 먼저 주님 안에 내가 있고, 내 안에 주님께서 계시도록 해야 한다(요 15:5). 그리고 먼저 하나님의 나라와 그 분의 의(마 6:33)를, 그리고 하나님 당신과, 당신의 얼굴, 당신의 능력을 구해야 한다(시 105:4; 대상 16:11). 하나님의 마음에 합한 기도를 드린 솔로몬이 전무후무한 지혜를 받은 것은 물론이거니와, 구하지 아니한 부와 영광도 엄청나게 받았음을 생각해 보라!(왕상 3:10)

(2) 주님 뜻대로 구해야 한다

아버지의 뜻을 잘 받드는 아들일 때, 아버지가 더욱 많은 소원을 들어줄 것임은 당연하다. 하나님 아버지도 마찬가지이시다. 그러므로 우리의 기도는 하나님의 뜻에 합치된 기도라야 한다(막 14:36). 그리하여 우리의 기도가 향이 되어 하나님의 거룩한 거처 하늘에까지 닿도록 해야 한다(대하 30:27; 계 5:8).

그런데 부모님의 마음을 기쁘게 하려면 먼저 부모의 마음을 읽어야 하듯이, 하나님의 마음을 기쁘게 하려면 먼저 하나님의 마음을 읽어야 한다. 따라서 기도할 때에는 하나님의 마음을 사로잡기 위하여 하늘 문을 두드리는 데 온 힘을 쏟아야 한다. 그러기 위해서는 성령님께 붙들려 성령님 안에서 기도해야 한다(유 1:20; 엡 6:18). 성령님이 나를 확 잡고 기도할 때, 하나님의 마음을 더 잘 알 수 있어 기도에 깊이 들어갈 수 있다.

또한 하나님의 뜻대로 행하는 가운데 기도해야 한다. 이에 대해 성경은 성도의 담대함은, 무엇이든지 구하면 하나님께서 들으실 수 있도록, 그의 목전에 기쁨이 되는 일들을 행하고 그의 뜻대로 행하는 데 있다고 말씀하신다(요일 5:14, 참고 요일 3:18, 21-22; 수 10:12; 시 50:15).

(3) 하나님의 임재 앞에서 기도해야 한다

기도는 세상에서 가장 높은 자보다도 무한히 높으신 하나님과 독대하는 것이다.

그런데 정말 귀하고 존경하는 사람을 만나면 얼마나 옷깃이 여미어지는가?

그러기에 주님과의 매 대화 시간은 내 일생일대를 통틀어 최대의 사건이라고 할 수 있다.

기도할 때, 하나님의 위엄과 순결이 무한하시다는 사실에 대해 몹시 두려워해야 한다. 우리를 위해 처참하게 죽었다가 다시 사신 주님의 임재를 기뻐하는 가운데 기도하면, 지극히 높은 차원의 하나님의 영광을 맛볼 수 있다. 하나님의 임재를 그대로 믿고 주님을 섬기는 가운데 당신을 지극히 높이는 기도를 올리면, 주님의 사랑을 독차지할 수 있다. 이에 대허 성경은 그리스도를 섬기는 자는 하나님께 기뻐하심을 받으며, 사람에게도 칭찬을 받게 된다고 말씀하신다(롬 14:18).

(4) 응답받는 것들에 대한 귀한 가치를 알고 기도해야 한다

기도할 때 구하는 것들에 대한 가치를 바로 알고 기도해야 한다. 아울러 그 기도에 대한 응답으로 귀한 것을 받았을 때, 그 가치에 걸맞게 지킬 수 있어야 한다. 즉 하나님으로부터 선물을 받았을 때, 그 어떤 것도 버려지지 않도록 하는 중심을 갖춰야 한다.

하나님은 당신의 귀한 은혜와 은사가 쓸데없이 버려지는 것을 매우 싫어하신다(요 6:12, 참고 출 12:10; 16:18-20). 그러기에 하나님은 성도에게 복을 주실 때에도 그의 감당할 만한 중심을 보시고, 꼭 필요한 만큼만 채워 주신다. 하물며 이 세상을 다 주고도 바꾸지 못할 주님 자체를 구한다면, 주님이 얼마나 귀한 분인지 알고 구해야 하지 않겠는가?

(5) 전심으로 기도해야 한다

생명을 담보로 '지금이 마지막이다!'라는 자세를 가지고 최선을 다하여 공부하는 것과 그렇지 않은 것과는 같을 수 없는 것처럼, 기도할 때 "마음이 얼마나 들어갔으며, 얼마나 주님의 사랑에 녹아들었는가? 마음을 얼마나 찢었는가?"
에 따라 그 효과가 크게 달라질 수 있다. 그러기에 한마디 기도를 하더라도 온
마음을 담아, 주님의 마음과 통하도록 해야 한다.

이에 대해 성경은 하나님의 눈은 온 땅을 두루 감찰하사, 전심으로 당신에게
향하는 자를 위하여 능력을 베푸신다고 말씀하시고(대하 16:9), 또 온 마음과 온
성품을 다하여 하나님을 구하면, 당신께서 만나주시며 사방에 평안을 주신다
고 말씀하신다(신 4:29; 대상 28:9; 대하 15:15; 렘 29:13).

> 남유다 히스기야 왕은 하나님 보시기에, 선과 정의와 진실함으로 이스라엘 백
> 성을 다스린 왕이다. 그런 그가 그만 병들어 죽게 되자, "여호와여! 구하오니,
> 내가 진실과 전심으로 주 앞에 행하며, 주님이 보시기에 선하게 행한 것을 기
> 억하옵소서!"라고 심히 통곡하는 기도를 하나님께 올려 생명을 15년이나 연
> 장받는다(왕하 20:3; 사 38:3). 여기서 "진실"(אֱמֶת, 에메트)은 "참됨, 신실함"을, "전
> 심"(שָׁלֵם לֵבָב, 살렘 레바브)은 "전부의 마음"을 뜻한다.

하나님 앞에 가장 큰 죄인으로서 벌써 죽었어야 했음을 인정하는 자는 그분
앞에 전심으로 나아간다. 모든 인간을 최고로 존귀하게 여기는 예수님의 사랑
을 받아들여 내 안에 내가 전혀 없으면, 하나님이 자기를 얼마나 귀하게 보시
는지 알기에, 기도할 때도 전심으로 기도한다.

전쟁을 치를 때에 가장 전투가 치열한 곳에 가장 좋은 물자가 먼저 채워지듯
이, 사탄과 전쟁을 치를 때에도 그러하다. 전심으로 한계상황을 넘기까지 단호
히 부르짖는 기도에 성령님이 강하게 역사하시고 주님의 마음이 더 많이 가게
됨은 상식이다.

따라서 할 수만 있다면 사랑을 위해서 그 어떤 육체적 정신적 고통이라도 지
불하겠다는 단호한 태도로, 주님과 함께 죽음의 고통을 감수하며 생명의 진액
을 바쳐서 기도할 필요가 있다. 그야말로 죽을힘을 다하여 주님의 이름을 부르
는 횟수를 늘려 보면, 어떤 방해에도 가볍게 웃어넘길 수 있는 신앙적인 여유
도 나온다.

(6) 하나님의 때를 기다리면서 기도해야 한다

열왕기상 18장 42절 이하를 보면, 엘리야는 갈멜산상에서 450명의 바알 선지자와의 대결에서 승리한 후, 곧바로 3년 6개월의 기근이 풀리도록 전심으로 하나님께 기도한다. 이때 그는 갈멜산 꼭대기로 올라가, 저 바다 편에 비가 올 수 있는 구름이 있는지 사환에게 확인하라고 하는데, 그에게서 여섯 번째까지 "없습니다!"라는 답변을 듣는다. 사정이 이러하므로 그도 또한 "혹시 비가 내리지 않는 것은 아닌가?"라고 의심하면서 낙담하였을 법도 했지만, 다시 일곱 번째 기도를 올린다. 그랬더니 바다에서 손만한 구름이 일어나 조금 후에 큰비가 내리게 된다(왕상 18:43-45).

기도했는데 응답이 더디고 고통과 핍박과 어려움이 계속될 때 우리는 "하나님이 나를 버리신 것은 아닌가?" 하며 낙심하기 쉽다. 이에 대해 시편 기자도 다음과 같은 호소를 하나님께 쏟아놓는다.

> 여호와여! 어느 때까지니이까? 나를 영영히 잊으시나이까? 주의 얼굴을 나에게서 언제까지 숨기시겠나이까?(시 13:1)
> 주여! 깨소서! 어찌하여 주무시나이까? 일어나시고 우리를 영영히 버리지 마소서!(시 44:23)
> 여호와여! 어찌하여 멀리 서시며, 어찌하여 환난 때에 숨으시나이까?(시 10:1)
> 어찌하여 주의 얼굴을 가리우시고 우리 고난과 압제를 잊으시나이까?(시 44:24)
> 여호와여! 어찌하여 나의 영혼을 버리시며, 어찌하여 주의 얼굴을 내게 숨기시나이까?(시 88:14)

왜 우리의 기도는 바로 응답이 오지 않고 때로는 많이 늦어지기도 할까?
첫째, 하나님께서 우리의 인내를 훈련하고 시험하시기 때문이다. 오래도록 기도했음에도 응답이 없을 때, 하나님이 떠난 것처럼 느껴지는 것이 사실이다. 그러나 이런 한계를 극복하고 계속 기도하면, 마음에 놀라운 평화가 깃듦을 체험하게 된다.

둘째, 더 큰 복을 주시기 위한 주님의 뜻이 담겨 있기 때문이다. 더 귀한 보물일수록 더 깊이 숨겨져 있을 것이기에, 이 보물을 내 것으로 만들기 위하여 더 끈질기게 기도의 우물을 깊이 파지 않으면 안 된다.

셋째, 우리가 복을 감당할 만한 준비를 갖출 때까지 그 응답을 미루시기 때문이다. 하나님의 복은 대개 핍박과 동행하는데, 그만한 핍박을 감당할 준비가 갖춰질 때까지 응답이 미뤄지곤 한다.

넷째, 기도의 응답이 얼마나 귀한 것인 줄 알도록 하기 위함이다. 쉽게 얻은 것은 그 가치를 제대로 알기 어렵다. 즉각 문제를 해결해 주면, 하나님이 좋으신 분인 줄만 알고 하나님의 사랑을 당연하게 여기기 쉽다. 그래서 하나님은 당신이 보시기에 가장 좋은 때에 응답해 주신다.

다섯째, 주위의 환경이 아무리 방해를 해도, 그와 무관하게 응답받기를 원하는지, 즉 우리가 드린 기도가 정말 진실한지에 대해서 하나님께서 관심 있어 하시기 때문이다(시 145:18).

여섯째, 하나님께서는 우리가 끈질기게 반복하게 함으로, 더욱 깊게 기도하기를 원하시기 때문이다. 믿음의 기도를 끊임없이 반복하면, 소원이 이미 다 이뤄졌음에 대한 옹골찬 믿음이 생긴다. 충분히 기도했어도 부족하다고 여겨 더욱 간절히 기도하면, 이것이 주님의 인애(忍愛)와 겸손의 품성과 통하게 되어 더 큰 보물을 얻을 수 있다.

(7) 기회를 잘 잡아 기도해야 한다

살다 보면, 잘한 것이 하나도 없음에도 부모가 자식에게 선물을 주는 때가 있는 것처럼 하나님 아버지도 그럴 때가 있는데, 이 기회를 잘 살리는 것이 중요하다. 그래서 성경은 때가 (영적인) 낮일 동안에 그 기회를 놓치지 말고 할 수 있는 모든 일을 하라고 말씀하시며(요 9:4), 또 하나님이 열납(悅納)하시는(받으시는) 때(시 69:13), 곧 하나님을 만날 기회가 주어졌을 때 기도하라고 말씀하신다(시 32:6).

그러므로 마음에 진실한 감동이 달아오르는 때, 이 기회를 살려서 기도하면 좋다. 이때가 하늘 문이 열릴 가능성이 가장 큰 때다. 즉 뭔가 진지하고 진실한 마음이 생긴다면, 또는 뭔가 세상적인 마음이 가난해진다면, 이 기회를 잘 살려서 기도할 필요가 있다. 미세하게 움직이는 마음의 감동을 붙잡고, 다른 것을 희생시키더라도 이 감동을 살리는 지혜가 무엇보다 요구된다.

특히 처음의 감동을 그대로 살리고 나올 때, 첫 열매를 귀하게 보시는 하나님의 마음과 통하기 때문에, 가능하면 첫 번째 기회를 놓치지 않는 것이 중요하다(출 23:19; 잠 3:9). 행여나 잡념이 기도를 방해한다면, 잡념 중에 떠올랐던 것들을 위해 기도한 후에 다시 하던 기도로 돌아오면 된다.[7]

(8) 간절히 기도해야 한다

하나님은 누군가를 대접하는 데 필요한 양식을 당신께 집요하게 구하면, 그 끈질긴 강청 때문에 필요한 만큼 주신다고 말씀하신다(눅 11:5-8). 아울러 의로운 재판관이신 하나님께서 택한 자들의 간절히 밤낮 부르짖는 기도를 들어주시지 않을 리 만무하니, 기도하다가 낙심하지 말라고 말씀하신다(눅 18:1-7).

그런데 이 말씀 후에, "(심판 날) 예수님이 다시 올 때 세상에서 믿음을 보겠느냐?"라고 말씀하신다(눅 18:8). 즉 주위의 눈초리를 상관하지 않고, 응답받을 때까지 끝까지 믿고 기다리며 간구하는 믿음을 가진 자가 극히 적을 것이라는 의미이다.

> 심령이 가난한 자는 기도를 많이 합니다. 그는 자기가 하나님의 거룩의 표준에 얼마나 미달인지를 알기 때문에 더 많은 은혜를 애걸하고, "주님! 믿음을 더 주시옵소서! 주님을 더 따르게 하옵소서!"라고 간구합니다. 가난한 사람은 언제나 애걸합니다. 이것을 보아서 그가 심령이 가난한 자인 것을 알 수 있습니다.[8]

어미 새는 입을 크게 그리고 간절히 벌리는 새끼에게 먹을 것을 먼저 주는

---

[7] 리차드 포스터 외 23인, 『믿음으로 사는 지혜』, 마크 엘스던 듀 편, 박순영 역 (서울 : 서로사랑, 2003), 75.
[8] 토마스 왓슨, 『팔복 해설』, 62.

법이다. 마찬가지로 하나님께서도 사모하는 영혼에게 만족을 주시며, 주린 영혼에게 좋은 것으로 채워 주신다(시 107:9). 간절함과 열정이 없는 기도는 단지 말을 늘어놓는 것일 뿐, 생명이 있는 기도가 아니다.[9]

그러므로 기도의 분량이 찰 때까지 간절히 간구해야 한다. 메마른 논에 비가 약간 온다고 갈증이 해소되지 않을 것이므로, 끊임없이 기도의 샘을 파야 한다. 기도 응답을 해 주지 않으면, 또 와서 계속 귀찮게 조를 것이라는 신앙의 중심을 하나님 아버지 앞에 확보해 놓고 있어야 한다(눅 18:5). 기도가 쌓이고 쌓이면 기적이 일어난다. 포기하지 않고 끝까지 몸부림을 치며 기도하다 보면, 분명 뭔가 건지는 것이 있다.

(9) 쉬지 말고 기도해야 한다

간간이 떨어지는 물방울이라도 끊임없이 떨어지면 바위도 꿰뚫는 법이듯이, 질이 똑같다면 10분 동안 기도하는 것과 10시간 동안 기도하는 것이 같을 수 없다. 구약 시대에 사무엘 선지자는 이스라엘 백성을 위하여 기도하기를 쉬는 죄를 하나님께 절대 범하지 않을 것이라고 말했다(삼상 12:23).

여기서 "기도하기를 쉬는 죄"가 무슨 뜻일까?

단 1초라도 기도를 멈추면 죄가 된다는 뜻일까?

아니다! 이 말씀은 설사 기도하지 않는 시간에도 마음의 중심에 언제든지 기도할 준비를 갖췄다는 뜻이며, 소원을 이루길 바라는 마음이 간절하다면, 그 소원이 다 이뤄졌음을 믿고 기도하는 것을 쉬지 않을 것이라는 뜻이다.

성전은 기도하는 집이기에(사 56:6-7), 자기 심령 안에 주님이 거하시는 성전이 지어진 자는 하나님께 쉬지 않고 기도한다. 기도의 가치를 아는 자는 쉬지 않고 기도하는 것이 얼마나 기쁜지 모른다. 무시로 기도하는 은밀한 기쁨, 순간순간 주님과 동행하며 대화하는 그 기쁨은 체험한 자만이 알 수 있다. 구르는 돌에 이끼가 끼지 않는 것처럼, 이렇게 매 순간 깨어서 기도하는 자에게는 사탄이 유혹하거나 시험할 겨를도 별로 없다.

---

9 토마스 왓슨, 『천국을 침노하라』, 55.

그러므로 우리는 무시로(언제나) 기도에 힘쓰는 자가 되어야 한다(엡 6:18, 참고 살전 5:17). 하나님은 우리의 피난처이시므로, 시시로(時時, בְּכָל-עֵת, 베콜 애트, 모든 때에) 하나님을 의지하고 그분 앞에 마음을 토해야(쏟아야) 한다(시 62:8). 기도의 생활화, 생활의 기도화를 통해 기도의 공력을 많이 쌓아, 몇 마디의 짧은 기도를 하더라도 하나님께 상달될 수 있는 경지까지 이르도록 애써야 한다.

(10) 기도의 고비를 넘겨야 한다

> 필자가 대학교 때 지리산 천왕봉(1,916m) 등산을 할 때였다. 약 3일 정도 머물 요량으로 이불과 쌀과 고기 등 약 50㎏ 정도 나가는 버낭을 메고 갔는데 정말 어깨가 빠지는 줄 알았다. 이렇게 어깨가 천근만근인데 한 고개를 넘으면 또 다음 고개가 나오고, 또 고개가 나오고 … 정말 끝이 없어 보였다. 그리고 가면 갈수록 그동안 누적된 피로를 안고서 넘어야 하니, 몸은 점점 무거워졌다.

기도를 오래 할수록 방해요소들도 더 많아지기에 더 힘들어진다. 하지만 그 때마다 주님을 생각하며 한고비 한고비를 넘기는 자세를 가져야 한다. 몇 시간을 기도했는지 자신과 세상을 잃어버릴 정도로 예수님만 의지하고 기도하면, 새로운 기도의 경지가 개척된다. 기도할 때 누구나 겪게 되는 좌절과 낙망의 언덕을 넘어가면, 더 깊은 단계로 나아갈 수 있다.

각각의 단계에서 어떤 방해에도 주님이 나를 사랑하심을 믿고, 또 나도 주님을 사랑한다는 증거를 낼 때, 더 깊은 곳에 계시는 주님을 만날 수 있다. 한 단계 난이도가 높아졌을 때, 이 단계에서 전 단계보다도 더 오래 그리고 더 강하게 주님을 붙잡고 늘어지는 것이 주님과 가까워지는 지름길이다.

성경에서 나오는 하나님의 종들이 큰 능력을 행할 때는 그냥 된 것이 아니다. 보기에 화려한 권능의 내면에는 그에 부합한 자기부인과 자기희생을 토대로, 무수한 기도의 고비를 넘겼음이 전제되어 있다. 가령 여호수아가 태양을 멈추게 하는 기도 응답을 받은 것은 평생 모세의 수종(隨從)을 들며 기도를 쌓았던 결과물이었던 것이다(수 10:12).

우리는 우리가 보기에 좋을 정도로만 간신히 기도하는 습관에 젖을 수 있습니다. 즉 고상한 모양이 되고 양심의 소리를 잠재울 수 있을 만큼만 기도하는 것입니다. 그러나 이것이 가장 치명적인 아편입니다. 우리는 기도를 겉핥기식으로 하여 기초가 무너질 때까지 위험을 감지하지 못할 수 있습니다. … 간단히 마치는 기도는 영적 원기를 고갈시키고 영적 발전을 저해하며 영적 기초를 갉아 먹고 영적인 생활의 뿌리를 마르게 합니다. 그것은 타락의 시작이며 피상적 경건의 표시요 자기를 속이는 일이요 믿음을 고갈시키고 씨를 썩게 할뿐더러 토양마저 메마르게 합니다.[10]

그러므로 기도할 때 힘든 고비가 올 때마다 십자가의 고통을 감내하신 주님을 생각해야 한다. 지금도 기도할 바를 모르고 헤매는 우리를 위하여 중보하시는 성령님과 우리의 대언자 되시는 예수님을 그대로 믿고 나아가야 한다(롬 8:26; 요일 2:1). 특히 핍박을 잘 참으며 기도할 때, 하나님이 그 기도를 더 잘 들어주심을 느낄 수 있는데, 그 이유는 이런 기도가 억울하게 십자가 고난을 당하신 주님의 마음과 더 잘 통하기 때문이다.

(11) 이웃을 위해 중보 기도해야 한다

"중보 기도"란 "도움이 필요한 이웃을 위해 하나님께 대신 기도로 간구하는 것"을 말한다. 본회퍼는 이웃을 하나님 앞으로 이끌어다가 십자가 앞에 세워놓는 것을 중보 기도로 보았다.[11] 중보 기도가 얼마나 중요한지 모른다. 우리의 삶은 적게는 내 가족, 많게는 온 인류와 함께 얽혀 있기 때문이다. 지금은 보이지 않지만, 이웃을 위한 기도가 수많은 영혼을 살리는 밑거름이 될 수 있다.

우리는 한 사람이 너무 적다고 과소평가할 수 있는데 그렇지 않다. 1923년 아돌프 히틀러가 단 한 표 때문에 나치당을 장악하여 수많은 사람을 학살했음을 상기해 보라! 이와 반대로 엘리사 선지자 한 사람의 권능으로 말미암아, 다

---

10 E. M. 바운즈, 『기도의 능력』, 134-135.
11 디이트리히 본회퍼, 『신도의 공동생활』, 110-112.

른 나라가 북이스라엘을 감히 넘보지 못했다고 성경은 증언한다(왕하 6:12-23). 또한 하나님은 남유다가 망할 무렵, 공의를 행하며 진리를 구하는 자를 한 사람이라도 찾으면, 예루살렘 성을 용서할 것이라고 말씀하셨다(렘 5:1; 겔 22:30).

예수님은 십자가 선상에서조차, 당신을 못 박고 조롱하는 자들을 위하여 기도하셨다(눅 23:34, 참고 눅 22:31-32). 또 주님의 종들 모두가 자기가 대신 죽어서라도 이웃을 살리기 위한 기도를 하나님께 드렸다. 가령 아브라함은 소돔 성을 구하기 위하여 여섯 번이나 하나님께 중보 기도를 드렸고(창 18:26-32), 모세는 자기 백성의 죄를 용서해 주지 않을 경우, 자기 이름을 주님의 책에서 지워달라고 기도했으며(출 32:32), 바울은 골육의 친척을 위하여 자신이 저주를 받아 그리스도에게서 끊어질지라도 원하는 바라고 기도했다(롬 9:3).

이웃을 살리는 기도는 간접적으로 주의 일을 대신 한 바 되어, 하나님의 마음을 얻는 첩경이 된다. 또 이웃은 또 하나의 나이기에, 이웃을 위한 기도는 궁극적으로 나를 위한 기도가 된다. 그래서 성경은 이웃을 위하여 평안을 빌 때, 이웃이 그 평안을 받을 만한 그릇이 안 되었을 경우, 그 평안이 자기에게로 돌아오게 된다고 말씀하신다(마 10:13).

> 주님께서는 선택하신 소수의 백성이 함께 타고 있지 않다면 교회와 나라의 배를 곧 침몰시키실 것입니다. 사정이 이러함에도 분별없는 사람들이 성도들을 모함하고 복을 불러오는 그들을 오히려 골칫거리로 여깁니다.[12]

그러기에 우리는 모든 사람을 위하여 간구와 기도와 도고(禱告, 중보)와 감사를 해야 한다(딤전 2:1). 예수님을 믿지 않는 이웃은 겉으로 그럴싸한 연기를 하고 있어서 그렇지, 지금 숨이 막혀서 전혀 살고 싶지 않을 것이다. 그러기에 가면을 쓴 이웃의 자아가 설사 나에게 해독을 끼친다고 해서, 그것이 그의 참된 모습인 것처럼 오해해서는 안 된다.

주님으로부터 있으려야 있을 수 없는 죄를 용서받은 자는 죄로 말미암아 차

---

12 토마스 왓슨, 『경건』, 307.

갑게 식어가는 이웃의 영혼이 한없이 불쌍히 여겨져, 주님의 능력으로 그 영혼이 살아날 수 있도록, 마치 자기가 죽은 영혼이라도 된 듯이 주님께 빌고 또 비는 법이다. 이처럼 주님을 주인으로 모신 자는 이타적인 사람이 되어, 모든 관계를 십자가 사랑의 관계로 묶는다.

사랑의 주님이시여!
내가 기도하옵나니
내게 눈물을 주옵소서
내가 중보 기도할 때 눈물을 주시고
매일같이 당신 보좌에 무릎 꿇을 때에 눈물을 주옵소서.

내게 눈물을 주시고 마침내 중보하는 법을 배우게 하옵소서
못에 상한 주님이시여!
나의 이 차디찬 돌 같은 마음을 깨뜨려 주시고
당신의 거룩한 불로써 이 마음을 녹여 주옵소서
당신의 사랑의 열정으로 내 마음을 가득 넘쳐 흐르게 하시고
당신의 소원에 굶주리게 하소서.

나의 마음에서 온갖 완악함을 제거해 주시고
마침내 내가 배고프고 목마르고 갈망하게 하소서
죄로 파멸된 영혼들을 향한 갈망이
내 속에 있기까지
내 속에 모든 것을 소멸시키는 불이 타오르게 하소서.

당신의 눈물로 내 마음을 차고 넘치게 하시고
그곳에서 당신의 십자가를 보게 하소서
그리하여 마침내 이 세상의 다른 모든 것이 내게 죽게 하시고
주님의 십자가 외에는

이 세상의 그 모든 것을 한낱 찌꺼기로 알게 하소서.

내 마음이 항상 십자가로 상한 마음이 되게 하시고
인간들의 영혼을 위해 피를 흘리게 하소서
영혼들을 위한 부담감으로
날마다 나의 영혼이 녹게 하시고
마침내 당신의 고통을 함께 나누게 하소서.

우리를 위해 생명을 바치신 당신의 사랑을 설교할 때
내게 눈물을 주시고
사람들과 함께 중보 기도할 때 눈물을 주옵소서
내게 눈물을 주소서
하나님의 사랑이 내 마음을 다시 녹이게 하옵소서.

-웨슬리 듀엘(Wesley L. Duewel)-

(12) 믿고 기도해야 한다

죽은 영혼을 살린 것보다 더 큰 기적이 있겠는가?

그래서 자기의 죽은 영혼이 살아난 것을 체험한 자라면 예수님 안에서 구한 소원이 이뤄지지 않을 리 없다고 생각하여 주님이 다 이뤄주셨다는 실상이 자기 안에 생길 때까지 기도한다. 오직 믿음으로 구하고 아무것도 의심하지 않는다(약 1:6-8, 참고 막 11:24; 마 21:22; 요일 5:15). 예수님 안에서 구하는 소원이 다 이뤄졌다는 생각 외에 다른 생각이 없다.

믿는 사람의 시간은 시공을 초월한 시간이기에, 세상 시간에서 비록 10년 후에 이뤄진다고 하더라도, 하나님의 시간에서 볼 때 이미 다 이뤄진 것과 같다. 지금 이뤄지지 않았어도 다 이뤄졌음을 믿고 기뻐하는 것은 이 때문이다.

무엇이든지 기도하고 구하는 것은 받은 줄로 믿으라. 그리하면 너희에게 그대로 되리라(막 11:24).

(13) 묵상의 유익

하나님 안에는 모든 탁월한 것의 복합체가 있다.[13] 그런데 성경은 하나님의 비밀인 '예수 그리스도' 안에 지혜와 지식의 모든 보화가 감춰져 있다고 말씀하신다(골 2:2-3). 그래서 모든 성경이 "예수님"에 대하여 증거하는 것이고(요 5:39), 성경의 모든 기록이 우리로 예수님이 바로 하나님의 아들 그리스도이심을 믿고, 그 이름을 힘입어 생명을 얻게 하려는데 있다고 말씀하신다(요 20:31). 만물을 충만케 하시는 예수 그리스도께서는(엡 1:23) 신성의 모든 충만이 육체로 거하시며(골 2:9), 그분의 풍성함은 이루 헤아릴(측량할) 수 없다(엡 3:8).

그런데 요한복음 1장 1절에서 예수 그리스도가 "말씀"이라고 하신다. 다시 말해 하나님의 모든 말씀은 우리에게 영원한 생명을 안겨주는 절대적인 보물들이다. 이 말씀은 죄의 전염으로부터 자신을 보호하기 위한 영적인 해독제이며,[14] 우리가 피해야 하는 암초를 모두 알려주는 든든한 지킴이다.[15] 또 이 말씀은 마음의 정욕을 베는 거룩한 칼과 같아, 죄와 사탄과 맞서 싸우는 데 필요한 모든 무기를 여기에서 얻을 수 있다.[16]

> 여호와의 율법은 완전하여 영혼을 소성케 하고, 여호와의 증거는 확실하여 우둔한 자로 지혜롭게 하며, 여호와의 교훈은 정직하여 마음을 기쁘게 하고, 여호와의 계명은 순결하여 눈을 밝게 하며, 여호와를 경외하는 도는 정결하여 영원까지 이르고 여호와의 규례는 확실하여 다 의로우니라(시 19:7-9).

성경에는 죄의 용서, 양자, 위로 등 그리스도를 사랑하는 이들에게 주어지는 유산이 많습니다. 이 유언장은 그리스도의 보혈로 서명되었고, 현재 효력을 발생하고 있습니다. 따라서 자녀가 아버지의 유산이 무엇인지 알려면, 진지한 태

13　토마스 왓슨, 『팔복 해설』, 35.
14　토마스 왓슨, 『경건』, 100.
15　토마스 왓슨, 『경건』, 102.
16　토마스 왓슨, 『천국을 침노하라』, 43.

도로 그 유언장을 읽어야 합니다.[17]

그러므로 우리는 묵상을 통하여 예수 그리스도께 집중해야 한다. 형용할 수 없는 값비싼 하나님의 보물들이 그냥 너부러져 있도록 내버려둬서는 안 된다. 하나님의 약속의 보물들은 꿀과 송이꿀보다 달지만, 그 약속을 묵상으로 짜내지 않으면 그러한 달콤함을 얻을 수 없다.[18] 수많은 하나님의 종들이 이 보물들을 얻기 위하여 시간이 날 때마다 성경을 읽었고, 그를 통해 하나님을 만났다.

여기서 '묵상'(默床)이라 함은 단순한 지식 공부가 아니라, "말씀을 자기 마음 중심에 새기고 체화시키는 것"을 말한다. 즉 '묵상'은 소가 되새김질하듯이 숙고하고 또 숙고하여, 말씀이 우리의 영혼 깊숙이 퍼지게 하고, 말씀 한 구절에 숨은 하나님의 뜻과 사랑을 캐내어 생활에 적용하는 것이다.

토마스 왓슨은 묵상을 "영혼이 조용히 물러나 진지하고 엄숙한 태도로 하나님을 생각함으로써 마음속에 거룩한 감정이 솟아나게 하는 활동"으로 본다.[19] 리처드 J. 포스터는 주님이 우리 마음속 성소에서 영원한 성찬을 하기 원하시는데, '묵상'이 이 문을 열어주며,[20] 하나님을 향한 "첫사랑"의 불길에 계속해서 부채질해 준다고 본다.[21]

말씀이 우리에게 전해지기까지 얼마나 많은 사람이 희생을 당했던가? 가령 율법만 하더라도 모세의 (물도 먹지 않는) 사십 주야의 금식 기도가 두 번씩이나 있었지 않은가?(출 24:18; 신 9:9; 출 32:31; 신 9:18, 25; 출 34:28; 신 10:10) 중세 시대 영국 에드워드 1세(Edward I, 1272-1307) 때만 하더라도 성경 한 권을 구하려면 당시 일일이 손으로 필사해야 했기에, 그 한 권의 값이 노동자가 14년 동안 일한 값, 오늘날 약 3-4억 정도 되었다고 한다.

그러기에 우리는 오직 여호와의 율법을 금 곧 많은 정금보다 더 사모하고 즐

---

[17] 토마스 왓슨, 『천국을 침노하라』, 45.
[18] 데이비드 클락슨, 『살아 역사하는 믿음』, 66.
[19] 토마스 왓슨, 『묵상의 산에 오르라』, 72.
[20] 리처드 J. 포스터, 『영적 훈련과 성장』, 권달천·황을호 역 (서울 : 생명의말씀사, 1986), 54.
[21] 리처드 J. 포스터, 『생수의 강』, 박조앤 역 (서울 : 두란노, 2000), 85-86.

거워하여 주야(晝夜)로 묵상해야 한다(시 1:1-2). 묵상을 통하여 숯불처럼 뜨거운 그리스도의 사랑을 밟음으로, 자연히 그분을 향한 사랑의 불길이 활활 타오르도록 해야 한다.[22]

또 그 금보다도 귀한 율법을 우리 마음판에 새기고 눈동자처럼 지키며(신 6:6-9; 잠 7:1-3), 우리 입에서 떠나지 않게 하고 그 안에 기록된 대로 다 지켜 행함으로 우리 길이 평탄하고 형통하게 되도록 해야 한다(수 1:8).

혹시나 우리가 본의 아니게 보물을 가질 수 없게 되었을 때를 대비하여, 곧 모든 상황과 모든 경우의 위급한 상황에서 약속의 도움을 받지 못해서 놀라게 하는 일이 없도록 미리 모든 약속(의 말씀)들을 우리 안에 배치해야 하는 것이다.[23] 이 약속들이 우리의 순례길에 있어서 모든 요금을 지불하는 까닭이다.[24]

(14) 한계상황에서 주님을 만나야 한다

> 창세기 28장을 보면, 야곱이 어머니 리브가의 부추김으로 늙은 아버지 이삭을 속여 쌍둥이 형 에서가 받을 장자의 복을 가로채자, 에서가 야곱을 죽이려 한다. 이때 야곱은 하란 땅에 있는 외삼촌 라반의 집으로 도망가, 거기서 약 20년 동안 죽도록 고생하며 파란만장한 세월을 보낸다. 이후 여러 우여곡절 끝에 하나님의 명령에 따라 고향으로 돌아가게 되는데, 거기에는 자기를 죽이려고 벼르고 별렀던 에서가 있었다.
>
> 야곱은 심히 두렵고 답답하여 일부라도 살아남을 수 있도록 자기 소유와 가족을 두 떼로 나누고 하나님께 기도한다. 그러자 하나님께서는 "내가 정녕 네게 은혜를 베풀어 네 씨로 바다의 셀 수 없는 모래와 같이 많게 하리라."고 응답하신다. 그래도 마음이 편치 않아서인지 그는 꾀를 내어 형의 마음을 바꿔 보려고 몇 차례에 나눠서 많은 선물을 보낸다. 그리고 무리 가운데 밤을 지내다가

---

22 토마스 왓슨, 『묵상의 산에 오르라』, 100.
23 데이비드 클락슨, 『살아 역사하는 믿음』, 66.
24 데이비드 클락슨, 『살아 역사하는 믿음』, 65.

용기를 내서 일어나 가족들로 모든 소유와 함께 얍복ㄴ-루를 건너게 하고, 홀로 남아 절체절명의 위기에서 벗어나기 위해 밤이 새도록 하나님께 매달린다(창 32:9, 22; 호 12:4).

그런데 얼마나 하나님께 매달렸던지, 기도 중에 '어떤 사람'(천사, 제2위 하나님)과 씨름하게 되었고, 그 사람이 야곱을 이기지 못함을 보고, 거기서 그의 허벅지 관절(כַּף, 카프)²⁵을 쳐서 위골(違骨, 뼈가 어긋남)시킨다(창 32:28). 그럼에도 야곱은 날이 샐 때까지, 그 사람을 끝까지 붙잡고 "복을 주시지 아니하면 가게 하지 아니하겠나이다!" 하는 가운데 울면서 매달린다(호 12:4). 그러자 그 사람이 비로소 '야곱'(속이는 자, 발뒤꿈치를 잡은 자)이라는 이름을 '이스라엘'(하나님과 사람들과 겨루어 이긴 자)로 바꿔 준다(창 32:28). 여기서 '이스라엘'이란 이름의 뜻은 첫째, 하나님과 기도로 씨름하여 이겼고, 둘째, 지금 자기를 죽이려고 달려오는 에서와 400명의 무리에 대항하여 기도로 씨름하여 이겨 담대한 믿음을 견지하게 되었다는 의미다.

이때 야곱은 자기가 하나님과 겨뤄 이겼던 자리인 "얍복나루"의 이름을 "브니엘"로 바꾼다(창 32:30). 여기서 "얍복나루"(מַעֲבַר יַבֹּק, 마아바르 얍보크)는 '얕은 개울' 그리고 "브니엘"(פְּנִיאֵל, 페누엘)은 '하나님의 얼굴'이란 뜻이다. 따라서 이 문장은 절체절명의 위기에서 벗어나기 위하여 얍복나루에서 밤이 새도록 하나님께 매달렸을 뿐인 야곱이, 황송하게도 하나님(천사)의 얼굴을 뵙게 되었는데, 그럼에도 죽지 않고 목숨이 붙어 있게 되었음을 기념하여 그 장소의 이름을 바꿨다는 뜻이다.

여기서 "얍복나루"는 사해와 갈릴리 바다(여의도 견적의 약 58배)를 잇는 요단강의 동편에 있는 한 지류로, '밧단 아람에서 가나안으로 가는 길목'에 있기에, "천국을 향해 순례하는 우리가 꼭 지나야 하는 경계선"을 상징하기도 한다. 즉 가나안 천국을 가기 위해서는 반드시 주님을 의지하여 자기를 다 부숴야 하는 얍복나루의 체험이 있어야 한다.

---

25 여기서 '허벅지 관절(환도뼈)'은 '엉덩이 아래쪽 넓적다리를 받들고 있는 좌우 한 쌍의 뼈'로, 우리 몸의 중요한 힘의 원천이다.

얍복나루에서 자신을 꺾고 기도할 때 하나님이 져 주시는 것처럼 보일 때가 있는데, 이것이 바로 기도의 승리이다. 이 나루에서 하나님을 만나 씨름하던 야곱은 비록 환도뼈가 위골되었으나, 이름이 이스라엘로 바뀌는 복을 받는다. 이처럼 하나님께서는 복을 주실 때 먼저 환도뼈가 위골될 정도로 우리 내부의 옛 사람의 자아를 깨뜨리신 후 주신다. 처음에 야곱은 자신보다 에서가 변화되기를 바랐겠지만, 하나님은 그보다 먼저 야곱이 변화되기를 원하셔서 몸소 야곱을 찾아오심으로 얍복나루의 씨름을 허락하셨다.

성경은 믿음의 조상 아브라함이 외아들 이삭을 막 죽이려는 순간에 이삭 대신 한 마리의 숫양이 희생 제물로 준비되었고(창 22:10-13), 이집트 왕 바로가 출애굽 하는 이스라엘 백성에게 거의 따라붙었을 때 비로소 홍해가 갈라졌으며(출 14:10), 베드로가 처형되기 직전에 비로소 천사가 그를 구출해 내었다고 말씀하신다(행 12:3-10).

그러므로 우리는 하나님의 얼굴을 대면하는 브니엘의 찬란한 아침을 맞이하기 위하여, 얍복나루에서 환도뼈가 위골되는 듯한 기도를 마다치 않고, 하나님과 씨름하여 이김으로써 한계를 뚫고 나가야 한다.

주님을 만나려면, 십자가 앞에서 철저히 자기를 부인하고, 내 힘으로 해결할 수 없는 한계상황을 믿음으로 이겨야 한다. 캄캄한 절망의 구렁텅이에서 모든 것을 포기하고 좌절하여 주저앉고만 싶을 때, 자기의 전(全) 인격을 하나님의 사랑 앞에 굴복시켜, 전적으로 그분만 의지하는 가운데 자기의 한계를 넘어야 한다.

이런 의미에서 벼랑 끝에 몰리게 됨은 어떤 의미에서 큰 복이라고 할 수 있다. 잘만 이용하면 더 깊은 곳에 계시는 하나님을 만날 수 있는 다시없는 기회이기 때문이다.

모든 것을 다 잃어버리고 벼랑 끝에 선 자에게 무엇이 두렵겠는가?

이때 넘어진 자리에서 자기를 그대로 인정하고 주님을 모시면, 그곳이 오히려 축복의 통로가 된다. 낮아질 대로 낮아져 더 낮아질 곳이 없어진 자에게는 이제 올라설 일만 있게 되는 것이다.

6. 기도의 효과

야곱처럼 기도에 성공하면 사탄의 견고한 진이 파괴되어(고후 10:4), 이웃이나 환경이 변하기보다 내가 먼저 변하게 된다(창 33:3). 또 사랑과 감사와 평안과 기쁨이 넘치게 되며, 영혼이 더 맑아지게 되고, 주님의 성품을 더욱 닮게 된다. 또 실타래처럼 꼬였던 문제가 풀리게 되고, 막혔던 담이 무너지게 된다.

하지만 의심하면서 기도하거나, 받을 그릇은 10밖에 안 되는데 100을 바라거나, 구하는 것에 대한 가치가 뭔지도 모르고 구하거나, 자기의 정욕을 채우려고 구하면(약 4:3) 응답받기 힘들다. 하나님 앞에 죄의 담이 있으면, 설사 금식 기도를 하면서 부르짖어도 하나님께 상달되지 않는다(렘 14:11-12, 참고 잠 28:9; 14:6). 특히 성경은 하나님 앞에서조차 자기의 뜻과 고집을 관철하려고 억지로 떼를 쓰며 구하면, 설사 하나님께서 그 기도를 들어주셔도 오히려 그 영혼을 파리(רָזוֹן, 라존, 쇠약)하게 하신다고 말씀하신다(시 106:15).

12장

예배와 안식일

1. 안식일(安息日)의 영적 의미

(1) 먼저 참된 안식을 얻어야 한다

창세기 2장 2절에서 다음과 같이 말씀하신다.

> 하나님의 지으시던 일이 일곱째 날이 이를 때에 마치니, 그 지으시던 일이 다 하므로 일곱째 날에 안식하시니라.

하나님께서는 천지창조의 일을 마치신 후 안식을 취하셨다. 그리고 당신이 창조한 인간도 엿새 동안 일을 하고, 칠 일째는 쉬기를 명하셨다(출 20:10).

보통 '안식'이라 함은 '몸과 마음이 편히 쉬는 것'을 말한다. 이에 비해 기독교의 '안식'(סבת, 쇠바트)은 '하나님 안에서 거룩하게 쉬는 것'을 말한다. 즉 기독교의 '안식'은 무위도식성(無爲徒食性)의 안식이 아니라, '하나님이 주시는 영원한 생명을 얻는 안식'이다. 그래서 성경은 우리가 예수님을 구세주로 영접할 때 안식에 들어간다고 말씀하시고(히 4:3), 또 주님의 멍에를 지고 주님의 겸손과 온유를 배울 때, 참된 안식을 얻게 된다고 말씀하신다(마 11:29-30).

하나님은 믿는 자 안에서, 곧 지극히 거룩한 성전이 이뤄진 곳에서 안식을 취하신다. 하지만 인간이 죄를 지으면 마음 안에 있는 (하나님의) 땅이 더럽혀져 (민 35:34) 그 땅이 편히 쉬지 못하고, 그와 동시에 주님도 안식하지 못하신다. 그래서 성경은 마치 우리 몸에 독성 물질이 들어갈 때 자기도 모르게 입으로 토해내듯이, 땅이 스스로 그를 쫓아낸다고 말씀하신다(레 18:25; 26:34-35; 20:22; 신 16:20; 시 95:10-11, 참고 대하 7:14).

(2) 안식일은 어떤 날인가?

그러면 안식일이 어떤 날이기에 하나님께서 우리 인간에게 이날을 거룩하게 지키라고 명령하셨을까?

첫째, 안식일은 하나님이 우리를 위해 모든 좋은 것을 다 만드시고 쉬신 날이다. 하나님은 당신이 안식한 이 일곱째 날을 복 주사 거룩하게 하셨다(창 2:3). 다른 날보다 이날이 더욱 복된 날인 이유다. 이에 대해 성경은 이날은 여호와께서 정하신 날인데(시 118:24), 이날이 인간의 날이 아니라, 하나님의 거룩한 날이라고 말씀하신다(사 58:13). 인자(예수님)가 안식일의 주인이라는 말씀도 같은 맥락에서 이해할 수 있다(마 12:8; 막 2:28).

하나님은 안식일을 제정하셔서, 당신이 우리를 만드시고 구속하시고 영원히 사랑하시는 하나님임을 기념하도록 하셨고, 우리와 당신 사이에 표징을 삼으셨다(출 31:13-14; 겔 20:12). 아울러 하나님은 일곱째 날을 통하여 마지막 날에 당신의 안식을 완성할 것을 미리 알리셔서 이 안식에 대해 끊임없이 명상하도록 함으로써 이 완성을 동경하도록 하셨다.[1]

둘째, 안식일은 하나님이 인간들 가운데 영원토록 거하시기 시작한 날이다.[2] 개혁신학은 창세기 2장이 창세기 1장을 다른 각도에서 본 말씀으로 보는데, 이에 의하면 아담은 여섯째 날에 각종 들짐승과 각종 새의 이름을 짓고(창 2:19) 아내 하와를 맞아들인 후 일곱째 날인 하나님의 영원한 영광의 안식일을 맞이하는 셈이다(창 1:27).

하나님은 당신의 안식일을 거룩하게 지키는 성도들에게 육체적인 안식과 함께 새로운 영적인 힘과 큰 복을 주신다. 즉 하나님은 이 안식일마저도 인간을 위해 만드셨다(막 2:27; 사 56:1-8; 58:13). 그러나 안식일이 인간을 위하여 만들

---

1 존 칼빈, 『기독교 강요 上』, 561.
2 디이트리히 본회퍼, 『십자가 부활의 명상』, 연규홍 역 (서울 : 청우, 2003), 171.

어졌다고 해도, 그것은 어디까지나 인간이 하나님께 영광을 돌린 후에, 결과적으로 복을 받는 날일 뿐임을 유의해야 한다. 그래서 성경은 불법을 행한 자들은 하나님의 안식일을 볼 수 없어서 당신을 더럽힌 것이 된다고 말씀하신다(사 56:2; 겔 22:26, 참고 렘 17:24-25).

셋째, 좀 더 본질적인 의미의 안식일은 내 삶의 모든 날을 통하여 죄된 일들로부터 쉬는 날, 곧 주님께서 내 안에서 일하게 하심으로 영원한 안식이 내 삶에 시작되는 날이다(하이델베르크 요리문답 38문). 그래서 일곱째 날인 안식일에는 다른 날들과 달리, "저녁이 되고 아침이 되니"라는 말씀이 없다. 그 이유는 안식일은 영원히 계속되는 날이기 때문이다. 아담이 죄를 범하기 전까지 이러한 영광의 안식 상태는 지속되었다.

넷째, 안식은 창조 안에 그 기초를 두면서, 동시에 종말론적인 비전을 향해 항상 열려 있다.[3] 따라서 안식일은 오늘날 주일[4]이라고 할 수 있다. 왜냐하면 이 날은 창조가 완성된 날이요, 천지와 인간을 창조하신 하나님을 기념하는 날이며, 더 나아가 인간을 구원하신 하나님을 기념하는 날이기 때문이다. 즉 우리를 창조한 것보다 우리를 구원하는 것에 더 큰 희생, 곧 당신 자신의 피흘림이 있었던 까닭에, 창조 사역도 위대하지만 구원 사역이 그보다 더 위대하다고 말할 수 있다.[5] 이런 의미에서 예수님이야말로 안식일의 참된 실현이다.[6]

(3) 안식일을 거룩하게 지켜야 한다

그러므로 우리는 안식일이 인간을 위해 만들어졌다는 목적에 부응하여 이 하나님의 안식에 들어가기를 힘써야 한다(히 4:11). 또 하나님의 안식일을 기억

3　고든 J. 스파이크만, 『개혁주의 신학』, 244.
4　구약의 안식일은 인간의 육체적 고통을 덜어 주려는 면이 강한 날로 오늘날로 보면 토요일이다. 하지만 현대의 안식일은 주님이 부활하신 날로, 오늘날로 보면 일요일이다. 왜 안식일이 주일이어야 하는가? 그 이유는 첫째, 구약의 안식일은 창조 사역 완성을 기념하는 날이지만, 신약의 주일, 곧 "주의 날"은 창조 사역을 끝낸 후 부활 사역을 완성한 날이기 때문이다. 둘째, 신약의 맥추절인 오순절도 오늘날 부활절의 표상으로서의 초실절인 1월 16일부터 50일째 되는 날로 일요일이기 때문이다. 생각해 보라! 예수님이 부활하시지 않았다면 안식일이 무슨 의미가 있겠는가?
5　토마스 왓슨, 『천국을 침노하라』, 88.
6　존 칼빈, 『기독교 강요 上』, 562.

하여 거룩하게 지키며, 하나님의 성소를 공경해야 한다(레 26:2; 출 20:8-11). 하나님의 안식일이 나의 안식일이 된 자는 안식일을 거룩하게 지키는 것이 얼마나 좋은지 모른다. 그래서 그날이 몹시도 좋기에 6일 동안 할 일을 다한 후, 그날을 기념하여 주님께 예배드린다.

또한 안식일의 근본정신은 실제적으로 하나님을 경배하고, 이웃을 살리는 데 있기 때문에(마 12:2, 5; 막 3:4; 요 7:22-24), 안식일에 거룩하게 쉬는 것도 중요하지만, 이웃의 생명이 위태롭다면 그를 살리는 것이 더 중요하다. 그래서 예수님께서는 안식일에 병자들을 고치는 일을 행한다는 이유로 유대인들이 당신을 핍박하자, "내 아버지께서 이제까지 일하시니 나도 일한다."라고 말씀하셨다(요 5:17).

2. 하나님이 받으시는 예배

이 안식일을 거룩하게 지키는 가장 주된 것이 예배다. 기독교의 "예배"(λατρεια, 라트레이아)는 "하나님의 은혜를 받은 인간이 절대자 되시는 하나님에 대해 숭경심(崇敬心)을 표현하는 일체의 행위"를 일컫는다.

그러면 왜 하나님께 예배를 드려야 하는가? 그 이유는 다음과 같다.

첫째, 양식이 없으면 육적인 생명이 죽게 되듯이, 영적인 생명도 양식이 없으면 죽게 되는데, 예배시간에 영원한 생명을 주는 말씀의 양식이 선포되기 때문이다.

둘째, 내 죄가 용서되기까지 하나님의 아들의 나를 대신한 죽음이 있었으니, 그분께 감사하며 경배하지 않을 수 없다(시 50:23). 즉 예배는 하나님을 최고로 섬기는 사랑의 표현으로, 하나님께 받은 사랑 모두를 다시 하나님께 바치는 일체의 행위다. 하나님의 은혜를 받으면, 가장 먼저 예배의 열망이 우리 속에 일어난다. 그래서 믿음이 있는 자들에게 있어 공식적인 주일예배를 드리는 안식일은 가장 존귀한 시간이요, 가장 거룩하고 아름다운 시간이다.

셋째, 하나님의 우리를 향한 선하신 뜻이 예배시간에 주로 선포되고, 우리가 이 뜻을 받으려면 성령님이 도와주셔야 하는데, 예배시간에 성령님이 특별히 더 강하게 역사하시기 때문이다.

하나님을 경외하는 예배에 성공하면, 선포되는 말씀이 하나님의 음성으로 들리게 되어, 더욱 철저히 회개할 수 있게 되고, 거룩하게 변화 받게 되며, 하늘의 평안이 임하게 되고, 세상이 알 수 없는 기쁨이 넘치게 된다.

그러면 하나님께서는 어떤 예배를 받으실까?

(1) 상한 심령의 예배

먼저 하나님의 구하시는 예배는 상한 심령이다(시 51:17). 여호와는 마음이 상한 자에게 가까이하시고, 중심에 통회(痛悔)하는 자를 구원하신다(시 34:18). 즉 겸손하게 통회하는 심령으로 예배드릴 때 하나님이 가장 큰 희생 예물로 받으시고 그 심령을 살리신다(사 57:15).

이렇게 하나님은 말씀으로 말미암아 통회하고 심령이 떠는 자를 권고하신다고(אביט, 압비트, 히필 미완료형, 깊은 관심을 가지고 눈여겨보실 것이라고) 말씀하신다(사 66:2). 하나님은 대가 없이 사랑하시지만, 죄를 지었던 악한 마음이 회개를 통해 다 뽑혀야 하는 대가만큼은 요구하신다.

(2) 신령과 진정의 예배

레위기 1-5장을 보면, 하나님은 구약의 제사 형식을 엄격하고 복잡하게 만드셨는데, 그렇게 하신 이유가 무엇일까? 그만큼 하나님께 나올 때 쉽게 나오지 말고, 또 그 사랑을 쉽게 생각하지 말라는 얘기가 아니겠는가?

하나님은 신령과 진정으로, 우리 몸을 당신이 기뻐하시는 거룩한 산 제물로 드리는 것을 기뻐하신다(요 4:23; 롬 12:1). 이것이 곧 "영적인 예배"다. 즉 거룩한 영과 진리로 채운 우리 몸을 산 제물로 하나님께 바치는 것이다.

여기서 "신령(πνευμα, 프뉴마)과 진정(ἀλήθεια, 알레쎄이아)의 예배"라 함은 성령님과 진리의 말씀과 함께 예배드리는 것을 뜻하는데, 말씀이 곧 진리이자 영이며 예수님 자체가 되시기에, 신령과 진정의 예배는 곧 예수님의 이름을 힘입어 예배드림을 의미한다(시 119:142; 요 17:17; 6:63; 벧전 2:4-5). 따라서 우리의 삶과 가장 아까운 시간과 물질, 심지어 생명까지도 예수님의 이름을 의지하여 아낌없이 드림으로 예배에 성공하는 자가 되어야 한다.

(3) 감사의 예배

이스라엘의 3대 절기 가운데 초막절이 있다. 이 절기는 1년 농사가 끝나면 추수한 수확물을 창고에 저장한 후 감사하여 드리는 절기라는 의미에서, "수장절"(守藏節)이라고도 불린다. 그런데 하나님께서 현대의 "추수감사절"로 이어지는 이 초막절 절기를 지키라고 하신 데에는 몇 가지 중요한 메시지가 담겨있다.

첫째, 하나님은 1년 중 가장 곡식이 풍성한 때, 가장 어려웠던 광야의 훈련 기간을 기억하라는 의미로 초막절을 주심으로써(시 136:16), 현재의 풍요로움이 얼마나 큰 은혜인가를 깨닫게 하셨다. 모든 것이 풍성해지면 사람이 교만해질 위험이 있어서였다(신 8:12-14).

둘째, 초막절 절기를 지킬 때, 이스라엘 백성들로 하여금 편하고 좋은 집을 떠나 초막에 거하게 하심으로써, 이 땅에서의 우리의 삶은 나그네의 장막(임시 천막)과 같은 삶일 뿐임을 깨닫게 하시고, 이를 통해 젖과 꿀이 흐르는 영원한 가나안 땅(천국)[7]을 항상 그리워하게 하셨다.

---

[7] 성경에서 젖과 꿀이 흐르는 가나안 땅은 주로 "요단강 서쪽 지역"을 일컫는다. 이 땅은 하나님 여호와께서 권고하시는 땅이요, 세초부터 세말까지 하나님 여호와의 눈이 항상 그 위에 있는 땅이다(신 11:12). 가나안 땅은 원래 노아의 둘째 아들 함의 자손들의 영토로 출애굽 당시에는 가나안 7족속이 살고 있었으나(창 10:6; 신 7:1; 수 3:10, 참고 창 15:18-19에는 가나안 10족속), 너무도 죄악이 관영하여 하나님께서 이 땅을 이스라엘에 주신다. 이와 관련하여 블레셋 족속(Philistines, 지금의 팔레스타인 가자지구)이 가나안 땅에 포함되는지가 문제가 된다. 이에 대해 필자는 다음과 같은 이유로 포함하는 것이 옳다고 본다. 첫째, 블레셋은 가나안의 형제인 미스라임의 아들 "가슬루힘"의 후손인데(창 10:13-14), 이들이 자기들의 고향 에게해에서부터 가나안땅 서부 해안에 이주 정착하여 끊임없이 이스라엘을 괴롭혔기 때문이다. 둘째, 창세기 21장 34절을 보면, 하나님께서 지시하신 땅 중에서 맨 아래 쪽에 있었던 (이삭의 고향) 브엘세바가 블레셋의 영역으로 나오는가 하면, 또 흉년으로 이삭이 애굽으로 내려가려고 할 때, 하나님의 말씀에 순종하여 블레셋과 애굽의 국경 지대인 그랄 땅에 머물러 거부가 되었다고 말씀하시는 등(창 26:6, 13) 이때는 원시 시대라서 아직 영토의 경계선이 명확한 시대가 아니었기 때문이다. 셋째, 스바냐 2장 5절에 "블레셋 사람의 땅 가나안아!"라고 말씀하시는데, 이 블레셋을 "가나안"이라 부른 것은 "가나안"(כְּנַעַן, 케나안)의 원어가 "낮은 땅"(low land)이란 의미도 지니고 있어, 낮은 해변 지역에 거주하는 그렛 사람과 연관된 것으로 보기도 하지만, 이 땅을 영적으로 "겸손한 땅"으로서의 가나안으로 해석할 수도 있기 때문이다.

셋째, "네 하나님 여호와께서 네 모든 소출과 네 손으로 행한 모든 일에 복을 주실 것이니"라는 신명기 16장 15절의 말씀처럼, 초막절은 지금까지 인도하신 하나님께서 앞으로도 계속 은혜를 주실 것을 믿으라는 의미가 담겨 있다.

넷째, 초막절은 7월 15일(태양력으로는 약 10-11월)부터 일주일 동안 보내도록 했는데, 유월절과 마찬가지로 그중 첫날과 팔 일에 안식하게 했다(레 23:39-40). 이를 통해 예수 그리스도의 재림으로 말미암아 이루어질 구원의 완성과 천국 생활을 미리 맛보도록 하셨다.

다섯째, 초막절 절기에 성전 제사장이 실로암의 물을 금주전자에 담아서 성전 안에 붓는 행사를 했는데, 이는 광야에서 물을 주신 하나님께서 가나안 땅에서도 비를 주신 것에 감사하고, 아울러 내년에도 풍족한 비를 내려 주실 것을 간절히 원하는 상징적인 행사였다. 이스라엘에는 초막절이 끝날 무렵 "이른 비"가 내리지 않으면, 다음 해 농사가 힘들었던 까닭이다.

요한복음 7장 37-38절을 보면, 초막절 마지막 여덟째 날에 예수님께서 이렇게 외치시는 장면이 나온다.

"누구든지 목마르거든 내게로 와서 마시라! 나를 믿는 자는 성경에 이름과 같이, 그 배에서 생수의 강이 흘러나리라!"

예수님은 이토록 물을 소중히 여기는 백성들에게 당신을 믿기만 하면, 영원히 목마르지 않는 생수를 강처럼 흐르게 해 주시겠다고 약속하셨다. 이스라엘의 절기 가운데 "맥추절(오순절)"이 "성령강림"을, "초막절"이 "생수의 강이 흘러 넘침"을 상징하고 있음이 우연이 아니라는 사실을 여기서도 알 수 있다.

> 젖과 꿀이 흐르는 땅, 이스라엘은 지중해성 기후를 지녀 건기와 우기가 분명히 나뉜다. 건기는 대략 4월 하순부터 10월 초순까지며, 우기는 10월 중순부터 4월 중순까지다. 건기에는 동쪽 아라비아 사막으로부터 뜨겁고 건조한 바람이 불어와 온 땅이 말라가지만, 10월이 되고 가을이 시작되면 서쪽 지중해로부터 바람이 불면서 비가 내리기 시작한다. 그래서 이스라엘의 농사는 우리나라와는 달리 주로 늦가을부터 봄까지 이루어진다.
>
> 그런데 우기 동안 내리는 비는 세 종류로 구분된다. "이른 비"(약 10월경)와 "늦

은 비"(약 4월경), 그리고 이 두 기간 사이에 내리는 "겨울비"(=장맛비) 등이 그것이다. 이 세 종류 가운데 이른 비와 늦은 비가 전체 강우량의 약 15%를 차지하고 겨울비는 약 70%를 차지한다. 그럼에도 양이 훨씬 적은 이른 비와 늦은 비가 성경에서 강조되는데(신 11:14; 시 84:6; 렘 5:24; 욜 2:23; 약 5:7), 그 이유는 비록 강우량은 미미하지만, 그것이 농작물에 끼치는 영향이 지대하기 때문이다. 즉 "이른 비"가 내려야만 10월 초막절 즈음 마지막 추수할 때 농작물의 결실을 풍성하게 해줌과 동시에 봄철의 새로운 농작물의 결실을 위한 파종을 가능하게 해 주고, 또 "늦은 비"가 내려야만 3-4월경에 농작물어 대한 결실을 풍성하게 해 줄 수 있다.-(크리스천투데이 2015. 5. 27일자 권혁승 칼럼에서)-

사실 하나님이 약속하신 젖과 꿀이 흐르는 땅인 이스라엘 영토를 보면, 약 95%가 광야와 사막일 뿐인데, 이는 곧 하나님의 전적인 은혜가 있어야만 살 수 있는 땅이라는 것을 잘 설명해 주고 있다. 이 점은 관개시설을 이용하여 인간의 노력만으로 나일강의 물을 끌어들여 얼마든지 농사를 지을 수 있는 이집트 땅과 그 근본을 달리한다(신 11:10).

결국 초막절의 참된 의미는 "감사"에 있는 셈이다. 감사가 얼마나 중요하면, 예수님이 오병이어 기적을 일으키시기 전에도 먼저 축사(祝辭)하셨겠는가? (요 6:11)

포로로 끌려간 바벨론에서 총리가 된 다니엘을 보라!

바벨론(지금의 이라크) 대신들이 이방인인 자기를 죽이려고 우상을 향해 절을 하는 법을 만들어 왕의 조서에 인을 찍게 했어도, 전에 행하던 대로 자기 고국 예루살렘을 향해, 대놓고 열린 창에서 하루에 세 번씩 무릎 꿇고 하나님께 감사 기도를 드리지 않았던가?(단 6:10)

시편 50장 23절에 다음과 같이 말씀하신다.

> 감사로 제사를 드리는 자가 나를 영화롭게 하나니, 그 행위를 옳게 하는 자에게 내가 하나님의 구원을 보이리라.

이처럼 하나님은 감사의 예배를 기뻐하신다.

그런데 "은혜는 물에 새기고 원수는 돌에 새긴다."라는 속담이 있듯이, 우리는 은혜를 아주 쉽게 잊어버리는 경향이 있다. 그래서 뭔가 일이 잘 풀리면 감사하고, 뭔가 불이익이 오면 얼마 안 되어 불평하곤 한다. 특히 은혜를 너무나 많이 받아서인지 이제 웬만한 감동의 물을 줘도 끄떡하지 않는 경우도 있다. 하지만 진정한 감사란 하박국 선지자처럼 그리 아니하실지라도 감사하는 것이요(합 3:17), 이게 곧 범사에 감사하는 것이다(살전 5:18).

그러므로 우리는 일단 쉬운 것부터 감사의 조건을 찾되, 작은 것에도 감사하고 큰 것에는 더욱 감사해야 한다. 그리고 혹 우리에게 힘든 부분이 있다고 하더라도, 하나님이 지금까지 은혜를 베풀어 주시고 참아 주셔서, 이 정도까지 된 것만으로도 과분하다는 신앙 자세를 가져야 한다. 특히 예배 시간에 내 죄로 말미암아 죄 없는 하나님의 아들을 죽인 것에 대한 애통함과 그분이 나를 영원히 살리려고 부활하셨음에 대한 한없는 감사를 가지고 나아가야 한다(엡 5:20).

(4) 찬양과 구제의 예배

역대하 20장을 보면, 모압과 암몬과 마온 족속이 동맹하여 남유다에 쳐들어왔을 때, 남유다 여호사밧 왕은 116만 명의 막강한 군사력을 가지고 있었음에도, 예전에 정략적 목적으로 하나님이 그토록 싫어했던 아합 왕과 혼인 동맹을 맺어 본의 아니게 나간 길르앗 전투에서 철저하게 패배의 쓴맛을 보았기 때문인지, 어찌할 줄 몰라 온 백성에게 금식하라고 명령하고 간절히 기도한다(대하 20:3-4, 13). 그랬더니 하나님께서 야하시엘을 통해서 "두려워하거나 놀라지 말라! 이 전쟁이 너희에게 속한 것이 아니요, 하나님 아버지께 속한 것이니라!"(대하 20:15)고 응답하신다.

이에 힘을 얻어, 군대를 정렬하고 브라가 골짜기에서 그 적군들 앞에 예복을 입은 성가대를 세워, "여호와께 감사하세! 그 자비하심이 영원하도다!"라고 찬양하게 하니, 하나님이 복병[8]을 두셔서 유다를 치러 온 암몬 자손과 모압 자손이 짝이 되어 세일산에서 온 사람들을 쳐 죽이고, 그 후 암몬 자손과 모압 자손이 서로를 쳐 죽임으로써 남유다가 구원받는 기적이 일어난다(대하 20:22-24).

성경은 사울을 위해 다윗이 수금을 탔을 때, 악신이 떠나갔다고 말씀하시며(삼상 16:23, 참고 왕하 3:15), 바울과 실라가 옥에서 찬송했더니 옥문이 열렸다고 말씀하신다(행 16:25-26). 또 하나님은 우리의 찬송이시며, 찬송 중에 거하신다고 말씀하신다(시 22:3; 신 10:21).

여기서 "찬송"(praise, hymns)은 "하나님을 높이고 그 행적을 기리는 말이나 노래 혹은 그 모든 행위"를 일컫는다(출 15:11; 삿 16:24).

만물을 창조하시고, 죽은 내 영혼까지 영원히 살리신 하나님의 은혜에 어찌 잠잠할 수 있겠으며, 어찌 그 은혜를 높이지 않을 수 있겠는가?

그러기에 우리는 하나님께 받은바 은혜에 감사하며, 날마다 주님의 이름을 높이는 찬미의 예배를 드려야 한다(히 13:15-16; 시 118:14; 골 3:16).

아울러 구제의 예배드리기를 힘써야 한다. 하나님은 "오직 선을 행함과 서로 나눠주기를 잊지 말라! 이 같은 제사는 하나님이 기뻐하시느니라!"고 말씀하신다(히 13:16, 참고 딤전 6:17-19). 구제의 예배는 하나님이 그러하신 것처럼 삶의 현장에서 이웃에게 자기가 가진 물질을 후하게 나눠주는 것이다. 성경은 형제나 자매가 헐벗고 일용할 양식이 없는데, 단지 말로만 '평안히 가라! 덥게 하라! 배부르게 하라!'고 하면 죽은 믿음이라고 말씀하신다(약 2:15-17).

그러기에 성도는 예배당 안에서만 예배를 드리지 말고 삶의 구체적인 현장에서 힘닿는 데까지 선행과 구제의 예배를 드리는 것도 소홀히 하지 말아야 한다. 이것이 곧 하나님께 드리는 치우치지 않은 온전한 예배다.

---

8 '복병'(מְאָרְבִים, 메오르빔, אָרַב[아라브]의 피엘 분사형 남성복수)은 "매복하는 자들"이란 뜻인데, 이 복병이 "천사들"인지, 아니면 "하나님이 도구로 쓰시는 사람들"인지, 아니면 "하나님이 인간들로 하여금 생각나게 한 계략들"인지는 분명하지 않다.

(5) 하나님이 받지 않으시는 예배

① 악을 버리지 않는 예배

하나님은 회개도 하지 않으려는 악인이 형식적으로 예배드리는 것을 가증하게 보신다(잠 21:27; 15:8; 사 1:13-17; 렘 6:20). 가령 하나님은 아벨의 예배는 받으셨지만, 가인의 예배는 받지 않으셨다. 그 이유는 가인은 믿음으로 예배를 드리지 않았고, 삶 속에서 선을 행치 않았기 때문이었다(창 4:7; 히 11:4; 요일 3:12). 이에 대해 성경은 하나님께서 악인의 예배를 받지 아니하심은 회개하지 않는 악인의 짐을 지기가 너무도 무겁기 때문이라고 말씀하신다(사 1:14). 하나님은 우리가 죄를 회개하지 아니하면, 아무리 많이 기도하고 예배를 드려도 듣지 아니하신다고 말씀하신다(사 1:15).

> 너희 죄가 그 얼굴을 가리워서 너희를 듣지 않으시게 함이니, 너희 손이 피에, 너희 손가락이 죄악에 더러웠으며 너희 입술은 거짓을 말하며 너희 혀는 악독을 발함이라. … 너희는 죄악을 생산하며 독사의 알을 품으나 … 그 알이 밟힌즉 터져서 독사가 나올 것이니라. … 그 발은 행악하기에 빠르고 무죄한 피를 흘리기에 신속하며, 그 사상은 죄악의 사상이라. 황폐와 파멸이 그 길에 끼쳐졌으며, 그들은 평강의 길을 알지 못하며 그들의 행하는 곳에는 공의가 없으며 굽은 길을 스스로 만드나니, 무릇 이 길을 밟는 자는 평강을 알지 못하느니라. 공평이 우리에게서 멀고 의가 우리에게 미치지 못한즉, 우리가 빛을 바라나 어두움뿐이요, 밝은 것을 바라나 캄캄한 가운데 행하므로 소경같이 담을 더듬으며 눈 없는 자같이 두루 더듬으며 낮에도 황혼 때같이 넘어지니, 강장(强壯)한 자 중에서도 죽은 자 같은지라(사 59:2-10).

② 마음이 없는 형식적인 예배

하나님은 자비를 원하시지, 형식적인 예배를 원치 아니하신다(마 9:13). 오히려 하나님은 (형식적인) 예배를 드리는 것보다, 의와 공평을 행하는 것을 더 기뻐하신다(잠 21:3). 하나님을 사랑하는 마음이 없는 예배는 마치 사랑하지도 않는 여자에게 고가의 다이아몬드 반지를 준 후, 할 일을 다했다고 착각하는 것과 같다. 그러기에 하나님 앞에 예배드리고자 하는 자는 반드시 먼저 믿음으로 삶 속에서 순종한 후 하나님께 나아와야 한다(시 4:5).

③ 흠 있는 예물

하나님께서는 흠 있는 예물은 어떠한 것도 받지 아니하시고(레 9:3-4; 22:20; 렘 6:20; 신 17:1), 오히려 그런 바침 자체를 악하게 생각하신다(말 1:8).

주님이 무엇보다 소중하다고 말하면서 하찮은 헌물(獻物)을 드린다면, 사실상 하나님을 조롱하는 것이 아니고 무엇이겠는가?

아론의 아들 나답과 아비후를 보라! 그들은 하나님이 명하지 않은 불로 예배드리다가, 불이 여호와 앞에서 나와 삼킴으로 죽임을 당했다(레 10:2).

그런데도 헛되이 경배하는 자들이 많음은 어찌된 일인가?(마 15:9)

그러므로 무조건 아무 개념 없이 예배와 예물을 많이 드리는 것만이 능사가 아님을 알아, 한 번을 드려도 온전한 예배와 예물이 될 수 있도록 해야 한다.

The Compass to Heaven
The Essence of Christian Faith

제5부
성화(聖化)

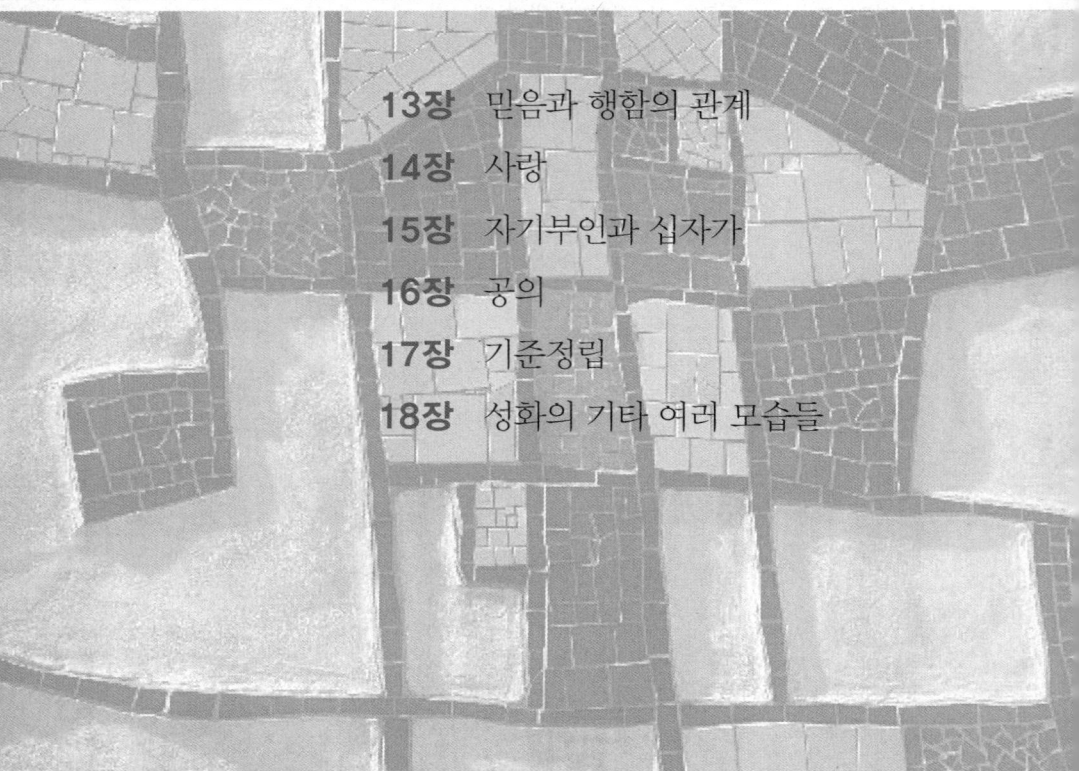

13장 믿음과 행함의 관계
14장 사랑
15장 자기부인과 십자가
16장 공의
17장 기준정립
18장 성화의 기타 여러 모습들

13장

민음과 행함의 관계

1. 이신칭의에 대한 오해

(1) 호적법과 이신칭의

어느 날 왕의 절대적인 은혜로 음탕하게 몸을 파는 탕녀가 공주가 되었음에도, 자기의 죄에 대해 전혀 회개도 하지 않고 여전히 공주 옷을 입은 채로 탕녀 짓을 즐긴다면, 형식상 공주라고 해서 공주의 신분과 자격이 영원히 변함이 없다고 할 수 있을까?

이 탕녀가 철석같이 자기는 공주라는 확신을 가졌다고 해서, 이런 일방적인 확신이 왕의 절대적인 은혜를 입은 참 확신이라고 할 수 있을까?

또 유괴범, 살인자 등이 아무 회개도 하지 않고 "예수님은 나의 주인이다!"라고 시인한다고 해서, 또 아들이 부모를 죽여도 호적에서 영원히 지워지지 않을 것으로 믿는다고 해서, 그 믿음이 그들을 구원할 수 있을까?

하나님 편에서 법적으로 한 번 예수님만 믿으면 어떠한 죄를 지어도, 하나님 아들의 신분에 변함이 없다고 할 수 있을까?

세례 요한에게 회개의 세례를 받았을 것이고, 예수님으로부터 능력을 받아 전도여행까지 갔었던 가룟 유다가 후에 예수님을 배반했는데, 그럼에도 그는 여전히 구원받은 자라고 할 수 있을까?

복음을 오해하면, 하나님의 사랑을 역이용하게 됨을 알아야 한다. 예수님을 믿으면, 이제 죄를 지어도 죄의 종이 안 되고, 오히려 예수님이 사실상 우리로 하여금 죄를 마음껏 지을 수 있도록 죄에 대한 해방의 길을 열어 놓으셨다는 식의(갈 2:18) 이런 잘못된 지식은, 사랑의 이름으로 하나님의 공의를 훼손시킨다.

바로 이런 왜곡된 복음이 인간에게 구원을 매우 쉽게 가져다줌으로써 교회를 타락시키고, 선한 사람들에게까지 천국 문을 닫아 들어가지 못하도록 조장하는 것이다(마 23:13, 참고 렘 23:30-32; 겔 22:25-28; 미 3:11). 예수님은 형식적인(위선적인) 율법을 폐하고 실제적인 율법을 완성하셨는데, 이런 잘못된 복음은 실제적 율법(율법의 정신)까지 사랑의 이름으로 닫아버렸다.

생각해 보라! 내 죗값을 치르기 위하여 다른 이가 억울하게 나 대신 죽었다면, 더 이상 내 죄에 대해서 회개할 필요 없이 당당하게 살아도 되겠는가?

이런 자에게도 그 숭고한 죄용서의 효과가 미칠 수 있겠는가?

그게 아니라 더 마음이 미어져, 나 때문에 아무 죄 없는 분이 죽게 되었다는 양심의 가책이 추가되어, 더 크게 죄에 대한 용서를 구해야 하지 않겠는가?

하나님의 법은 인간의 호적법과 그 근본을 달리함에도, 현재까지 이런 식의 비유를 하나님의 '이신칭의'(以信稱義, 믿음으로써 의롭다함을 입음) 개념에 대한 근거를 대는데 애용해 왔다. 이들은 이게 "참 복음"이라고 주장한다. 예수님의 입장은 전혀 고려하지 않고 일방적으로 내 쪽에서 구원의 확신만 가지면 된다는 것이다. 그들은 여기에다 뭔가를 덧붙이면, 마귀의 계략이고 하나님의 크신 사랑을 깎아내리는 것이라고 주장한다.

(2) 칭의 교리에 대한 보다 더 충분한 이해

불행하게도 많은 신자는 예수님을 어느 정도로만 믿고, 입으로 시인하면 영원히 구원받은 것으로 알고 있다. 이들 가운데 상당수는 죄용서 받은 체험도 없이, 이론적으로 이미 구원받은 사람이라고 확신하기도 한다. 그들은 이것을 일명 법적(法的)인 의미에서 "칭의"(稱義)라고 부른다.

그러면 여기서 "칭의"의 참된 의미가 무엇일까?

여기서 "칭의"란 나는 불의하지만 하나님 편에서 의롭다고 인정해 주는 행위로(롬 1:17; 히 10:38; 합 2:4; 사 61:3; 행 13:39), 내가 어떠한 죄를 지었어도 예수님은 이미 다 용서해 주셨고, 나는 아무 공로 없지만 오직 하나님의 절대적인 은혜로 인해, 죄의 종의 신분에서 하나님의 아들의 신분으로 변화된 것을 말한다. 이에 대해 벌코프는 "칭의"로 인하여 하나님의 양자가 되고 영생의 권리를 얻는다고 말한다.[1] 특히 그는 칭의는 보통 법정에서 의롭다고 선언하는 것을 의미하기에, 칭의와 용서를 동일하게 생각하지 않도록 주의해야 한다고 말한다.[2]

그런데 여기서 문제가 생긴다.

즉 "칭의로 인해 죄가 모두 용서되었는데, 왜 또 죄를 용서받기 위하여 회개해야 하는가?"

순수한 칭의 개념을 왜곡하는 이들은 여기에 편승하여 입으로 예수님을 시인하고 믿으면 하나님의 호적부(생명록)에 올라갔으니, 회개 여부와 상관없이 일단 법적으로 구원을 받았다고 믿고, 이것이 곧 '법적인 결혼 증명서'와 비슷하다고 생각한다.

이들 가운데 어떤 이들은 '회개'는 '성화'의 일부분일 뿐이라고 주장한다. 하나님이 죄 많은 우리에게 죄가 없다고 인정해 주셨으니, 고마워서라도 이제 더러운 죄를 짓고 사는 데서 벗어나, 거룩한 삶을 살기 위해서라도 회개해야 한다는 것이다. 다시 말해 '칭의'로 인하여 하나님 편에서 죄를 용서해 주셨기에, 양심에 찔려 우리 편에서 개별적 죄에 대해 각각 '회개할 의무'[3]만 있을 뿐이라는 것이다. 이들의 논리에 의하면, 예수님을 입으로 시인만 하면 천국이 저절로 자기 마음 안에 이뤄진 것이 되고, 주님의 이름만 부르면 물과 성령으로 거듭난 것이 되며, 하나님의 공의의 기준을 지키지 않아도 구원받은 것이 된다. 이 경우 어디에다 기준을 두어야 할지 헷갈려, 회개를 그냥 '율법의 문제' 혹은 '성화의 문제'로 치부하기 쉽다.

그런데 이를 분석해 보면, 예수님을 믿은 후 무슨 죄를 지어도 무방하다고

---

1 루이스 벌코프, 『조직신학 下』, 768.
2 존 파이퍼, 『칭의 교리를 사수하라』, 장호익 역 (서울 : 부흥과개혁사, 2007), 128.
3 이 부분과 관련하여 웨스트민스터 신앙고백 15장 5절에서는 "사람들은 일반적인 회개로 만족해서는 안 된다. 그의 개별적인 죄들을 각각 회개하기를 힘쓰는 것은 각 사람의 의무이다."라고 말한다.

믿는 "니골라당"⁴이나 "구원파"와 맥을 같이 함을 알 수 있다. 이런 논리에 영향을 받은 이들을 보면, 열심히 교회 생활에 참석하지만 그에 비해 그들의 말과 행동은 다르고, 거룩(경건)의 모양만 있을 뿐 거룩(경건)의 능력이 없는 경우가 많다(딤후 3:5). 무엇보다도 이들에게는 뭔가 전인적으로 변화를 받은 증거가 없어, 마치 구원의 확신을 가지도록 세뇌를 받은 것처럼, 머릿속에서만 구원이 빙빙 돈다. 신앙을 고백해도 마음이 변하지 않고 삶이 변화되지 않았다면 위대한 신앙고백자라 해도 그는 그리스도인이 되다가 만 사람일 뿐인데도 말이다.⁵

> 그들은 '회개'와 '신뢰'와 '복종'을 통해 하나님의 나라로 들어온 사람들이 아닙니다. 그들은 갈라진 틈새를 통하거나, 옆 창문을 넘거나, 기타 부정한 방법으로 하나님의 나라 안으로 몰래 들어오려고 발버둥 치는 사람들입니다. 그들에게는 내적 증거도, 평안도, 확신도 없습니다.⁶

그래서 그들로 말미암아 수많은 교회 안에서 하나님의 공의의 기준이 왜곡되고 있다. 즉 교회와 교단 안에서 끊임없이 재정 비리, 이성 문제, 세습 문제, 지역과 학벌과 당파 싸움 등이 계속되고 있어, 죄 없는 선한 사람들까지 신앙적인 갈등과 회의, 방황 속에 빠지고 있다. 그리하여 세상 사람들까지도 믿지 않는 자기들보다 그들이 더 욕심이 많고, 지저분하다고 인식하게 되었다. 어떤 면에서 기독교의 제1의 적은 외부에 있는 것이 아니라, 오히려 내부에 있는 셈이다.

이들이 근거로 삼는 말씀 중에 하나만 예를 들어 본다. 창세기 15장 5-6절을 보

---

4 요한계시록 2장에 나오는 니골라당은 AD 2세기경 시리아 지역에서 활동하였던 영지주의 이단 종파 중 한 그룹이었다. 영지주의자는 크게 '금욕주의자들'과 '도덕폐기론자들'로 나눌 수 있는데, 후자에 속하는 '도덕폐기론자들'은 "그리스도인은 은혜로 보호를 받기 때문에 율법을 지킬 필요가 없다."라고 주장했다. 즉 이들은 육신은 악하고 영만이 선하므로 육신으로 무슨 일을 하든 관계가 없다고 믿었다.
5 매튜 미드, 『유사 그리스도인』, 장호익 역 (서울 : 지평서원, 2008), 62.
6 A. W. 토저, 『내 자아를 버려라』, 134.

면, 아브람이 "하늘을 우러러 뭇별을 셀 수 있나 보라! 네 자손이 이와 같으리라."는 하나님의 약속의 말씀을 믿으니, 하나님이 이를 "그의 의"로 여기셨다고 말씀하신다. 이 말씀만 놓고 보면, 분명 아브람의 믿음으로 말미암아 하나님이 아브람을 의인으로 인정하셨다.

그런데 그 전후 문맥을 보면 꼭 그렇지만은 않다. 즉 이미 아브람은 창세기 12장에서 본토 친척 아비 집을 떠나 하나님이 지시할(אראך, 아르에카, 히필 미완료형) 땅으로 갔으며, 창세기 13장에서 아브람과 조카 롯의 소유가 많아 서로 동거할 수 없게 되었을 때, 믿음으로 조카 롯에게 좋은 목초지를 양보했다. 또 창세기 14장에서 메소포타미아 전쟁에서 조카 롯이 포로로 끌려갔을 때, 집에서 기르고 연습한 자 318명을 거느리고 단에까지 쫓아가서 구출하였으며, 심지어 거기서 얻은 탈취물의 십분의 일을 멜기세덱[7]에게 주었고, 이때 은혜를 입은 소돔 왕이 "사람은 내게 보내고 물품은 네가 취하라!"고 했었을 때, "네 말이 내가 아브람으로 치부케 하였다 할까 하여, 네게 속한 것은 물론 실오라기 하나도, 신발 끈 하나도 내가 취하지 아니하리라."(창 14:23)고 말했다. 즉 칭의 이전에 이미 신앙의 기본적인 인격이 갖춰져 있었던 것이다.

웨스트민스터 소요리 문답 86-87문은 회개와 믿음 모두 구원을 위한 은혜로 보고 있다. 따라서 웨스트민스터 신앙고백 15장 5절의 의무에 대하여는 구원을 위하여 반드시 해야만 할 의무로 해석해야 한다. 만약 이 의무를 회개하지 않아도 상관없는 의무로 해석한다면, 위 소요리 문답 86-87문과 충돌이 일어난다.

개혁신학의 거두 헤르만 바빙크는 구원의 서정(序程, 순서)에 대하여, "소명" "중생" "믿음" "회개"를 묶어서 1단계로 하고, 2단계를 "칭의", 3단계를 "성화", 4단계를 "영화"로 분류했다.[8]

---

7 이름 그대로 '의(義)의 왕'이란 뜻을 지닌 가나안 땅의 살렘(예루살렘)의 왕이자 지극히 높으신 하나님의 제사장 멜기세덱은, 부모도, 족보도, 출생일도 알 수 없고, 생명도 끝이 없어 신적 존재를 방불케 하는 자를 말한다(히 7:3). 성경은 이 멜기세덱을 다윗 계통의 한 왕으로 영원한 대제사장이며 하나님의 아들이신 예수 그리스도의 예표(모형)로 본다(히 5:6-10; 6:20; 시 110:4).

8 헤르만 바빙크, 『개혁교의학3』, 742.

그런데 많은 이들이 1단계를 제대로 거치지 않고, 2단계인 "칭의"를 구실삼아, 자기가 믿으니 당연히 하나님이 자기 믿음을 인정해줘야 한다고 김칫국부터 마셨기 때문에 문제가 생긴 것이다.

이에 대해 김세윤은 칭의에는 "법정적 의미"만 있는 것이 아니라, 근본적으로 "관계론적 의미"가 있는데, 그것은 "하나님과의 올바른 관계의 회복"이라고 주장한다.[9] 그러면서 그는 개신교 전통에서 바울의 칭의의 의미를 왜곡해서 이해한 결과, 칭의론은 의인으로서의 삶이 없으면서도, 의인으로 자처하는 사람들을 양산하는 교리, 심지어는 의인으로서의 삶을 방해하는 교리로 전락해 버렸다고 진단한다.[10]

(3) 올바른 칭의 교리(입으로만 시인한다고 옥토의 마음이 되는가?)

그러면 올바른 칭의 교리가 무엇일까?
이를 좀 더 자세히 살펴보자!

첫째, 하나님은 형식보다는 실제를 더 보시는 분이다(마 23:23). 따라서 사실상 앞서 언급한 탕녀는 회개를 통해 그 길과 행위를 고치지 않는 이상, 사실상 공주가 아니다.

둘째, 누가복음 15장에서 언급된 탕자가 회개하지 않고 아버지께 돌아왔다면, 아버지께서 이 아들을 기쁘게 받아주셨을 리 만무하다. 또 탕자가 아버지의 호적에 자기 이름이 있다고 해서 영원히 아버지 집에 돌아오지 않았다면, 진정한 아들이라고 말하기 어려울 것이다.

셋째, 하나님이 죄를 범한 아담에게 가죽옷을 입혀 주셨다고 해서, 아담이 당연히 구원받은 것이 아니다(창 3:21). 왜냐하면 이 말씀은 어디까지나 아담에게 그리스도의 옷을 입혀 주신다는 예표일 뿐이지, 그 가죽옷 자체가 실제 마음속의 죄를 다 씻어 준 것은 아니기 때문이다.

---

9 김세윤 외 2인, 『하나님 나라 복음: 신·구약을 관통하는 하나님의 다스림』(서울 : 새물결플러스, 2013), 303-304).

10 김세윤 외 2인, 『하나님 나라 복음: 신·구약을 관통하는 하나님의 다스림』, 276.

넷째, 앵무새가 "나는 믿습니다!"라고 고백한다고 해서 구원을 받을 수 있겠는가?[11]

하나님의 아들 예수님이 십자가에 죽으시고 부활하셨다는 객관적 사실을 지식적으로 믿었다고 해서 구원받는 것이 아니다. 이런 믿음은 불신자나 귀신들린 자도 가질 수 있다고 성경은 증언한다(막 1:24; 막 15:39).

다섯째, 마음으로 믿지도 않고, 그저 마법 주문처럼 주님의 이름을 부른다고 해서 저절로 죄가 씻기는 것이 아니다(롬 10:9-10). 예수님을 입으로만 믿는다고 해서, 또 교회에서 (형식적인) 세례를 받았다고 해서, 당연히 주님 앞에 회개가 된 것이 아님도 마찬가지이다.

여섯째, 길가의 마음을 가진 자가 구원의 확신을 조금 느꼈다고 해서, 곧바로 옥토의 마음으로 변화되었다고 할 수 없다. 회개도 없이 예수님을 믿기만 하면, 저절로 깨진 그릇이 온전한 그릇으로 된다고 달할 수 없는 것이다. 몇 번 주님을 의지했다고 해서, 영원히 주님을 의지한 상태로 되는 것이 아님도 마찬가지이다. 예수님을 입으로만 믿는다고 해서, 저절로 십자가에 자아가 못 박힌 상태로 되지 않음이나, 하나님의 뜻을 행치 않고도 믿기만 하면, 저절로 행한 상태가 되지 않음은 상식이다.

일곱째, 주님을 하나님의 아들로 시인한 사람이 자기의 신앙적인 양심을 팔아먹었다면, 결과적으로 온전한 시인이라고 할 수 없다. 사실상 주님의 이름을 더럽히고 성령님을 모독한 자가, 주님을 입으로 시인했다고 해서 구원받는 것이 아니다(눅 12:10).

여덟째, 믿는다고 하지만 큰 틀에서 사탄에게 영혼을 빼앗긴 상태라면, 작은 틀에서 예수님을 아무리 잘 믿는다고 해도 온전히 믿은 것이 아니다.

하나님과 신앙공동체 전체에 해를 끼치는데, 자기 교회에서만 예수님을 잘 믿는 것처럼 보이면 무슨 의미가 있겠는가?

> 가령 작은 틀에서 자기 생각에 옳은 대로 판단하여 행동한 것이라도, 큰 틀에서 하나님 나라의 복음을 가로막거나 이웃과의 관계를 깨는 것이라면 옳은 것

---

11 A. W. 토저, 『내 자아를 버려라』, 91.

이 아니다. 이것은 자기의 의(義)이자 교만일 뿐이다. 가령 직장 상사의 지시를 바로 순종하지 못하고, 자기 딴에 회사에 보탬이 된다고 여겨 주변을 청소하는 일을 다 마치고 그다음 순종하겠다고 하는 것은 작은 틀에서는(종업원의 틀에서는) 옳은 일이겠지만, 큰 틀에서는(조직의 틀에서는) 조직의 생리(生理)를 거스르는 처사일 뿐이다. 이리되면 조직 상사의 입장에서 마음대로 종업원을 부리지 못하게 되므로 아무래도 상사와 종업원과의 관계가 원만하게 형성되지 않을 것이어서 후에 종업원을 교체할 가능성이 크다.

아홉째, 죄가 그대로 있는 가운데, 생명과(生命果) 되시는 예수님의 살과 피를 먹었다고 해서, 저절로 죄가 용서되는 것이 아니다. 오히려 이 경우 주님의 살과 피를 범하는 죄가 추가될 수 있다(고전 11:27-29). 하나님께서 반드시 죄 문제가 해결되어야만 생명과를 먹을 수 있도록 에덴동산 동편에 화염검을 두셨음을 생각해 보라!(창 3:24)

열째, 성경은 마지막 심판 날 주님의 공력에 의해 나무나 짚으로 만든 집이 불타 버렸어도, 그 기초가 남았다면 구원받을 수 있지만, 만일 그 기초 자체가 모래와 같다면 구원받을 수조차 없다고 말씀하신다(고전 3:15). 오히려 말씀을 알면서도 행하지 않는 자는 모래 위에 집을 지은 자와 같아, 비가 내리고 창수(漲水, 큰물, 홍수)가 나고 바람이 불어 그 집에 부딪히면, 그 무너짐이 심하게 될 뿐이다(마 7:27).

열한째, 거품 신자의 가장 큰 맹점은 죄에 대한 아픔이 없이도 모든 죄를 영원히 용서받았다고 믿는 것이다. 그러나 성경은 아무리 과거에 하나님으로부터 성령의 기름부음을 받았다고 해도, 영원히 유효한 것이 아니라고 말씀하신다.

가령 하나님으로부터 기름부음을 받았던 사울 왕이라고 할지라도, 아말렉 족속과 싸워 이긴 후 모든 것을 다 진멸하라는 하나님의 명령을 어기고, 아각 왕과 양과 소의 가장 좋은 것 등을 남기고 진멸하자, "왕이 여호와의 말씀을 버렸으므로, 여호와께서 왕을 버려 이스라엘 왕이 되지 못하게 하셨느니라."는 말씀을 들어야만 했다(삼상 15:9, 26).

열두째, 내가 로봇이 아닌 것처럼 예수님도 로봇이 아니다. 믿었으니 무슨 죄를 지어도 예수님께서 당연히 죄를 용서해 주셔야만 하는 것이 아니다. 예수님은 죄를 저절로 씻어주시는 도구도 아니요, 그렇게 불의한 용도로 쓸 수 있도록 죄 세탁을 해 주시는 분도 아니다. 따라서 죄를 아무리 지어도 아들로서의 신분만큼은 영원히 보장된다고 믿으면 안 된다. 그렇다면 하나님의 아들이 우리의 죄 때문에 죽으실 아무런 이유가 없었다.

> 〈반지의 제왕〉 등 판타지 영화를 보노라면, 광대한 스케일과 탄탄한 이야기들이 우리 눈을 사로잡는데, 북유럽 신화에서 자주 등장하는 단어가 두 가지 있다. 이른바 "반지"와 "성배"(聖杯)다. 그런데 이 "반지"와 "성배"는 같은 듯하지만 전혀 다른 의미를 가지고 있다. 즉 둘 다 신비한 힘이 있지만, 반지는 자기의 이기적인 목적을 달성할 수 있는 도구로서의 힘을, 성배는 자기 뜻이 아니라 성배의 뜻을 이뤄드리는 도구로서의 힘을 가진다.

요컨대 하나님은 항상 믿는 자와 함께하시며, 그코다 앞서가시는 분이다(신 31:8; 마 28:20). 무엇보다도 예수님께서 이미 지옥의 권세를 완전히 깨뜨리셨기에, 우리는 주님을 앞장서게만 하면 어떤 영적 전쟁에서도 승리할 수 있다.

이렇게 적극적이고 능동적인 구원의 확신을 가지는 것은 아무리 강조해도 지나치지 않지만, 위에서 언급한 예들은 넘어진 후 다시 일어서지도 않았으면서 당연히 일어선 것으로 믿었기에, 또 죄가 굳어져 죄에 대한 심각성을 우습게 여겼기에 문제가 되는 것이다.

이처럼 "내가 믿으면 당연히 하나님께서 내 믿음을 인정해 주신다."는 식의 인본주의적 관점에서의 맹목적인 구원의 확신은 사실상 자기가 하나님의 보좌 위에 올라가 앉은 것으로 오히려 역효과를 낼 뿐이다. 이런 현상은 믿음을 자기 공로로 돌려 도구화시키는 자들에게 주로 많이 나타난다.

> 믿음은 구원의 복음 안에서 안심하는 것입니다. 이 안심은 물론 하나님께서 보증하는 안심입니다. 그런데 하나님께서 보증하지 않았는데도 스스로 안심하

며 오해하는 사람들은 자신이 구원받았다고 믿고 있지만 사실은 구원받지 못한 사람들입니다. … 이런 사람들은 자기의 의지와 관계없이 보여지는 지극히 영화로운 그리스도의 영광을 보고 믿는 것이 아니라, 세상에서 손해를 보지 않겠다는 동기에서 믿기 시작한 사람들입니다.[12]

(4) "오호라! 나는 곤고한 자로다!"의 바른 해석

로마서 7장 24절을 보면 다음과 같은 사도 바울의 탄식이 나온다.

> 오호라! 나는 곤고한(ταλαίπωρος, 탈라이포로스, 비참한) 자로다! 이 사망의 몸에서 누가 나를 건져내랴?

많은 사람이 이 말씀을 빌미 삼아 죄짓는 것을 적당히 넘어가곤 한다.

하지만 이 말씀은 원칙적으로 볼 때, 사도 바울이 회심(悔心) 후, 실제적으로 죄를 지은 상태에서 말한 것이 아니다. 왜냐하면 회심 후 바울은 예수님 안에 있는 생명의 성령의 법의 다스림을 받아, 율법의 요구를 이루었기 때문이다(롬 8:1-4). 즉 이때의 바울은 성령님을 좇아 행함으로 육신의 소욕(所欲, 원하는 바)을 거스르는 상태에 있었다(갈 5:17).

그러기에 이 탄식은 성령님의 다스림을 받기 전, 바울이 예수님 안에 있지 못하고 육신에 속한 바 되어, 인간의 힘으로 모든 율법을 다 지키지 못하는 데서 나오는 탄식을 말한다. 율법의 '죄를 죄로 여기게 만들어 주는' 기능으로 말미암아, 하나님 앞에 죽어 마땅할 죄인으로 서게 된 바울이, 마음으로는 원하지만 자신 안에 있는 죄의 본성으로 말미암아 온 율법을 지킬 수 없음을 한탄하는 고백 말이다.

바울은 율법을 알기 전에는 죄를 죄로 여기지 않았으나(롬 7:9), 율법을 깨달은 후 신령하고 선한 율법이 죄를 심히 죄가 되게 했다고 고백한다(롬 7:13). 그리하여 육신에 속하여 죄 아래 팔리게 되었고(롬 7:14), 율법으로 말미암는 죄

---

[12] 존 파이퍼, 『하나님을 맛보는 묵상』, 김재영 역 (서울 : 좋은씨앗, 2006), 179.

의 정욕이 지체 중에 역사하여 사망을 위하여 열매를 맺게 되었으며(롬 7:5), 원하는 바 선은 행하지 아니하고 도리어 원치 아니하는바 악을 행하게 되었다(롬 7:19).

이는 회심 전, 율법 아래 있었던 바울이 열심히 하나님의 일을 한다고 했어도, "자기의 의(義)"로 행했음을 의미한다. 그리하여 율법으로 말미암는 죄의 정욕(육신의 소욕, 죄의 본성이나 성향)이 역사하여, 사망을 위하여 열매를 맺는 상태가 된 것이다(롬 7:5).

생각해 보라! 부모가 하지 말라고 했을 때 더 하는 자가 있는 것처럼, 선악과를 먹지 말라는 말씀을 앎에도 불구하고, 아담과 하와는 자기 안에 있는 죄악된 본성이 역사하여 선악과를 먹어 버렸다. 정의로운 하나님의 율법이 우리의 부패한 본성을 고치는 것이 아니라 오히려 대적하고 미워한다는 것을 알게 되면, 인간의 잘못된 마음으로 말미암은 부패한 본성이 더욱 솟구쳐 오르기 때문이다.[13] 그래서 성경은 이렇게 말씀하신다.

> **죄가 기회를 타서 계명(율법)으로 말미암아, 내 속에서 각양 탐심을 이루었나니**
> (롬 7:8)

이렇게 우리 인간은 아담의 원죄로 말미암아 이율배반적인 요소가 있다. 즉 율법은 선한 것인데, 우리의 부패하고 죄악된 본성으로 말미암아 그 율법을 악용하여 사망에 이르게 되는 면이 있는 것이다. 그래서 성경은 로마서 7장 25절에서 이렇게 말씀하신다.

> **마음으로는 하나님의 법을, (죄악된 본성의 다스림을 받는) 육신(肉身)으로는 죄의 법을 섬기노라.**

즉 회심 전(前)에는 마음으로 하나님의 법을 섬기지만, 아직 육신이 성령님

---

[13] 월터 마샬, 『성화의 신비』, 154.

에 의해 다스림을 받지 못하여 그 육신으로 사실상 죄의 법을 섬기게 된다는 것이다.

그러나 넓은 의미에서 이 말씀은 "회심 후에도 죄를 지음으로 예수님 안에서 벗어나, 끊임없이 마음과 육체가 따로 노는 괴리를 느끼게 되는 갈등"까지 포함한다고 할 수 있다. 왜냐하면 인간은 회심 후에도 여전히 잠재적인 죄성이 남아있고, 또 얼마든지 알면서 모르면서 실제적인 죄를 지을 수 있기 때문이다.

이에 대하여 웨스트민스터 신앙고백 13장 2절은 신자의 모든 부분에(영혼에도) 부패가 남아있으며, 따라서 계속적으로 부조화의 전쟁, 곧 영과 육(전 인격에 있는 부패한 성질)의 충돌이 일어난다고 본다. 이 점은 칼빈도 동일하다.[14]

토마스 굿윈은 열매 맺는 가지에도 여전히 깨끗하지 못한 부분이 남아있는 이유에 대하여, 하나님께서 우리로 하여금 칭의의 은혜를 분명히 알게 하기 위해, 견인의 은혜와 그 가운데 나타난 하나님의 능력을 보여주기 위해, 더욱 영광스럽고도 진정한 성도의 승리를 위해, 성도를 거룩하고도 겸손하게 만드시기 위해서라고 진단한다.[15]

하나님께서는 우리의 부패한 본성을 죽이시기 위해 시므이가 다윗을 저주했던 것처럼, 불경건한 사람의 입을 빌어 경건한 신자의 이름을 욕되게 하신다.[16] 성도라면 날마다 십자가 앞에 자기를 치는 작업을 해야 하는 이유다(고전 9:27).

2. 회개와 믿음과의 관계

(1) 복음으로써 회개를 폐하면 예수님과 원수가 된다

누가복음 16장의 "부자와 거지 나사로" 비유를 보면, 지옥에서 고통을 당하고 있는 부자가 천국에 있는 아브라함에게 죽은 자로부터 자기 아버지 집에 가

---

14 존 칼빈, 『기독교 강요 上』, 420.
15 토마스 굿윈, 『그리스도인의 성장』, 48-59.
16 존 플라벨, 『하나님의 섭리』, 151.

는 자가 있으면 회개할 것이라고 청한다(눅 16:30). 부자가 음부(지옥)에 온 이유는 회개하지 않았기 때문이라는 것이다. 그러니까 천국에 갈 수 있는 필수조건으로 예수님께서는 회개를 들고 있는 셈이다.

구약 시대에 '눈은 눈으로 갚아라!'는 동해복수법(同害復讐法) 제도에 따라, 지도자 여호수아는 하나님의 명령을 받들어, 부지(不知) 중 살해한 자로 하여금 피살자의 가장 가까운 형제나 친지로부터 피의 보복을 피해 생명을 건지기 위해 도피할 수 있도록, 레위인들에게 부여한 48개의 성읍 중에 6개를 택하여 '도피성'(逃避性, city of refuge)을 마련한다(출 21:12; 민 35:9-34; 신 19:1-13).

이 도피성은 몇 가지 특징이 있다.

첫째, 요단강 동편과 서편(요단강 서편 3곳은 이미 모세의 시대에 정해져 있었다. 참고 신 4:41-44)에 각각 거리가 비슷하게 세 개씩 만들어(약 32km이내), 누구든지 부지 중 살해한 자가 이곳으로 도망하는 중에 보복자에게 생명을 잃지 않도록 이곳까지 오는 길을 잘 닦아 놓았으며, 이방인들까지도 차별 없이 이 혜택을 누릴 수 있도록 이 문을 항상 개방시켰고, 또 누구든지 볼 수 있도록 이 성을 높은 산지에 세웠다.

둘째, 도피성 안에만 있으면 생명이 보장되었으며, 그 안에는 도피자들에게 필요한 모든 생활필수품이 준비되어 있었다.

셋째, 대제사장이 죽으면 자유의 몸이 될 수 있었다. 이는 대제사장이신 예수님의 죽음이 인류의 죄를 용서한다는 예표로, 오늘날에도 마지막 날 완전한 주님의 대속이 이뤄질 때까지 늘 도피성 되시는 예수님 안에 거해야 함을 보여준다.

넷째, 6개의 도피성 이름 모두 예수님을 상징하고 있다. 즉 요단강 서쪽에 3개의 도피성 가운데 납달리 산지에 있는 "게데스"는 "성소"라는 뜻이 있는데 '성전이신 그리스도'를, 에브라임 산지에 있는 "세겜"은 "어깨"라는 뜻이 있는데 '어깨에 정사를 메신 그리스도'를, 유다 산지에 있는 "헤브론"은 "친교"라는 뜻이 있는데 '하나님과 교제케 하시는 그리스도'를 상징하고 있다. 또 요단강 동쪽의 3개의 도피성 가운데 르우벤 평지에 있는 "베셀"은 "요새"라는 뜻이 있는데 '피난처 되시는 그리스도'를, 갓 지파 길르앗 지역에 있는 "라못"은 "높은 고지"라는 뜻이 있는데 '높으신 그리스도'를, 므낫세 지파의 바산 지역에 있는 "골란"은 "기쁨"이란 뜻이 있는데 기쁨을 주시는 그리스도'를 상징하고 있다.

그런데 이 성에 들어오는 자는 다음과 같은 조건을 충족해야 했다.

첫째, 자기가 지은 죄를 잘 인식해야 했다.

둘째, 자기를 죽이려 달려드는 복수자(復讐者)를 피해 정말 절박한 심정으로 전력을 다하여 이곳으로 도망쳐야 했다.

셋째, 도피성 안에 있는 회중에 자기의 죄를 고백한 후, 그 고백을 인정받아야 했다.

종교개혁자 마틴 루터도, 천국 문에 이를 때 하나의 현판을 볼 텐데, 그 현판에는 '오직 회개한 자만이 이곳에 올 수 있다.'라고 적혀 있을 것이라고 말한다. 또 예수님은 의(義)의 도(道)로 온 세례 요한을 믿고 그 가르침에 순종하여 회개한 탕녀가, 끝내 뉘우치지(회개하지) 않고 믿지 아니한 대제사장과 백성의 장로들보다 먼저 천국에 갈 것이라고 말씀하신다(마 21:32).

여기서 다음과 같은 의문점이 생긴다. 예수님만 믿으면 모든 죄를 용서받는데, 왜 세례 요한은 회개의 세례를 베풀었을까?

그저 예수님만 믿으라고 했으면 되었을 텐데 말이다. 여기서 우리는 신앙고백이 있기 전에 이미 회개 문제가 해결되었음을 알 수 있다.

> 어떤 이들은 이 회개를 율법주의라고 생각합니다만, 그리스도께서 행하신 최초의 설교, 더 나아가 그 설교의 첫마디는 '회개하라!'였습니다. 그리고 승천하시며 남기신 고별사 역시 마찬가지였습니다. "그의 이름으로 죄 사함을 받게 하는 회개가 모든 민족에게 전파될 것이다."(눅 24:47) 사도들은 한결같이 이 일에만 전념했습니다. 그들은 나가서 회개하라고 선포하였습니다(막 6:12).[17]

그러기에 적어도 천국에 가기 위해서는 먼저 회개의 "세마포"(βύσσινος, 빛

---

[17] 토마스 왓슨, 『회개』, 24.

시노스, fine linen, 細麻布, 흰 베옷)[18]와 칭의의 그리스도의 옷을 입어야 한다(마 22:12; 슥 3:3-4, 참고 계 19:13; 엡 4:24). 그리고 반드시 그 옷(두루마기, 겉옷, 예복)을 깨끗하게 빨아놓아야 한다(계 22:14; 3:4).

이에 대해 칼빈은 이 '옷'을 '중생의 영을 수반한(brings with it the spirit of regeneration) 내적 소명(성령님의 조명에 의한 개별적인 부르심)'으로 보면서도, '그리스도의 성결(신성함)이 부여된(invested with the sanctification of Christ) 것'으로 본다.[19]

천국에 가는 데 있어서 더러운 옷도 문제가 되는데, 하물며 옷 자체도 걸치지 않는다면 무슨 말이 필요하겠는가?

(죄 문제를 해결하지 못해) 자기의 영적인 상태가 벌거벗은(수치스러운) 상태라면 구원은 있을 수 없다. 먼저 안을 깨끗이 해야 겉도 깨끗해진다(마 23:26, 참고 히 10:22). 이에 대해 성경은 말씀하신다.

> 보라 내가 도적같이 오리니, 누구든지 깨어 자기 옷을 지켜 벌거벗고 다니지 아니하며, 자기의 부끄러움을 보이지 아니하는 자가 복이 있도다!(계 16:15, 참고 계 19:13)

천국에 가려면 옛 사람을 벗어버리고 심령으로 새롭게 되어 하나님을 따라 의와 진리의 거룩함으로 지으심을 받은 새 사람을 입어야 한다(엡 4:22-24, 참고 9:17; 레 11:33; 15:12). 죄악의 배설물과 독소를 씻음이 없이는 그리스도의 칭의

---

18 "세마포"는 삼 껍질에서 뽑아낸 "가는 실로 곱게 짠 흰 베옷"을 말한다. 요셉이 애굽의 총리 때 세마포 옷을 입었고(창 41:42), 성막 성전의 울타리의 재료가 세마포였으며(출 38:16), 제사장이 속죄할 때 입는 옷도 세마포 긴 옷이었고(레 6:10), 대제사장 아론도 거룩한 세마포 속옷을 입고 세마포 띠를 띠며 세마포 관을 썼는데 이것들 모두가 거룩한 옷(성의)이었다(레 16:4). 또 사무엘도 어렸을 때 세마포 에봇을 입고 여호와 앞에 섬겼다(삼상 2:18). 다윗의 성가대가 입는 옷도 세마포 겉옷이었고(대상 15:27), 예수님의 시신을 싼 것도 세마포였으며(마 27:59), 성막의 휘장도 청색 자색 홍색실과 가늘게 꼰 베실이었다(출 26:31). 요한계시록에서는 그리스도와 혼인하는 영적 신부, 곧 교회에게 세마포를 입도록 했다. 보통 이 세마포는 금식하며 베옷을 입고 재를 무릅쓰고 하나님께 간구하는 '회개'를 상징한다(단 9:3; 시 30:11; 마 11:21; 계 11:3). 또 때에 따라서는 세마포의 재료인 '아마'가 가지는 특성이 매우 질기므로, 세마포는 최종 구원을 위하여 끝까지 견디는 '성도의 인내'를 상징하기도 한다.

19 존 칼빈, 『기독교 강요 3권』, 356.

의 옷을 입어도 아무 소용이 없다(롬 13:14; 갈 3:27).

세례 요한과 예수님께서 강조한 회개를 복음의 이름으로 폐하면, 예수님과 원수가 된다(마 3:2; 4:17). 진심으로 통회하려는 것을 은혜의 이름으로 덮어 버린다면, 참된 은혜일 수 없다.

> 복음은 본질적으로 죄에 대항하여 달려가는 것입니다. 그리스도의 교훈은 어디에서든지 죄 죽이기를 말하고 있습니다. 그 교훈은 거룩하고 순전하며 천상적인 것입니다. 어떠한 경우에서든지 부패한 본성을 장려하거나 교만을 먹이는 경향을 보이지 않습니다. 즉 그리스도의 피의 공로와 존영을, 부패한 교만의 구실로 삼으려는 경향을 보이지 않습니다. … 만약 그것이 죄를 덮는 망토가 되거나, 본성이 교만을 조장하고 은혜를 얕보게 하고 방종과 육체의 정욕을 격려하는 것이 된다면, 그것은 결코 그리스도께 속한 교훈이 아닙니다. 그러한 관점은 사람의 부패한 본성 아래 사탄이 파놓은 불결한 죄의 소산에 불과한 것입니다.[20]

성경은 회개는 곧 (생명을 얻는) 구원이라고 말씀하신다(행 11:18; 고후 7:10). 또 하나님은 중심에 통회하는 자를 구원하신다고 말씀하신다(시 34:18). 주님은 죄인들을 회개시키려고 오셨지, 그냥 죄인들과 친해지기 위해서 오신 것이 아니다(마 9:13). 행함 없는 믿음이 죽은 것이듯이(약 2:26), 회개 없는 믿음도 죽은 신앙일 뿐이다.

(2) 믿음과 회개가 같이 가는 이유

그러면 왜 믿음과 회개가 사실상 같이 갈까?

그 이유는 다음과 같다.

첫째, 회개한 영혼이 아니면, 주님의 사랑을 온전히 담지 못하기 때문이다(마 9:16-17). 회개가 다 되기 전까지 아직 회개가 제대로 안 된 부분이 온전한 주님

---

[20] 존 플라벨, 『은혜의 방식』, 508-509.

영접을 막을 것이기에, 죄 문제가 해결되지 않으면 주님의 사랑을 인격적으로 온전히 받아들이지 못한다. 거룩한 주님을 영접하려고 할 경우, 내 안에 역겨운 죄가 있으면 신앙의 양심상 도저히 용납하지 못하는 것이다. 아니 그분이 도저히 용납하지 않으심을 알게 되어 회개할 수밖에 없게 된다. 그래서 예수님은 우리의 죄를 다 용서하셨지만, 우리가 정말 회개할 때까지 내버려 두신다. 이에 대해 웨스트민스터 신앙고백 15장 3절도 누구든지 회개하지 않고는 죄 용서를 기대할 수 없다고 말한다.

둘째, 주님이 나를 사랑하신다는 십자가의 사랑의 빛을 보면, 내 안의 죄가 얼마나 큰지 뚜렷이 보여, 회개하지 않을 수 없게 되기 때문이다. 즉 주님이 내 죄를 다 용서해 주심이 믿어지는 만큼 바로 이게 내 안에서 빛이 되는데, 이때 나의 죄가 밝히 보여 하나님 앞에 자기의 모든 죄를 낱낱이 회개하게 되는 것이다. 그리하여 주님이 과거·현재·미래의 모든 죄를 용서해 주신 효과가 자기에게 미치게 한다.

셋째, 회개도 없이 믿기만 하면, 저절로 죄용서 되는 것이 아니기 때문이다. 그래서 주님이 내 죄를 이미 다 용서하셨지만, 이 용서를 온전히 받아들이기 위해서는 최소한 온전한 회개가 있어야 한다. 즉 믿은 만큼 죄용서 받지만, 죄용서 받은 체험을 한 만큼 바른 믿음을 가진 것이 된다. 이런 의미에서 예수님을 믿어도, 진심으로 회개할 때만이 비로소 예수님을 바로 믿은 것이라고 할 수 있다.

결국 회개와 믿음은 둘 다 하나님의 은혜의 선물로,[21] 사실상 항상 같이 간다고 할 수 있다. 물론 하나님의 사랑을 믿어야 회개가 나오기에, 믿음이 우선이라고 말할 수 있다. 하지만 이는 우선순위 문제일 뿐, 믿으면 자기도 모르게 회개하게 되고, 온전한 믿음은 온전한 회개의 열매까지 맺게 되어 있으므로, 사실상 같이 간다고 할 수 있다.

예수님께 속해있는 자들은 반드시 죄에 대하여 못 박혀 죽임을 당해야 합니다.

---

21 헤르만 바빙크, 『개혁교의학3』, 616.

한 영혼 속에서 죽임당하지 않은 정욕과 그리스도는 결코 어우러질 수 없기 때문입니다. … 복음은 죄 죽이기를 위한 진지한 노력이 없는 구원의 소망을 전혀 인정하지 않습니다(요일 3:3). … 죄를 죽이고 십자가에 못 박는 것은 영혼이 예수님께 이식되는 것입니다. 그것은 곧 주님과의 친밀한 연합을 함축하고 있습니다. 그리스도와의 연합이 없이는 어떠한 부패의 요소도 죽이지 못합니다. 그리스도를 배제하고 시도하는 모든 노력은 죄를 죽이는 어떠한 효력도 가지지 못합니다. … 아울러 죄를 죽이는 일은 성령님의 도움을 전제합니다. 그분의 도움 없이 하는 우리의 모든 수고는 다 수포로 돌아갈 것입니다(슥 4:6).[22]

이에 대해 호크마는 회개가 믿음과 구별될 수 있고 또 마땅히 구별되어야 하지만, 이 두 가지는 결코 분리될 수 없다고 본다.[23] 칼빈도 믿음의 결과는 회개라고 말하면서,[24] 회개와 믿음은 굳게 결합되어 있다고 말한다.[25] 바빙크는 바울의 회개의 개념이 십자가에 못 박고 성령님을 따르며, 그리스도와의 교제에 참여하는 것을 포함한다고 본다.[26]

또 청교도 신학자들의 회심론의 주된 강조점은 죄에 대한 확실한 깨달음이 없이는 믿음도 없다는 것이었다.[27] 미국의 '대각성운동'을 일으킨 에드워즈 시대의 부흥의 특징도 무엇보다 '죄에 대한 깨달음'이었다.[28] 그러므로 우리는 예수님이 우리 대신 피를 흘려주셨음을 온전히 믿을 때까지 결코 회개의 고삐를 늦춰서는 안 되고, 회개를 통해 모든 죄를 주님께 맡겨야 한다.

---

22 존 플라벨, 『은혜의 방식』, 491-497.
23 안토니 A. 호크마, 『개혁주의 구원론』, 203. 즉 그는 회개는 끊임없이 믿음을 뒤따라야 할 뿐 아니라 믿음으로부터 나와야 한다고 본다(안토니 A. 호크마, 『개혁주의 구원론』, 203).
24 존 칼빈, 『기독교 강요 3권』, 46.
25 존 칼빈, 『기독교 강요 3권』, 263.
26 헤르만 바빙크, 『개혁교의학4』, 156.
27 조나단 에드워즈, 『놀라운 회심의 이야기』, 145. 세퍼드에 의하면, '통회'란 '죄에 대한 회한, 양심의 가책'을 말한다. 그는 통회의 3요소로서, "두려움, 슬픔, 죄와의 결별"을 들고 있다(조나단 에드워즈, 『놀라운 회심의 이야기』, 154).
28 조나단 에드워즈, 『놀라운 회심의 이야기』, 40.

(3) 믿음과 회개의 열매는 질적 개념이다

그러면 어느 정도로 주님을 영접해야 구원과 관련한 영접이 될 수 있을까? 주님의 사랑을 1%만 영접해도 구원받을 수 있을까?

가령 그저 입으로만 주님을 구세주로 시인하거나, 아주 조금 주님을 믿거나, 적당히 주님을 믿거나, 심지어 악을 여전히 행하는 가운데 믿어도 될까?

이에 대한 답을 나무로 비유하자면, '믿음의 열매'까지 맺어야 한다는 것이다. 그런데 '믿음의 열매'라 하니까, 자연 세계의 사과나무가 처음 열매를 맺는데 3년 이상 걸리는 것처럼, "아! 구원의 열매를 맺는 것이 너무 어렵고 오래 걸리는 것이구나!" 하면서 낙심할 수 있다.

하지만 구원에 이르는 '믿음의 열매'는 그런 '시간적인' 개념이 아니라 '질적인' 개념이다. 그렇게 복잡하고 무겁고 율법적이지 않다. 어린아이처럼 순수한 마음을 가진 자는 '즉각' '단번에' 열매의 경지까지 이를 수 있다. 불가분해(不可分解)적인 그리스도와의 연합은 즉각적이고도 근본적으로, 강력하고도 친밀하게 이뤄진다.[29]

가령 광야에서 하나님께 불평함으로 불뱀에 물려 죽게 된 자들이 놋뱀을 바라보자 살게 된 사건과(민 21:4-9), 예수님과 함께 십자가형을 받았던 강도 중 한 명이 십자가에 못 박힌 상태에서 회개하고 주님을 믿었을 때, "오늘 네가 나와 함께 낙원에 있으리라!"고 응답받게 된 사건을(눅 23:40-43) 생각해 보라!

그러기에 주님을 마치 내가 신이라도 되는 듯이 '완전하게' 영접하지 못해도, '중심적으로 온전히' 그리고 '전인격적으로' 영접하면 된다(계 14:5). 즉 하나님의 모든 말씀을 다 알고, 거기에 비추어 완전히 회개할 정도까지 이르러야 한다는 의미가 아니라, 자기가 알고 있는 말씀에 비추어 '진심으로' 회개하고 믿으면 된다.

여기서 중요한 것은 각자가 가진 '중심'이다. 즉 모르면 모르는 대로, 많이 알면 많이 아는 대로, 하나님께서 받으시는 회개와 믿음의 정도는 다 다를 것이기에, 각자가 가진 중심으로 '온전히' 예수님을 믿고 회개하면 된다.

---

29 존 플라벨, 『은혜의 방식』, 53-59.

(4) 믿다가 타락한 자도 철저히 회개해야 한다

그러면 예수님을 믿고 난 후, 하나님과의 관계를 근저에서부터 깨었음에도 회개하지 않은 자는 어떻게 될까?

이 경우에는 사실상 하나님의 아들의 신분도 위험하다고 할 수 있다. 왜냐하면 하나님께서 인간이 죄를 범하면, 생명록에서 지워버리겠다고 말씀하시며(출 32:33), "인간이 (하나님을 믿어) 한 번 의인이 되었다고 해도, 다시 죄를 지으면 그 의가 하나도 기억되지 않을 것이다."라고 말씀하시는 까닭이다(겔 18:24; 33:13).

예수님은 단번에 십자가에서 모든 일을 완수하셨다(히 10:10). 우리가 중생하는 것도 단번에 된다. 그러나 믿다가 다시 죄를 지으면 문제가 좀 복잡해진다. 이 경우 구원이 계속 유효하려면, 죄를 지을 때마다 진실한 회개를 계속해서 처음의 중생의 상태로 돌아가야 한다. 적어도 신자라면, 그 죄에 대해서 철저하게 회개할 중심이 있고, 아울러 죽을힘을 다하여 회개의 열매를 맺을 것이다. 왜냐하면 죄를 범해 놓고도 회개하지 않는 것은 하나님과 맺은 생명의 언약에 대한 배신행위요, 사실상 그 언약을 불신했다는 증거가 될 수 있는 까닭이다.

사실 엄밀히 말해서, 한 번 예수님을 믿고 회개한 자는 더 이상 죄를 짓지 않을 것을 전제로 하나님과 언약을 맺었다고 할 수 있다. 그런데 어리석은 인간이 하나님과의 언약을 스스로 깨면서, 문제를 복잡하게 만들어 버렸다. 하나님은 이 문제에 대해 직접적으로 말씀하시지 않지만, 성경 이곳저곳에서 이런 자는 위험하다고 경고하신다.

이는 결국 "중생 단계의 회개"와 "성화 단계의 회개"가 완전히 분리된 것이 아니라, 양자가 서로 깊게 연관되어 있음을 보여준다.

주기도문을 보라!

믿다가 실족해도, 회개 여부를 떠나 구원이 보장되었다면, 왜 제자들에게 "악에서 구원해 주세요!"라고 기도하라고 가르쳐 주셨겠는가?(마 6:13)

이뿐 아니다. 성경은 단호한 어조로 동성연애나 탐욕, 악독 등 불의한 일을 하는 자는 하나님의 나라를 기업으로 상속받지 못하고 죽음의 형벌로 다스려진다고 말씀하신다(롬 1:24-32; 고전 6:9).

" … 시험에 들게 하지 마옵시고, 다만(ἀλλα, 알라, 오직, 도리어) 악에서 구하옵소서!" 여기서 "시험"(πειρασμός, 페이라스모스)은 "유혹"을, "악"(πονηρός, 포네로스)은 "악한 자 곧 사탄"을 의미한다. 따라서 이 문장은 사탄의 유혹에 넘어가 사탄의 지배하에 놓이지 않게 해달라는 뜻이다.

그렇지 않고 이 악이 포괄적인 의미의 악을 의미한다면 다음과 같은 성경의 충돌이 일어난다.

첫째, 이 악에 사도 바울이 그토록 벗어나기 원하여 3번이나 하나님께 간구했던 "육체의 가시"(σκόλοψ, 스콜롶스, 범죄자들의 몸을 꿰뚫는 데 사용되었던 말뚝, 여기서는 육체의 질병?) 곧 "사탄의 사자"(고후 12:7, 참고 갈 4:14; 고후 11:6)를 포함한다면, 왜 하나님께서 "내 은혜가 네게 족하도다. 이는 내 능력이 약한 데서 온전하여짐이라."고 말씀하셨겠는가?(고후 12:9)

둘째, 욥이 당한 시험(test)에서 보듯이, 이 악에 시험까지 포함하여 이런 시험 자체를 당하지 않게 해달라고 기도한다면, 연단 자체가 죄악이라는 의미가 된다. 이 경우 하나님께서 더 큰 복을 주시기 위해 의인을 시험하시는 사랑을 퇴색시킨다.

셋째, 원죄로 인한 가시나 엉겅퀴 등 세상적인 가시적 속성까지도 이 범주 안에 넣으면, 앞에서 언급한 사탄의 유혹과 충돌이 일어난다. 즉 가시를 완전히 이기는 사랑임을 깨닫게 하시기 위해 허용하시는 하나님의 심오한 뜻을 왜곡시키는 결과를 가져온다.

이에 대해 호크마는 제2의 회심을 말하면서, 진정한 돌이킴은 다시 반복될 수 없지만, 신자가 하나님에게서 너무나 멀리 떨어져 나가 있다가, 하나님께로 다시 돌아가야 할 경우가 있을 수 있다고 말한다.[30] 그런가 하면 웨스트민스터 신앙고백 11장 5절도 한 번 의인이 된 자는 절대로 그 의인의 자리에서 떨어질 수 없으나, 이런 자가 다시 죄를 범한 경우, 자신을 낮춰 믿음과 회개를 새롭게 하기 전에는 회복된 하나님의 얼굴의 빛을 볼 수 없다고 말한다.

---

30 안토니 A. 호크마, 『개혁주의 구원론』, 192.

여기서 회복된 하나님의 얼굴의 빛을 보지 못한다는 얘기는 결국 지옥행이라는 얘기가 아닌가?

천국은 하나님의 얼굴의 빛을 볼 수 있는 나라이기 때문이다(계 22:4).

요컨대 믿다가 타락한 자는 자기 안에 사실상 두 주인, 곧 하나님과 세상(어둠의 세력) 모두를 섬기는 형태가 된다. 이때 자기 안에 계신 성령님이 굉장히 답답해하시고, 그도 마치 자기 안에 전혀 성령님이 계시지 않은 것처럼 느끼게 된다. 하지만 믿다가 다시 죄를 범하여 하나님과의 관계가 깨진 자라도, 하나님의 형상을 완전히 다 잃어버린 것은 아니며, 성령님이 여전히 그 사람 안에 남아 계신다.

다만 이 경우는 실제적으로 두 주인을 모신 상태, 또는 잠재적으로 성령님이 주인인 상태가 되기에, 이런 자는 알고 있는 죄에 대하여 중심적으로 회개하지 않는 이상, 전에 단번에 받았던 구원이 위험한 상태가 된다(참고 마 6:24; 왕상 18:21; 민 23:18-28).

즉 믿다가 죄를 지으면 성령님이 당장에 완전히 떠나가시지는 않지만, 실제적으로 온전하게 다스리실 수 없게 된다. 이때는 성령님이 우리가 회개의 열매를 맺을 때까지 가만히 기다리신다.

어찌 보면, 회개하기 전까지 성령님이 우리를 온전히 다스리시지 못하게 된다는 점에서, 사실상 성령님이 떠나가셨다고 얘기하는 것도 무리가 아니다(딤전 4:1; 6:10; 시 51:11).

구약을 보면, 여호와의 신이 사울에게서 떠나고 여호와께서 부리신 악신이 그를 번뇌케 했다고 말씀하시고(삼상 16:14-23, 참고 시 51:11), 또 신약에서 가룟 유다도 처음에는 예수님께 붙잡혀 제자가 되었지만, 후에 예수 그리스도를 은 30에(출 21:32; 슥 11:11-12) 판 까닭에 배가 터짐으로 창자가 다 흘러 비참하게 죽었다고 말씀하시며(요 13:2; 행 1:18), 요한계시록 2장 5절에서도 회개치 아니하면 촛대를 그 자리에서 옮겨버리시겠다고 말씀하신다.

그러므로 이런 상태에 있는 자는 속히 회개의 열매를 맺어, 자기 안에 실제로 한 주인, 곧 성령님만 주인이 되시도록 해야 한다.

3. 중생과 회심과 칭의와 믿음의 관계

"중생"(重生)이라 함은 하나님의 은혜가 전인적으로 영향을 미친 인간 본성의 즉각적인 변화로,[31] "새 생명의 원소가 인간에게 심겨지고, 영혼의 지배적 성향이 거룩하게 되는 하나님의 행위"를 말한다.[32] 이를 호크마는 "갑작스럽고 초자연적이고 근본적인(radical) 변화"로,[33] 바빙크는 "인간 내적 성품이 영적으로 새롭게 되는 것"으로 본다.[34]

그리고 "회심"(돌이킴)은 하나님의 '법적인 행동'보다는 '재창조적인 행동'으로, 인간의 '신분'을 바꾸는 것이 아닌, '상태'를 바꾸는 것을 말한다. 즉 회심은 옛 사람을 벗어버리고 새 사람을 입어 거룩함을 위해 노력하는 의식적 출발점이다.[35] 이에 대해 바빙크는 "회심"은 새 생명의 범위 안에서 일어나고, '믿음'으로부터 흘러나오며, '중생'에 그 뿌리를 둔다고 말한다.[36]

호크마도 '중생'이 일어났다는 외형적 증거가 바로 '회심'이라고 말하면서,[37] 하나님께서 새 생명을 주신 후에야, 비로소 사람이 '회개'와 '믿음'으로 응답할 수 있는 까닭에, 원인적인 측면에서 '중생'이 '회심'보다 앞선다고 본다.[38]

그런가 하면 벌코프는 '회심'이 '회개'와 '신앙'(믿음)으로 구성되어 있기에, 논리적으로 '회개'가 '신앙'보다 선행한다고 본다.[39] 이에 대해 칼빈은 칭의와 회개와 중생은 서로 다르지만 분리되지는 않는다고 보면서도, 구원의 확신은 칭의에서 오는 것이지, 중생에서 나오는 것은 아니라고 말한다.[40]

이런 논란들에 대해 바빙크는 칼빈이 『기독교 강요』 초판에서는 회개를 믿

---

31 루이스 벌코프, 『조직신학 下』, 718.
32 루이스 벌코프, 『조직신학 下』, 718.
33 안토니 A. 호크마, 『개혁주의 구원론』, 168-173.
34 헤르만 바빙크, 『개혁교의학 4』, 102.
35 루이스 벌코프, 『조직신학 下』, 734.
36 헤르만 바빙크, 『개혁교의학 4』, 171.
37 안토니 A. 호크마, 『개혁주의 구원론』, 176.
38 안토니 A. 호크마, 『개혁주의 구원론』, 177.
39 루이스 벌코프, 『조직신학 下』, 741.
40 존 칼빈, 『기독교 강요 3권』, 153, 162, 185.

음 앞에 뒀으나, 2판 이후부터는 거꾸로 순서를 바꿨음을 예로 들면서, 회개가 먼저냐 믿음이 먼저냐를 따지기보다는 그리스도의 인격과의 연합이 더 중요하다고 본다.[41] 특히 호크마는 구원의 과정을 중생 → 돌이킴 → 칭의 → 성화 → 성도의 견인(堅忍, Perseverance of the Saints)[42]과 같이 일련의 연속적인 경험으로 이해되어서는 안 되며, 오히려 '동시에 시작되어 지속되는' 다양한 국면들을 포함하는 하나의 단일한 경험으로 이해해야 한다고 말한다.[43]

즉 호크마에게 있어서 중생·믿음·칭의·회심 등의 표현들은 성경 속에서 구원의 여정에서 나타나는 연속적인 단계들을 가리키기보다는, 사람 속에서 일어나는 변화의 전체 과정을 한 단어로 요약한 것이다.[44] 존 스토트의 견해도 이와 같다.[45] 즉 그는 "은혜를 더하게 하려고 죄에 거하겠느뇨? 그럴 수 없느니라. 죄에 대하여 죽은 우리가 어찌 그 가운데 더 살리요?"(롬 6:1-2)라는 말씀이 칭의가 구원의 유일한 이미지가 아니라는 사실을 보여준다면서, … "구원"이란 단어는 포괄적인 단어로 거기에는 여러 가지 측면이 있어서 그 측면들은 서로 다른 여러 가지 그림에 의하여 예증되는데, … 중생이 칭의의 측면은 아니지만 중생과 칭의는 구원의 측면이 되며, 둘 중 어느 하나는 이루어지면서 다른 하나는 이루어지지 않는 일은 없다고 말한다(참고 딛 3:5).

존 번연도 칭의 교리가 중생이나 회심 교리에 방해되는 게 아니라, 오히려 그리스도의 죽음은 곧 성도의 죽음이므로 회심이나 은혜로 부름 받아 특권을 누리는 일 등 모든 (신앙) 덕목의 바탕이 된다고 본다.[46]

이 책에서는 호크마의 견해를 따르고 있는데, 이는 성경이 중생하지 않으면 천국을 볼 수 없고(요 3:3), 믿지 아니하면 천국에 갈 수 없으며(요 8:24), 돌이켜 회심하지 않으면 멸망당한다고(눅 13:5) 말씀하시는 까닭이다.

---

41 헤르만 바빙크, 『개혁교의학 3』, 645-650.
42 '견인'(堅忍)은 성도는 하나님의 주권적인 능력으로 말미암아, 성도가 천국에 갈 때까지 끝까지 믿음을 지키는 인내의 삶을 살아가게 된다는 교리다.
43 안토니 A. 호크마, 『개혁주의 구원론』, 30.
44 안토니 A. 호크마, 『개혁주의 구원론』, 26, 중인용.
45 존 스토트, 『그리스도의 십자가』, 황영철·정옥배 역 [서울 : IVP, 2003], 255-256.
46 존 번연, 『의롭다 하시는 하나님』, 마리 오 역 (서울 : 씨뿌리는 사람, 2007), 25.

4. 상대적인 구원인가? 절대적인 구원인가?

(1) 구원은 하나님의 전적 은혜의 산물이다

하나님은 내 형질이 이루기 전에 이미 나를 보셨고, 나를 위하여 정한 날이 주님의 책에 다 기록되어 있다고 말씀하시며(시 139:16), 또 태에서부터 우리를 부르셨고 어머니의 복중에서부터 우리 이름을 기억하신다고 말씀하신다(사 49:1).

토기장이 되시는 하나님은 같은 진흙으로 얼마든지 귀히 쓸 그릇과 천히 쓸 그릇을 만들 수 있다(사 29:16; 45:9; 64:8; 렘 18:6; 롬 9:21. 참고 말 1:2-3; 롬 9:18; 요 5:21; 6:45). 심지어 하나님은 악인도 악한 날에 (벌을 받도록) 적당하게 지으셨다고 말씀하신다(잠 16:4).

또 성경은 (하나님이 예수님을 죽은 자들로부터 살리신 것을) 마음으로 믿어 의에 이르고, 입으로 시인하여 구원을 받는다고 말씀하신다(롬 10:9-10). 또 요한복음 5장 24절에서 이렇게 말씀하신다.

> 내 말을 듣고 또 나 보내신 이를 믿는 자는 영생을 얻었고 심판에 이르지 아니하나니, 사망에서 생명으로 옮겼느니라.

그런데 위 문장을 원어로 보면 "(영생을) 얻었고"(ἔχει ζωήν, 에케이 조엔)는 직설법 현재형으로 "현재 영생을 얻다"이고, "옮겼느니라"(μεταβέβηκεν, 메타베베켄)는 직설법 완료형으로 "현재까지 옮겼다"는 뜻이다. 즉 예수 그리스도를 믿는 자는 먼 미래가 아니라 지금 현재 영생을 얻되, 이미 과거에 사망에서 생명으로 옮겨졌을 뿐 아니라, 현재에도 그 효과가 여전히 미치는 상태에 있는 것이다.

이처럼 구원은 창조 이전에 이미 예수 그리스도 안에서 우리에게 주신 자발적이고도 자유로운 하나님의 (전적) 은혜의 선물이다(롬 4:4-5; 11:6; 엡 2:5, 8-9; 딤후 1:9). 구원에 있어서, 인간의 인위적인 노력이나 형식적인 율법의 행위는 조금도 낄 자리가 없다(롬 4:5; 3:24, 27; 11:6; 행 15:9-10; 갈 2:16; 딛 3:5).

(2) 죄 용서는 만세 전의 택함에 의해 이루어진다

① 예정을 이루도록 노력해야 한다

구원의 은혜는 오직 하나님이 시작하시고 하나님이 끝을 내신다. 우리가 우연이라고 생각해도 하나님 편에서 우연은 없으며 다 만세 전부터 예정된 일이다. 가령 내가 주님을 믿는 편을 선택한 것 같아도, 이 자체가 주님이 예정하신 것이다. 또한 하나님 편에서 지옥에 갈 자들이 다 결정되었다고 해도, 그것의 결정은 전적으로 하나님의 영역이기 때문에 인간은 전혀 알 수 없다.

그럼에도 이 구원과 관련하여 인간의 속죄의 노력에 대한 책임마저 모두 없어졌다고 할 수 없다. 구원받도록 하나님이 예정하신 자라면, 예정을 이루도록 노력하여 생명의 길을 택할 것이기 때문이다(신 30:19). 하지만 이러한 인간 편에서의 속죄의 몸부림과 주님을 구세주로 영접하는 노력도 성령님이 전적으로 역사해 주셔야만 가능하다는 점에서, 인간이 구원과 관련하여 할 수 있는 것은 아무것도 없다. 그러기에 우리는 최선의 노력을 다하고, 잠잠히 주님의 구원을 기다려야만 한다(애 3:26).

점점 주님을 닮아가는 성화도 마찬가지이다.

호크마는 인간이 피조물이므로 성령님을 통해 하나님은 그들을 성화시켜야만 하며, 동시에 그들은 인격체이므로 그들 자신이 하나님을 두려워하는 가운데 거룩함을 온전히 이룸으로써, 이 성화의 과정에 책임을 다하여 참여해야 한다고 말한다. 즉 그는 "성화"도 하나님의 사역인 동시에 사람의 과업으로 본다.

하지만 인간이 주님을 닮아 거룩해지려고 노력하는 것 자체가 성령님의 인도하심을 받는 노력일 뿐이고, 하나님의 절대적인 은혜의 선물로서 자기도 모르게 나오는 반응일 뿐이기에, 인간이 성화와 관련하여서 할 수 있는 것은 (앞의 구원의 과정에서처럼) 역시 아무것도 없다.

어떤 인간이라도, 건들면 언제라도 죄의 성향, 곧 죄악을 행할 수 있는 성질이 나올 수 있고, 또 아무리 완벽한 인간처럼 보여도 모든 율법을 다 지킬 수 없는 노릇이기에, 지존자 되시는 하나님 앞에 나는 "의롭다, 선하다"라고 자신

있게 말할 수 없다(요 7:19; 신 27:26; 약 2:10-11; 겔 3:20; 롬 3:20).

하물며 과거에 행했던 악을 회개하지도 않으면서도 조금 선행을 베풀었다고 자신이 의롭다고 말할 수 있겠는가?[47]

특히 예수님을 믿는 자가 가장 조심해야 할 점이 있는데, 그것은 하나님의 은혜로 거룩해진 후 몇 번 선행을 베풀었다고 해서 마치 자신이 착하고 의로운 사람이라도 된 마냥 착각하는 것이다. 그러나 이는 곧 하나님의 은혜를 망각하여, 살려주니까 딴소리하는 격으로 그 은혜의 기초를 짓뭉개는 사고 외에 다름 아니다.

② 하나님과 맺은 언약은 인간 편에서 깨지 않는 이상 영원하다

한 번 구원받으면, 인간이 하나님과 맺은 그 언약을 깨지 않는 이상은 영원히 유효하다. 하나님께서 성령님으로 말미암아 거룩하게 하신 자들은 은혜의

---

[47] 알미니안주의의 5대 교리에 의하면, ① 인간은 비록 타락했지만 자유의지가 남아있어서 자기가 하나님을 믿으려고 하면 믿고, 안 믿으려고 하면 안 믿을 수 있다. ② 성부는 하나님을 믿으려고 하는 사람만 선택해 주시고, 그 외에는 선택하시지 않는다. ③ 성자 예수 그리스도는 만민을 위해서 십자가에 못 박혀 죽으셨으니, 누구든지 그를 믿기만 하면 구원받는다. ④ 성령은 인간의 의지에 의해서 제한을 받는다. ⑤ 성도는 비록 선택을 받은 사람이라 할지라도, 은혜에서 타락하여 영원한 지옥에 갈 수 있다. 이에 비해 도르트 회의에서 확정된 칼빈주의의 5대 교리에 의하면, ① 인간은 에덴동산에서 타락했을 때부터 전적으로 타락했다. ② 하나님께서는 예정된 사람들을 당신의 뜻대로 그리스도 안에서 선택하셨다. ③ 그리스도가 죽으신 것은 모든 사람이나 어느 특정한 사람이 아니라, 어떤 일정한 수의 사람을 구원하기 위해서이다. ④ 구원받기 위해서는 하나님의 외적인 부르심에 성령님의 내적인 부르심이 따라야 하는데, 그 부르심은 불가항력적이다. ⑤ 하나님께서 구원할 길이 없는 사람들을 구원하기로 작정하시고, 그들을 부르셨다고 하면 자기 이름의 영광을 위하여 끝까지 그들을 견인하여 영원한 생명에로 인도하신다. 칼빈주의는 하나님의 절대 주권을 강조하여 모든 것이 하나님의 뜻에 달렸다는 "하나님 중심"의 입장을 취하고, 알미니안주의는 인간의 자유의지를 강조하여 모든 것이 인간의 자유의지에 달렸다는 "인간 중심"의 입장을 취한다. 이와 관련하여 예수님을 진실로 믿는 자가 결과적으로 하나님으로부터 선택된 자가 된다는 점, 그리고 택자처럼 보여도 마지막 날 불법자로 버림당할 수도 있다는 점에서 부분적으로 알미니안주의가 맞는 듯이 보인다. 그러나 하나님만이 하실 수 있는 선택을 인간 편에서 조금이라도 할 수 있다고 생각하는 점과 인간의 자유의지로 얼마든지 구원을 좌우하고 선택할 수 있다는 점에서는, 마지막 날 주님이 우리의 믿음을 참된 믿음이라고 인정해줘야 천국에 갈 수 있다는 성경의 가르침과 맞지 않는다(참고 존 파이퍼, 『하나님을 맛보는 묵상』, 219). 다만 전적인 주님의 은혜로 택자가 된다고 해서 인간의 책임을 전혀 인정하지 않거나, 한 번 택자가 되면 어떤 죄를 지어도 천국에 가는 데 있어서 상관이 없다거나, 최종 구원의 대열에서 결코 탈락할 수 없는 택자를 하나님 편에서가 아니라 인간 편에서 규정짓는 한에 있어서는, 바른 칼빈주의라고 할 수 없다.

자리에서, 전적으로 또는 최종적으로 타락할 수 없다(웨스트민스터 신앙고백 17장 1절).

심지어 하나님은 그렇게 언약을 깬 자에게 회개의 기회를 주시고, 매를 대서라도 그를 언약의 대열에 들어서게 하신다. 다시 말해 주님께 택함을 입은 자는 설사 실족했어도, 철저히 회개하여 주님께 돌아온다.

이토록 하나님의 사랑은 집요하고 엄청나다. 그래서 하나님은 이 언약을 "내 언약"이라고 표현하신다(창 17:9). 이렇게 주님과 맺은 언약은 전능하신 주님의 택정(擇定)에 의해 결정된다는 점에서 매우 안정적이라고 할 수 있다.

그럼에도 인간 편에서 한 번 예수님을 믿으면, 무슨 죄를 지어도 무조건 절대적으로 구원받았다고 말해서는 안 된다. 왜냐하면 택자라고 여김 받은 자도 죄를 범한 후 끝까지 회개하지 않으면, 결과적으로 택자가 아닌 셈이 되기 때문이다. 이런 관점에서 보면, 한 번 예수님을 믿은 자는 영원히 구원이 완성된 것이 아니라, 예비적으로 구원이 완성된 것이다.

③ 청함을 받은 자는 많아도 택함받은 자는 적다

성경은 하나님께로부터 청함을 받은 자는 많아도, 택함을 입은 자는 적다고 말씀하신다(마 22:14; 눅 14:24). 여기서 '청함을 받은 자'라 함은 '직·간접적인 전도와 말씀 선포를 통하여 천국 잔치에 초청받은 자'를 말하며, '택함을 입은 자'라 함은 '그런 전도를 통하여, 복음의 말씀을 듣고 예수님을 영접함으로 말미암아 구원받은 자'를 말한다. 가령 사법시험에 응시하는 사람들이 '부름받은 자'라면 '택함받은 자'는 그 시험에 합격한 자라 할 수 있다.

또한 하나님께서는 마지막 심판 날 "먼저 된 자가 나중 되고, 나중 된 자가 먼저 된 자보다 많으니라."고 말씀하신다(막 13:27; 10:31; 마 19:30). 이 말씀은 마지막 날 하나님을 향한 첫사랑을 순수하게 간직한 자들이 극히 드물 것이라는 의미를 담고 있다. 즉 나중에라도 정신을 바짝 차리고 제대로 예수님을 믿은 자가, 일찍 예수님을 믿었으나 후에 하나님의 은혜의 절대성을 놓친 채 적당히 신앙생활을 한 자보다, 천국의 순위에서 오히려 앞선다는 것이다.

④ 참 믿음일 경우에만 영원히 구원받는다

그런데 천국은 믿음만 있으면 행함이 없어도 들어가지만, 어떤 면에서는 이 믿음이 행함보다 더 어렵다고 할 수 있다. 왜냐하면 이 목표는 눈에 보이지 않을 뿐만 아니라, 이 목표를 자기 안에 이뤄 놓아야 하기 때문이다. 그것도 내 힘과 노력으로서가 아니라, 하나님의 영을 의지해서 말이다. 거기다 최종 합격은 내가 인정한다고 되는 것이 아니라, 하나님이 인정해 주셔야만 한다.

어떤 시험이든지 뭔가 귀한 시험이라면 경쟁률이 치열할 것이다. 시험수준도 어렵고 합격선도 높을 것이다. 이 합격선에 0.1점이 못 미쳐 많은 사람이 떨어질 수 있을 것이기에, 누구든지 할 수만 있다면 안정적으로 합격하고 싶을 것이다.

마찬가지로 천국의 존재를 조금이라도 믿는 사람이라면, 가장 안정적으로 천국에 들어갈 수 있도록 최선을 다할 것이다. 왜냐하면 천국은 세상에서 가장 좋은 직장에 들어가는 것과는 비교도 안 될 만큼 더 좋은 곳이기 때문이다.

요한복음 1장 12절을 보면 "영접하는 자, 곧 그 이름을 믿는 자들에게는 하나님의 자녀가 되는 권세를 주셨으니"라고 말씀하신다. 여기서 '영접하는 자' (ὅσοι ἔλαβον, 호소이 엘라본) 곧 '그 이름을 믿는 자들'(τοῖς πιστεύουσιν εἰς τὸ ὄνομα αὐτοῦ, 토이스 피스튜우신 에이스 토 오노마 아우투)은 각각 과거형과 분사 현재형으로 쓰였기에, 이 문장은 "영접한 자" 곧 "계속 그 이름을 믿는 자들"이 하나님의 자녀가 되는 권세를 얻는다는 뜻이다.

예수님께서 "너희의 인내로 너희 영혼을 얻으리라."고 말씀하신 이유가 여기에 있다(눅 21:19). 믿음이 있어도, 끝까지 인내하여 그 믿음을 지켰을 때만 안정적으로 천국에 들어갈 수 있다. 아브라함이 100살이 되어도 믿음이 약해지지 아니했을 때, 그의 믿음이 의로 여겨졌다고 말씀하심도(롬 4:18-20) 구원이 절대적으로 완성된 것이 아님을 보여준다. 즉 현재의 믿음의 유무(有無)와 앞으로 계속 신앙을 지킬 중심의 유무에 따라, 예전에 지녔던 믿음이 결정된다는 얘기다.

요컨대 그 믿음이 참 믿음인 경우에는 영원히 구원받는다. 이 경우 어느 누구 어떤 피조물이라도 우리 주 그리스도 예수 안에 있는 하나님의 사랑에서 끊을 수 없다(롬 8:39). 그러나 그 믿음이 중심적으로 불순하거나 흠이 있거나 도중에 변질된 경우라면, 믿음 자체에 문제가 있기에, 회개를 통해 참 믿음을 회복해 놓지 않으면 구원과 상관이 없게 된다.

그래서 칼빈은 "정함이 없는 믿음"(시 78:37)은 믿음의 그림자나 형상일 뿐, 진짜 믿음은 아니라고 말한다.[48] 혼인 잔치 비유에서처럼(마 25:1-12), 신랑을 맞을 충분한 기름 준비가 없이 등만 준비된 믿음, 하나님을 경외함이 없는 믿음도 마찬가지이다.

그러면 우리는 과연 천국에 들어가기 위해서 안정적으로 준비하고 있는가? 아니면, 적당히 세상과 타협하면서 위험천만한 곡예비행을 하고 있는가?

믿기만 하면, 아무리 죄를 지어도 구원받게 된다는 입장을 점수로 따지자면 10점짜리일 뿐이다. 이에 비해 믿은 후 그 언약을 깨면, 회개하지 않는 이상 구원받는 것이 매우 위험해진다는 입장은 90점짜리이다. 분명 전자보다 후자가 더 어렵지만, 천국은 좁은 문이라고 말씀하시기에, 천국에 들어가는 데 있어 후자가 훨씬 더 안전함은 두말할 필요가 없다.

또 전자의 입장을 따르더라도, 후자의 입장에 서는 것이 구원은 물론이고 전자보다 더 큰 상까지 받을 것은 상식 아닌가?

5. 전적 부패와 전적 무능력

(1) "예수 안"과 "아담 안"

갓난아이는 부모의 DNA로부터 좋지 않은 영향을 받을 수도 있는데, 그렇다고 갓난아이의 영혼이 사실상 사탄에 지배된 상태라고 말할 수 있을까?

만약 그렇다면, 갓난아이만 유독 억울하게 부모가 지은 죄를 마치 자기가 직접 죄를 지은 듯 덮어쓰는 모양새가 될 것이다.

갓난아이가 어른보다 실제적인 죄를 짓지 않았음에도 회개할 기회도 얻지

---

48   안토니 A. 호크마, 『개혁주의 구원론』, 230, 중인용.

못한 채 바로 지옥행이라면, 실컷 죄를 범한 살인자도 회개할 기회가 주어지거늘, 이에 비해 얼마나 불공평한가?

성경은 아담 안에서 모든 자가 죽은 것이듯이, 그리스도 안에 있으면 모든 사람이 살게 된다고 말씀하신다(고전 15:22). 아담은 인간일 뿐이지만, 예수 그리스도는 하나님의 아들로서 원죄와 조상죄와 자범죄 모두를 단번에 해결하셨기 때문이다. 여기서 '예수님 안'이라 함은 '주님을 구세주로 모셔 들인 상태'를 말한다. 즉 예수님이 단번에 인류의 죄를 대속하셨다고 해서 저절로 '예수님 안'에 속하는 것이 아니라, 본인이 직접 믿어야 한다.

또 "아담 안"은 '타락 전(前) 아담 안'과 '타락 후(後) 아담 안'으로 나눌 수 있다. '타락 전(前) 아담 안'에 있다 함은 아담이 타락하기 전에 실제 죄를 지은 것이 아니라, 잠재적인 죄성이 있는 상태에 놓였던 것처럼, 아담이 죄를 지었다고 해서 우리가 저절로 실제적인 자범죄를 지은 것이 아니라, '아담의 원죄의 영향을 받아, 죄로 인해 부패한 상태'에 놓인 것이라는 뜻이다. 이에 반해 '타락 후(後) 아담 안'에 있다 함은 타락한 아담처럼 '하나님이 보실 때 실제적으로 죄를 지은 상태'를 말한다. 이 경우 엄밀하게 말하면 "아담 안"이 아니라 "사탄 안"이다.

(2) 전적 부패와 전적 무능력

아담의 범죄로 인해 죄가 세상에 들어왔으며, 온 인류에게 사망을 가져와 모든 인간은 언젠가 육체적인 죽음을 맞이할 수밖에 없게 되었고(롬 5:12), (잠재적으로) 죄를 지은 것으로 하나님께 간주되었다. 즉 아담의 타락으로 온 인류는 전적으로 부패하고, 전적으로 무능력해졌다.

여기서 "전적 부패"라 함은 '드러나게 죄를 지은 상태가 아니라, 잠재적인 죄성을 가진 상태'[49]를 말한다. 즉 아담의 죄성이 모든 인류에게 전가되었다는 얘기다. 또 "전적 무능력"이라 함은 '잠재적인 죄성을 가진 상태에서는 하나님께

---

[49] 이에 대해 바빙크도 성경의 가르침이 모든 사람이 실제적인 죄 가운데 살고, 사실상 모든 계명을 위반한 죄책을 지고 있다는 것이 아니라, 인간 본성이 하나님으로부터 멀어졌다는 의미로 이해한다(헤르만 바빙크, 『개혁교의학3』, 145).

서 보시기에 자기 힘으로 선한 것을 할 수 있는 것은 아무것도 없다'는 뜻이다.

그래서 성경은 아담 안에서 '모든' 사람이 죽은 것 같이, 그리스도 안에서 '모든' 사람이 생명을 얻을 것이라고 말씀하시면서도(고전 15:22), 아담의 범죄로 인하여 '많은' 사람이 죽었은즉, 더욱 하나님의 은혜와 또한 한 사람 예수 그리스도의 은혜로 말미암은 선물이 '많은' 사람에게 넘쳤다고도 말씀하시는 것이다(롬 5:15, 참고 히 9:28; 2:10; 롬 5:19; 사 53:11-12).

여기서 우리는 '많은'이라는 단어의 표현에서, 아담의 범죄로 모든 인간이 다 실제적으로 죄를 범한 것이 아님을,[50] 또 예수님이 십자가에 못 박혀 죽으시고 부활하셨다고 해서, 믿지도 않는 사람을 포함한 모든 사람이 다 구원받는 것이 아님을 알 수 있다.

이처럼 '잠재적 죄성'과 '실제적인 죄'는 전혀 다르다. 즉 '잠재적 죄성'은 인간의 자유의지의 동의와 무관하지만, '실제적인 죄'는 인간의 자유의지의 동의 하에 이루어진다. 만약 여기서 '잠재적 죄성'이 '실제적인 죄'와 같다고 해석하면, 성경의 충돌이 일어난다(참고 겔 18:20). 이렇게 해석하면, 오히려 "아담 안"이 "예수님 안"보다 더 큰 영향을 미친 것이 된다. 하지만 단연코 성경은 아담의 죄로 말미암은 영향보다, 예수님의 십자가로 말미암은 영향이 훨씬 더 크다고 말씀하신다(롬 5:17).

(3) 전적 부패에 대한 신앙인의 태도

천국이 우리 안에 있는 것처럼, 모든 사람의 마음 안에는 영적인 에덴동산이 있고, 또 그 안에는 주님이 실제적으로 계시지 않을지라도 잠재적으로 계신다고 할 수 있다. 여기서 주님이 "잠재적으로 계신다"는 말은 '아직 예수님을 영접하지 않았지만, 앞으로 영접할 가능성이 있는 상태'를 뜻한다. 반면에 주님이 "실제적으로 계신다"는 말은 '예수님을 구세주로 영접한 자 안에서 주님이 거하시며 다스리는 상태'를 뜻한다.

---

[50] 탕자의 비유를 보라! 아버지 집을 떠나 죄를 범한 둘째 아들이 다시 아버지 집에 돌아왔을 때, 죽었다가 다시 살아났다고 말씀하고 있다(눅 15:32). 즉 죄를 범하기(집을 나가기) 전의 영혼은 살아 있었다는 얘기다.

필자가 두 살 때쯤 어떤 나이 많은 낯선 어른이 내 얼굴에 자기의 얼굴을 비벼대는 것이 너무 싫어 울었던 기억이 있다. 이처럼 갓난아이도 표현하지 못해서 그렇지, 우리가 모르는 사랑을 지니고 있을지 모르며, 아무리 그에게 예수 그리스도가 누군지 설명을 해줘도 그가 알 리 없겠지만, 그도 영원한 생명을 가지는 것을 원하고 있을지 모른다.

성경은 구원의 확신을 매우 중요하게 다룬다. 그래서 성경은 스스로 책망하지 아니할 정도로 옳은 믿음을 하나님 앞에서 가지고 있어야 한다고 말씀하시며(롬 14:22), "믿음 안에 있는지 너희 자신을 시험하고 너희 자신을 확증하라. 예수 그리스도께서 너희 안에 계신 줄을 너희가 스스로 알지 못하느냐? 그렇지 않으면 너희는 버림받은 자니라."고 말씀하신다(고후 13:5).

성경은 "물"과 "피"와 "성령" 곧 전혀 죄가 없으시면서도 인류의 모든 죄를 대신하여 세례 요한으로부터 받았던 (회개의) 물세례, 십자가에서 흘리신 대속의 피, 그리고 부활하사 진리의 영으로 임하신 성령님, 이 셋이 하나가 되어 예수님이 성자 하나님이심을 증거한다고 말씀하신다(요일 5:6-8). 아울러 이분을 영접한 자의 영혼 안에서도 물과 피와 성령의 증거가 있게 된다. 즉 진리의 말씀으로 모든 죄악과 악독과 허물이 씻긴 회개의 물, 십자가 대속의 피의 사랑, 그리고 그 사람 안에 거하시는 보혜사 성령님, 이 셋이 하나가 되어 그 사람이 예수님을 믿는 자라는 사실을 증거한다.

그런데 앞에서도 언급했듯이, 내 편에서 구원의 확신은 있지만, 예수님께서 인정해 주시지 않는 경우가 있을 수 있고(마 7:23), 반대로 나는 주님을 잘 모르지만, 주님 편에서 나를 인정해 주시는 경우도 있을 수 있다.

이 논리를 조금 더 확장해 보자! 신약의 말씀과 비교하여 구약의 말씀(율법)은 모형이고 그림자인데(히 8:5), 구약에서도 하나님의 말씀으로 죄 용서를 받았다고 말씀하신다(민 14:20; 호 14:2). 그런가 하면 하나님의 말씀이 신약 시대에 예수 그리스도를 통하여 성육신했는데(요 1:14), 구약 시대에서도 천사나 군대 장관 등의 모습으로 그리스도의 현현(顯現, Christophany)이 있었다고 말씀하신다(창 19:1; 수 5:14).

가령 성경은 야곱과 씨름한 천사가 만군의 하나님 여호와이셨다고 말씀하시고(호 12:5), 또한 삼손의 아버지가 만난 천사의 이름이 "기묘자"라고 밝히고 있는데(삿 13:18), 여기서 "기묘자"(פֶּלֶא, 펠레, 지극히 경이로운 분)는 성경에서 예수님을 지칭한다(사 9:6). 이 이야기는 구약 시대에도 우리 편에서는 잘 모르지만, 예수님 편에서 실제로 인정해 주시는 믿음이 얼마든지 있을 수 있다는 의미다.

이런 관점에서 본다면, 갓난아이는 원죄의 심각한 영향 아래에 놓이게 되지만, 주님이 인정해 주시는 믿음이 있었을지 모른다. 갓난아이는 아무것도 모르지만, 아버지는 그런 순수한 어린이를 사랑하시기 때문이다. 이에 대해 칼빈은 아직은 회개와 믿음이 유아 안에 생기지 않았지만, 성령의 은밀한 역사에 의해서 얼마든지 하나님이 중생시킬 수 있고, 그 씨가 그들 안에 숨어 있다고 말한다.[51]

이와 관련하여 웨스트민스터 신앙고백 10장 3절도, 택함을 받은 영아는 어려서 죽는다고 하더라도, 성경을 통해서 그리스도로 말미암아 중생하고 구원받으며, 또 하나님으로부터 택함을 받은 자들도 말씀의 전도를 통해서 외적으로 부르심을 받지 못했다고 하더라도, 중생하고 구원받는다고 본다.

그러나 이에 대한 판단은 전적으로 하나님의 영역에 속한다. 그러기에 인간의 의로는 조금도 구원받을 수 없는 우리는 겸손하게 죄인임을 인정하는 길밖에 없다. 아울러 다른 사람이 구원받았는지에 대해서 함부로 판단하면 안 된다(고전 4:5). 이것이 성도가 하나님 앞에 마땅히 취할 태도다.

요컨대 하나님의 절대적인 관점에서 볼 때, 인간은 죄로 말미암아 전적으로 부패되었다(시 58:3). 인간이 아직 자범죄를 저지르지 않았어도, 잠재적인 죄성이 항상 남아 있으므로, 그 본성이 부패되었다고 보는 것이다. 그래서 성경은 하나님을 찾는 자나, 선을 행하는 자는 단 한 명도 없으며(시 53:2-3; 14:2-3; 전 7:20; 겔 22:30), 하나님 목전에는 의로운 인생이 하나도 없고(시 143:2), 악인은 나면서부터 곁길로 나가 거짓을 말한다고 말씀하신다(시 58:3).

우리의 본성은 만악(萬惡)의 구덩이요 온상이며, 거기서 나온 추악한 것들이

---

51 존 칼빈, 『기독교 강요 下』, 414-415.

세상으로 퍼져 나가는데, 우리의 거룩한 것들을 오염시키는 것이 바로 이 본성의 타락이다.[52] 죄로 죽은 본성을 가지고 온갖 노력을 다해서 거룩에 이르겠다고 하는 것은, 시체를 닦고 잘 손질해서 살려보겠다는 말과 같다.[53]

그러므로 우리 자신의 의지와 능력으로는 절대로 거룩에 이를 수 없다는 것을 바로 알아 오직 믿음으로 겸손히 주님께 나아가야 한다(고후 1:9; 마 9:13-14; 롬 7:24-25; 약 4:14-15).

6. 회개와 사랑과의 관계

어느 날 바리새인 시몬이 예수님을 자기 집에 초청한 적이 있다. 그런데 잔치에 초대받지 아니한 그 동네에서 죄를 지은 어떤 여자가 향유를 담은 옥합을 가지고 와서 예수님의 뒤쪽으로 가, 그 발 곁에 서서 울며 눈물로 그 발을 적시고, 자기 머리털로 닦고 그 발에 입 맞추고 향유를 붓는 게 아닌가?(눅 7:37-38) 이 여인의 소원은 죄용서 받는 것이었는데, 감히 거룩한 하나님의 아들 앞에 나설 수 없어, 몸 둘 바 모른 채 눈물로 예수님의 발을 적신 것이다.

당시 여인이 공개석상에서 머리를 푸는 일은 경멸을 받을만한 일이었고(참고 민 5:18), 특히 죄 많은 여인이 귀한 예수님의 몸(발)에 접촉함은 예수님을 부정하게 만드는 일이었다. 하지만 이 여인은 자기 죄를 유일하게 씻어 주실 수 있는 주님을 매우 사모했고, 그래서 초청받지 않은 바리새인의 집에 들어가 모든 창피를 무릅쓰고 이런 일을 감행했다. 이렇게 하면 사후에 어떤 어려움을 겪게 될 것인지 잘 알면서도 말이다.

이때 예수님은 그 여인에게 "네 죄 사함을 받았느니라. 네 믿음이 너를 구원했느니라. 평안히 가라!"고 말씀하신다(눅 7:50). 그리고 한 말씀을 덧붙이신다. "저의 많은 죄가 사하여졌도다. 이는 저의 사랑함이 많음이라. 사함을 받은 일이

52　토마스 왓슨, 『회개』, 49.
53　월터 마샬, 『성화의 신비』, 112.

적은 자는 적게 사랑하느니라."(눅 7:47)

우리는 여기서 회개와 사랑이 밀접한 관계가 있음을 알 수 있다. 즉 죄 용서를 받기 위해 속죄의 눈물로 예수님의 발을 씻길 때, 예수님을 많이 사랑한다는 증거가 되어 많은 죄를 용서받게 된다는 사실을 말이다(눅 7:47). 진정 이 여인은 자기의 노력으로 주님을 사랑한 것이 아니라, 그만큼 죄에 대한 자각이 컸기에, 회개의 증표로서 이런 사랑의 행위를 보여 많은 죄를 용서받은 것이다. 불의의 재물로 친구를 사귀라는 말씀도 역시 회개의 행위와 사랑이 밀접한 관계가 있음을 보여준다(눅 16:1-9).

요컨대 회개하고 예수님을 믿으면 누구든 죄 용서를 받지만, 예수님을 그 누구보다 사랑할 때도, 그만큼 죄를 용서받게 된다. 이는 사랑이 회개와 믿음 모두를 포함하기 때문이다.

7. 믿음과 순종과의 관계

(1) 행함보다 믿음이 먼저이다

복음은 회개하고 예수님을 구세주로 영접하면, 모든 더러운 죄를 눈감아 주시겠다는 하나님의 복된 소리인데, 이 구원의 비밀인 '복음'은 몹시도 오묘하여 천사들도 살펴보기를 원하는 것이다(참고 벧전 1:12, 참고 롬 11:33).

그런데 뿌리 깊지 않은 나무가 위로만 뻗어가면 반드시 흔들리게 되듯이, 복음에 대한 믿음의 기초가 튼튼하지 아니한 가운데 하나님의 일을 하면, 얼마 가지 않아 버겁게 된다. 그런데도 어떤 이들은 이러한 기본적인 믿음을 당연하게 여긴 채 자꾸 행함을 강조하기도 한다. 그들은 이런 믿음이 성숙한 믿음이라고 여긴다. 하지만 이리되면 억지가 되기 쉽다.

성경은 좋은 나무(믿음)일 때 좋은 열매(행함)를 맺는다고 말씀하신다(마 7:18). 포도나무 되시는 예수님께 붙어 있을 때 저절로 열매를 맺게 된다(요 15:4). 그러기에 예수님께 접붙임 받는 것, 즉 "믿음"이 얼마나 중요한지 모른다.

십자가 죽음을 맞이하기 얼마 전, 예수님께서 마르다의 집에 들어가신 적이 있다. 이때 마르다는 주님과 제자들을 접대하기 위하여 준비하는 일이 많아 마음이 분주한 가운데 열심히 일했으나 역부족이었다. 이에 그녀는 "주여! 내 동생이 나 혼자 일하게 두는 것을 생각지 아니하시나이까? 저를 명하사 나를 도와주라 하소서!"라고 주님께 하소연한다. 동생 마리아가 자기를 전혀 도와주지 않고 철없이 그저 주님의 발아래 앉아 말씀만 듣고 있는 것을 비판한 것이다.

이 하소연에 대해 예수님께서는 다음과 같이 말씀하신다.

"마르다야! 마르다야! 네가 많은 일로 염려하고 근심하나 필요한 것은 한 가지뿐 [54]이니라. 마리아는 이 좋은 편을 택하였으니 빼앗기지 아니하리라."(눅 10:38-42)

모르긴 몰라도 당시 십자가의 죽음과 연관된 매우 심각한 말씀을 듣고 있었을 마리아에 대한 축복의 말씀이다.

여기서 우리는 주님과 제자들을 인간적으로 접대하는 것도 귀한 일이지만, 더 중요한 것은 하나님의 말씀을 듣는 것, 곧 "믿음"이라는 것을 알 수 있다. 지금 중요한 것은 본질, 곧 영원한 생명의 말씀이며 십자가의 사랑이다. 따라서 우리는 하나님의 일을 할 때 본질을 제쳐놓고 자꾸 부수적인 것에 집착하는 태도를 버리고 이에 대한 우선순위를 바로 해야 한다.

정말 주님의 사랑을 믿으면, 마치 동화책의 사자가 실제 내 앞에서 포효하는 것처럼, 이 믿음이 능력이 되어 모든 어둠과 거짓의 역사를 이기게 된다. 주님이 나를 사랑하시는 것이 정말 '진실'이라고 믿으면 심령에 근본적인 변화가 일어나, 그 사람 안에 하나님의 나라가 임하게 되며, 언행심사가 근본적으로 달라진다. 지극히 거룩하신 분이 나를 사랑하여 내 모든 죄악을 씻어주기 위해 바로 내 앞에서 대신 십자가에 못 박히시기라도 한 듯이 믿으면, 평생 한시도

---

[54] 소수 본문인 시내산 본문을 토대로 한 개역한글과 개역개정 4판은 NA(Nestle Aland) 26판 (1979년)을 사용하여 누가복음 10장 42절을 "그러나 몇 가지만 하든지 혹 한 가지만이라도 족하니라."(ὀλίγων δέ ἐστιν χρεία ἢ ἑνός, 올리곤 데 에스틴 크레이아 헤 헤노스)고 번역한다. 하지만 NA 27판(1993년)과 NA 28판(2012년)과 비잔틴 본문을 토대로 한 다수 본문(TR)은 "그러나 필요한 것은 한 가지뿐이니라."(ἑνὸς δέ ἐστιν χρεία, 헤노스 데 에스틴 크레이아)고 번역하고 있다.

잊히려야 잊힐 수 없는 엄청난 충격을 받게 되기 때문이다.

행함과 믿음이 동떨어진 개념은 아니지만, "행함"보다 "믿음"을 우선시해야 하는 이유가 여기에 있다. 어떤 사람이 선행을 많이 베풂으로 당연히 믿음이 좋은 것이라고 단정해서 안 되는 이유도 바로 이 때문이다.

궁극적으로 행함(사랑)이 중요하지만, 믿음이 그 기초가 된다.

구약 시대에 '행하면 살 것'이라는 말씀도(신 30:19) 그 이전에 출애굽, 즉 구원을 전제로 한 말씀 아닌가?

그래서 성경은 너희가 믿지(תַאֲמִינוּ, 타아미누, 히필 미완료형, 너희가 너희로 믿게 하지) 아니하면 정녕히 (하나님 앞에) 굳게 서지(תֵאָמֵנוּ, 태아매누, 니팔 미완료형, 세워지지) 못할 것이라고 말씀하시고(사 7:9), 또 예수님을 믿는 것이 곧 하나님의 일이라고 말씀하신다(요 6:29).

요컨대 행함은 믿음이 있으면 자기도 모르게 나오게 되는 것이다. 그러기에 어떤 경우에도 믿음을 우선순위에 두고, 먼저 마음을 다해 주님을 믿도록 해야 한다(잠 3:5). 즉 나의 마음 안을 온통 "하나님이 얼마나 나를 거룩하고도 완전하게 사랑하시는지! 십자가에서 죽으시고 부활하시기까지 사랑하시는구나!"로 채워야 한다(막 1:15, 참고 시 37:5-6; 잠 16:3).

(2) 행함이 없는 믿음은 죽은 믿음이다

믿음이 이토록 중요하지만, 그럼에도 행함 없는 믿음을 위해 예수님이 이 땅에 오신 것이 아니다. 예수님은 죄인들을 회개시켜 다시는 죄를 짓지 않게 하려고 죽으셨는데, 여기에는 물에 빠져 죽어가는 자를 건져줄 때, 또다시 물에 빠지는 행위를 되풀이하지 않을 것이라는 신뢰가 들어 있는 셈이다.

사랑은 믿음의 증거다. 믿었으면 사랑하게 되고, 사랑하면 더 큰 믿음을 가지게 된다. 왜냐하면 사랑을 주기 이전에 믿음이 채워지기 때문이다. 이처럼 사랑은 믿음을 더욱 견고하고 윤택하게 만든다. 이에 대해 성경은 행함이 없는 믿음은 죽은 믿음이고(약 2:26), 믿음으로만 의롭게 되는 것이 아니라, 행함으로써 의롭게 된다고 말씀하신다(약 2:24). 하나님은 말로만 당신을 시인하고, 행위로는 부인하는 것을 (전혀) 기뻐하지 아니하시고 가증하게 보신다(딛 1:16).

예수님은 아들이시라도 받으신 고난으로 순종함을 배워서 온전하게 되었은즉, 자기를 순종하는 모든 자에게 영원한 구원의 근원이 되신다(히 5:8-9).

그러기에 기독교의 의(믿음)는 위선적으로 선행을 일삼았던 서기관들의 의보다 더 높아야 한다(마 5:20). 즉 불신자나 기신자나 모두 선행을 베풀어야 하는 것은 당연하되, 믿는 자는 믿음에 의한 행함의 열매까지 내야 한다. 어떤 면에서 하나님은 세상에서의 도덕적 선행보다 더 높은 열매를 우리에게 요구하셨다.

가령 예수님을 구세주로 영접했다는 자가 단지 천국 시민권자의 성화적(聖化的) 의무라고만 생각하여, 뻔히 알면서도 사실상 원수를 사랑하지 않고, 이웃의 죄와 허물을 진심으로 용서하지 못한다면, 구원과 관련해서 위험할 수 있다. 왜냐하면 성경은 다음과 같이 말씀하시기 때문이다.

> 너희가 각각 중심으로 형제를 용서하지 아니하면, 내 하늘 아버지께서도 너희에게 이와 같이 하시리라(마 18:35).

(3) 믿음과 사랑은 함께 간다

이처럼 믿음과 사랑(순종)은 함께 간다(참고 롬 1:5; 16:26; 갈 5:6; 신 11:22-24). 그래서 성경은 예수님을 믿는 자에게 영생이 있다고 말씀하시면서도, 예수님에게(τῷ υἱῷ, 토 휘오) 순종하지 아니하는 자는 영생을 보지 못한다고 말씀하시며(요 3:36), 말씀을 믿을 때 그것이 우리의 의가 되지만, (알고 있는) 모든 말씀을 다 지킬 때 그것이 우리의 의가 된다고 말씀하신다(창 15:6; 신 6:25).

또 불순종했기에 하나님의 안식에 들어가지 못했다고 말씀하시면서도 믿지 않았기에 못 들어갔다고도 말씀하시며(히 3:18-19), 믿음으로 좇아 하지 않는 모든 것이 죄가 된다고 말씀하시면서도, 알고도 선을 행하지 않는 경우에도 죄가 된다고 말씀하신다(롬 14:23; 약 4:17).

예수님을 믿었을 때 주님이 우리 안에, 우리가 주님 안에 있게 되지만, (하나님의 말씀을) 행했을 때 주님이 우리 안에, 우리가 주님 안에 있게 된다는 말씀도 마찬가지이다(요일 4:15; 3:24).

칼빈은 믿음으로 의롭게 되지만, 의롭게 하는 믿음은 반드시 행함과 함께 한다고 말한다. 이에 대해 박영돈은 다음과 같이 말한다.

"칼빈에 따르면, 그리스도 연합의 바탕 위에서 믿음과 회개, 칭의와 성화는 긴밀하게 연합돼 기독교인의 삶에 병행된다."[55]

성화 없이 칭의에 근거해서만 구원받지 못하듯이, 행함 즉 순종과 회개의 열매 없이 믿음으로만 구원받지도 못한다는 것이다. 루터도 『기독인의 자유』에서, "믿음"을 통해 그리스도 안에 살고, "사랑"을 통해 이웃 속에 산다고 말한다. 개혁신학 전통도 믿음과 삶을 분리하지 않고 협력하는 관계로 본다. 이처럼 믿음과 믿음에 의한 행함은 서로 모순되지 않는다.

요컨대 믿음이 없는 사랑은 씨 없는 사랑이자 세상적인 사랑에 불과하고, 사랑이 없는 믿음은 열매가 없는 믿음이자 죽은 믿음일 뿐이다. 이에 대한 예수님의 책망을 들어보라!

> 너희는 나를 불러, 주여! 주여! 하면서도 어찌하여 나의 말하는 것을 행치 아니하느냐?(눅 6:46)

그러므로 기독교의 믿음은 행함이 전제된 믿음이며, 성령님의 인도하심에 따라 사랑으로 역사하는 믿음이다(갈 5:6). 즉 말씀을 실천할 기회가 있을 때 성령님의 인도에 따라 행하는 자가, 주님이 인정해 주시는 믿음을 가진 자다.

8. 무언의 신뢰

에이즈에 걸린 자를 고쳐줬더니 다시 에이즈에 걸릴 짓을 했다면, 고쳐준 사람의 무언의 신뢰를 깬 것이 될 것이다. 마찬가지로 성령으로 시작했다가 육체로 마치거나, 영으로써 몸의 행실을 죽이지 않고 육신에 져서 육신대로 산다

---

55 2016년 12월 5~6일 연동교회 주최, "이신칭의, 이 시대의 면죄부인가?" 주제 포럼에서

면, 주님과 맺은 무언의 신뢰를 깬 것이 된다(갈 3:3; 롬 8:12). 또 자기 죄를 용서받은 자가 이웃의 죄는 용서해 주지 않는다면, 역시 주님의 무언의 신뢰를 깬 것이 된다. 머리가 되는 복을 받았다고 해서, 위에서 군림하며 대접만 받으려는 태도도 마찬가지이다. 왜냐하면 주님과 언약을 맺은 자는 세상적인 복을 받아도 그것으로 더욱 하나님의 일을 위하여 헌신할 것이라는 무언의 약속을 주님과 맺었기 때문이다.

여기서 우리는 주님의 사랑의 구속을 두 가지로 나눌 수 있다. 하나는 처음 주님을 영접했을 때의 '믿음에 의한 구속', 이를 편의상 '믿음의 1차 구속'이라 한다. 또 하나는 '믿음에 의한 행함의 구속', 이를 편의상 '믿음의 2차 구속'이라 한다. 이 가운데 후자의 구속은 믿은 후 더 이상 죄를 짓지 않고, 알고 있는 하나님의 모든 말씀에 순종하겠다는 '무언의 신뢰의 구속'을 담보로 한 것이다. 이런 관점에서 볼 때, 성화(聖化)도 중생한 후 더욱 온전히 주님만을 의지하고 사랑할 것이라는 무언의 신뢰가 전제된 것이라고 할 수 있다.

9. 앎과 행함의 관계

성경은 존귀에 처하나 깨닫지 못하는 사람은 멸망하는 짐승 같아 결국 망한다고 말씀하신다(호 4:14; 시 49:20). 그래서 예수님은 자주 "읽는 자는 깨달으라!"고 말씀하셨다(마 24:15, 참고 마 13:51; 15:10, 16; 막 7:14, 18). 말씀을 듣고 깨달을 때라야, 삼십 배, 육십 배, 백 배의 결실을 얻기 때문이다(마 13:23, 참고 눅 18:34; 9:45; 요 8:43, 47).

하늘에 속한 자는 하나님의 말씀을 듣고(요 8:47), 하나님은 이렇게 귀를 기울여 당신의 말씀을 듣는 자의 영혼을 살리신다(사 55:3, 참고 렘 7:23; 요 5:25). 귀가 할례를 받지 못해 하나님의 말씀임을 깨닫지 못하고, 그래서 돌이켜 고침을 받지 못할 뿐이다(렘 6:10; 요 8:43; 12:40; 사 1:3-4).

우리는 여기서 '듣는다'(שָׁמַע, 샤마, ἀκούω, 아쿠오)는 의미가 단순히 귀로 듣기만 한다는 의미가 아니라, 하나님의 말씀으로 들려, 그 말씀을 깨달아 알며 믿고 순종하는 것 모두를 포함한다는 것을 알 수 있다. 가령 엄마가 자식에게 공부하라고 했는데, 자식이 알았다고 하면서 놀고 있다면, 그 음성을 제대로 들은 것이 아닐 것이다.

"안다"는 의미도 마찬가지이다. 요한복음 17장 3절에 "영생(永生)은 곧 유일하신 참 하나님과 그의 보내신 자 예수 그리스도를 아는 것이니이다."라고 말씀하시는데(참고 잠 1:7; 빌 3:8; 벧후 1:3; 시 91:14; 호 6:6), 여기서 '안다'(γινώσκω, 기노스코, יָדַע, 야다)는 '관념적으로만 아는 것'이 아니라, '체험적(인격적)으로 아는 것' 곧 '전인격적인 지식'을 의미한다.[56]

그래서 성경은 (전인격적으로 안다는 것을 전제로) 주의 이름을 아는 자는 주를 의지한다고 말씀하시고(시 9:10), 아울러 주님께서도 당신을 의뢰하는 자와(나 1:7), 당신이 택한 양을 아신다고 말씀하신다(딤후 2:19; 요 13:18; 10:14).

그런데 엄마가 과연 내 엄마인지에 대하여 그냥 믿기에 아는 것처럼, 예수님을 알기 위해서는 먼저 예수님을 인격적으로 믿어야 한다. 또 믿었다면 알고 있는 하나님의 모든 말씀 안에 거(居)해야 한다. 왜냐하면 말씀 안에 거해야 주님의 제자가 되고, 진리가 되시는 예수님을 알게 되기 때문이다(요 8:31). 그래서 성경은 하나님을 아는 것과 믿는 것에 하나가 되어야 한다고 말씀하신다(엡 4:13, 참고 요 6:69).

그렇지 않고 하나님을 안다고 하면서도 계명을 지키지 않으면, 거짓말하는 자요, 진리가 그 속에 없는 자이며(요일 2:4), 하나님과 사귐이 있다 하고 어두

---

56 예수님은 '부서지기 쉬운 조약돌'이라는 이름을 가진 '시몬'을 '베드로'(게바, 반석)라는 이름으로 바꿔 주셨으나, 베드로는 본의 아니게 세 번씩이나 저주·맹세까지 하면서 주님을 부인한다. 하지만 부활하신 예수님께서는 이런 베드로에게 세 번이나 "나를 사랑하느냐?"라고 물으셨고, 그때마다 베드로는 "내가 주님을 사랑하는 줄 주님께서 아시나이다."라고 대답한다(요 21:15-17). 이 부분에서 많은 사람이 첫 번째와 두 번째 질문에서 '사랑하느냐'가 '아가파오'(ἀγαπάω)로 쓰였고 '아시나이다'도 '에이도'(εἰδω)로 쓰였으나, 세 번째 질문에서는 '필레오'(φιλέω)로 쓰였고 '기노스코'(γινώσκω)로 쓰였기에 그 의미가 다르다고 해석한다. 즉 '아가페'는 '무조건적인 사랑'을, '필레오'는 '친구 간의 조건적 사랑'을 의미하며, '에이도'는 '단순한 관념적 지식'을 '기노스코'는 '교제를 통한 체험적인 지식'을 의미하기에 다른 의미가 있다는 것이다. 그러나 요한복음을 보면 '아가페'와 '필레오'가 서로 같은 의미로 혼용하여 쓰일 때가 많이 있고(요 19:26; 20:2), 또 당시 예수님과 베드로가 나눴던 대화에서 '아가페'와 '필레오'가 모두 같은 사랑을 나타내는 아람어로 쓰인 점을 들어, 이런 구분은 무의미하다고 보는 관점도 있다.

운 가운데 행하면, 거짓말을 하고 진리를 행하지 아니한 자이다(요일 1:6).

요컨대 "하나님을 아는 것"과 "하나님의 말씀을 청종하는 것" 그리고 "믿음"과 "사랑(행함)"을 완전히 분리해서 생각하는 것은 바람직하지 않다. 왜냐하면 넓은 의미에서 "하나님을 아는 것"은 곧 "하나님의 말씀을 듣고 깨달아 믿되, 믿음으로 행하는 것"까지 포함하기 때문이다. 그래서 성경은 하나님의 말씀을 읽고 듣고 (알고 믿고) 지키는 자가 복이 있다고 말씀하신다(계 1:3; 22:7, 참고 요 8:43; 신 29:4).

10. 과거 · 현재 · 미래적 구원

요한계시록 22장 14절을 보면 "그 두루마기(στολὰς, 스톨라스, 긴 겉옷들)를 빠는 자들은 복이 있으니"라고 말씀하신다. 여기서 "빠는"(πλύνοντες, 플뤼논테스, 계속 빨다)은 현재분사 시제로 쓰였다. 반면 갈라디아서 3장 27절을 보면 "누구든지 그리스도와 합하여 세례를 받은 자는 그리스도로 옷 입었느니라."고 말씀하신다. 여기서 "옷 입었느니라"(ἐνεδύσασθε, 에네뒤사스쎄)는 과거 시제로 쓰였다. 그리고 요한계시록 7장 14절에서 "이는 큰 환난에서 나오는 자들인데 어린양의 피에 그 옷을 씻어 희게 하였느니라."고 말씀하신다. 여기서 "씻어(ἔπλυναν, 에플뤼난) 희게 하였느니라(ἐλεύκαναν, 엘류카난)"는 모두 과거 시제로 쓰였다.

그런데 성도가 입는 옷(세마포, 그리스도의 흰옷)은 앞에서 언급했듯이 "회개"와 "칭의(믿음)"를 가리키므로, 이로써 우리는 "단번에 구원을 얻는 회개와 칭의"가 "성화적 회개와 칭의"와 서로 밀접하게 연관되어 있음을 알 수 있다.

아울러 요한복음 5장 24절에서 "나 보내신 이를 믿는 자는 영생을 얻었고 심판에 이르지 아니하나니 사망에서 생명으로 옮겼느니라."고 말씀하신다. 여기서 "옮겼느니라"(μεταβέβηκεν, 메타베베켄)는 과거 시제로 쓰였다(참고 엡 2:8; 롬 8:24). 그런가 하면 빌립보서 2장 12절에서 "항상 복종하여 두렵고 떨림으로 너희 구원을 이루라!"고 말씀하신다(참고 빌 3:12; 고전 15:2). 여기서 "구원을 이루라"(κατεργάζεσθε σωτηρίαν, 카테르가제스쎄 소테리안)는 현재 시제로 쓰였다. 또한 로마서 5장 9절에서 "그러면 이제 우리가 그 피를 인하여 의롭다 하심을 얻었은즉 더욱 그로 말미암아 진노하심에서 구원을 얻을 것이니"라고 말씀하신다. 여기서 "구원을 얻을 것이니"(σωθησόμεθα, 소쎄소메싸)는 미래 시제로 쓰였다(참고 마 10:22; 24:13; 딤전 4:16). 이처럼 구원에 있어서도 과거와 현재와 미래가 서로 밀접하게 연관되어 있다.

그런가 하면 요한계시록 19장 8절에서 "세마포"는 성도들의 "옳은 행실"이라고 말씀하신다. '회개'와 '칭의'를 상징하는 세마포(흰 옷)가 눈이 부시도록 아름다워야 할 성도의 '올바른 행실'까지 의미하고 있다. 마태복음 5장 16절에서도 우리 빛을 사람 앞에 비추어, 우리 착한 행실을 보고, 하늘에 계신 우리 아버지께 영광을 돌리게 하라고 말씀하신다(마 5:16).

이에 대해 바빙크는 다음과 같이 말한다.

"영원한 칭의는 그리스도의 부활과 복음과 소명, 그리고 믿음과 행위를 통한 성령의 증거 가운데 마지막 심판에서 반드시 진전되고 완성되어야 한다."[57]

이와 관련하여 최갑종은 바울이 칭의와 성화를 모두 포함하는 더 큰 개념인 '구원'을 표현하면서 과거, 현재, 미래 시제를 사용하고 있다는 사실은 한편으로 칭의와 성화가 모두 과거, 현재, 미래의 차원을 가지고 있다는 것과, 칭의는 과거 사건, 성화는 현재 사건, 구원은 미래 사건처럼 획일화시킬 수 없음을 보여준다면서(참고 롬 5:1, 9; 6:7; 3:20, 24; 2:13; 8:24; 10:13; 고전 6:11; 1:18; 15:2; 갈 2:16; 딛 3:4-7; 엡 2:5; 딤전 4:16; 딤후 4:18), 특정한 성경 구절에 근거하여 아무리 칭의와 성화를 구분한다고 하더라도 그 외의 다른 성경 구절에서는 양자를 서로 동일시한다는 사실을 잊지 말아야 한다고 말한다.[58]

김세윤도 전통 신학의 '구원의 서정'을 인정하기는 하지만, 계속 그 구도 속에서 의로운 삶을 요구한다는 것은 한계가 있고, 무엇보다 바울의 '성화'의 개념에 맞지 않는다면서, '칭의'의 진정한 의미와 구조를 더 충분히 이해하여 살

---

57 헤르만 바빙크, 『개혁교의학3』, 737.
58 최갑종, 『칭의란 무엇인가』 (서울 : 새물결플러스, 2016), 229.

려야 한다는 취지에서, '칭의'와 '성화'를 사실상 동의어로 본다. 즉 세례 때 우리가 받는 '구원'을, 죄 사함을 받고 하나님과의 올바른 관계로 회복됨이라는 관점에서는 '칭의'라고 보고, 죄 씻음을 받고 거룩한 하나님의 백성으로 바쳐짐으로 볼 때는 '성화'라고 본다.[59]

그러나 내가 하나님의 자녀인지 아닌지 항상 의심하고 불안·초조해하면서 신앙생활을 하는 것은 바람직하지 않다. 오히려 이렇게 영혼들을 애매하고 미심쩍어하고 의심하고 망설이는 상태에 그냥 내버려 두며, 가련한 영혼을 '마골밋사빕'(사방으로 두려움) 즉, 자기 자신에게 두려움이 되는 것으로 만들어버리는 행태는 전형적인 알미니안주의자들의 주장일 뿐이다(참고 렘 20:3).[60] 신앙생활을 하다가 때로는 넘어질지라도 일단 하나님의 자녀가 되었다는 구원의 확신을 가지고 다시 일어나는 것이 성경의 가르침이다(잠 24:16). 이런 점에서 '칭의'와 '성화'는 명확히 구별되어야 하며, 이에 대한 우선순위도 분명해야 한다(롬 8:15, 23).

요컨대 성도가 입는 옷에서만 보더라도 과거·현재·미래적 구원과 회개·믿음·성화(행함) 등이 서로 밀접하게 연결되어 있음을 볼 때, 한 번 믿거나 회개했다고 모든 것이 다 끝난 것이 아님을 알 수 있다. 즉 그리스도인은 회개하고 예수님을 믿음으로 이미 구원받은 존재이지만, 아직 최종적인 구원[61]이 남아 있기에, 현재에도 여전히 미래의 구원을 이루어가야 하는 존재인 것이다.

---

59 김세윤 외 2인, 『하나님 나라 복음: 신·구약을 관통하는 하나님의 다스림』, 313.
60 토마스 브룩스, 『지상에서 누리는 천국』, 53.
61 오스카 쿨만은 신자가 최종 구원을 소망하는 것을 두고 이렇게 표현한다. '이미 구원을 얻었다. 그러나 아직 완전한 것이 아니다.' 이를 '디데이(D-day)', '브이데이(V-day)'라고 한다. 이에 대한 유래는 다음과 같다. 즉 2차 세계대전 때 연합군이 독일과의 치열한 전투를 벌일 무렵, 독일에 "롬멜"이라는 명장이 있었는데, 그 롬멜 장군이 1944년 6월 초 독일군에게 프랑스 서부해안의 경계를 강화하라고 명령을 내린다. 왜냐하면 연합군이 프랑스 서부해안으로 상륙하면 독일군이 결정적으로 불리할 것이 뻔했기 때문이다. 그런데 그때 갑자기 프랑스 서부해안에 기상악화로 인한 안개가 끼어 한 치 앞을 내다볼 수 없게 되자, 그는 연합군이 침투하지 못할 것으로 안심하고 아내의 생일파티에 참석하기 위해 베를린으로 가 버린다. 그 틈을 타 연합군은 6월 6일 대대적인 상륙작전을 감행하여 결정적인 승리를 확보한다. 이날이 '디데이(D-day)'다. 이때부터 '공격 개시 예정일' 또는 '중대사가 벌어지는 날'의 의미로 '디데이(Decision-day)'를 사용하고 있다. 그 후 독일은 끝까지 저항했지만 연합군이 최후의 승리를 거둔다. 그래서 독일과의 전쟁을 끝내던 바로 이날을 '브이데이(Victory-day)'라고 부른다.

하나님께서 원래의 가지였던 유대인들이 실족했을 때에도, 엄격하게 당신의 공의를 적용하셨다면, 원(본래의) 가지에 접붙임 된 우리 이방인들은 얼마나 더 엄정하게 적용하시겠는가?(롬 11:21)

하나님의 큰 구원을 등한시해 놓고는 (하나님의) 심판을 피할 수 없다는 것이 성경의 진리이다(히 2:3). 그래서 성경은 처음에 가졌던 (구원의) 확신을 끝까지 확고하게 잡을 때라야 그리스도와 함께 참여한 자가 된다고 말씀하시며(히 3:6, 14, 참고 요일 2:24), 또 예수님의 이름을 지키려고 핍박을 당할지라도, 끝까지 견디는 자라야 구원받게 된다고 말씀하신다(마 10:22; 24:13; 막 13:13).

그러기에 우리는 다음과 같은 각오를 다져야 한다.

첫째, 교만하게 이미 온전히 구원을 이루었다고 말하지 말고, (사도 바울처럼) 오직 예수님께 잡힌 바 된 것을 잡으려고 좇아가는 자가 되어야 한다(빌 3:12, 참고 벧후 1:10).

둘째, 겸손한 마음으로 "최종적인 구원"과 "완전한 칭의"를 위하여 매일 매일 애쓰는 자가 되어야 한다.

셋째, 항상 하나님께 복종하고, 두려움과 떨림으로 구원을 온전히 이뤄야 한다(빌 2:12).

넷째, (빌라델피아 교회처럼) 가진 것(은혜)을 굳게 잡아 아무도 우리 면류관을 빼앗지 못하게 해야 한다(계 3:11; 2:25, 참고 요일 2:21). 즉 단번에 주신 믿음의 도를 지키기 위하여 힘써 싸우는 자가 되어야 한다(유 1:3).

다섯째, 한 번만 잘 믿으면 어떠한 죄를 지어도 상관없다는 식으로 하나님을 시험해서는 안 된다(롬 11:21-23).

11. 믿으면 행하게 된다

(1) 하나님은 신자의 행복을 위해 무조건 순종을 원하신다

정말 실력이 있는 강사는 학생이 자기가 가르쳐 준 대로만 하면, 가장 빨리 명문대를 갈 수 있도록 해 주는 능력을 지니고 있다. 그래서 강사가 그때그때의 단계에 따라 지시한 대로 학생이 순종하면 합격하지 못할 리 없다. 그러나 어리석은 학생은 한 번도 체험해 보지 못했다는 이유로 그것을 그저 그런 것으로 생각하여 순종하지 못한다. 이 이야기는 신앙에서도 그대로 적용된다. 성도가 하나님의 명령을 따라 힘을 다하여 순종하면, 안전하게 천국에 들어갈 수 있을 뿐 아니라 많은 상급도 받을 수 있다. 우리가 하나님의 모든 말씀에 대해서 무조건 즉각 순종해야 할 이유다.

창세기 22장 2절 이하를 보면, 믿음의 조상 아브라함에게 하늘의 별처럼 자식을 주시겠다고 약속하신 하나님이 무려 25년 만에, 즉 그의 나이 100세에 독자 이삭을 주셨는데, 야속하게도 후에 그 아들을 당신께 바치라고 명령하신다.

지금도 아이를 가지기 힘든 경우, 인공수정 등 별 방법을 다 써볼 텐데, 당시 그렇게 오랜 인고의 세월 끝에 가진 자식이 얼마나 귀했겠는가?

그럼에도 아브라함은 그동안 신앙의 실력을 토대로 이 말씀에 순종했고, 하나님은 이 어려운 시험을 당당하게 통과한 아브라함에게 이렇게 말씀하신다.

> 내가 네게 큰 복을 주고 네 씨로 크게 성하여 하늘의 별과 같고 바닷가의 모래와 같게 하리니, 네 씨가 그 대적의 문을 얻으리라. 또 네 씨로 말미암아 천하 만민이 복을 얻으리라(창 22:17-18).

하나님께서는 우리에게 큰 복을 주시기에 앞서 당신의 말씀에 절대적으로 순종하는지 시험하실 정도로 우리를 사랑하시는 분이다. 진정 우리의 유익을 위하여 가르치고 우리를 마땅히 행할 길로 인도하시는 하나님은(사 48:17) 우리의 행복을 위하여 당신의 말씀을 지키라고 명령하실 정도로 우리를 사랑하신다(신 10:13; 6:24).

(2) 믿으면 단순하게 순종한다

> 성경에 가끔 등장하는 레갑 족속은 정통 유대인이 아니라, 모세의 장인 호밥이 속했던 미디안 유목민, 겐 족속이었다(민 10:29; 왕하 10:15-29). 그런데 이들이

출애굽 때 이스라엘과 합류하면서 개종하여 이스라엘의 신앙공동체의 일원이 된 후, 하나님을 신실하게 섬긴다.

훗날 이들 족속 가운데 "레갑"이라고 하는 훌륭한 인물이 나왔고, 그 사람의 이름을 따서 레갑 자손이라고 했는데, 그중 레갑의 장남 요나답(여호나답)은 그 신앙이 모범적이어서, 자기 후손들에게 "포도주를 마시지 말고, 집을 짓지 말며, 농작물을 재배하지 말고 평생 장막 속에서 (단순하게 하나님만을 의지하면서) 생활하라!"는 신앙의 전통을 세운다.

그로부터 약 230년 후, 하나님은 레갑 자손들이 그 단순한 전통을 지키는지 시험하기 위하여, 예레미야 선지자로 하여금 그들에게 포도주를 마시도록 했는데, 그들은 마치 하나님께 헌신된 나실인[62]처럼 끝까지 포도주를 거부한 채 신앙을 지킨다(렘 35:13-15).

본회퍼는 인간은 단순성과 복잡성 사이에서 동시에 살 수 없고,[63] 예수님은 우리가 항상 단순하게 순종하도록 인도하신다고 말한다.[64] 엘리어트도 기독교를 가리켜 "우리의 전부를 대가로 요구하는 완전한 단순성의 상태"라고 말한다.[65]

이 단순한 순종은 하나님 앞에 죄 용서를 받았을 때의 긴급성에 근거한다.

그야말로 "사느냐? 죽느냐?"의 갈림길에 있었을 때 무슨 말이 필요했던가?

살기 위해서 계산하지 않고 믿어야만 했듯이, 또 믿었으면 계산하지 않고 그냥 단순하게 순종해야 한다.

잔머리를 잘 굴리면 세상적으로 화려한 삶을 살 수 있을지 모르지만, 세상적인 화려함은 절대로 순수할 수도 단순할 수도 없다. 그러므로 계산이 들어간

---

62 나실인은 하나님께 서원하여 구별되게 하나님께 바쳐진 사람들인데, 하나님 앞에서 지켜야 할 세 가지 금령이 있었다. 첫째, 포도주나 포도 열매조차 먹어서는 안 되었고, 둘째, 머리에 삭도를 대지 말아야 했고, 셋째, 사체(死體)를 가까이하면 안 되었다(민 6장). 참고로 삼손과 사무엘, 세례 요한 등이 나실인이었다.

63 디이트리히 본회퍼, 『윤리』, 31.

64 디이트리히 본회퍼, 『나를 따르라』, 61.

65 리처드 J. 포스터, 『심플라이프』, 윤종석 역 (서울 : 규장, 2003), 137.

복잡한 순종은 어떤 면에서 율법이요, 단순성을 상실한 것은 곧 주님께 불순종한 것이다. 하나님의 뜻은 지극히 명료하고 단순하지만, 사탄은 자꾸 복잡하게 하고 혼란만 가중시키는 까닭이다.

(3) 나타난 일은 우리에게 속한다

계명이 왜 있는가?
율법이 왜 있는가?
믿음이 왜 있는가?
소망이 왜 있는가?
예배나 기도, 찬양, 봉사, 은사, 구제 등이 왜 있는가?
하나님과 이웃을 거룩하게 사랑하라고 있는 것이 아닌가?

하지만 죄를 지은 인간은 자기 안의 죄가 그를 가만히 내버려 두지 않기 때문에, 아무리 거룩하게 사랑하려고 해도 자기 뜻대로 잘 안 된다. 하나님께서 이 점을 잘 아셔서 예수님을 이 땅에 보내신 후 대신 십자가에 못 박으시고, 이 십자가의 사랑 속에 모든 하나님의 말씀을 종합적으로 응축시켜, 성령님의 도우심으로 이 사랑만 영접하면 누구든지 구원받도록 하셨다. 즉 회개하고 예수님만 믿으면 영생을 얻고 자기도 모르게 하나님의 말씀을 더 잘 지키도록 하셨다(참고 신 30:6).

성경은 감춰진 것들은 여호와 하나님께 속하나, 나타난 것들은 영원히 우리에게 속한다고 말씀하신다(신 29:29). 여기서 "(그) 감춰진 것들"(הַנִּסְתָּרֹת, 한니스타로트)은 '사타르'(סָתַר)의 니팔 분사형으로 "하나님께서 계시하지 않은 것들"을 말하고, "(그) 나타난 것들"(הַנִּגְלֹת, 한니글로트)은 '갈라'(גָּלָה)의 니팔 분사형으로 "하나님께서 계시한 것들"을 말한다. 그러니까 "나타난 것들"이 우리에게 속한다는 말씀은 우리가 알고 있는 모든 말씀을 지키는 일이 우리의 의무와 책임이라는 뜻이다.

그러므로 가령 식사할 때 "하나님! 밥을 먹어야 할까요?"라고 기도한 후, "먹어도 좋다!"는 하나님의 음성이 들릴 때까지 밥을 먹지 않는 것은 어리석은 행위다. 이때는 특별한 경우(가령 금식, 질병)가 아니면 감사 기도를 드리고 식사하면 된다. 이는 이미 계시된 "일반 은총"[66]에 속하는 까닭이다.

또 어느 은사자(恩賜者)가 하나님의 일을 한답시고 했는데, 사실상 하나님의 말씀에 어긋나는 일을 했다면, 이에 대한 구체적인 하나님의 음성이 들릴 때까지 마냥 기다리는 태도도 바람직하지 않다. 이때는 이미 "회개하라!"는 말씀에 따라서 회개의 열매를 맺으면 된다. 이는 계시된 "특별 은총"[67]에 속하는 까닭이다.

특히 구약 시대에 (다니엘서의) 계시의 말씀에 대하여는 마지막 심판의 때까지 인봉하라 하신 하나님께서(사 8:16; 단 12:4), 신약 시대에 (요한계시록의) 예언의 말씀에 대하여는 인봉하지 말라고(비밀로 하지 말고 철저히 드러내어 알리라고) 말씀하시기에(계 22:10), 현대에 사는 우리에게 더 막중한 책임이 뒤따른다고 할 수 있다.

요컨대 하나님은 믿는 자가 당신이 주신 모든 말씀을 지키는 것이 무거운 것이 아니며(신 30:11-14; 요일 5:3), 오히려 그것이 인간의 지혜요, 지식이라고 말씀하신다(신 4:6). 여기서 "무거운"(βαρεῖαί, 바레이아이)은 "어렵거나 가혹한"이라는 뜻이다. 따라서 믿음이 있는 자는 하나님의 말씀을 지키는 것을 가혹한 짐으로 여기지 않고 오히려 지혜로 여기기에, 더 큰 복을 받기 위하여 감사하며 지키게 된다.

(4) 행함 있는 믿음이라야 역사를 일으킨다

성경은 주님의 이름을 부른다고 다 천국에 가는 것이 아니라, 하나님의 뜻을 행하는 자라야 천국에 들어갈 수 있다고 말씀하신다(마 7:21-23, 참고 창 17:1; 4:7; 요일 3:12). 또 예수님을 영접한 자는 하나님의 성전이 된 자요, 성령님이 그 안에 거하는 자인데, 죄를 범하여 그 성전을 더럽히면 하나님이 그 사람을 멸하신다고 말씀하신다(고전 3:16; 6:15). 살아있다는 이름을 가졌으나 그 행위

---

66 '일반은총'은 '자연, 과학 등 하나님이 모든 인간(택자나 비택자)에게 차별 없이 나눠주시는 은혜'를 말한다.
67 '특별은총'은 '예수 그리스도 안에서 선택받은 인간들에게 주어지는 하나님의 구원과 은혜의 선물'을 말한다.

가 악한 자는 하나님께 죽은 자로 간주된다는 말씀도 마찬가지이다(계 3:1).
　배는 단지 항구에 머물기 위해 만들어진 것이 아니다. 한번 잘 믿었다고 그게 끝이 아니다. 행함 있는 믿음이라야 산 믿음이 되어 역사를 일으킨다. 이에 대해 제임스 패커는 중생했다는 것을 보여주는 현재의 삶만이, 그 사람이 과거 어떤 시점에 회심했다는 확신을 정당화시켜줄 수 있다고 말한다.[68]

> 크리스천들이여! 당신은 마귀와의 싸움에서 얻은 흔적을 지녔는가?
> 전투가 끝날 때 영웅은 흔적을 얻게 되는 법이다. 귀환한 영웅들의 옷소매를 걷어보면 치열한 전쟁에서의 여러 상처와 흔적들이 남겨져 있다. 예수 그리스도도 흔적을 지니고 있다. 그 이마와 손, 발등, 그리고 예수님이 입고 계실 왕의 예복을 살며시 들어보면 주님의 옆구리 상처가 보일 것이다.[69]

　그러므로 하나님의 큰 복을 받기 원하는 자는 다음의 태도를 갖춰야 한다.
　첫째로, 예수님(사랑, 성령) 안에서 빛의 자녀들처럼 행해야 한다(엡 5:8, 2; 골 2:6; 고전 16:14; 갈 5:16).
　둘째로, 하나님의 도(십자가의 도)를 행하는 자가 되어야 하고, 듣기만 하여 자신을 속이는 자가 되어서는 안 된다(약 1:21-22).
　셋째로, 머리 되신 주님께서 어떤 명령을 내리시든지 그대로 순종해야 한다(요 2:5; 마 19:17).

(5) 순종의 결과

　우리가 좌로나 우로나 치우치지 않고 하나님의 모든 말씀을 지켜 행하면, 다음과 같은 복이 임한다.
　첫째, 하나님과 동행하게 된다(신 5:32; 수 1:7).
　둘째, 모든 일이 형통하게 된다(신 29:9).

---

[68] 제임스 패커, 『성령을 아는 지식』, 96.
[69] A. W. 토저 외, 『대표영성작가들, 하나님의 약속을 말하다』, 최은미 역 (서울 : 가치창조, 2008), 33.

셋째, 머리가 되고 꼬리가 되지 아니하고, 들어와도 나가도 복을 받으며, 위에만 있고 아래에 있지 아니하고, 원수가 한 길로 들어왔다가 일곱 길로 도망간다(신 28:7-13; 왕상 2:3).

넷째, (천국에서) 예수님을 보게 된다(요 14:22-23).

다섯째, 하나님과 예수님과 성령님이 오셔서 (천국에서의) 거처를 그와 함께 하시게 된다(요 14:23).

여섯째, 하나님의 사랑이 그 사람 안에서 온전케 된다(요일 2:5).

이처럼 주님을 믿고 순종하는 자에게 주님은 그의 생명이 되시고 능력을 주시며 책임을 져주신다.

반면에 말씀에 불순종하면,

첫째, 저주를 받아(레 26:14-39; 신 27:16; 28:26-66; 렘 7:24-28; 말 2:1-3) 그의 생명이 의심나는 곳에 달린 것 같아 생명을 확신하지 못한다(신 28:66).

둘째, 쫓는 자가 없어도 도망치게 된다(레 26:17).

셋째, 질병에 걸려도 치료되지 못한다(신 28:27, 참고 신 28:41, 55).

넷째, 하나님의 이름을 불러도 응답을 받지 못한다(렘 7:28).

다섯째, 하나님이 주신 땅에서 뿌리째 뽑히게 된다(대하 7:19).

여섯째, 모든 민족 중에서 속담거리가 된다(왕상 9:7; 대하 7:20).

일곱째, 하나님의 생명록에서 지워지고(출 32:33) 구원받지 못한다(히 3:17-19).

여덟째, 이런 자는 모래 위에 집을 지은 어리석은 자와 같아, 홍수가 나면 다 무너진다(마 7:26-27).

심지어 성경은 선을 행할 줄 알면서도 행치 않으면 죄라고 말씀하신다(약 4:17).

신명기 27장을 보면, 하나님께서 이스라엘 백성들에게 젖과 꿀이 흐르는 가나안 땅에 들어갈 때, 큰 돌들을 (저주의 상징인) 에발산에 세우고 잘 보이도록 거기다 석회를 발라 모든 율법의 말씀을 기록한 다음, 거기서 다듬지 않은 자연석 돌 제단을 만들고 그 위에 번제물을 올려 하나님께 바치라고 명령하신다(신 27:1-10).

그리고 이스라엘 열두 지파를 양분하여 6지파는 그르심산 위에 서서 백성을 향해 축복을 선포하도록 하시고, 나머지 6지파는 에발산 위에 서서 백성을 향해 저주를 선포하도록 하신다. 레위 사람들로 하여금 큰 소리로 온 이스라엘 백성에게 "하나님의 율법 가운데 하나라도 실행하지 않는 자는 저주를 받을지어다!"라고 외치게 하고, 온 백성은 '아멘'하도록 하시면서 말이다(신 27:15-26, 참고 민 5:22).

그런데 여기서 왜 하필 저주의 상징인 에발산에서 돌 제단을 쌓으라고 하셨을까?

그 이유는 불순종함으로 저주받아 마땅한 자들이라도 진실로 회개하면 이 저주가 희생제로 말미암아 속죄된다는 사실을 깨우치기 위함이었다.

또 여기서 왜 불순종하면 저주받는다는 말씀에 "아멘" 하라고 하셨을까?

그 이유 또한 그것이 곧 하나님의 은혜라는 것을 알려주기 위함이었다. 즉 이는 "설마 사랑의 하나님께서 우리가 좀 불순종했다고 저주하시겠어?" 하면서 오판하는 이들을 위한 배려였고, 어떻게든 하나님의 말씀에 순종하여 복을 받도록 하기 위한 사랑의 유인책이었다.

신명기 28장이나 레위기 26장에서 순종하면 복을 받는다는 말씀보다, 불순종하면 화를 당한다는 말씀이 각각 3.8배와 2.3배씩 더 나오는 것도 같은 맥락에서 이해할 수 있다(신 28:1-14, 15-68; 레 26:3-13, 14-39).

(6) 먼저 모범을 보여야 한다

사람들은 주님을 만나러 교회에 오면서도 나를 만나러 오기도 한다. 이는 나의 언행심사를 통하여 예수님을 나타내는 모습을 보고 싶어 한다는 얘기다. 성경은 예수님이 본을 보이신 이유가 우리도 행하게 하기 위해서라고 말씀하신다(요 13:15).

하나님께서 당신의 말씀을 우리가 얼마나 실천에 옮기기를 원하셨으면, "무엇이든지 서기관과 바리새인의 말하는 바는 행하고 지키되, 저희의 하는 행위는 본받지 말라!"고 하셨겠는가?(마 23:3)

이에 대해 성경은 하나님의 계명 중 지극히 작은 것 하나라도 버리고(여기고), 또 그같이 사람을 가르치면 천국에서 지극히 작다 일컬음을 받게 된다고 말씀하신다(마 5:19).

그러기에 성도는 예수 그리스도의 복음에 합당하게 생활을 해야 하고(빌 1:27 참고 엡 4:1; 시 29:2), 말씀을 들은 것 이상으로 순종해야 한다(몬 1:21). 또한 이웃에게 억지로 순종을 강요하지 말고, 내가 모범적으로 순종하는 모습을 보여 줘야 한다. 그래서 '내가 그리스도를 본받는 자 된 것 같이, 나를 본받는 자가 되라!'고 당당히 말할 수 있어야 한다(고전 4:16; 11:1; 빌 3:17; 살후 3:9; 딛 2:7-8).

특히 지혜는 그 행한 일로 말미암아 옳다고 인정받기에(마 11:19), 하늘의 지혜를 받은 자는 선행으로 말미암아 지혜의 온유함으로 그 행함을 보여야 한다(약 3:13). 즉 지혜(σοφός, 소포스)에서 나오는 온유함(πραΰτης, 프라위테스)으로 선행을 보여, 사람들로 하여금 우리가 정말 옳은 지혜를 가지고 있음을 알게 해야 할 뿐 아니라, 그 착한 행실을 보고 하나님께 영광을 돌리도록 해야 한다(마 5:16).

(7) 천국은 침노(侵擄) 당한다

성경은 세례 요한의 때로부터 지금까지(광의로 오늘날까지) 천국은 침노(侵擄)를 당하나니,[70] 침노하는 자는 빼앗는다(ἁρπάζουσιν, 하르파주신, 직설법 현재형, 강제로 차지한다)고 말씀하신다(마 11:12).

이 말씀이 뜻하는 바가 무엇일까?

첫째, 세례 요한 이후로는 예수님의 사역으로 말미암아 하나님 나라의 복음이 전파되어, 사람마다 그리로 밀려들어 간다는 뜻이다(눅 16:16).

둘째, 마치 폭도들이 무력으로 빼앗는 것처럼, (믿음에 의한 사랑의) 힘으로 하나님의 나라를 빼앗는다는 뜻이다(마 11:12, 참고 막 3:27). 즉 이 말씀은 세례 요한 이전 시대 사람 중에는 천국 백성이 아무도 없다는 뜻이 아니라, 세례 요한

---

[70] 여기서 "침노를 당하나니"(βιάζεται, 비아제타이)는 동사 직설법 수동태나 중간태 둘 다 쓰일 수 있는데, 중간태로 쓰이면 "천국이 그 자체를 위하여 힘으로 밀고 들어간다"는 뜻이 되어 어색하므로, 이 문장은 개역한글이나 개역개정처럼 수동태로 해석하여 "침노를 당한다"고 표현하는 것이 더 적합하다고 할 수 있다.

때에 와서야 비로소 하나님의 나라가 본격적으로 선포되어, 세례 요한 이후의 이방인이라고 할지라도 적극적이고 능동적인 믿음의 힘으로 천국을 차지(탈취)하게 된다는 뜻이다. 그래서 성경은 예수님께서 하나님의 성령(하나님의 손)을 힘입어 귀신을 쫓아내는 것이면 하나님의 나라가 이미 그에게 임했다고($\check{\epsilon}\phi\theta\alpha\sigma\epsilon\nu$, 에프싸센, 직설법 과거형) 말씀하신다(마 12:28; 눅 11:20).

세상에서도 사업을 확장하기 위해 몸이 부서지도록 치열한 싸움을 벌이는데, 왜 우리는 하나님의 나라를 얻기 위해 필요하다면 죽음도 불사하겠다는 마음이 없을까?

천국을 침노하는 노력보다 지옥의 저주의 심판을 당하는 것이 더 힘들 텐데 말이다.[71]

> 죽음을 앞둔 엘리사 선지자는 마지막 남은 힘으로 요아스 왕에게 땅을 치라고 말했는데, 왕이 땅을 세 번만 치고 멈추자, "왕이 대여섯 번을 칠 것이니이다. 그리하였다면 왕이 아람을 진멸하기까지 쳤으리이다."(왕하 13:19)라고 말한다. 신앙생활을 하면서 세 번만 치고 그치는 경우가 있다. 거기에서 좀 더 열심을 내서 천국을 침노했더라면 구원받았을 것이다. … 그런 경우에는 지옥에서 '조금만 더 열심을 냈더라면 운명이 지금보다 더 나아졌을 텐데, 이렇게 불길 속에서 고통을 받지는 않았을 텐데.'라고 생각하며 가슴을 칠 것이 분명하다.[72]

중생하는데 아무런 고통이 없는가?

마음이 변화되는 것, 곧 교만한 마음이 겸손해지고, 속된 마음이 신령한 마음으로 바뀌는 것이 힘들이지 않고 저절로 이루어질 수 있을까?[73]

> 영혼이 죄를 추구하는 것은 매우 자연스럽지만, 천극을 추구하는 것은 격렬한 노력이 필요하다. 아래로 떨어지려는 속성을 지닌 돌을 아래로 옮기기는 매우

---

71 토마스 왓슨, 『천국을 침노하라』, 166.
72 토마스 왓슨, 『천국을 침노하라』, 208.
73 토마스 왓슨, 『천국을 침노하라』, 120.

쉽지만, 마음을 하늘을 향해 들어 올려 의무에 충실하려면 본성을 거슬러야 하기에 매우 어렵다. 격렬한 노력을 기울여 자기를 분발시켜야 하기 때문이다.[74]

성경은 "(하나님 나라의) 본 자손이라도 (죄를 지으면) 하나님의 왕국에서 쫓겨날 수 있고(마 8:12; 11:12), 의인도 그가 죄를 범하는 날에는 그의 의로 말미암아 살 수 없으며(겔 18:24-28; 33:18), 심지어 의(믿음)의 도를 안 후 거룩한 명령을 저버리면, 나중 형편이 더 안 좋아진다."라고 말씀하신다(벧후 2:20).

믿다가 실족했을 경우, 일곱 배 강한 악령이 그의 마음 안에 다시 들어가게 된다는 말씀도 같은 맥락이다(마 12:43-45; 눅 11:24-26, 참고 레 26:18, 21, 24, 28).

그럼에도 어떤 이들은 절대로 하나님 나라의 본 자손은 하나님의 나라에서 쫓겨나지 않고, 예수님을 믿으면 영원히 벌을 받지 않는다고 말한다. 하지만 성경은 결코 그렇게 말씀하지 않는다.

당장 마태복음 21장 43절에서 예수님께서 유대인들을 향해 "하나님의 나라를 너희는 빼앗기고 그 나라의 열매 맺는 백성이 받으리라."고 말씀하고 있고, 또 누가복음 12장 47-48절에서도 "주인의 뜻을 알고도 예비치 아니하고 그 뜻대로 행치 아니한 종은 많이 맞을 것이요, 알지 못하고 맞을 일을 행한 종은 적게 맞으리라."고 말씀하고 있지 않은가?

천국은 맞을 일을 한 자들을 때리는 곳이 아니고, 중생한 자들의 성화의 정도에 따라 상을 받는 곳이다.

그러기에 요한계시록 3장 11절의 가르침대로 주님으로부터 받은 것을 굳게 잡아 아무도 우리 (택자에게 이미 주어진) 면류관을 빼앗지 못하게 해야 한다. 즉 한번 잘 믿었다고 영원히 천국이 보장되는 것이 아니라, 은혜 관리를 잘못하여 믿다가 타락했으면서도 끝까지 회개하지 아니하면, 하나님의 나라에서 쫓겨날 수 있음을 한 시도 잊지 말아야 한다.

---

74 토마스 왓슨, 『천국을 침노하라』, 33.

(8) 강하고 담대한 믿음으로 순종해야 한다

민수기 13-14장을 보면, 하나님께서 당신의 인도하심을 따라 출애굽하여 홍해를 떠난 후 가나안 땅을 앞둔 이스라엘 자손들에게 12명의 정탐꾼을 보내신다. 그런데 그 가운데 10명이 부정적인 의견을 내어 백성을 선동한다. 그들의 얘기를 듣고 백성들은 다음과 같이 말하면서 밤새도록 곡하며 모세와 아론을 원망한다.

"우리가 애굽 땅에서 죽었거나 이 광야에서 죽었다면 좋았을 것을, 어찌하여 여호와가 우리를 그 땅으로 인도하여 칼에 망하게 하려 하는고? 우리 처자가 사로잡히리니 애굽으로 돌아가는 것이 낫지 아니하랴?"

이때 다른 2명의 정탐꾼 갈렙과 여호수아는 그들과 정반대로 담대하게 믿음의 말을 선포한다.

"우리가 두루 다니며 탐지한 땅은 심히 아름다운 땅이라. 여호와께서 우리를 기뻐하시면 우리를 그 땅으로 인도하여 들이시고 그 땅을 우리에게 주시리라. 이는 과연 젖과 꿀이 흐르는 땅이니라. 오직 여호와를 거역하지 말라! 또 그 땅 백성을 두려워하지 말라! 그들은 우리 밥이라. 그들의 보호자는 그들에게서 떠났고 여호와는 우리와 함께하시느니라. 그들을 두려워 말라!"(민 14:7-9)

그러자 백성들이 그들을 돌로 치려 한다. 상황이 매우 긴박하게 돌아가는 이때, 여호와의 영광이 회막에서 이스라엘 모든 자손에게 나타나, 출애굽 1세대 중에 그 둘만 가나안 땅으로 들어갈 것이라 하시고(민 14:30), 특히 갈렙에게는 "그 마음이 그들과 달라서 나를 온전히 좇았은즉, 그의 갔던 땅으로 내가 그를 인도하여 들이리니, 그 자손이 그 땅을 차지할 것이라."고 말씀하신다(민 14:24). 그리고 여호수아는 훗날 모세의 후계자가 되어 약 200만 명으로 추산되는 이스라엘 백성을 가나안 땅으로 인도하는 사명을 잘 감당한다. 여호수아가 이 엄청난 백성을 이끌고 하나님이 주신 과업을 잘 수행할 수 있었던 것은 오직 하나님이 함께하심을 믿고, 마음을 강하게 하고 극히 담대히 하여 하나님만을 의지하며 모든 말씀을 다 지켜 행했기 때문이었다(수 1:7, 참고 시 27:14; 엡 3:12).

그러므로 우리도 강하고 담대한 마음으로 알고 있는 하나님의 모든 말씀을 믿고 다 지켜 행하는 자가 되어야 한다. 또 설사 환난을 당하더라도 다음과 같이 당당히 선포해야 한다.

"여호와는 내 편이시라! 내게 두려움이 없나니, 사람이 내게 어찌할꼬? 여호와께서 내 편이 되사 나를 돕는 자 중에 계시니, 그러므로 나를 미워하는 자에게 보응하시는 것을 내가 보리로다!"(시 118:6-7; 56:4; 요 16:33, 참고 히 13:6; 사 50:8-9)

(9) 모험적인 믿음을 가져야 한다

아브라함은 하나님의 말씀에 순종하여 본토 아비 집을 떠난 후 여러 차례 실수를 했는데(창 12:18; 16:4), 아예 본토 아비 집을 떠나지 않았다면 그런 실수도 하지 않았을 것이다(창 12:1). 하지만 하나님은 당신의 말씀에 순종하여 모험을 감행한 아브라함을 종국적으로 승리케 하여 믿음의 조상이 되게 하셨다.

시카고대학의 연구팀에 의하면, 소심하고 적극성이 없는 쥐들이 모험심이 강한 쥐들보다 암에 잘 걸리고 일찍 사망할 가능성이 더 큰 것으로 나타났다고 한다.

성경은 하나님을 굳은(σκληρός, 스클레로스, 가혹하고 잔인한) 분, 즉 심지 않은 데서 거두고 헤치지(나눠주지) 않은 데서 모으는 분인 줄로 알아 그분으로부터 받은 (은혜의) 달란트를 가지고 장사하지 않고, 소극적으로 세상에 안주하며 땅속에 묻어두는 자는 마지막 날 '무익하고 악하고 게으른 종'이라고 책망을 받게 된다고 말씀하신다(마 25:26, 30).

또 하나님은 차갑거나 미지근한 자를 토해 버리시겠다고 말씀하신다(계 3:16). 즉 주님은 소아시아 7교회 중 라오디게아 도시가 물이 잘 공급되지 않으므로 어쩔 수 없이 수십 킬로미터 떨어진 도시로부터 뜨거운 온천수를 끌어들였는데, 이 물이 라오디게아까지 오다 보면 어느새 미지근한 물로 바뀌었음을 예로 들면서, 신앙생활을 할 때 주변의 세상 환경이 뜨거운 주님의 사랑의 에너지를 빼앗아 감으로 우리의 신앙이 미지근하게 되기 쉬우니, 항상 주님의 첫사랑의 은혜를 잊지 말고 그 토대 위에 뜨거운 사랑이 불타오르게 하라고 말씀하신다.

그러므로 감나무에서 감이 저절로 내 입에 떨어지기를 바라서는 안 된다. 기회는 모험을 거는 자에게 더 생기는 법이기에, 예수님 안에서 모든 것을 할 수 있다는 적극적인 믿음을 가져야 한다. 하나님이 기뻐하시는 자는 전혀 실패하지 않은 자가 아니라, 많은 실패와 시행착오를 겪는 중에도 믿음으로 일어서는 자임을 한시도 잊지 말아야 한다.

(10) 개척정신을 가져야 한다

이스라엘 백성이 광야 40년 훈련 기간을 마치고, 여호수아를 중심으로 가나안 원주민들과 약 5년간의 정복 전쟁을 벌여 거의 모든 땅을 차지한 후, 제비뽑기를 통하여 공평하게 가나안 땅을 분배하기 시작할 때, 대부분의 지파는 비옥한 땅을 좀 더 많이, 그리고 좀 더 손쉬운 지역을 받기를 원했다. 아직 완전히 가나안 원주민들을 정복한 것은 아니었기 때문이다.

그런데 이런 분위기에서 믿음의 사람 유다 지파의 수장 갈렙은 85세의 나이였음에도, 정반대로 45년 전 하나님께서 약속해 주신 기업 헤브론[75]을 자기에게 달라고 요청한다(수 14:12). 당시 헤브론은 요새 중 요새였고, 그 안에는 이스라엘 군대보다 한 단계 뛰어난 철제 무기를 갖춘 거인 아낙 자손이 물샐틈없이 방비하고 있었으며, 공격하기 힘든 높은 산악 지형에 위치하여 있었기에, 모든 지파가 발을 빼는 상황이었다. 더구나 갈렙은 지도자 여호수아와 함께 모세를

---

75 '헤브론'(חֶבְרוֹן)은 아브라함이 헷사람 '에브론'에게 정식으로 은 400세겔을 주고 사들인 막벨라 굴이 있는 곳으로, 아브라함과 사라, 이삭과 리브가, 레아와 야곱이 이곳에 묻혔으며, 레위인의 성읍 중 하나가 되었고, 훗날 다윗이 이스라엘의 왕으로 등극한 장소였다. 아브라함은 어찌 보면 아무것도 아닌 단순한 매장지에 불과한 막벨라의 밭과 굴을 은 400세겔(=1,600데나리온, 오늘날 일당 10만 원으로 계산하면 약 1억 6천만 원)의 거금을 주고 매입했다(창 23:16). 이는 하나님께서 약속하신 땅으로(창 15:18-21), 아브라함과 그 자손의 비전이 들어있는 까닭이었다. 참고로 건장한 노예 한 사람의 몸값이 30세겔이었다고 하는데, 예수님은 은 30세겔에 팔렸고(마 26:15), 17세의 요셉은 20세겔에 애굽으로 팔려갔으며(창 37:28), 예레미야가 밭을 구입할 때 17세겔을 지불했고(렘 32:9), 다윗은 회개의 제사를 의하여 아라우나의 타작마당과 소를 50세겔을 주고 구입하였다(삼하 24:24).

도우며 일한 일등공신이었기에, 얼마든지 정복하기 쉽고 비옥한 땅을 분배받을 조건을 가지고 있었다. 그런데도 "이 산지(헤브론)를 내게 주소서!"라고 요구했던 것이다(수 14:12).

사실 갈렙은 결코 성공하기 쉽지 않은 신분의 소유자였다. 신학자들은 갈렙이 출애굽 때, 이스라엘 신앙공동체로 편입해 들어온 가나안 족속 태생으로 보고 있다. 또 대개 사람은 나이가 들수록 귀찮은 일을 하기 싫어하고 현실에 안주하여 아무 모험도 하지 않으려 한다. 하지만 갈렙은 달랐다. 노년의 나이였음에도 "주께서 함께하시면 다 이뤄진다!"는 믿음을 가지고 있었다(수 14:12).

반면에 요셉 지파의 경우는 정반대였다. 당시 요셉 지파들에게 분배된 분깃은 가나안의 비옥한 땅 중심부에 해당하는 크고 넓은 땅이었으며 교통의 요지였다. 그럼에도 요셉 지파는 왜 한 분깃만 주느냐며 불평했다(수 17:14). 이유인즉슨 요셉 지파가 예전에 이미 에브라임 지파와 므낫세 지파로 나뉘어 있었고, 또 므낫세 지파는 반으로 나뉘어 있었는데, 이미 요단강 동편을 기업으로 받은 므낫세 반(1/2) 지파와 달리, 나머지 므낫세 반 지파는 아무것도 받지 못하고 있었기에, 이를 합하면 적어도 두 분깃을 받아야 한다고 생각했기 때문이었.
이때 여호수아는 요셉 지파에게 "네가 큰 민족이 되므로 에브라임 산지가 네게 너무 좁을진대, 브리스 족속과 르바임 족속의 땅 삼림에 올라가서 스스로 개척하라!"고 책망한다(수 17:15).

"이만하면 됐다!" 하는 순간에 신앙이 퇴보함을 알아야 한다. 사실 실패할 확률이 높고, 남이 가지 않은 길을 간다는 것은 쉬운 일이 아니다. 하지만 믿음의 사람은 그 자리에 안주하거나 분깃이 적다고 불평하지 않고 더 넓은 곳을 개척한다. 바로 이런 자를 향하여 하나님은 "그 산지도 네 것이 되리니, … 이쪽 끝에서 저쪽 끝까지 네 것이 되리라!"(수 17:18)고 말씀하시는 것이다.

요컨대 하나님은 당신의 자녀들이 개척자로 살기를 원하신다.

사도 바울의 개척자 정신을 보라!

내가 그리스도의 이름을 부르는 곳에는 복음을 전하지 않기를 힘썼노니, 이는
남의 터 위에 건축하지 아니하려 함이라(롬 15:20).

그러므로 성도는 항상 주어진 여건에 만족하지 말고, 갈렙과 바울처럼 강한 개척 정신을 가지고, 위험을 무릅쓰고서라도 하나님께서 이미 약속하신 땅을 믿음으로 정복하는 자가 되어야 한다.

12. 잘못된 믿음의 여러 유형들

왜 우리는 믿는다고 하면서, 죽은 자를 살리시는 그 위대한 능력을 전혀 체험하지 못한 자처럼, 하나님 아버지를 잊어버리고 거짓(헛된 것)을 더 신뢰하곤 할까?(렘 13:25)

> 어느 꼴찌가 전교 1등 하는 친구에게 효과적으로 공부를 잘할 수 있는 비결을
> 물었더니, 이 친구는 겸손히 자기도 잘 모른다며, 예습복습을 잘하면 된다고
> 대답한다. 그러나 이 답변은 꼴찌도 잘 알고 있는 것이다.

우리의 신앙도 마찬가지이다. 예수님을 그냥 단순(순수)하게 잘 믿으면 되지만, 끝까지 단순(순수)하게 믿는 것을 방해하는 요소들이 너무도 많기에, 바로 믿기가 마냥 쉽지만은 않다. 이하에서 몇몇 잘못된 긷음을 가진 자들의 유형을 살펴본다.

(1) 가라지 신자

예배당 안에는 이미 구원받은 알곡 신자들도 있고, 사탄이 뿌려 놓은 가라지(가짜) 신자들도 있는데(마 13:25-40), 이 가운데 가라지는 심판 날 불에 살라진다고 말씀하신다(마 13:40; 사 47:14).

그러면 가라지 신자는 어떤 부류의 사람일까?

첫째, 믿는다고 하지만, 아직도 하나님과 남을 속이며, 주님이 보시기에 그리고 자기 양심에 여전히 죄가 남아있는 데 전혀 없다고 자기를 속인다. 양심이 살아있다면, 제발 나처럼 되지 말라고 고백하는 것이 주님을 향한 첫걸음일 텐데 말이다.

둘째, 말씀을 많이 알면서도 지키지 않아 겉껍데기만 더욱 의인이 되어 있다.

셋째, 첫사랑의 감동을 잃어버리고 사람들에게 짓밟혀 자신도 제어하지 못하면서도, 자신이 세상의 빛이라고 착각한다.

넷째, 하나님의 존재를 이론적이고도 막연하게 생각하여, 주님과의 신뢰 관계를 서슴없이 깨면서도, 마치 주님이 자기들과 가까운 듯이 여긴다.

다섯째, 5%밖에 주님을 믿지 않고도 사탄을 내쫓는 효과는 100% 바란다.

여섯째, 주님을 시인하지만 행위로는 부인하면서 이미 구원을 받았다고 믿으며(딛 1:16), 어떤 죄든 기도 한마디면 다 용서받았다고 생각한다.

일곱째, 때로는 하나님이 나를 사랑하시니, 무슨 짓을 해도 지키시리라 여기고 그분을 시험한다.

아직 중생하지도 않은 사람에게 이미 구원받았다고 믿게 하는 가라지 목자들도 사정은 비슷하다(참고 렘 6:14). 이들은 성도들에게 자기 입맛에 맞는 하나님의 말씀만을 부분적으로 받아들여도 믿음의 약함과 강함의 차이일 뿐, 아무 문제가 없다고 가르친다. 재미있는 점은 많은 사람들이 그 우상을 마음에 들이며 죄악의 거치는 것을 자기 앞에 두면서도 선지자 앞에 나아가며(겔 14:4), 뭔가 그럴싸하게 자기들의 귀를 즐겁게 해주고, 세상적인 복을 더 받도록 유도하는 이런 선지자나 목자를 뜻밖에 좋아한다는 점이다. 이에 대해 성경은 말씀하신다.

> 때가 이르리니, 사람이 바른 교훈을 받지 아니하며, 귀가 가려워서 자기의 사욕을 좇을 스승을 많이 두고, 또 그 귀를 진리에서 돌이켜 허탄한 이야기를 좇으리라(딤후 4:3-4).

하나님은 이들에 대해 단호한 어조로 "그 우상의 많은 대로 응답하리라!"

(겔 14:4), "경계에 경계를 더하며 경계에 경계를 더하며, 교훈에 교훈을 더하며 교훈에 교훈을 더하고, 여기서도 조금 저기서도 조금 하사, 그들로 가다가 뒤로 넘어져 부러지며 걸리며 잡히게 하시리라!"(사 28:13)고 말씀하신다. 하나님이 유혹을 저의 가운데 역사하게 하사, 거짓된 것을 믿게 하시는 이유는 진리를 믿지 않고 불의를 좋아하는 모든 자로 심판을 받게 하기 위해서이다(살후 2:11-12).

(2) 위선자

성경은 유대인이라 하지만, 사실상 사탄의 무리가 있다고 말씀하신다(계 2:9). 실제 자기 안에서 죄가 여전히 지배하는데, 안 그런 척하는 자를 보라!
얼마나 위선적인가?
겉은 화려하나 속은 썩었다든지, 속은 좋은데 겉은 썩었다든지 하는 것은 주님 앞에 둘 다 가증스러울 뿐이다. '위선자'는 수박처럼 겉과 속이 다른 사람을 말하는데, 성경에서는 위선자의 전형으로 바리새인을 든다. 이들의 특징은 다음과 같다.

첫째, 속은 위선으로 가득하나, 보통 사람들보다 깨끗한 삶을 산다고 믿는다(마 23:28).

둘째, 입술로는 하나님을 존경하나, 마음은 욕심을 좇기에 하나님으로부터 멀다(마 15:8).

셋째, 말씀을 들어도 행치 않는다(겔 33:31).

넷째, 기도를 유창하게 하고 예배를 칼처럼 드리며 일주일에 두 번 금식할지 몰라도, 율법의 더 중요한 인애(仁愛)와 믿음은 저버리는 가운데(눅 18:12; 마 23:23), 자기들이 세운 신앙의 기준에 어긋난 자들을 혹독하게 다룬다.

다섯째, 전도 여행을 다녀 신자들을 얻지만, 잘못된 가르침으로 천국에 갈 수 있다고 가르쳐서, 순진한 성도들을 자기네들보다 곱절로 악한 지옥의 자식으로 만들며(마 23:15), 그럼으로써 하나님을 아는 지식의 열쇠를 치워 버려 자기도 천국에 들어가지 못하고, 들어가려고 하는 자도 막는다(눅 11:52).

예수님은 이들에 대해 "뱀들아! 독사의 새끼들아! 너희가 어떻게 지옥의 판결을 피하겠느냐?"라고 말씀하시면서, 매우 호되게 책망하신다(마 23:33). 성경은 이들이 하나님의 뜻을 알고도 예비치 아니하고, 그 뜻대로 행치 아니했기 때문에(눅 12:47), 주님께 더 큰 심판을 받아(마 24:51; 막 12:38-40; 눅 20:47), 엄하게 맞고 더 중한 벌을 받게 된다고 말씀하신다(마 23:23; 막 12:40).

(3) 두 주인을 모신 자

성경은 두 주인, 곧 하나님과 재물을 동시에 섬길 수 없고(눅 16:13), 하나님의 잔과 마귀의 잔을 함께 마실 수 없으며(고전 10:21), 빛과 어둠은 사귈 수 없고(고후 6:14-15), 진리와 비(非)진리는 섞일 수 없다고 말씀하신다. 왜냐하면 반드시 한 편을 미워하고 다른 편을 사랑하든지, 혹은 한 편을 중하게 여기고 다른 편을 가볍게 여기기 때문이다(마 6:24). 가령 독도가 일본 땅이기도 하고, 한국 땅이기도 하다고 생각하는 자는 한국의 입장에서 볼 때, 매국노요 망언자일 뿐인데, 이는 역사적으로도 실효적으로도 독도는 한국 땅인 까닭이다.

그러므로 양다리를 걸치지 말아야 한다. 하나님이나 우상 둘 중에서 하나만 선택해야 한다(왕상 18:21; 수 24:15, 참고 약 4:8). 이것이 옳은지, 아니면 저것이 옳은지 헤매는 시간에 생명을 선택할 시간은 지나고 만다. 따라서 정말 좋다면, 이것저것 생각할 여지없이 바로 좋은 쪽을 선택해야 한다(눅 10:42). 이것이 생명을 가진 자의 속성이다.

(4) 세상과 타협하는 자

참기름 안에 들기름을 10% 섞은 채, 이를 참기름이라고 파는 상인이 이렇게 주장한다.

"세상이 다 그렇고 그런데, 그래도 50% 이상 들기름을 섞어서 파는 사람보다 낫잖아!"

그는 이렇게 반문한다.

"이 세상에서 참된 양심 100%를 가지고 사는 사람이 누가 있느냐?"

그런데 여기서 들기름으로 비유해서 그렇지, 참기름에 치명적인 독을 넣으면 어떠하겠는가?

성경은 세상은 진리(眞理)의 영인 성령을 보지도 못하고 알지도 못하기에 그분(성령)을 영접할 수 없다고 말씀하신다(요 14:17). 심지어 일락(향락)을 좋아하는 자는 살았으나 죽은 자이며(딤전 5:6), 세상과 벗이 되고자 하는 것은 하나님과 원수가 되는 것이라고 말씀하신다(약 4:4). 세상의 정욕을 사랑하는 자는 하나님의 사랑이 그 속에 없는 자라는 것이다(요일 2:15, 참고 롬 8:7).

이들의 특징은 다음과 같다.

첫째, 과거의 자기보다 현재의 자기가, 그리고 더 큰 악인보다 자기가 더 착하다고 합리화시킨다.

둘째, 이런저런 핑계를 대고 아직도 죄의 세계에 눈이 돌아간다.

셋째, 세상에 지거나 타협함으로 세상의 친구가 되거나 세상의 밥이 된다.

넷째, 마음의 중심을 잡지 못하고 끊임없이 요동한다.

다섯째, 받은바 은혜에 대한 감동이 안정적이지 못해, 잠시 기뻐하다가도 조금만 시간이 지나면 식어진다.

여섯째, 주님보다 더 사랑하는 것을 가지고도 주님과 상관있다고 생각한다.

일곱째, 첫사랑의 기쁨은 외면한 채 현상유지를 하지도 못할뿐더러, 오히려 세상에서 편해지려는 쪽으로 신앙을 진전시킨다.

여덟째, 주님께 죄 용서를 받은 은혜를 조금이라도 갚으려는 것이 아니라, 계속 빚만 지려 한다.

아홉째, 자기를 부인할 때도 자기 기분에 맞을 때만 자기를 부인하며, 주님의 은혜의 끈을 놓침으로 십자가를 지는 것은 이제 먼 나라의 일이 되어 버렸다.

예수님이 사탄을 멸했는데, 왜 내 안에 여전히 사탄이 득세하는가?

그것은 예수님을 바로 믿지 않기 때문이 아닌가?

또 주님이 이미 사탄을 다 멸하셨는데, 왜 예수님을 믿는 나는 죽는 날까지 사탄과 싸워야 하는가?

그것은 한 번만 예수님을 잘 믿으면 되는 것이 아니라, 천국 가는 날까지 예수님을 잘 믿어야 하기 때문이 아닌가?

그런데 주님의 사랑을 한 번 믿고 영원히 끝난 것처럼 생각하다니! 이 얼마나 무지한가?

(5) 공의를 왜곡하는 자

악인을 대할 때, 인간적인 정에 치우쳐 그 사람 안에 있는 악을 철저히 증오하지 않은 채 받아줌으로써, 후에 큰 상처(해독)를 입는 경우가 많다. 거룩한 것을 영적인 개들에게 주었을 때도 마찬가지이다(마 7:6).

왜 이런 현상들이 발생하는가?

그것은 거룩한 것과 불결한 것에 대해 구별하지 않고, 인간적인 정을 우선시하여 주(主)와 종(從)의 위치를 바꿈으로 (하나님의) 공의의 기준을 어겼기 때문이다.

악인을 두둔하거나, 악한 자를 선하다고 하는 모든 행위는 잘못된 믿음에서 나온다(사 5:20; 잠 17:15). 이런 자는 성경이 왜 "그들(불신자)을 불에서 끌어내어 구원하려 할 때, 그 육체로 더럽힌 옷이라도 싫어하여 두려움으로 긍휼히 여기라!"(유 1:23)고 말씀하시는지 그 이유를 생각해 봐야 한다.

13. 믿으면 율법을 더 잘 세우게 된다

(1) 율법은 원래 선한 것이다

성경은 율법은 거룩하며(롬 7:12) (올바르게 사용하기만 하면) 선하고(딤전 1:8-10) 영적이며(롬 7:14) 하나님의 약속을 거스르지 않는다고 말씀하신다(갈 3:21-25). 원래 율법은 하나님께서 성도로 하여금 당신의 백성답게 살게 하려고 주신 것이다. 그것은 하나님의 아름다운 마음의 표현으로서, 그 자체로 고유의 아름다움을 지니고 있다.[76]

즉 하나님의 율법 안에는 속 사람을 아름답게 장식하는 다이아몬드 같은 보배로운 진리가 무한정 담겨 있다.[77] 이 도덕적 율법은 신앙의 정확한 모범이며, 강령이고, 진리의 표준이며, 분쟁의 심판관이고, 우리를 하늘나라로 인도하는

---

[76] 달라스 윌라드, 『하나님의 모략』, 윤종석 역 (서울 : 복있는 사람, 2000), 202.
[77] 토마스 왓슨, 『묵상의 산에 오르라』, 60.

지도 원리이다.[78]

> 멍에는 유용한 것입니다. 그것은 소들이 뿔뿔이 흩어져 도망가는 것을 막아줍니다. 이처럼 멍에 같은 그리스도의 계율은 신자로 죄 가운데로 뿔뿔이 흩어지는 것을 막아줍니다. … 우리의 부패에 씌우는 멍에는 고마운 멍에입니다. 이 멍에가 아니었다면 우리는 지옥으로 달려갈 뻔하였습니다. 그리스도의 법은 하나님의 백성이 말씀의 목장에 머물도록 지켜주는 영적인 울타리입니다. 이 울타리를 부수고 뿔뿔이 흩어진 사람들은 지금 마귀의 유치장 안에 갇혀 있습니다.[79]

그런데 이 율법은 인간의 범법함을 말미암아 (그것을 방지할 목적으로) 더하여졌다(갈 3:19; 딤전 1:9-10). 이는 마치 물로 된 엄마의 뱃속 환경에서 약 10달 동안 있었던 태아가 세상에 태어난 후 곧바로 물에 던져져도 본능적으로 물에 뜰 줄 알지만, 자라나면서부터는 수영하는 법을 잊어버려 다시 수영을 배워야 하는 것과 같다.

불행하게도 이 율법은 죄의 문제를 근원적으로 해결하지 못했다. 율법은 천한 초등학문일 뿐(갈 4:9), 아무것도 온전하게 할 수 없었다(히 7:18-19). 가령 "눈은 눈으로"라는 말씀도 다시는 그와 같은 죄악을 행하지 않도록 하기 위한 장치였지만, 궁극적으로 죄의 뿌리까지 제거하지 못했다. 이것이 율법의 한계였다.

이처럼 율법은 하늘에 있는 것의 참 형상이 아니라, 모형이요, 장래 일의 그림자였고(골 2:16-17; 히 8:5; 10:1) 예수 그리스도의 예표(豫表)였을 뿐이었다.

그 이유는 하나님 앞에서는 율법을 모두 행하는 자가 의인으로 되는데(롬 2:13; 약 2:10; 갈 3:10), 아담의 원죄로 말미암아 전적으로 부패한 인간은 스스로의 힘으로 율법을 모두 행할 수 없기 때문이다(요 7:19).

---

78 토마스 왓슨, 『십계명 해설』, 27.
79 토마스 왓슨, 『팔복 해설』, 437.

그 결과 죄가 기회를 타서, 계명으로 말미암아 인간 속에서 온갖 탐심을 이루었다(롬 7:8). 죄의 권능이 곧 율법이었으며(고전 15:56), 율법으로는 인간이 심판을 받을 수밖에 없었다(롬 4:15; 7:5). 결국 율법은 인간을 정죄하고, 인간에게 절망감만 안겨줬다. 이에 대한 사도 바울의 고백을 보자!

> 전에 율법을 깨닫지 못했을 때는 내가 살았었으나, 계명이 이르매 죄가 살아나고 나는 죽게 되었다. 생명에 이르게 할 그 계명이 내게 사망에 이르게 했다. … 율법은 죄를 죄로 드러나게 하여, 죄를 범한 자의 영혼을 죽게 만들었다(롬 7:9-10, 13)

하지만 모순되게도 율법은 죄를 정말 죽을죄로 깨닫게 하여(롬 3:20), 그리스도께 인도되도록 했다(롬 7:7-11). 즉 율법은 우리를 그리스도께로 인도하는 몽학선생(개인교사)이었다(갈 3:25). 예수님만이 그 율법을 완전히 이루셨기 때문이다.

그리하여 율법은 우리 인간으로 하여금 그 율법을 완전히 이루신 예수님만을 바라보게 하는 은혜의 소중함을 더욱 잘 알게 했고, 죄가 더한 곳에 은혜가 넘치게 하였다(롬 5:20).

인간의 힘으로는 아무도 완전히 지키지 못하는 율법을(약 2:10) 하나님께서 우리에게 주신 이유가 오직 하나님의 능력만을 의지하라는 의미 말고 무엇이었겠는가?

이런 의미에서 율법은 죄인에게는 더없이 좋은 선물이었다. 죄가 죽음임을 모르면, 회개 자체가 안 될 것이기 때문이다.

하지만 바리새인들은 자기네들의 기득권 유지를 위하여 나름대로 365개의 형식적인 율법을 정하고, 구원받지도 못한 자를 구원받은 것처럼 여기도록 만들었고, 죄가 안 될 것도 죄로 규정짓는 우를 범했다. 즉 그들의 형식적인 율법은 죄를 영원한 죄로 낙인찍거나, 죄를 세탁하는 역할을 했다. 이처럼 하나님을 더 잘 섬기라고 계시해 준 율법의 본질적인 뜻을 유대인들은 정반대로 바꿔놓았다.

(2) 예수님을 믿는 것에 대한 구약 시대와 신약 시대의 차이

그렇다면 "율법"으로 대표되는 구약 시대에 있어서 하나님을 믿는 것과, "복음"으로 대표되는 신약 시대에 있어서 예수님을 믿는 것 사이에는 어떤 차이가 있을까?

첫째, 구약 시대에는 율법에 따라 돌로 쳐 죽임을 당할 자도, 신약 시대에는 예수님만 믿으면 구원받을 수 있다(요 8:7-11). 이른바 예수님으로 말미암아 더 큰 복을 받는 셈이다.

하지만 신약 시대에는 구약 시대의 율법으로는 절대 안 되는 죄를 용서받을 수 있게 된 만큼, 이에 따르는 책임도 더 커졌다. 그래서 성경은 예수님을 몰랐다면 죄가 되지 않을 것도, 예수님을 알았기에 죄가 되는 경우도 있다고 말씀하신다(요 15:22).

M. R. 디한 박사는 율법과 은혜(복음)에 대해서 다음과 같이 말한다.[80]

> 첫째, 율법은 가장 선한 사람도 정죄하지만, 은혜는 가장 악한 사람도 구원한다.
> 둘째, 율법은 죄의 삯은 사망이라고 말하지만, 은혜는 하나님의 선물은 영생이라고 말한다.
> 셋째, 율법은 죄의 빚을 갚으라고 하지만, 은혜는 이미 죄값을 지불했다고 말한다.
> 넷째, 율법은 죄를 깨닫게 하지만, 은혜는 죄로부터 구원을 받게 한다.
> 다섯째, 율법은 두려움을 가져오지만, 은혜는 화평과 확신을 가져다준다.
> 여섯째, 율법은 복종을 강요하지만, 은혜는 순종하는 능력을 준다.

둘째, 구약 시대에 하나님께서는 아주 예외적인 경우에만, 가령 천사나 인자(人者)나 군대 장관 등의 모습으로 당신의 형상을 보이셨으나(창 18:2; 수 5:14), 신약 시대에 예수님은 직접 이 세상에 모습을 보이셨다. 그런데 이 모습은 참

---

[80] M. R. 디한, 『율법이냐 은혜냐』, 이용화 역 (서울 : 생명의말씀사, 2005), 109-110.

하나님과 참 인간의 모습을 동시에 가진 모습이었다. 만약 참 하나님의 모습만 가지셨다면, 누구든지 예수님의 얼굴을 보자마자 죽었을 것이다(출 33:20).

셋째, 복음의 모형이요 예표요 그림자일 뿐인 구약 시대의 율법은 그 법을 돌판에 새겼을 뿐이나, 신약의 복음은 온전한 율법 그 자체이며 원형이고 인간의 심비(心碑, 마음판)에 새긴 바 되었다(고후 3:3).

넷째, 구약 시대에도 회개하고, 알고 있는 모든 말씀을 믿고 실천하면 의인으로 간주되었으며(겔 18:21), 또 하나님의 말씀임을 듣고 믿어야만 거기에 따른 순종이 나왔다. 즉 구약 시대에도 신약 시대에 비해서 다소 미흡하게 보이지만 여전히 완전히 살아있는 하나님의 말씀이 있었으나, 어리석은 인간이 그 본질적인 뜻을 잘못 헤아렸을 뿐이다.

이에 대하여 칼빈은 (구약의) 조상들에게 말씀이 있었기에 영생이 있었다고 말한다.[81] 즉 그는 신약과 구약은 그 방법과 형식에서 차이가 있을 뿐, 영생 문제에 관하여는 일치한다고 본다.[82] 구약 시대에 그리스도에 대한 지식이 애매모호했다고 하더라도 전혀 없었다고 할 수 없다는 것이다.[83]

바빙크도 마찬가지이다. 그에 의하면 율법과 복음은 서로 구별되지만 절대 분리되지 않으며, 성경 전체를 통하여 끝까지 서로 동반한다.[84] 즉 율법은 행위 언약에 속하고 복음은 은혜 언약에 대한 선포인데, 그럼에도 은혜 언약은 행위 언약의 폐기나 무효가 아닌 완성이다.[85] 이에 대해 어거스틴은 신약은 구약 안에 숨겨져 있고, 구약은 신약에서 계시된다고 본다.

사실 현대에 예수님을 직접 볼 수는 없다. 그러나 이 점은 그다지 중요하지 않다. 왜냐하면 신약 시대 (예수님 공생애 당시에도 직접 예수님을 못 본 사람들이 더 많았을 것이지만) 예수님의 모습을 직접 봤다고 다 구원을 얻은 것도 아니었기 때문이다. 이런 의미에서 구약이나 신약이나 할 것 없이 예수님의 실물을 직접

---

[81] 존 칼빈, 『기독교 강요 上』, 607.
[82] 존 칼빈, 『기독교 강요 上』, 623.
[83] 존 칼빈, 『기독교 강요 2권』, 36.
[84] 헤르만 바빙크, 『하나님의 큰일』, 396.
[85] 헤르만 바빙크, 『하나님의 큰일』, 396.

봤느냐 여부는 별문제가 안 된다. 또 직접 봤다고 더 잘 믿는 것도 아니다. 왜냐하면 유대인처럼 더 의심하였을 수도 있기 때문이다.

중요한 것은 "이분의 말씀이 정말 하나님의 말씀이냐?"이다. 아무리 하나님의 아들이었다고는 하나, 조금도 오류가 없는 말씀이 없었다면 결코 하나님의 아들임을 증명하지 못했을 것이다(요 6:68). 이 점은 구약이나 신약이나 같다.

그러므로 구약 시대에 인간 편에서 예수님이 보이지 않았을 뿐, 하나님 편에서는 말씀의 형태로 항상 존재하셨다고 할 수 있다. 또한 구약 시대에도 말씀을 믿고 순종할 때, 성령님이 역사하셨다고 할 수 있다. 예컨대 난공불락(難攻不落)의 여리고성을 정복할 수 있었던 것도 이스라엘이 철저히 하나님의 말씀에 순종함으로 인하여, 성령님이 시행하셨기 때문이었다(수 6:1-20).

더 나아가 구약 시대에도 말씀을 영접함으로써 사실상 예수님을 영접했다고 볼 수 있다. 즉 구약 시대에 눈에 보이는 예수님은 없었지만, 하나님의 말씀을 통하여 실제적으로 예수님을 믿는 자가 있었다고 할 수 있는 것이다. 말씀이 곧 예수님이시기 때문이다(요 1:1; 계 19:13).

다섯째, 성경은 구약이 예수님에 대한 기록이라고 말씀하시는데(요 5:46), 다만 구약 시대에는 말씀 안에 있는 하나님의 인격의 임재를 잘 느끼지 못했을 뿐이다. 그러나 신약 시대에 예수님은 말씀을 완전히 완성하셨다(롬 13:10). 가령 구약 시대에 하나님은 이사야 선지자를 통해 새 하늘과 새 땅을 언급하셨지만, 신약 시대 예수님은 천국을 확실하게 제시하셨다(사 65:17; 계 21:4-25).

따라서 사실은 똑같이 완전하고도 절대적인 말씀이지만, "계시의 점진성(漸進性)"[86]에 의거하여 구약의 말씀보다 신약의 말씀이 더 확실하며 체계적이라고 할 수 있다(히 7:19; 8:7; 10:9; 마 5:17). 예수님이 구약의 계명을 아래의 단 두 개의 계명으로 요약했음을 생각해 보라!

> 예수께서 가라사대, "네 마음을 다하고 목숨을 다하고 뜻을 다하여 주 너의 하나님을 사랑하라!" 하셨으니 이것이 크고 첫째 되는 계명이요,

---

86 "계시의 점진성(漸進性)"이란 "하나님께서 당신의 뜻을 한꺼번에 모두 보여주시지 않고, 시간이 흘러가면서 점차적으로 나타내시는 것"을 말한다.

둘째도 그와 같은데, "네 이웃을 네 몸과 같이 사랑하라!" 하신 것이다.
이 두 계명에 온 율법과 선지자의 강령이니라(κρέμαται, 크레마타이, 직설법 현재 수동형, 달려있느니라) (마 22:37-40).

여섯째, 예수님은 이 땅에서 우리를 대신해 십자가에 못 박히시고 부활하셨다. 이렇게 예수님은 단번에 모든 인류의 죄 문제를 해결하셨기에, 신약 시대에는 더 이상 구약 시대에 형식적으로 시행하던 피 뿌리는 제사를 매번 하지 않아도 되었다.

일곱째, 구약 시대에는 하나님께서 당신이 택하신 자(특별한 사람)들에게 은사(恩賜) 성령을 부어 주셨는데, 신약 시대에는 예수님이 승천하신 후 성령을 보내셨기에,[87] 이제 믿기만 하면 매우 광범위하게 이 은사를 받을 수 있게 되었다.

요컨대 우리는 잘 알 수 없으나, 구약과 신약 시대에 있어서 천국시험 합격 점수는 다 다를 것이며, 또한 모든 시대를 망라하여 인간 각자에게 요구되는 하나님의 천국시험 합격 점수도 다 다를 것이다. 왜냐하면 하나님은 우리가 하나님의 말씀을 전인격적으로 아는 만큼 더 요구하시기 때문이다(눅 12:47-48). 그러기에 하나님의 말씀을 많이 알았다고 결코 교만해서는 안 된다.

(3) 율법이 없는 자가 본성으로 율법을 행할 때

성경은 율법이 없을 때는 죄가 있었더라도, 죄를 죄로 여기지 아니하였고(롬 5:13), 죄를 알지 못한 것이 되었다고 말씀하신다(롬 7:7; 4:15). 그러면서도 율법이 있기 전, 동생 아벨을 죽인 가인을 하나님이 벌하셨던 것처럼, 율법 없이 죄를 범한 자는 또한 율법 없이 망한다고 말씀하신다(롬 2:12).

이게 무슨 뜻일까?

이 말씀의 의미는 율법을 몰랐던 자들은 하나님의 입장에서는 분명 죄가 되는데, 본인의 입장에서는 그 법을 몰랐다는 이유로 죄로 여기지 아니했을 뿐(롬 2:14-15), 마치 성문법(成文法)에 규정이 없더라도 관습법(慣習法)에 의해서 처벌

---

87 물론 예수님이 승천하시기 전(前), 소수의 제자들이 전도여행 때 예수님으로부터 성령의 은사를 받은 바 있다(눅 10:18-19).

되는 경우도 있듯이, 율법을 모른 상태에서 죄를 지었을지라도, 그 죄가 무마되는 것은 아니라는 뜻이다. 이는 마치 신약 시대에 하나님의 뜻을 모르고 맞을 일을 한 자도, 알면서 행하지 않은 자보다 적게 맞기는 하겠지만, 결국은 맞게 되는 것과 같다(눅 12:47).

그래서 성경은 율법 없는 이방인이 본성으로 율법의 일을 행할 때는, 이 사람은 율법이 없어도 자기가 자기에게 율법이 되나니, 이는 그 양심이 증거가 되어 그 생각들이 서로 혹은 송사(고발)하거나 변명(변호)하여, 그 마음에 새긴 율법의 행위를 나타낸다고 말씀하신다(롬 2:15).

물론 성문법이나 관습법에 없던 법들이 새로 생겨나서 그 법이 없었을 때는 죄가 성립되지 않았으나, 나중에 그 법을 어겼을 때는 죄가 되는 것도 있을 것이다. 이에 대해 성경은 이렇게 말씀하신다.

> 내가 와서 저희에게 말하지 아니하였더라면 죄가 없었으려니와, 지금은 그 죄를 핑계할 수 없느니라(요 15:22, 참고 암 3:2).

즉 말씀을 몰랐으면 죄가 없었겠지만, 알았기에 죄가 되는 경우도 있다는 얘기다.

또한 성경은 무할례자가(무세례자가) 율법을 온전히 지키면, 할례자이면서도 율법을 행하지 않는 자를 판단하게 된다고 말씀하신다(롬 2:27). 이에 대해 전적으로 타락한 자가 무슨 선한 행위를 할 수 있느냐고 반문하는 사람이 있는데, 이런 질문은 창세기 4장 7절 말씀에서부터 있었다.

> 네가 선을 행하면 어찌 낯을 들지 못하겠느냐? 선을 행치(תֵּיטִיב, 테티브, 히필 미완료형, 네가 너로 선을 행하도록 하지) 아니하면 죄가 문에 엎드리느니라! 죄의 소원은 네게 있으나, 너는 죄를 다스릴지니라(창 4:7).

아담의 원죄 이후 전적으로 타락한 인류가 어떻게 자기 힘으로 선을 행하며, 죄를 다스릴 수 있었겠는가?

하지만 성경은 서로 모순되는 듯한 말씀들이 병렬적으로 존재한다. 칼빈도 성경에 서로 조화되지 않는 듯한 표현들이 서로 훌륭하게 부합된다고 말한다.[88] 그러기에 우리는 잘 알 수 없지만, 전지전능하신 주님께서 무할례자가 율법을 지켰을 때, 실제적인 할례자로 보실 수도 있다는 것을 인정해야 한다. 이는 오늘날 교회나 성경이 무엇인지 몰라도 하나님 말씀 그대로 원수를 사랑하고 이웃을 내 몸처럼 사랑하고 하나님을 몸과 마음을 다해 사랑한다면, 하나님께서 이 자를 사실상 믿는 자로 보실 수 있다는 의미다.

(4) 율법의 마침이 되신 예수님

성부 하나님은 성자 예수님을 죄 있는 육신의 모양으로 이 땅에 보내신 후, 율법적으로 전혀 흠이 없는 참 인간이신 예수님의 육신에 죄를 선고하심으로써, 율법의 마침이 되게 하셨다(롬 8:3; 10:4; 13:10).

여기서 하나님이 예수님을 친히 죄 있는 육신의 모양으로 이 세상에 보내셨던 이유가 무엇이었겠는가? 생각으로는 하나님의 법을 섬기지만, 육신으로는 죄의 법을 섬기는 자의 괴리를 해결하고자 함이 아니었겠는가?(롬 7:25)

예수님은 십자가에서 몸소 우리 대신 죽으심으로 우리를 사망케 하는 율법을 다 폐하시고, 율법의 근원적인 뜻을 이루셨다(골 2:14-15). 예수님은 옛 보물인 형식적인 율법을 새 보물인 사랑으로 완성하셨다(마 13:52). 예수님은 율법의 최고 강령을 완성하셨다. 가령 예수님은 간음하지 말라는 율법을, 마음에 음욕도 품지 말라는 말씀으로 완성하셨고(마 5:28), 또 눈은 눈으로 갚아주라는 율법을, 원수를 사랑하라는 말씀으로 완성하셨다(마 5:44). 이처럼 예수님은 율법을 폐기하러 오신 것이 아니라 완성하러 오셨다(마 5:17). 이에 대해 성경은 천지가 없어지기 전에는 율법의 일점일획도 없어지지 않고 다 이루어지리라고 말씀하신다(마 5:18; 눅 16:17).

그리하여 예수님 이후에는 죄와 사망의 법인 율법 대신에, 그리스도의 법이자(갈 6:2), 믿음의 법이요(롬 3:27), 생명의 성령의 법이고(롬 8:2), 자유롭게 하

---

[88] 존 칼빈, 『기독교 강요 3권』, 268.

는 온전한 율법인(약 1:25) '복음'이 온 세상에 전파되었다(눅 16:16).

(5) 예수님을 믿으면 율법을 더 잘 지키게 된다

그러므로 누구든지 예수님을 영접하기만 하면 (형식적인) 율법에는 죽은 자가 되지만, 하나님께는 산 자가 된다(롬 7:4; 6:11). 예수님을 믿으면 성령님이 오셔서 자기도 모르게 율법의 근본정신을 더 잘 지키게 되며(참고 마 19:8), 성령님의 인도하심을 받아 육신대로 살지 않고 영(靈)으로써 몸의 행실을 죽여(롬 8:13), 믿음으로 율법을 더 굳게 세우게 된다(롬 8:4). 이에 대해 칼빈은 은총의 율법 하(下)에서 그리스도인이 된다는 것은 율법의 구례를 벗고 함부로 헤맨다는 뜻이 아니라, 그리스도에게 접붙임 되어 그의 은총으로 율법의 저주에서 풀려, 우리의 마음에 율법이 새겨진다는 뜻이라고 말한다(렘 31:33; 고후 3:3).[89]

신학에서는 율법의 요구를 삼중적으로 이해한다.[90]

첫째, "정치적 혹은 세속적 용도"로, 율법은 죄를 깨우쳐 억제하고 의를 증진하는 목적을 돕는다. 즉 율법은 하나님의 말씀에 순종하면 복을 받고, 불순종하면 벌을 받게 된다는 것을 보여줌으로써 악을 억제하고 선을 장려한다. 이 용도는 신자들이나 일반 사람들 모두에게 포괄적으로 영향을 미친다.

둘째, "몽학 선생[91]으로서의 용도"로, 율법은 몽학 선생이 되어 인간을 그리스도께로 인도한다. 즉 이 몽학선생이 귀족의 자녀를 성숙한 어른으로 성장시키듯, 어떤 인간도 율법을 완전하게 지킬 수 없음을 직시하도록 하여, 결국 인간을 예수 그리스도께로 인도한다.

셋째, "규범으로서의 율법"으로, 이것이 이른바 "율법의 제3의 용도"인데, 이

---

89 존 칼빈, 『기독교 강요 上』, 589.
90 루이스 벌코프, 『조직신학 下』, 875-876.
91 고대 그리스에서 귀족의 자녀가 6-7살 때부터 성인이 될 때까지, 즉 일정 기간 동안만 시중을 들며 교양을 가르치거나 학교에 데려다주는 노예를 "몽학선생"이라고 불렀다.

경우 율법은 신자들의 삶의 규범으로서 신자들에게 의무를 확인시켜 주고 생명과 구원의 길로 인도하는 역할을 담당한다. 즉 복음을 받아들인 자는 이 율법을 마냥 배척하지 않고, 지각을 사용하는 좀 더 성숙한 자세로 이 율법의 본질적인 정신을 헤아려 하나님이 주신 귀한 도덕법을 더 잘 지키게 된다(갈 3:21; 롬 3:31; 마 5:17-18, 참고 엡 2:15; 히 7:18; 10:9).

칼빈은 이 가운데 셋째 용도가 주로 신자들로 하여금 선행을 촉구하는 것으로서 가장 중요한 것이며, 율법의 중심적인 목적에 더욱 가까운 것으로 본다.[92]

이처럼 회개하고 예수님을 믿으면, 성령님이 내주하셔서 성령의 법을 좇는 자가 되며, 바로 이런 자, 곧 육신을 좇지 않고 그 영(靈)을 좇아 행하는 자에게 "율법의 요구" 곧 "율법 안에 있는 하나님의 근원적인 뜻"이 이루어지는 것이다(롬 8:4). 그리하여 천국의 제자가 된 서기관(=율법사, 랍비, 선생)마다 마치 새것과 옛것을 그 곳간에서 내어오는 집주인과 같게 된다(마 13:52). 즉 천국의 제자가 된 자마다 자기 영혼의 창고에서 새것(복음)과 옛것(율법)을 동시에 꺼내오되, 구약의 율법의 본질적인 정신을 폐하지 않으면서도, 신약의 복음을 발전적으로 사용하여 율법의 궁극적인 요구이자 그 본질인 "참사랑"을 행하게 된다.

---

92 존 칼빈, 『기독교 강요 上』, 516.

14장

사랑

1. 사랑은 모든 하나님의 말씀의 강령이다

아직 과학적으로 규명되지는 않았지만, 흥미로운 보고가 있다. 정말 사랑하는 사람은 뇌에 6-20개 정도의 빛이 발생하여 뇌의 혈류량을 증가시킨다는 것이다. 그런가 하면 영국의 한 연구에 의하면, 사랑에 빠지면 스트레스에 대한 저항력과 면역력이 높아진다고 한다.

신앙의 세계에서도 마찬가지이다. 수많은 사랑이 난무하지만, 하나님과 관계한 사랑은 딱 한 가지인데, 그 사랑이 바로 십자가의 사랑으로, 이 사랑만 있으면 기적이 일어나고 천국에도 갈 수 있다.

성경은 아무리 예언하는 능력이 있어 모든 비밀과 모든 지식을 알고, 또 산을 옮길 만한 모든 믿음이 있을지라도 사랑이 없으면, 아무것도 아니며(고전 13:2), 예언도 폐하고 방언도 그치고 지식도 폐하지만, 사랑만큼은 언제까지든지 떨어지지 아니한다고 말씀하신다(고전 13:8). 그단큼 기독교의 사랑은 모든 것의 본질이요, 모든 하나님의 말씀의 강령(綱領, 핵심요체)이라서(마 22:40), 믿음·소망·봉사·은사·회개 등 기독교의 모든 덕목을 포함한다.

이런 의미에서 믿음과 소망도 중요하지만, 궁극적으로 중요한 것은 사랑이다. 가령 하나님이 예수님을 대신 죽이신 이유도 인간 모두가 서로 사랑하도록 하기 위한 당신의 위대한 계획 때문이었다. 또 회개가 필요했던 이유도 회개하여 악독을 빼내야만, 하나님과 이웃을 진실로 사랑할 수 있기 때문이었다.

2. 사랑에 실체가 있을까?

그러면 과연 사랑에 실체가 있을까?
이하에서는 사랑의 실체에 대한 몇 가지 특징을 살펴본다.
첫째, 마음이 눈에 보이지 않지만 분명히 존재하는 것처럼, 사랑도 보이지 않지만 분명 마음으로 느낄 수 있다. 사랑이 내 안에 채워지면 내 안에 뭔가 나 외에 어떤 독립적인 인격이 있음을 느끼게 된다. 사랑에 빠진 자는 자기의 존재가 그 거대한 사랑에 다 녹아져 자기 안에 온통 사랑만 있고 그 사랑이 나를 이끌어감을 느끼게 되는 것이다. 이처럼 사랑은 감추려고 아무리 애를 써도 야릇한 광채를 풍기는 법이다.

둘째, 가진 것이 아무것도 없어도 모든 것을 소유한 것처럼 풍족하게 느끼거나, 아는 것이 아무것도 없어도 모든 것을 아는 것처럼 느낄 때가 있는데, 그때가 바로 사랑할 때이다. 세상 만물과 세상의 지식을 다 합쳐도, 사랑보다는 더 클 수 없기 때문이다. 이런 의미에서 창조의 영이자 사랑의 영이신 성령님을 모셔들인 자는 모든 것을 다 소유했고, 모든 것을 아는 자라고 할 수 있다(요일 2:20, 27).

셋째, 우리에게 사랑만 있으면 온갖 무거운 짐이 가벼워지고, 온갖 거친 것도 무난히 견딘다.[1] 사랑할 줄 아는 사람은 자기 속에 자기가 없고 사랑만 있기에, 모두를 위해 모든 것을 주며, 또 모두에게서 모든 것을 취한다.[2] 그러기에 사랑으로 행하는 일은 어떤 것이든 결코 보잘것없는 것이 아니며 모두 충실한 열매를 맺는다.[3]

넷째, 사랑은 쌍방향이다. 나 혼자서는 사랑할 수 없다. 내가 어떤 여자를 짝사랑한다고 해서 사랑이 이뤄지는 것이 아니다. 그 여자가 나를 싫어하면 그만이다. 나 혼자만 좋아서 강제로 그 여자를 내 쪽으로 이끌면, 그 여자는 상처를 받게 될 것이다. 내 기준대로만 사랑하는 것은 진정한 사랑이 아니다.

---

1 토마스 아 켐피스, 『그리스도를 본받아』, 조항래 역 (서울 : 예찬사, 1990), 124.
2 토마스 아 켐피스, 『그리스도를 본받아』, 125.
3 토마스 아 켐피스, 『그리스도를 본받아』, 41.

다섯째, 사랑에는 공짜가 없다. 사랑을 주면 반드시 그 사랑이 내게로 돌아온다. 사랑은 영원의 관점에서 볼 때, 마치 물리학의 "질량보존의 법칙"처럼 영원히 보존된다(참고 눅 10:6). 기독교의 사랑은 부활의 날개를 가지고 있으므로 영원히 보존되는 것이다.

3. 하나님 사랑의 여러 특성들

(1) 사랑은 역설적이다

> 필자의 아버지는 자식들과 함께하는 식사에서 조기나 고등어가 나오면, 유독 내장만을 드셨다. 그래서 하루는 이렇게 여쭤보았다.
> "왜 아버지는 몸통을 안 드세요? 몸통이 훨씬 더 맛있는데!"
> 그러자 아버지는 말씀하셨다.
> "나는 내장이 더 맛있다!"
> 철없는 나는 그것이 진실인 줄 알고 "얼싸 좋다!" 하고 몸통만 계속 공격했다.

사랑하는 아들이면 오래 살도록 하고 복을 주셔야지, 왜 죽이셨을까?
주님께서는 왜 믿는 자가 당신보다 더 큰일을 할 수 있다고 하시면서도, 당신보다 더 높아져서는 안 된다고 말씀하셨을까?(요 14:12; 15:20)
또 당신의 어머니 마리아가 찾아오셨을 때, "누가 내 어머니냐?"라고 하셨으면서도, 왜 십자가 선상에서 "네 어머니다!"라며 그녀를 사랑하는 제자에게 맡기셨을까?(마 12:47-50; 요 19:27)
이 모든 게 역설적인 사랑 때문이다. 성경은 이 사랑에 대하여 이렇게 말씀하신다.

> 죽은 자 같으나 살고, 속이는 자 같으나 참되며, 근심하는 자 같으나 항상 기뻐하고, 가난한 자 같으나 많은 사람을 부요(富饒)하게 하며, 아무것도 없는 자 같

으나 모든 것을 가진 자로다(고후 6:8-10)

이하 역설적인 기독교의 사랑 몇 가지를 열거해 본다.

① 세상적으로는 약하고 어리석은 것 같으나, 하나님 쪽으로는 강하고 지혜롭다.
② 가장 큰 죄인이라서 가장 부끄러운 존재 같은데 하나님의 세계에서는 가장 선한 자로 간주된다.
③ 자격 없는 죄인인데 회개 좀 했다고 자격이 있는 아들처럼 대접해 주니, 하나님 앞에 더 자격이 없는 죄인임을 알게 된다.
④ 겉은 달라진 것이 없는 것처럼 보이지만, 속은 중생하여 전인적으로 변화를 받았다.
⑤ 주님의 사랑에 연합되어 내 자유의지는 하나도 없어 보이지만, 주님을 섬기는 자유의지는 더욱 살아있다.
⑥ 내가 예수님을 믿어 마치 예수님이나 된 듯이 보이지만, 사실은 예수님을 닮은 자가 되어 예수님을 섬기고 있을 뿐이다.
⑦ 한 알의 씨가 죽으면 다 끝난 듯이 보이지만, 죽었을 때 많은 열매를 맺는다(요 12:24).
⑧ 성도가 당하는 고난 속에서 오히려 하나님이 주시는 기쁨을 느낀다(롬 5:3-5).
⑨ 참사랑을 위해 죽으면 아무것도 할 수 없을 것 같으나, 주님의 뜻 안에서 모든 것을 할 수 있다(빌 4:13).
⑩ 세상의 정욕을 즐기는 자유가 십자가에 죽게 되면, 오히려 진리 안에서 더 큰 자유를 누리게 된다.
⑪ 좋으신 하나님이시기에 친구처럼 대해도 될 것 같은데, 공의의 하나님이시므로 더욱 경외하게 된다.
⑫ 주와 복음을 위해 살면 세상에 지는 것처럼 보이지만, 오히려 믿음으로 세상을 이긴 게 된다.

⑬ 자식이 잘못했을 때 매를 대는 것이 미워해서 그런 것 같지만 사실은 진심으로 사랑해서이듯이, 거룩한 것을 영적인 개에게 주지 않으니 그를 미워하는 것 같으나 사실은 그게 정말 그를 사랑한 것이 된다.
⑭ 이웃이 예수님은 아니지만, 악은 철저히 미워한 채 예수님을 대하듯 대해 주고 그의 죄를 진심으로 용서해 주니, 죄를 좋아하는 것처럼 보이지만 오히려 더 미워한 것이 된다.

(2) 사랑은 세상을 이긴다

사랑은 악을 조금도 허용하지 않고, 악한 것을 생각하지 않으며, 불의를 기뻐하지 않는다(고전 13:5-6). 하나님 사랑의 세계에서는 죄를 지으면 모든 것을 다 잃어버리는 까닭이다. 이처럼 하나님과의 관계가 깨지면, 모든 것을 잃게 될 정도로 하나님의 사랑은 존귀하다. 그래서 그런지 그토록 죄를 싫어하시는 하나님은 죄를 죽음으로 알고, 죄를 죽도록 싫어하는 자만 구원해 주신다. 그리고 주님의 이런 사랑을 영접한 자는 주님의 용서와 사랑으로 세상을 대함으로써 세상을 이기게 되는데, 결국 이것이 세상을 진정으로 사랑하는 셈이 된다. 하나님의 은혜로 빛나는 영혼은 하나님이 보시기에 너무나도 찬란해서 세상이 그를 감당하기에는 역부족이 되는 것이다(히 11:38).[4]

(3) 사랑은 어느 경우에도 공평하다

첫째, 하나님의 사랑은 편애하지 않는다. 하나님은 남녀노소, 빈부귀천을 가리지 않고 사랑하신다. 누구는 사랑하고 누구는 미워하는 것은 세상적인 사랑일 뿐이다. 영화 〈어둠 속의 댄서〉를 보면, 시각장애인인 엄마 주인공이 "장애인이 되기를 바라면서 아기를 낳는 부모는 없다."라고 말하는 장면이 나온다. 엄마의 마음은 설사 시각장애인이 되는 아기를 낳았어도, 어떻게든 그 아기의 눈을 뜨게 하려고 한다는 것이다.

하나님도 그런 분이시다. 하나님은 모든 인간 각자를 최고의 존귀한 사랑으

---

4 토마스 왓슨, 『묵상의 산에 오르라』, 108.

로 창조하신다. 병에 걸려 태어나고, 못생기게 태어나고, 가난하게 태어나도 역시 마찬가지이다. 하나님 아버지는 영적 장애인 된 자식의 눈을 뜨게 하려고 (계 3:17), 당신의 아들까지도 십자가에 못 박는 분이다.

전지전능하신 하나님께서 억울한 일을 당한 자를, 또는 지독히도 가난하게 태어난 자를 모르실 리 없다. 그래서 성경이 부자는 천국에 들어가기가 어렵다고 말씀하시며, 이 세상에서 위로를 미리 받으면 저 세상에서 받을 것은 없다고 말씀하시는 것이다(눅 6:24; 16:25).

그러므로 이 세상에서 겉으로 보이는 것들을 미흡하게 받았다면, 그 안에 더 큰 하나님의 자비와 사랑이 있음을 믿어야 한다. 즉 설사 이 세상에서 보상받지 못했다면, 천국에서 그와는 비교도 안 되는 보상을 받게 될 것을 믿고 감사해야 한다.

둘째, 하나님은 야곱을 사랑하시고, 에서는 미워하신다고 말씀하시는데(말 1:2-3; 출 20:5-6, 참고 삼하 22:26), 이를 두고 우리는 하나님께서 편애하신다고 오해할 수 있다. 그런데 속을 들여다보면 그렇지 않다. 하나님의 기준으로 볼 때, (당신을 지극히 사모하는) 야곱은 사랑하시고 (당신을 우습게 여기는) 에서는 미워하시는 것이 얼마나 공평한지 모른다. 하나님의 선한 방식대로 처리한다고 해서 미워하는 것이라고 볼 수 없다. 오히려 이는 마땅한 처사다. 아니 이것마저도 굉장히 자애로운 처사다. 왜냐하면 하나님의 기준과 다른 에서로 하여금 그 기준으로 돌아오도록 하는 마음의 모습이기 때문이다.

또 하나님은 만일 의인이 돌이켜 그 의에서 떠나서 범죄하고, 악인의 행하는 모든 가증한 일대로 행하면, 그(동안) 행한 의로운 일은 하나도 기억되지 아니하리니, 그가 그 범한 허물과 그 지은 죄로 인하여 죽게 될 것이라고 말씀하신다(겔 18:24). 이를 두고 우리는 이렇게 따질 수 있다.

"한 번 의인이면 영원한 의인이지, 왜 말씀을 뒤집으십니까? 하나님! 그건 너무 불공평한 처사입니다."

하지만 하나님은 이게 왜 불공평하냐고 반문하신다(겔 33:17). 가령 어떤 결혼한 남자가 바람을 피웠으면서도, 자기 아내를 향해 우리의 결혼은 여전히 영원하다고 주장할 때, 여자 쪽에서 공평하다고 생각할 리 만무(萬無)한 것처럼,

죄용서 받은 인간이 다시 죄를 범해 놓고도 하나님과의 신뢰 관계가 영원하다고 주장한다면, 하나님 쪽에서 결코 공평한 일이 아니라는 것이다.

그러므로 자초지종을 전혀 모르는 인간이 그 순간만을 두고, 하나님이 하시는 일에 대하여 함부로 불공평하다고 단정하면 안 된다. 이는 자기가 하나님보다 높다는 얘기가 되거나, 아니면 하나님을 불신하고 미워한다는 얘기가 되기 때문이다.

셋째, 신앙생활을 하다 보면, 악을 행하는 자임에도, 돈을 많이 벌고 세상에서 버젓이 성공하는 모습을 종종 본다. 그래서 신앙인들은 예나 지금이나 다음과 같은 질문을 하나님 앞에 쏟아 놓는다.

"악한 자의 길이 형통하며 패역한 자가 다 안락함은 무슨 연고(이유)이니이까?"(렘 12:1, 참고 합 1:13; 시 73:2-3)

이에 대하여 하나님은 말씀하신다.

"네가 보행자와 함께 달려도 피곤하면, 어찌 능히 말과 경주하겠느냐? 네가 평안한 땅에서는 무사하려니와, 요단의 창일한 중에서는 어찌하겠느냐?"(렘 12:5)

설사 이 세상에서 잘 나가도, 궁극적으로 마지막 날 하나님의 불 심판을 감당할 수 있겠느냐는 것이다. 그래서 하나님은 공의가 박멸되는 것을 보더라도 그렇게 하는 자보다 더 높은 자가 있으므로 그것에 대해서 이상히 여기지 말라고 말씀하신다(전 5:8). 이에 대해 토마스 왓슨은 다음과 같이 말한다.[5]

> 죄인들이 가진 좋은 것들은 포목점에서 값도 치르지 않고 집어 온 옷감과 같습니다. 마침내 죽음이 오면 슬픈 계산서를 내밀 것입니다. … 그들은 살아있는 내내 하나님의 진노와 대면해야 합니다. … 한시라도 처형의 두려움을 벗어날 길이 없습니다.
>
> 이러할진대 악인들에게 무슨 낙이 있겠습니까?
>
> 그들의 머리 위에는 하나님의 정의의 칼이 드리워져 있고 그들의 발밑에서는 지

---

[5] 토마스 왓슨, 『경건』, 299.

옥불이 타오르고 있습니다. 그들은 죽어서도 하나님의 진노를 감당해야 합니다.

그러므로 우리는 그 공덕(גמל, 포알, 功德, 행하신 일)이 완전하고 그 모든 길이 공평하며 진실무망(眞實無妄)하신 하나님께서(신 32:4) 어련히 알아서 완전하고도 공평하게 처리하실 줄 믿고 악인이 형통한 것을 부러워하지 말고, 잠잠히 참고 기다려야 한다(시 37:7; 잠 23:17; 24:1). 이 세상에서 불의한 자가 잘되는 것 같아도, 영원의 관점에서 보면 더 빨리 지옥 불에 들어가고 있는 것과 같다. 악인은 바닥없는 구덩이 주위를 배회하는 자와 같아서, 죽음이 와서 슬쩍 밀기만 해도 심연으로 쓸려 들어가는 존재일 뿐이다.[6]

그렇지 않고 행여나 "하나님을 섬기는 것이 헛되니, 만군의 여호와 앞에서 그 명령을 지키며 슬프게 행하는 것이 무엇이 유익하리오? 오히려 교만한 자가 복되고, 악을 행하는 자가 번성하며, 하나님을 시험하는 자가 화를 면하는구나!"(말 3:14-15)라는 식으로 말하면, 사실상 완악한 말로 하나님을 대적하는 것과 같게 된다(말 3:13).

(4) 사랑은 진행형이다

하나님의 입장에서 볼 때 사랑은 그 자체로 완성형이지만, 인간의 입장에서 볼 때 사랑은 진행형이다. 성장을 멈춘 생명체는 사실상 죽은 것과 같듯이, 멈춰진 사랑은 참된 사랑이 아니다. 사랑은 안주하지 않고 끊임없이 움직이며 끝없이 전진한다. 사랑은 완전한 것이 아니라, 한없이 부족하지만 완전해지기 위해 노력하는 것이다. 그러므로 우리는 겸손하고 온유한 마음으로 사랑을 끊임없이 배우고 가꿔야 한다.

(5) 사랑은 죽음을 초월할 정도로 뜨겁다

마음에 불이 나도록 뜨겁게 사랑해 본 적이 있는가?

---

[6] 토마스 왓슨, 『경건』, 279.

하나님의 사랑은 죽음을 초월한 그야말로 이글이글 타오르는 불과 같다. 주님은 우리를 미지근하게 사랑하시는 것이 아니라, 상상할 수 없을 정도로 뜨겁게 사랑하시며, 이 사랑의 불은 계속 열렬하게 그리고 무한히 타고 있다. 즉 오늘도 죄를 완전히 씻기는 샘이 콸콸 흐르고 있으며, 태양보다 뜨거운 성령의 불이 주체하지 못할 정도로 활활 타오르고 있고, 누구든지 주님의 옷깃만 대도 모든 불치병이 치료되고, 죽음과 사탄의 압제에서 벗어날 수 있는 전능의 생수가 뿜어져 나오고 있다.

그래서 성경은 다음과 같이 말씀하신다.

> **사랑은 죽음같이 강하고, 투기는 음부같이 잔혹하며**(קָשֶׁה, 카쉐, 맹렬하며) **불같이 일어나니, 그 기세**(רֶשֶׁף, 레쉐프, 불꽃)**가 여호와의 불**(שַׁלְהֶבֶת, 샬헤베트, 화염)**과 같으니라. 이 사랑은 많은 물이 꺼치지 못하겠고 홍수라도 엄몰하지**(שָׁטַף, 이 쉐태푸아, 칼 미완료형, 淹沒, 쓸어버리지) **못하나니, 사람이 그 온 가산을 다 주고 사랑과 바꾸려 할지라도 오히려 멸시를 받으리라**(아 8:6-7, 참고 사 43:2-4; 호 13:14).

이 불같은 하나님의 사랑을 받아들인 자의 영혼에도 말할 수 없이 뜨거운 은혜가 타올라 얼음처럼 차가운 영혼들을 능히 녹일 수 있게 한다.

(6) 사랑에는 원대한 비전이 들어가 있다

하나님의 사랑은 온 우주보다도 넓으며 바다보다 깊다. 그래서 "여기까지만!"이라는 단어는 하나님의 사전에 없다. 하나님의 사랑은 모든 인간의 죄를 다 씻어주실 정도로 무한한데, 죄를 씻어도 주님의 코혈의 샘이 영원히 더러워지지 않는 이유는, 주님이 우리 대신 피 흘려 죽으신 후에 다시 부활하셨기 때문이다.

하나님은 당신의 이러한 무한한 사랑을 받은 자에게 거시는 기대가 얼마나 큰지 모른다. 마치 사랑하는 애인이 자기에게 더욱 많은 것을 원하기를 바라는 것처럼, (영적인 신부 되는) 우리를 진정으로 사랑하시는 주님은 우리가 더욱 원대한 비전을 품고, 당신과 동행하면서 그 꿈을 이루어 가기를 원하신다. 주님이 우리를 위해 죽어주신 것도 이런 가능성 때문이었다.

　사랑 자체가 가지는 무한한 가능성은, 우리로 하여금 더 원하게 하고 더 믿게 하고 더 견디게 한다. 주님의 희생적 사랑과 부활을 보면, 나도 모르게 더 용기가 샘솟고 더 담대해진다.

　더 나아가 주님의 은혜를 받은 사람은 이웃에 대하여서도 항상 최상의 가능성을 생각한다. 무시무시한 죄와 지옥의 수렁에서 끌어올려진 자신, 최악의 상황에서도 살아난 자신을 보면, 하나님께서 그 누구라도 못하실 리 없다는 것을 잘 알고 있기 때문이다.

(7) 사랑은 언제까지나 변하지 않는다

　사랑은 언제까지나 변하지 않는다. 이 세상뿐만 아니라, 저세상에서도 영원히 변하지 않는다. 하나님의 사랑은 영원히 끊어지지 않고 변질되지 않으며 부족함도 없다.

　아울러 영원히 변치 않는 이 사랑을 받은 자의 신앙도 중심적으로 변하지 않아, 아무리 어려운 환경이 닥치고 본의 아니게 계속 넘어져도 늘 한결같은 마음으로 신앙의 지조를 굽히지 않는다. 하나님은 바로 이렇게 심지가 견고한 자를 평강에 평강으로 지켜주신다(사 26:3).

(8) 사랑은 날이 갈수록 새로워진다

　성공하는 기업(企業)은 항상 새로운 것을 찾으며, 매장관리에서부터 제품관리에 이르기까지 항상 소비자의 기호에 맞추려고 노력한다. 그리고 이런 기업일수록 세계 최고의 신기술을 확보하지 않으면 죽음임을 알기에, 어려울 때마다 오히려 신기술에 투자한다. 마찬가지로 하나님은 인간을 끊임없이 새로움을 추구하는 존재로 만드셨다. 그래서 음식도 한 가지만 계속 먹으면 싫증나도록 하셨으며, 영혼의 음식(말씀)도 이 모양 저 모양으로 주셨다.

　특히 하나님은 예수 그리스도의 십자가를 통하여, 우리에게 날마다 새(καιν-ός, 카이노스, 새롭게 재창조된) 날(욤, ἡμέρα, 헤메라)을 주심으로써, 질적으로 새로워지도록 하셨다. 즉 십자가의 사랑의 샘물을 파면 팔수록, 더 새로워지고 그 맛이 깊어지게 하셨다. 연인 관계에 있는 자가 사랑하는 상대방을 생각할수록 더 기분 좋고 설레고 힘이 나듯이, 하나님과 사랑 관계에 있는 자가 십자가만 생각하면 항상 더 새롭고 생명의 힘이 샘솟도록 하셨다.

(9) 사랑은 목숨을 담보로 한다

사랑은 자기를 비워 남을 살리는 것이요, 자기를 죽여 예수님의 사랑과 용서를 나타내는 것이다. 사랑한다는 얘기는 생명을 준다는 얘기다. 그래서 하나님과 사랑에 빠지면 자기는 전혀 생각이 나지 않기에, 주님과 복음을 위하여 기꺼이 목숨까지 내놓게 된다(막 8:35).

(10) 사랑은 의에 굶주린 것이다

사랑하는 사람들은 이미 충분히 함께 있었음에도 서로를 더 원하기 마련이다. 마찬가지로 주님의 사랑이 충만히 채워진 자도 더 풍성한 생명을 원하게 된다. 주님의 사랑을 영접한 자가 의에 굶주린 자가 되는 것도 바로 이 때문이다(마 5:6).

사랑하면 그 사랑이 계속 충만히 채워지지 않으면 결코 만족하지 못하는 까닭에, 항상 그 부족분에 대하여 관심을 가진다. 또한 진정 사랑하면 다 퍼줘도 항상 부족함을 느끼는 까닭에, 늘 사랑이 부족한 자를 찾아서 그 사랑을 채워주려 한다.

(11) 사랑은 마음을 꽉 채운다

"누군가를 사랑하면, 아무리 그 사람을 마음속에서 지우려고 해도 다시 채워지게 된다."는 어느 드라마의 대사처럼, 하나님의 사랑을 영접하면, 마음 안에 온통 주님만 꽉 차게 된다. 그의 마음을 온통 주님께 다 드려 하나님이 그의 전부가 되었기 때문이다.

"처녀가 어찌 그 패물을 잊겠느냐?"(렘 2:32)

이 말씀대로 사람은 자신이 사랑하는 것을 생각하기 마련이므로 사랑에 빠진 사람은 자신이 사랑하는 대상을 한시도 잊지 않는다.[7] 이런 그에게 하나님은 그의 생명이 되신다(신 30:20). 그래서 주님의 아픔이 그의 아픔이 되고, 주님의 기쁨이 그의 기쁨이 된다.

(12) 사랑은 항상 본질을 건드린다

자식에게 용돈을 줬더니, 자식이 그 돈으로 아버지의 선물을 샀다면 아버지의 마음이 어떠할까?

성공하는 보험설계사들의 한결같은 특징은 보험 상품 자체보다, 인간에 대한 애정이 앞서 있다고 한다. 마찬가지로 무슨 일을 하든 "이익"보다 "인간 자체"를 중시할 때, 하나님과 인간의 마음이 거기에 쏠리게 된다.

본질보다 현실을 먼저 이뤄놓고 봐야 한다는 자에게 참된 인격이 있겠는가? 본질보다 부수적인 수단을 우선시하는 자에게 진실이 있겠는가?

자기 영혼을 사탄에게 팔아도 상관이 없다는 마음으로 성공한 자가 과연 행복할까?

그럼에도 본질에서 벗어난 것을 가지고 근심하며, 이 본질을 나중에 이루겠다고 지금 당장 그 본질을 희생시키는 경우가 얼마나 많은지 모른다.

양심마저 훼손시키며 얻은 성공은 인간의 눈에 화려할지 몰라도, 하나님 앞에는 가증스러울 뿐이다. 왜냐하면 이런 자들은 자기의 성공을 위해서 하나님의 거룩한 사랑마저 팔 사람이라는 증거를 내었기 때문이다.

평탄할 때도 이 모양이라면 사정이 어려워졌을 때는 얼마나 더 그 사랑을 더럽히겠는가?

하나님의 관심은 항상 본질에 있다. 그러기에 우리가 본질 외에 다른 부수적인 것에 더 관심을 가지면 섭섭해하신다. 본질이 되시는 주님을 소홀히 하면, 주님으로부터 귀한 선물을 받기 힘들다. 이런 의미에서 자꾸 본질에서 벗어나 부수적인 것에 집착하게 하는 것은 사탄의 역사라고 할 수 있다.

그러므로 본질에 충실함이 우리의 생명이요, 우리의 전부가 되어야 한다. 즉

---

7 토마스 왓슨, 『하나님을 경외하는 사람』, 조계광 역 (서울 : 규장, 2008), 150.

본질, 곧 사랑 자체를 위해 우리의 모든 힘을 집중하여 가식적인 모든 것을 허물고, 모든 것을 희생할 각오를 해야 한다.

(13) 사랑은 기초에 충실하다

여름에는 잘 자라지만 겨울에는 자라지 않는 것처럼 보이는 일개의 나무도 먼저 뿌리 쪽으로 자람으로써 기초를 튼튼히 한 채 성장한다고 한다.

그런데 왜 우리는 기초를 등한시할까?

> 필자에게 두 친구가 있었다. 한 친구는 고등학교에 들어갈 때 전국 수능고사에서 모든 과목 만점을 받았다. 그래서인지 고등학교에 들어간 후, 영어나 수학을 공부할 때 매우 어려운 책만 보았다. 그런데 기대와 달리 전국 모의고사를 보면 90점 이상을 넘지 못했다. 또 한 친구는 중학교에서는 별 두각을 나타내지 못한 친구였는데, 고등학교에 들어가서 영어나 수학을 공부할 때, 가장 기본이 되는 책을 집중적으로 공부하되, 그 책이 완전히 자기 것이 될 때까지 계속 반복했다. 뻔히 아는 내용이라도 더 빠르고 정확하게 숙달시켰던 것이다. 그렇게 공부한 지 1년이 지나자, 시험을 볼 때마다 거의 만점을 맞았다.

어려운 문제를 몇 개 풀 줄 알더라도 기초가 튼실하지 않으면, 문제를 좀 꼬아 놓을 때 어떻게 응용해야 할지 모른다. 어리석은 자일수록 빌딩을 지을 때, 빨리 빨리 높이 올리려고만 한다. 신앙이 얕은 자일수록 마치 자기가 완전히 성화를 이룬 사람처럼 행동함으로써 자기의 신앙의 기초가 얼마나 얕은지 보여준다.

반면에 베테랑 선수일수록 기초에 충실하게 되는데, 이들은 기초운동을 아주 잘 알지만, 반드시 이 단계를 거친다. 그래야 그다음 단계의 훈련을 해도 몸에 무리가 오지 않음을 잘 알기 때문이다. 마찬가지로 신앙의 뿌리가 견고한 자는 뻔히 알고 있는 진리의 말씀이라도, 반복하고 또 반복한다(참고 골 2:7).

생각해 보라!

뿌리가 들떠 있거나 견고하지 않으면 조금만 바람이 불어도 흔들거리며 중심을 잡지 못할 것 아닌가?

이런 자는 알고 있는 말씀일지라도 다시 보면 더 새롭다는 것을 잘 안다. 이러한 태도가 주님의 겸손과 통하게 되어, 더 깊은 곳에 계시는 주님과 만나게 된다.

(14) 사랑은 질투하지 아니한다

하나님의 입장에서 볼 때 사랑은 질투하는 것이다. 하나님은 우리를 매우 사랑하시기에, 우리가 세상의 썩어질 사랑에 한눈팔기라도 하면 질투하신다. 그것은 곧 죽음이기 때문이다. 아울러 하나님의 이 질투의 사랑을 받아들인 자도, 주님의 그 고귀한 사랑을 깨뜨리지 않으려고 질투하면서 지키게 된다. 자기만을 위하는 '세상 질투'와 모두를 거룩한 사랑으로 충만하게 하는 '하늘 질투'는 이 점에서 근본적으로 다르다.

반면에 인간의 입장에서 볼 때, 사랑은 질투하지 않는 것이다(고전 13:4-7). 사랑하면, 나는 다소 손해를 보더라도 이웃은 진정으로 잘되기를 바란다. 그래서 이웃이 잘될 때 배 아파하지 않고 진심으로 기뻐해 준다. 하지만 욕심이 많은 자는 자기가 머리가 되어야 직성이 풀리기에 시기 질투함으로, 그 결과 자신의 뼈를 썩게 한다(잠 14:30). 그래서 성경은 시기와 다툼이 있는 곳에 요란함($\dot{\alpha}\kappa\alpha\tau\alpha\sigma\tau\alpha\sigma\acute{\iota}\alpha$, 아카타스타시아, 무질서)과 모든 악한($\phi\alpha\hat{\upsilon}\lambda o\varsigma$, 파울로스, 윤리적으로 사악한) 일이 있다고 말씀하신다(약 3:16).

(15) 사랑은 양다리 걸치지 않는다

사랑은 양다리를 걸치지 않는다. 즉 양쪽에서 이익을 보려고 두 편 모두와 관계를 맺지 않는다. 가령 사랑하는 여자를 놔두고 그 태도가 미지근하다면, 사실상 다른 여자가 있거나, 아니면 그녀를 정말 사랑하지 않거나 둘 중 하나일 것이다.

이에 대해 성경은 누구든지 손에 쟁기를 들고 뒤를 돌아다보는 자는 하나님의 나라에 합당하지 않다고 말씀하신다(눅 9:62). 그러기에 살기 위하여 생명의 길을 택해야만 한다. 진정 사랑하면 그 사랑 관계를 해치는 것을 다 버리게 된다.

(16) 사랑은 무조건적이고 단순하다

사랑하면 어린아이처럼 단순해진다. 사랑이 깊을수록 더욱 순수해지고 단순해지되, 지극히 존귀한 방향으로 단순해진다. 하나님은 많은 생각 끝에 우리를 사랑하신 것이 아니다. 그냥 사랑 자체가 정말 좋아서 사랑하셨다. 서로 사랑하는 연인들에게 왜 좋으냐고 물어봐라! 사랑은 그냥 좋아서 하는 것이다. 여기에는 아무 조건도 계산도 없다. 생명을 걸고 사랑하는 대상 앞에서 조건을 따지고 잔머리를 굴리는 것은 사실상 그 사랑을 더럽히는 행위일 뿐이다.

또 사랑이 깊을수록 무거운 쪽으로 단순해진다. 폭풍우가 몰아칠 때의 바닷물을 보라! 바깥 환경은 태풍이 몰아쳐도 심해의 속은 잔잔하며 단순하다. 깊은 바닷속이 크게 요동을 치지 않는 이유는 심해의 엄청난 압력을 지탱하고 있기 때문이다.

생각해 보라!

수십억 톤의 무거운 짐을 지고 그렇게 가볍게 요동칠 수 있겠는가?

십자가를 지는 것도 마찬가지이다. 무거운 십자가를 지고 있는 자는 그 십자가로 말미암아 무거운 쪽으로 단순해진다.

사랑은 생명을 담보로 달려가는 자동차와 같아서, 내 기분 내키는 대로 방향을 틀 경우에 상대방이 크게 다칠 수 있다.

슈퍼컴퓨터 부속품 하나만 잘못되어도 문제가 될 수 있는데, 그보다 비교도 안 될 만큼의 복잡한 구조를 가진 인간이라면 어떠하겠는가?

그래서 사랑하면 얼마나 진지해지는지 모르며, 성령님께 붙잡히게 되면 한 마디 말을 하더라도 얼마나 묵직하게 나오는지 모른다.

(17) 사랑은 무례히 행하지 아니한다

사랑은 무례(無禮)히 행하지 아니한다(고전 13:5). 상대방의 마음을 헤아리지 않고 자기 마음대로 하는 자를 "무례한 자"라고 하는데, 가령 상대방이 친하지도 않으면서도 격의 없이 나오면, 내 인격을 우습게 본다고 생각하기 쉬울 것이고, 상대방의 마음을 헤아리지 않고 무례하게 나오면, 부담만 느낄 것이다. 그러기에 주님이 좋으신 분이라고 해서, 기본적인 예의마저도 지키지 않으면 안 된다.

또 이웃에게 사랑을 줄 때 무례하게 주면 안 된다. 가령 하나님으로부터 큰 은사를 받아 축사의(귀신을 쫓아내는) 능력을 지녔다고 하더라도, 상대방의 인격을 무시하면서 비인격적으로 사역하면 안 된다. 하나님의 사랑이 아무리 귀해도, 자유의지를 넘어 억지로 그 사랑을 강요해서도 안 된다.

입장을 바꿔서 우리가 하나님 앞에 예배를 드리는데 어느 스님이나 구도자가 자기네 식으로 기구를 사용하여 우리를 전도한다고 하면 좋겠는가?

무례한 사랑은 사랑이 아니다.

다만 여기에는 예외가 있다. 즉 기준 자체가 틀어져 심하게 더럽혀진 자에게, 때로는 극히 예외적으로 인격을 무시하는 듯한 하나님의 책망의 말씀이 주어질 때가 있는데, 이를 두고 무례하다고만 봐서는 안 된다는 점이다. 이는 모든 것이 하나님의 공의의 기준 내에서 행해지기 때문이다.

> 가령 BC 850년경 강대국 아람(시리아)의 국방부 장관 나아만이 본인의 한센병 치료를 위해 북이스라엘에 있는 엘리사 선지자 집을 방문했음에도, 엘리사가 문 앞에 마중 나와 인사하기는커녕, 말로만, 그것도 사환을 시켜서 요단강물에 7번 몸을 씻으라고 전달하자, 대단히 무례하다고 생각하고 화가 나서 그냥 돌아가려고 했지만, 부하의 권고를 따라 엘리사 말에 순종하여 치유받은 사건이나(왕하 5:11-12), 예수님께서 귀신 들린 딸을 치유하기 위해 찾아온 이방의 수로보니게 여인에게 "자녀로 먼저 배불리 먹게 할지니, 자녀의 떡을 취하여 개들에게 던짐이 마땅치 아니하니라!"고 (자존심을 상하게 할 정도로) 말씀하셨음에도 포기하지 않고 끝까지 예수님을 붙들어 문제를 해결받은 사건을 보라!(막 7:27)

(18) 사랑은 선하고 거짓이 없다

사랑은 선하다. 성령의 9가지 열매 중 하나도 "양선"(ἀγαθωσύνη, 아가쏘쉬네, 良善, 선함)이다(갈 5:22). 위로부터 난 (하늘의) 지혜는 선한 열매가 가득하다(약 3:17). 지극히 선한 하나님의 사랑에 연합한 자는 마음에 모든 악독이 빠져 순하고 선한 상태로 된다.

또 성경은 빛의 열매도 모든 착함(ἀγαθωσύνη, 아가쏘쉬네)과 의로움과 진실함에 있다고 말씀하신다(엡 5:9). 이처럼 사랑은 악한(κακός, 카코스, 도적적으로 악한) 것을 생각지 않으며(고전 13:5), 악(πονηρός, 포네로스, 궁극적인 악)은 모든 모양이라도 버린다(살전 5:22).

그런가 하면 사랑엔 거짓이 없다(롬 12:9). 성령은 진리의 영이라서 성도 안에 내주하시면서 진리만을 증거한다. 반면에 거짓말을 하는 자는 사실상 마귀의 자식이다. 이에 대해 성경은 마귀는 거짓말쟁이의 아비라서 진리가 그 속에 없으므로 진리에 서지 못하고 거짓을 말할 때마다 제 것으로 말한다고 말씀하신다(요 8:44).

거짓된 마음이 조금이라도 있어서는 마치 뿌옇게 연기가 자욱한 것처럼, 그 영혼이 혼탁한 가운데 있을 것이어서, 그 사람 안에서 (하늘나라의 신령한) 빛을 발할 수 없게 된다. 이런 자는 진리의 빛이 온전히 밝혀지지 않아 십자가 천국 길을 똑바로 가기 힘들다. 사정이 이러한데도 얼마나 많은 사람이 거짓을 은밀하게 숨겨둔 채 진리의 길을 가려고 나서는지 모른다.

(19) 사랑은 억지로 꾸미지 않는다

구약 성경을 보면 레위기의 5가지 예배법 이전에 하나님을 만나는 법이 있었다. 그것은 가공하지 않은 돌, 즉 전혀 다듬지 않은 돌로 제단을 쌓아서 만나는 법이었다(출 20:25). 이는 족장 시대로부터 유래한 듯이 보이는데, 여기에는 한마디로 '제단의 외형적 모습에 치중하다가, 예배의 본래 정신을 상실하지 말라!'는 의미가 담겨 있다.

> 진주에 자수를 놓거나 황금에 색을 입힐 사람이 누가 있겠습니까?
> 이런 군더더기는 오히려 그 아름다움을 훼손하고 무색하게 할 뿐입니다. 그리스도인이 진리를 꾸미고 장식하는 것을 좋아한다면, 그것은 영혼이 병들었다는 증거입니다.[8]

---

8 토마스 왓슨, 『묵상의 산에 오르라』, 9.

사랑은 억지로 꾸미지 않는다. 하나님은 지금 있는 그대로의 나를 원하신다. 하나님은 가공된 누룩, 즉 우리가 가식적으로 연기하는 것을 싫어하신다(눅 12:1). 연기자가 아무리 대통령 연기를 잘해도, 그는 어디까지나 연기자일 뿐이다. 따라서 하나님 앞에 진실을 내놓기 위해서는 모든 거짓된 마음을 다 제거해야 한다. 우리 속에 있는 가면을 모조리 벗겨내고, 모든 인위적인 요소를 제거해야 한다.

(20) 사랑은 은밀하다

하나님과 인간 간의 언약 관계가 맺어지면, 둘만의 은밀한 대화에서 나오는 기쁨을 세상 사람이 알 수 없다. 스스로 숨기시고 누구도 근접하지 못할 은밀한 빛에서 거하시는 하나님은(사 45:15; 딤전 6:16) 오직 당사자만 알도록 은밀하게 신자의 마음에 천국을 이뤄주신다.

예수님은 천국에 대하여 알기 쉬운 비유로 말씀하셨다. 그런데 이를 얼핏 보면 어느 누구나 하나님의 말씀을 이해할 수 있도록 하기 위함 같다. 하지만 자세히 들여다보면 꼭 그렇지만도 않다. 그래서 성경은 하나님 나라의 비밀을 제자들에게는 주었으나 외인에게는 모든 것을 비유로 했다고 말씀하신다(막 4:11). 그 이유는 다음과 같다.

첫째, 외인들은 보기는 보아도 알지 못하며, 듣기는 들어도 깨닫지 못하게 하여, 돌이켜 죄 사함을 얻지 못하게 하기 위해서였다(막 4:12). 즉 들을 귀 있는 자, 곧 신앙적인 양심이 살아있어 귀에 할례를 받은 자만 은밀하게 하나님의 말씀을 깨닫도록 하기 위해서였다(마 13:9; 계 2:7; 행 7:51).

둘째, 성령님을 통하여서만 은밀하게 그 의미를 깨닫게 함으로써, 하나님 말씀의 절대적인 가치를 알아 그 말씀을 삼키지 않도록 하기 위해서였다. 즉 정말 못 보기를 원하는 말씀이 아닌, 역설적인 의미가 담긴 말씀이었다. 하도 하나님의 말씀을 삼키니, 더 큰 죄를 안 짓게 하기 위한 배려였다. 하나님은 이런 자들이 가려진 말씀을 깨달아야만 회복되게 하셨다.

뿌리를 드러내면 나무가 죽게 되듯이, 하나님과 맺은 은밀한 사랑 관계를 세상에 함부로 까발리면 김빠진 사랑 관계로 전락해 버려 사랑의 많은 능력이 날개를 단 듯이 달아나 버린다. 가령 삼손은 들릴라의 유혹에 넘어가, 하나님과의 은밀한 관계를 다 누설해 버림으로 두 눈이 뽑힌 채 블레셋 포로로 전락하고 만다(삿 16:17-21). 또 병이 들었다가 나은 히스기야 왕이 우쭐하여 그 사실을 모르고 자기를 위문하러 온 바벨론 왕의 사자에게 자기 보물고의 금은과 향품과 보배로운 기름과 군기고(軍器庫)와 내탕고(內帑庫, 왕실의 재물창고)의 모든 것을 사자에게 보임으로, 훗날 왕궁의 모든 것과 왕의 조상들이 쌓아둔 모든 것이 바벨론으로 옮겨지고 말 것이라는 책망의 말씀을 듣게 된다(왕하 20:17). 그래서 성경이 오른손이 한 일을 왼손이 모르게 하라고 말씀하신다(마 6:1-18).

(21) 사랑은 중심을 지킨다

사랑은 항상 중심을 지킨다. 중심을 잃어버린 채 베풀어지는 사랑은 진정한 사랑이 아니다(삼상 16:7). 자기도 주님의 사랑으로 온전히 채워지지 않았으면서, 이웃에게 좋은 것을 줄 수 없는 노릇이다.

하나님은 우리의 중심대로 역사하신다. 가령 우리가 말씀을 더 많이 알거나 은사를 더 많이 받을수록, 그에 걸맞은 책임을 그만큼 더 요구하신다(눅 12:47-48). 그러기에 우리는 항상 신앙적인 중심을 지킨 채 신앙생활을 해야 한다.

(22) 사랑에는 선택과 버림이 동시에 존재한다

하나님의 사랑에는 선택(選擇)과 유기(遺棄, 버림)가 동시에 작용한다. 선택의 작정(作定, 보편적인 계획)[9]은 하나님의 주권적인 의지의 표현으로, 불변적이며 영원하며 무조건적이고 불가항력적이다.[10] 반면에 유기는 간과(어떤 사람들을 지나가시는 결정)와 정죄(죄에 대한 처벌)를 포함한다.[11]

그러면 왜 사랑에 선택과 유기가 작용할까?

그 이유는 사랑이 정말 사랑이 되기 위해서는, 얼마든지 버릴 수 있는 자유

9　"예정"(豫定)이 "인간의 구원에 대한 하나님의 특수한 계획"인데 비해, "작정"(作定)은 "미래에 일어날 일에 대하여 영원 전부터 정하신 하나님의 보편적인 계획"을 말한다.
10　루이스 벌코프, 『조직신학 上』, 316-317.
11　루이스 벌코프, 『조직신학 上』, 319.

와 얼마든지 취할 수 있는 자유가 기본적인 전제가 되어야 하기 때문이다. 그래서 하나님은 인격의 자유로움을 제한하지 않으시고, 자유롭게 선택과 버림을 할 수 있도록 우리 인간을 창조하셨다.

그런데 영이신 하나님은 영의 형상을 따라 인간을 창조하셨다. 따라서 영의 형상을 입은 자는 그 형상을 완전히 잃지만 않는다면, 영이신 하나님을 알아보고 하나님을 선택하게 된다. 그에게 얼마든지 버릴 수 있는 자유가 있음에도, 성령님의 조명을 받아 진리의 사랑을 선택하는 것이다. 그리하여 이렇게 하나님의 사랑을 선택한 자가 결과적으로 하나님께 선택함을 입은 자가 된다. 물론 하나님 편에서는 만세 전부터 이미 선택이 정해졌겠지만 말이다.

반대로 끝까지 하나님의 사랑을 버린 자는 결과적으로 하나님께 버림을 당한 자, 즉 유기(遺棄)된 자이다. 인간이 하나님의 선한 뜻을 끝까지 거부하고 지옥에 간다면 하나님께서도 어찌할 도리가 없다. 가령 유다가 주님을 배신한 것은 철저히 그의 책임이다.

이처럼 선택과 버림은 항상 함께 간다. 말씀을 믿고 순종하면 살지만, 말씀에 불순종하면 버려진다(신 30:15-20). 이 이상의 생각은 피조물로서의 본분을 넘어서는 생각이다.

> 이를 좀 더 자세히 설명하자면, 전지전능하신 하나님께서는 우리를 만세 전부터 미리 아셔서, 우리가 나중에 선한 일을 많이 함으로써 당신께 영광을 돌릴 수 있는 자이기 때문에 선택하신 것이 아니라, 그저 사랑이 좋아서 아무 조건 없이 택하셨다.[12] 이 선택은 피조물인 인간이 전혀 관여할 수 없는 하나님의 절대 주권에 속한 일이다(참고 시 115:3; 욥 33:13; 마 20:15; 롬 9:19; 11:36; 고전 8:6; 엡 1:11). 설사 전지전능하신 하나님께서 어떤 인간에 대한 선택과 유기를 완전히 아신다고 하더라도, 죽을 때까지 그 인간에게 영원한 생명을 선택할 수 있는 기회를 충분히 주신 다음에 결과적으로 이뤄지는 일이기에, 인간은 여기에 대해 항변할 수 없다. 가령 하나님께서 바로 왕을 강퍅케 하신 것이나(출 9:12, 35),

---

[12] 존 칼빈, 『기독교 강요 3권』, 316.

악인도 악한 날에 적당하게 창조하신 것도(잠 16:4) 그들의 자유의지의 동의하에 결과적으로 그렇게 하셨을 뿐이다.

즉 하나님께서는 절대로 있을 수 없는 은혜를 이미 인간에게 충분히 주셨고, 미리 완전한 공의의 법판(法板, law board)을 깔아놓으신 후, 인간이 회개와 믿음의 열매를 맺으면 택한 자가 되게 하시고, 그 은혜를 끝까지 거부하여 제멋대로 가면 구원의 대열에서 버려진 자가 되게 하셨다. 이에 대해 성경은 하나님께서 모든 사람이 구원을 받으며 진리를 아는 데 이르기를 원하신다고 말씀하시고(딤전 2:4), 또 주의 약속은 어떤 이의 더디다고 생각하는 것 같이 더딘 것이 아니라, 오직 우리를 대하여 오래 참으사 아무도 멸망치 않고 다 회개하기에 이르기를 원하신다고 말씀하신다(벧후 3:9).

따라서 내 편에서 "나는 만세 전부터 선택받은 사람이니 마음대로 죄지으면서 살아도 되겠구나!"라든지, 또는 "나는 만세 전부터 버림받은 사람이니, 에라 모르겠다. 그냥 아무렇게 살자!"라는 식으로 생각해서는 안 된다. 이는 오직 하나님만이 하실 수 있는 생각이기 때문이다.

결국 이러한 예정 교리는 불신자들에게는 회개와 믿음을 재촉시켜, 어떻게든 구원의 대열에 합류하도록 한다. 아울러 겸손하게 복음에 복종하는 신자들에게는 무한한 위로를 주고(웨스트민스터 신앙고백 3장 8절), 모든 것이 전적인 하나님의 은혜의 선물이라는 것을 주지시켜, 하나님에 대한 공경과 동경과 찬송이 일어나게 하고, 자기의 의와 공로를 조금도 주장할 수 없게 한다. 또한 아무나 받을 수 없는 하나님의 선택을 받은 자로서, 세상에서 (소수의) 특권 계층이 자기들끼리만 뭉쳐서 특권을 주장하는 것처럼 하지 않고, 오히려 다른 모든 사람들도 이 예정에 의한 선택을 받을 수 있도록 복음 전파에 열심을 내는 등 구원에 대하여 매우 든든한 버팀목 역할을 해 준다.

이처럼 하나님의 사랑은 상대방을 버릴 가능성을 충분히 감수한 가운데 이뤄진다.

누구는 택하고 누구는 버리는 것이 진정 사랑인가?

버리는 것이 왜 사랑인가?

미움이 아닌가?

아니다! 사랑하기 때문에 버리는 것이다. 기준이 달라졌기 때문에 버려야만 사랑인 것이다. 그러나 그 버림은 하나님 아들의 희생을 통하여 대신 건짐을 받도록 한 버림이다. 그래서 사랑이다. 이른바 "사랑의 버림"인 셈이다.

그러기에 꼭 버려졌다고 사랑이 아닌 것은 아니다. 가령 예수님이 십자가에 못 박히셨을 때는 분명 겉으로 볼 때 버림을 당하셨다. 하지만 예수님은 하나님의 유일한 참 아들로서 선택을 받은 분이셨다. 마찬가지로 마치 버림을 당하듯이 핍박을 받는 신자들도, 사실은 더 명확히 하나님의 선택을 받은 자들이다. 이러한 버려짐은 오히려 더 큰 하나님의 사랑을 반증한다.

끝으로 사랑은 상대방이 잘못된 선택을 함으로 말미암아 버려지는 것에 대한 아픔까지도 함께한다. 사랑은 그런 처연한 버림을 미어지는 마음으로 바라봐야 하는 아픔이 있다. 즉 상대방이 진리의 길을 선택하지 않아 죽음의 길을 가더라도 올바른 길로 돌아올 때까지, 함께 죽음의 고통을 감수한다.

그런데 감사하게도 사랑에는 잘못된 길을 가더라도 고쳐서 다시 바른길을 가도록 하는 제반 안전장치가 있다. 우리 몸에 자연정화 치유 기능이 있는 것처럼, 사랑에도 정화와 치유 기능이 있다. 사랑은 그런 것을 다 감안(고려)하면서 품는다. 참사랑의 길에서 벗어나 여기저기서 고장이 날 때, 사랑은 그것을 고친다. 예수 그리스도의 십자가의 사랑은 능히 질병과 고장과 상처를 고치는 힘이 있다. 그래서 잘못된 선택으로 하나님으로부터 버림을 당해도 진실로 회개하면 다시 회복된다. 이처럼 진리의 사랑은 참으로 우리를 자유롭게 한다(요 8:32).

(23) 사랑은 탐심을 물리친다

성경은 돈이 범사에 응용된다고 말씀하신다(전 10:19). 그러면서도 성경은 돈에 대하여 부정적으로 말씀하신다.

> 돈을 사랑하는 것이 모든 악의 뿌리다(딤전 6:10).
> 말세의 징조 중 하나가 사람들이 돈을 사랑하는 것이다(딤후 3:2).

> 돈을 추구하는 많은 사람이 믿음에서 떠나 방황하다가 많은 슬픔으로 자신을 찔렀도다(딤전 6:9).

또 하나님께서는 예수님이 우리를 부요하게 하려고 가난하게 되셨다고 말씀하신다(고후 8:9). 그러면서도 이미 위로를 받은 부자들은 화가 있고(눅 6:24-25), 부자가 천국에 들어가는 것이 낙타가 바늘구멍에 들어가는 것보다 더 어려우며(마 19:23-24), 부유하게 되고자 하는 자들은 우혹과 올무와 정욕에 빠져 파멸에 이른다고 말씀하신다(딤전 6:9). 세상적인 부자들은 대체로 그동안 쌓아 놓은 자기의 재산에 대한 애착이 매우 강해 세상을 쉽게 버리지 못할 것이다. 이와는 반대로 이미 세상적으로 잃을 대로 다 잃어버린 자는 상대적으로 세상을 버리기 쉬울 것이다.

그러면 돈은 정말 나쁜 것이고, 부자는 지옥에 갈 수밖에 없을까? 전혀 그렇지 않다! 성경은 돈을 마냥 배척하지도 않고, 부자 그 자체도 악하다고 보지 않는다. 부자가 문제가 되는 이유는 "탐심" 즉 돈을 하나님보다 더 사랑하기 때문이다.

사랑은 탐심을 물리친다. "하나님 앞에 부요한 자"는 자기 안에 예수 그리스도만 있게 할 정도로 "세상적인 마음이 가난한 자"이다. 이에 대해 성경은 하나님은 세상의 강한 것들을 부끄럽게 하려고, 세상에 대하여는 가난한 자를 택하여 믿음에 부요하게 하신다고 말씀하신다(약 2:5; 고전 1:27-29). 물론 여기서 '세상에 대해 가난한 자'는 맨날 약하다는 이유로 죄를 지어 넘어지는 자가 아니라, 한순간도 주님의 은혜가 아니면 살아갈 수 없어 주님만을 의지하는 자를 말한다.

그러므로 우리는 세상적인 마음이 가난한 자가 되어 오직 예수님을 얻기 위해 모든 탐욕을 버려야 한다. 즉 돈을 사랑하지 말고 있는 바를 족(충분)한 줄로 알아야 하며(히 13:5), 부자 되려고 애쓰지 말고(잠 23:4), 탐욕에 연단된 마음을 가져서는 안 되며, 탐심에서 자신을 지켜야 한다(벧후 2:14; 눅 12:15). 돈으로 살 수 없는 예수님의 사랑(포도주와 젖)을 산 자는 더 이상 죄를 살 돈이 없는 자이기 때문이다(사 55:1).

(24) 사랑은 교만하지 않고 자랑하지 아니한다

사랑은 교만하지 않고 자랑하지 아니한다(고전 13:4-7). 공생애(公生涯) 기간 동안 예수님은 병자들을 고쳐주셨으면서도, 그들의 믿음으로 치료되었다고 당신을 낮추셨으며, 하나님의 아들이면서도 당신을 인자(人子)라고 낮추셨고(마 8:20), 스승님이었으면서도 마치 종처럼 제자들의 발을 손수 씻어주셨으며(요 13:6), (제2위) 하나님이시면서도, 선한 분은 (제1위) 하나님 한 분밖에 없다고 하셨다(눅 18:19). 예수님께서는 하나님의 본체이시면서도, 하나님과 동등됨을 취할 것으로 여기지 않으시고, 오히려 자기를 비어 종의 형체를 가져 사람들과 같이 되셨고, 사람의 모양으로 나타나셔서, 자기를 낮추시고 죽기까지 복종하셨다(빌 2:5-8).

사랑의 영롱한 빛이 비치면, 그 사랑 앞에 설 때 작아질 수밖에 없다. 이런 자는 그리스도를 향한 사랑으로 말미암아 그리스도께서 높아지도록 자신을 낮추고, 그리스도께서 더 크게 보이도록 자신을 작게 만들며, 오직 그리스도께서 환히 빛을 발하도록 자신을 가린다.[13]

아울러 이런 자는 사랑하는 상대방 앞에 마치 바보처럼 된다. 도무지 낮아지지 않고서는 그 사람을 사랑할 수 없기 때문이다. 이처럼 하나님의 사랑에 감복된 자는 낮아지고 부드러워지며 선해져, 이웃에게도 한없이 부드럽고 관대한 잣대를 댄다. 이는 주님이 내게 최고로 관대한 잣대를 댔기에, 지금의 내가 존재할 수 있는 까닭이다.

이렇게 사랑은 낮아질 대로 낮아져 만나는 모든 사람 앞에서 자신을 낮추기 때문에 어느 누구에게도 걸림이 없다.

생각해 보라!
나를 섬겨 주겠다는데 싫어할 사람이 누가 있겠는가?

이처럼 사랑은 겸손한 데 있다. 사랑이 많은 자일수록 더욱 겸손하다. 이렇게 낮아져 섬기는 사랑 속에 무한한 하늘의 보물들이 담겨있음을 그는 잘 알고 있다.

---

[13] 토마스 브룩스, 『지상에서 누리는 천국』, 417.

(25) 사랑은 주는 것이다

사랑은 자신의 유익을 구하지 아니하고, 모든 사람에게 덕을 베푼다(고전 10:23-24, 33; 8:1; 13:4-7; 겔 33:31). 사랑은 그 사전적인 정의가 그러하듯이 "아끼고 위하며 한없이 베푸는 마음"이다. 그래서 사랑하면 자꾸 더 많은 것을 주고 싶어 한다(행 20:35).

그런데 세상이 이해할 수 없는 기독교의 놀라운 비밀은, 주면 줄수록 남는다는 것이다. 그래서 성경은 누가복음 6장 38절에 이렇게 말씀하신다(참고 전 11:1).

> 주라! 그러면, 너희에게 후히 되어 누르고 흔들어 넘치도록 하여 안겨 주시리라.

우리가 하나님께 사랑의 물을 한 방울 드리면, 하나님은 우리에게 쉴 새 없이 솟아나는 사랑의 샘물을 주신다(요 4:10-14).[14] 사랑을 베푼 사람치고 윤택하지 아니한 자가 누가 있는지 주위를 돌아보라! 사랑하는 자는 모든 것이 만족스럽고 풍족하지만, 미워하는 자는 모든 것이 불만족스럽고 모자라다.

(26) 사랑은 상대방 수준에 맞추는 것이다

장사하는 사람은 세계 최고의 제품을 가졌어도, 온갖 정성을 다해서 손님의 비위를 맞추고, 항상 싱글벙글하면서 표정관리를 한다. 그렇지 않으면 다른 가게에 손님을 빼앗기기 때문이다. 또 이름이 난 학원 강사를 보라! 이들은 실력이 있으면서도 공부하기 싫은 아이들의 수준에 철저히 맞춘다.

이처럼 사랑은 주님의 기준 내에서 상대방의 눈높이에 맞추는 것이다. 상대방의 눈높이를 맞추지 않고 자기의 비위·자존심·성질·고집을 버리지 못하면, 주님의 사랑을 전해 주기 힘들다. 그래서 사랑하면, 주님의 기준 안에서 나의 모든 것을 희생시켜 그 사람 입장에 맞춘다. 이에 대해 사도 바울은 다음과 같이 고백한다.

---

14 토마스 왓슨, 『고난의 참된 의미』, 129.

약한 자들에게 내가 약한 자와 같이 된 것은 약한 자들을 얻고자 함이요, 내가 여러 사람에게 여러 모습이 된 것은 아무쪼록 몇 사람이라도 구원하고자 함이니라(고전 9:22).

(27) 사랑은 서로 하나가 되는 것이다

"감정이입"(empathy)을 뇌(腦) 차원에서 연구한 결과에 의하면, 뇌에는 다른 사람의 몸짓을 보거나 말을 듣고, 그 사람과 같은 느낌을 받게 하는 이른바 "거울 뉴런"(mirror neuron)이 있다는 것이다. "거울 뉴런"은 이처럼 보거나 소리만 듣고도 자신이 직접 겪는 것처럼 신경세포들이 활성화되는데, 정신분열증 환자나 자폐아는 이 "거울 뉴런"이 작동하지 않아 다른 사람과 교감하지 못한다고 한다.

상대방의 입장을 헤아리지 않는 언행은 상대방과 갈등을 일으킬 수 있다. 가령 내 생각에, 친한 친구라면 승용차 키를 언제든지 빌려줄 수 있다고 보고, 주저함 없이 키를 부탁할 경우, 그 친구 입장에서는 이런 부탁이 당황스러울 수 있다. 성경에 보증을 서지 말라고 말씀하시는데(잠 6:1; 11:15; 17:18; 22:26), 이 경우 혹시 차 키를 빌려줬다가 사고라도 나면 난감한 까닭이다.

내 생각에 선하다고 여겨지는 언행일지라도 상대방을 배려하지 않은 이 언행이 상대방에게 상처를 주거나 불쾌감을 준다면, 큰 틀에서 볼 때 나의 선함은 선함이 아니라고 할 수 있다.

사랑은 예수님 안에서 서로 하나가 되는 것이다(요 17:11, 21-22; 엡 4:4-6). 하나님을 사랑하면 주님의 마음과 하나가 되고, 이웃을 사랑하면 이웃의 마음과 하나가 된다. 그래서 사랑하면 상대방의 마음을 깊이 헤아려 모든 언행심사가 상대방의 마음을 반영하는 가운데 나온다. 따라서 유월절 어린양의 뼈가 하나도 꺾이지 아니했듯이(출 12:46), 그리스도의 지체가 된 자들도 끊어짐(꺾임) 없이 성령 안에서 하나가 되어야 한다. 즉 부르심에 합당하게 행하되, 모든 겸손과 온유로 하고 오래 참음으로 사랑 가운데서 서로 용납하고 평안의 매는 줄로 성령이 하나 되게 하신 것을 힘써 지켜야 한다(엡 4:1-3).

(28) 사랑은 허물을 덮어준다

하나님은 아흔아홉 마리 양이 온전해도 한 마리 양을 잃어버렸을 때, 찾을 때까지 찾으신다(눅 15:4). 이에 반해 사탄은 누군가에게 한 가지 부족한 것이 있을 때, 그 약점을 잡아 참소하고 정죄한다.

사랑은 허물을 감싸주고 덮어주며(잠 10:12; 17:9; 벧전 4:8), 상한 갈대를 꺾지 않는다(사 42:3; 마 12:20). 조금 잘못했다고 해서 바로 정죄하는 것은 하나님의 사랑이 아니다. 물론 이는 죄를 마냥 덮어준다는 의미가 아니라, 주님의 심정으로 죽음의 고통을 감수하며, 대신 용서를 빌어준다는 뜻이다.

(29) 사랑은 인내의 열매다

말씀한 바를 반드시 이루시는 하나님은 궁극적으로 인간의 언행심사의 열매를 보신다(마 21:19). 즉 하나님의 열매의 말씀을 먹으면 우리 안에 씨의 형태로 남게 되는데, 하나님은 우리가 자기 자아를 끝까지 죽여 씨 있는 열매를 얼마나 맺는지를 관심 있게 지켜보신다. 씨는 죽어야만 씨를 가진 열매를 더 풍성히 맺는 까닭이다(요 12:24).

그러면 어떻게 해야 더욱 풍성한 열매를 맺을 수 있을까?

그것은 이른바 "옥토의 마음"을 가졌을 때다. 그렇지 않고 "길가의 마음이나 돌짝밭 마음이나 가시떨기 마음"을 가지면, 그 씨가 열매까지 이르지 못하기에, 더 이상 종족보존이 어려워지므로 아무 의미가 없게 된다.

세상에서 가장 갖고 싶은 것을 찍어놓고 기다리는 일은 얼마나 가슴이 벅찬 일인가?

내가 가장 사랑하는 여자를 만날 때까지 기다리는 마음은 얼마나 행복한가? 성경은 야곱이 라헬을 얻기 위하여 칠 년 동안 라반을 섬겼으나, 그녀를 사랑하는 까닭에 칠 년을 며칠같이 여겼다고 말씀하신다(창 29:20).

직장생활을 하다가 상사에게 혼난 경우, 나 혼자만 생각하면 하루에도 몇 번씩 "에이! 더러워서 못해 먹겠네!" 하면서 확 터트리고 싶지만, 아내와 가족을 생각하면 참지 않을 수 없다.

마찬가지로 우리가 핍박당할 때 왜 참게 되는가?

그것은 주님이 정말 좋으니까 누가 뭐래도 참는 것이다. 천국에서 주님을 뵈는 것이 그 무엇보다 중요하기에, 즉 이 세상 모든 것을 잃어도 주님만은 놓치고 싶지 않기에 참는 것이다.

사랑의 열매에는 반드시 오랜 인내가 내재되어 있다. 그래서 사랑은 완성하기까지 말없이 희생하며, 오래 참고, 모든 것을 참고 바라고 견딘다(고전 13:4-7). 때로는 자식이 억지를 부려도 부모가 못내 져 주기도 하는 것처럼, 하나님은 당신의 참사랑을 이루기 위해 우리의 믿음이 준비될 때까지 모든 것을 참고 용서하시고 기다리신다. 지금은 엉터리일지라도 나중에 큰 인물이 되어 전 세계를 살리는 종이 될 것을 믿어주고서 말이다.

(30) 사랑은 핍박을 이긴다

사랑은 원수의 악을 이긴다. 가령 원수로부터 오른뺨을 억울하게 맞았을 때 왼뺨도 대줌으로써, 원수가 가진 악보다 더 강한 사랑임을 보여줘(마 5:39), 원수의 머리에 사랑의 불씨를 남긴다(잠 25:22). 이처럼 사랑은 그 사랑을 핍박하고 방해하는 세력을 이김으로써, 당신의 사랑이 얼마나 위대한지 확인하는 속성이 있다.

그래서 정말 사랑하면, 핍박이 강할수록 더 기뻐한다. 왜냐하면 온 말씀을 실천했음에도 핍박이 오는 것은 내가 하나님의 사람이라는 것을 확실히 증거하기 때문이며(요 15:19), 또 이 핍박을 이길 때 하늘나라에서 큰 상이 기다리고 있음을 믿기 때문이다(마 5:12).

다윗을 보라!

자기를 죽이려 달려드는 사울 왕을 생각하면 얼마나 마음이 불편했겠는가? 그러나 다윗은 이런 불편함을 감수하고, 두 번이나 그를 죽일 기회가 있었음에도 하나님이 처리하실 때까지 기다려 위대한 성군(聖君)이 되었다(삼상 24:12; 26:11). 이처럼 사랑은 핍박과 고난이 와도 믿음으로 참는 것이며, 하나님의 뜻을 이루기 위해 한 발짝 물러서서 나를 죽이고, 또 한 발짝 물러서서 나를 죽이는 것이다.

(31) 사랑은 화를 내지 않는다

사랑은 화를 내지 않는다(고전 13:5). 마태복음 5장 22절에서는 형제에게 (이유 없이) 노하는[15] 자마다 심판을 받게 된다고 말씀하신다. 여기서 "노하다"(ὀργίζω, 오르기조)는 인간 편에서 일시적인 분노를 뜻하는 "쒸모스"(θυμός)와 달리, 정당한 이유 없이 악의에 찬 감정으로 지속적으로 화를 낸다는 뜻이다.

> 미국 듀크대학 메디컬센터 연구팀에 의하면, 분노와 심한 적대감을 가지면 염증을 유발하는 면역 단백질의 혈중 수치가 높아져 심혈관에 염증을 일으키기 때문에 심장병 위험이 커진다고 한다.

성경은 맹렬히 노하는 자는 벌을 받으며(잠 19:19, 참고 잠 29:22), 해가 졌음에도 분노가 계속될 때에는 사탄이 틈을 타게 되고(엡 4:26), 또 화를 내면 하나님의 의를 이루지 못한다고 말씀하신다(약 1:20). 분을 삭이지 못해 노를 발하면, 사탄이 틈을 타 죄가 된다는 것이다. 심지어 성경은 하나님을 대신하여 분을 내는 것도 하나님께 불순종한 것으로 비칠 수 있다고 경고하신다.

> 가령 "므리바 물 사건" 당시, 모세는 하나님의 거룩성을 온전히 나타내기보다는, 자신을 원망하는 이스라엘 백성들에 대한 분노를 참지 못하여, 반석을 명하여 물을 내라는 하나님의 말씀을 거역하고, 자기 뜻대로 지팡이로 반석을 두 번 쳐서 물을 낸다(민 20:8-12). 여기서 모세는 하나님을 대신하여 의로운 분노를 표출했다고 생각했겠지만, 오히려 하나님은 이에 대하여 당신의 말씀을 믿지 아니한 것으로 보시고 그와 아론으로 하여금 이스라엘 총회를 가나안 땅에 인도하여 들이지 못하게 하셨다.[16]

---

15 KJV에는 '까닭 없이'(without a cause)가 첨가되어 있다.
16 이 사건은 모세가 율법을 대표한 자였기에, 율법으로는 가나안 천국에 들어갈 수 없음을 보여주는 사건이기도 하다.

그러므로 화는 어리석은 자의 품에 머무르기 때문에 급한 마음으로 노를 발해서는 안 되며(전 7:9; 시 37:8), 어쩔 수 없이 화를 내더라도 죄는 짓지 말아야 하고(엡 4:26), 화를 낼 상황이 와도 어떻게 하든 노하기를 더디 해야 한다(잠 19:11, 참고 약 1:19; 잠 14:29; 29:11; 12:16; 16:32; 15:18).

(32) 사랑은 열린 문이다

문은 이쪽 세계와 저쪽 세계를 연결하는 통로 역할을 한다. 그런데 인간의 마음에도 무수히 많은 문이 있어서, 어떤 생각을 품느냐에 따라 수많은 문이 만들어진다. 가령 지옥 문과 연결된 마음 문도 있다. 선을 행하지 않으면 죄가 (마음) 문 앞에 엎드린다(창 4:7). 죄의 소원, 곧 죄를 지으려는 마음이 있는 자 안에 들어와 주인 노릇을 하려고 말이다. 반면에 천국 문과 연결된 마음 문이 있다. 주님의 사랑을 힘입어 세상적인 자아가 다 깨지면, 지극히 거룩한 하늘 문이 열린다. 주님과 우리는 항상 연결되어 있어서 주님의 마음과 통하기만 하면, 하늘 문이 열리는 것이다. 그리고 이렇게 우리 마음 문이 열리면, 주님께서 들어오시고 우리도 주님 안에 거하게 된다.

예수님은 부활하셔서 지금도 우리 마음 문밖에서 "정말 사랑한다!"고 간절히 두드리고 계신다(계 3:20). 그래서 누구든지 자기의 마음 문을 활짝 열기만 하면, 주님의 무한한 보물을 캐낼 수 있다. 인간이 죄악으로 마음 문을 닫아놓아 느낄 수 없을 뿐이다.

그런데 에덴동산이 그룹과 화염검에 의해 지켜지는 것처럼, 천국은 아무나 들어갈 수 없는 곳이다. 주님이 양의 문인 까닭에, 주님이 내 안에 문이 되어 주셔야만 천국에 들어갈 수 있다(요 10:9). 하나님께서 우리에게 열린 문을 두시면, 아무도 닫을 사람이 없다는 말씀이나(계 3:8; 사 22:22), 당신만이 천국의 열쇠를 가지셨기에, 당신이 원하는 자에게만 이 열쇠를 맡기신다는 말씀도 같은 맥락에서 이해할 수 있다(마 16:19; 계 3:7).

그러기에 우리는 예수님만을 의지하여 마음의 세상 문을 닫고, 하늘 문을 두드려야 한다. 차가운 공기에 열려 있으면 춥다. 죄가 섞인 세상은 그 순간만큼은 재미있고 화끈하지만, 영적으로 볼 때 얼마나 까맣고 차가운 기운인지 모른다.

의학자들에 의하면 우리 몸의 체온이 1℃ 낮아지면 면역력은 30% 감소한다고 한다. 즉 몸이 차가워지면 혈관이 수축하며 자율신경 균형이 깨지고, 반대로 교감신경이 활발해져 체내 염증이 촉진되고 혈액순환이 나빠진다는 것이다. 특히 암세포는 이러한 저체온 상태를 좋아하는데, 실제로 암 환자들의 체온을 측정해 보면 대부분 평균체온을 밑돈다고 한다.

막힌 하수구는 뚫어야 하듯이, 뭔가 천국을 향한 우리 마음이 막혀 있다면 기도를 통해 뚫어야 한다. 그래서 주님이 전보다 더 나를 깊게 사랑하시고 계신다는 진리의 말씀에 항상 열려 있게 함으로, 신랑 되신 주님이 오실 때 항상 문을 열어 줄 준비를 갖춰야 한다(눅 12:36).[17]

더 나아가 열린 마음을 가진 자는 주님이 주신 천국의 열쇠를 가지고(마 16:19; 계 3:7), 이웃의 마음의 하늘 문을 자꾸 두드려 열리도록 해야 한다. 즉 그들의 죄로 인해 묶인 것들을 풀어 줘(용서해 줘) 하늘에서도 풀리도록 해야 한다(마 16:19).

4. 황금률을 이뤄야 한다

우리는 알게 모르게 하나님께 무한한 은혜의 빚을 지고 있다.

그런데 조금도 아낌없이 우리에게 모든 것을 다 주신 주님처럼, 우리도 주님에게 모든 것을 조금도 아낌없이 준 적이 있는가?

하나님의 말씀을 아무리 많이 알아도, 그만큼 주님과 이웃을 거룩하게 섬기지 않으면 더 모르는 자가 아닌가?

기원전 750년경에 미가 선지자가 있었다. 미가 선지자는 농촌 출신의 선지자였는데, 그 시대에는 공의가 왜곡되고, 하나님 앞에 형식적인 예배만 앙상하게 남아있었던 때였다. 얼마나 예배가 엉망이었으면, 자기 아들을 죽여 하나님

---

17 이게 주님 편에서 볼 때, 주님이 우리에게 천국의 문을 열어 주시는 것이 될 것이다.

께 제물로 바치면 더 큰 복을 받을 줄로 생각했겠는가?(미 6:7)

이때 하나님은 미가 선지자를 통하여 이렇게 말씀하신다.

> 사람아! 주께서 선한 것이 무엇임을 네게 보이셨나니, 여호와께서 네게 구하시는 것이 오직 공의를 행하며, 인자를 사랑하며, 겸손히 네 하나님과 함께 행하는 것이 아니냐?(미 6:8)

이를 일컬어 구약의 "황금률"(黃金律)[18]이라고 부른다.

신약 시대에 예수님은 이 구약의 황금률을 "내게 해 주기를 바라는 대로 상대방에게 대접해 주라!"는 말씀으로 요약하시고(마 7:12; 눅 6:31; 롬 13:9), 하나님을 몸과 마음을 다해서 사랑하고, 이웃을 내 몸처럼 사랑하는 것이 온 율법과 선지자의 강령(핵심줄거리)이라고 말씀하신다. 즉 하나님과 이웃에게 참사랑의 대접을 미리 해 주는 것이 율법과 선지서의 핵심요체라는 것이다(롬 13:9; 마 22:37-39; 막 12:30-31, 33; 눅 10:27). 하나님은 우리를 최고로 존귀한 존재로 창조하시고 우리에게 모든 것을 거저 주셨다. 이미 하나님은 천지를 주셨고 성경을 주셨으며 성령을 주셨다. 그리고 하나님은 다음과 같이 말씀하신다.

> 자기 아들을 아끼지 아니하시고 우리 모든 사람을 위하여 내어주신 이가 어찌 그 아들과 함께 모든 것을 은사로 우리에게 주시지 아니하겠느냐?(롬 8:32)

죄인도 자기를 사랑하는 사람을 사랑하는 법인데, 이런 주님의 사랑을 받은 자라면, 당연히 하나님과 이웃을 사랑으로 섬겨야 하지 않겠는가?

그렇다! 이제는 우리가 하나님과 이웃에게 사랑의 대접을 해줘야 할 차례다. 하나님의 은혜를 다 갚으려야 갚을 수도 없겠지만, 주님께 무한한 사랑의 빚을 진 자로서, 그 빚을 티끌만큼이라도 갚기 위해 사랑을 주고 또 줘야 한다(롬 1:14; 시 37:21).

---

18 "황금률"이란 "기독교 윤리의 근본 원리"를 말한다.

A물체가 B물체에게 힘을 가하면 B물체 역시 A물체에게 똑같은 크기의 힘을 가한다는 뉴턴의 제3 법칙인 『작용·반작용 법칙』처럼, 먼저 복을 빌어주는 것이 더 큰 복을 받는 비결이다. 이것이 하나님의 절대적인 은혜를 받은 자로서 이제 마땅히 하나님과 이웃을 그에 걸맞게 먼저 대접해줘야 하는 이유다.

이에 대해 성경은 하나님을 존중하는 자를 하나님도 존중하신다고 말씀하시고(삼상 2:30), 먼저 우리가 주님께 돌아가야, 주님도 우리에게 돌아오신다고 말씀하신다(렘 15:19). 또 먼저 우리가 주님 안에 살 때, 주님도 우리 안에 사신다고 말씀하시며(요 15:4), 먼저 우리가 주님을 전능한 분으로 대접할 때, 주님도 우리를 능력 있게 만들어 주신다고 말씀하신다.

죄짐이 너무도 무거워 도저히 참된 양심을 가지고는 숨을 제대로 쉴 수조차 없었던 자가 주님의 은혜로 다시 자유로이 숨을 쉴 수 있게 되었다면, 불쌍히 여겨주신 그 은혜에 어떻게든 반응을 하게 된다. 즉 나라는 존재는 전적으로 하나님의 능력으로 살리심을 받았고, 이 능력의 근저에 내 모든 죄와 허물을 지탱하고 계시는 주님의 절대적인 은혜만이 있다는 것을 믿는 자는 이제 하나님을 몸과 마음을 다해 사랑하고 이웃을 내 몸처럼 사랑하게 된다.

5. 하나님을 몸과 마음을 다하여 사랑해야 한다

(1) "몸과 마음을 다하여" 사랑하라는 의미

예수님께서는 "율법 중에 어느 계명이 가장 큽니까?"라는 율법사의 질문에 대해서, 가장 크고 첫째 되는 계명은 "마음을 다하고 목숨을 다하고 뜻을 다하여 주 너의 하나님을 사랑하라는 것"이라고 말씀하셨다(마 22:36-38).

그런데 만약 원수와도 같은 사람이 나를 사랑한다고 하면 감정상 쉽게 받아주지 않을 것이다. 그럼에도 하늘 위 지극히 높고 거룩한 곳에 영(靈)으로 계신 성부 하나님께서는(사 55:8-9) 죄로 말미암아 원수처럼 되어버린 우리로 하여금 당신을 "목숨"과 "마음"과 "힘"과 "뜻"을 다하여 사랑해도 좋다고 말씀하신다(신 6:5; 4:29; 수 23:11; 마 22:37; 막 12:29-30). 여기서 '다하여'는 최상급 표현으로, 한마디로 하나님을 사랑할 때 온 힘과 마음을 쏟으라는 것이다.

그러기에 이런 특권을 받은 자가 하나님을 사랑할 때는 다음과 같이 사랑해야 한다.

첫째, "목숨(ψυχή, 프쉬케, sole, 생명)을 다하여" 사랑해야 한다. 즉 하나님이 자기의 모든 것이니, 생명을 걸고 사랑해야 한다.

둘째, "마음(καρδία, 카르디아, heart)을 다하여" 사랑해야 한다. 즉 다른 곳으로 마음을 분산시키지 말고 온 마음으로(with whole heart) 사랑해야 한다.

셋째, "힘(ἰσχύς, 이스퀴스, strength)을 다하여" 사랑해야 한다. 즉 더 이상 바칠 것이 없을 정도로 하나님이 주신 모든 힘을 조금도 남김이 없이 다 쏟아서 사랑해야 한다.

넷째, "뜻(διάνοια, 디아노이아, deep thought)을 다하여" 사랑해야 한다. 즉 얕은 내 뜻을 굽히고 지극히 높은 하나님의 뜻만을 이뤄 드리는데 내 모든 생각을 바쳐서 사랑해야 한다.

하나님의 사랑은 무에서 유를 창조하는 사랑이요, 죽은 영혼을 능히 다시 살리시는 전능한 사랑이며, 세상적인 자아가 죽어야만 다시 살리는 공의로우신 사랑이다. 그래서 이 사랑을 받아들인 자는 자기도 모르게 하나님을 사랑하게 된다.

> 즉 하나님을 향하여는, 주님을 지극히 경외하며 높이는 가운데, 주님을 나의 주인으로 영원히 모실 수 있다면 더 이상의 기쁨이 없을 정도로, 하나님의 그 겸손하고 온유한 사랑에 녹아져 주님을 위해 핍박당하거나 희생하는 것이 오히려 다시없는 영광으로 여겨질 정도로, 주님과 함께라면 여한이 없을 정도로, 주님을 위해 죽는다 해도 오히려 과분하게 여길 정도로, 하나님의 그 큰 은혜를 티끌이라도 갚기 위해 최선의 힘을 다 쏟아도 턱없이 부족함을 느낄 정도로 사랑하게 된다.

성경은 자기 자식을 주님보다 더 사랑하는 자는 주님께 합당하지 않다고 말씀하신다(마 10:37). 또 하나님의 말씀을 다 지켰어도(지킨 것 같아도) 주님보다 더 사랑하는 것이 남아있다면 주님을 사랑하는 것이 아니라고 말씀하신다(마 19:16-30). 그러므로 하나님을 사랑할 때는 때로는 가족이나, 세상적으로 건전한 속성이나, 심지어 자기 목숨까지도 버릴 각오가 되어 있어야 한다.[19]

(2) 하나님을 사랑하면 알고 있는 모든 말씀을 지키게 된다

하나님의 사랑에 녹아 모든 불결한 죄악이 씻긴 자는 그의 마음속에 하나님을 향한 불타오르는 사랑이 있게 된다. 그래서 자기도 모르게 받아들인 그 거룩하고도 겸손한 사랑으로, 하나님을 몸과 마음을 다하여 사랑하여, 하나님이 원하시는 것은 하고, 싫어하시는 것은 하지 않는 등 알고 있는 모든 말씀을 지키게 된다(요 14:21, 15; 요이 1:6; 요일 5:3).

그렇지 않고 하나님을 사랑해야 하니까 억지로 말씀을 지킨다거나, 하나님을 향한 사랑도 없이 말씀만 지키면 저절로 하나님을 사랑한 것이 된다거나 하는 것은 율법적인(조건적인) 사랑일 뿐, 진정으로 하나님을 사랑하는 것이 아니다. 또 사실상 이웃을 감정적으로 미워한 가운데 하나님을 사랑한다고 하는 것도 세상적인 사랑일 뿐 참되게 하나님을 사랑하는 것이 아니다. 그래서 성경은 하나님을 안다고 하면서도 그의 계명을 지키지 아니하면 거짓말하는 자라고 말씀하시며(요일 2:4), 또 하나님을 사랑하노라 하고 그 형제를 미워하면 거짓말하는 자라고 말씀하신다(요일 4:20).

(3) 하나님을 사랑하는 기타 증거들

하나님을 사랑하면 다음과 같은 증거가 생긴다.

첫째, 지존자 되시는 주님을 지극히 높이고, 온전한 마음과 기쁜 뜻으로 그분을 섬기게 된다(참고 대상 28:9). 즉 세례 요한처럼 주님을 흥하게 하려고 자기를 쇠하게 하고(요 3:30), 사도 바울처럼 예수 그리스도가 존귀하게 된다면 자기가 죽는 것도 유익하다고 여긴다(빌 1:20-21). 이어 대해 성경은 주님을 지극

---

[19] 주님을 그 무엇보다 사랑했기에 세상적으로 건전한 속성까지도 분토(糞土)처럼 여긴 바울과, 세상적으로 건전한 직업 자체가 악은 아니지만, 그것마저도 하나님의 영광을 위해 버릴 정도로 주님을 사랑한 예수님의 제자들을 보라!(빌 3:8)

히 높이고 섬기는 자를 당신도 귀하게 여기시고 기뻐하시며, 사람들도 그를 칭찬하게 된다고 말씀하신다(롬 14:18; 요 12:26).

둘째, 하나님 한 분만으로 기뻐하게 된다. 여기서 "기뻐하다"라는 동사는 히브리어로 "아나그"(עָנַג)인데, "기쁨을 여호와에게서만 찾다"는 뜻이다. 하나님께서는 당신을 사랑하여 당신 한 분만으로 기뻐하는 자의 소원을 이뤄주신다고 말씀하신다(시 37:4). 즉 하나님께서는 어떠한 상황에서도 당신 한 분만으로 만족하며, 자기의 뜻을 꺾고 당신의 뜻에 절대적으로 복종하는 자의 소원을 이루어 주신다.[20]

예수님 한 분만으로 만족하는 이 기쁨은 죽음에서도 생명을 발견하고, 성령의 열매를 맺게 하며(갈 5:22), 주님이 지켜 주시기에 어느 누구도 이 기쁨을 빼앗아 갈 수 없다(요 16:22). 그래서 성경은 하나님을 기뻐하는 것이 성도의 힘이라고 말씀하신다(느 8:10).

셋째, 하나님을 사랑하면, 거하든지 떠나든지 주님을 기쁘시게 하기를 힘쓰게 되며(고후 5:9), 그리스도께서 자신을 기쁘게 하지 아니하시고(롬 15:3), 항상 하나님의 기쁨이 되는 일들을 행하셨듯이(요 5:41; 8:29), 자기 생활에 얽매이지 않고 하나님께서 기뻐하시는 것을 찾아 자기를 전폭으로 드리게 된다(엡 5:19; 딤후 2:4). 이에 대해 사도 바울은 다음과 같이 당당히 고백한다.

> 내가 사람들에게 좋게 하랴? 하나님께 좋게 하랴? 사람들에게 기쁨을 구하랴? 내가 지금까지 사람의 기쁨을 구하는 것이었다면 그리스도의 종이 아니니라(갈 1:10)

성경은 이렇게 사람의 행위가 하나님을 기쁘시게 하면, 하나님께서 그 사람의 원수라도 그와 화목하게 하신다고 말씀하신다(잠 16:7). 즉 하나님의 마음을 기쁘시게 하면, 인간의 힘으로 절대 안 되는 일도 되게 하신다.

---

[20] 찰스 피니, 『하나님의 마음을 움직이는 기도』, 서진희 역 (서울 : 베드로서원, 2009), 19-21.

(4) 하나님을 사랑함의 결과

하나님을 사랑하는 자는 다음과 같은 복을 받게 된다.

① 하나님이 그를 높여 주신다(시 91:14).
② 하나님의 사랑을 받는다(잠 8:17).
③ 하나님을 만나게 된다(요 14:21).
④ 천대까지 복을 받는다(출 20:6; 신 5:10).
⑤ 하나님의 보호를 받는다(시 145:20).
⑥ 장수하고(신 5:33; 17:19-20; 왕상 3:14), 질병이 치료된다(출 15:26; 23:25).
⑦ 환난 때에 구원을 받는다(시 91:14).
⑧ 세상 모든 민족보다 뛰어나게 하신다(신 28:1).
⑨ 모든 것이 합력하여 선을 이루게 하신다(롬 8:28).
⑩ 화평(和平)이 강같이, 의(義)가 바다 물결 같게 하신다(사 48:18).
⑪ 심지어 성경은 하나님을 사랑하는 자들을 위하여 예비하신 모든 것은 눈으로 보지 못하고, 귀로도 듣지 못하고, 사람의 마음으로도 생각하지 못하였다 함과 같다고 말씀하신다(고전 2:9).

6. 이웃을 내 몸처럼 사랑해야 한다

(1) "이웃을 내 몸처럼 사랑하라"는 의미

예수님께서는 율법 중에 두 번째로 큰 계명은 "이웃을 네 몸과 같이 사랑하라는 것"이라고 말씀하셨다(마 22:39). 절대적인 하나님의 사랑으로 모든 죄와 허물이 씻긴 자라면, 이제 그 겸손하고 온유한 사랑으로 이웃을 내 몸처럼, 곧 자기 생명처럼 귀하게 사랑하는 것이 마땅하다. 이에 대해 성경은 다음과 같이 말씀하신다.

간음하지 말라, 살인하지 말라, 도둑질하지 말라, 탐내지 말라 한 것과 그 외에

> 다른 계명이 있을지라도, 이웃을 나 자신과 같이 사랑하라는 말씀 가운데 모든
> 계명이 들었느니라(롬 13:9, 참고 마 22:39; 갈 5:14).

여기서 이웃에 대한 사랑은 동급이 사용되었다. 그러기에 이웃을 사랑할 때는 하나님을 사랑하듯이 "몸과 마음을 다해" 사랑하면 안 된다. 만약 이웃을 몸과 마음을 다해 사랑하면 하나님께서 질투하신다. 진리의 세계에서 두 주인은 있을 수 없기 때문이다.

이런 의미에서 이웃에 대한 사랑은 마치 내 애인의 주변 사람들을 사랑하는 것과 비슷하다. 즉 나의 유일한 관심은 그녀인데, 그녀를 사랑하기에 나도 모르게 이웃을 사랑하는 것처럼, 하나님을 사랑하기에 그 사랑을 더 빛나게 하려고 자기가 받은 사랑을 주변 이웃에게 나눠주는 것이다.

> 즉 하나님으로부터 영원히 갚을 수 없는 은혜를 입은 자는, 그분이 사랑하시는
> 사람을 사랑하지 않을 수 없다. 그런데 하나님은 모든 인간을 사랑하신다. 그
> 래서 하나님을 사랑하는 자도 모든 사람을 한결같이 사랑하되, 심지어 원수까
> 지도 사랑하게 되며, 나를 불쌍히 여기셔서 나의 죽은 영혼을 대신 죽어주심
> 으로 다시 살려주신 바로 그 사랑으로, 즉 나의 모든 죄를 용서해 주신 바로 그
> 거룩한 사랑으로 그들을 내 몸처럼 소중하게 여기며 사랑하게 된다.

예수 그리스도의 살과 피를(사랑을) 먹어 주님의 찢긴 몸이 된 자는 그리스도가 교회(주님의 몸)를 사랑하여 거룩한 몸을 줬듯이, 그렇게 이웃을 위해 자기를 희생한다. 주님과 함께 십자가에서 죽은 자는 이제 남을 위해 대신 죽어주는 삶을 지고의 가치로 두게 된다(요일 3:16).

그런데 재미있는 점은 "자기 아내를 사랑하는 자는 곧 자기를 사랑하는 것이다."(엡 5:28)라는 말씀에서 보듯이, 이웃을 사랑하면, 그것이 곧 자기를 사랑한 것이 된다는 점이다. 이는 이웃을 위해 기도해 주면 그 기도가 결국 자기를 위한 기도가 되는 것과도 일맥상통한다(마 10:11-13).

(2) 불씨를 살려야 한다

믿지 않는 사람일지라도 뭔가 의지할 만한 마음의 고향을 만들기 위해서라도 순수한 의미의 신앙을 원한다. 본능적으로라도 불신자 대부분은 자기가 피조물임을 인정하지만, 대개 몇몇 목사와 성도에 대한 좋지 않은 선입견 때문에, "그렇게 엉터리로 믿을 바에는 차라리 믿지 않겠다!"라는 신앙에 대한 회의감을 가질 뿐이다.

그러니 참사랑이 없어 죽어가는 영혼을 정죄하여 그나마 그에게 남아있는 실오라기 같은 불씨마저 꺼뜨린다면, 그 화가 누구에게 돌아오겠는가?

예수님은 상한 갈대를 꺾지 아니하시며, 꺼져가는 심지도 끄지 아니하시기를 심판하여 승리할 때까지 하셨다(사 42:3; 마 12:20-21). 그러기에 우리도 주님께서 우리에게 그러셨던 것처럼, 지금은 아니라고 하더라도 이웃이 앞으로 선한 자가 될 것을 믿어줘야 한다. 즉 이웃 사랑은 이웃을 신앙의 대상으로 "믿고 의지하는 것"이 아니라 "믿어주는 것"이다.

술이나 담배도 은혜를 많이 받으면 다 끊게 되어 있다. 정말 귀한 것을 계속 받으면 더러운 것은 저절로 떠난다. 그러므로 이웃의 영혼 안에 남아있는 '불씨'[21]가 최대로 타오를 수 있도록 우리 편에서 계속 사랑을 줘야 한다. 하나님께서 우리가 당신과 원수이었을 때 아무 조건 없이 사랑하신 것처럼, 이웃의 순종 여부와 관계없이 사랑을 주고 또 줘야 한다(롬 5:6-8). 그리하여 우리는 우리가 하나님과 이웃의 종이 된 것을 땅끝까지 전파해야 한다(고후 4:5).

또 광야에서 예수님이 가실 길을 미리 닦은 세례 요한처럼, 주님이 이웃에게 가시도록 길을 잘 닦아 놓고, 최선을 다하여 이웃의 영혼을 정결하게 만들어, 그리스도께 바쳐질 수 있도록 중매하는 자가 되어야 한다(고후 11:2).

(3) 이웃의 영혼의 절박함을 알아야 한다

만약 영하 18도의 한겨울에 내 집에서 보일러가 고장 났다면, 어떻게 할 것인가?

---

21 여기서 '불씨'라 함은 '회개할 양심이 남아있는 하나님의 형상'을 말한다.

마찬가지로 이웃의 영혼이 그토록 차가운데도, 영혼의 보일러가 가동되지 않는다면 어떻게 해야 하겠는가?

모르긴 몰라도 10억짜리 다이아몬드를 잃어버렸다면 경찰에 신고하고 난리를 칠 텐데, 10억과는 비교도 안 되게 소중한 이웃의 잃어버린 영혼이 그러하다면 찾을 때까지 찾아다녀야 하지 않겠는가?(눅 15:4)

내게 실오라기 가능성밖에 남아있지 않았을 때, 그것을 붙잡기 위해 주님 앞에서 얼마나 몸부림쳤던가?

그런데 이제 기적적인 주님의 은혜로 죄용서 받아 살 만하다고, 나와 같은 처지에 놓인 사람을 모른 체하면 말이 되겠는가?

우리 마음이 강퍅해지면 이웃의 영혼에 지극히 존귀한 주님의 사랑의 의미가 붙어있는 것을 무가치하게 여기기 쉽다. 이런 자는 죄가 얼마나 무서운지, 지옥이 얼마나 두려운 곳인지를 자꾸 망각하기 때문에 이웃의 영혼을 가볍게 여기곤 한다. 덜 깨어 있기에 지옥에 가고자 줄 서 있는 죽은 영혼에 대하여 실감이 잘 안 나는 것이다. 아직 영의 귀가 할례를 받지 않아서(행 7:51), 이웃의 영혼의 울부짖고 신음하는 소리를 잘 듣지 못하는 것이다.

> 우리 몸에 있는 세포가 손상되거나 오작동하면, 17번 염색체에 위치하는 p53 유전자가 세포복구를 시도하는데, 만일 그 세포가 복구될 수 없는 것으로 판단되면, 스스로 자살하도록 유도한다고 한다. 그런데 만약 p53 유전자가 비활성화되면 세포는 쉬지 못하고 계속 분열하여, 이러한 세포가 암세포가 된다고 한다. 때문에 p53 유전자는 '몸의 전도사'라고 일컬어진다. 마찬가지로 신자가 p53 유전자처럼 비활성화되어 전도하지 못하고, 뻔히 알면서 죽어가는 영혼을 계속 내버려 두어 암적인 존재로 만든다면, 이는 "태만"을 넘어 "죄"라고 할 수 있다(겔 3:20).

주님은 십자가 죽음을 바로 코앞에 두고, 삭개오 한 명을 살리기 위해 여리고에 내려가셨으며(눅 19:1), 더럽다고 사람들이 가기를 꺼렸던 사마리아 지역 수가성에 몸소 가셔서, 누구도 거들떠보지 않는 여자를 만나 주셨다(요 4:18).

이웃을 사랑하는 마음이 있으면, 이웃의 아픔을 내 아픔처럼 느끼기 마련이어서 자기도 아파하게 된다. 하나님의 절대적인 은혜를 입은 자는 그 절대적인 기준에 비추어 이웃의 영혼이 얼마나 절박한지 알기에, 그 영혼을 살리기에 여념이 없다. 그러기에 뼈저린 속죄의 고통을 담당할 진심이 없는 이웃으로 하여금, 새 생명을 창조하기 위한 잉태의 고통을 감당할 수 있도록(참고 빌 2:4), 즉 이웃 안에 그리스도가 형성될 수 있도록 해산하는 수고를 감내한다(참고 갈 4:19).

(4) 공의의 기준 내에서 이웃을 사랑해야 한다

요한복음 8장에 보면, 이스라엘 사람들이 간음한 여인을 돌로 쳐서 죽이려고 할 때, 예수님이 해결해 주시는 장면이 나온다(요 8:1-11). 그런데 성경을 자세히 읽어 보면, 사람들이 돌을 들어 막 죽이려고 하는 순간에(실제 죽은 것과 진배없었을 때), 예수님께서 용서하셨음을 알 수 있다. 즉 그 여인은 자기 죄가 죽을죄라는 것을 분명히 안 다음 용서받은 것이다. 이처럼 예수님은 하나님의 공의를 전혀 잃지 않으시면서, 우리를 위해 참고 계신다.

그러므로 우리도 이웃을 사랑할 때, 신앙의 중심을 잃지 말아야 한다. 그러기 위해서 믿지 않는 자와 함께 (죄의) 멍에를 메어서는 안 된다(고후 6:14-15). 왜냐하면 마치 물에 빠져 죽어가는 자를 구해 줄 때, 죽기 살기로 허우적거리는 그의 힘이 다 빠질 때까지 기다렸다가 구해 주지 않고, 지푸라기라도 있으면 죽기 살기로 붙잡고 늘어지기 십상인 그를, 그저 불쌍하다는 생각만으로 구해 주려 하면 그 사람의 힘에 눌려 둘 다 죽을 수 있는 것처럼, 나의 신앙의 중심을 잃고 구해 주려 하면 나도 어둠의 세력에 넘어갈 수 있기 때문이다.

또 이웃에게 사랑을 전해 주더라도, 우선순위를 뒤바꾸면 안 된다. 가령 하나님의 자녀들을 먼저 배불리 먹여야 하며(막 7:27), 교회를 다스리기 전에 자기 집을 다스릴 줄 알아야 하고(딤전 3:5), 기회가 닿는 대로 모든 사람에게 선을 행하되, 먼저 믿음의 가족들에게 행해야 한다(갈 6:10). 이에 대해 성경은 친족, 특히 자기 가족을 먼저 돌아보지 아니하면 믿음을 배반한 자요, 불신자보다 더 악한 자라고 말씀하신다(딤전 5:8).

(5) 가장 큰 죄인이 되어 있어야 한다

이웃의 죄를 진심으로 용서해 줄 수 있으려면, 먼저 내가 하나님 앞에 가장 큰 죄인이 되어 있어야 한다. 자기 들보도 빼내지 않고 이웃의 티를 빼줄 수 없는 노릇이듯이(마 7:5), 하나님 앞에 낮아진 마음이 없이는 내 죄보다 이웃의 죄가 더 커 보여, 이웃의 죄를 진심으로 용서하기 힘들다.

지극히 높으면서도 낮아진 그리고 온유한 주님의 사랑은, 겸손하고 온유한 자만이 받아들일 수 있고 또 줄 수 있다. 따라서 하나님의 겸손한 사랑을 온전히 받아들이지 못한 자는 주님의 사랑으로 사랑하기 힘들다.

내가 하나님 앞에 큰 죄인임을 인정하면, 죄에 대해 책임을 지지 않는 이웃들의 양심이 찔리게 된다. 시간이 가도 전혀 누그러지지 않고 더 큰 죄인임을 견지(堅持)하면, 누가 봐도 "정말 예수님만 있네! 난 더 큰 죄인인데!" 하면서 그들도 자신을 돌아보게 된다. 누가 죽인다고 해도 가장 큰 죄인이라는 정체성을 잃지 않으니, 이런 사람을 세상이 감당하지 못하는 것이다.

내 안에서 어둠의 세력이 다 죽은 모습을 보면, 이웃 안의 어둠의 세력도 힘을 쓰지 못한다. 나를 다 버리고 예수님만 나타낸 나의 모습에, 그 이웃은 자기 힘으로 그분을 대항할 힘을 잃는다. 왜냐하면 십자가와 함께 자기가 다 죽은 모습 안에는 참빛 되시는 예수님이 주인으로 계시기 때문이다.

이웃이 내뿜는 악은 자기 안에 있는 어둠의 세력을 이기지 못해서 나오는 것일 뿐이다.

그래서 성경은 말씀하신다.

> 우리의 싸움은 혈과 육의 싸움이 아니라 영적인 싸움, 곧 정사(政事, ἀρχάς, 아르카스, 세속적 권세를 주관하는 영적 존재들)와 권세(ἐξουσίας, 엑수시아스, 세속적 권력을 주관하는 영적 존재들)와 이 어두움의 세상 주관자들과 하늘에 있는 악의 영들에게 대함이라(엡 6:12).
>
> 우리가 육체에 있어 행하나 육체대로 싸우지 아니하노니, 우리의 싸우는 병기는 육체에 속한 것이 아니요, 오직 하나님 앞에서 견고한 진을 파하는 강력이라(고후 10:3-4).

이웃이 나를 핍박해도 "원래 이런 사람이 아니야!" 하면서 오히려 너그럽게 봐주고 사랑을 줄 때, 역설적인 감동이 나온다. 그렇게까지 해독을 끼쳤는데도 오히려 선하게 나오니, "정말 내가 해서는 안 될 짓을 했구나! 어쩌다가 내가 이렇게까지 되었는가?" 하면서 자기를 돌아보게 되는 것이다.

빛이 빛으로 확실히 인정을 받는 때는 어둠을 밝힐 때이다. 강력한 빛은 강한 어둠 속에서 더 진가를 발휘한다. 마찬가지로 강하지만, 약한 자처럼 핍박을 받아도 저항하지 않을 때, 이웃이 변화를 받는다. 왜냐하면 내가 약할 때 주님의 능력이 나오기 때문이다(고후 12:10).

(6) 모든 사람의 죄와 허물을 진심으로 용서해야 한다

방법론적 개인주의와 합리주의에 입각한 사회과학의 연역(演繹)적인 분석이론을 "게임 이론"[22]이라고 한다. 이 게임 이론은 크게 "윈윈 게임"(Win-Win Game), "치킨 게임"(Chicken Game), 그리고 "제로섬 게임"(Zero Sum Game)의 세 가지로 나눌 수 있다. "윈윈 게임"은 서로 간에 부족한 면과 필요한 면을 상호 보충하여 쌍방 모두 이익이 되는 게임이다. 이에 비해 "치킨 게임"은 어느 한쪽도 양보하지 않으면 둘 다 죽게 되는 게임이다. 또 "제로 섬 게임"은 이익과 손실이 모두 합하여 제로(0)가 되는 게임이다. 이 게임에서는 반드시 한쪽이 손해를 봐야 다른 한쪽이 이득을 본다. 재미있는 점은 도박할 때 사실상 고리(세금, 수수료)를 뜯기는 것처럼, "제로섬 게임"은 사실상 마이너스 게임이라는 점이다.

기독교의 용서는 이 중, "윈윈(상호승리) 게임"과 같다. 용서하면 결과적으로 이웃도 살고 나도 살게 되기 때문이다. 틸리케는 기독교 윤리의 과제는 모든 행동을 용서의 필요성과 약속 아래 세우는 것인데, 이를 통해 그리스도인이

---

22 "게임이론"은 1944년 폰 노이만(Johann Ludwig von Neumann)과 모르겐슈테른(Oskar Morgenstern)의 공저 『게임의 이론과 경제행동』의 출판으로 널리 알려지게 되었는데, 후에 프린스턴대학이나 랜드연구소에서 근무했던 내쉬(John Nash), 쿤(Harold Kuhn), 샤플레이(Lloyd Shapley), 슈빅(Martin Shubik) 등이 게임이론의 정교화를 도모하여 오늘날의 게임이론의 토대를 구축하였다.

"의인인 동시에 죄인"임을 나타낸다고 본다.[23]

만약 내가 이웃에게 죄를 짓도록 하여 그의 영혼을 사실상 죽였다면, 나는 영적인 살인자일 것이다. 그리고 그 이웃은 자기가 당한 것이 너무도 억울하다면서, 내가 자기를 유혹하지 않았으면 절대로 그런 일이 없었을 것이라고 하나님께 항변할 것이다. 아울러 나를 죽이고 싶어 할 것이다. 그에게 있어서는 내가 사탄인 셈이다. 이 경우 나는 꼼짝없이 돌에 맞아 죽어도 할 말이 없다. 그런데 하나님은 당신의 아들을 대신 죽인 채, 이런 나를 용서하셨다.

그러면 나는 어디에 서 있는가?

그렇다! 나는 지금 하나님 앞에, 그리고 동시에 내가 죄를 지어 죽게 한 형제 앞에 서 있다. 특히 그 형제에게는 입이 백 개 있어도 그저 용서해 달라는 말 외에는 할 말이 없다. 그러나 하나님 앞에는 더욱 할 말이 없다. 이런 나를 대신하여 죽어주셨으니 말이다. 더 나아가 모든 사람 앞에서도 할 말이 없다. 모든 인류가 하나님 안에서 하나이기 때문이다.

하나님은 일만 달란트[24](약 6조)의 큰 빚을 탕감(용서)받은 자가 자기에게 백 데나리온(약 1,000만 원) 빚을 진 자를 용서하지 않으면, 그 빚을 다 갚을 때까지 옥에 가두시겠다고 말씀하신다(마 18:24-34, 참고 마 6:15). 그러기에 하나님이 나 같은 죄인을 용서하셨음을 생각하고, 이웃의 모든 죄와 허물을 일곱 번에 일흔 번씩이라도 용서해야 한다(마 18:22; 눅 16:5; 엡 4:31-32; 골 3:13). 여기서 용서는 내 감정과 기분, 이익, 편함을 거스르는 행위이기에, 내 힘으로는 힘들고 성령님의 도우심이 있어야만 한다. 왜냐하면 그래야 죄가 정말 죽음이고, 죄용서의 가치가 얼마나 존귀하며, 이웃의 죄를 용서하지 못하는 것이 얼마나 무서운 죄인지 알 것이기 때문이다.

이렇게 용서하면 묶였던 것이 다 풀리고, 미워함으로 생기는 질병에서 해방되며, 하나님이 주시는 기쁨과 참된 평안이 임하게 되고, 무엇보다도 십자가에서 모든 죄악과 허물을 용서하셨던 주님의 마음에 더 가깝게 다가갈 수 있다.

---

23 홍순원, 『헬무트 틸리케의 신학과 윤리』 (서울 : 컨콜디아사, 2005), 96.
24 일일 노동자의 하루 품삯이 1데나리온(약 10만 원)인데, 일만 달란트는 육천만 데나리온(1달란트= 6,000데나리온)으로, 약 6조쯤 된다. 이는 하나님의 무한한 은혜의 빚을 뜻한다.

필자가 청소년 시절, 시기심과 열등감 때문에 다른 친구를 심히 미워한 적이 있었다. 그래서 그런지 항상 배가 아팠고 신경이 쓰여 공부도 제대로 하지 못했다. 그때 교회에 다니는 필자의 다른 친구가 대뜸 무조건 먼저 그 친구를 찾아가서 화해하고 용서를 구하라고 조언해줬다. 그로부터 수개월이 지났을 때, 도서관에서 중간고사 시험을 대비하던 중, 문득 그 말이 생각났다. 그래서 그 친구 말대로 모든 것을 내려놓고 그 미워했던 친구네 집에 직접 찾아가 "내가 잘못했다. 나를 용서해다오!" 하면서 진심으로 용서를 구했다. 그랬더니 배 아픈 것이 깨끗이 사라지고, 마음이 눈 녹듯이 녹으면서 놀라운 평안이 임하는 게 아닌가? 얼마나 평안한지 이 평안으로 인하여 내일이 중간고사인데도 도서관에서 몇 시간이고 깊은 잠에 빠져버렸다.

그러므로 우리는 이웃을 대할 때 그 이웃이 참 신자라면, 나를 도우시러 오신 예수님처럼 대하는 것이 좋다. 즉 그의 깨끗이 닦여진 양심과 순결한 믿음을 보고, 마치 예수님을 만난 듯이 자신을 돌아보는 계기로 삼는 것이 좋다.

반면에 그 이웃이 악인이라면, 나에게 사랑의 빚을 받기 위해서 오신 예수님처럼 대하는 것이 좋다. 주님께 일만 달란트의 사랑의 빚을 진 자는 또한 만나는 모든 사람에게도 무한한 은혜의 빚을 진 자이기도 하기에(참고 롬 1:14), 예수님께 진 빚을 티끌만큼이라도 갚기 위해서라도 그 이웃에게 사랑을 주는 것이 마땅하기 때문이다.

(7) 원수도 사랑해야 한다

① 원수를 사랑해야 하는 이유

이웃은 용서한다고 하더라도, 원수를 용서한다는 것은 말처럼 쉬운 일이 아니다. 이는 이유도 없이 내 가정과 사업에 돌이킬 수 없는 상처를 준 자의 얼굴만 봐도 기분 나쁘고 숨이 턱턱 막힐 것이기 때문이다. 또 체험해 본 자라면 잘 알겠지만, 일단 감정을 떠나서라도 원수에게 좋은 것을 주면 왠지 악에게 지는 것 같고, 자기도 같은 통속이 될 것 같아 용서하기가 참으로 쉽지 않다. 하지만

그런 논리라면 자기도 하나님께 죄용서 받지 못했을 것이다. 이에 대해 본회퍼는 다음과 같이 말한다.[25]

> 나의 원수보다, 사랑을 더 귀하게 생각하는 자가 또 어디에 있겠는가?
> 원수의 적의가 크면 클수록, 그는 나의 사랑을 더 갈망한다는 것을 알 따름이다. 그러기에 하나님의 사랑은 사랑에 주린 원수를 찾는다. 이런 원수사랑은 우리를 십자가로 가는 길에 인도할 것이다.

나를 사랑하는 사람들만 사랑하면 무슨 감사가 있겠는가?(마 5:44-48; 눅 6:32-34) 예수님을 믿지 않는 자들도 이런 사랑을 실천할 수 있다.
또 원수가 악하니까 빨리 죽기만을 바란다면, 나 같은 죄인더러 착하다고 변호하시는 예수님 앞에 어떻게 서겠는가?

② 악인에게 저항하지 말아야 한다

> 수천 년 전에 우물은 매우 중요한 생계수단이었고, 이 우물을 파려면 수개월 이상 소요될 정도로 어려운 일이었다.
> 그러니 만약 이런 우물을 빼앗긴다면 얼마나 억울한 일이었겠는가?
> 그런데 이삭은 생명과도 같은 우물을 사실상 여러 번 빼앗겼음에도, 이들에게 아무 저항도 하지 않고, 얼마든지 하나님이 다시 우물을 주실 것을 믿고 장소를 옮겨 다시 우물을 팠다. 즉 여호와께서 복을 주셔서 거부가 된 이삭을 블레셋 사람이 시기하여 아버지 아브라함부터 있었던 모든 우물을 흙으로 다 메워 버리자, 이삭은 그랄 골짜기로 옮겨서 그 메운 것을 다시 파, 이곳에서 새로운 샘 근원을 얻게 되는데, 이것을 못마땅하게 여긴 (아비멜렉의 수하에 있는) 그랄 목자들이 자기네 것이라고 두 번씩이나 다투자, 그는 장소를 옮겨 또다시 우물을 팠다. 그래도 마음이 놓이지 않아서인지, 그들의 힘이 미치지 않는 브엘세

---

25 디이트리히 본회퍼, 『나를 따르라』, 손규태·이신건 역 (서울 : 대한기독교서회, 1965), 134-137.

바까지 가서 거기서도 우물을 팠다(창 26:15-25). 이 믿음을 보신 하나님께서 그에게 나타나 (당신과의) 동행의 복과 자손의 복을 약속하시고, 역시 거기서도 우물을 허락하셨다(창 26:23-33).

그러므로 우리도 악한 자에게 저항하지 말아야 한다(마 5:39). 오히려 원수의 악에 대하여 "세상적인 방법"이 아니라 "하나님의 방법"으로 저항해야 한다. 또 원수에 대하여 "세상적인 방법"이 아니라 오로지 "하나님의 방법"으로 미워해야 한다. 악인에게 저항하지 않으면 겉으로 볼 때 악에 굴복하는 것 같지만, 사실은 더 악에 저항한 것이 된다. 악을 선으로 갚으면 상대방의 미움을 없애는 힘이 있다(삼상 30:26-31). 오른뺨을 맞을 때 저항하지 않고 왼뺨도 대주면, 빨갛게 핀 숯을 원수의 머리에 놓는 격이 되어(잠 25:21-22), 그 원수는 자기 머리 위의 그 뜨거운 사랑을 보고 양심에 찔려 마음이 녹아지게 된다.

구약 성경에 "눈은 눈으로 보복하라!"는 말씀의 본질적인 의미도 눈을 빼낸다고 죄성이 모두 사라지는 것이 아니므로, 이슬람교도처럼 실제 눈을 빼내라는 의미가 아니라, 오히려 사랑으로 녹여 그 이웃 안에 있는 사탄의 눈, 곧 그런 죄를 짓게 만든 악의 뿌리를 제거하라는 뜻이다. 이에 대해 왓슨은 악을 악으로 갚는 것은 짐승 같은 짓이고, 선을 악으로 갚는 것은 마귀적인 것이며, 악을 선으로 갚는 것이 그리스도인다운 것이라고 말한다.[26]

그러므로 하나님 아버지께서 온전하심과 같이 우리도 온전하기 위해서, 원수가 굶주렸을 때 음식을 주며 원수까지도 선대해야 한다(눅 6:35). 즉 미워하는 자에게 잘해 주며, 저주하는 자를 축복하고, 모욕하는 자들을 위하여 기도해야 한다(눅 6:27-28). 그리하여 원수 안에 있는 악과 내 안에 계신 예수님과 싸우게 해서, 원수 안에 있는 악의 뿌리를 주님의 사랑으로 녹여야 한다.

③ 원수에게 보복하면 내 안에도 악이 쌓인다

그렇지 않고 원수에게 보복하면 나도 그 악에 관여한 꼴이 되어 피해를

---

26 토마스 왓슨, 『팔복 해설』, 164.

본다. 악을 악으로 갚으면 내 안에도 악이 쌓인다. 결국 원수를 미워하는 것은 하나님의 명령을 저버리는 것이요, 이는 우리의 궁극적인 원수인 사탄의 밥이 되는 행위다. 이에 대해 성경은 형제를 미워하는 자는 어두운 가운데 있고, 또 어두운 가운데 행하며 갈 곳을 알지 못하나니, 이는 어두움이 그의 눈을 멀게 하였기 때문이라고 말씀하신다(요일 2:11).

그래서 그런지 하나님께서는 우리더러 행여나 원수가 넘어질 때 즐거워하지 말라고 말씀하신다. 하나님께서 그것을 기뻐하지 아니하사, 오히려 진노를 그에게서 옮기실 수 있다는 것이다(잠 24:17-18). 가령 이스라엘의 형제이면서도 이스라엘이 망하는 것을 기뻐했던 에돔 사람들을 보라! 얼마나 처참하게 멸망했던가!(옵 1:12-15) 이에 대해 성경은 말씀하신다.

> "너희는 여호와의 책을 자세히 읽어보라! 이것들이 하나도 빠진 것이 없고 하나도 그 짝이 없는 것이 없으리니, 이는 여호와의 입이 이를 명하셨고 그의 신이 이것들을 모으셨음이라."(사 34:16)

여기서 "여호와의 책"(סֵפֶר יְהוָה, 쉐페르 예호와)은 남성 단수인데 반하여, "이것들이"(הֵנָּה, 헨나)는 여성 복수로, "하나도 빠진 것이 없고"(לֹא נֶעְדָּרָה אִשָּׁה), 로 내다라 잇샤)는 각각 여성형 수사, 여성 단수 명사, 니팔 여성 단수 동사로 쓰였다. 따라서 이 문장은 여호와의 책(성경)이 하나도 빠진 것이 없고 다 짝이 있다는 의미라기보다는, 남성 단수인 "여호와의 책"은 여성 단수동사를 받을 수 없기에, 이사야 34장 11-15절의 예언의 말씀 그대로 에돔 족속들이 살고 있는 땅을 각 짐승들의 짝으로 하나도 빠짐이 없이 가득 채워 그 땅을 짐승들로 번성케 해버리실 정도로 완전히 멸망시키시겠다는 뜻이다.

요컨대 원수를 갚는 일은 오직 하나님만이 하실 일이라는 것을 알아 주제넘게 악을 갚겠다고 말하지 말고 여호와를 기다려야 한다(잠 20:22). 내 편에서는 그저 하나님께서 알아서 처리하시도록 나를 주님께 다 내어드리기만 하면 된다. 그리하여 원수를 사랑함으로 하나님의 (온전한) 자녀라는 증거와 함께, 하나님으로부터 큰 상급까지 받는 자가 되어야 한다(눅 6:35).

(8) 허물을 덮어줘야 한다

하나님은 교회 안에서 가라지들이 알곡과 동시에 자라더라도 당장에 억지로 뽑지 말라고 말씀하신다(마 13:24-30). 즉 그들이 알아서 자연스럽게 회개할 수 있도록 최대의 기회를 주되, 가라지 신자들을 가려내는 것은 주님께서 직접 마지막 심판 때 하시겠다는 것이다.

하나님께서 이런 말씀을 하신 이유가 있다.

첫째, 알곡인데도 가라지로 엉뚱하게 오해하여 뽑을 수 있기 때문이다.

알곡이든 가라지든 처음에 싹이 날 때는 너무 작아서 분별하기 쉽지 않은데, 이들이 섞여 있을 때는 얼마나 더 힘들겠는가?

둘째, 가라지를 보이는 대로 뽑으면, 주변의 알곡도 상처를 입을 수 있기 때문이다. 죄지을 때마다 바로 하나님께서 죽이신다고 생각해 보라!

숨 막혀서 누가 살 수 있겠는가?

악의 싹이 보이는 족족 마구 뽑으면, 신앙이 약한 자는 마음껏 성장하지 못한다. 그래서 하나님은 그 악의 싹이 성장하여 커질 때까지 가만히 내버려 두라고 하신다.

예수님은 천국의 열쇠, 즉 이웃의 죄를 묶고 푸는 권세를 사도(성도)들에게 주셨다(마 16:19; 18:18; 요 20:23). 그런데 여기서 "묶는 권세"는 그냥 내버려 두므로 묶인 상태 그대로 있게 하는 것이지, 적극적으로 이웃을 정죄하고 비판하는 것이 아님을 유의해야 한다.

원칙적으로 성도에게는 사실상 죄를 용서해 주는 권세만 있는 셈이다. 왜냐하면 내가 묶으면, 하나님만이 하실 일을 주제넘게 함으로 인하여 사탄이 역사하여 나도 묶이는 까닭이다.

가령 하나님의 말씀에 온전히 연합한 교회(신앙공동체)가 어떤 자의 잘못된 언행에 대하여 말씀의 기준에 의거하여 "이건 아닌데!" 하면서 고개를 저으면, 하늘에서도 묶여지게 될 것이다. 하나님께서는 말씀과 온전히 하나가 되어 있는 자와 함께하시는 까닭이다. 그래서 성경은 그를 축복하면 하나님이 복을 주시고, 저주하면 하나님이 저주하신다고 말씀하신다(창 12:3; 27:29). 물론 이 경우 필요하다면 교회(신앙공동체) 안에서 "권징"의 절차가 진행될 것이다.

누가복음 9장 51절 이하를 보라! 예수님께서 하늘에 승천하실 날이 다 되었을 때, 예루살렘과 적대관계에 있는 사마리아 마을을 통과해야 했으므로 미리 사자(심부름꾼)들을 앞서 보내 그들의 양해를 구하려 했다. 그런데 그들이 이를 거부하자, 성질 급한 제자인 야고보와 요한이 "주님! 우리가 불을 명하여 하늘로 좇아내려 저희를 멸하라 하기를 원하시나이까?"라고 말한다. 하지만 예수님께서 돌아보시고 그들을 꾸짖으셨다.[27]

하나님은 죄로 말미암아 탕녀처럼 된 우리를 여전히 품으시는 분이다(호 1:1-3:5). 사람은 언제 회개할지 모른다. 회개하면 하나님의 절대적인 은혜로 가라지도 순식간에 알곡으로 변한다.

예수님을 보라!

탕녀가 이웃들에 의해 돌에 맞아 죽으려고 했을 때, "너희 중에 죄 없는 자가 먼저 치라!"고 하시면서 탕녀를 정죄치 않으셨지 않은가?(요 8:11)

그러기에 먼저 정죄하지 말고 허물을 덮어줌으로 사랑을 구하는 자가 되어야 한다(잠 17:9). 미움은 다툼을 일으키지만 사랑은 허다한 죄들을 덮기 때문에, 무엇보다 서로 뜨겁게 사랑해야 한다(벧전 4:8; 잠 10:12). 그리하여 〈해님과 바람 이야기〉에서 그러하듯이, 가능하면 햇빛, 곧 사랑을 주고 또 줘서 더워서라도 스스로 죄악의 외투를 벗도록 유도해야 한다(참고 눅 13:6-10; 시 37:21).

> 필자가 30살 무렵, 모 기도원에서 기도하고 있을 때였다. 기도원 도로에 초등학교 5-6학년쯤 되어 보이는 아이들 몇 명이, 한 아이는 자전거를 타고, 나머지는 걸어가고 있었다. 나는 그 아이들이 매우 귀여워 물었다.
>
> "너희는 여기서 뭐 하면서 지내니?"
>
> 그런데 이게 웬일인가? 그 아이들 모두 나에게 마치 내가 정신병자라도 되는

---

[27] 다른 고대 사본들에는 "꾸짖으시며 말씀하시기를, 너희는 너희의 영(靈)이 어떤 영인지 모르고 있다. 인자가 온 것은 사람의 생명을 멸하려 함이 아니라 구원하려 함이다."(Οὐκ οἴδατε οἴου πνεύματός ἐστε ὑμεῖς. ὁ γὰρ υἱὸς τοῦ ἀνθρώπου οὐκ ἦλθεν ψυχὰς ἀνθρώπων ἀπολέσαι ἀλλὰ σῶσαι. 우크 오이다테 호이우 프뉴마토스 에스테 휘메이스, 호 가르 휘오스 투 안쓰로푸 우크 엘쎈 푸쉬카스 안쓰로폰 아폴레사이 알라 소사이)(눅 9:55-56)라는 말씀이 추가되어 있다.

양, 차마 입으로 담을 수 없는 욕을 퍼붓는 것이 아닌가?

특히 자전거를 탄 아이는 더 심했다.

나는 충격을 받았다.

'어떻게 어린아이들이 이럴 수 있을까?'

너무 화가 나고 괘씸했다. 그래서인지 그 아이들이 나를 떠나 50m쯤 가고 있을 때, 나도 모르게 마음속으로 '넘어져라! 넘어져라! 반드시 넘어져야 한다!'라고 외치고 있었다.

그랬더니 욕을 가장 심하게 했던 자전거를 탄 아이의 핸들이 갑자기 90도 꺾이면서 고꾸라지는 것이 아닌가?

'아니, 어떻게 이런 일이 일어날 수 있단 말인가?'

깜짝 놀란 가운데 얼른 숙소에서 후시딘(상처 치료제)을 가져다가 넘어진 아이의 다친 부위에 발라줬고, 이후 절대로 저주의 목소리를 내서는 안 되겠다고 다짐한 바 있다.

(9) 서로 사랑해야 한다

인간 모두의 개성을 다르게 창조하신 후, 서로 조화롭게 살도록 하신 하나님은 우리 모두 서로에게 귀중한 빛이 되기를 원하신다. 보리 떡 5개와 물고기 2마리로 5,000명을 먹이고도 12광주리가 남은 것처럼, 하나님은 우리가 서로 사랑함으로써 온 인류에 참사랑이 전달되기를 원하신다(마 14:14-21; 막 6:35-44; 눅 9:12-17; 요 6:1-15). 그렇게 이 세상에서도 온 인류가 예수님 안에서 하나가 되어, 천국이 이뤄지는 것이 하나님의 궁극적인 뜻이다.

그래서 예수님께서는 우리에게 서로 사랑하라는 새 계명을 주셨다(요 13:34; 15:12, 17; 요일 3:23). 하나님이 우리를 이처럼 사랑하셨으니, 우리가 서로 사랑하는 것이 마땅하다면서 말이다(요일 4:11). 우리가 서로 사랑하면 하나님이 우리 안에 거하시고, 주님의 사랑이 우리 안에 온전히 이루어져(요일 4:12), 예수님의 제자임을 알게 된다(요 13:35).

그러기에 우리는 서로 (섬김으로써) 대접하고, 백지장도 맞들면 낫다는 속담처럼, 서로의 짐을 지므로 그리스도의 법을 성취해야 한다(갈 6:2; 벧전 4:9). 사랑이 허다한 죄를 덮으므로 무엇보다 열심히 서로 사랑하며, 서로 돌아보고 덕을 세우는(οἰκοδομη, 오이코도메, 교회를 세우는) 일에 힘써야 한다(롬 14:19; 15:2; 고전 8:1; 고후 12:19; 엡 4:29; 살전 5:11).

(10) 성육신의 사랑으로 대해야 한다

성육신(成肉身, incarnation)하신 예수님은 인간의 수준에 맞추시려고, 육신의 몸을 입고 오셨다(요 1:1, 참고 빌 2:6). 주님은 우리 같은 죄인을 하늘 위로 올리기 위하여 낮아지셨다. 우리는 인간이면서도 하나님의 형상을 입고 죄를 범했는데, 주님은 하나님이시면서도 인간의 형상을 입고 대신 속죄해 주셨다. 또 인간은 하나님이 되려고 죄를 범했는데, 하나님은 그런 인간의 죄를 용서해 주시려고 인간이 되셨다.

예수님은 지극히 높으시지만, 철저히 낮아지신 가운데 지극히 높으신 사랑을 전하셨다. 예수님은 말씀을 선포하실 때에도, 우리 수준에 맞춰 아주 쉽게 비유를 들어 말씀하셨다.

이렇게 하나님이 낮아지시지 않았다면, 우리와 같은 죄인들이 어떻게 하나님의 지극히 높으신 사랑을 접할 수 있었겠는가?

우리 인간도 하나님의 말씀을 믿고 순종함으로, 말씀이 그 사람 안에서 성육신하게 되면, 우리의 육체가 휴대용 지성소로 되어, 그곳에서 하나님의 임재를 매일 경험할 수 있으며,[28] 또 이웃의 수준에 맞춰서 사랑을 줄 수 있게 된다. 이는 하나님의 지극히 높으신 사랑뿐만 아니라 지극히 낮아져 섬기는 사랑과도 연합한 자, 곧 성육신의 사랑에 연합한 자가 되었기 때문이다.

(11) 지극히 작은 자까지도 사랑해야 한다

통상 고아나 장애인이나 불우이웃이 전체 인구의 10% 이상 된다고 한다.

그런데 애완견에게 400만 원을 쓰면서 불우이웃에게는 5만 원도 쓰지 않는다면 말이 되는가?

---

[28] 리처드 J. 포스터, 『생수의 강』, 371.

예수 그리스도는 보잘것없는 형제 · 자매들을 통해 우리의 문을 두드리고 계시기도 하기에, 약자를 소외시키는 것은 그리스도를 소외시키는 일임을 알아야 한다. 하나님 편에서는 지극히 작은 영혼이 천하보다 귀하기에, 지극히 작은 자라고 해도 하나님 편에서는 다 크고 중요하다.

지극히 작은 자에게까지 충실한 것이 하나님과 이웃의 마음을 끄는 비결이다. 이에 대해 성경은 지극히 작은 자의 어려운 처지를 알고도 모른 체한 자는 영벌에 들어간다고 말씀하신다(마 25:35-40).

작은 것이 얼마나 소중한지 모른다. 다윗의 작은 돌 한 개가 블레셋 장군 골리앗을 죽여, 이스라엘을 위기에서 구했다(삼상 17:49). 룻이 이삭을 한 줌 한 줌 기쁨으로 담음으로써, 보아스(예수님 예표)를 만났다(룻 2:17). 다림줄[29]은 지극히 작을지라도, 건축할 때 이것 없이는 아무것도 할 수 없다(슥 4:10). 엉킨 실타래를 풀 때도 지극히 작은 실 하나부터 잘 풀어가야 한다.

그러므로 사랑을 실천할 때는 눈에 띄게 큰일만 하려는 것보다 이처럼 작은 것에서부터 충실한 자세를 가져야 한다. 지극히 작은 하나님의 일을 하더라도 그 일이 얼마나 귀한 줄 알아야 한다. 낮아질 대로 낮아짐으로써 지극히 작은 은혜라도 절대적으로 느끼는 자라야, 큰 은혜가 와도 감당할 수 있다.

그래서 성경은 말씀하신다.

> 지극히 작은 것에 충성된 자는 큰 것에도 충성되고, 지극히 작은 것에 불의한 자는 큰 것에도 불의하니라(눅 16:10).

(12) 달란트를 가지고 장사함으로 이윤을 남겨야 한다

천국에 대한 달란트 비유를 보면(마 25:14-30, 참고 눅 19:12-27), 천국은 어떤 사람(하나님)이 타국에 갈 때 그 종들을 불러 자기 소유를 맡긴 것과 같다고 말씀하

---

29 "다림줄"(בְּדִיל, 베딜, 다림추)이란 "건물을 세울 때, 수직이 바로 되었는지 그 기준을 잡아 주는 건축 도구"를 말한다.

신다. 이때 주인은 그 종들에게 각자의 재능대로 다섯 달란트[30], 두 달란트, 한 달란트를 주고 떠난다. 여기서 "달란트"는 문자 그대로, "talent, 재능"을 말하는데, 영적으로는 '하나님께 진 은혜의 빛'을 가리킨다.

그런데 다섯 달란트와 두 달란트 받은 자는 그 달란트를 가지고 장사하라는 명령을 받지 않았음에도, 또 원금마저 다 까먹을 수 있는 위험이 있었음에도, 그 은혜를 감당할 수 없어 아무 계산 없이 바로 가서 장사했다. 여기서 "주인으로부터 받은 달란트를 가지고 장사했다!"는 의미는 주님께 받은 은혜를 가지고 더 용서하고 섬김으로, 사랑의 열매를 남겼다는 뜻이다.

반면에 한 달란트 받은 자는 주인(하나님)으로부터 무한한 은혜를 받아 놓고서는 다른 종들과 비교해서 상대적으로 조금밖에 받지 못했다고 생각해서인지, 아니면 공연히 장사하다가 혹시 잘못되어 원금마저 다 날리면 나중에 주인이 올 때 그 책임을 추궁당할 것을 두려워해서인지 그냥 이를 고스란히 땅속에 감춰두고, 이런저런 핑계를 댄 채 아예 장사 자체를 하지 않았다.

후에 주인(하나님)이 돌아왔을 때, 달란트를 가지고 장사한 종들은 곱절의 이익을 남겼다고 주인께 보고하자, 착하고 충성된 종이라 칭찬을 받는다. 하지만 한 달란트만 고스란히 간직한 채 안전 지상주의로 간 종은 악하고 게으른 종이라고 책망을 받는다. 그런데 문제는 이게 다가 아니었다. 주인(하나님)은 그가 가진 한 달란트를 빼앗아 열 달란트 가진 자에게 주고, 아무것도 하지 않은 그 종을 무익한 종으로 규정하고, 바깥 어두운 데로(지옥으로) 내어 쫓아버렸다.

하나님의 말할 수 없는 사랑을 받아 놓고 그 사랑을 전해 주지 않으면, 그동안 받았던 사랑마저 고갈될 수 있다. 주님께 받은 은혜를 살려놓지 못하면, 그 은혜가 자기를 더는 살릴 수 없고, 아니 그동안 받은 은혜마저도 뺏길 수 있다. 그 은혜의 물이 고여 썩게 되기 때문이다. 그 결과 영원한 천국 잔치마저 참여하지 못하고 바깥 어두운 데서 슬피 울며 이를 갈 수밖에 없게 된다(마 25:30).

---

30 1달란트(=60므나=1,500세겔=6,000데나리온=6,000드라크마)는 금 약 34kg이기는 하지만, 오늘날의 금 시세가 아니라, 보통 일용직 노동자의 하루 품삯의 6,000배로 보므로, 약 6억쯤 된다고 할 수 있다.

우리에게 아무 대가 없이 사랑의 빚을 대출해 주신 하나님은 지금도 우리의 양심, 곧 비록 이윤을 남기지 못했어도 최선을 다하는지를 지켜보신다. 그러므로 결코 하나님께 받은 은혜의 재산을 가지고 놀고먹는 무능한 백수가 되어서는 안 되고, 하나님께 받은 은혜의 원금과 이자 이상의 이익을 내는 데 최선을 다하는 충성스런 일꾼이 되어야 한다. 비록 적게 받았어도 소아시아 7교회 중 빌라델비아 교회의 성도처럼, 적은 능력을 가지고도 하나님의 말씀을 지키며 하나님의 이름을 배반하지 않았다고 주님께 칭찬받는 자가 되어야 한다(계 3:8).

특히 달란트를 많이 받았다고 우쭐해서도 안 되겠지만, 상대적으로 다른 사람들보다 적게 받았다고 불평해서도 안 된다. 환경을 탓해서도 안 된다. 지금의 자기가 너무 초라하다고 주눅이 들 필요도 없다. 『실낙원』을 지은 밀톤은 고리대금업자 아들이었으며, 영국의 대문호 셰익스피어는 나무꾼 아들로 극장 앞에서 말을 지키는 자였고, 미국의 초대 대통령 링컨은 철도공이었으며, 『천로역정』을 지은 존 번연은 문법도 잘 모르는 자였다.

(13) 불의의 재물로 친구를 사귀어야 한다

성경에서 인간의 죄 문제를 해결하는 방법에는 크게 세 가지가 있다.

첫 번째 방법은, 직접 회개를 통해 주님께 죄 용서를 받는 경우다. 회개는 누구보다도 더 낮아져, 자기의 존재를 송두리째 부인하며 하나님 앞에 용서를 구하는 것이다. 하나님께 은혜의 적선을 받지 못하면 자기 영혼이 굶어 죽어야만 한다는 절박감이 그의 온 중심을 감싸기에, 죽도록 회개하지 않고는 못 배긴다. 언뜻 보기에 이 방법은 매우 무능한 방법 같지만, 이렇게라도 하지 않으면 자기 안의 어둠의 세력을 물리칠 수 없으니, 할 수 없이 두 손 들고 하나님 앞에 나아가 항복해야 한다(눅 14:32).

두 번째 방법은, 하나님 앞에 회개할 기회를 놓쳐 하나님의 징계를 받은 자가 다시 정신을 차리는 경우다. 즉 어차피 회개해야만 하는데, 어리석게도 하나님으로부터 징계를 맞고 나중에 회개하는 경우다. 마치 법에서도 합의하지 못하면 감옥에 갇히게 되듯이, 회개의 기회를 놓쳐 하나님의 징계의 감옥에 한

번 갇히면, 그 죄질에 따라 매를 맞고 정해진 형기를 치러야만 한다. 그런데 감옥은 자유가 극히 제한된 곳이기에, 하나님은 이 감옥에 가기 전에 속히 원수와 화해하라고 말씀하신다(마 5:22-26).

세 번째 방법은, 불의의 재물로 친구를 사귀는 경우다.

> 스필버그가 만든 영화 〈쉰들러 리스트〉를 보면, 기회주의자인 오스카 쉰들러가 전쟁의 틈바구니에서 약삭빠르게 나치 당원이 되어 폴란드계 유대인이 경영하는 그릇 공장을 불법적으로 인수한 다음, 인건비 한 푼 안 들이고 불의하게 유대인을 착취한다. 그는 이렇게 하여 그릇된 방법으로 엄청난 부를 축적하고, 자기 아내가 뻔히 있었음에도 유대인 첩들을 여러 명 두는 등 매우 방탕한 생활을 한다.
> 하지만 그의 공장을 도맡아 운영했던 유대인 회계사인 스턴으로 인해, 자기가 고용했던 유대인들이 독가스실로 가야만 한다는 사실을 깨닫고 비로소 현실을 직시한다. 결국 그에게 조금이나마 남아있었던 알량한 양심이 그를 찔러, 유대인 한 명이라도 더 살리기 위하여 불의하게 번 재산을 몽땅 나치 장교에게 뇌물로 바친다. 그렇게 해서 독가스실로 가야만 했던 수많은 유대인들을 살린다.
> 이렇게 불의의 재물로 친구를 사귀었던 쉰들러를 누가 과거의 행실만 보고 악하다고 정죄할 수 있겠는가?

누가복음 16장 1절 이하에도 이와 비슷한 내용이 나온다.

즉 어떤 부자의 청지기(시종)가 주인의 재산을 낭비하여 청지기 직을 박탈당할 위기를 맞이하는데, 이때 청지기는 "이제 무엇을 할까?" 하면서 숙고 끝에, 땅을 파자니 힘이 없고 빌어먹자니 부끄러워, 주인에게 빚진 자들을 하나씩 부른 후, 주인의 허락도 없이 불의하게 주인에게 빚진 자들의 빚을, 가령 기름 "백 말"을 "오십 말"로, 밀 "백 석"을 "팔십 석"[31]으로 탕감해 버린다. 자기가 살 길은 바로 이웃들에게 잘해 주는 길밖에 없음을 알았던 것이다.

---

31 학자에 따라 약간의 차이가 있는데, 대체로 당시 '기름 백 말'은 당시 '노동자 3년 동안의 임금' 정도 되고, 또 '밀 100석'은 '노동자 7년 동안의 임금' 정도 된다고 한다.

그런데 놀라운 일이 일어난다. 그 부자가 청지기의 행위를 보고 "이 청지기가(세상의 자녀들이) 그들 세대에 있어서는 빛의 자녀들보다 더 현명하다."라고 칭찬한 것이다(눅 16:8).[32]

이 비유는 네 가지 의미를 함유하고 있다.

첫째, 청지기가 지혜롭게 살길을 모색한 처사다. 즉 주인에게 빚진 자들의 빚을 탕감해 줌으로써, 청지기 직을 박탈당해도 그들이 자기를 맞아줄 것이라는 것을 계산에 넣은 처사 말이다.

둘째, "세상 사람들도 자기들의 미래를 위해서 이렇게 약삭빠르게 처신하는데, 믿음의 자녀들이 천국을 준비하는 데 있어서, 이것보다 못해서야 되겠느냐?"라는 반어적 의미다.

셋째, 재물에 집착하여 자기 재산인 양 자기 마음대로 허비하지 말고, 하나님의 청지기로서의 본분을 지켜 그 재물을 가지고 타인을 위하여 사용함으로써 재물을 다스리는 자가 되어야 한다는 의미다(눅 16:13).

넷째, 이 이야기가 주는 영적인 메시지다. 즉 믿는 자는 모두 하나님의 청지기라고 할 수 있는데, 이 청지기가 하나님이 주신 은혜의 재산을 까먹으면, 하나님의 공의에 따라서 하나님의 왕국에서 쫓겨날 수밖에 없는 처지가 된다. 이 사실을 간파한 지혜로운 청지기는 어찌할 바를 모르다가, 심사숙고 끝에 죄로 말미암아 하나님께 빚진 자를 찾아가 탕감한다(눅 16:6). 즉 이 불의한 청지기는 어차피 죄를 탕감하는 것은 오직 하나님만이 하실 수 있는 일임을 꿰뚫어 보고, 자격도 없으면서(조금 있으면 쫓겨날 처지에 있으면서) 하나님의 일을 대신하여 간접적으로 하나님을 사랑한다는 증거를 낸다. 이는 마치 어떤 남자가 사랑하는 여자에게 큰 잘못을 저질러 여자의 마음을 돌이킬 방법을 찾지 못하다가, 여자가 기뻐하는 일을 함으로써 여자의 마음을 다시 얻는 것과 비슷하다.

---

32 본문의 "불의한 재물"은 주인의 의로운 재물을 청지기가 마음대로 썼다는 측면에서 불의한 재물로 표현되고 있을 뿐이다. 즉 이 비유는 불법적으로 재물을 모아서 선한 용도로 사용하기만 하면 칭찬받게 된다는 뜻이 아니라, 하나님이 주신 재물이나 정당하게 모은 재물에 대하여, 주인의 뜻에 맞게 선한 용도로 충성되게 사용할 때 정말 참된 것으로 맡기시겠다는 것이다. 또한 이 비유에서 주인이 이런 청지기를 칭찬한 것으로 볼 때, 이 주인은 세상에서의 주인이 아니라 선하신 주인인 하나님임을 알 수 있다.

그런데 놀라운 일이 벌어진다. 이웃의 죄를 용서해 준 만큼 자기 죄가 용서된 것이다. 하나님은 목숨을 담보로 하여 당신께 은혜의 빚을 꾸어 보겠다는 이 자의 진심에 감동을 받으셨고, 이런 자가 오히려 빛의 아들보다 낫다고 칭찬하셨다.

왜 그러셨을까?

첫째, 이웃 사랑은 하나님의 사랑에 포함되기 때문이었다.

둘째, 빛의 자녀들은 누구에게도 떳떳하기에, 뭔가 아쉬운 사람처럼 이웃에게 이런 탕감을 해 줄 필요가 없기 때문이었다.

얼핏 보면 청지기의 죄 용서가 하나님의 재산을 또 탕진한 불법적인 사랑처럼 보인다. 하지만 그 일은 종국적으로 역설적인 십자가의 사랑에 부합된 일이었다. 그래서 자기도 살고 이웃도 살고 하나님의 마음도 기쁘게 해 드리는 일석삼조(一石三鳥)의 효과를 일으켰던 것이다. 하나님은 이런 그에게 "심판의 날, 너에게 탕감받은 자들이 너를 영원한 처소로 영접할 것이다."라고 위로해 주신다(눅 16:9).[33]

요컨대 우리는 악은 모양이라도 미워하여 허용하지 말아야 하고, 본의 아니게 작은 죄라도 허용했으면 죽기까지 회개해야 한다. 혹 회개의 기회를 놓쳐 하나님으로부터 징계를 받을 때(감옥에 갇힐 때)는 믿음으로 달게 받아 더욱 철

---

[33] 이와 관련하여 누가복음 14장 14절에 "잔치를 베풀 때 차라리 가난한 자들과 몸이 불편한 자들과 저는 자들과 시각 장애인들을 청하게 되면, 그들이 갚을 것이 없으므로 네게 복이 되리니, 이는 의인들의 부활 시에 네가 갚음(보상)을 받겠음이라."고 말씀하신다. 물론 이 말씀은 가난한 자들에게 잔치를 베푼 사람이나, 또 대접받은 장애인들이 당연히 천국에 들어간다는 의미가 아니다. 오히려 이 말씀은 마지막 날 하나님 앞에 완전한 셈이 이뤄진다는 것이다. 즉 불쌍한 이웃을 도와주는 행동들이 죄용서 받는 것 자체는 아니지만, 하나님 앞에 상급 내지는 보상으로 이어져, 마지막 날 죄를 셈하는 데 있어서 긍정적인 부분으로 참작된다는 것이다. 많은 사람을 옳은 데로 돌아오게 한 자는 별과 같이 영원토록 비칠 것이라는 말씀도 같은 맥락이다(단 12:3). 다만 여기서 유의할 점은 과거에 멋지게 복음을 전하여 많은 사람을 주님 품으로 인도했어도, 후에 믿다 타락하여 복음의 본이 되지 못함으로써 사실상 기독교에 큰 해를 끼치고 간접적으로 수많은 영혼을 실족시킨 바 되었다면, 과거에 쌓은 선이 당연히 자기를 지켜 줄 것으로 생각해서는 안 된다는 점이다. 왜냐하면 "나를 믿는 이 소자 중에서 하나님을 실족케 하면 차라리 연자 맷돌을 그 목에 달고 깊은 바다에 빠지는 편이 낫다."라는 말씀이 있기 때문이다(마 18:6). 물론 사랑을 많이 베푼 자를 하나님께서 선하게 참작하시겠지만 말이다. 그러기에 이 경우 먼저 자기의 죄에 대한 철저한 회개가 선행되어야 한다.

저히 회개해야 하고(참고 히 12:11), 하나님으로부터 청지기 직을 박탈당할 처지에 있을 때는 불의한 재물을 다 팔아서라도 이웃의 죄와 허물을 용서하여 하늘의 친구를 얻는 자가 되어야 한다.

(14) 세상의 빛이 되어야 한다

① 형식보다 실제가 더 중요하다

해마다 입시 철이 다가오면 고3 수험생을 둔 학부모들은 바짝 긴장하고, 입시생들도 어떻게든 대학에 들어가 보려고 하루에 3시간도 잠을 자지 않고 공부하는 등 발버둥을 친다. 하지만 안타깝게도 4년제 대학에도 들어가지 못하여 눈물을 흘리는 경우를 종종 보게 된다.

왜 그럴까? 여기에는 여러 가지 이유가 있을 것이지만, 궁극적으로 볼 때 단계마다 요구되는 질적인 공부 방법이 잘못되었기 때문이라고 할 수 있다.

신앙의 세계에서도 마찬가지이다. 어떤 사람들은 위선적인 바리새인들처럼 하나님을 양적으로 생각하여 형식적인 율법을 열심히 지키지만, 그보다 더 중요한 공의와 자비와 믿음을 버리곤 한다(마 23:23). 하지만 하나님은 이런 자들에 대하여 성회(聖會)와 함께 악을 행하는 것을 견디지 못하겠으니, 헛된 예물을 당신께 가져오지 말라고 말씀하신다(사 1:13). 눈 가리고 아웅 하는 식의 형식적인 회개 · 헌금 · 세례 · 기도 · 믿음 등은 주님께 아무 의미가 없다는 것이다.

하나님은 외모보다 중심을 보신다(삼상 16:7). 하나님은 육신의 자녀가 하나님의 자녀가 아니라, 약속의 자녀가 하나님의 자녀라고 말씀하신다(롬 9:8; 고전 10:18).[34] 육신적인 할례(세례)보다 마음의 할례가 더 중요하고(롬 2:28-29), 형식

---

[34] 예수님의 족보에 포함된 사람들 가운데, "라합"은 가나안 여리고성의 탕녀 출신이었고, "다말"은 시아버지 유다와 부적절한 관계를 맺었으며, "룻"은 이방 모압 여인이었고, 우리아의 아내 "밧세바"는 다윗 왕과 간통한 여자였음을 생각해 보면, 혈통이 중요한 것이 아님을 알 수 있다. 그럼에도 불구하고 이슬람교 같은 경우, 아브라함의 첩 하갈에게서 낳은 이스마엘이 형식상 아브라함의 첫째 아들이라고 해서, 그를 중심으로 계보를 이어간다. 또 가톨릭은 예수님의 육적인 어머니일 뿐인 마리아를 영적인 어머니로 보고 지금도 숭배한다(참고 마 12:46-50; 13:55; 요 7:1-5; 막 3:31-35; 눅 8:19-21).

적인 예배보다 하나님을 바로 알아 말씀에 순종하며 인애와 공의를 실천하는 것을 더 기쁘게 여기신다는 말씀도 같은 맥락이다(호 6:6; 삼상 15:22; 잠 21:3). 하기는 겉보기에 음식이 맛있어 보여도 맛이 엉망이라면, 차라리 먹지 않은 만 못할 것이다.

한 번을 드려도 제대로 된 예배와 기도, 찬양, 구제 등이 하나님께 상달된다. 하나님은 우리가 제한된 형식 안에서 최고의 질을 추구하기를 원하신다. 단 한 명이라도 질이 제대로 준비되었다면, 세상은 크게 달라질 것이기 때문이다. 그러므로 양적인 것을 먼저 구하는 태도는 바람직하지 않다. 양은 질이 갖춰지면 보너스처럼 따라오는 것일 뿐이다.

② 실제가 있으면 형식도 갖춰야 한다

그런데 맛이 좋더라도 포장이 지저분하면 왠지 마음이 가지 않을 것이다.

가령 여자를 사랑하는 마음이 있는데, 말만 하고 아무런 선물도 주지 않는다면 남자의 사랑이 의심스러울 것 아니겠는가?

이에 대해 성경은 내용이 더 중요하기는 하지만, 형식도 갖춰야 한다고 말씀하신다(마 23:23; 눅 11:42).

그러므로 믿는다고 하면서 십일조나 예배, 기도 등의 형식을 깡그리 무시하는 태도도 바람직하지 않다(참고 요 12:7). 참 마음이 없는 형식이 쓸데없듯이, 예외적으로 그 형식을 드러낼 기회가 없었다면 몰라도, 형식이 없는 마음이라면 참 마음으로 인정받지 못할 수도 있기 때문이다. 이런 점에서 형식도 일정 부분에 있어서 내용의 일부분이라고 할 수 있다.

③ 기독교는 세상을 긍정한다

똑같은 세상이라도 하나님과 관계를 맺으면 '건전한 세상적인 속성'이 되고,[35] 사탄과 관계를 맺으면 '죄가 섞인 세상적인 속성'(가령 교만 음란 등)이 된다. 그런데 우리가 이해하기 힘든 또 하나의 속성이 있는데, 그것은 곧 아담의

---

35 "영적인 (선의) 속성"을 "특별은총"이라고도 하며, "죄가 섞이지 않은 건전한 세상적인 속성"을 "일반은총"이라고 말하기도 한다. 가령 역사 · 국가 · 제도 · 학문 · 운동 등.

원죄로 말미암아 생겨난, 가령 지진·가시·독버섯·독거미 등과 같은 '가시와 같은 세상적인 속성'이다. 이 속성은 '죄가 섞인 세상적인 속성'처럼 보이지만, 사실은 이 속성 자체가 악한 것이 아니기에 '건전한 세상적인 속성'의 범주에 포함된다.[36] 무슨 실제적인 죄를 지은 것이 아닌 까닭이다.

하나님과 세상을 이원론적으로 분리하여 사고하면 하나님은 선하고, 세상은 악하다고 보게 된다. 하지만 기독교는 철저히 하나님이 세상을 만드신 후 세상에 관여하지 않는다는 "이신론"(理神論, deism)[37]이나, 하나님이 세상이고 세상(자연)이 곧 하나님이라는 "범신론"(汎神論, pantheism)을 배척한다.

성경은 "하나님의 지으신 모든 것이 선하매 감사함으로 받으면 버릴 것이 없나니 이는 하나님의 말씀과 기도로 거룩하여짐이니라."(딤전 4:4-5)고 말씀하신다. 하나님이 붙들지 아니하시면 이 세상은 존재할 수 없다. 이런 의미에서 신자에게 있어서 세상은 하나님의 사랑에 의해 용납되고 화해된 세상이다. 창조 세계의 선한 질서는 우리 삶의 모든 관계를 붙잡고 있다.[38] 그래서 세상 없이 하나님을 볼 수 없고 하나님 없이 세상을 볼 수 없다.[39]

요컨대 죄를 범한 인간이 세상을 다스리면 창조 질서가 왜곡되지만, 하나님의 사람이 세상을 다스리면 창조 질서가 회복된다. 그러기에 부실공사를 해 놓고 하나님이 지켜주실 것으로 생각해서는 안 된다. 든 성도라면 병원에서 수술을 받더라도, 기도한 후 감사함으로 받으면 된다(참고 마 17:27). 하나님이 만드신 창조 질서를 무시하는 것은 하나님의 뜻이 아니다.

다만 여기서 '세상적으로 건전한 속성'은 그 자체로 구원과 관련된 것이 아님을 유의해야 한다. 그러기에 가령 축구 자체는 악한 것이 아니기에 얼마든지 즐길 수 있지만, 축구를 하나님보다 더 사랑해서는 안 된다. 스포츠를 아주 좋

---

36 가령 태어날 때부터 고아나 장애인으로 태어나는 사람들을 보라! 겉으로 볼 때 저주처럼 보이지만, 본인이 무슨 잘못을 한 것은 아니다.
37 "이신론"은 17-18세기 유럽의 계몽주의 시대에 나타난 합리적인 종교관으로, 신의 존재와 진리의 근거를 인간 이성이 인식할 수 있는 자연적인 것에서 구한다. 이 이론은 신을 세계의 창조자로 인정하지만, 더는 세상일에 관여하거나 계시나 기적으로 자기를 나타내지 않는다고 본다.
38 고든 J. 스파이크만, 『개혁주의 신학』, 227.
39 디이트리히 본회퍼, 『윤리』, 손규태 역 (서울 : 대한기독교서회, 1974), 60.

아한 나머지 하나님을 뒷전으로 놓는 경우, 어떤 의미에서 스포츠가 바로 주님과 원수가 될 수 있다(참고 약 4:4).

④ 세상의 빛과 소금이 되어야 한다

하나님께서 창조한 빛은 크게 두 가지로 나눌 수 있다. 첫째 날 "빛"과 넷째 날 "광명"(해, 달, 별들)이 그것이다(창 1:3-4, 16-18). 첫째 날 '빛'은 말 그대로 '원초적인 빛' 자체를 의미하고, 넷째 날 '광명'은 첫째 날 '빛의 그림자로서의 자연계의 빛'을 의미한다.

그러면 첫째 날 '원초적인 빛'이 무엇일까?

이 빛에 대하여 성경은 다음과 같은 힌트를 주고 있다. 즉 하나님은 조금도 어둠이 없는 빛이시고(요일 1:5) 가까이 가지 못할 빛에 거하시며(딤전 6:16), 변함도 없으시고 회전하는 그림자도 없으신 분인데(약 1:17), 구약 시대에 이 빛을 만난 모세의 얼굴 피부에 광채가 났었고(출 34:30), 신약 시대에 변화산에서 이 빛을 받은 예수님의 얼굴이 해처럼 빛났으며, 옷이 빛과 같이 희어졌다고 말씀하신다(마 17:2).

하나님은 우리를 위해 큰빛을 창조하시되(시 136:7), 당신 속에 생명이 있음 같이, 예수님에게 "생명"을 주어 그 속에 있게 하셨는데, 바로 이 "생명"이 사람들의 "빛"이다(요 1:4; 5:26). 즉 생명을 희생시켜 우리를 살리려 한 예수님만이 "참빛"이시다(요 1:9; 12:46; 요일 2:8).

예수님은 당신의 얼굴에 있는 하나님의 영광을 아는 빛을 우리 마음에 비추시고(고후 4:6), 이 빛을 받아들인 자로 하여금 빛의 아들이 되도록 하셨다(요 12:36). 그러기에 자연계의 빛이 어둠을 밝히고 살균작용을 하면서 에너지를 주듯이, 예수님의 이 참빛을 받으면, 죄악이 태워짐으로 얼마나 마음이 밝아지고 맑아지고 뜨거워지며 새 힘을 얻게 되는지 모른다.

하지만 성경은 심판 날에는 태양과 달과 별들이 빛을 잃으며(욜 2:10; 3:15; 암 5:18; 슥 14:7), 책망을 받는 모든 것이 빛으로 나타나게 되는데(엡 5:13), 이때 이 빛이 우리의 어두운 일을 모두 밝힐 것이라고 말씀하신다(단 2:22). 즉 마지막 날 하나님께는 밤이 낮과 같이 비취는 것처럼(시 139:12) 흑암이 숨지 못하고,

우리 마음의 생각과 말과 행위들이 모두 빛으로 드러나게 된다. 고린도전서 3장 12-13절과 에베소서 5장 13절에 그날에 있을 일들을 좀 더 자세하게 기록하고 있다.

> 그날에 하나님께서 각 사람의 공력을 불로 나타내시고, 그 불이 각 사람의 공력이 어떠한지를 시험할 것임이니라(고전 3:13).
> 책망을 받는 모든 것은 빛으로 말미암아 드러나나니 드러나는 것마다 빛이니라(엡 5:13).

이는 마치 스펙트럼(spectrum)에 빛을 비추면 여러 빛이 나타나듯이, 하나님의 빛을 비출 때 심판을 견디는 빛(공력)과 그렇지 못한 빛(공력)으로 나타나게 된다는 것이다. 가령 하나님의 온전한 형상을 잃어버린 자들에게도 그 남아있는 형상 때문에 빛이 있기는 한데, 하나님의 심판을 감당할 수 없는 수준 미달의 빛일 뿐이라는 얘기다. 이는 참빛 되시는 예수님을 믿어 하나님의 온전한 형상을 회복하지 못한 까닭이다.

그러므로 아직 온전한 하나님의 빛을 영접하지 못했으면, 어떻게든 그 빛을 모셔들여 하나님의 심판의 불을 감당할 수 있는 공력을 갖춰야 한다. 그래서 성경은 다음과 같이 말씀하신다.

> 수치를 모르는 백성아! 모일지어다! 모일지어다! (하나님의) 명령이 시행되기 전, 광음(다, 욤, 날, 光陰)이 겨같이 날아 지나가기 전, 여호와의 진노가 너희에게 임하기 전, 여호와의 분노의 날이 너희에게 이르기 전어 그러할지어다(습 2:1-2)
> 그가 흑암을 일으키시기 전, 너희 발이 흑암한 산에 거치기 전, 너희 바라는 빛이 사망의 그늘로 변하여 침침한 흑암이 되게 하시기 전에 너희 하나님 여호와께 영광을 돌리라(렘 13:16).

특히 세상의 빛이 되기 위해서는 자기 안에 있는 어둠의 세력을 모조리 쳐, 더는 자기 안에 어둠이 없는 온전한 자가 되어야 한다. 왜냐하면 빛과 어둠이 섞여서는 세상 사람이 이런 자들을 오히려 위선자라고 부를 뿐이기 때문이다.

또한 이미 세상의 빛이 된 자는 자기 안에 있는 빛이 어둠이 되지 않도록 조심해야 하며(눅 11:35; 요 12:35), 빛의 열매, 곧 모든 착함과 의로움과 진실함의 열매를 맺어야 한다(엡 5:9). 성부 하나님께서 심으신바, 곧 의의 나무가 된 자들은(사 61:3) 하나님의 영광의 빛을 발하면서 살아야 한다(사 60:1, 참고 마 5:14).

즉 마음이 상한 자를 고치며, 포로된 자에게 자유를, 갇힌 자에게 놓임을 선포하고(사 61:1), 좌절과 절망에 빠진 자들에게 희망을 심어주고, 불안과 공포에 시달리는 자에게 평안을 주는 등 여호와의 은혜의 해와 우리 하나님의 보복의 날을 선포하여 모든 슬픈 자를 위로하되, … 희락의 기름으로 그 슬픔을 대신하며, 찬송의 옷으로 그 근심을 대신하여 여호와께서 심으신 그 영광을 나타낼 자라 일컬음을 받는 자가 되어야 한다(사 61:2-3).

아울러 소금이 자기는 다 녹아 없어지면서도 본연의 맛을 잃지도 않고 썩지도 않으면서 오히려 다른 물질의 부패를 방지하듯이, 우리도 신자로서의 정체성을 지키면서 자기를 희생시켜 세상의 부패를 방지하는 세상에서의 소금의 역할을 잘 감당해야 한다. 이에 대해 성경은 다음과 같이 말씀하신다.

> 너희는 세상의 소금이니 소금이 만일 그 맛을 잃으면 무엇으로 짜게 하리요? 후에는 아무 쓸데없어 다만 밖에 버려져 사람에게 밟힐 뿐이니라(마 5:13, 참고 출 30:35; 레 2:13; 욥 6:6; 왕하 2:19-22).[40]

또한 아무리 좋은 재료를 썼어도 음식에 간이 맞지 않으면 별로 맛이 없을 것이듯이, 항상 은혜 가운데서 사랑의 소금을 우리의 말에 알맞게 넣는 법을 배워(골 4:6), 어디를 가든지 경우에 합당한 말을 할 수 있도록 애써야 한다(잠 25:11).

---

40 바닷물의 염도는 3.1-3.8% 정도쯤 되어 부패를 방지한다고 한다(예외-사해 바다 염분은 약 30%). 아울러 약 5,000년 전의 이집트 미라의 형태가 현대까지 보전된 주된 이유도 시체를 소금물에 담가두고, 몸속에 소금 봉지를 가득 채웠기 때문이라고 한다. 참고로 건강한 사람의 체액의 염도는 0.9% 이상 되고, 환자들은 0.4-0.8%, 대부분의 암 환자는 0.2% 정도 되는데, 우리 몸이 적당한 염도를 유지해야 종양, 염증, 탈수 등이 생기지 않는다고 한다.

15장

자기부인과 십자가

1. 날마다 자기를 부인해야 한다

어릴 때부터 우리는 자신이 중심이 되어 살아가는 데 익숙해 있다. 그리고 시간이 갈수록 자신에 대한 애착심은 더욱 견고해진다. 심지어 예수님을 영접했어도 자아가 시퍼렇게 살아 자기가 중심이 되어 있는 경우가 많다. 이렇게 자기부인이 없는 가운데 말씀만 많이 알아서 그 말씀을 소화시키지 못한 관계로, 기형적 신앙을 가진 자들이 많은 것이다. 그래서 더 편하고 쉬운 길을 택하기도 하고, 특히 상황이 어려울 때는 더욱 자기를 나타내기도 한다.

고등학교 3학년 때까지 모범생이라는 말을 듣고 살았건만 (마음속의) 죄짐 문제를 내 힘으로 도저히 해결할 수 없었던 필자의 마음은 날마다 지옥이었다. 그래서 잠을 자기 전에 하나님 앞에 죄를 용서해달라고, 그래서 제발 숨 좀 쉬게 해달라고 간절히 빌고 또 빌었다.

놀랍게도 진실하게 용서를 구할 때마다 주님께서 조금씩 죄를 씻어주시는 체험을 하게 되었고, 결국 어느 날 모든 죄가 녹아져 진정한 자유와 평안을 맛보게 되었다. 얼마나 기뻤던지, 그리고 얼마나 좋았던지 '그냥 여기서 내 인생이 끝나 천국에서 영원히 주님과 함께 살았으면 좋겠다!' 이런 생각이 들 정도였다.

하지만 중생의 체험을 한 후에도 여전히 세상의 유혹은 강렬했다. 그래서인지 이때 필자의 초관심사는 예전에 주체할 수 없었던 죄의 정욕이 혹시라도 역사하여 어둠의 세력에 넘어감으로, 정말 어렵게 얻은 하늘의 신령한 평안을 깨뜨려서는 안 된다는 것이었다. 그래서 정욕이 꿈틀댈 때마다 이를 이기기 위해 양손의 엄지손가락을 일부러 쥐어뜯곤 했다. 손가락에 고통을 가해서라도 어둠의 세력에게서 오는 것들을 허용하지 않으려는 몸부림이었다. 이때부터는 주님을 의지하여 자기를 부인하지 않으면 아무런 생의 의미를 느낄 수 없게 되었고, 살아있어도 살아있는 게 아니었다.

예수님을 구세주로 영접한 이상, 과거에 즐겼던 정욕이나 탐욕 등의 유혹과, 이유를 알 수 없는 핍박, 고난 등에 대하여 날마다 자기를 부인하지 않으면, 하나님의 영광을 나타내기 힘들다. 무엇보다도 신앙적인 양심이 산 자는 자기부인을 하지 않으면 제대로 숨을 쉬기 힘들다.

여기서 기독교의 "자기부인"은 "자기 자신과 아무런 관계가 없는 사람인 것처럼 행동한다"는 뜻으로, 자기 자신을 이미 죽은 사람처럼 취급하고 행동하는 것을 말한다(교회용어사전). 이를 좀 더 자세히 설명하면 다음과 같다.

첫째, 나 자신의 영광이나 예전에 즐겼던 이기적인 욕망 등을 전혀 즐기지 않고, 때로는 인간적인 안전이나 행복, 이익 등에 대한 본능적인 요구마저도 거부하는 등 나의 나 됨을 부인하는 것이다.

둘째, 그리스도를 얻고 섬기기 위해 모든 것을 버리고, 날마다 자기를 치는 것이다(빌 3:8; 고전 9:27).

셋째, 자기 안에 주님만 있게 하려고 자기는 전혀 없도록 하는 것이다.

넷째, 더럽고 추한 세상적인 자아가 자기를 더는 주장하지 못하도록 믿음으로 자기를 이기는 것이다.

다섯째, 내가 주인이 되려고 하는 모든 시도를 부인하는 것이다.

이러한 자기부인은 주님 앞에 가장 큰 죄인임을 인정하는 데서 나온다. 그러기에 주님과 무관한 자기부인이나, 자아의 강함에서 나오는 자기부인이나, 고도의 절제를 강조하는 도덕적인 자기부인이나, 무념무상(無念無想)과 같은 공허한 자기부인이나, 세상에서 도피하는 자기부인이나, 자기성찰이나 자기반성을 통해 과거의 자기보다 조금씩 나아지게 만드는 자기부인 등은 기독교의 자기부인이 아니다. 또 자기가 아무 가치도 없는 존재이며, 혹시 가치 있는 존재라 할지라도 그것을 배격해야 한다고 주장하는 "자기멸시"도 마찬가지이다.

기독교의 참된 자기부인은 마치 다 탄 숯과 같다. 다 탄 숯을 보라! 새까만 숯은 남들이 보기에 더럽게 보이지만, 놀랍게도 다시 불을 지필 때는 아무 연기도 내지 않는다.

즉 "믿음"이 주님과 함께 세상적인 자아가 중심적으로 죽은 것이라면, "자기부인"은 한 번 중심적으로 죽은 세상적인 자아가 또다시 기지개를 켜지 못하도록 죽이고 또 죽임으로 계속 다 탄 숯의 상태로 유지하는 것이다.

이 자기부인은 "성화"(聖化)를 이루는데 초석이 된다. 왜냐하면 자기부인 없이 계속 주님을 구세주로 대접할 수도 없고 하나님과 이웃을 사랑할 수도 없기 때문이다.

생각해 보라!

내가 여전히 살아있는데, 어떻게 주님을 구세주로 섬길 수 있고, 하나님을 진정으로 사랑할 수 있겠는가?

그러기에 우리는 할 수만 있다면 전보다 한 단계 더 높은 자기부인의 경지에 이를 수 있도록 해야 한다. 자기부인의 강도가 셀수록 주님 안에서 열매를 더 풍성히 맺을 수 있기에, 날마다 십자가를 바라보고 자기를 혹독하게 쳐야 한다.

2. 자기 십자가를 져야 한다

우리는 1999년 6월 30일 화성 시랜드 수련원에서 18명의 유치원생들이 화재로 말미암아 처참하게 죽었음을 기억한다. 눈에 넣어도 아프지 않을 사랑스러운 유치원생들이 몇몇 어른들의 잘못으로 말미암아 너무도 억울하게 생을 마감했다. 그러나 어쩌면 이들이 우리의 죄 또는 조상의 죄들을 대신하여 십자가를 짊어졌던 것일지도 모른다.

오늘 나의 십자가는 어디에 있으며, 부활의 표징은 무엇인가?[1]
십자가에 생명이 있는데, 왜 이 생명을 지는 것을 싫어하는가?
혹시 내가 짊어져야 하는 십자가에 녹이 슨 건 아닌가?
또는 십자가를 지는 것이 율법이라고 생각하는 것은 아닌가?

(1) 자기 십자가를 진다는 것

"자기 십자가(σταυρός, 스타우로스)를 지는 것"은 "성령님의 인도하심을 받아 주님이 지신 십자가를 지는 것 곧 타인의 생명을 떠맡고 있는 것" "말씀을 지킴으로 말미암아 오게 되는 핍박을 믿음으로 감내하는 것" "소외된 자를 위해 모질고 어려운 일도 맡아서 하는 것" "고난과 절망과 아픔의 정점에서 이웃과 함께 해 주는 것" 등을 말한다.

이 모양 저 모양 감당하기 어려운 무거운 짐을 대신 져 준 사람이 있다면 얼마나 고마울까?

십자가는 바로 이 짐을 대신 져 주는 것이다. 예수님의 사랑 때문에 정말 피하고 싶은 일을 피하지 않고, 직접 자기 어깨에 그 짐을 메는 것이 "자기 십자가"다. 가령 성질이 정말 고약하고 강퍅한 자가 자기 가족 중에 있을 때, 영적인 해독이 매우 크기 때문에 정말 싫어 피하고 싶지만, 주님이 나를 참아 주신 것을 생각하여 오래도록 참아 주며, 그의 눈높이에 맞춰 한 걸음씩 주님의 품으로 돌아오도록 노력하는 것이다.

그런데 이 십자가는 아무나 질 수 없고, 다음과 같은 조건을 충족하고 있어야 한다.

첫째, 자기를 부인한 자라야 한다. 십자가는 오직 성령님이 함께 해 주셔야만 질 수 있는데, 자기가 살아있어서는 성령님이 도우시지 않는 까닭에, 이 십자가의 무게를 감당하지 못하기 때문이다.

둘째, 주님의 의(義)의 멍에를 멘 자라야 한다. 주님의 사랑의 포로가 된 자는 자기도 모르게 사랑의 짐을 지게 되는데, 이게 소위 '의의 십자가'로서의 멍

---

1 디이트리히 본회퍼, 『십자가 부활의 명상』, 연규홍 역 (서울 : 청우, 2003), 184.

에다. 즉 죄를 다 용서받은 자가 십자가를 질 때, "의의 십자가의 멍에"를 지는 것이 되어 비로소 "죄의 멍에"를 꺾을 수 있다. 양심의 죄는 종기와 같아, 만일 어떤 죄라도 영혼에 남겨둔 것이 있으면 십자가의 두거운 짐을 지기에는 부적당할 것이기 때문이다.[2]

(2) 자기 십자가를 지는 것은 가볍다

세상적인 관점으로 볼 때, 십자가를 지는 것은 분명 무겁다. 또 십자가를 사랑하지 않는 자에게는 십자가를 지는 것이 너무도 어렵다.

그러나 하나님 편에서 볼 때 그것은 지면 질수록 가볍다.

왜 가벼울까?

첫째, 주님이 십자가에서 우리 죄를 모두 대속하시고, 날마다 우리 짐을 지고 계시기 때문이다(시 68:19). 따라서 내 죄로 말미암아 치러야 할 죽음의 형벌을 받는 것에 비하면, 십자가를 지는 것만큼 가벼운 것은 없다. 이때의 십자가는 죄에 잔뜩 눌린 "진노의 십자가"가 아니라, 죄에서 해방된 "의의 십자가"인 까닭이다.

둘째, 모든 인류의 죄를 대신 짊어지신 예수님의 십자가에 비하면, 우리의 십자가는 티끌만큼도 안 되기 때문이다. 주님이 나를 위해 지신 십자가의 무게를 조금이나마 느끼는 자는 자기 십자가가 얼마나 가벼운지 모른다. 나의 가장 무거운 죄를 주님이 다 짊어지셨기 때문이다. 그래서 날아갈 듯이 가벼운 마음으로 더 큰 영혼의 자유를 가져다주는 주님의 십자가를 질 수 있다.

셋째, 신앙공동체 내에서 이웃은 또 하나의 나이기에, 그의 무거운 짐을 덜어 주면 내 짐도 더욱 가벼워지기 때문이다. 이처럼 십자가를 지는 데서 나오는 생명의 힘은 항상 내 영혼을 뿌듯하고 보람차고 가볍게 한다.

넷째, 주님의 멍에는 하늘나라에서 상(償) 탈 일만 남아있는 멍에이기 때문이다. 누구든 상을 타면 마음이 기쁘고 가볍지 아니한가?

다섯째, 주님이 함께 그 멍에를 져 주시기 때문이다. 가령 어미소 뒤를 따라

---

[2] 토마스 왓슨, 『팔복 해설』, 405.

가는 새끼소는 얼마나 편한가? 그러기에 우리는 항상 성령님의 인도하심을 따라 어미소 되시는 주님만 믿고 따라가면 가뿐히 십자가를 질 수 있다.

여섯째, 전지전능하신 주님께서 우리 각자에게 가장 알맞은 십자가를 지게 하시기 때문이다. 십자가의 멍에가 맞지 않거나 너무나 버거우면 얼마나 고통스럽겠는가? 하지만 전지전능하신 주님은 우리로 하여금 능히 감당할 만한 십자가만 지게 하신다.

일곱째, 죄 용서를 받아 마음이 녹아진 자, 곧 모든 교만과 강퍅함을 버리고 주님의 겸손과 온유를 배운 자는 그 멍에를 가볍게 질 수 있기 때문이다 (마 11:29-30).

여덟째, 주님의 사랑의 멍에는 우리에게 참된 안식을 가져다주는 멍에이기 때문이다(마 11:29). 그러기에 자기 십자가를 지면 질수록 우리 영혼에 평강이 샘솟게 된다.

(3) 십자가를 지는 이유

그러면 왜 십자가를 지게 되는가?

첫째, 정말 은혜를 받은 자는 누가 아무리 은혜를 잊어버리라고 해도 자기가 죄인이라는 부담과 자기 십자가의 짐을 더 굳게 붙잡는 법이기 때문이다. 주님이 나로 말미암아 억울하게 죽은 바 되었으니, 나는 골백번 죽어도 그 빚을 다 갚을 수 없다. 이런 주님을 모신 자라면, 주님의 짐을 덜어드리는 일밖에 없다. 그래서 진리 안에서 자유롭지만 마치 자유롭지 않은 자처럼(벧전 2:16; 고전 9:19), 이웃을 위해 고난의 가시관을 써준다. 견딜 수 없는 주님의 사랑에 감사하며 주님을 내 삶의 주인으로 모신 자는 이웃에게도 그 사랑을 주지 않고는 견딜 수 없다.

둘째, 세상적인 자아가 다 깨져, 성령님의 온전한 다스림을 받고 있는 자는 십자가를 더 지고 싶어 하기 때문이다. 이런 자에게는 심지어 이웃이 나에게 핍박을 가해도 그 짐을 지는 것이 얼마나 좋은지 모른다. 주님의 은혜를 티끌만큼이라도 갚을 수 있다고 생각하니 말이다.

셋째, 예수님이 당신의 멍에를 질 사람을 위해, 핏값을 주고 비싸게 사셨기 때문이다. 그래서 주님은 구원받은 자가 십자가를 지지 않고 값싸게 은혜 생활을 하는 것을 기뻐하시지 않는다. 이에 대해 본회퍼는 값싼 은혜, 십자가 없는 은혜를 교회의 대원수라고까지 말한다.[3]

십자가를 져 본 사람은 자기를 온전히 부서뜨리지 않고는 십자가를 조금도 감당할 수 없다는 것을 안다. 그래서 어서 주님이 오셔서, 십자가를 다 내려놓고 주님과 함께 영원히 살기를 바란다. 반면에 십자가를 지고 있지 않은 사람은 주님이 나중에 오셨으면 좋겠다고 생각한다. 왜냐하면 세상이 주는 즐거움을 놓치고 싶지 않기 때문이다.

그러기에 믿는 자가 자기가 대단한 의인이라도 되는 양, 하늘 아래 다시없는 죄인이라는 부담을 지지 않은 채 입으로만 예수님을 믿는다거나, 의의 십자가로서의 부담을 지지 않은 채 의로운 척하면 위험할 수 있다. 또 이렇게 십자가를 내려놓은 채 성공한다 해도, 그 성공은 하나님 보시기에 참된 성공이 아니다.

(4) 십자가를 지는 바른 자세

하나님은 지성소 안에 있었던 법궤(언약궤)[4] 안에 "십계명이 적힌 두 돌판"과 "만나를 담은 금 항아리"와 "아론의 싹 난 지팡이"를 넣어두도록 하셨다(히 9:4 참고 출 16:33; 25:16; 민 17:4; 왕상 8:9; 대하 5:10). 여기서 "십계명이 적힌 두 돌판"은 "구약의 말씀"을, "만나"는 "광야(고난)에서 내린 하늘의 신령한 양식"을, "싹이 난 지팡이"는 "부활"을 상징한다.

이 궤는 "여호와의 이름"으로 불렸고(삼하 6:2), 이스라엘 백성들은 항상 이 법궤를 중심으로 움직였는데, 이 법궤를 대하는 태도가 어떠하냐에 따라 결과는 판이했다. 오늘날 광의의 의미에서 이 법궤는 "십자가"를 의미하는데, 이는 이 십자가를 어떻게 대하느냐에 따라, 복이 될 수도 있고 화가 될 수도 있음을 보여준다.

---

3 본회퍼는 "값싼 은혜"는 "대가나 노력 없이 얻는 은혜"로, 살아있는 말씀을 부정하는 것이요, 말씀이 육신이 됨을 부정하는 것이라고 본다(디이트리히 본회퍼, 『나를 따르라』, 손규태 · 이신건 역 [서울 : 대한기독교서회, 1965], 32–35).

4 언약궤는 가로가 2.5규빗(112.5cm), 세로가 1.5규빗(67.5cm.), 높이가 1.5규빗(67.5cm)의 조각목으로 만든 상자를 정금으로 싸서 만들었다.

가령 사사 시대의 마지막 시기에 해당하는 기원전 1075년경, 당시 타락한 엘리 제사장이 있었을 때, 이스라엘이 블레셋과 2차 전투를 벌인다. 그런데 이때 이전의 전투에서 4,000명을 잃은 것보다 훨씬 더 많은 3만 명의 병사들이 죽은 데다가, 엘리 제사장과 엘리의 두 아들과 며느리까지도 죽고, 심지어 하나님의 법궤까지 뺏기고 만다.

왜 이런 비극을 맞이했을까?

그 이유는 첫째, 법궤를 마치 부적처럼 여겨, 그 법궤만 있으면 무조건 승리할 것이라고 헛되게 믿었던 까닭이었고, 둘째, 그들로 인하여 하나님의 이름이 더럽혀지면서 적들이 더 큰 사기를 얻었기 때문이었다.

그런데 그렇게 빼앗긴 법궤가 블레셋 5도시에 머무는 동안, 거기서 역병이 일어난다. 그러자 그들은 법궤를 이스라엘과 블레셋 접경 지역의 벧세메스로 보낸다. 그런데 거기서도 벧세메스 사람들이 호기심 삼아 법궤 안을 들여다보면서 (오만) 칠십 명이 죽는다(삼상 6:19). 그리하여 다시 이 법궤는 아미나답의 집에 보내져 약 20년간 머물게 된다(삼상 7:2). 이후 다윗은 70년 만에 이 궤를 수레 위에 실어 다윗성으로 옮기려고 한다. 그런데 갑자기 수레를 운반하는 소들이 이리저리 뛰는 바람에 수레 위에 있는 법궤가 떨어지려고 할 때, 이것을 아미나답의 아들 웃사가 붙잡으니 그만 즉사당하고 만다(삼하 6:6-7).

여기서 우리는 다음과 같은 질문을 던질 수 있다.

"웃사는 그저 떨어지려는 법궤를 붙잡았을 뿐인데 왜 죽었을까? 아무리 하나님이라고 해도 이건 너무한 처사가 아닌가?"

그 이유가 역대상 15장 13절에 나온다. 이는 "고핫 자손만 법궤를 직접 어깨에 멜 수 있도록 하라! 또 설사 고핫 자손이라고 하더라도 성물에 몸이 닿지 말도록 하라! 만약 몸이 조금이라도 닿았다가는 죽게 될 것이다."라는 하나님의 엄중한 말씀을 가볍게 여겼기 때문이었다(민 4:15). 여기서 우리는 적당히 내 편의대로 법궤를 대할 때, 오히려 하나님 앞에 화를 당할 수 있음을 알 수 있다.

이후 다윗은 웃사의 죽음을 보면서 심히 두려운 생각이 들어, 다시 이 궤를 오벧에돔이라는 레위인의 집에 석 달 동안 보관시킨다.

그런데 이게 웬일인가? 하나님이 오벧에돔 집안 모든 사람에게 복을 주시는

것이 아닌가?(대상 15:18; 26:1-4)

이를 유심히 살펴본 다윗은 고핫 자손을 앞세워 다시 다윗성으로 옮긴다(삼하 6:12-19).

마침내 궤가 다윗성에 들어오자, 다윗은 하나님의 궤를 모실 수 있다는 기쁨으로 인하여, 여호와 하나님 앞에서 베 에봇이 벗어지는 줄도 모르고 힘을 다하여 춤을 춘다. 이 모습을 모든 백성이 보게 되었는데, 이를 수치스럽게 여겼던 미갈(사울의 딸이자, 다윗의 부인)이 다윗을 업신여기자, 이 일로 인하여 다윗은 더 이상 그녀와 동침하지 않았고, 그래서 그녀는 죽는 날까지 자식을 낳지 못하게 된다(삼하 6:23; 대상 15:29).

그러므로 십자가를 질 때 다음과 같은 자세를 갖추어야 한다.

첫째, 십자가를 부적이나 호기심으로 대해서는 안 된다. 또 생명이 없는 텅 빈 십자가를 메어서도 안 되고, 힘들다고 십자가를 내려놓아서도 안 된다. 왜냐하면 십자가 없이 사는 것은 사탄에 속는 삶일 뿐이고, 십자가의 관문을 통과함이 없이는 참 그리스도인의 대열에 합류할 수 없기 때문이다.

둘째, 주님이 주신 십자가를 내 생명보다 귀히 여겨 우직하게 직접 어깨에 메는 가운데 주님만 따라가야 한다. 믿음으로 자기를 부인하고 십자가를 진 만큼 부활의(생명의) 능력이 나오며, 주님의 십자가는 십자가를 지는 자 안에서 그 영광의 빛을 발하게 된다.

셋째, 궤가 다윗성에 들어왔을 때, 여호와 앞에서 베옷이 벗어지는 줄도 모르고 힘을 다하여 춤을 추었던 다윗처럼, 십자가 안에서 역사하시는 주님의 임재를 한없이 기뻐하는 자가 되어야 한다.

3. 주님만 따라가야 한다

(1) 주님만을 따라가기 위한 전제조건

날마다 자기를 부인하고 자기 십자가를 지고 있다면, 이제 주님을 따라가는 일만 남는다(마 10:38; 16:24; 막 8:34; 눅 14:27). 그런데 눈에 보이지 않는 예수님을 따라가기 위해서는 몇 가지 전제조건이 있다.

첫째, 예수님을 의지하는 것 외에 다른 모든 것을 버려야 한다. 즉 말씀을 잘 지켰어도 주님보다 더 사랑하는 물질이 있다면, 그 물질마저도 가난한 자에게 나눠주고 주님을 따라가야 한다(마 10:21). 가령 마치 부유한 농부였던 엘리사가 모든 것을 버려두고 성령의 불의 종 엘리야 선지자를 따라갔듯이, 때로 주님을 따라가려면 세상적인 기득권마저 포기할 준비가 되어 있어야 한다(왕상 19:19-21; 겔 33:31).

둘째, 영의 눈이 열려 있어야 한다. 그래야 영적인 주님이 보여 따라갈 것이기 때문이다. 물론 여기서 영안이 열린다는 것은 가령 엘리사 선지자가 이방 나라와의 전쟁의 위협과 공포 앞에서 자기 종 게하시의 영안이 열리도록 하여 하늘의 불말과 불병거를 볼 수 있게 하는 식의 신비적인 열림이 아니라(왕하 6:17), 물과 성령으로 중생한 자가 하나님의 관점으로 바뀌어 하나님의 나라를 볼 수 있는 열림을 말한다(요 3:3).

셋째, 영의 귀가 열려 있어야 한다. 그래야 주님의 음성이 들려 따라갈 것이기 때문이다. 그런데 목자 되시는 주님의 음성을 들으려면, 하나님의 말씀을 정말 하나님의 음성으로 듣고 순종하는 영적인 양이라야 한다(요 10:3; 시 100:3).

넷째, 소가 주인의 멍에에 매였을 때라야 주인을 따라갈 수 있듯이, 예수님의 멍에에 매인 자라야 한다. 십자가의 멍에에 매인 자는 그 멍에를 끄는 대로 따라가지 않으면 고통 그 자체이기에, 주인 되시는 주님만 따라갈 수밖에 없다.

다섯째, 주님을 따라갈 때는 오직 주님만을 바라보고 뒤따라가야 한다.

> 누가복음 9장 57절 이하를 보면, 주님을 따라가는 세 가지 유형의 사람이 나오는데, 그중 첫 번째 유형의 사람은 스스로 자원해서 주님을 따라가겠다고 고백한다(마 8:19). 그러나 주님께서 "여우도 굴이 있고 공중의 새도 집이 있되, 인자는 머리 둘 곳이 없도다!"라고 말씀하시며 거부한다. 이는 곧 수많은 기적과 표

적을 행하는 예수님만 따라가면 한밑천 잡고 멋지게 살 수 있다고 생각한 서기관이 주님의 제자가 되고 싶다고 했으나, 예수님은 스승 되는 당신도 머리 둘 곳이 없는데, 제자가 되려고 나서는 자에게 머리 둘 집이 있겠냐면서, 제자가 될 자세가 되어 있지 않음을 질타하신 것이다.

또한 두 번째 유형의 사람은 주님의 제자가 되라는 초청을 받았으나, 먼저 아버지 장례를 치른 다음에 따라가겠다고 말한다. 이때 예수님은 "죽은 자들로 자기의 죽은 자들을 장사하게 하고 너는 가서 하나님의 나라를 전파하라!"고 말씀하신다. 그만큼 천국 전파가 긴급하다는 것이다.

마지막으로 세 번째 유형의 사람은 첫 번째 유형의 사람처럼 스스로 자원해서 주님을 따라가겠다고 했으나, 두 번째 유형의 사람처럼 먼저 가족과 작별 인사를 한 후에 따라가겠다고 말한다. 이때 주님은 "손에 쟁기를 잡고 뒤를 돌아다 보면, 천국에 합당하지 아니하니라!"(눅 9:62)고 말씀하신다. 예수님을 따라가면서 세상에 미련을 두거나(막 8:21-22), 여러 조건을 다는 것은 예수님께 합당하지 않다는 것이다. 롯의 아내를 보라! 하나님의 말씀을 어기고 뒤를 돌아본 이유로 소금기둥이 되지 않았던가?(창 19:26)

예수님은 이렇게 당신의 이름과 복음을 위해 모든 것을 버리며 따라가는 자에게, 현세에서도 핍박과 함께, 삼십 배·육십 배·백 배의 복을 받게 하심은 물론, 내세에 영생을 얻게 하시며(마 19:29-30; 막 10:29-31; 눅 18:29-30), 사람을 낚는(영혼을 구원시키는) 어부가 되게 하시고(마 4:19), 생명의 빛을 얻고 어둠에 다니지 않게 하신다(요 8:12).

(2) 예수님의 제자가 된다는 것

그런데 뜻밖에 많은 사람이 날마다 자기를 부인하고 자기 십자가를 지는 가운데 주님을 따라가는 것은 특별한 예수님의 제자만 하는 것이 아니냐면서 애써 외면하고 있다. 즉 자기는 제자가 아니니, 그냥 대충 신앙생활을 해도 된다고 여기는 것이다. 교인의 상당수가 이른바 이러한 "무사안일주의" 신앙을 가지고 있다. 하지만 주님은 모든 사람 각자가 자기 십자가를 지고, 당신의 제자

가 되기를 원하신다.[5]

그러면 어떻게 우리가 주님의 제자가 될 수 있을까?

성경은 주님의 제자가 되기 위하여 몇 가지 조건을 제시한다.

첫째, 자기의 모든 소유를 버려야 한다고 말씀하신다(눅 14:33). 부자 청년은 이 고비를 넘지 못해 영생의 길로 들어가지 못했다(막 10:22; 마 19:22; 눅 18:23).

둘째, 부모와 형제, 아내와 자식을 예수님보다 더 사랑해서는 안 된다고 말씀하신다(마 10:37). 자기 부모와 처자와 형제와 자매와 심지어 자기 목숨까지 미워하지 아니하면, 예수님의 제자가 될 수 없다(눅 14:26). 그리스도의 군사 된 자는 모집한 자, 곧 하나님을 기쁘게 해드리기 위해 자기 생활에 얽매이지 않으며(딤후 2:4), 주와 복음을 위해 날마다 목숨을 거는 삶을 살게 되는 까닭이다(막 8:35).

셋째, 하나님의 모든 말씀에 거해야 한다고 말씀하신다. 그럴 때 예수님의 참 제자가 되고 진리를 알 수 있게 된다(요 8:31-32). 성경은 주님의 말씀 안에 거하고 주님의 말씀이 우리 안에 거하면, 열매를 많이 맺고(요 15:7), 또 그렇게 열매를 많이 맺음으로써 예수님의 제자가 된다고 말씀하신다(요 15:8). 즉 주님께 접붙임 되어 하나님의 말씀에 얽매이는 멍에를 메면, 진리 안으로 들어가, 그 진리가 주는 더 큰 안식과 평안과 기쁨과 자유를 누릴 수 있어, 열매를 풍성하게 맺을 수 있다.

예수님은 너희는 가서(πορευθέντες, 포류쎈테스, 분사 과거형) 모든 말씀을 지키도록(τηρεῖν, 테레인, 부정사 현재형), 모든 족속으로 세례를 주고(βαπτίζοντες, 밥티존테스, 분사 현재형), 가르치면서(διδάσκοντες, 디다스콘테스, 분사 현재형) 당신의 제자를 삼으라고(μαθητεύσατε, 마쎄튜사테, 명령 과거형) 명령하신다(마 28:19-20, 참고 행 2:41; 6:1-7).[6] 즉 예수님의 지상명령은 모든 말씀을 지키도록 제자를 삼으라는 명령에 그 초점이 맞춰져 있다.

---

5 물론 신앙이 깊어지면 제자가 되고, 모든 족속을 주님의 제자로 삼는 사역을 할 수 있겠지만, 그렇지 않다고 하더라도 큰 틀에서는 신자가 제자이고 제자가 신자라고 할 수 있다.
6 이 문장을 개역개정 4판에서는 "너희는 가서 모든 민족을 제자로 삼아, 아버지와 아들과 성령의 이름으로 세례를 베풀고, 내가 너희에게 분부한 모든 것을 가르쳐 지키게 하라!"고 번역하고 있다.

넷째, 서로 사랑해야 한다고 말씀하신다. 그럴 때 모든 사람이 예수님의 제자인 줄 알게 된다(요 13:35). 이에 대해 성경은 "온 율법은 '네 이웃 사랑하기를 네 몸처럼 하라!' 하신 한 말씀에 이루었느니라."(갈 5:14)라고 말씀하신다. 즉 우리가 서로 내 몸처럼 사랑하면 모든 율법을 이룬 예수님을 닮은 제자인 줄 누구나 알게 된다.

예수님을 따라나서는 제자들을 보라! 그들은 한결같이 예수님을 위해 자기의 모든 것을 버려도 전혀 아깝지 않을 정도로, 주님의 (임재의) 권위가 그들의 전 인격을 압도했다. 정녕 그들은 자기들에게 주님만 있으면, 모든 것을 떠나도 전혀 상관이 없을 정도로 주님을 족(足)하게 여겼다. 이처럼 예수님의 제자가 되는 것이 그들에게는 모든 것을 상쇄할 정도로 귀한 것이었다.

4. 천국 문이 좁은 이유

또한 성경은 천국 문으로 들어가기를 힘쓰라고 말씀하신다(눅 13:24, 참고 마 7:13). 여기서 "힘쓰라"(Αγωνίζεσθε, 아고니제스쎄)는 "힘쓰다"(ἀγωνίζομαι, 아고니조마이)"의 명령형으로, "무엇을 얻기 위해 열심히 노력하라, 최선을 다하라"는 뜻이다. 그만큼 편하게 예수님을 믿으려는 넓은 길의 유혹을 물리치고, 진리에 따라 살기 위하여 고민하며 몸부림을 쳐야 한다는 것이다.

그러면 왜 하나님께서는 이 천국 문이 좁다고 말씀하실까?

첫째, 죄라는 무거운 짐을 가지고서는 천국에 갈 수 없는데, 이 죄의 짐을 벗겨내기가 만만하지 않기 때문이다.

둘째, 십자가의 길은 예수님의 육신을 찢어서 열어주신 새롭고 산 길로(히 10:20), 홍해와 요단강이 갈라져야만 갈 수 있는 길인데, 이는 오직 하나님의 절대적인 능력으로만 가능하기 때문이다.

셋째, 진리의 배타성으로 말미암아 십자가의 좁고 험한 길을 찾는 자가 매우 적어 심히 외로운 길이기 때문이다.

죄의 길은 여행자들로 붐빕니다. 이 길을 걷는 사람들이 어찌나 많은지, 지옥이 다 반색을 하며 그 큰 규모를 더더욱 늘려 그들을 다 받아들이겠다고 나설 판입니다.[7]

넷째, 사탄의 유혹과 방해가 심하여, 좁은 길을 가다가 그 옆의 넓은 길로 쉽게 빠질 수 있기 때문이다. 에덴동산 한복판에도 생명과 나무와 선악을 아는 나무가 함께 있었음을 생각해 보라!

다섯째, 천국의 희소성 때문이다. 더 탁월한 물건일수록 더 희귀한 법이므로, 신앙생활을 받아들이려는 사람이 적다는 것은 신앙생활의 길이 탁월하다는 것을 입증하는 것이기도 하다.[8]

넓은 길은 별로 신경 쓰지 않고 그냥 되는 대로 가면 되지만, 좁은 길은 많은 심혈을 기울여야 한다. 특히 좁고 협착한 이 길은 거칠고 험한 길이기도 해서 정신을 아주 바짝 차리지 않고서는 이 길로 가는 도중에 넘어지기 쉽고 가시에 찔리기도 쉬우며 미끄러지기도 쉽다. 그러기에 십자가의 길을 가려면, 마음의 탐욕과 육신의 정욕이라는 괴물과 끊임없이 싸워야 한다. 이에 대해 성경은 시험에 들지 않도록 깨어서 기도하라고 말씀하시고, 이 길을 갈 때 뒤돌아보거나 인정에 치우치지 말고 앞만 보고 가라고 말씀하신다(눅 9:56; 창 19:26).

그런데 이 험한 천국 길을 가면서 무엇보다 우리에게 큰 위로와 소망이 되는 것은 아무리 이 길이 힘들어도 성령님이 위로하시며 동행해 주신다는 점이다. 그래서 천국이 이미 자기 안에 이뤄진 자, 곧 자기 안에 하나님의 보좌에 좌정하시는 주님이 계신 자는 전혀 걱정할 필요가 없다. 이런 자에게는 하늘 고향에 가는 길이 아무리 험하고 힘들어도 기쁨과 감사와 평안이 충만할 수밖에 없다.

아버지의 집을 향해 가고 있는 자녀는 길이 나쁘다고 불평하지 않습니다. 의무

---

[7] 토마스 왓슨, 『경건』, 281.
[8] 토마스 왓슨, 『팔복 해설』, 450.

를 다하며 하늘나라를 향해 가고 있는 신자에게는 모든 기도, 모든 성례가 성부 하나님의 집으로 한 걸음씩 더 가까이 나가는 즐거움에 해당합니다. 그는 기쁨이 가득한 마음으로 본향을 향해 가고 있으므로 길이 험하다고 해서 절대 불평하지 않습니다.[9]

5. 하나님의 뜻을 행해야 한다

(1) 각자를 향하신 하나님의 뜻은 다 다르다

하나님은 창조 전이나 지금이나 일정한 뜻을 가지고 움직이시는데, 이 뜻은 크게 '일반적인 뜻'과 '개인적인 뜻'으로 나눌 수 있다. 가령 모든 사람이 구원을 받고 진리의 지식에 이르는 것(딤전 2:4, 참고 욘 4:11; 마 18:14), 예수 그리스도를 믿고 영생을 얻는 것(요 6:40), 항상 기뻐하고 쉬지 않고 기도하며 모든 일에 감사하는 것(살전 5:16-18), 거룩해지는 것(살전 4:3), 진리의 말씀으로 중생하는 것(약 1:18), 선을 행함으로 고난을 받는 것(벧전 3:17) 등은 우리를 향하신 하나님의 일반적인 뜻으로, 모든 사람에게 적용되고 영원히 변하지 않는다.

> 가령 내가 악인에게 말하기를, "너는 죽으리라!" 하였다 하자! 그가 돌이켜 자기의 죄에서 떠나서 법(法)과 의(義)대로 행하여, 전당물을 도로 주며 강탈한 물건을 돌려보내고 생명의 율례를 준행하여 다시는 죄악을 짓지 아니하면, 그가 정녕 살고 죽지 않을지라!(겔 33:14-15)

이 말씀에서 보듯이, 하나님께서는 선한 쪽으로 그 뜻을 돌이킬지언정, 그 뜻을 절대 변개(변역)하지 않는다(말 3:6).

반면에 모든 사람이 즉시 직업을 그만두고 아프리카로 선교하러 가는 것만이 하나님의 뜻이 아닌 것처럼, 그때그때 각자를 향하신 개인적인 하나님의 뜻

---

9 토마스 왓슨, 『묵상의 산에 오르라』, 51.

은 저마다 다를 수 있다. 그럼에도 그 본질은 절대 변하지 않는다. 왜냐하면 기도의 사명을 가진 자나 봉사나, 선교의 사명을 가진 자나 할 것 없이 모두가 공통된 하나님의 지고한 뜻을 이뤄드리기 위한 것이기 때문이다.

(2) 하나님의 뜻을 알았으면 그 뜻을 이뤄드려야 한다

그런데 이 하나님의 뜻을 알기 위해서는 하나님의 깊은 마음을 헤아릴 줄 알아야 한다. 가령 마지막 숨을 거두기 며칠 전에, 딸기를 먹고 싶다는 부모님의 마음을 헤아리지 못하고, 더 좋은 것을 드린다고 불고기를 드리는 것은 아버지의 마음을 잘 받든 것이 아닐 것이다. 마찬가지로 우리는 하나님의 선하시고 기뻐하시고 온전하신 뜻이 무엇인지 잘 분별해야 한다(롬 12:2; 엡 5:17).

특히 다른 무엇보다도 하나님의 자기를 향하신 개인적인 뜻을 밝히 아는 것이 중요하다. 왜냐하면 이 뜻을 모르는 가운데 다른 일을 아무리 열심히 해도 열매가 별로 맺히지 않을 것이고, 또 자기를 향하신 이 지고하신 하나님의 뜻을 알고도 애써 외면하면, 다른 일을 설사 아무리 잘해도 답답할 것이기 때문이다. 얼마나 많은 사람이 이 뜻을 잘 몰라서 헛된 일에 시간과 정성을 쏟는지 모르며, 또 이 뜻을 잘 알면서도 나중에 이뤄드리겠다고 발뺌하다가 후회하는지 모른다. 어리석은 그들은 하나님의 뜻을 거슬러 자기 뜻을 고집할 때, 설사 얼마간 형통할 지라도 결국 광풍을 만나 전복될 뿐이라는 사실을 나중에야 깨닫는다.

그러므로 언제까지나 부모가 알아서 다 해 주기만을 바라고, 마냥 부모를 의지하는 것이 정녕 부모의 뜻일 리 없듯이, 우리는 먼저 우리를 향하신 하나님 아버지의 뜻을 명확히 알도록 애쓰는 자가 되어야 하며, 그 뜻을 구하고 찾아 알았으면, 이제 계시된(나타난) 그 뜻을 이뤄드리기 위해 최선의 노력을 다해야 한다(신 29:29).

또 예수님이 오직 항상 하나님의 뜻을 좇아서 그분의 일을 완성하는 것을 음식으로 삼았듯이(요 4:34; 6:38), 우리도 하나님의 뜻을 행하는 것을 주된 음식으로 삼아야 한다. 이에 대해 성경은 하나님의 뜻을 행하는 자가 바로 예수님의 형제요, 모친이라고 말씀하신다(마 12:50).

(3) 하나님의 때를 아는 자가 되어야 한다

성경은 천하에 모든 것에는 "기한"(עֵת, 제만, χρονος, 크로노스)이 있고 모든 목적에는 "때"(עֵת, 애트, καιρος, 카이로스)가 있다고 말씀하신다(전 3:1). 여기서 "크로노스"는 "일정하게 정해진 세상의 객관적·물리적인 시간(가령 하루 24시간)"을 뜻하고, "카이로스"는 "하나님의 목적과 관련된 주관적·논리적인 시간"을 뜻한다.[10] 이 중에서 전자의 시간은 인간의 힘으로 어찌할 수 없지만, 후자의 시간은 거기에 어떤 의미를 부여하는가에 따라 그 결과가 전혀 다르게 나타난다.

그러므로 우리는 시간에 대한 관점을 주님 안에서 올바로 정립해야 한다.

첫째, 예수님을 바로 믿음으로 얼마 안 있으면 끝나는 허무하고 공허한 인생 곧 "크로노스"의 시간에서 벗어나, 하나님의 시간 곧 "카이로스"의 시간에 연합해야 한다. 신자나 불신자나 하루 24시간이라는 시간 아래에서 살아가지만, 예수님만 믿으면, 동시에 하나님의 영원한 생명의 시간 안에 들어가게 된다.

둘째, 하나님이 정하신 때(카이로스)를 기다릴 줄 알아야 한다(합 2:3; 사 60:22; 애 3:25, 참고 마 26:18; 막 1:15; 요 2:4). 이를 위해서는 조급증을 버려야 한다. 가령 아브라함도 하나님이 정하신 때를 기다리지 못하여, 첩 하갈을 통해 이스마엘을 낳아 지금도 이스마엘의 후손과 이삭의 후손 사이에 전쟁이 끊이지 않고 있는 것처럼(참고 창 16장), 아직 하나님의 때가 이르지 않았는데도, 그때가 온 것처럼 행동하면 오히려 역효과를 낼 수 있다. 생각해 보라! 채 익지도 않은 탱자나무 열매를 조급한 마음으로 따먹으면 어떻게 되겠는가?

셋째, 때(ἡμέραι, 헤메라이, 날들)가 악하므로 외인을 향하여 지혜로 행하여 세월(καιρος, 카이로스)을 아끼는(ἐξαγοραζόμενοι, 엑사고라조메노이, 최대로 선용하는) 자가 되어야 한다(엡 5:16, 참고 골 4:5). 이에 대해 성경은 "우리의 연수가 칠십이요 강건하면 팔십이라도 그 년수의 자랑은 수고와 슬픔뿐이요, 마치 날개를 단 듯 신속히 날아가 버린다."(시 90:10)고 말씀하신다. 모세가 "우리 날 계수함을 가르치사 지혜의 마음을 얻게 하소서!"(시 90:12)라고 기도하고, 다윗이 "여

---

10 가령 인간이 구원받는 정확한 시간을 알 수 없는 것도, 하루 24시간을 의미하는 세상의 시간이 아니라 하나님의 시간이기 때문이다.

호와여! 나의 종말과 연한(年限)의 어떠함을 알게 하사 나로 나의 연약함을 알게 하소서!"(시 39:4)라고 기도한 이유가 여기에 있다.

넷째, 하나님이 주신 때(기회)를 놓치지 않기 위하여 철저히 기도와 말씀으로 미리 실력을 쌓아놓아야 한다. 현재의 시간이란 미래의 기회를 준비하라고 주어진 시간이다. 사랑과 믿음의 실력이 충분히 쌓이지 않으면 정말 귀한 기회가 왔을 때나, 반대로 견디기 힘든 고난이 닥쳐왔을 때 감당하기 쉽지 않다. 가령 노아가 하나님의 명령에 따라서 하나님이 정하신 홍수 심판 때까지 약 100여 년 이상을 요즘처럼 나무 자르는 기계도 없이 자기 가족들과 함께 잣나무와 역청으로 길이/폭/높이가 각각 135m/22.5m/13.5m 그리고 1층당 4.5m 높이로 3층의 방주를 만들었음을 생각해 보라!

6. 주님과 복음을 위하여 목숨도 아끼지 말아야 한다

2001년 미국의 911테러 사건 후 어떤 기자가 미국의 어느 초등학생에게 이렇게 물은 적이 있다.

"너는 어른이 돼서 뭐가 되고 싶니?"

이때 그 아이는 선뜻 이렇게 대답했다.

"나는 커서 소방관이 될래요!"

그 기자가 다시 물었다.

"왜 하필 소방관이 되고 싶지?"

그러자 그 아이는 다음과 같은 답변을 내놓았다.

"남을 살리기 위해 대신 죽으러 올라가는 소방관 아저씨가 얼마나 아름다운지 몰라서요!"

병법에 "죽고자 하면 살고, 살고자 하면 죽는다."라는 말이 있다. 기독교에서도 이와 비슷한 말씀이 있다.

> **누구든지 제 목숨을 구원코자 하면 잃을 것이요, 누구든지 나와 복음을 위하여 제 목숨을 잃으면 구원하리라**(막 8:35, 참고 마 16:25; 눅 9:24).

그런데 비슷한 것 같지만 양자 간에는 근본적인 차이가 있다. 왜냐하면 기독교에서 목숨을 거는 것은 (예수님을 믿어) 하나님의 참사랑 때문에 자기도 모르게 목숨을 내어놓는 것이기 때문이다.

(1) 목숨을 걸어야 하는 이유

그러면 왜 주님과 복음을 위하여 목숨을 걸어야 할까?

첫째, 한 알의 밀이 땅에 떨어져 죽지 아니하면 한 알 그대로 있고, 죽으면 많은 열매를 맺기 때문이다(요 12:24). 참사랑을 위한 희생이 영생의 열매를 맺기 위한 밑거름이 된다. 죽어도 다시 사는 주님의 사랑을 의지하여 정말 죽을 때 많은 열매를 맺는다. 즉 목숨을 담보로 주님의 말씀을 지킬 때, 하나님의 말씀 안에 거하게 되고(참고 요 15:10) 말씀이 우리 안에 거하게 되므로 열매가 항상 있게 되어, 구하는 것을 다 받게 된다(요 15:7, 16).

사실 엄밀히 얘기하면, 하나님의 모든 말씀에는 목숨을 걸어야 함이 전제되어 있다. 가령 좌로나 우로 치우치지 말라는 말씀도 우리에게 목숨을 걸라는 의미가 포함되어 있다. 왜냐하면 좌우로 치우치면 곧 사망의 길을 가는 것이기 때문이다. 또 하나님의 말씀을 푸는 것도 목숨을 담보로 해야 한다. 이는 말씀을 잘못 풀면 큰 화를 당하기 때문이다. 성경을 보라! "만일 누구든지 이것들 외에 더하면 하나님이 이 책에 기록된 재앙들을 그에게 더하실 터이요, 만일 누구든지 이 책의 예언의 말씀을 제하여 버리면, 하나님이 이 책에 기록된 생명나무와 및 거룩한 성에 참여함을 제하여 버리시리라."고 말씀하고 있지 않은가?(계 22:18-19, 참고 벧후 3:16; 렘 23:36; 고전 4:6; 신 4:2; 12:32; 마 5:19; 고후 2:17; 잠 30:5-6)[11]

둘째, 내 안에 계신 성령님은 하찮은 나를 위해, 예수님께서 그 귀한 삶과 목

---

[11] 이런 의미에서 현재의 기록된 성경 외에 더 이상의 성경은 필요하지 않고, 남은 것은 성경의 바른 해석뿐이다.

숨을 포기하셨음을 항상 생각나게 하시고, 나 또한 주님을 위해 목숨을 걸지 않으면 견디지 못하게 하시기 때문이다. 그래서 신앙적인 양심이 살아있는 사람은 주님 앞에 목숨을 항상 바쳐 놓고 있되, 점점 더 자신을 바치는 방향으로 산다. 그렇게 함으로써 항상 주님과 더불어 영적으로 깨어 있는 상태를 유지하려고 한다.

셋째, 주님의 부활의 사랑에 연합한 자는 죽어도 주님께서 다시 살리심을 믿기 때문이다. 성령님을 영접한 자는 주님이 자기의 전부이므로, 주님을 위하여 죽어도 아깝지 않다. 나를 살리신 주님의 은혜가 내 생명보다 무한히 귀하기에 내 생명을 바쳐도 전혀 아깝지 않은 것이다. 바로 이때 부활의 능력이 그 안에서 역사하게 된다.

넷째, 양들을 위해 자기 목숨을 버리는 것이 선한 목자의 전제조건이기 때문이다(요 10:11, 15). 그런데 우리는 주님 앞에서 영적인 양인 동시에 하나님 앞에서 만인제사장이기도 하다(벧전 2:9; 사 61:6). 따라서 넓은 의미에서 신자 모두는 주님의 양을 치는 목자라고도 할 수 있으므로(요 21:16), 양을 위해 목숨을 버리는 것이 마땅하다.

다섯째, 하나님으로부터 더 풍성한 생명을 얻을 수 있기 때문이다(요 10:17). 성경은 성부 하나님이 성자 예수님을 사랑하셨던 이유가 (성부 하나님의 뜻을 따라) 다시 목숨을 얻기 위해 목숨을 버리셨기 때문이었다고 말씀하신다(요 10:17). 하나님은 우리를 아무 조건 없이 사랑하시지만, (목숨을 걸고) 당신을 사랑하는 자를 더 사랑하실 것임은 두말할 필요가 없다(요 14:21; 롬 14:18).

(2) 하나님의 능력을 체험한 자는 생명을 아끼면 안 된다

존 번연이 쓴 『천로역정』을 보면, '미로'가 "촛불이 계속 빛을 내려면, 심지와 밀초가 모두 타서 없어져야 하는 이유는 무엇일까요?"라고 묻자, '신중'이 "우리 안에 있는 하나님의 은혜가 계속 선한 상태를 유지하려면, 육체와 영혼을 다 바쳐 섬겨야 한다는 사실을 보여주기 위해서예요!"라고 대답하는 장

면이 나온다.[12]

성경은 예수님이 우리를 위하여 목숨을 버리셨으니, 우리도 형제들을 위하여 목숨을 버리는 것이 마땅하다고 말씀하신다(요일 3:16). 하나님의 은혜를 체험한 자는 복음을 증거하는 일을 마치려 함에 있어서, 생명을 조금도 귀하게 여기지 않고(행 20:24), 그 은혜를 유지하기 위해서도 생명을 아끼지 않는다. 그 이유는 세상의 빛이 되기 위해서는 기름의 희생이 전제되어야 하기 때문이다. 사실 우리는 하나님이 우리더러 목숨을 내놓으라고 하셔도 할 말이 없다. 거기에는 항상 우리를 향한 당신의 최고의 사랑이 포함되어 있기 때문이다.

어차피 죽을 몸, 둘 중 하나다. "무의미하게 죽든지, 아니면 예수님 안에서 거룩하게 죽든지"의 차이만 있을 뿐이다. "죽으면 죽으리라!"고 달려들 때 역사가 일어난다(에 4:16). 아이를 낳을 때 이제는 죽었다 하는 순간에 아기가 태어나는 것처럼, 주님을 위해 죽었다 하는 순간에 새 생명이 잉태된다.

> 어느 날 자비로운 하나님이 나에게 오셔서 말씀하셨다. "아들아! 너는 네가 원하는 삶과 내가 원하는 삶 중에서 선택해야 한다고 생각한다." 나는 "그렇습니다. 맞아요! 주님! 저는 그 둘 중에서 선택합니다."라고 응답했다. 그때 하나님께서 말씀하셨다. "그것은 선택이 아니다! 삶과 죽음 중에서 하나를 택하는 것이 선택이다!"[13] -데이비드 파커-

참사랑을 위해 목숨을 버리면 얼마간 사망이 날 지배하는 것 같다. 하지만 바로 그 자리에서 사망이 패배하게 된다. 목숨을 온전히 바쳐 놓아야만 죽어도 다시 사는 은혜를 감당할 수 있고, 어떤 해(害)도 두려워하지 않을 수 있다. 주님을 위해 죽기까지 자기 생명을 아끼지 않을 때, 어둠의 세력을 이길 수 있다(계 12:11). 이것이 어린양의 피로 사탄을 이기는 것이다(계 12:11). 우리가 참사

---

12 존 번연, 『천로역정』, 박영호 역 (서울 : CLC, 1993), 264.
13 리차드 포스터 외 23인, 『믿음으로 사는 지혜』, 63.

랑을 위해 목숨을 거는 것을 사탄이 가장 무서워하는 이유는 그것이(목숨을 거는 것이) 우리 인간을 건들지 못하는 마지막 보루인 까닭이다.

　죽음을 두려워하지 않는 사랑보다 더 큰 사랑이 어디 있겠는가?

　죽음을 완전히 이긴 부활의 사랑을 영접하면 죽어도 다시 살리심을 믿게 되어, 자기도 모르게 다음과 같은 고백이 나오게 된다.

> 내가 담대히 원하는 바는 차라리 몸을 떠나 주와 함께 거하는 그것이라
> (고후 5:8).

　이런 자는 모든 것을 떠나 하늘나라에서 영원히 주님과 살고 싶다는 마음으로 충만하여, 목숨까지도 내어놓고 주님과 이웃을 사랑하게 된다.

　필자가 초등학교 5학년 때 〈미워도 다시 한번〉이라는 영화를 보고 큰 감명을 받아, 주인공처럼 만나는 모든 사람을 사랑하리라고 결심하고 실천에 옮긴 적이 있다. 당시 정말 내가 싫어하는 사람까지 사랑하려니까 너무 힘들었으나, 그래도 나를 꺾어 지속적으로 마치 내가 그 사람 대신 죽어줄 수 있기라도 한 듯한 사랑으로 그들을 품었더니 놀라운 일이 벌어졌다. 그럴 때마다 내 안에 아주 잔잔한 바람이 불면서 몸이 뜨거워지는 것이었다. 이 바람만 불면 너무도 황홀했고 천상에 올라앉은 기분이었으며 행복 그 자체였다. 한 번 불면 때로는 10분 이상 주체가 안 될 정도로 계속 불었다. 비록 당시에 하나님과 예수님을 잘 몰랐지만, 그분의 말씀을 사실상 실천했더니 이렇게 성령의 불 체험을 하게 되었던 것이다.

　그런가 하면 성인이 되어서도 하나님을 몸과 마음을 다해 사랑하고 있다는 나의 진심이 주님께 상달될 때, 때때로 나도 모르는 사이에 강력한 성령의 불이 세상 그 어떤 것과도 비교할 수 없는 향긋하고 순결한 (주님의) 냄새와 함께, 내 안에 바람처럼 역사하곤 했다. 목숨 걸고 하나님과 이웃을 진심으로 사랑하면 이처럼 신비스러운 일이 일어나기도 한다.

16장

공의

아담이 부인 하와와 함께 사탄의 유혹을 받아 선악과를 먹음으로 하나님이 정하신 공의의 기준을 어기자, 에덴동산에서 쫓겨나고 온 인류에 죄가 퍼지게 되었다. 그중 소돔과 고모라가 특히 심했다. 그래서 하나님은 죄로 얼룩진 소돔과 고모라를 싹 쓸어버리려 하셨다. 그런데 하나님은 "나의 하려는 것을 아브라함에게 숨기겠느냐?"(창 18:17) 하시면서 믿음의 조상 아브라함에게 심판의 계획을 미리 알리셨다.

하나님의 이 엄청난 계획을 들은 아브라함은 조카 롯이 그곳에 있었기 때문인지, 하나님의 공의로운 품성에 간절히 호소한다. 예전에 아브람과 롯의 소유가 너무 많아 아브람의 가축의 목자와 롯의 가축의 목자가 서로 다투게 되었을 때, 아브람이 롯에게 "네가 우하면 나는 좌하겠다." 하고 우선권을 주자, 철이 없었던 롯이 소위 노른자위 땅 요단강 주변을 차지해버린 적이 있었는데, 이로 인해 아브람의 마음이 많이 상했을 법한데도, 다음과 같이 조카 롯을 위해 기도한다.

"의인을 악인과 함께 죽이심은 불가하오며, 의인과 악인을 균등히 하심도 불가하니이다. 세상을 심판하시는 분이 공의를 행하실 것이 아니니이까?"(창 18:25)

그 결과 롯과 그의 두 딸을 구원할 수 있었다. 수천 년 전의 믿음의 선지자가 하나님의 품성을 이렇게 정확히 알고서 대처를 하다니!

참으로 놀랍지 않은가?

1. 공의의 정의

사전적인 의미로, "의"(צְדָקָה, 체다카, 義, Righteousness)는 "도덕적으로 옳은 것"을 말한다. 이에 비해 기독교의 "의"는 오직 영원히 변하지 않는 "하나님의 의" 곧 우리 죄를 위해 대신 십자가에 못 박히시고 부활하사, 우리를 영원히 살리신 "예수님의 의"를 말한다(시 119:142).

그런데 이 영원히 폐하여지지 않는 "하나님의 의"(사 51:6)를 다른 말로 '공의'[1]라 한다. 보통 '공의'라 함은 '공평하고 정직하고 의로운 것'을 지칭한다. 가령 "팔이 안으로 굽는다"는 속담처럼, 똑같은 잘못임에도 남에게 적용할 때만 가혹하다면 공의롭지 못한 것이다. 이에 비해 기독교의 "공의"(מִשְׁפָּט, 미쉬파트, 公義, Justice)는 '하나님의 뜻에 어긋남이 없는 의로운 상태' '좌로도 우로도 치우치지 않는 정도(正道)' '하나님의 절대적으로 공정하시고 정의로우신 품성이나 그 기준' '선악의 제재를 공평하게 처리하는 의로운 심판' 등을 의미한다(창 18:25; 욥 8:3; 37:23; 사 30:18; 신 32:4; 16:20; 살후 1:6-7).

쉽게 말하여 기독교의 공의는 하나님의 사랑이 사랑이기 위한 최소한의 한계선, 즉 하나님의 거룩한 사랑을 일정 수준 이상으로 유지하기 위한 (한계)선을 말한다. 이 선은 죄와 선(거룩)과의 경계선이요, 불순종과 순종과의 경계선이다. 가령 인간이 하나님이 참아주시는 선을 지키면 하나님의 아들이 되지만, 이 선을 범하면 사탄의 종이 된다(요 8:34; 요일 3:8).

2. 공의와 사랑은 하나다

(1) 천국의 비유에서 본 사랑과 공의

성경은 마치 천국이 각종 물고기를 모으기 위해 바다에 던져놓은 그물과 같은데, 물고기가 가득한 그물을 물가로 끌어내어 앉아서 좋은 것은 그릇에 담고

---

[1] 참고로 성경에 '공의'로 번역된 원어는 여러 종류가 있는데 거의 "의"로 번역되었다. 이 '공의'는 주로 재판정에서 "공정한 판결"을 말할 때 쓰이는 등 공적(公的)이며 객관적인 경우에 사용되었다.

안 좋은 것은 내어버리는 것처럼, 세상 끝에도 천사들이 와서 의인 중에서 악인을 갈라내어 풀무불에 던져 넣을 것이라고 말씀하신다(마 13:47-48).

즉 이 비유는 하나님의 종들이 복음의 그물을 던져 일단 많은 물고기(영혼)를 그물에 모은 후, 좋은 물고기만 그릇에 담고 불량한 물고기는 철저히 가려내어 밖에 버린다는 뜻을 담고 있다. 가라지 비유(마 13:37-39), 달란트 비유, 겨자씨 비유, 누룩 비유 등에서도 마찬가지이다(마 25:29).[2]

이 중에서 누룩 비유를 보면 천국은 여자가 누룩을 가루 세 말 속에 갖다 넣어 전체를 부풀게 한 것과 같다고 말씀하신다(마 13:31-33). 대부분의 학자는 이 누룩 비유를 "천국의 내적인 확장"으로 해석한다. 즉 복음의 누룩이 마치 소금처럼 녹아 가루 세 말(약 40L)을 변화시켜, 하나님의 나라를 내적으로 확장시킨다는 것이다. 하기는 누룩이 들어가면 잘게 부서진 가루 전체를 변화시켜 부풀게 하고 부드럽게 하며 맛도 좋아지는 게 사실이다.

성경에서 예외적으로 누룩을 허용한 제사, 곧 "화목제"와 "칠칠절"(맥추절)도 이런 해석에 근거를 제공한다. 즉 "화목제"의 경우에 유교병과 기름 섞은 무교병 둘 다 감사 제물로 바치도록 했는데, 이는 이웃 간의 화목을 위한 규례를 상징한다. 또 "칠칠절"의 경우에 이스라엘이 가나안 땅에 도착했을 때, 만나가 그친 후 누룩을 넣은 떡 두 개를 바치라고 했는데, 이는 일용할 양식을 주신 데 대한 감사의 의미와 함께, 누룩이 온 반죽을 부풀게 하듯이 폭발적인 성령의 역사로 교회가 왕성하게 확장되는 것을 상징한다. 이 견해에 의하면 구약의 "칠칠절"이 신약의 "오순절"로 이어짐은 우연이 아니다.

반면에 일부 신학자는 대부분의 성경 구절에서 누룩을 부정적으로 보고 있다는 점을 들어(창 19:3; 출 12:20; 29:2; 레 2:11; 마 16:12; 눅 12:1), 그 자체로 생명력이 있는 겨자씨와 달리, 누룩은 부풀어지도록 도울 뿐 그 자체로 생명력이 없기에, 이 비유는 "악의 세력이 매우 짧은 시간에 번지는 것"에 대한 경고

---

[2] 가령 가라지 천국 비유를 보면, 하나님이 가라지(가짜) 신자에게 심판 날까지 회개의 기회를 주시지만, 끝까지 회개의 열매를 맺지 않으면 지옥에 보낼 것이라고 말씀하시며(마 13:37-39), 또 달란트 비유에서도, 하나님이 주신 달란트로 이익을 남긴 자는 더 풍족하게 되지만, 없는 자는 그 있는 것까지 빼앗기게 될 것이라고 말씀하신다(마 25:29).

의 메시지로 보기도 한다.

누룩 비유를 보는 관점이 어떻든 천국의 비유들 모두 사랑과 공의 양면성을 동시에 지니고 있음을 보여준다. 천국 자체가 생명의 나라이기 때문에, 이렇게 사랑과 공의, 구원과 버림의 두 가지 면이 동시에 존재하는 것이다.

(2) 선악과가 과연 공의라 할 수 있을까?

에덴동산이 실제 지구상에서 존재했던 것과는 별도로[3] 모든 인간은 각자 마음의 에덴동산[4]을 가지고 있다. 그 한복판에 생명과 나무와 선악을 알게 하는 나무가 동시에 있다. 그런데 창세기 2장 16-17절을 보면, 하나님께서 에덴동산에서 모든 나무의 열매를 다 먹어도 되지만, 딱 하나, 동산 한복판에 있는 선악을 알게 하는 나무의 열매만큼은 먹지 말라고 말씀하신다. 먹으면 반드시 죽는다고 하시면서 말이다.

여기 '생명과'와 '선악과'에는 영적(靈的)인 의미가 숨겨져 있다. 즉 '생명과'는 '우리 마음 중심에 심긴 하나님의 사랑의 열매'를 말하고, '선악과'는 '우리 마음 중심에 심긴 하나님의 공의의 열매'를 말한다.

그러면 여기서 "왜 선악과가 사탄의 열매가 아니라, 조금이라도 선한 것이 있는 것처럼, 공의의 열매라고 할 수 있단 말인가?"

이에 대한 답은 '선악과' 자체가 악한 것이 아니라, 하나님의 절대적인 말씀에 불순종하여 선악과를 먹었을 때라야[5] 비로소 영혼이 죽게 되기 때문이다.

3　많은 학자는 역사적인 에덴동산이 지금의 이란이나 이라크, 터키 등에 있었을 것으로 추측한다. 하지만 에덴동산은 장소적인 의미보다 그 안에 숨은 영적인 의미가 더 중요하다. 이것은 마치 출애굽 사건 자체보다 그 안에 숨은 "구원"이라는 영적인 의미가 더 중요한 것과 같다.

4　이에 대한 성경적 근거를 보면, KJV 성경에 "하나님이 우상 숭배를 한 자들 자신의 마음에 있는 이스라엘 집을(the house of Israel in their own heart, אֶת־בֵּית־יִשְׂרָאֵל בְּלִבָּם, 애트 배이트 이스라엘 베리밤) 취하려 함이다."(겔 14:5)라는 말씀과, 개역성경에 "옛적에 하나님의 동산 에덴에서 각종 보석으로 단장한 두로 왕(상징적으로 타락한 천사장)이 죄를 범하니, 하나님이 이를 더럽게 여겨 하나님의 산에서 쫓아냈다."(겔 28:13-16)라는 말씀이 있다.

5　에덴동산에서 아담과 하와는 자식이 없었다(창 4:1). 만약 있었다면 선악과를 먹지 않은 자식은 에덴동산에 남고, 아담과 하와만 에덴동산에서 쫓겨났다는 얘기가 될 것이기 때문이다. 따라서 선악과를 먹은 것이 성(性)적인 관계를 뜻하는 것이 아니다. 그럼에도 불구하고 통일교는 선악과를 먹은 것을 은유적으로 해석하여 하와와 뱀이 성관계를 맺었다고 본다.

즉 영적인 의미에서 선악과는 "우리 마음 중심에 심긴 넘지 말아야 할 선"을 의미하는 것이다.

(3) 사랑과 공의는 하나다

그런데 우리 생명의 한복판에 있는 '선악을 알게 하는 나무'와 '생명과 나무'는 서로 떼려야 뗄 수 없는 관계를 맺고 있다. 이는 마치 꽈배기처럼 꼬인 인체의 'DNA 이중나선구조'와 흡사하다.

> 20세기 후반 가장 위대한 발견으로 일컬어진 왓슨과 크릭의 DNA 이중나선구조 발견(1953년)은 오늘날 인간 염색체의 모든 염기서열을 밝히는 생물학의 중대한 이정표였다. DNA는 ATGC 등의 4가지 염기가 이 순서로 생명 정보를 기록하고 있는데, 이들의 모습은 사슬처럼 이어져 두 가닥이 맞물려 꼬인 모양을 갖추고 있으며, AT와 GC쌍 간에는 똑같은 가닥이 아니라 상보적 관계로 되어 있어, 한 쌍이 그 기능을 잃으면 마주 본 다른 쌍을 보고 원상을 회복할 수 있다고 한다.

얼핏 보면 이들이 서로 모순된 것처럼 보인다. 선악과를 먹으면 반드시 죽으니까 말이다. 하지만 그렇지 않다. 왜냐하면 선악과를 먹지 않으면 생명과도 유효하기 때문이다. 즉 생명과 나무와 선악을 알게 하는 나무는 서로 하나이기에, 한쪽만 똑바로 되어 있으면 나머지도 똑바로 되어 있는 것으로 간주되는 것이다.

마찬가지로 사랑과 공의도 서로 모순되지 않는다. 왜냐하면 사랑과 공의는 하나의 생명으로 이뤄져 있어 항상 같이 움직이기 때문이다. 그러기에 사랑만 있고 공의는 없다든지, 공의만 있고 사랑만 있다든지 하는 것은 기독교의 사전에 없다(사 42:3; 단 4:27; 호 12:6; 미 6:8). 이에 대해 성경은 말씀하시다.

> 여호와는 질투하시며 보복하시는 하나님이시니라! 여호와는 보복하시며 진노하시되, 자기를 거스르는 자에게 여호와는 보복하시고 자기를 대적하는 자에

게 진노를 품으시며, 여호와는 노하기를 더디하시고, 권능이 크시며, 벌 받을
자를 결코 내버려 두지 아니하시느니라(나 1:2-3, 참고 출 20:5-6; 민 14:18).

생각해 보라!
공의 없이 사랑만 있다면, 즉 무슨 죄를 지어도 사랑으로 덮어주기만 한다면, 누가 법을 지키겠는가?
이에 대해 성경은 만일 우리가 그리스도 안에서 의롭게 되려 하다가 죄인으로 나타나면 그리스도께서 죄를 짓게 하는 자냐고 반문하면서 결코 그럴 수 없다고 말씀하신다(갈 2:17, 참고 요 8:34; 롬 6:16; 요일 3:6, 8).
반대로 사랑 없이 공의만 있다면, 그래서 죄를 짓는 족족 심판해 버린다면, 이 세상에서 살아남을 사람이 과연 몇 명이나 되겠는가?
이에 대해 성경은 여호와의 인자와 긍휼이 무궁하시므로 우리가 진멸되지 아니한다고 말씀하신다(애 3:22).
이처럼 사랑과 공의는 각각 어느 한쪽도 잃어서는 안 되는 관계로 이뤄져 있다.[6] 그래서 사랑이 죽어버리면, 공의도 더불어 죽어버린다. 즉 생명과를 먹은 자가 선악과를 먹으면 죽고, 선악과를 먹은 자, 곧 죄를 지은 자가 (회개하지도 않고) 바로 옆에 생명과를 먹으면 영생을 얻을 것 같으나 오히려 더 죽어버린다. 공의의 기준을 어긴 가운데에서 생명과를 먹으면, 생명과를 더럽힌 것이 되어 그 결과 더 큰 심판에 이르는 것이다. 즉 생명과는 오직 선악과를 먹지 않았을 때 먹어야 비로소 유효하다.

(4) 십자가와 부활은 하나다

하나님의 사랑과 공의가 하나임을 가장 잘 보여주는 것이 바로 십자가다. 우리는 십자가를 통해 죄를 심판하는 "하나님의 공의"와, 죄인을 사랑하시는 "하나님의 사랑"을 동시에 만난다. 사랑의 하나님이시라고만 한다면, 그 사랑이 생명을 주는 사랑인지, 죄를 이기는 사랑인지 몰랐을 것이다. 그래서 하나님께서

---

6 이에 대해 본회퍼도 두 나무 모두 서로를 침범될 수 없는 것으로 본다(본회퍼, 『창조와 타락』, 강성영 역 [서울 : 대한기독교서회, 2010], 116).

는 인간으로 하여금 참사랑인지 알게 하려고 그 죄를 의롭게 심판하셔야 했다.

그런데 죄지은 인간을 반드시 심판해야 하나님의 공의가 충족되지만, 그렇게 되면 어떤 인간도 그 심판을 감당할 수 없었다. 이에 하나님은 참 인간이 되셔서 우리를 대신하여 공의의 심판을 받으시고 사흘 만에 부활하셨다. 여기서 "십자가의 죽음"은 하나님의 공의가 얼마나 엄정한지를, 그리고 "부활"은 심판을 이긴 주님의 사랑이 얼마나 위대한지를 보여준다.

성경은 (십자가) 고난이 없으면 영광도 없다고 말씀하신다(롬 8:17). 즉 공의를 충족하여 십자가에서 죽었을 때만, 부활의 영광이 있다. 이는 신자에게 있어서도 마찬가지이다. 왜냐하면 신자에게 있어서 십자가는 세상적인 자아의 죽음을 의미하면서도, 새 자아로의 부활을 의미하기 때문이다. 이처럼 십자가 안의 공의와 사랑이 한 개념이면서도 양면을 가진 것처럼, 십자가의 죽음과 부활은 한 개념이면서도 양면을 가진다.

(5) 생명과와 선악과의 바른 이해

인디아나 존스 영화 세 번째 작품인 〈최후의 성전〉을 보면, 성배(聖杯) 안에 든 물을 마시니, 죽어가던 자가 그 즉시로 뼈가 붙고 새 살이 생기는 장면이 나온다. 하지만 이것은 어디까지나 허구일 뿐이다. 왜냐하면 생명과나 선악과 자체 속에 어떤 영생(永生)과 영사(永死)를 가져다주는 화학적 성분이 있는 것이 아니기 때문이다.

생각해 보라!

선악과를 먹은 아담과 하와가 선악과의 화학적인 성분으로 바로 죽었는가?[7]

또 에덴동산에서 수많은 동물이 생명과를 먹어 영생하고, 선악과를 먹어 즉사했는가?

아니지 않은가?

이런 의미에서 생명과와 선악과의 유효성은 오직 말씀을 받은 인간에게만 해당함을 알 수 있다.

---

7 이런 의미에서 성찬식에서 빵과 포도주가 진짜 예수님의 살과 피로 변화되는 것이 아니라, 그저 성령님이 임재하실 뿐이라는 것을 알 수 있다. 이것이 개혁신학의 입장이다.

또 하나님은 사랑의 하나님이시라, 선악과를 먹은 후 바로 옆에 있는 생명과를 먹을 수 있도록 그 옆에 두셨다고 생각해서도 안 된다. 만약 그랬다면 하나님께서 더 이상 생명과를 먹을 수 없도록, 그들을 에덴동산에서 쫓아내실 필요도 없었을 것이다(참고 창 3:22).

그러니까 이는 피조물인 인간이 선악과를 먹어 체험적으로 선과 악을 동시에 알게 된 경우, 회개하지도 않고 바로 그 옆에 생명과를 먹으면, 인간으로서의 존재 자체가 부정되기에 쫓아내신 것이다. 이처럼 선악과는 인간을 참 인간되게 만드는 특별한 하나님의 사랑의 표징이었다.

생명과도 마찬가지이다. 실제 눈에 보이는 생명과를 먹어야만 죽지 않는 것이 아니라, 어디까지나 생명과라는 표징을 눈에 보여 주심으로써, 당신과 맺은 사랑의 언약을 더욱 확실하게 확인시켜 주시기 위함이었다. 이렇듯 우리 마음 중심에 있는 선악과와 생명과는 하나다. 보는 관점에 따라서 사랑이기도 하고 공의이기도 하다.

3. 선악과(사탄) 존재 이유

(1) 왜 선악과를 문제 삼는가?

에덴동산에서도 사탄은 존재했으며, 하나님 앞에서도 사탄은 존재했고, 예수 그리스도 앞에서도 사탄은 존재했다(욥 1:6-7; 왕상 22:19-22; 슥 3:1-2; 마 4:3-10). 그렇다면 문제는 "사탄을 이기느냐? 아니면 사탄에 지느냐?"이다.

그런데 어떤 이들은 이 선악과가 불만이다. 하나님은 우리에게 모든 것을 허락하시고, 오직 1가지만 금하셨는데, 이들은 이것을 두고 사랑이 없다고 생각한다. 하나님은 인간을 위해 선악과를 만드셨는데, 사람들은 이것을 자꾸 오해한다.

"왜 사랑의 하나님이라면서 낭떠러지를 만드셨습니까?
이런 것을 전혀 만들지 않았으면, 더 좋지 않았겠습니까?"

이런 질문이 나오는 이유는 하나님이 어떤 분이신지 잘 모르기 때문이다. 이런 질문을 던지는 자들은 대체로 하나님께 이미 사랑을 받았으면서도 더 사랑을 달라고 하거나, 하나님과 이웃을 섬기는 것을 싫어하거나, 아니면 '뭐 피곤하게 그러냐? 그냥 대충 살지!'라고 생각하곤 한다. 심지어 이들에게 있어서는 하나님도 그들 자신을 위해 존재해야 한다. 이들은 이렇게 질문한다.

"왜 인간에게 자유만 있도록 하시지, 책임과 의무까지 있도록 만드셨습니까? 세상만사가 귀찮은데 말이죠! 정말 이 세상에 나 혼자만 있으면 좋을 텐데요!"

그러나 필자는 이들에게 묻고 싶다.

왜 자기 욕심으로 죄를 지은 것에 대해 책임을 지지 않고, 모든 책임을 하나님께 떠넘기려 하는가?

사탄이 있건 없건 사탄을 이기기만 하면 아무 상관이 없지 않은가?

진정 그대는 하나님이 우리를 로봇으로 만들기를 원했단 말인가?

그런 책임을 회피하려면, 아예 이런 자유의지를 하나님으로부터 받지 말았어야 했다.

하나님은 인간을 자유에 대한 책임을 지는 인격적인 존재로 만드셨다. 그리고 우리를 로봇처럼 대하기를 원치 않으시고, 우리와 인격적으로 만나기를 원하셨다. 책임이 없는 사랑은 사랑이 아니며, 상대방을 귀하게 배려하는 것이 진리의 사랑의 속성이기 때문이다.

사실 인격적인 사람이라면, 굳이 선악과가 없다 해도, 상대방에게 피해를 주면서까지 자기 유익을 구할 수 없다.

생각해 보라!

착한 사람들에게 법(法)이 무슨 필요가 있겠는가?(참고 딤전 1:9)

오히려 이들에게는 법이 있기에 더 유익을 보게 된다. 법으로 말미암아 다른 사람이 자기를 악하게 넘볼 수 없기 때문이다.

그러기에 서로를 좋은 관계로 지키기 위한 법을 왜 만들어 놨느냐고 불평해서는 안 된다. 또 법을 만든 것을 보니, 분명 나를 사랑한 것이 아니라고 주장해서도 안 된다. 이웃이 나를 악하게 대하면 벌을 받도록 만들어 놓은 것을 가지고, 나쁘다고만 생각해서는 안 되는 것이다. 이는 남이야 어떻게 되건 말건 내 마음대로 살게끔 그 법을 없애달라는 얘기가 되기 때문이다.

진정 이런 불평은 법만 없애면 내 마음대로 무슨 일이든 하겠다는 악인의 논리를 닮았을 뿐이다. 왜 이런 불평이 주로 이미 하나님 아버지께서 베풀어주신 은혜를 깡그리 무시·망각하거나 당연하게 여기는 자들에게서, 또는 그 은혜를 배반하여 더러운 죄를 지어놓고도 문제의 책임이 그 죄를 만든 하나님께 있다고 핑계를 대는 영적인 패륜아에게서 나오는지, 우리는 쉽게 이해할 수 있다.

요컨대 죄 문제는 예수 그리스도의 성육신, 십자가, 부활로 말미암아 모두 해결되었기 때문에 이미 설 땅을 잃어버렸다. 그러기에 자유의지를 부여받은 인간이 선악과를 먹지 말라는 말씀을 어겨 죄를 지으면 전적으로 그의 책임이다. 하나님은 태초에 인간을 순결하게 창조하셨기에, 인간은 죄에 대한 책임을 창조주에게 돌릴 수 없다.[8]

(2) 한계선은 은혜다[9]

태양이 좋다고 아무런 안전장치도 없이 가까이 다가가면 타버리듯이, 주님이 좋으신 분이라고 해서 아무런 안전장치도 없이 가까이 가면 죽을 수 있다. 그래서 하나님께서는 그 옛날 당신에게 가까이 나아왔던 모세와 여호수아에게 다음과 같이 말씀하셨다.

> 이리로 가까이하지 말라. 너의 선 곳은 거룩한 땅이니, 네 발에서 신을 벗어라!
>
> (출 3:5, 참고 수 5:15)

하나님이 우리에게 주신 넘어서는 안 되는 일정한 선은, 마치 배터리가 다 되기 전에 미리 알려주는 경고음과 같아서, 결과적으로 우리에게 은혜가 된다. 생각해 보라!

자동차를 타고 고속도로를 가는데, 기름이 다 떨어졌다는 경고음을 듣지 못한다면 어떻게 되겠는가?

---

8 존 칼빈, 『기독교 강요 上』, 286.
9 본회퍼, 『창조와 타락』, 111.

이처럼 선악과는 우리가 하나님과 참사랑 관계에 있는지 확인시켜 준다. 즉 선악과를 먹었다면 내 안에 참사랑이 없는 것이고, 선악과를 먹지 않았다면 내 안에 참사랑이 있는 것이다. 하나님은 우리가 (선악과를 먹어도 절대 죽지 않는다는) 사탄의 유혹을 이길 정도의 중심을 확보하지 않으면, 후에 하나님의 사랑을 지키지 못할 것을 미리 아셔서 선악과를 두시고, 우리로 하여금 죄악이 조금도 없는 사랑을 항상 맛볼 수 있게 하셨다.

또 선악과는 이웃 간의 관계를 거룩하게 유지해 준다. 이웃에게는 결코 침범해서는 안 되는 선이 있다. 한없이 고결하고 존귀한 이웃의 인격 말이다.

이 선이(선악과가) 있어 조심하게 되니 이 선이 얼마나 은혜인가?

그러므로 우리는 이 선에 숨은 하나님의 사랑을 볼 때, 이 선을 사랑할 수밖에 없다.

(3) 피조물임을 알게 하기 위해서다

인간이 자기가 가진 힘을 넘어서서 무리하게 무거운 것을 들면 다치게 되는 것처럼, 하나님은 온 우주 구석구석마다 피조물의 한계를 실감하는 장치를 두셨다. 아무런 어려움이나 눈물이나 고통 없이, 모든 것이 천편일률적으로 편하고 좋기만 하다면, 또는 하는 일 없이 계속 놀기만 한다면 좋을 것 같은데 말이다. 하지만 그렇지 않다. 아마 1달도 지나지 않아 그 좋은 것들이 당연하게 여겨지거나, 또 편하게 노는 것만큼 지겨운 것이 없다는 것을 뼈저리게 느낄 것이다.

하나님은 선악과를 통해 인간으로 하여금 당신의 절대적인 주권(主權)을 알게 하시고, 피조물의 한계를 절감하게 하셨다. 선악과가 없다면, 죽음을 완전히 이긴 주님의 사랑이 얼마나 크고 높은지를, 그리고 그 사랑을 믿기만 하면 죽음의 세력을 능히 이길 수 있다는 것을 알기 힘들 것이다. 죄를 지을 경우에 마귀가 인간을 다스리도록 허용하신 이유도, 죄를 지으면 죽음뿐이라는 것을, 그리고 그가 틀렸다는 것을 확실히 보여주기 위함이다.

그러므로 이 (한계)선은 우리로 하여금 항상 하나님을 찾게 하며, 그 안에서 참 인간이 되지 않으면 안 되도록 해 준다.

(4) 일정한 수준 이상으로 사랑하심을 보여주기 위해서다

하나님은 인간이 선악과를 먹은(더럽혀진) 상태에서 당신과 사랑을 나눌 수 없게 하려고 선악과를 먹으면 반드시 죽는다는 일정한 기준을 두셨다. 하나님은 우리가 이 선을 넘으면 죽도록 하셔서 죽음이 무서워서라도 이 선을 넘지 못하게 하셨다(창 2:17).

즉 하나님은 세상과 당신 중에서, 당신을 선택해야만 생명을 얻도록 하셨다 (마 6:24; 약 4:4, 참고 신 30:19-20). 가령 남자와 여자가 서로 진정으로 사랑한다 하지만, 한쪽이 그 사랑을 육체적인 사랑으로만 이해했다면 서로 간에 참사랑 관계가 형성될 수 없는 것처럼, 하나님은 인간이 모든 더러움이 없는 일정한 수준에 도달해야만 당신과 사랑의 교제를 나눌 수 있게 하심으로써, 그 사랑을 항상 최고로 존귀한 수준으로 유지하도록 하셨다.

이것이 하나님께서 가나안 땅에 대한 10명의 정탐꾼의 부정적인 보고를 듣고 동조하여 모세를 죽이려 달려들었던 이스라엘 공동체로 하여금, 가나안 땅에 대한 가치를 바로 알 때까지 광야 40년 훈련을 시키셨던 이유다. 우리가 생각할 때 1달만 훈련시켜도 족할 텐데 하나님의 생각은 달랐다. 이는 오늘날 성도들로 하여금, 예수 그리스도의 십자가에 대한 가치를 바로 알아, 하나님과 그 기준이 같아질 때까지 계속 훈련을 시키시는 이유와도 통한다.

(5) 불편함을 감수하고 사랑하심을 보여주기 위해서다

내 생명을 던질 정도로 누군가를 귀하게 사랑하는데, 상대방도 이런 사랑으로 나를 사랑하게 하고 싶어 나와의 관계가 파괴되면 죽게 되는 장치를 마련하고 싶지 않은가?

상대방이 이 선을 넘어 죽으면, 나도 더 이상 살고 싶지 않을 텐데, 그럼에도 불구하고 이런 장치를 만들고 싶지 않은가?

하나님은 다른 것은 참을 수 있어도 거룩성을 훼손시키는 것만큼은 참지 못하신다. 그것은 하나님에게 있어서도 죽음이기 때문이다. 그래서 하나님은 에덴동산 중앙에 선악과 바로 옆에 생명과를 두시고, 생명과가 진짜 생명임을 바로 알도록 하셨으며, 혹시 인간이 선악과를 먹음으로 고결성을 훼손하여 영적인 죽음을 맞이한 경우, 그를 살리기 위해 대신 죽어 주시고 부활하시기로 작정하셨다. 하나님은 인간을 사랑하시되, 죽음을 이기는 가운데 사랑하시기 때문이다.

만약 선악과를 안 만드셨다면 하나님도 신경 쓰지 않아서 좋고, 인간도 신경 쓰지 않아서 좋았을지 모른다. 하지만 하나님은 인간을 매우 특별하게 사랑하시기에(참고 시 135:4; 사 62:4; 말 3:17) 불편을 감수하고 선악과를 만드신 후, 일일이 인간의 일에 대해서 지대한 관심을 두신다. 그래서 선악과를 먹은 인간의 죄를 해결하기 위하여 성자 예수님을 여러모로 불편한 세상에 보내신 후, 친히 인간들의 죄를 대신 지도록 하여 십자가에 못 박으셨다.

이를 통해 하나님은 인간이 어떻게든 당신의 공의의 기준을 지키기를 원하신다는 것을 알 수 있다. 우리가 공의의 기준을 어기면, 하나님의 마음도 엄청 불편하시기 때문이다.

사랑하는 자식이 죄를 범하여 더럽혀지면 하나님은 얼마나 아파하시는지 모른다. 그래서 성경은 "내 백성이 상하였으므로 나도 상하여 슬퍼하며 놀라움에 잡혔도다!"(렘 8:21, 참고 호 11:8)라고 말씀하신다. 인간이 선악과를 먹으면 하나님께서는 마치 당신이 먹은 것처럼 느끼실 정도다. 이에 대해 토마스 아 켐피스는 말한다.

"예수님의 마음을 상하게 하기보다는, 차라리 온 세상이 그대를 버리는 것이 낫다."[10]

요컨대 하나님은 인간이 선악과를 먹으면 그 영혼이 반드시 죽게끔 하셨다. 후에 그 영혼을 살리기 위하여 당신이 대신 죽어줘야 하는 부담을 감수하고서 말이다. 만약 하나님만 편하고 인간만 불편하게 했다면, 이 선악과가 정말 저주였을 것이다. 아니 그렇지 않다고 하더라도, 인간 입장에서는 아무 할 말이 없었을 것이다. 그것은 피조물이 마땅히 취해야 하는 도리였기 때문이다. 이런 의미에서 선악과는 "우리의 죄를 하나님이 대신 질 것을 미리 알려주는 장치"라고 할 수 있다.

---

10 토마스 아 켐피스, 『그리스도를 본받아』, 94.

(6) 죄에 대한 내성을 강하게 하기 위해서다

바이러스 자체를 나쁘다고 버린다면 우리는 영원히 바이러스에 대한 면역력을 가질 수 없을 것이다. 선악과도 마찬가지이다. 언뜻 보기에 선악과는 하나님과 인간 사이에 참사랑 관계를 방해하는 것처럼 보인다. 하지만 조금만 깊이 생각해 보면, 오히려 참사랑 관계를 더욱 뜨겁게 하기 위한 것임을 알 수 있다. 왜냐하면 선악과는 피조물의 연약성을 깨닫게 하여, 우리로 하여금 더욱 하나님만을 의지하도록 만들어 주기 때문이다.

어둠은 빛을 더 빛나게 하려고 존재하듯이, 선악과도 하나님의 은혜를 더 넘치게 하려고 존재하는 것이다. 이에 대해 성경은 죄가 더한 곳에 은혜가 더욱 넘쳤다고 말씀하신다(롬 5:20).

> 가령 한의학에서 독초로 유명한 "부자"(附子)가 있는데, 유럽 근대 의학의 개척자 파라켈수스가 "독과 약의 차이는 올바른 용량이다."라고 말한 것처럼, 독초라고 해서 무조건 나쁜 것이 아니고, 적당한 용량을 이를 잘 다스릴 수 있는 약재와 함께 쓰면, 큰 질병에도 유용하게 쓰인다고 한다.

(7) 사탄이 보는 선악과

그런데 사탄은 하나님이 선악과를 만드신 이유가 우리를 미워하기 때문이라고, 또는 우리가 하나님처럼 되는 것을 질투하기 때문이라고 말한다(창 3:5). 그리고 선악과를 먹어도 절대로 죽지 않는다고 유혹한다(창 3:4). 사탄은 선악과를 먹은 자의 영혼이 정녕 죽게 된 것에 대해서 말하지 않고, 오히려 그 자로 하여금 자기 육체가 멀쩡한 것을 두고 사탄의 말이 옳은 것처럼 여기게 한다. 이렇게 사탄은 자기의 정체를 교묘하게 숨긴다.

첫째, 자기도 하나님의 피조물뿐이라는 사실을 숨긴다(참고 겔 28:14). 즉 자기는 하나님의 사랑이 얼마나 위대한지를 보여주는 들러리일 뿐이라는 사실을 말이다.

둘째, 인간으로 하여금 죄를 범하게 하여 자기의 종이 되게 하려는 음모를 숨긴다. 그리하여 하나님의 다스림을 받기 위해 만든 선악과를 먹도록 해, 자기의 지배를 받도록 만들어 버린다.

그래서 성경은 사탄에 대하여 "저는 처음부터 살인한 자요 진리가 그 속에 없으므로 진리에 서지 못하고, 거짓을 말할 때마다 제 것으로 말하나니, 이는 저가 거짓말장이요 거짓의 아비가 되었음이니라."고 말씀하신다(요 8:44).

4. 예수님을 넘으면 살 수 없다

(1) 생명과 되시는 예수님이 우리 죄를 대속하셨다

앞에서 언급했듯이 기독교의 "죄"는 하나님의 말씀을 불신하고 불순종하는 것으로, 선악과를 먹음으로써 이 (한계)선을 '중심적으로' 범한 것을 말한다. 여기서 '중심적으로'라는 표현을 쓴 이유는 각 사람의 죄의 경중, 고의 · 선의, 초범 · 누범 등에 따라서 그 한계선이 다 달라지기 때문이다.

가령 사울 왕을 보라!

사무엘 선지자가 늦게 오자, 백성의 신망을 잃을 것을 우려하여 (사무엘) 선지자만 드릴 수 있는 제사(예배)를 급하게 자기가 대신해서 드림으로, 하나님께 버림을 받지 않았던가?(삼상 15:23)

이처럼 하나님과 관계가 깊은 자는 아무리 사소한 죄처럼 보여도 큰 죄가 되는 경우가 많다.

그런데 넘지 말아야 할 선을 넘은 자가 다시 이 선 안으로 들어가려면, 반드시 그만한 생명의 값을 치러야 한다. 왜냐하면 피 흘림을 받은 땅은 이를 흘리게 한 자의 피가 아니면 속할 수 없음이, 하나님의 공의의 법이기 때문이다(민 35:33; 히 9:22). 그래서 하나님은 죄를 범한 아담이 이 동산에 들어오지 못하도록, 동산 동편에 그룹들(כְּרֻבִים, 케루빔, 천사와 같은 계열의 존재들)과 두루 도는 화염검을 두어 생명과 나무의 길을 지키게 하셨다(창 3:24).

하지만 하나님은 죄를 범한 인간이 더 이상 자기의 힘으로는 생명과를 먹지 못함을 아시고, '생명과' 되시는 예수님을, 마치 우리 대신 화염검에 죽어 주시기라도 한 것처럼 대신 죽도록 하고 부활시키사, 우리로 하여금 에덴동산에 다시 들어갈 수 있게 하셨다. 원죄를 지은 첫째 아담으로 말미암아 온 인류가 죄로 부패되었지만, 마지막 아담인 예수님을 믿기만 하면, 즉 선악과를 먹음으로 허용한 죄를 주님의 보혈로 씻기만 하면, 잃어버렸던 하나님의 형상을 온전히 회복하여, 다시 생명과를 마음껏 먹을 수 있게 하신 것이다(고전 15:45; 창 3:24; 요 10:10).

그러므로 이제 누구든지 예수 그리스도를 넘으면 살 수 없다. 무엇이든지 예수 그리스도의 십자가보다 높으면 이 선을 범한 것이 되고, 예수 그리스도의 피를 합당하게 먹지 않으면 이 선을 넘은 것이 된다(고전 11:27). 말(馬)이 가시채[11]를 걷어차면 자신만 아플 뿐이듯이(행 26:14), 하나님의 사랑의 굴레를 넘으면 자신만 아프게 된다. 이런 의미에서 예수 그리스도가 우리의 생명이자 마지노선(한계선)이라고 할 수 있다.

(2) 예수님의 대속은 결코 불공평한 것이 아니다

그런데 여기서 다음과 같은 질문이 생길 수 있다.

"죄를 범한 내가 죽어야 마땅한데, 왜 하나님의 아들이 나 대신 죽으셨는가? 이 경우 정말 하나님은 불합리하고 불공평하고 불의한 분이 아니신가?

또 이는 자기 죄를 자기가 담당해야 한다는(겔 18:20) 하나님의 공의를 정면으로 훼손한 것이 아닌가?"

하나님의 아들의 입장에서도 당신이 짓지도 않은 죄에 대해서 대가를 치러 주는 것은 정말 불합리하고 불의하며 불공평한 일이었을 것이다.

그러나 하나님은 이것이야말로 진정 합리적이고 의롭고 공평한 일이라고 말씀하신다. 하나님은 우리를 대신한 예수님의 십자가 대속의 죽음과 부활이 오히려 당신의 공의를 더욱 충족한 것으로 보신다. 이에 대해 성경은 십자가의

---

[11] 여기서 '가시채'(κέντρον, 켄트론)는 주인이 소나 말을 길들여 사용하기 위하여 소나 말 뒤에 댄 '가시와 같은 모양의 쇠붙이'를 말한다. 길들지 않은 소나 말은 적으로부터 자기를 방어하거나, 자신을 괴롭히는 사람을 공격할 때 뒷발길질을 하는데, 이곳에 가시채를 놓아두면 그렇게 하고 싶어도 아파서 하지 못한다. 여기서는 예수님을 믿기 전의 사도 바울이 하나님을 향한 잘못된 열심으로 계속 자기 마음대로 그리스도인들을 핍박했는데, 그렇게 해봐야 결국 자기만 아프다는 뜻으로 쓰였다.

도(道)가 멸망하는 자들에게는 미련한 것이지만, 구원을 얻는 우리에게는 하나님의 능력이 되시며(고전 1:18), 유대인들이나 불신자들에게는 성육신하신 예수님이 부딪히는 돌과 거치는 반석이 되지만(롬 9:33; 벧전 2:8), 우리에게는 (그들의 버린) 그 돌이 집 모퉁이의 머릿돌이 되신다고 말씀하신다(시 118:22; 행 4:11; 벧전 2:7).

하나님은 우리가 하나님의 말씀을 잘 지키는 데도 더 큰 하나님의 사람으로 만들려고 일부러 고난을 허용하시기도 하는데, 이 경우 하나님의 말씀을 잘 지켰음에도, 당장에 결과가 좋지 않게 나왔다고 해서 하나님의 공의가 훼손된 것이라고 볼 수 있는가?

또 단기적으로 볼 때 악인이 더 복을 받는 경우도 있는데, 이 경우 하나님의 공의가 훼손된 것이라고 볼 수 있는가?

인간의 관점에서 보면 그렇게 보이겠지만, 하나님의 영원의 관점에서 보면 공의가 전혀 훼손된 것이 아니라, 오히려 더욱 충족된 것이다. 왜냐하면 악인이 형통한 것은 다 죄며, 그것은 곧 하나님의 진노를 계속 쌓는 것에 불과할 테고(잠 21:4; 롬 2:5), 반대로 믿음으로 핍박을 이기면 후에 금생(今生)에 삼십 배·육십 배·백 배의 복과 함께 내세(來世)에 영생의 복을 받게 될 테니 말이다(막 10:30).

필자는 인생의 깊은 묘미와 신비가 바로 여기에 있다고 생각한다. 십자가의 사랑이 바로 이러한 면을 반영한다. 분명 당시로만 볼 때는 전혀 공의롭지 않은데 결과적으로 진정으로 공의롭고, 또 한 면만 고려해 볼 때는 어처구니없는데 모든 면을 고려해 볼 때는 진정 공의로운 면 말이다.

> 필자가 여덟 살이었을 때, 장난삼아 돌을 던져 동네 업소 간판을 깬 적이 있다. 그때 얼마나 주인이 나를 다그쳤는지 모른다. 그러나 어머니께서 이 모든 것을 해결해 주셨고, 나는 당당해졌다. 이후 어머니는 이 부분에 대해서 아무런 언급도 하지 않으셨다. 내가 기억하는 어머니는 무척이나 자상하셨고 아름다우셨다. 여기서 간판을 보상받은 자의 입장에서는 공의가 충족되었겠지만, 사실 어머니 입장에서는 이것만큼 불공평한 것이 없다. 어머니의 호주머니에서

돈이 나갔으니 말이다. 그러나 어머니는 나를 사랑하셨고 나를 용서하셨다. 이 용서를 받은 내게 있어서, 어머니만큼 공의로운 분이 없다.

예수님께서도 마찬가지이시다. 우리의 죄 때문에 예수님이 죽임을 당했다. 그러나 신자의 마음에 예수님만큼 공의로운 분이 없다. 믿는 자 입장에서 볼 때, 예수님이 억울하게 죽어주심이 불의하고 불공평한 것이 아니라, 더 의롭고 공평하다. 긍휼이 심판을 이김으로, 신자의 마음에 공의가 더욱 살아있게 되었기 때문이다(약 2:13). 진정 예수님이 죽으심으로 말미암아 모든 것이 불공평하고 불의하게 보였지만, 예수님이 부활하심으로 말미암아 모든 것이 영원히 공평하고 공의롭게 되었다.

(3) 죄를 지은 만큼만 사랑한다면 되겠는가?

공의를 사랑하시는 하나님은(시 37:28; 사 61:8) 모든 일에 공의로우시며(느 9:33), 모든 것을 공평하게 취급하신다(참고 시 99:4). 그래서 한결같지 않은 말과 (저울)추를 미워하시고(잠 20:10), 속이는 저울을 가증스러워 하신다(잠 20:23, 참고 잠 16:11; 11:1; 신 25:13; 레 19:35-36; 미 6:10-11).

그런데 하나님의 공의는 우리의 생각과 다른 경우가 많다. 가령 천국의 포도원 비유를 보자! 우리 생각에는 마치는 시간이 오후 6시일 때, 아침 9시부터 일한 자와 오후 5시에 와서 일한 자를 똑같이 대우해 주면 매우 불공평한 처사다. 그런데 하나님은 이에 대해 처음부터 일정한 삯(1데나리온, 하루 일당)을 정하고 일을 시켰기 때문에, 공평한 처사라고 하신다(마 20:10). 모르긴 몰라도 부양가족이 있는 가장의 경우를 염두에 두셨을 것이다.

하나님께서 인간이 유한하니 유한한 만큼만 사랑한다면 어떻게 되겠는가?

죄를 많이 지었으니 죄를 지은 만큼만 사랑한다면 어떻게 되겠는가?

일이 이렇게 되면, 어느 누구도 죽을 때까지 하나님의 완전한 사랑을 체험할 수 없을 것이다. 행한 대로만 사랑한다면, 한 번 기회를 놓쳐 버린 사람은 어떻게 해 볼 도리가 없으니 자포자기하거나 더욱 악해질 것이다.

(4) 우리 대신 하나님의 공의로운 심판을 받으신 예수님

하나님께서는 공의대로만 심판하면, 참사랑을 잃어버린 자들이 자기의 힘으로 그 사랑을 회복할 수 없음을 아셨다. 그렇다고 사랑의 하나님이 이를 못 본 체하실 수도 없었다. 그래서 공의도 충족하면서 죄지은 인간을 살릴 수 있는 묘책을 짜내셨고, 그 결론이 참 하나님이신 예수님이 동시에 참 인간이 되셔서, 우리 대신 십자가의 형벌을 담당하시고 부활하시는 것이었다.

여기서 "참 하나님"이어야 했던 이유는 하나님의 완전한 "공의"를 우리에게 이루기 위해서였다. 만일 예수님이 "참 인간"만 되셔서, 부활 없이 그냥 죽었다고만 생각해 보라! 누가 이 사랑을 믿겠는가?

예수님이 부활하지 않으셨다면, 죄용서를 대신해 준 사랑이 얼마나 전능한 사랑인지, 그리고 내 죄를 영원히 용서하기 위해서 하나님의 아들이 나 대신 살아야만 했다는 것을 바로 알 수 없었을 것이다(고후 5:15; 갈 2:20).

또 동시에 "참 인간"이어야 했던 이유는 하나님의 완전한 "사랑"을 우리에게 이루기 위해서였다. 만일 예수님이 "참 하나님"만 되셔서, 죽음 없이 영원히 사신 분이라고만 생각해 보라! 누가 이 사랑을 믿겠는가?

예수님이 죽지 않으셨다면, "죄"라고 하는 것이 얼마나 심각하며, 하나님의 공의가 얼마나 두려운 것인지, 그리고 내 죄를 용서하기 위해서 하나님의 아들이 나 대신 죽어야만 했다는 것을 바로 알 수 없었을 것이다.

(5) 예수님은 새로운 공의의 기준을 완성하셨다

예수님은 당신을 희생하여 새로운 공의의 기준을 완성하셨다. 가령 예수님이 죄인들과 함께 식사한 것은 그들과 한통속이 되려는 것이 아니라, 오히려 죄를 더욱 미워한 가운데 죄를 이기고, 그럼으로써 그들을 더욱 사랑한다는 것을 보여주기 위함이었다.

예수님은 당신을 희생하는 사랑으로 구약의 율법적인 공의를 승화시키며, 새로운 공의를 완성하셨다. 즉 구약의 율법적인 공의는 "눈은 눈으로, 이는 이로"(출 21:24; 레 24:20; 신 19:21) 갚아주는 것에서 보듯이, 자기가 받은 대로 해주는 것이었다. 그러나 새로운 공의는 받은 것이 없어도, 자기가 먼저 낮아져 희생하는 공의였다. 예수님은 뿌린 대로만 하면, 벌써 지옥에 떨어져도 시원찮을 죄인들을 아무런 판단도 정죄도 하지 않으시고(요 8:11, 15), 오히려 그들이 회개할 때, 죄로 인하여 묶인 것들을 풀어 주셨다.

이렇게 예수님은 당신을 희생하심으로 불완전한 율법을 완전하게 하셨고(롬 10:4; 13:10), 율법의 원수가 되어 버린 우리로 하여금 성령님의 인도하심을 받아, 실제적인 율법을 더 잘 지키는 자들이 되게 하셨다. 예수님은 당신을 구세주로 영접한 자의 마음 안에, 정죄 대신 용서를, 높아짐 대신 낮아짐을 이루도록 하시고 우리로 하여금 참 인간이 되는 길을 열어 놓으셨다.

(6) 예수님을 믿으면 새로운 공의의 기준에 적용받는다

그러므로 성육신하셔서 십자가 고난을 당하시고 부활하신 예수님을 볼 때, 우리는 하나님의 완전한 사랑과 동시에, 하나님의 완전하고도 새로운 공의가 우리에게 주어졌음을 알게 된다. 그리하여 이제 예수님을 믿으면 '새로운 공의의 법'에 적용을 받게 된다.

즉 심은 대로 거두시는 하나님은 마지막 날(욜 3:14; 암 5:18; 습 1:7, 참고 습 1:14; 살전 5:2; 벧후 3:12; 고전 1:8; 빌 1:6; 벧전 1:20; 사 2:2-5), 우리의 믿음과 또한 믿음에 의한 행함대로 상(價)을 주실 것인데(렘 32:19; 마 16:27; 계 22:12, 참고 고후 5:7; 갈 5:6), 자기의 육체를 위하여 심는 자에게는 육체로부터 썩은 것을 거두게 하시고, 성령을 위하여 심는 자에게는 성령으로부터 영생을 거두게 하실 것이다(갈 6:6-8). 또 참고 선을 행하여 영광과 존귀와 썩지 아니함을 구하는 자에게는 영생으로 할 것이며(롬 2:7), 믿음으로 선을 행한 자는 피곤하지(지쳐 포기하지) 아니하면 때가 이를 때에 거두게 될 것이다(갈 6:9).

그리고 이 날에 하나님의 불이 각 사람의 일한 것(공력)이 어떤 종류인지를 시험하여(δοκιμάζω, 도키마조), 믿음의 터 위에 세운 공력(功力)이 그대로 있으면 상(價)을 받게 되고, 공력이 불타면 자기는 구원을 얻더라도 해(害)를 받게 될 것이다(고전 3:12-15).

여기서 '공력'(ἔργον, 에르곤)은 '수고한 행위(노력)'를 말하며, '해를 받게 될 것이다'는 '손실을 보게 될 것이다'는 뜻으로, 믿음이 있는 자가 하나님께 영광을 돌려드리기 위하여 믿음으로 행하면 상을 받지만, 그렇지 않고 자기 멋대로 행하면 상급과는 아무 상관없이 되는데, 그래도 기본적인 믿음이 있으면 겨우 자기 영혼만 구원받게 된다는 것이다.

5. 하나님은 자비를 베풀 자에게 자비를 보이신다

하나님은 우리 앞에 생명과 죽음, 복과 저주를 두시고(신 30:19-20; 렘 21:8), 하나님의 명령에 복종하면 복을 받고, 불순종하면 저주를 받게 된다고 말씀하신다(신 11:26-28). 즉 하나님은 당신을 존중하는 자를 존중하시고, 당신을 멸시하는 자를 경멸하시며(삼상 2:30, 참고 시 145:20), 은혜를 베풀 자에게 은혜를 베푸시고, 자비를 보일 자에게 자비를 보이시며(출 33:19), 우리가 말씀을 거역하고 버리면, 하나님도 우리를 버리신다(삼상 15:23; 대상 28:9; 대하 15:2). 환난 받게 하는 자들에게는 환난으로 갚으시고, 환난 받는 자에게는 안식으로 갚으시는 것이 하나님의 공의라는 말씀도 같은 맥락이다(살후 1:6-7).

가령 야곱과 에서를 보라! 하나님은 (당신의 뜻을 따르는) 야곱은 사랑하시지만, (당신의 뜻을 거스르는) 에서는 미워하신다(말 1:2-3; 신 5:10; 7:10). 여기서 '미워하신다'(שָׂנֵא, 싸네)고 표현된 이유는 하나님께서 악인은 사랑하시지만, 공의의 하나님이시라 그의 행위는 기뻐하지 않으시기 때문이다. 이런 의미에서 본다면 하나님의 말씀을 지키지 않는 자를 미워하심은 정말 미워하는 것이 아니다.

6. 하나님의 사랑과 공의 모두 받아들여야 한다

그러므로 사랑과 공의와 관련하여 우리가 마땅히 취해야 할 태도는 다음과 같다.

첫째, 하나님의 사랑도 바로 알아야 하지만, 공의도 바로 알아야 한다(렘 9:24; 신 16:20; 사 45:21; 잠 28:5, 참고 미 3:1; 민 1:51). 사랑과 공의는 하나이므로,

하나님의 공의를 바로 아는 것도 하나님의 사랑이 얼마나 귀한 것인지 바로 아는 것이라고 할 수 있다.

예수님의 입장이 되어 보라!

그야말로 모든 것을 우리에게 단번에 다 주신 건데 얼마나 아까우시겠는가?

그러기에 주님은 우리 인간이 하나님의 공의를 모르고 마음껏 죄를 지음으로써, 당신의 죽음이 헛되이 돌아가는 것을 결코 기뻐하지 아니하신다. 그렇게 헛되이 버려질 것이었다면, 당신의 그 존귀한 몸을 버리실 이유가 없었을 것이다.

출애굽기 30장 12절을 보면, 하나님께서 스무 살 이상 된 이스라엘 백성에게 "생명의 속전"을 내라고 말씀하신다. 이에는 하나님의 절대적인 은혜에 대하여 "값을 지불하고" 사라는 의미가 담겨 있다. 포도주와 젖(사랑)을 "값없이" 사라는 말씀도 마찬가지이다(사 55:1, 참고 계 3:18). 하나님의 은혜가 매우 귀해서 값으로 따질 수 없으므로, "값없이" 사라는 것이다. 이에 대해 왓슨은 "주님만큼은 우리가 아무리 비싸게 사도 지나치지 않다. 그분을 위해 우리의 피를 다 바친다 해도 비싼 거래가 아니다."라고 말한다.[12]

둘째, 하나님을 믿을 때, 하나님의 사랑 외에 하나님의 공의도 함께 받아들여야 한다. 사랑과 자비와 긍휼의 하나님 한 면만 영접해서는 안 된다. 복음이 복음이기 위해서는 복음이 철저히 공의의 기준 안에 들어와야 한다. 그래야 주님의 거룩성이 충족된다.

더 나아가 먼저 죽음이 있어야 부활도 있듯이, 하나님의 거룩성을 만족시키는 부활의 능력이 나오도록 하려면, 주님과 함께 나도 죽어야 한다. 이 과정을 생략하고 후자만 강조하면 참된 사랑이 되지 못한다. 주님과 함께 죽지도 않았으면서 부활의 능력이 나온다고 믿는 것은 인간 편에서 한 번 더 머리를 굴려서 나온 것일 뿐이다. 이리되면 겉으로 볼 때는 믿음이 좋은 것 같지만, 공의의 능력, 곧 죄를 완전히 이기는 능력이 생략된 바 되어 마귀와의 영적인 전쟁에서 전혀 힘을 쓰지 못한다.

셋째, 이웃을 사랑할 때도 공의의 기준 내에서 사랑해야 한다. 그러기에 재

---

[12] 토마스 왓슨, 『경건』, 85.

판할 때에는 가난한 사람이라고 하여 두둔하지 말며, 강한 사람이라고 존대하지 말고, 오직 의 가운데서 판단해야 한다(레 19:15). 또 사람을 다스리는 자는 공의로워야 하며, 하나님을 두려워함으로 다스려야 한다(삼하 23:3-4).

그리고 이웃의 죄를 용서할 때는 이웃의 인격은 한없이 존중하지만, 이웃의 죄는 무섭게 증오해야 한다(유 1:22-23). 그럴 때라야 하나님의 공의가 살아있게 된다.

7. "불의한 자는 불의함에 그대로 있게 하라"는 의미

성경을 보면, 하나님은 이집트 바로 왕의 경우에서처럼 회개하지 않는 강퍅한 양심을 완악하게도 하시고(출 4:21), 또 이스라엘이 잘못을 알면서도 깨닫지 못하고 하나님께 돌아오지 않을 경우, 성읍이 황폐해질 때까지 내버려 두라고 말씀하신다(사 6:11-12). 그런가 하면 예수님께서는 가룟 유다가 지옥에 떨어질 줄 뻔히 아셨으면서도, 당신을 배반하는 일을 속히 추진하라고 하시고(요 13:27), (영적인) 시각장애인이 그 시각장애인을 잘못된 방향으로 인도하는 경우에는 상관 말고 내버려 두라고 말씀하신다(마 15:14).

하나님은 사랑과 자비가 풍성하시므로 자유의지를 부인하여 가만히 있으면 알아서 구해 주실 것이라거나, 당연히 하나님이 나를 구해 주셔야 한다는 태도는 마땅하지 않다. 하나님은 인격의 하나님이시라, 할 만큼 하신 이후에는 강제로 인간의 자유의지의 한계를 넘어서 역사하지 않으신다. 그래서 성경은 "불의를 행하는 자는 그대로 불의를 행하게 하라!"(계 22:11)고 말씀하신다. 여기서 "그대로 불의를 행하게 하라!"(ἀδικησάτω ἔτι, 아디케사토 에티)는 "그대로 불의를 행하도록 내버려 두라!"는 뜻이다.[13] 그만큼 신앙의 양심이 중요하다.

그러므로 우리는 인정에 치우쳐 믿지 않는 자와 멍에를 같이하는 우를 범해서는 안 된다(고후 6:14). 이에 대해 성경은 말씀하신다.

---

13 물론 이 말씀은 잘못된 길을 가고 있는 이웃을 전혀 모른 체하고 내버려 두라는 의미가 아니라, 그들에게 충분한 훈계와 경고를 했음에도 돌아오지 않았을 경우, 자유의지의 동의를 넘어서까지 강제로(억지로) 인도하지 말라는 의미다.

> 의와 불법이 어찌 함께하며, 빛과 어두움이 어찌 사귀며, … 신자와 불신자가
> 어찌 상관하며, 하나님의 성전과 우상이 어찌 일치가 되리오? 우리는 살아계
> 신 하나님의 성전이라. … 너희는 저희 중에서 나와서 따로 있고 부정한 것을
> 만지지 말라(고후 6:14-17, 참고 고전 10:20-21).

또한 좋은 것을 주면 삼키고, 자기에게 맞지 않는 것을 주면 뱉어 버리는 영적인 개에게까지 거룩한 것을 주면 안 되고, 오히려 저희가 그것을 발로 밟고 돌이켜 우리를 찢어 상할까 염려해야 한다(마 7:6). 특히 기준 자체가 다른 이단 종파의 사람들을 만났을 때, 그들의 종말이 훤히 보일지라도 정도 이상으로 관여하지 말고, 한두 번 타이른 후에 말을 듣지 않으면 멀리해야 한다(딛 3:10).

8. 좌로나 우로나 치우치면 안 된다

> 과도한 운동이나 폭음, 과식은 체내에 산소 대사의 찌꺼기, 즉 '활성 산소'라고
> 도 불리는 유해 산소를 만들어 세포에 악영향을 끼치지만, 적절한 운동은 이
> 같은 유해산소 제거 효소를 증가시키므로 결국 암을 예방하고 노화를 방지
> 한다고 한다.

성경에서도 이와 비슷한 말씀이 나오는데, 가령 꿀을 충분할 만큼만 먹어 과식으로 토하지 않게 하라고 하시며(잠 25:16, 27), 또 지나치게 악인이 되지도 말고, 지나치게 의인이 되지도 말라고 말씀하신다(전 7:16-17).

그런가 하면 성경은 어리석은 자에게 같은 통속이 될까 봐, 그의 미련함에 따라 대답하지 말라고 하면서도, 스스로 현명하다고 생각할까 봐, 미련함에 따라 대답하라고 말씀하신다(잠 26:5).

그렇다면 이 말씀이 서로 모순된 말씀인가?

아니다! 이 말씀은 미련한 자에게 아무리 귀한 말씀을 줘도 그 가치를 알지 못할 것이기에 그 미련함에 따라 대답하지 말라는 뜻이고, 또 미련한 자는 자

기 스스로 옳다고 여길 것이기에 미련함에 따라 대답하여 그 미련함을 일깨워 줘야 한다는 뜻이다.

이 이외에도 서로 모순되는 것처럼 보이는 말씀들이 많이 있는데, 그중 몇 개만 소개하면 다음과 같다.

첫째, 잃은 양 한 마리를 찾으려고 피 흘리면서까지 찾으시는 주님이신데 열매 없는 무화과나무는 저주해 버리신다(눅 15:4; 마 21:19).

둘째, 암탉처럼 언제까지나 품어주시는 주님이신데, 어느 때는 마치 독수리가 그 새끼에게 그러하듯이 냉혹히 내치기도 하신다(마 23:37; 출 19:4).

셋째, 무한히 용서하라고 가르쳐주신 주님이신데, 아무리 용서를 빌어도 용서받지 못하는 죄도 있다고 하신다(마 18:22; 요일 5:16).

넷째, 절대로 후회하지 않으시는 주님이신데, 어떤 경우에는 후회하신다고 말씀하신다(민 23:19; 삼상 15:11).

이웃의 인격을 지극히 존중해줘야 하지만 이웃 안에 있는 악만큼은 철저히 미워해야 하는 것, 또 교회 안에서 어떤 성도가 죄를 지었을 때, 단계를 밟아 권고했음에도 고치지 않을 경우 내쫓아야 하는 것 모두 서로 모순된 것 같지만 사실은 좌우로 치우침이 없이 사랑하라는 말씀인 것이다.

이 말씀들 모두 사랑 한 면에서만 보면 분명 모순덩어리처럼 보이지만, 사랑과 공의 양면에서 보면 다 같은 말씀이다. 냉혹하게 보이는 말씀도 모두 참사랑의 기준에 들어오도록 하기 위한 말씀이기 때문이다.

즉 "공의"만을 강조하면, "뜨거운" 하나님의 사랑을 자칫 "냉랭한" 사랑으로 인식하기 쉬워, 그 결과 하나님과 참사랑 관계를 맺는 것이 왠지 요원해져 버린다. 이 경우 죄를 미워할 줄만 알았지, 정작 중요한 사랑은 모르기 쉽다.

반대로 "사랑"만을 강조하면, 주님의 "거룩한" 사랑을 자칫 "불결한 것도 섞인" 사랑으로 인식하기 쉬워, 그 결과 하나님과 참사랑 관계를 매우 쉽게 맺을 수 있는 것으로 오해하게 된다. 이 경우 첫사랑의 신비한 은혜는 날이 갈수록 식어가고, 시험과 징계, 불통만 계속 되풀이되기 쉽다.

귓속 한 부분을 차지하는 달팽이관에 문제가 생기면, 어지러워서 몸의 균형을

잃게 되고 심한 어지럼증과 함께 구토 증세가 나타난다고 한다. 마찬가지로 우리 신앙의 중심이 균형을 잃어 좌로나 우로 치우치면 혼돈과 방황의 길로 가게 된다. 편식하면 질병에 취약해지듯이, 사랑과 공의 어느 한 곳만 강조하면 우리 영혼에 병이 생기는 것이다.

그러기에 천국에 들어갈 때까지 사랑과 공의 둘 중, 어느 하나라도 좌로나 우로 치우치게 하면 안 된다. 여기서 '치우치다'(סוּר, 쑤르)는 '벗어나다'라는 뜻으로 결국 이 말씀은 주님의 기준 안에서 참사랑을 잘 지키라는 의미다. 이 점 유교의 "중용"(中庸)[14]과 근본적으로 차이가 있다.

하나님께서는 "내가 반드시 너에게 복 주고 복 주며(εὐλογέω, 율로게오), 너를 번성하게 하고 번성하게 하리라."고 말씀하신다(히 6:14). 성경에서 복은 크게 2가지 종류가 있다. 첫째가 외적인 복이고 둘째가 내적인 복이다. 먼저 외적인 복은 히브리어로 "바라크"(בָּרַךְ)(창 1:28), 헬라어로 "율로게오"(εὐλογέω)(히 6:14)로 그 뜻은 "무릎을 꿇다, 축복하다, 찬양하다"인데, 주로 하나님께서 당신께 무릎을 꿇은 언약 백성에게 일방적으로 주시는 복을 말한다. 이에 비해 내적인 복은 히브리어로 "에셰르"(אֶשֶׁר)(시 1:1), 헬라어로 "마카리오스"(μακάριος)(마 5:3-9)로 주로 하나님의 말씀에 순종함으로 하나님과 인간과 바른 관계를 맺게 되는 데서 오는 영원한 행복을 말한다.

그러므로 우리는 외적인 복과 내적인 복 모두를 받기 위해서 우리의 행복(טוֹב, 토브)을 위해 명하신 당신의 모든 명령과 규례를 치우침이 없이 지키는 자(신 10:13), 곧 공의와 사랑을 동시에 만족시키는 자가 되어야 한다(미 6:8). 그러기 위하여 사실상 한 길, 곧 생명의 길만을 선택해야 한다(신 30:19; 눅 10:42). 성도가 나아가야 할 길은 무슨 일이든지 주님보다 앞서 나가지 않음으로(신 1:30; 출 23:23; 33:2; 미 2:13), 말씀을 좌우로 치우침이 없이 지키는 길 외에 다름 아니다.

---

14 여기서 "중"(中)은 "치우치지도 않고 기울지도 않음"을, "용"(庸)은 "언제나 그렇게 하라!"는 뜻이다.

17장

기준정립

1. 하나님은 항상 기준을 두고 행하신다

하나님의 기준으로 보면 선악과를 먹으면 반드시 죽지만, 사탄의 기준으로 보면 선악과를 먹어도 절대로 죽지 않는다(창 2:17; 3:4). 율법을 버린 자들은 악인을 칭찬하지만, 율법을 지키는 자들은 악인을 더적한다(잠 28:4). 의인에게는 공의를 행하는 것이 즐겁지만, 죄인에게는 공의를 행하는 것이 패망이다(잠 21:15). 이처럼 어디에 기준을 두느냐에 따라 그 결과는 크게 달라진다. 하기는 실력이 형편없는 학교에서 전체 1등을 해도, 전국적으로는 100,000등을 한다면 무슨 의미가 있겠는가? 그러므로 "기준을 어디에 두느냐?"라는 문제는 아무리 강조해도 지나치지 않다.

음들을 정확하게 조율하듯이, 하나님은 모든 일을 하실 때마다 항상 일정한 기준을 두고 행하신다. 가령 하나님은 구약 시대 이스라엘 백성에게 당신의 이름을 두시려고 지정한 단일 성소에서 제사(예배)를 드리라고 하시고(신 12:5), 밭에 두 종류의 씨를 섞어서 뿌리지 말라고 하시며(레 19:19; 신 22:9), 믿는 자든 안 믿는 자든, 당신이 정한 하나의 공의의 기준을 적용하라고 말씀하신다(민 15:16). 그리고 하나님께서는 구약 시대에 이스라엘이라는 한 민족을 모델로 선택하셔서[1] 영원한 생명의 말씀의 가치를 먼저 체험하게 한 후 당신의 사랑을 전 세계에 확장하려 한 것이나, 신약 시대에 예수님께서 유대인들 중 열두 제

---

[1] 하나님께서는 이들이 대단히 잘나서 선택하신 것이 아니라, 그저 당신의 사랑하심과 기뻐하심으로 인한 전적 은혜의 산물로 선택하셨을 뿐이다(신 7:7-8; 10:14-15).

자를 뽑아 복음의 가치를 알게 한 후 전 세계에 그 복음을 전파하려 하신 것도 다 이 때문이다.

특히 여호와 하나님은 첫사랑과 첫 열매를 귀하게 여기신다고 말씀하시는데(계 2:4-5; 겔 44:30), 그것도 그럴 것이 첫 단추를 잘못 끼우면 나머지 단추를 아무리 잘 끼워도 다 틀어질 것이듯이, 기준점이 틀어지면 나머지를 아무리 잘해도 엉망이 될 것이기 때문이다.

이런 의미에서 잘못 배운 것보다 차라리 배우지 않은 편이, 또 잘못 믿는 것보다 차라리 믿지 않은 편이 더 낫다. 왜냐하면 전혀 모르는 사람은 그때부터 새로운 것을 배우면 되지만, 잘못 믿거나 배운 사람은 그것을 다 뺀 후에 다시 집어넣어야 하기 때문이다. 이단 교리에 빠진 자를 보라! 잘못 배운 자는 그 잘못 배운 교리가 자기 중심을 꽉 차지하고 있기에 올바른 것을 주어도 올바른지 잘 모르며, 그의 마음속에 항상 혼란과 괴리가 일어나 그것을 빼내기가 좀처럼 쉽지 않다.

주님이 세우신 교회에도 일정한 기준이 있다. 그래서 주님께서는 잘못된 성도 한 명이 온 교회를 어지럽힘을 막기 위하여 '권징'[2]이라는 제도를 두어 교회의 거룩성과 질서를 지키도록 하셨다. 즉 일단 형제가 죄를 범했을 때 경계하고(ἐπιτίμησον, 에피티메손, 꾸짖고), 그 형제가 하루에 일곱 번이라도 "진실로 회개하노라!" 하면 용서하라고 하셨지만(눅 17:3-4), 회개할 충분한 시간을 주었는데도 회개하지 않거나, 회개하기는커녕 오히려 자기가 옳다고 고집을 피울 때는 주님 안에서 그를 판단하여 드러나게 꾸짖도록 하셨다. 즉 죄를 지은 형제에게 알아듣게 얘기해 줬음에도 듣지 않으면 한두 사람을 더 데리고 가서 입증시키고(마 18:16; 신 19:15), 그래도 안 들으면 교회에 말하고, 그래도 안 들으면 이방인처럼 여기도록 하셨다(마 18:17).

이에 대해 성경은 교회 밖의 기준이 다른 불신자들은 하나님만이 판단하실

---

[2] '권징'은 '성도가 가진 교리와 품행이 성경에 어긋날 때, 하나님의 귀한 은혜를 헛되게 하지 않기 위해서 질책하는 것'을 말한다. "권징"의 목적은 첫째, 추악하고 부끄러운 생활을 하는 자들에게서 그리스도인이라는 이름을 빼앗으려는 것이며(엡 5:25), 둘째, 악한 사람들과 교제함으로써 선한 사람들이 타락하는 일이 없도록 하려는 것이고(고전 5:6), 셋째, 부끄러움을 이기지 못하는 사람들이 회개하기 시작하도록 만들려는 것이다(살후 3:14)(칼빈, 『기독교 강요 下』, 282-283).

수 있지만,[3] 교회 안의 음행자들은 공의의 판단으로 판단하여 내쫓아야 한다고 말씀하신다(고전 5:12-13; 요 7:24). 그래서 사도 바울은 고린도 교회가 아버지의 아내(γυνη, 귀네, 계모나 첩)와 음행한 아들을 '신자'(信者)라는 이유로 가만히 내버려 두자, 이를 질책하고 그를 사탄에 내어줌으로(παραδιδωμι, 파라디도미, 관리하도록 넘겨줌으로), 훗날 그의 육신은 멸해도, 영은 심판의 날 구원받도록 했던 것이다(고전 5:5, 참고 딤전 1:20). 즉 음행한 신자를 교회에서 쫓아내어, 어떻게든 회개를 유도함으로 마지막 날 그의 영혼이 구원받도록 기회를 준 것이다.

상식적으로 신앙이 똑바르지 못한 사람들이 교회를 장악하고 있으면, 양심이 산 사람들은 거기에 가고 싶지 않을 것이다. 현실이 중요하다고 해서 세상적인 기준과 적절히 섞인 채 교회를 운영하면, 신앙이 순수한 성도에게 상처를 주게 된다. 신앙이 약한 사람들이 신앙이 강한 사람들의 기준에 맞춰야지, 자꾸 자기를 따라오라고 하면, 하나님이 기뻐하실 리 없다.

생각해 보라!

어느 학부모가 자기 자식들이 수준 낮은 친구들을 따라가는 것을 좋아하겠는가?

> 우리는 교회에 속해 있으면서도 여전히 지옥에 가기를 원하는 사람들의 관심을 끌기 위해 기독교의 기준을 낮출 수 없습니다. 자기 사랑에 빠진 육신적인 사람들이 교회로 들어와 젊은이들의 무리를 장악하고, 영성의 엄격한 기준을 무너뜨리려고 시도한 일이 있었는데, 나는 이런 자들이 왜 교회에 나오는지 이해할 수 없습니다.[4]

오늘날 복음의 상황화(狀況化, contextualization)는 교회를 시대정신으로 오염시켰습니다. 복음의 상황화는 교회의 문을 열고 세속적인 태도와 천박함과, 때로는 어리석은 파티 분위기를 받아들였습니다. 이제는 세상이 교회의 행동 지침을

---

[3] 물론 이 이야기는 건전한 비판마저 묻어두라는 얘기가 아니다.
[4] A. W. 토저, 『내 자아를 버려라』, 85.

제시하고 있습니다.[5]

2. 기준을 왜곡하면 안 된다

동냥 받는 거지가 그 동냥을 가지고 거금을 모으거나, 동냥을 조금밖에 주지 않았다고 해서 뒤에서 욕을 하거나, 자기도 거지 신세이면서 다른 거지에게 생색내며 또다시 동냥을 준다면, 동냥 준 사람의 마음이 어떠할까?

> 대만에서 어떤 거지가 구걸하여 10년 동안 약 12억 원을 모았는데, 자기 수제자를 받는 조건으로, "첫째, 목욕 횟수를 일 년에 두 번으로 제한할 것, 둘째, 추운 날씨에도 거리에서 잠을 잘 수 있을 것, 셋째, 몸에 상처가 났을 경우 상처가 곪을 때까지 약을 사용하지 않고도 참을 수 있을 것, 넷째, 지저분한 몸으로도 생활할 수 있을 것" 등의 네 가지를 요구했다고 한다. -「데일리 서프라이즈」 2007년 3월 7일-

예수님을 판 가룟 유다를 보라! 그는 처음에 예수님을 그 누구보다 사모했기에, 세상에서의 기득권을 다 포기하고 주님의 제자가 되었을 것이다. 또 제자이기에 보통 사람보다 훨씬 하나님의 말씀을 잘 알고 있었을 것이고, 주님에게 가장 신뢰를 받았기에 재정(돈궤)도 맡았을 것이다(요 13:29). 예수님이 세례 요한으로부터 물세례를 받았다면 그도 받았을 것이며, 다른 제자들과 함께 예수님으로부터 권능을 받아 전도 여행 때 신비한 이적도 행했을 것이다.

그러나 그는 예수님을 은 30에 팔아넘겼다(마 27:9). 그는 이렇게 생각했을지 모른다.

'하나님은 사랑이시니, 내가 어떤 죄를 지어도 용서해 주실 것이다. 또 예수님이 하나님이라면, 내가 자기를 죽이려고 모함한 것도 미리 알고 만류했을 것이다.'

---

5   존 맥아더, 『복음을 부끄러워하는 교회』, 황성철 역 (서울 : 생명의말씀사, 2010), 171.

하지만 예수님은 오히려 그 일을 더 행하라고 하셨고(요 13:27), 성경은 그를 차라리 태어나지 아니하였다면 저에게 좋을 뻔했을 멸망의 자식으로 규정한다 (요 17:12; 마 26:24; 막 14:21).

성경은 의인이 멸망하여도 다가올 재앙으로부터 옮겨진 것으로 생각하는 자가 없다고 말씀하시며(사 57:1-2), 대접으로 포도주를 마시고 귀한 기름을 몸에 바르면서 요셉(의인)의 환난을 인하여는 근심치 아니하는 자가 있다고 말씀하신다(암 6:6). 가령 선교하다가 핍박을 당하여 건강이 나빠진 경우에, 어떤 이들은 겉만 보고 그 선교사에게 뭔가 하나님께 걸림이 있으니 병에 걸렸다고 생각하기도 한다. 하지만 이 모두가 기준이 왜곡된 결과다.

하나님은 악인이 하나님의 말씀을 전하는 것을 싫어하시며(시 50:16), 악인의 제물과 창기의 번 돈과 개 같은 자의 소득을 가증스럽게 생각하신다(신 23:18; 잠 21:27). 아울러 하나님은 악인이 드리는 예배 자체를 미워하시는데(잠 15:8), 하물며 악한 뜻으로 제물을 가져온다면 얼마나 가증한 것이겠냐고 반문하신다 (잠 21:27). 또 성경은 악을 선하다고 하고(사 5:20), 거짓말로 살지 못할 영혼을 살리며(겔 13:19, 22), 악인에게 평강하다고 하고(렘 23:17, 30), 악인을 정당화시키는 자들은 가증한 자요, 말씀을 도둑질한 자라서 하나님께서 미워하신다고 말씀하신다(잠 17:15).

> 교인 아닌 사람을 교인이 되게 하는 전략은 그리스도를 위한 긍정적 결단이 참된 회심과 같다는 그릇된 확신을 죄인들에게 심어주는 '물 탄 복음'과의 결합일 뿐입니다. (이 잘못된 전략으로 말미암아) 진정한 그리스도인이 아닌 많은 사람들이 자신과 교회를 동일시하게 되었고, 교회는 세상의 가치관과 세상 사람들의 침노를 당하고 있습니다.[6]

하나님께서 모든 만물의 주인이신데, 주인의 자리를 넘보고 그 위에서 놀거나 그분의 기준을 왜곡한다면, 주인의 마음이 편할 리 있겠는가?(참고 잠 30:21-23)

---

6 존 맥아더, 『복음을 부끄러워하는 교회』, 174.

의인이 악인 앞에 굴복하는 것은 우물이 흐려짐과 샘이 더러워짐과 같은 것처럼(잠 25:26), 틀린 것을 옳다고 우기는 자에게 넘어가면, 마치 성폭행을 당해 놓고 자기가 잘못한 것처럼 느끼는 것과 같게 되고, 또 악인의 성공을 부러워하면, 함께 어둠의 일을 즐기는 것과 같게 된다. 그렇다고 세상의 방법대로 악인에게 저항하면, 악인과 함께 진흙탕에 빠져 버린 꼴이 된다.

오늘날 간혹 몇몇 교회 목회자들이 자기 친자식이라고 손이 안으로 굽거나, 하나님께 바친 헌금을 개인적으로 사용하거나, 간통과 성폭력, 거짓말 등 반사회적인 문제를 일으키거나, 하나님과 신앙공동체 앞에서 죄를 범하고도 '사랑'의 이름으로 덮어버리기만 하는 모습을 보여주고 있는데, 이도 역시 하나님의 공의를 훼손하는 것임은 두말할 필요도 없다. 왜냐하면 자기 교회에서는 용납되었을지 몰라도, 그럴 때마다 기독교 자체가 욕을 먹는 등 신앙공동체 전체가 고스란히 피해를 보기 때문이다.

3. 신앙적인 양심이 불량하면 안 된다

많은 사람이 신앙만 중요하게 생각하고 양심은 그다지 중요하다고 생각하지 않는다. 하지만 기독교의 양심과 신앙은 언제나 비례한다는 사실에 유의해야 한다(참고 딤전 1:19). 즉 양심에 문제가 있으면 반드시 신앙에도 문제가 있다. 왜냐하면 마음으로 믿어 의에 이르기 때문이다(롬 10:10).

칼빈의 지적처럼 우리의 양심은 한 번 (사탄이 파놓은) 함정에 빠지면 멀고 복잡한 미로에 들어가 좀처럼 빠져나오기 어렵다.[7] 그래서 신앙적인 양심이 불량해지면, 죄에 대한 내성이 쌓여 가증한 일을 저지르고도 부끄러워하지 않아, 하나님으로부터 징계를 받아도 "때리려면 때려라!"는 식이 될 수 있다(렘 6:15). 또 하나님께 죄를 지은 후 회개도 하지 않고 화가 우리에게 미치지 않는다고 생각할 수 있으며(암 9:10), 개구리가 올챙이 적 생각을 못 하듯이, 은혜를 받고

---

[7] 존 칼빈, 『기독교 강요 3권』, 243.

난 후 이제는 살 만하다고 하나님이 자비롭게 참으심으로 용서해 주신 것을 멸시할 수도 있다(롬 2:4).

또 양심이 불량하면, 믿음의 중심을 지키지 못하면서도 복만을 누리려고 하며, 어떤 사람을 통해 귀한 은혜를 받은 다음, 하나님에게만 고마워하고 그자는 사실상 무시하는 경향을 보이기도 한다. 가령 예수님을 믿는다고 하면서 하나님에게만 잘하고, 부모나 이웃에게는 엉터리로 하는 것처럼 말이다.

그러기에 누가 은혜를 그만 잊어버리라고 해도, 여기에 현혹되어서는 안 된다. 하나님으로부터 은혜를 받은 것을 자기 믿음이 좋아서 받은 줄 알면, 그다음 은혜는 없다. 항상 우리 마음이 그리스도 안에 있는 진실함과 단순함에서 벗어나 부패하지 않도록 조심해야 하는 이유다(고후 11:3).

4. 신앙의 중심을 잡아야 한다

(1) 중심의 정의

인간의 마음은 그 자체로 보아 놀랍도록 안정적인 중심을 가졌다.

가령 태어날 때부터 줄곧 이런저런 생각으로 불안해한다거나, 날마다 지진이 일어나고 홍수가 난다면 어떻게 살겠는가?

하나님은 그렇게 매정하게 우리 인간과 세상을 만들지 않으셨다. 참으로 하나님은 우리가 곤비(困憊)치 아니하도록 이 세상을 안정적으로 만드셨다.

태양의 중심에 가 보지 못했어도 태양이 태양임을 아는 것처럼, 하나님의 사랑의 중심에 가 보지 않았어도 사랑이 사랑임을 아는 것을 두고 우리는 흔히 "중심적으로 안다"고 말한다. 이것이 유한성을 가진 인간이 무한성을 가진 하나님을 아는 방식이다.

보통 '중심'(夬대, 심지)이라 함은 "사물의 한가운데" "가장 중요한 부분" "핵이 되는 실체" 혹은 "어떠한 상황에서도 쉽게 변심하지 않는 마음" 등을 말한다. 이에 비해 기독교의 "중심"(בָב, 레바브)은 '모든 가식이 제거된 속마음'을 지칭한다. 가령 하나님은 인간의 중심을 보시기에, 누가 무슨 말과 행동을 했을 때 정말 마음에서 우러나왔는가를 먼저 점검하신다(삼상 16:7; 시 34:18; 엡 6:9). 가식이 다 벗겨진 마음의 중심이 그의 본심이기 때문이다.

또한 기독교의 "중심"은 '하나님과의 인격적인 관계에서 어떤 마음의 균형점' 즉 '여기서 물러서면 죽음이기에 내 전 인격을 걸고 도저히 물러설 수 없는 마음'을 말한다. 가령 "믿음의 중심이 확보되었다"는 것은 "신앙의 저항력이 있어 감당할 수 있는 능력을 갖췄다"는 의미다.

물질에 초조한 사람에게 은행에서 큰돈을 대출해 주지 않을 것이듯이, 하나님께 큰 보물을 받으려면 그것을 받을 만한 중심이 있어야 한다. 그래서 하나님은 구약 시대에 가나안 족속들을 쫓아내실 때도 갑자기 쫓아내면 감당할 수 없기에, 이스라엘 백성의 신앙의 중심을 따라 조금씩 쫓아내셨다고 말씀하시며(신 7:22), 또 신약 시대에 제자들에게 말씀을 주셨을 때도 그들에게 감당할 만한 중심이 있었을 때 주셨다고 말씀하신다(요 16:12, 참고 눅 9:45). 감당할 만큼의 시험만 성도에게 허락하신다는 말씀도 마찬가지이다(고전 10:13).

(2) 기독교 중심의 특징

이 기독교의 "중심"은 몇 가지 특징을 가진다.

첫째, 이 "중심"은 마치 나무 "뿌리"와 같아서, 그 뿌리만 튼튼하면 비록 가지나 잎사귀나 열매가 잘려있어도 문제가 되지 않듯이(사 6:13), '속마음'만 중심을 딱 잡고 있으면, 비록 '겉마음'이 흔들리더라도 문제되지 않는다. 가령 사탄의 유혹의 씨가 마음에 뿌려졌더라도, 내 중심으로 허용하기 전까지는 죄에 대한 중심이 형성된 것이 아니기에, 하나님 앞에 죄를 지은 것이 아니다. 그래서 이때는 믿음으로 (그 유혹을) 고사시키면 된다.

둘째, 기독교의 "중심"은 그 자체로 봤을 때, 하나님의 그것(중심)처럼 '절대적으로 완전하고도 영원한 마음'을 말하는 것이 아니라, 당시로 봤을 때 '온전하고 흠이 없는 마음'을 말한다(참고 계 14:5).

> 가령 이스라엘에서 약혼한 신부는 신랑으로부터 약혼의 증표로 10개의 드라크마 동전을 엮어놓은 목걸이나 팔찌 등의 "세메디"를 받았는데, 이 가운데 동

전 하나라도 잃어버리면 전체가 아무 의미가 없게 되어 파혼으로 이어질 수도 있었다(눅 15:8-9). 그래서 혹시라도 드라크마를 하나라도 잃어버렸을 때는 이를 찾기 위해 등불을 켜고 집을 쓸며 찾도록 부지런히 찾았고, 찾은 후에는 이루 형언할 수 없는 기쁨으로 벗과 이웃을 불러 모아, 기껏 동전 한 개의 가치는 얼마밖에 하지 않을 텐데도, 그것의 수십 배 비용이 드는 잔치를 벌였다고 한다.

우리 신앙의 어느 한 부분에 구멍이 뚫려 중심을 잃어버리면, 하나님께서 기뻐하지 아니하신다. 왜냐하면 은혜의 물이 마음의 그릇에 계속 채워짐으로 충만하게 흘러넘쳐야 능력의 사랑이 나올 수 있는데, 이 경우는 밑 빠진 독에 물 붓기 식이 되어 버리기 때문이다. 영물(靈物)인 사탄은 우리의 허점을 절대로 놓치는 법이 없다. 그러기에 사탄과의 영적인 싸움에서 어느 한 부분에 중심을 잃어버리면 이내 사탄에게 패배하고 만다.

따라서 우리 안에 하나님의 보물 9개가 여전히 남아있다고 만족하고 안주해서는 안 되고, 1개라도 잃어버렸다면 이에 대한 처절한 슬픔이 있어야 한다. 이때에는 왜 성경이 "하늘에 계신 너희 아버지의 온전하심과 같이 너희도 온전하라!"고 말씀하시는지 깊이 생각해 봐야 한다(마 5:48).

셋째, 우리의 마음밭에 여러 종류의 마음, 곧 길가, 돌짝밭, 가시떨기, 옥토의 마음 등이 섞였더라도, '중심'이 옥토의 마음이라면, 잔챙이 마음들이 있더라도 별로 문제될 것이 없다. 하지만 여러 종류의 마음이 각각 "중심적으로" 섞였을 때는 가장 낮은 마음이 그 중심이다. 가령 마음의 중심이 가시떨기 중심도 있고, 옥토의 중심도 있었을 때는 이때의 중심은 가시떨기 마음이다.

생각해 보라! 1m 높이의 항아리가 있었을 때, 30㎝ 지점에서 구멍이 났다면 물이 어디까지 채워지겠는가?

많은 사람이 이 경우에 사랑의 하나님이심만 믿고 옥토의 마음이 그 중심이라고 착각하지만, 아니다! 하나님은 인류를 위해 당신의 아들을 십자가에 내어 줄 정도로 죄를 싫어하시는 분이다. 그러기에 우리의 '중심'이 죄를 여전히 버리지 못한 채 두 주인을 섬긴 상태가 되면, 사실상 하나님을 바로 섬기지 못한 것이 된다.

성화적 중심도 마찬가지이다. 가령 그리스도인의 성화적 성품 중에서 양선(착함)이 강하고, 겸손이 약하다고 했을 때 약한 겸손의 수준이 그 사람의 성화적 중심이라고 말할 수 있다. 반면에 그리스도인의 개개의 성품의 약하고 강함의 문제가 아니라, 아예 하나님께서 가증스러워하는 교만이나 음란 등의 성품이 그 사람의 중요한 심지(축)로 형성되어 있으면, 이는 "성화의 문제"가 아니라 "중생의 문제"다.

> 이를 좀 더 자세히 설명하자면, 회개와 믿음의 열매를 맺으면 잃어버린 하나님의 형상을 회복하게 되는데, 그와 동시에 하나님의 자녀로서의 인격, 곧 십자가의 사랑에 녹아짐으로 변화 받은 여러 성품을 가지게 된다. 하나님의 형상을 닮은 여러 성품 말이다. 그런데 신앙생활을 하다가 본의 아니게 하나님의 말씀을 거스르는 못된 성품이(가령 교만이나 혈기 등) 튀어나오는 경우가 있다고 해서, 구원받지 못한 것은 아니다. 여기서 중요한 것은 말씀에 비추어 걸리는 성품들이 있을 때, 그 잘못된 성품을 있는 그대로 인정하고 하나님께로 돌이켜 회개의 열매를 맺는지, 그래서 그 말씀을 주인으로 모시는지 아닌지다. 여기까지가 중생한 자로서 "성화의 문제"다.
> 그게 아니라 "사이코패스"(psychopath)나 "소시오패스"(sociopath)나 "다중 인격자"(dissociative identity disorder man)[8]처럼 하나님을 대적하고 이웃에게 큰 상처를 안겨주는 잘못된 성품이 그 사람의 중심축으로 심겨 있음에도, 이를 인정하지도 않고, 뽑을 생각도 없으면서 자기는 당연히 구원받은 것으로 믿고 있다면, 이는 "성화의 문제" 곧 신앙이 깊냐 얕냐, 강하냐 약하냐의 문제가 아니라, "중생의 문제" 곧 구원받았는지를 의심케 하는 문제다.

넷째, 각 사람의 성화의 정도에 따라서, 즉 인격적으로 받아들인 말씀이 얼

---

8 "사이코패스"는 반사회적 행동, 공감 능력과 죄책감 결여, 낮은 행동 통제력, 극단적인 자기중심성, 기만 등과 같은 정신병적 성향이 높은 사람을 뜻한다. "소시오패스"(사회병질자)는 자신의 성공을 위해서는 수단과 방법을 가리지 않고, 나쁜 짓을 저질러도 전혀 양심의 가책마저 느끼지 않는 사람을 뜻한다. "다중 인격 장애자"(해리성 정체감 장애)는 정체성 결여 문제로 자신이 누구인가에 대해 혼돈스러워하고 때로는 자신을 다수의 인격으로 경험하는 장애자를 뜻한다.

마나 되느냐에 따라, 그 '중심'이 달라진다는 점이다. 성경은 하나님께서 (은혜를) 많이 받은 자에게 그만큼 더 많이 요구하신다고 말씀하신다(눅 12:48).

그런데 혹자는 이에 대해서 "그러면 은혜를 더 많이 받을 필요도 없겠네!" 하면서 빈정거린다. 그러나 대통령의 자리가 막중한 책임감이 요구된다고 해서, 아예 그 자리에 올라갈 꿈까지 미리 포기하는 자만큼 어리석은 자가 있을까?

성화가 높아질수록 더 막중한 책임이 뒤따르겠지만, 그와 동시에 더 큰 자유와 행복과 능력이 주어짐은 상식 아닌가?

요컨대 우리는 옥토의 양심밭과 온전한 신앙을 가져야 한다. 그리고 하나님의 말씀을 중심적으로 알았으면 그에 합당한 열매를 맺어야 한다. 특히 바람이 부는 대로 휘어지는 것 같으면서도 중심을 잡는 대나무처럼, 아무리 세찬 환경이 몰아친다고 하더라도 똑바로 중심을 잡는 자가 되어야 한다.

또한 종려나무나 백향목나무[9]의 뿌리가 깊고 견고하게 내려 땅속의 따뜻하고 풍부한 물을 공급받아 사막의 뙤약볕이나 혹독한 겨울에도 끄떡없이 올곧고 왕성하게 성장하는 것처럼, 당장에 눈에 보이는 업적이 없다고 하더라도 하나님을 향한 깊은 신앙의 심지를 갖추는 것이 중요하다. 뿌리가 견고해야 늙어도 여전히 결실하며 진액이 풍족하고 빛이 청청하게 된다(시 92:13-14). 이에 대해 성경은 (믿음의) 심지가 견고한 자를 "평강에 평강으로 지키신다."(사 26:3)라고 말씀하신다.

(3) 반석 같은 중심을 갖는 법

믿음이 있다고 하지만 어려운 일이 닥치면 쉽게 흔들리는 사람을 뜻밖에 많이 보게 된다.

---

9 '종려나무'는 '야자나무'라고도 불리는데, 사막 지역에서 흔히 볼 수 있는 나무다. 다 자라면 높이가 18-24m 정도 되는데, 그 뿌리가 50m나 되는 것도 있다고 한다. 종려나무의 열매는 꿀처럼 달면서도 성분이 좋아 약재로도 쓰이며, 수액은 각성제(覺醒劑)나 화장품의 원료로 쓰인다. 또한 '백향목(栢香木)은 레바논 산맥에서 약 2,000m의 눈 덮인 높은 산에 자라는 광대한 침엽수인데, 다 성장하면 그 높이가 40m, 줄기의 지름은 자그마치 3m나 된다고 한다. 특히 백향목은 짙은 향기를 풍기고, 진이 많아서 충해가 없을뿐더러, 올곧게 위로만 자람에도 옹이가 없고, 강한 방부력(防腐力)과 함께 내구력이 뛰어나, 지중해 부근 나라에서 가장 귀중한 건축재로 쓰인다고 한다(시 104:16; 렘 22:14-15).

왜 그럴까? 여러 이유가 있겠지만 "중심" 문제라고 할 수 있다.

필자가 어느 날 모 지하철역에서 내린 후 집으로 가는 버스를 타야 했는데, 어디서 타야 할지 몰라 바로 앞 횡단보도 앞에서 30대 후반 정도 되어 보이는 청년에게 길을 물어본 적이 있다. 거기에는 13명 정도의 사람들이 횡단보도를 건너기 위해 대기하고 있었다. 처음에 그는 친절하게 손가락으로 버스 정류장을 가리키며 알려줬다. 하지만 내가 보니 바로 앞의 횡단보도와 또 바로 오른쪽에 또 하나의 횡단보도가 있었다. 그래서 나는 두 횡단보도를 건너야 하는지 아니면 한 개만 건너도 되는지를 다시 물어봤다.

그런데 그 사람은 매우 화가 난 듯이 씩씩거리며 주위 사람들이 다 듣도록 큰 소리로 나에게 여러 번 창피를 줬다.

"참 이상한 분이시네! 멀쩡하게 생겨서 왜 그러세요?
제가 분명히 얘기해 줬잖아요!"

다들 나를 이상하다고 쳐다보는데 '아니, 내가 정말 뭘 잘못했나?' 이런 생각이 들 정도였다. 내가 볼 때는 횡단보도를 한 번만 건널지 아니면 오른쪽의 횡단보도까지 건너야 할지 알려주지 않는 그 사람이 어리석은데, 주위 사람들이 다 나를 이상하게 보니 내가 뭔가 잘못한 것처럼 느껴졌다. 여기서 만약 내 중심이 약했다면 "정말 내가 잘못했나 보다!" 하고 인정해 버리거나 아니면 제대로 알려주지 않은 그분과 "뭐 이런 것 가지고 창피를 주느냐?"고 말다툼을 했을지 모른다.

하나님은 우리가 당신을 절대적으로 의지하지 않고 뭔가 환경이나 인간이나 물질을 의지하는 구석이 조금이라도 있으면 그것을 가지고 우리를 흔드시는 경향이 있다.

그러기에 환경이 요동을 칠 때는 하나님 외에 사실상 의지하는 것을 모두 주님께 내려놓아야 한다. 어떤 바람이나 폭풍이 몰아쳐도 주님만 의지하고 있으면 그것이 전혀 영향을 끼치지 못하는 까닭이다.

필자가 30살 무렵 하나님으로부터 큰 은혜를 받고 있었는데 현실이 어렵다 보니 이렇게 기도한 적이 있었다.

"하나님! 제 형편 아시잖아요?

나이도 있으니 제 앞가림도 해야 하겠고, 나중에 50살쯤 될 때 하나님의 일을 할게요!"

그런데 이게 웬일인가?

그 기도가 끝나는 순간 엄청나게 강한 흑암의 기운이 마치 비수처럼 내 명치끝에 꽂히는 것이 아닌가?

예전에 녹농균(세균의 일종)으로 말미암아 허리뼈 중 하나의 2/3가 녹아지는 불치병에 걸려 몹시 고통을 당해 보기도 했지만 이 고통에 비하면 비할 바가 못 되었다.

"아니, 내가 도대체 무슨 죄를 지었기에 나에게 이런 일이 일어날까?"

너무 고통스러웠으나 이를 누구에게도 얘기할 수 없었다. 그런데 아이러니하게도 내 영혼의 깊숙한 곳에 '나 같은 사람이 뭐 볼 게 있다고 하나님께서 관여하시네!'라는 기쁨도 동시에 존재했다. 이 기운을 뽑아내려고 금식도 여러 번 시도했지만 아무 소용이 없었다. 오직 그동안 하나님으로부터 받은 은혜를 살려놓는 작업을 할 때만 아주 조금씩 풀어질 뿐이었다.

그 와중에 너무 고통스러워 한 번은 오산리 기도원에서 고(古) 김상호 목사님과 상담한 적이 있었다. 그때 그분이 나를 지긋이 보더니 물으셨다.

"커다란 바윗덩어리가 나무뿌리 한복판에 있으면 그 나무가 어떻게 될 것 같은가?"

선뜻 대답하지 못하자, 그분은 이렇게 말씀하셨다.

"그 나무는 살기 위하여 오히려 그 뿌리로 하여금 그 큰 돌덩이를 감싸 안고 더 깊은 곳으로 내려간다네!"

그렇다! 내 마음의 중심에 정말 꽉 막혀서 죽을 정도의 억울한 환난을 당해도 그것을 감싸서 더 깊이 주님의 사랑으로 뻗어가기만 하면, 나중에 그 나무를 뽑으려 할 때 그 바윗덩어리까지 뽑아야 하니 더 견고해지게 됨은 상식이었던 것이다.

당시에는 견디기 힘들었지만, 그 말씀대로 중심을 다지며 16년여 참고 기다렸더니 모든 고통은 사라졌고 하나님으로부터 더 큰 선물을 받게 되었다.

5. 영적인 개의 세력을 조심해야 한다

필자가 고등학교 1학년 때 굉장히 실력이 좋은 영어 선생님이 겨울 방학 보충 학습 지도를 한 적이 있다. 이 선생님의 카리스마가 얼마나 대단했던지 다른 훌륭한 선생님도 많았지만, 이 선생님에게 맡겨진 학년은 명문대에 훨씬 더 많이 들어갔다. 그런데 이분의 독특한 교수법이 있었는데, 그것은 가르쳐 준 부분을 외워오지 않은 만큼 회초리를 대는 것이었다. 이에 대해 학생들은 두 부류로 나뉘었다. 하나는 옹골찬 실력을 갖추기 위해서 다소 아프고 힘들더라도, 아니 무서워서라도 할 수만 있다면 이 선생님이 2학년 영어를 맡아주기를 바라는 부류였고, 또 하나는 기준이 다른 관계로 마냥 싫어하며 심지어 욕까지 해대는 부류였다.

성경은 하나님의 거룩한 은혜를 삼키는 자를 '영적인 개'라고 표현하는데(마 7:6; 시 22:16; 사 56:11; 막 7:27), 이런 자의 특징은 다음과 같다.

첫째, 죄 씻음을 받고서도 다시 진창 속에서 뒹군다(벧후 2:22, 참고 잠 26:11).

둘째, 자기에게 유익하면 삼키고, 조금이라도 손해되면 언제든지 자기에게 은혜를 준 자마저 짓밟는다.

셋째, 자기가 어떤 상태인지도 모르고 조금도 양심의 가책이 없이 감히 거룩한 곳에 와서 놀려고 한다(참고 렘 7:10).

넷째, 이들은 하나님으로부터 징계를 맞을 때도 "아니, 안 아프게 해도 되잖아!" 하면서 자기 입맛에 맞지 않으면 뱉어 버리곤 한다.

주로 믿다가 실족한 후, 죄를 무방비 상태로 계속 허용하는 자들에게 이런 모습이 많이 나타난다. 이들을 사랑한답시고 거룩한 것을 이들에게 주면, 불결한 것과 거룩한 것을 구별하지 않았다는 이유로 같은 통속이라는 증거가 생긴다. 그리하여 본의 아니게 큰 해독을 입을 수 있다.

그러므로 우리는 말씀 그대로, (영적인) 개들을 주의하고(빌 3:2), 거룩한 것을 개에게 주지 말아야 하며(마 7:6), 이웃의 영혼을 불쌍히 여길 때도 공의의 기준 안에서 불쌍히 여겨야 한다. 어떤 경우에도 신앙의 중심을 잃어서는 안 된다.

6. 이단에 속한 사람을 조심해야 한다

성경은 이단에 속한 자를 집에 들이지 말라고 말씀하신다(요이 1:10). 하나님은 이런 자에게 인사하는 자를 그 악한 일에(이단의 일에) 참여하는 자로 보신다(요이 1:11). 물론 이 말씀은 당시 이단 종파에서 공식적으로(순회 설교자의 자격으로) 파견한 거짓 선생들을 영접하지 말라는 뜻이지, 원수 맺을 정도로 이들을 문전박대하라는 뜻은 아니다.

그러면 왜 이단자들도 우리와 같은 인간인데, 이들을 영접하지도 말고 상대하지도 말라고 하셨을까?

다 함께 친하게 살면 좋을 텐데 말이다. 하지만 이는 그리 간단한 문제가 아니다. 성경에서 하지 말라는 데에는 다 그만한 이유가 있다.

전능하신 하나님이 아니신가?

성경에서 이단자들과 가까이하지 말라고 경고하는 이유는 눈에 보이지 않는 영적 전쟁 때문이다. 때로는 이단자들 가운데 도덕적으로 훌륭한 사람도 있다. 그리고 당연히 그들이 하나님의 말씀 앞에 철저히 회개하고 돌아오면 받아줘야 한다.

하지만 대개 기독교와 상당 부분 비슷한 것 같은 이단은 성경 외에 다른 경전을 가지고 있는 등, 성경의 모든 말씀을 전적으로 인정하지 않고, 오히려 자의적으로 그 말씀을 해석하여, 그 잘못된 것을 마치 확고한 진리라도 된 듯이 믿게 하면서도 절대로 자기들이 잘못되었다고 인정하지 않는 경향이 있다.

그래서 하나님의 영과 말씀으로 진리와 비진리를 바로 분별하기 어려운 자들, 소위 약한 믿음과 양심을 가지고 있는 자들은 그들의 그럴싸하면서도 강력하고 집요한 주장에 넘어가기 쉽다.

그리고 무엇보다도 이런 이단에 한 번 들어가면 빠져나오기가 쉽지 않은데, 그 주된 이유는 이단을 잡고 있는 눈에 보이지 않는 마귀의 힘이 너무도 강하여 이단에 넘어갈 정도의 심령이라면 그 영을 이기기가 매우 어렵기 때문이다. 그래서 성경이 이단 종파에 있는 사람들을 한두 번 훈계한(타이른) 후에 멀리 하라고 말씀하시는 것이다(딛 3:10).

7. 거짓 선지자와 거짓 목자를 조심해야 한다

성경은 거짓 선지자를 삼가라(조심하라)고 말씀하시는데(마 7:15), 이들의 특징은 다음과 같다.

첫째, 이들은 양의 옷을 입고 나아오나 속에는 노략질하는 이리라서(마 7:16), 하나님의 명령을 받지도 않았으면서 돈을 위해 예언하거나, 성도의 상처를 조금 고쳐준 후 거짓말로 평강하다고 말하여, 악한 길에서 돌이켜 회개하지 못하게 하는 등 하나님의 이름으로 거짓 예언한다(렘 6:14; 14:14; 미 3:11; 겔 13:10-11, 19, 22). 이에 대한 왓슨의 지적을 살펴보자!

> 그들은 성령의 검을 차고 다닐 뿐, 그 검을 휘둘러 죄를 질책할 용기는 없습니다. 청중의 머리에 베개를 받쳐주는 목회자들이 얼마나 많은지 모릅니다. 그렇게 받쳐주는 베개를 베고 잠든 교인들은 세상모르고 자다가 지옥에서나 깨어나는 것입니다.[10]

오히려 이들은 참 선지자를 공격하고 거짓 예언하면서도 자기들에게서 말씀이 끊어지지 아니할 것이라고 믿는다(렘 18:18). 하지만 이들의 예언은 하나님과 상관없이 자기 혼자 방자한(무례하고 건방진) 가운데 말한 것이기에 아무 성

---

10 토마스 왓슨, 『경건』, 241.

취도 없다(신 18:22).

둘째, 이들은 수많은 죄 없는 영혼들, 심지어 택함을 받은 자들까지 미혹하여(요이 1:7; 계 13:12; 19:20) 실족하도록 한다. 이들이 눈에 띄는 이적을 행하기도 하고 때로는 불치병도 고치기 때문에 많은 사람들이 여기에 미혹된다(살후 2:9, 4; 계 12:3; 16:14). 하지만 이들의 이적과 병 고침은 성령의 힘이 아니라, 귀신의 영을 받아서 했을 뿐이다.

그러기에 뻔히 알면서 이런 자들에게 자기의 몸을 맡기면, 설사 그들을 통해 질병을 고칠 수 있을지 모르지만, 그로 인해 주님과 자기 영혼을 팔아먹는 꼴이 되어, 영적으로 더 질 나쁜 악령을 허용하게 된다(살후 2:9). 이에 대해 성경은 다음과 같이 말씀하신다.

> **너는 그 선지자나 꿈꾸는 자의 말을 청종하지 말라! 이는 너희 하나님 여호와께서 너희가 마음을 다하고 성품을 다하여 너희 하나님 여호와를 사랑하는 여부를 알려 하사 너희를 시험하심이니라**(신 13:3).

셋째, 이들은 성경을 믿지 않고, 때로는 자기가 "하나님 또는 재림주"라고 주장하며, 자기를 통해야만 구원이 있다고 말한다(마 24:23-24). 자기의 영광을 구하는 이런 자들에게 있어서 십자가는 거추장스럽고 불완전할 뿐이다.

넷째, 더 나아가 이들은 그리스도를 대적하고(살후 2:4), 하나님 아버지를 부인하며(요일 2:22; 4:3), 예수 그리스도께서 육체로 임하셨다는 것도 부인한다(요이 1:7).

삯꾼 목자들도 거짓 선지자들과 사정은 거의 비슷하다. 이들의 특징은 다음과 같다.

첫째, 이들은 양을 불쌍히 여기는 마음이 없어(슥 11:5), 연약한 자를 강하게 하지 않고, 병든 자를 고치지 않으며, 상한 자를 싸매지 않는다(겔 34:4).

둘째, 하나님의 은혜 받은 것을 작은 일로 생각하여(겔 34:18-19), 잃어버린 양을 찾지 않으며 양을 위해 목숨을 버리지 않는(요 10:11) 등 죽은 영혼을 살리는 하나님의 일을 게을리 한다(렘 48:10).

셋째, 이들은 잘못된 누룩(교리)을 쥐여 줘 신도들의 마음을 순식간에 부풀려, 이를 통해 예수님의 종이 아니라 자기들의 종을 만들어 버린다(갈 2:4; 벧후 2:19).

넷째, 선한 양들을 흩어 사탄의 먹이로 만들고(렘 10:21; 겔 34:8), 하나님의 포도원과 하나님의 땅을 짓밟아 황폐하게 한다(렘 12:10).

다섯째, 이들은 참 목자가 아니며, 양도 제 양이 아니라서, 이리가 오는 것을 보면 양을 버리고 달아난다(요 10:12).

특히 믿다 타락한 거짓 목자가 과거에 주님의 이름으로 행했던 수많은 업적들로 인하여, 조금의 주저함도 없이 그들을 하나님의 종으로 인정하게 하는데, 바로 이 점을 조심해야 한다. 가령 사울의 추종자들을 생각해 보라! 그들은 죽을 때까지 사울을 하나님의 기름부음을 받은 종이라고 생각했을 것이다. 사울의 그까짓 인간적인 허물들은 자기들의 죄를 생각해 볼 때, 아무것도 아니라고 생각했을지 모른다. 하지만 성경은 누가 뭐라고 해도 선지자의 죄악과 그에게 묻는 자의 죄악이 같은즉 각각 자기의 죄악을 담당하게 된다고 말씀하신다(겔 14:10, 참고 렘 23:16-17, 22). 즉 거짓 선지자와 거짓 목자들에 대한 태도가 모호하고 불확실함은 전적으로 자기 책임이다.

8. 거룩한 것을 삼켜서는 안 된다

공생애 기간 동안, 예수님과 그의 제자들은 하나님의 복음을 전할 때 거저 전했다(마 10:8). 사도 바울도 이방인들에게 값없이 복음을 전했다. 특히 그는 복음으로 인하여 있게 된 권(權)을 다 쓰지 아니한 것이 자기가 받을 상(賞)이라고 말했다(고전 9:18). 무엇보다도 성경은 진리와 지혜와 훈계와 명철을 살 수는 있으나, 팔아서는 안 된다고 말씀하신다(잠 23:23). 즉 절대적인 가치를 지닌 하나님의 진리의 선물(은혜)은 억만금을 주더라도 결코 정당한 값을 치르고는 살 수 없는 노릇이기에, 그저 감사하는 마음으로 값없이 사되(참고 사 55:1; 계 3:18;

마 13:44), 그 은혜를 전해 줄 때는 값없이 받았으니 거저 주라는 것이다.

그런데 현대에 어떤 주의 종들은 전적인 하나님의 은혜의 산물인 성령의 은사(선물)가 마치 자기의 소유물이라도 된 듯이, 사실상 돈(또는 현금)을 대가로 그 은사를 전수(impartation, 임파테이션)해 주겠다고 광고하기도 한다.

사실 하도 이상한 영들이 판을 치는 현대에 있어서, 임파테이션을 해 주겠다는 사람이 정말 하나님의 명령에 따라 해 주는 것인지 확인할 길이 없고, 이 자체도 혹 잘못된 영을 허용할 수 있는 대단히 위험한 일인데, 돈을 받고 해 주겠다면 더 이상 무슨 말이 필요하겠는가?

거저 주신 주님의 선물을 거룩한 용도 외에 다른 용도로 쓰면, 주님을 이용한 꼴이 되어 더 강한 어둠의 세력의 지배를 받게 된다는 것을 알아야 한다. 성경은 이렇게 서슴없이 은혜의 도를 넘는 배은망덕한 자에게 기다리는 것은 더 혹독한 심판뿐이라고 말씀하신다.

> 가령 사도행전 8장을 보면, 사마리아 성에 파송된 베드로와 요한이 그 성에 있는 성도들을 안수함으로 성령의 은사가 임하게 되자, 그 성의 마술사 시몬이 이 은사를 돈을 주고 사려고 한다. 이때 사도 베드로는 호되게 책망한다.
>
> "네가 하나님의 선물을 돈 주고 살 줄로 생각하였으니, 네 은과 네가 함께 망할지어다! 하나님 앞에서 네 마음이 바르지 못하니, 이 도(道)에는 네가 관계도 없고 분깃될 것도 없다. 그러므로 너의 이 악함을 회개하고 주께 기도하라! 혹 마음에 품은 것을 사하여 주시리라! 내가 보니, 너는 악독이 가득하며 불의에 매인 바 되었도다."(행 8:19-23)
>
> 돈이 될까 해서 하나님의 은사를 사고팔면 돈과 함께 당한다는 것이다.

9. 믿다 실족한 자는 철저히 회개해야 한다

(1) 어찌하여 최상의 정금이 변하였는가?

언제까지 헛된 것을 사랑하고 거짓을 찾아다닐 것인가?(시 4:2)

언제까지 하나님의 영광을 수치로 바꿀 것인가?(시 4:2)

어찌하여 금이 빛을 잃었으며 최상의 정금이 변하였는가?(애 4:1-2)

언제까지 바벨론의 수치를 피하여, 다시 애굽(영적으로는 세상)으로 도피하려는가?(렘 42:14)

믿다가 타락하여 매를 더 자초하다니!(사 1:4-5)

주님이 십자가에 못 박히실 때를 잊지 않고 있는가?

주님이 나 대신 낮아지시고 죽으시고 부활하신 증거가 내 언행심사에 반영되고 있는가?

그대는 왜 십자가에 못 박은 몸을 다시 빼내려고 하는가?

주님이 내 죄를 대신 지시는 것도 무거울 텐데, 왜 거기다 더 무거운 짐을 지우려 하는가?

키에르케고르는 이렇게 말한다.

"예수 그리스도는 물을 포도주로 바꾸었다. 그런데 교회는 더 엄청난 일을 했는데, 포도주를 물로 바꾼 것이다."

주님의 이름을 위해 참고 게으르지 아니했지만, 첫사랑을 버린 자가 있다(계 2:3-4). 대가(大家)가 그린 그림에 흠집나면 헐값이 될 텐데, 하나님의 작품인 우리 영혼에 흠집을 내는 자가 있다. 이처럼 처음에는 예수님을 잘 믿었지만, 여러 이유로 실족하여 하나님과의 관계를 깬 자들이 뜻밖에 많은 것이다.

하나님께서 이들에게 물으신다.

"왜 너는 하나님의 사랑을 받지 않은 것처럼 행동하느냐?

너의 몸은 모두 주님의 것이라고 하면서, 왜 주님의 것이 아닌 것처럼 행동하느냐?

성령님은 네 안에 계시는데, 너는 왜 성령님 안으로 들어가기를 싫어하느냐?

믿는다고 하면서, 왜 질 나쁜 악을 여전히 대담하게 행하느냐?

주님을 위해 자기를 버리는 곳에 생명의 능력이 있는데, 왜 이 길을 외면하느냐?"

처음 주님을 믿으려고 할 때 얼마나 하나님의 이름에 떨고, 얼마나 낮아졌었던가?

처음 하나님의 말씀을 몇 개라도 알았을 때 얼마나 감사했던가?

심지어 이 말씀을 놓치면 죽을까 봐 다른 모든 것을 포기하지 않았던가?

주님이 내 모든 죄를 씻어 주셨을 때, 내 생명까지 바쳐도 전혀 아깝지 않다고 생각했지 않은가?

혹시 믿다 타락했음에도 세상에서 잘나가니, 여전히 하나님의 사랑과 긍휼과 자비를 받고 있어서라고 생각하는가?

그대는 왜 이러한 형통이 하나님의 진노를 계속 쌓아두고 있는 형통이라고 생각하지는 않는가?(롬 2:5)

> 미련한 자는 죄를 심상히(우습게) 여긴다고 말씀하신다(잠 14:9).
> 어리석은 자가 아니고서야 누가 하나님의 성령을 슬프시게 하는 그것을 가볍게 여기겠는가?
> 어리석은 자가 아니고서야 누가 자기의 품속에 독사를 집어넣겠는가?
> 어리석은 자가 아니고서야 누가 자기 자신의 재앙을 보고 비웃겠으며 스스로 독을 마시는 동안 희롱하겠는가?[11]

(2) 믿다가 실족한 자의 여러 모습

믿다가 실족한 자는 "첫사랑의 은혜의 절대성"을 놓친 자다(겔 16:4-63). 여기서 "첫사랑"이라 함은 "처음 회개하고 예수님을 믿음으로 하나님과 사랑 관계를 맺게 된 것"을 말한다.

첫사랑을 놓친 자, 즉 믿다 실족한 자의 특징은 다음과 같다.

첫째, 그는 이론적으로는 하나님의 말씀을 잘 알지만, 실제 주님이 정한 선을 넘었기에, 원상회복으로 가는 기쁨을 간절히 구하지 못한다. 그 기쁨을 놓친 지 오래되었기 때문이다.

---

[11] 토마스 왓슨, 『주기도문 해설』, 551.

둘째, 이런 자는 아파도 아픈 것을 잘 느끼지 못해, 정상으로 되돌아가는 것에 대해 별 개념이 없다.

셋째, 그러면서도 여유가 있어 자꾸 주님께 죄용서 받는 것을 미룬다. 자기가 죽게 생겼는데도 여전히 세상적인 즐거움을 놓지 않는 것이다. 여기에 문제의 심각성이 있다.

넷째, 믿는 자가 죄를 짓고 회개하지 않으면, 마음이 완악해지고 영적인 둔한 잠에 빠져 구원에 대한 감격이 무뎌지고, 주님이 지극히 높은 분으로 생각이 들지 않으며, 천국에 가는 기쁨도 지옥에 가는 두려움도 미지근한 상태가 된다.

다섯째, 사탄이 이 자의 양심을 치므로, 잘못해 놓고 잘못한 줄을 모르기 쉬워, 잘못을 바로잡기가 곱절로 힘들다.

여섯째, 질이 안 좋은 죄를 지었기에, 사소한 죄를 짓는 것에 대해서 별 두려움도 없다.

일곱째, 자기의 언행심사로 하나님을 더럽혔으면서 오히려 하나님이 자기를 버리신 것으로 오해하거나, 죄를 지어도 하나님이 당연히 받아 주실 것으로 생각한다. 이에 대해 하나님의 엄중한 경고의 말씀이 있는 데도 이렇게 생각하는 것이다.

> 이 저주의 말을 듣고도 심중에 스스로 위로하여 이르기를, "내가 내 마음을 강퍅케 하여, (하나님께서) 젖은 것(הָרָוָה, 하라와, 물로 적신 땅)과 마른 것(אֶת־הַצְּמֵאָה, 애트-하체메아, 메마른 땅)을 (가리지 않고) 멸할지라도(לְמַעַן סְפוֹת, 레마안 세포트, 휩쓸어 버릴지라도) 평안하리라!" 할까 염려함이라. 여호와는 이런 자를 용서하지 않으실 뿐 아니라, 여호와의 분노와 질투의 불로 그의 위에 붓게 하시며, 또 이 책에 기록된 모든 저주로 그에게 더하실 것이라. 여호와께서 마침내 그의 이름을 천하에서 도말하시리라(지워 없애버리시리라)(신 29:19-20)

여덟째, 이런 자는 죄가 깊고 중해서 창녀 짓을 가볍게 여기고, (하나님의) 땅을 더럽혔으면서도 하나님께 전심으로 돌아오지 않으며(렘 3:9-10), 설사 돌아온다고 했으나 거짓으로 돌아온다(렘 3:11). 죄를 짓고도 양심의 가책도 없이 자신을 합리화하면서 거룩한 주님을 뻔뻔히 바라보며, 그것마저도 하나님이 봐주실 것으로 생각한다. 이에 대해 조나단 에드워즈는 『신앙감정론』에서 다음과 같이 말한다.[12]

> 어떤 사람들은 자신의 마음에 있는 죄악을 크게 혐오하는 척하고, 자신의 내적인 부패함에 대해 많이 울부짖는 척하지만, 실제의 삶 속에서는 죄를 가볍게 여기며, 죄를 짓지 않으려는 분투나 죄를 애통해함도 없으면서 죄를 짓습니다. 하지만 이런 태도를 보이는 것은 마음과 삶으로 죄를 짓는 것입니다.

(3) 믿다가 실족한 자가 회개하기 어려운 이유

예수님을 믿어도 왜 죄가 여전히 나를 지배하는가?

그것은 믿은 이후의 죄에 대하여, 아직 그 죄를 죽도록 미워할 정도로 회개하지 않아서가 아닌가?

다 회개했다고 생각해도 응답이 없는 것은 나아만 장군이 그러했듯이, 일곱 번 다시 씻어야 하는 죄가 있기 때문이다(왕하 5:14).

믿다가 실족하면 자기 안에 허용한 질 나쁜 죄가 주님의 사랑을 바로 인식하는 것을 막는다. 항상 성령님께서 나를 위해 말할 수 없는 탄식으로 빌 바를 간구하시지만(롬 8:26), 그의 양심이 무뎌져 이 소리를 듣지 못하는 것이다.

이런 자는 다시 죄를 지어 놓고도 '주님이 내 죄로 말미암아 얼마나 마음이 아프셨을까?'라는 생각도 없다. 그 질 나쁜 죄를 능히 이길 정도로 주님의 사랑을 모셔 들이지 못했기 때문이다.

죄에 대해서 관대해진 그는 주님이 자기 안에 와 계심을 알면서도 세상이 주는 달콤한 정욕을 끊지 못하고, 자기 영혼을 죽였던 어둠의 세계에 여전히 눈이 돌아가도록 놔둔다.

이 모든 것이 신앙 전선에 빨간불이 켜졌다는 영적인 신호인 셈인데, 불행하

---

12 조나단 에드워즈, 『신앙감정론』, 524.

게도 그는 쉽게 눈치를 채지 못한다.

(4) 믿다가 실족한 자는 일곱 배 더 악해진다

영적으로 볼 때, 예수님을 구세주로 영접하면, 그동안 그를 지배했던 더러운 영(귀신)이 그에게서 나올 수밖에 없게 된다. 그런데 성경은 이 흉악한 영물이 물(말씀)이 없는 곳을 찾아다니는데 찾지 못하자, 혹시나 해서 "내가 나온 내 집으로 돌아가리라!" 하고 다시 가봤더니 그 집이 비고 청소되고 수리된 상태에 있어, 즉 믿다가 타락한 영혼은 더러운 귀신이 볼 때 깨끗이 청소된 상태로 보여, "이게 웬 떡이냐?" 하면서 자기보다 더 악한 일곱 귀신을 데리고 그 집으로 들어갔다고 말씀하신다(마 12:43-45; 눅 11:24-26). 그래서 그 사람의 상태가 예수님을 믿기 전보다 더 악화되어 버린다는 것이다.

> 탈옥한 죄수가 다시 붙잡히게 되면 간수는 그를 한층 더 튼튼한 쇠사슬로 묶어 둘 것입니다. 죄의 행로를 벗어난 사람은 말하자면 악마의 감옥에서 탈옥한 것이라, 사탄이 그를 다시 잡아 죄 안에 가둔다면 이전보다 더욱 단단히 그를 묶어 두고 온전히 구속할 것입니다.[13]

하나님의 백성의 죄가 다른 사람들보다도 더 큰 것은 그들이 더 많은 자비에 역행하여 죄짓기 때문이다.[14] 죄는 누구에게나 어울리지 않지만 신앙고백자에게는 더욱 어울리지 않는데, 그 이유는 배설물이 길가에 있는 것보다 성전에 있는 것을 보는 것이 훨씬 더 눈에 거슬리는 까닭이다.[15]

그러기에 하나님의 절대적인 은혜를 받은 자는 얼마나 믿음과 (신앙적인) 양심을 똑바로 세워야 하는지 모른다(히 10:22; 딤전 1:19). 왜냐하면 은혜 관리를 잘하지 못하면, 전보다 더 좋지 않은 상태로 될 것이기 때문이다.

이때 누구를 탓할 것인가?

---

13 토마스 왓슨, 『회개』, 85.
14 토마스 왓슨, 『주기도문 해설』, 569.
15 토마스 왓슨, 『주기도문 해설』, 568.

하나님의 탓으로 돌릴 것인가?

아니면 주의 종의 탓으로 돌릴 것인가?

이런 면에서 하나님의 은혜를 감당할 만한 중심이 확보되지 않았거나, 후에 그 은혜를 잘 관리할 중심이 확보되지 않은 상태에서 문제 해결만 빨리 받는다고 해서 꼭 좋은 것만은 아니라고 할 수 있다.

(5) 믿다가 실족한 자는 전보다 더 깊게 회개해야 한다

그러므로 믿다 실족하여 하나님을 향한 첫사랑을 잃어버린 자는 다음과 같이 해야 한다.

첫째, 언제부터 주님에 대한 첫사랑을 버렸는지 생각하고 회개하여, 처음 행위를 가져야 한다(계 2:4-5; 3:3). 또한 귀한 하나님의 드라크마(보물)를 잃어버렸다면 찾을 때까지 찾아야 한다(눅 15:8). 하나님과의 관계를 회복하려는 자는 옛 야곱이 하나님을 만났던 장소, 곧 벧엘로 다시 돌아가야 한다(창 35:1, 참고 욘 2:4). 또 (내 안의 영적인) 예루살렘[16]이 훼파되었다면, 슬퍼하는 가운데 금식하며 기도해야 한다(느 1:3-4).

> 〈식객〉이라는 음식 드라마를 보면, 된장 고추장 등의 장맛이 변해 음식점에 큰 위기가 찾아오는데, 이때 주인공 성찬은 원점에서부터 다시 시작하여, 자연 그대로의 흙 위가 아니라, 그냥 관리하기 편하게 시멘트 위에 장독을 옮겨놓는 바람에 문제가 발생했다는 것을 알아낸 후 그 독을 원상으로 복귀시킨다. 한국 고유의 장맛은 자연 그대로의 흙 위에 장독을 놓아서 발효시켰을 때라야 제맛을 냈던 것이다.

또한 여호와께서 하나님의 영을 근심케 하는 자들을 대적하시므로, 그동안 성령님을 슬프게 해드렸던 것에 대해 철저히 회개하는 가운데, 마치 여호와가 계시지 않는 것처럼 여겨져도 "아브라함은 우리를 모르고 이스라엘은 우리를

---

[16] 성경에서 예루살렘(יְרוּשָׁלַיִם, 예루살라임)은 '하나님의 성(城)'(시 46:4) '다윗성'(삼하 6:12) '진리의 성읍'(슥 8:3) '아리엘'(사 29:1) '여부스'(수 18:28) 등으로 쿨린다.

인정치 아니할지라도, 여호와여! 주는 우리의 아버지시라!"고 고백하며 나가야 한다(사 63:10-17, 참고 미 7:8-9). 이에 대해 데이비드 클락슨은 성령님의 사역에 일말의 기대가 남아있거나 잘못에 대한 슬픔이 남아있다면, 늦었지만 뛰어 들어오는 자에게는 아직 가능의 때가 끝나지 않았다고 말한다.[17]

둘째, 베드로처럼 예수님을 세 번이나 저주하고 맹세까지 하면서 배반하였다면, 진실한 회개를 통해서 예수님에 대한 사랑을 회복해야 한다(요 21:15-17). 즉 사랑을 위해 모든 것을 바치는 마음을 잃어버렸으면 그것부터 찾아야 한다. 그리하여 하나님과의 관계가 깨진 자는 마음과 성품을 다하여 알고 있는 모든 하나님의 말씀에 순종함으로(신 30:2, 참고 요 14:21) "나의 힘이 되신 여호와여! 내가 주를 사랑하나이다!"(시 18:1)라고 고백하면서 나아가야 한다.

셋째, 믿다 실족한 자는 자기의 모든 것을 걸고, 처음에 회개했을 때보다도 몇 곱절 더 강한 자기부인의 고통을 감수하며 회개해야 한다. 질 나쁜 죄를 많이 그리고 크게 지은 만큼, 그 죄까지도 주님이 내 안에서 완전히 이기시도록 자기를 더 부서뜨려야 하는 것이다.

넷째, 아무리 용서를 빌어도 당장은 용서가 안 되는 죄도 있고, 좀 더 정신을 차려야 용서가 되는 죄도 있을 것이기에, 믿다가 실족한 자가 다시 주님으로부터 신뢰를 얻기 위해서는 그만큼 시간이 더 걸릴 수 있음을 각오해야 한다. 배신당함으로 한 번 상처 입은 주님은 다시는 배신당하지 않을 중심을 보고 관계를 맺을 것이기 때문이다.

요컨대 믿다 실족한 자의 회개는 "패자 부활전"과 같다. 그러므로 믿다가 실족한 패자는 마치 살얼음판을 걷듯이, 주님의 섭섭한 마음이 다 풀어질 때까지 자기를 주님께 다 바쳐 놓아야 한다. 특히 하나님으로부터 징계까지 맞은 자는 사실상 주님의 마지막 경고라고도 할 수 있으니, 정말 피를 토할 정도의 회개의 작업을 해야 한다(히 12:4).

---

[17] 데이비드 클락슨, 『구원 얻는 믿음』, 243-246.

(6) 믿다가 실족한 자의 회개 결과

믿다 실족한 자가 다시 하나님과의 관계가 회복되면, 다음과 같은 역사가 일어난다.

첫째, (영적으로) 무너진 예루살렘이 재건되면, 다시금 하나님이 다스리는 예루살렘이 되어, 전에 (타락한 그를) 멸시하던 모든 자가 그의 발아래 엎드려 '이스라엘의 거룩한 자의 시온(צִיּוֹן, 치온, 하나님이 거하시는 곳)'이라 일컫게 된다(사 60:14).

둘째, 전(前)에는 버림을 입으며 미움을 당하였으므로 그에게로 지나는 자가 없었으나, 이제는 여호와께서 그로 하여금 영영한 아름다움과 대대의 기쁨이 되게 하신다(사 60:15). 하나님께서 넘치는 진노로 당신의 얼굴을 잠시 가렸으나, 영원한 자비로 그를 다시 긍휼히 여기신 까닭이다(사 54:7-8, 참고 렘 31:20).

셋째, 하나님으로부터 회복의 은총을 받으면, 마치 잃어버린 물건을 다시 찾았을 때의 기쁨이 처음 샀을 때의 기쁨보다 곱절이나 더 큰 것처럼, (영의) 아버지로부터 "죽었다가 살았으며 잃었다가 얻었기로 우리가 즐거워하고 기뻐하는 것이 마땅하다!"(눅 15:32)라는 음성을 듣게 된다.

즉 그는 마치 신랑이 신부를 기뻐하듯이, 영적인 신랑되시는 분으로부터 "여호와의 손의 아름다운 면류관, 하나님의 손의 왕관이 되며, 다시는 너를 버리운 자라 칭하지 아니하며, 다시는 네 땅을 황무지라 칭하지 아니하고, 오직 너를 헵시바(חֶפְצִי־בָהּ, 해페치, 하나님이 기뻐하시는 자)라 하며, 네 땅을 쁄라(בְּעוּלָה, 뻬울라, 결혼하게 된 것, 또는 다스림을 받는 것)라 하리니, 이는 여호와께서 너를 기뻐하실 것이며, 네 땅이 결혼한 바가 될 것임이라."(사 62:3-4, 참고 사 49:18)는 말씀을 듣게 된다.

넷째, 여호와께서 그 백성의 상처를 싸매시며 그들의 맞은 자리를 고치시는 날에는 달빛이 햇빛 같고, 햇빛은 일곱 배가 되어 일곱 날의 빛과 같게 된다(사 30:26). 그 이유는 다시는 낮에 해가 그의 빛이 되지 아니하며 달도 그에게 빛을 비추지 않고, 오직 여호와가 그에게 영영한 빛이 되며 그의 하나님이 그의 영광이 되시기 때문이다(사 60:19). 즉 첫사랑을 회복하게 되면, 성령님을 통해 역사하시는 강력한 능력으로 말미암아 일곱 날의 (완전한) 빛처럼, 상상할 수 없는 하나님의 영광의 빛이 그를 감싸게 되어, 낮의 태양과 밤의 달빛도 거기에 비하면 초라하게 된다.

다섯째, 믿다 타락한 자가 여호와께 돌아와 마음을 다하고 성품을 다하여 하나님의 말씀에 순종하면, 하나님께서 (타락했던 그의) 마음에 할례를 베풀어 주셔서, 마음을 다하며 성품을 다하여 하나님 여호와를 사랑하게 하여 생명을 얻게 하신다(신 30:1-2, 6).

흔히 믿다 타락한 자는 회개하기가 쉽지 않아, 몸과 마음을 다하여 하나님을 사랑하고 이웃을 내 몸처럼 사랑하는 것도 버거울 것으로 생각하기 쉬운데, 하나님께서는 문제 해결의 지름길이 바로 여기에 있다고 말씀하신다.

왜일까?

이는 믿다 타락했던 모든 문제가 하나님을 몸과 마음을 다해 사랑하고 이웃을 네 몸처럼 사랑하라는 하나님의 말씀에 불순종함으로 나온 것이기 때문이다. 그러기에 이때 하나님과 이웃을 뜨겁게 사랑하면, 그 사랑의 뜨거운 불이 차가운 죄(어둠)를 더 빨리 녹이게 된다.

10. 사망죄에 걸리지 않도록 조심해야 한다

현대에 소위 "게놈 프로젝트"(genome project)가 있다. 유전자 지도를 완성한 과학자들에 의하면, 원래 인간의 생명은 죽지 않게 설계되었는데, 인간이 죄를 범함으로 유전자가 변형되어 인간의 수명이 짧아졌다고 한다. 혹자는 이 유전자 변형을 올바로 되돌려 놓기만 하면 약 1,000살까지 살 수 있다고도 하는데, 그렇게 되면 보통 사람들이 생각하는 지상천국이 도래할지도 모르겠다.

그러나 이 문제는 그렇게 단순하지 않다. 편하게 오래 살수록 회개하기가 더 어려워질 수도 있고, 특히 과학이 발달하여 죄에 대한 회개도 없이 죄로 인한 수치를 담당하는 뇌세포를 지워 버릴 경우엔 더 심각한 문제가 될 수 있기 때문이다.

성경에 지옥에 가는 표인 "666표"를 받는 말씀이 나오는데, 어떤 이들은 이

표가 "생체칩"(베리칩)이라고 말한다. 하지만 이 666표를 오른손이나 이마에 받는 것은 "사탄의 소유가 된 것임"을 의미할 뿐이다(계 13:16-18). 다시 말해 회개를 제대로 할 수 있는 통로 자체를 아예 막아버리는 것이 666표를 받은 것과 같다는 얘기다.

> 베리칩 주장자들은 이 표를 오른쪽 어깨 관절이나 손등에 이식한다는 점, 짐승의 표를 받은 사람만 매매활동을 보장한다는 점, 666을 게마트리아를 통해 숫자를 풀면 컴퓨터를 가리킨다는 점 등을 들어, 이 표가 생체칩을 가리킨다고 주장한다. 하지만 당시 짐승의 표 666은 로마 황제를 신으로 숭배하겠다는 우상 숭배의 외적인 표였을 뿐이라는 점(총신대 이단위원회), 게마트리아를 통해서도 임의로 조작해야 666이 된다는 점(총신대 이단위원회), 가령 태아에게 생체칩이 있다고 해서 실제로 죄를 지은 것이 아니듯이 생체칩 자체가 죄가 아니라는 점, 그리고 베리칩이나 십자가 목걸이처럼 눈에 띄게 무언가 있어야 천국과 지옥에 가는 것이 아니라는 점 등을 들어, 이 주장은 허구라고 할 수 있다. 무엇보다 하나님은 아무것도 모르는 자들에게 딱 한 번의 생체칩 이식으로만 회개의 기회 자체를 박탈해버리는 그런 무자비하고 가혹한 분이 아니시다.

이에 대해 성경은 이 666표가 곧 "짐승의 이름"을 의미하거나 "그 이름의 수"를 의미하는데, 지혜 있는 자는 그 짐승의 수를 세어보라고 말씀하신다. 그러면서 그 수는 '사람의 수'라고 덧붙이신다(계 13:17-18).

생각해 보라!

단순히 눈에 보이는 숫자 육백육십육(666)이나, 짐승의 이름이 눈에 보이게 찍힌 것을 의미한다면 왜 지혜가 필요하겠는가?

그러므로 666표를 받는 것은 곧 "용(사탄)과 (바다에서 나온) 첫째 짐승(적그리스도)과 그를 따르는 (땅에서 올라온) 둘째 짐승(거짓 선지자)의 교리와 사역에 넘어가 사탄의 소유가 되는 것"을 의미한다고 할 수 있다. 그 이유는 다음과 같다.

첫째, 이 666표가 땅에서 나온 짐승이 주는 표라고 하는데, 하나님으로부터 인침의 표를 받은 144,000명도 구원받은 성도를 상징하고 있기 때문이다.

둘째, 성경에서 불완전한 수를 상징하는 6을 세 번 반복했는데, 이를 강조의 의미로 해석하여 "적그리스도나 거짓 선지자 등의 인본주의 통치세력을 통한 사탄의 인침"을 의미한다고 할 수 있기 때문이다.

성경을 보면, 인정하고 싶지 않지만 어떤 죄는 죽을 때까지 하나님 앞에 용서받지 못한다고 말씀하신다(사 22:14). 이를 흔히 "사망죄"라고 부른다. 요한일서 5장 16절에 보면, 하나님은 이런 죄를 지은 자를 위해서 기도하지 말라고 말씀하신다.

그러면 성경에서 사망죄로 규정한 죄가 무엇일까?

첫째, "짐짓 범한 죄(고범죄, 故犯罪)"다. 알고서 지은 모든 죄가 아니라, 한 번 비췸을 얻어(한 번 빛을 받아) 하늘의 은사를 맛보고(하늘에서 내리신 기쁨을 맛보고), 성령에 참여했다가 타락한 자들이 이 죄에 걸린다(히 6:4, 참고 민 15:30; 시 19:13).

즉 성령의 참여자로 내세(來世)의 능력과 하나님의 선한 말씀을 맛본 후 타락한 자들은 사실상 예수님을 다시 십자가에 못 박아 공개적으로 조롱·멸시·능욕하는 것이 되어, 사망죄에 걸리게 된다(히 6:4-6). 성령님의 역사임을 분명히 잘 알면서도 자기를 구원해 준 예수님을 짓밟았기 때문이다(히 10:29).

> 만일 병사가 싸우지만 힘이 부족해서 좌절한다면 그 군대의 장군은 그를 불쌍히 여길 것이며, 그의 상처를 붕대로 감아줄 것입니다. 그러나 만일 그가 고의적으로 좌절하여 배반했다면 그는 아무런 은총도 기대하지 말아야 합니다. 이처럼 그리스도인이 사탄과 더불어 끝까지 싸우지만 베드로의 경우처럼 힘이 부족해서 좌절한다면 하나님은 그를 불쌍히 여기실 것입니다. 그러나 만일 유다의 경우처럼 고의적으로 좌절하고 시험 속으로 뛰어든다면 하나님은 그에게 아무런 은총도 베푸시지 않을 것이고 그에게 계엄령을 실시하실 것입니다.[18]

---

18 토마스 왓슨, 『주기도문 해설』, 512.

둘째, "배교죄"(背敎罪)다. 이 죄는 위에서 한 걸음 더 나아가 아예 다른 종교로 귀의하는 것을 말한다.

셋째, 자기가 "하나님" "재림주" "보혜사"가 되는 죄다.

넷째, 가룟 유다처럼 "예수님을 고의적으로 배신하는 죄"도 이 죄에 포함된다(히 10:26).

다섯째, "성령 훼방(모독)죄"다. 여기서 "훼방"(βλσφημία, 블라스페미아)은 '하나님의 신적 위엄에 대한 심한 비방이나 모독'을 뜻한다. 성경은 인간의 모든 죄와 훼방은 용서받을 수 있고, 말로 예수님을 거역해도 용서받을 수 있지만, 성령 훼방죄는 용서 자체가 불가능하다고 말씀하신다(마 12:31-32).

회개하고 예수님을 믿음으로 성령님이 우리 안에 오시는데, 자기의 생명이 되는 분을 우습게 여기고, 자기 욕심과 입신양명을 위하여 성령님의 역사를 의도적으로 훼방한다면, 죄용서의 효과를 완전히 막아버리는 결과를 낳게 되기 때문이다.

이들에게는 다시 속죄하는 제사가 없고, 오직 지옥에 가는 일만 남게 된다(히 10:27). 성경은 이런 자들은 다시 새롭게 하여 회개시킬 수 없는 자들로(히 6:6), 이 세상에서나 저 세상에서 용서받지 못한다고 말씀하신다(마 12:31-32; 막 3:28-30; 눅 12:10).

생각해 보라!

물에 빠져 죽어가는 자를 기껏 살려놨더니 한다는 소리가 보따리 내놓으라 한다면, 다음에 또 물에 빠졌을 때 구해 주고 싶은 마음이 생기겠는가?

> 사도행전 5장 1-11절을 보면, 아나니아와 삽비라 부부가 함께 바나바 뒤를 이어 자기들의 땅을 팔아 얻은 돈 모두를 초대 교회에 바치겠다고 했으나, 서로 꾀하여(공모하여) 성령의 능력으로 사역하는 사도들을 속이고 땅값 일부만 바친다. 결국 그들은 초대 교회 당시 일벌백계(一罰百戒)의 차원에서 하나님 앞에 거짓말하고 주의 영을 시험한 죄로 둘 다 (3시간의 차이를 두고) 그 자리에서 혼이 떠나게 된다. 이들은 죄가 정말 죽음인지를 깨닫게 해 주는 성령님의 역사를 뻔히 알고서 대놓고 그분을 능욕·모독함으로써, 구원에 이르게 하는 회개 자

체를 스스로 불가능하게 만들어버렸던 것이다.

요컨대 하나님의 전적인 은혜로 구원받아 생명의 주인이신 성령님을 모셔들인 자가 그분의 은혜를 가볍게 여기고 믿다가 타락하면, 본의 아니게 7배 강한 악령을 허용하게 되는데, 여기서 한참 더 들어가 아예 성령님의 역사를 훼방하거나 모독하는 데까지 나아가면 성령님께서 그 자를 전혀 통제할 수 없어 도저히 돌이켜 회개할 수 없는 지경에까지 이르게 된다. 너무도 크고 중한 죄에서 몇 걸음 더 나아가 군대 귀신은 저리 가라 할 정도로 질이 안 좋은 영을 무방비 상태로 허용하면 본인이 전혀 주체할 수 없는 죄에까지 이르게 되는 것이다.

하나님은 이런 사망죄의 제정을 통하여 계속 죄를 제멋대로 지으면, 영원히 용서받을 수 없는 죄까지 나아갈 수 있음을 경고하신다.

육신은 멀쩡하게 살아있어도, 그 영혼이 사망죄에 걸린 자들도 있을 것이라는 것을 생각해 보면, 성령님의 역사에 대하여 얼마나 조심해야 하며, 또 하나님 앞에 나갈 때 얼마나 두려워해야 하는지 모른다. 다만 사망죄에 대한 판단 여부는 오직 하나님만이 하실 일이므로, 인간 편에서 함부로 규정지어서는 안 될 것이다.

11. 거룩과 불결을 구별해야 한다

(1) 거룩과 불결을 분별하기 위한 전제조건

성경은 하나님이 우리를 부르신 목적이 부정함에 이르게 하려는 것이 아니라, 거룩함에 이르게 하기 위한 것이라고 말씀하신다(살전 4:7; 레 11:45). 믿음의 선진들은 다 거룩한 삶을 살았다. 가령 전리품에 대해 하나님의 것을 구별하여 드리고 불결한 것을 취하지 않았던 아브라함과(창 14:17-24), 자기 몸을 구별하는 모든 날 동안에 하나님께 거룩한 자가 될 수 있었던 나실인을 생각해 보라!(민 6:8)

성도의 마땅한 의무는 하나님을 두려워함으로 거룩함을 온전히 이루어, 육과 영의 모든 더러움에서 깨끗하게 하는 것이다(고후 7:1). 그러기에 일단 예수 그리스도의 피와 진리의 말씀으로 죄 씻음을 받아 거룩하게 된 자는(요 17:17; 벧전 1:15) 그 이후에 거룩과 불결을 명확하게 구별하여, 거룩은 더욱 사랑하고 불결(가증한 것)은 극히 꺼리며 심히 미워하는 삶을 살아야 한다(신 7:26).

그런데 이를 위해서는 먼저 신령한 자(πνευματικὸς, 프뉴마티코스, 성령에 속한 자)가 되어 있어야 한다. 왜냐하면 성경이 다음과 같이 말씀하시기 때문이다.

> 신령한 일(들)은 신령한 것(들)으로 분별하느니라. 육에 속한 사람은 하나님의 성령의 일을 받지 아니하나니 저희에게는 미련하게 보임이요, 또 깨닫지도 못하나니 이런 일은 영적으로라야 분변함이니라. 신령한 자는 모든 것을 판단하나, 자기는 아무에게도 판단을 받지 아니하느니라(고전 2:13-15).

따라서 우리는 육에 속하거나(ψυχικὸς, 프쉬키코스, 자연인에 속하거나), 육신에 속하지(σαρκικός, 사르키코스, 썩어질 육을 따르지) 말고, "신령(神靈)한 자" 곧 "성령에 속한 자"가 되어, (항상) 영의 일을 생각하며(롬 8:5), 성령을 좇아 행함으로 육체의 욕심을 이루지 말아야 한다(갈 5:16).

(2) 경건에 이르기를 연습해야 한다

여기 경건의 신비를 보라! 주님은 육신으로 나타난 바 되시고, 영으로 의롭다 하심을 입으시고,[19] 천사들에게 보이시고, 만국에서 전파되시고, 세상에서 믿은 바 되시고, 영광 가운데서 올라가셨다(딤전 3:16). 우리가 아직 연약할 때, 예수 그리스도께서는 경건하지 않은 자를 위하여 죽으시고 부활하신 후에, 경건과 생명에 속한 모든 것을 우리에게 주셨다(벧후 1:3).

여기서 "경건"(敬虔)의 사전적인 정의는 "공경하는 마음으로 삼가 조심성이 있음"이다. 이에 비해 성경에서의 '경건'(εὐσέβεια, 유세베이아)은 '하나님에게 자

---

19 여기서 "영으로"라는 말씀은 "신성적 존재의 신분으로"를 뜻한다. 따라서 이 말씀을 의역하자면 '그의 신성적 영의 신분에서 부활로 말미암아 하나님의 아들로 입증되시고'라고 할 수 있다(로버트 L. 레이몬드, 『개혁주의 기독론』, 199).

기의 전부를 드리고 따르는 절대 귀속의 감정과 의지'를 말한다. 즉 '경건'은 '하나님을 공경하고 두려워하는 가운데 행동을 삼가서, 세상과 구별된 태도를 가지고 하나님의 뜻대로 행하려 하는 마음가짐'이다(요 9:31; 딤전 2:10). 칼빈은 이 경건을 하나님이 베풀어주신 은혜를 아는 데서 자기도 모르게 생기는 하나님에 대한 경외와 사랑의 결합으로 본다.[20] 즉 그에 있어서 경건은 "하나님에 대한 거역이 죽음보다 더 악하다고 여기고 두려워하는 신실한 감정"이다.

성경은 만족할 줄 아는 경건은 큰 이익이 되고 모든 일에 유익하며, 현재와 미래에 생명의 약속을 소유하게 된다고 말씀하신다(딤전 4:8; 6:6). 즉 어떠한 환경에서도, 즉 비천에 처할 때나 풍부에 처할 때에도 예수님 한 분만으로 만족하면(참고 빌 4:12), 모든 일이 그에게 유익해진다. 여기서 한 걸음 더 나아가 성경은 자기를 지켜 세속에 물들지 아니하게 하는 것은 물론이고, 고아를 환난 중에 돌아보는 것까지 이 경건에 포함시킨다(약 1:27).

그런데 성경은 주님 안에서 경건하게 살고자 하는 자는 핍박을 받게 된다고 말씀하신다(딤후 3:12). 사람이 하나님의 말씀을 지키며 영적으로 살려고 할수록, 기준이 다른 세상이 그를 옳지 않다고 증거하기 때문에, 현세의 삶이 더욱 고통스러워진다. 그러나 요한복음 16장 33절에 이렇게 말씀하신다.

세상에서는 너희가 환난을 당하나 담대하라! 내가 세상을 이기었노라!

즉 세상을 이긴 믿음을 가진 자는 선을 행하다가 고난(핍박)을 받아도 하나님이 책임져 주시므로 전혀 걱정할 필요가 없고, 오히려 큰 상까지 받을 수 있으니 더 기뻐할 일이다(벧전 2:19; 마 5:10-12; 롬 5:3-4).

그러므로 우리는 경건에 이르기를 연습해야 하며(딤전 4:7), 무엇에든지 경건한 일에 모범이 되어야 하고(빌 4:8; 딛 2:7; 벧후 1:6-7), 끊임없이 경건함으로 하나님을 기쁘게 섬겨야 한다(히 12:28). 그리고 오직 우리는 경건치 아니하여 하나님의 은혜를 도리어 색욕거리로 바꾸며(유 1:4) 경건을 이익의 재료로 생각하

---

20 존 칼빈, 『기독교 강요 上』, 85.

고(딤전 6:5) 스스로 경건하다고 생각하는 자들에게서 돌아서야 한다(약 1:26). 이런 자들은 경건의 모양은 있으나 경건의 능력을 부인하는 자들로, 아무것도 아는 것이 없는 자들이기 때문이다(딤후 3:5; 딤전 6:3).

12. 하나님을 경외해야 한다

(1) 경외의 정의

쥐는 빠른 발을 가졌지만, 고양이를 만나면 공포에 질려 어쩔 줄 모른다. 고양이의 소리를 듣고 공포에 질려 쥐의 온 신경이 마비되기 때문이다. 생각 같아서는 그냥 쥐구멍을 찾아서 잽싸게 도망가면 될 텐데 쥐에게는 이게 쉬운 일이 아닌가 보다. 이를 통해 우리는 두려움에 대한 실체를 확인할 수 있다. 즉 어떤 것에 '두려움'을 느낀다는 것은 '그 순간 거기에 지배되었다'는 뜻이다. 가령 지극히 높으신 하나님 앞에서 두려움을 느낀다는 것은 그분의 인격에 압도당해 그분을 나보다 높게 여긴 것이다.

줄다리기할 때 똑같은 70kg의 몸무게를 가진 사람이라도 힘을 줄 때와 주지 않을 때가 같다고 할 수 없듯이, 같은 두려움이라도 하나님을 두려워하는 것과 사탄을 두려워하는 것이 같다고 할 수 없다. 즉 하나님을 두려워하면 마치 어떤 향기로운 꽃 냄새를 맡았을 때 기분이 좋아지는 것처럼 거룩한 쾌감을 느끼지만, 사탄을 두려워하면 마치 더러운 시궁창 냄새를 맡았을 때 기분이 나빠지는 것처럼 심한 불쾌감을 느끼게 된다.

보통 '경외'(敬畏)는 한자 그대로, "공경함과 두려워함"이다. 이에 비해 기독교에서는 이 단어를 하나님을 두려워할 때만 사용한다. 즉 기독교의 '경외'(ירא, 야레)는 "하나님이 얼마나 거룩하고 높으신지 알아 그분을 어려워하고 높이며 두려워 떨며 받드는 것"을 말한다. 성령님의 은혜로 주어지는 이 경건한 두려움은 하나님의 말씀에 대한 깊은 감격에서 나오고, 진정한 회개에서 비롯되며, 하나님의 사랑을 아는 데서 나오고, 장차 임할 하나님의 심판을 숙고하는 데서 비롯된다.[21] 이 경외심은 영혼의 맥박으로,[22] 이 은혜가 성장하면 다른 모든 은혜도 활발하게 활동하게 된다.[23]

하나님을 경외하면 그분 앞에 더러운 것을 조금만 갖다놓으면 죽음임을 알기에 악을 미워할 수밖에 없다. 그래서 성경은 다음과 같이 말씀하신다.

여호와를 경외하는 것은 악을 미워하는 것이라. 나는 교만과 거만과 악한 행실과 패역한 입을 미워하느니라(잠 8:13, 참고 14:6).

하나님을 경외함은 일종의 보호막과 같아서, 하나님을 경외함이 없이 그분께 가까이 다가가면 화를 입는다. 그래서 성경은 주님을 가까이하는 것이 복이라고 말씀하시면서도(시 73:28), 하나님의 얼굴을 직접 보면 어느 누구도 살지 못한다고 말씀하신다(출 33:20-24). 하나님의 보좌 주위에 둘러 서 있던 스랍들(천사들)이 그들의 얼굴을 가린 이유와 불의 종 엘리야 선지자가 호렙산에서 여호와께서 지나가실 때 겉옷으로 자기를 가린 이유가 여기에 있다(왕상 19:13; 사 6:2). 이런 의미에서 하나님에 대한 경외함이 없는 것은 '악'이요 '고통'이다(렘 2:19).

경외심은 죄가 들어올 수 있는 길목을 모조리 차단하는 화염검과 같으며, 망대 위에서 늘 깨어 영혼을 지키는 초병과도 같습니다. 경외심은 신중함을 유지하게 해줍니다. 하나님을 경외하는 사람은 매사에 조심스럽게 행동합니다.[24]

그러기에 하나님에게 가까이 가려는 자는 먼저 (세상의) 신발을 벗어야[25] 하고(출 3:5; 수 5:15), 적어도 철저히 악을 미워하고 악에서 떠나있어야 한다(잠 16:6; 3:7-8; 14:16). 그럴 때 비로소 하나님께서 (이런 자에게) 두려워하지 말라고 말씀

---

21 존 번연, 『경외함의 진수』, 이태복 역 (서울 : 지평서원, 2009), 120-131.
22 존 번연, 『경외함의 진수』, 274.
23 존 번연, 『경외함의 진수』, 224.
24 토마스 왓슨, 『하나님을 경외하는 사람』, 65.
25 당시 '신발을 벗는다는 것'은 노예와 같은 종임을 인정하는 행위였다.

하신다(사 35:3-4; 41:10-11; 수 8:1). 하나님께서는 당신을 경외하지 않는 자는 당신을 업신여기는 자로 보신다(말 1:6).

(2) 하나님을 두려워해야 하는 이유

그러면 왜 주님을 두려워해야 할까?

첫째, 하나님께서는 우리 몸만 아니라 영혼까지 능히 지옥에 보내실 수 있는 분이기 때문이다(마 10:28; 눅 12:5). 즉 그분께 내 영혼과 목숨이 전적으로 달려 있기 때문에 두려워하지 않을 수 없다.

둘째, 하나님을 경외함으로 당신을 아는 최고의 지식을 얻을 수 있기 때문이다. 이에 대해 성경은 "완전한 지혜는 주의 이름을 경외하는 것이며(미 6:9), 하나님을 경외함이 곧 지혜와 지식의 근본이요 훈계다."라고 말씀하신다(잠 1:7; 9:10; 15:33; 시 111:10; 욥 28:28).

셋째, 죄용서 받은 자는 하나님께 죄용서 받은 감격이 몹시도 커서, 두려워하는 자세가 풀어지지 않기 때문이다. 이런 자는 온전히 하나님만 의지하기에 이루 말할 수 없는 영광의 빛에 계신 그분을 두려워할 수밖에 없다.

넷째, 항상 하나님을 경외함으로 복을 받을 수 있기 때문이다(신 6:24; 잠 28:14). 그래서 성경은 하나님께서 평생 당신을 경외함을 배우게 하려고 (영원한 생명) 말씀을 주셨다고 말씀하신다(신 4:10; 6:2).

(3) 하나님을 경외함으로 얻는 유익

성부 하나님을 두려워하면, 다음과 같은 복을 받는다.

① 우리 몸에 양약(良藥)이 되어 골수가 윤택해진다(잠 3:8).
② 하나님과 친밀해진다(시 25:14).
③ 치료하는 광선을 받게 된다(말 4:2).
④ 상을 받는다(계 11:18).
⑤ 소원이 이뤄지게 되고(시 145:19), 즉 경외심은 갈망하는 마음의 뿌리가 되는 은혜로, 하나님은 경외하는 자들의 소원, 곧 영혼 안에 이미 존재하는

은혜의 원리에서 비롯된 소원을 물리치시는 법이 결코 없다.[26]

⑥ 하나님께 불쌍히 여김을 받는다(시 103:11, 13, 18, 31).
⑦ 하나님의 특별한 소유가 된다(말 3:17).
⑧ 사망의 그물에서 벗어나(잠 14:27) 구원을 받는다(시 34:7; 33:18-19).
⑨ 재앙을 만나지 않게 해 주신다(전 8:12; 잠 19:23; 시 34:9).
⑩ 하나님이 함께 해 주신다(학 1:12-13, 참고 시 25:12-14).
⑪ 이런 자에게 견고한 의뢰가 있어 소망이 끊어지지 않게 된다(잠 14:26).

하나님을 경외하지 않는 사람은 만족이 없습니다. 그런 사람은 풍족할 때에도 괴로움이 따르며(욥 20:22) 모든 것을 다 가졌어도 무엇인가 빠진 듯한 느낌을 떨쳐버리지 못합니다. … 반면에 경외자는 만족한 삶을 누립니다. 그의 영혼에는 은혜가 충만하고, 그의 양심에는 평화가 가득합니다.[27]
경외심은 모든 부족을 덮습니다. 다른 모든 방면에서 하나님을 섬길 능력이 없는 사람도 경외심이라는 은혜만 있으면 탁월하게 하나님을 섬길 수 있습니다. … 모든 능력을 구비하고 있지만 경외심이라는 은혜가 없는 사람보다, 무능할지라도 경외심이라는 은혜를 소유한 사람이 더욱 탁월하게 하나님을 섬길 수 있습니다.[28]

(4) 하나님을 두려워해야 한다

성경은 인간의 본분은 하나님을 경외하고 그 명령을 지키는 것이라고 말씀하신다(전 12:13-14). 그러기에 지극히 높은 곳에 계시는 하나님 앞에서 함부로 입을 열지 말고, 급한 마음으로 말을 내지 말아야 한다(전 5:2). 여기서 "함부로"(בָּהַל, 테바헬)는 "빠할"(בָּהַל)의 피엘 미완료형이고, "급한"(יְמַהֵר, 예마헤르)은 "마하르"(מָהַר)의 피엘 미완료형이다. 즉 하나님 앞에서 입을 열 때는 "매우" 조심해야 한다. 또 하나님이 우리에게 하신 큰일을 생각하여, 오직 주님을 경외하며 마음을 다하여 진실하게 섬겨야 한다(삼상 12:24). 즉 오직 우리의 의뢰가

---

26 존 번연, 『경외함의 진수』, 277.
27 토마스 왓슨, 『하나님을 경외하는 사람』, 56-57.
28 존 번연, 『경외함의 진수』, 277-278.

하나님을 경외함에 있도록 하고, 하나님을 경외함으로 즐거움을 삼아야 한다(사 11:3).

또한 나그네 인생길을 가는 동안 두려워 떠는 마음으로 하나님의 말씀을 듣고, 온종일 주님을 두려워하는 가운데서 지내야 한다(잠 23:17; 대하 19:7; 신 28:58; 8:6; 시 86:11; 2:11-12; 119:161; 사 66:2; 벧전 1:17). 하나님과는 죄의 벽이 없어야 하지만, 하나님을 경외함의 벽은 한도 끝도 없이 높아야 한다. 하나님에 대한 경외가 우리의 보배인 까닭이다(사 33:6).

(5) 온전한 사랑은 두려움을 내쫓는다

온전한 사랑은 두려움을 내쫓는다(요일 4:18). 그러기에 완전한 사랑이신 예수님이 내 안에 계시면 죽음도 두렵지 않다. 죽음을 이기신 분을 모셨기에 죽음이 두렵지 않게 되는 것이다.

사망에 대해 호령하는 하나님의 선포를 보라!

> 내가 저희를 음부의 권세에서 속량하며 사망에서 구속하리니, 사망아! 네 재앙이 어디 있느냐? 음부야! 네 멸망이 어디 있느냐? 뉘우침이 내 목전에 숨으리라(호 13:14).

여기서 "뉘우침이 내 목전에 숨으리라"(יִסָּתֵר נֹחַם מֵעֵינָי, 노함 이싸텔 매애이나이)는 뜻은 사망을 유황 불못에 던져버리시는 것에 대한 뉘우침(불쌍히 여기는 마음)이 하나님 눈앞으로부터 숨겨질 것이라는 의미다. 즉 이 문장은 사망이나 음부가 우리에게 주는 재앙이나 멸망을 눈 씻고 찾으려 해도 찾을 수 없을 정도로 우리를 사랑하여 완전히 구속하시겠다는 뜻이다.

또한 고린도전서 15장 55-56절에 "사망아! 너의 이기는 것이 어디 있느냐? 사망아! 너의 쏘는 것이 어디 있느냐? 사망의 쏘는 것은 죄요, 죄의 권능은 율법이라."고 말씀하신다. 즉 예수 그리스도를 믿으면 죄 용서를 다 받아 죄를 이긴 자가 되기에, 죄의 삯(대가)인 사망에 대해(롬 6:23) 조금도 두려워하지 않고 호통을 칠 수 있다.

> 사랑도 두려움도 없다면 '무지함'이요, 사랑 없이 두려움만 있다면 '율법'이요, 사랑도 두려움도 다 있다면 '갈등'이요, 두려움이 없는 사랑 그것이 '믿음'이다. 하나님만 두려워하는 사람은 하나님이 아닌 것에 대해서는 아무것도 두려워하지 않는다. 그러나 하나님을 두려워하지 않는 사람은 하나님 외의 모든 것을 두려워한다. -벵겔(Bengel)-

하나님을 두려워하지 않으니, 자기도 모르게 사탄과 죽음이 두려워지는 것이다. 즉 죽음을 완전히 이기신 주님을 온전히 두려워하지 않으니, 주님의 보호를 받지 못하여 죽음이 두려워지는 것이다. 인간의 치명적인 약점이 죽음을 두려워하는 것이라는 것을 매우 잘 아는 사탄이, 우리로 하여금 자꾸 생명을 아끼도록 부추기는데, 여기에 넘어간 까닭이다(히 2:15-16). 이런 자는 종말론적으로 살지 않기에, 죽음을 두려워하고 사탄 앞에 약해질 수밖에 없다.

아울러 하나님을 두려워하지 않으면 인간도 두려워하게 되는데, 이는 사실상 하나님보다 인간을 더 크게 봄으로 사탄의 덫에 빠진 까닭이다. 이에 대해 성경은 다음과 같이 말씀하신다.

> 너희를 위로하는 자는 나여늘 나여늘, 너는 어떠한 자이기에 죽을 사람을 두려워하며, 풀같이 될 인자를 두려워하느냐?(사 51:12)
> 사람을 두려워하면 올무에 걸리게 되거니와 여호와를 의지하는 자는 안전하리라(잠 29:25).

따라서 원수가 온종일 삼키려 할 때 다윗이 그러했던 것처럼, 우리도 하나님만을 온전히 의뢰하여, 직·간접적으로 위협하며 두려운 마음을 자아내게 만드는 혈육을 가진 인간 앞에서 다음과 같이 당당히 맞서야 한다.

> 내가 두려워하는 날에는 내가 주를 의지하리이다. 내가 하나님을 의지하고 그 말씀을 찬송하올지라. 내가 하나님을 의지하였은즉 두려워하지 아니하리니, 혈육을 가진 사람이 내게 어찌하리이까?(시 56:1-3)

18장

성화의 기타 여러 모습들

1. 하나님을 좀 더 구체적으로 인식해야 한다

(1) 부활하신 주님은 나를 얼마나 더 사랑하실까?

내가 모신 하나님은 어떤 분이시고, 나는 그런 하나님을 어떻게 경배하고 있는가?

지금 내 눈앞에 내 죄를 대신하여 피 흘려 죽으신 예수님의 모습이 보이는가?

하나님의 말씀이 마음 깊숙이 심금을 울리는 전지전능 절대 순수의 음성으로 들리는가?

지금 내게 있어서 주님이 내 영혼의 모든 만족을 능히 채워 주실 정도로 위대하신 분이며, 그분을 위해서 지금 나의 모든 것을 떠날 수 있을 정도로 그분이 나에게 절대적인 분인가?

지극히 존귀한 분이 나 같은 인간을 사랑하시고 받아주신다는 것 자체가 얼마나 가슴이 떨리는 일인지 모른다. 꿈에도 그리던 분을 주인으로 모셔 들였으니 그 이상 가슴이 벅찬 일은 없다. 주님이 나를 대신하여 죽으시고 부활하시기까지 나를 사랑하신 것은 그 어떤 것으로도 대체할 수 없는 절대적인 은혜다.

그런데 주님이 단번에 죽으셨다고 해서, 이 죽음의 의미를 그때만 묻어 두는 오류를 범하는 자들이 많다. 또한 하나님은 날마다 우리의 죄짐을 지고 계시는데(시 68:19), 주님이 단번에 모든 죄 문제를 해결하셨다고 해서, 한때만 또는 몇 번만 우리의 죄를 지고 계신다고 생각하는 자들이 많다. 하나님의 대속의 은혜는 항상 믿는 자에게 완전한 만족을 주지만, 거기서 만족하지 않고 더 풍성한 생명을 얻기 위하여 끊임없이 간구해야 함에도, 주님이 단번에 죽으셨다고 해서 이 생명을 자동으로 무한히 받은 것처럼 믿는 자들이 많은 것이다.

주님이 살아생전에 나를 살리기 위해 대신 죽어주셨다면, 부활하신 후에는 그때보다 훨씬 더 사랑하실 것이 아닌가?

성경은 성령님이 시기(질투)하기까지 하나님이 우리를 사모하시며(약 4:5), 우리가 백발이 되기까지 우리를 품으시고 안으시고 구하여 내시고(사 46:3-4), 마치 여인이 자기 태에서 난 아들을 긍휼히 여기는 것처럼, 우리를 잊지 아니하시며, 우리를 당신의 손바닥에 새기셨다고 말씀하신다(사 49:15-16). 하나님은 우리를 보배롭고 존귀하게 보셔서, 우리 대신 사람들을 내어주기까지 우리를 사랑하신다(사 43:4).

부모가 태아가 출생하기 전에 미리 아기의 필요한 물품들을 준비해 두듯이, 하나님께서는 중생한 신자에게 필요한 모든 것을 준비해 놓고 계신다. 그러기에 부활하신 주님이 항상 우리에게 더 풍성한 생명을 주시고 계심을 믿고(참고 요 10:10; 20:22), 어떤 경우가 있어도 "나는 여호와께서 보시기에 존귀한 자라! 나의 하나님이 나의 힘이 되셨도다!"(사 49:5)라는 고백을 할 수 있어야 한다.

(2) 주님을 구체적으로 인식해야 한다

그런데 주님을 막연하게 인식하여, 하늘나라의 시민권을 얻은 것에 대한 자부심을 느끼지 못하고, 주님의 얼굴을 자꾸 피해 다님으로써 주님만 일방적으로 사랑하시게 하는 자들이 있다. 또 믿는다는 사람이 전능자께서 자기 안에 이미 와 계신 줄도 모르고 계시지 않는 것처럼 생각하기도 한다. 이렇게 많은 경우 주님이 우리의 삶 속에서 사실상 무의미하게 죽어계시는 것처럼 보인다. 이런 약함을 아시는 하나님께서는 우리에게 당신의 얼굴을 항상 구하라고 말씀하신다(대상 16:11; 시 105:4; 호 5:15). 더 실감나게 당신의 인격을 인식하라는 것이다.

그런데 가난한 사람에게 1천만 원을 얘기할 때는 크게 느끼지만, 1조를 얘기하면 막연하게 느끼기 쉽듯이, 부족한 우리도 주님의 전능하고 무한한 사랑을 한꺼번에 실감하기가 쉽지 않다. 그러므로 이를 좀 더 구체화해야 할 필요가 있다.

이에 대해 성경은 부활하신 예수님에 대하여 "머리와 털은 눈같이 희고, 눈은 불꽃 같으며, 음성은 많은 물소리와 같고, 입에서는 좌우에 날선 검이 나오며, 그 얼굴은 해가 힘 있게 비치는 것 같으며"(계 1:14-16), "그 옷은 희기가 눈 같고 … 그 보좌는 불꽃이요, 그 바퀴는 붙는 불이며, 불이 강처럼 흘러 그 앞에서 나오고, 그에게 수종하는 자는 천천이요, 그 앞에 시위한 자는 만만이다."(단 7:9-10, 참고 겔 1:22, 24, 26-28)라고 말씀하신다.

참 하나님이시자 참 인간이신 예수님은 지극히 높으신 분으로, 하늘과 땅의 모든 권세를 가지셨고, 죄가 전혀 없고 완전히 순결하고 거룩하여 감히 범접할 수 없는 분이시며, 이 세상에 계실 때 하나님께서 성령을 무한히 주셔서 하나님의 말씀을 하셨고(요 3:34), 부활하신 후 당신 안에서 죽은 모든 자를 능히 다시 살리실 수 있으시다.

이런 주님을 좀 더 구체적으로 인식하려면 어떻게 해야 할까?

첫째, 하나님의 영으로 거듭나야만 한다. 그래야만 영의 눈이 열려 부활의 주님이 바로 보일 것이기 때문이다.

둘째, 억울하게 내 죄 때문에 흘리신 주님의 신성한 피 냄새를 맡을 수 있어야 한다. 말 몇 마디로 주님이 십자가에 못 박히셨다고 생각해서는 안 된다. 주님의 사랑을 느끼는 것은 마치 실제 내 눈앞에서 십자가에 못 박혀 피를 줄줄 흘리는 듯한 상황의 실재성을 느끼는 것이라야 한다.

셋째, 무슨 일을 하든 하나님 앞에서 한다는 신전의식(神前意識)이 있어야 한다. 이에 대해 오스 기니스는 하나님의 소명(召命)에 귀 기울이면서 산 인생은 단 한 분의 청중 앞에서 살아낸 인생인데,[1] 그것은 청중을 의식하는 데서 돌이켜, 오직 최후의 청중이요 최고의 청중이신 하나님만을 중요하게 여기는 것이라고 말한다.[2]

1　오스 기니스, 『소명』, 홍병룡 역 (서울 : IVP, 2000), 118.
2　오스 기니스, 『소명』, 119.

넷째, 하나님 앞에 미리 경외의 보호막을 치는 가운데 나아가야 한다. 이에 대해 사도 바울은 십자가의 도를 전할 때, 얼마나 두려운지 모른다고 고백했다 (고전 2:2-3). 또 모세의 누이 미리암도 "여호와여! 신 가운데 주와 같은 자 누구니이까? 주와 같이 거룩함에 영광스러우며, 찬송할 만한 위엄이 있으며, 기이한 일을 행하는 자 누구니이까?"라고 고백했고(출 15:11, 참고 욥 37:22; 신 3:24), 시편 기자도 "하나님은 거룩한 자의 회중에서 심히 엄위(嚴威)하시오며, 둘러있는 모든 자 위에 더욱 두려워할 자시니이다!"(시 89:7)라고 고백했다.

2. 성화의 경지를 높여야 한다

(1) 성화의 경지는 다 다르다

무술의 고수가 되면 한 동작 한 동작에 내공이 실려 엄청난 파괴력을 지니게 되듯이, 하나님과 사랑 관계가 깊어질수록 그만큼 참사랑을 위해서 견디는 힘이 크기 때문에, 그 안에서 품어져 나오는 사랑의 공력 또한 더 커진다. 이에 대해 레오나르도 다빈치는 "위대한 사람일수록 깊이 사랑한다."라고 말한다.

성경은 젖을 먹는 자는 의의 말씀을 경험하지 못한 자이지만, 단단한 식물을 먹는 자는 지각을 사용하므로 연단을 받아 선악을 분별하는 자라고 말씀하신다(히 5:13-14). 한마디로 "성화"(聖化)의 단계가 다르다는 것이다.

여기서 "성화"는 가령 똑같은 참기름이더라도 농도의 차이가 있을 수 있는 것처럼, "성령님의 인도하심을 받아, 믿음이 성장하여 본성이 더욱 새롭게 변화를 받음으로, 완전하신 주님을 닮아가는 것"을 말한다.

> 즉 성화(거룩)는 그리스도의 형상을 덧입는 것으로, 자신의 개인적인 삶과 습관과 성품과 행실을 통해 다른 사람에게 나타내 보이는 것이다.[3] 또 성화는 성령님이 신자의 마음에 부으시는 은혜의 크기와 능력과 정도가 자라가는 것으

---

[3] J. C. 라일, 『거룩』, 25.

로,[4] 그리스도의 뜻을 행하고 삶을 통해 보여주신 주님의 가르침을 따라 살려고 부단히 애쓰는 것이다.[5]

성화는 편의상 그 단계에 따라 '아기' '어린이' '청년' '장년' '노년' 등으로 나눌 수 있다(참고 요일 2:12-14).

'아기'는 '누군가 젖병을 물려야 하는 단계'이고,

'어린이'는 '젖을 떼었지만 여전히 아버지의 보살핌을 받아야 하는 단계'이며,

'청년'은 '여러 가지 시행착오를 겪으며 점차 부모에게서 독립하는 단계'이고,

'장년'은 '가장(家長)으로서의 책임을 다해야 하는 단계'이며,

'노년'은 '믿음의 거목이 되는 단계'이다.

포도주를 하루 동안 숙성한 것과 30년 동안 숙성한 것이 같을 수 없는 것처럼, 성화의 경지가 저마다 다르기에 참사랑을 위해 인내하며 자기를 버리는 정도가 다르고, 사람마다 똑같은 것을 구해도 응답의 시간과 정도도 차이가 난다. 또 주님의 사랑을 받아들이는 정도가 다르고, 성경을 읽고 듣고 지키는 경지도 다르다. 각자를 향하신 하나님의 뜻도 마찬가지라서 각 단계의 성화자에게 그에 걸맞은 하나님의 뜻이 주어진다.

그리하여 성화가 매우 높은 단계에 이르면, 가장 강렬한 정오의 빛과 같은 삶을 살게 된다(시 37:6). 이에 대해 성경은 우리의 온몸이 밝아 조금도 어두운 데가 없으면, 등불의 빛이 비출 때와 같이 온전히 밝게 된다고 말씀하신다(눅 11:36). 빛은 섞이면 섞일수록 흰색이 되는 것처럼, 빛 되시는 하나님과 연합되면 될수록 더욱 거룩해지고, 자기는 없고 예수님만 있게 되기에, 예수님을 더 많이 닮은 삶을 살아갈 수 있다.

---

4 J. C. 라일, 『거룩』, 200.

5 J. C. 라일, 『거룩』, 88. 즉 J. C. 라일은 칭의와 성화는 의롭다 여김을 받은 그때에 또한 성화하게(거룩해지게) 된다는 점에서 비슷하지만(J. C. 라일, 『거룩』, 93), 다음과 같은 점에서 구별된다고 본다. 즉 칭의는 단번에 되나 성화는 시간이 걸리고, 칭의는 주 예수 그리스도로 말미암아 의롭다 여김을 받는 것이나, 성화는 그 정도가 아주 미약할지라도 내면에서 실제로 의롭게 되는 것이며, 칭의는 더 이상 자라지 않으나, 성화는 삶이 지속되는 한 계속해서 자라고, 칭의는 우리 밖에서 행하시는 하나님의 행위로 다른 사람이 쉽게 분별하지 못하나, 성화는 우리 안에서 행하시는 하나님의 사역으로 사람의 눈에 명백히 드러난다(J. C. 라일, 『거룩』, 93-94).

(2) 성화의 경지를 높여야 한다

그러므로 우리는 예수 그리스도의 은혜와 하나님의 뜻과 저(예수님)를 아는 지식에서 자라가야 한다(벧후 3:18; 엡 4:16; 골 1:9-10). 성화의 경지를 높이기 위하여, 십자가 앞에 날마다 자신을 쳐서 질을 갱신하는 자가 되어야 한다. 깊은 바다로 들어가려면 더 큰 압력을 이겨야 하듯이, 더 큰 물고기를 낚기 위하여 더욱 깊은 은혜의 바다에 들어가야 한다(눅 5:4). 자기 주제를 모르고 자신의 한계를 넘는 모험을 강행하는 것이 아니라면, 패배가 두려워 아예 시도도 안 하는 자보다는, 차라리 패배하더라도 믿음으로 자기의 한계를 뚫는 도전을 계속하여 늘 새로운 경지를 개척하는 자가 되어야 한다.

그리하여 우리 안에 지어진 성소 외(外)에 성벽까지 쌓음으로써 믿음의 지경을 넓혀야 한다(미 7:11). 또 하나님의 빛의 갑옷과 전신갑주를 입고(롬 13:12; 엡 6:11-13) 더 높은 성화(聖化)의 단계로 들어가, 할 수만 있다면 그리스도의 장성한 분량에까지 이르도록 해야 한다(엡 4:13).

(3) 성화와 관련하여 조심할 점

그런데 성화와 관련하여 몇 가지 조심할 점이 있다.

첫째, 기껏 해봐야 은사 한두 가지를, 그것도 얕게 받았을 뿐인데, 마치 그것이 하나님의 능력 모두를 대변하기라도 하는 마냥, 신앙의 분수를 모르고 마치 혼자 은혜와 은사를 다 받은 것처럼 행동해서는 안 된다는 점이다.

가령 어떤 분야에 대한 책을 딱 한 권만 읽고, 마치 그것이 절대적으로 옳다고 주장하는 자에게 무슨 할 말이 있겠는가?

이 세상에서 최고의 은사를 받았어도, 하나님 앞에는 티끌만큼도 안 될 뿐 아닌가?

둘째, 은혜를 깊이 받고 나서 겸손한 척, 그 단계에서 발을 빼면 위험하다는 점이다(참고 출 4:24). 왜냐하면 전능하신 하나님께서 보시기에 감당할 만하기에 주신 것인데, 이를 두고 인간이 핑계할 수 없기 때문이다. 그러기에 성화의 높은 단계에 올라가서 자기를 잃어버릴 바에는 차라리 올라가지 아니함만 못하다고 할 수 있다.

셋째, "성화"는 방언, 예언, 통역, 귀신 쫓음, 병 그침, 능력 행함 등과 같은 '성령의 은사'보다는, 신앙의 인격과 말씀을 토대로 한 사랑과 희락과 화평과 오래 참음과 자비와 양선과 충성과 온유와 절제 등의 '성령의 열매'와 더 깊이 연관되어 있다는 점이다. 물론 성화의 단계가 높은 자가 더 깊고 풍부한 '성령의 은사'도 받게 되겠지만, 항상 비례하는 것은 아니다.

왜 그럴까?

'성령의 은사'는 다음과 같은 맹점을 가지기 때문이다.

첫째, 은사 자체가 지극히 주관적이라는 점이다. 가령 어떤 환상을 봤다고 하나 그것이 맞지 않는 경우도 많고, 또 자기에게만 해당될 뿐인 경우도 많다.

둘째, 은사는 본질이 아니라 보너스라는 점이다.

은사 자체가 부수적인데, 그 은사를 통해 불치병을 고쳤다면 얼마나 부수적이겠는가?(마 11:21)

성령의 은사는 교회의 유익을 위한 매우 귀하고 중요한 하나님의 선물임에 틀림없지만, 보혜사 성령님에 비하면 극히 부분적인 섬김의 도구일 뿐이다. 성경을 약 13권이나 쓰고, 수많은 병자의 불치병을 고쳐준 사도 바울에게도 육체의 가시(σκόλοψ, 스콜롭스) 곧 사탄의 사자(ἄγγελος, 앙겔로스, messenger, 사신, 하수인)가 주어진 경우를 생각해 보라!(고후 12:7, 참고 갈 4:13-15)

그러기에 성경은 마지막 날에 많은 사람이 주의 이름으로 선지자 노릇을 하고, 주의 이름으로 귀신을 쫓아내며, 주의 이름으로 많은 권능을 행했어도 불법자로 몰릴 수 있다고 경고하시며(마 7:21), 또 성령의 은사로 실컷 좋은 일을 했어도, 사랑이 없으면 아무 유익이 없다고 말씀하신다(고전 13:1-3). 예수님께서 전도여행에서 돌아온 제자들더러, 주의 이름으로 귀신들이 항복한 것보다 하늘 생명록에 자기 이름이 기록된 것으로 기뻐하라고 말씀하신 것도 같은 맥락이다(눅 10:17-20).

셋째, 정말 기적적으로 성령 은사를 통해 불치병을 고침 받은 자가 자기 믿음이 좋아서 고침 받은 것으로 착각하게 만들 수도 있다는 점이다. 물론 회개의 열매를 맺어 고침 받았을 수 있었겠지만, 꼭 그런 것만은 아니다(눅 5:19-20; 10:12-14; 마 11:21-24).

넷째, 때로 하나님은 은사자가 죄를 지은 후에도 그에게 딸린 양들이 큰 상처를 입을까 봐, 능력 은사를 일정 부분 그대로 남겨두실 수도 있다는 점이다. 그러므로 은사자는 자기에게 정말 하나님의 사랑이 있는지 항상 시험해 보고, 또 은사자를 찾아가는 자도 은사자의 언행과 인격, 사회성에 문제가 있는지 잘 살펴봐야 한다. 무슨 일이 있어도 신앙은 일개의 인간에게 종속되지 말아야 하며 종속시키지도 말아야 하고, 오직 예수님께만 종속되고 종속시켜야 한다.

3. 주님과 동행하려면

성경을 보면, 에녹은 300년 동안 하나님과 동행하다가 육체의 죽음을 맛보지 않고 하늘에 올라갔고(창 5:24), 하나님께서 요셉과 함께하셔서 요셉이 감옥에 있었을 때조차도 형통케 하셨으며(창 39:23), 또 하나님께서 함께하셨기에 평생에 여호수아를 당할 자가 없었다고 말씀하신다(수 1:5).

루더포드는 다음과 같이 말한다.

"천국과 그리스도는 같다. 그리스도와 함께하는 것이 천국이기 때문이다."[6]

우리가 사랑하는 사람과 동행하려는 이유는 같이 있으면 몹시 행복하니, 죽을 때까지 옆에 두고 싶기 때문이 아닌가?

마찬가지로 하나님을 사랑하는 자는 자기의 영혼을 능히 만족시켜 주고도 남는 분을 항상 자기 옆에 모시기 위해 모든 힘을 기울인다. 예수님을 정말 보고자 하는 사람은 보고 듣는 모든 것에 예수님을 생각한다. 이런 자는 사랑의 노예가 되어, 모든 삶 속에서 주님의 사랑의 간섭을 받기 위하여 항상 주님과 더불어 시작하고 주님과 더불어 마친다.

진정한 행복은 하는 일 모두가 형통할 때에 있다기보다, 어려운 때일지라도 순간순간 주님을 의지하는 데 있다. 최악의 상황에서도 주님이 함께하시기만 하면 형통한 삶이지만, 모든 것이 풍족해도 그렇지 못하다면 형통한 삶이 아니

---

[6] A. W. 토저 외 영성작가들, 『하나님의 약속을 말하다』, 232.

라는 것이 성경의 변할 수 없는 진리이다.

존귀한 사람을 만나는 것도 복이지만, 존귀한 사람과 함께 있을수록 더 복이 됨은 상식이다. 이에 대해 성경은 지혜로운 자와 동행하면 지혜를 얻으나, 미련한 자와 사귀면 해를 받는다고 말씀하신다(잠 13:20 22:24). 이것이 주님을 더욱 닮기 위하여 주님과 동행하는 시간을 늘려야 하는 이유다.

그렇다면 어떻게 해야 주님과 동행할 수 있을까?

첫째, 주님의 마음에 연합해야 한다. 즉 우리를 위해 죽음에 처할 때의 주님의 심각한 고뇌의 마음을 헤아려서, 항상 예수님과 함께 머물러 깨어 있어야 한다(막 14:34). 왜냐하면 서로 마음도 안 맞고 뜻이 다르면 동행할 수 없기 때문이다(암 3:3). 누가 자기의 가치를 몰라주는 자와 함께하고 싶겠는가?

> 신명기 1장을 보면 이스라엘 백성들이 정탐꾼 10명의 부정적인 보고를 받고 긍정적인 보고를 올린 갈렙과 여호수아를 돌로 치려 하니, 하나님께서 진노하셔서 그 둘을 제외하고 이스라엘 전체가 가나안 땅에 들어가지 못할 것이라고 말씀하시자, 이스라엘 백성들이 뒤늦게 하나님께 범죄했다고 하면서 지금이라도 순종하여 복을 받아야겠다는 계산으로 하나님의 마음은 아랑곳하지 않고 자기들 마음대로 여호와의 명을 거역하여 가나안 땅에 올라가 싸운다. 하지만 그들의 기대와 달리, 그 산지에 거하는 아모리 족속이 마주 나와 벌떼같이 그들을 쫓아 세일 산에서 쳐서 호르마까지 미쳤고, 결국 그들이 돌아와 여호와 앞에서 통곡했으나 여호와께서 그 소리를 듣지 아니하셨다고 말씀하신다(신 1:43-45).

> 출애굽기 33장의 '금송아지 사건'에서도 마찬가지이다. 하나님께서는 이스라엘의 우상숭배로 인한 당신의 진노가 채 풀어지지 않아서, 이스라엘에게 당신의 사자를 보내기는 하겠지만 혹 같이 가다가 진멸할까 봐 함께하지는 않겠다고 하시면서(출 33:3), (후에) 그들의 죄에 대해서는 보응할 날에는 보응하시겠다고 말씀하신다(출 32:34). 이처럼 하나님의 마음이 풀어지지 않는 가운데에서 행한 모든 것은 복이 되지 않는다.

둘째, 항상 "어떻게 하면 하나님을 기쁘시게 할까?"라는 생각으로 충만해야 한다(요 8:29). 주님이 기뻐하시는 일에 내 모든 것이 굴복될 때, 주님께서 동행해 주시기 때문이다.

셋째, 철저히 하나님의 약속의 말씀대로 살아야 한다(수 1:7-9). 약속의 말씀을 믿는 자에게 하나님이 함께하시는 까닭이다. 많은 사람이 조급한 나머지 주님보다 앞서가거나, 아니면 주님을 제쳐놓고 간다. 하지만 지혜로운 자는 비록 느리게 갈지라도 한 걸음씩 주님과 함께 간다.

가령 글을 쓸 때 작은 것 하나라도 완성을 시키고 나가야 후에 분량이 많아질 때 잘 대처할 수 있듯이, 한 말씀이라도 그 말씀을 체화시켜 주님을 따라갈 때 신앙의 기초가 견고히 다져져 튼튼하고 단단하게 성장한다.

4. 성숙한 신앙 인격을 가져야 한다

한국 교회는 "기복(祈福) 중심적" 경향이 강하여 꼭 현실적으로 병이 낫고 물질 축복이 이어져야만 하나님께 복 받은 줄 안다. 그래서 성숙한 신앙을 가지지 않으면 시험에 들 일도 많다. 성도의 수만 늘어나면 모든 것이 용서될 정도로 교회의 양적 팽창주의가 하늘을 찌르고 있는 이때, 어느새 신자는 세상의 소금이 아니라 교회의 소금이 되어 가고 있다.

그러나 우리가 깊은 연단 중에 있을 때, 때로는 "하나님께서 혹시 계시지 않으신 것이 아닌가?"라는 체험을 하게 된다고 해서, 하나님께서 거기에 계시지 않은 것은 아니다. 또 하나님의 말씀을 그대로 지킨 까닭에 핍박을 받아 많은 것을 잃게 되었다고 해서, 하나님이 저주하신 것도 아니다. 이것이 바로 "성숙한 신앙"의 문제이다. 여기서 "성숙(成熟)이라 함은 "벼가 무르익어 고개를 내리는 것처럼, 신앙이 자라서 어른스러워진 것"을 말한다.

본회퍼는 신앙의 이런 면을 더 깊은 하나님의 사랑의 성숙성으로 재발견하고, "부르짖으면 응답하신다!"는 하나님의 말씀이 성숙한 시대에는 해석되지

않는 것도 있다고 말한다. 이에 대해 김영한은 다음고- 같이 말한다.[7]

> 『옥중서신』의 성숙성은 '하나님 없이' 살면서도 오히려 하나님과 더 가까이 사는 '신앙의 성숙성'을 말한다. 신(神) 부재(不在)의 신앙은 무신론적인 신앙이 아니라, 오히려 그대로 세속의 한가운데서, 그의 무능하심과 약함을 통해서 자신의 강함과 전능을 나타내시는 신에 대한 깊은 신앙이다-. 삶의 한계상황에 우리를 내버려 두셔서, 마치 '신이 없는 것처럼' 보이는 신은 그리스도 안에서 우리의 고난에 참여하시는 자로 현존(現存)하신다. '성숙성'이란 인간을 고난과 죽음의 입장에 내버려 두시는 신의 섭리와 뜻을 성숙한 신앙으로 받아들이고자 하는, 신 앞에서의 자율적인 인간의 태도다.

그러므로 어떤 의미에서 "보여줘야 믿겠다!"라는 말은 불신이 잠재되어 있다고 할 수 있다. 눈에 띄게 복을 줘야 순종하겠다는 것은 엄밀한 의미로 보면 참된 믿음이 아니다. 오히려 성숙한 신앙인은 그리 아니하실지라도 하나님을 경외하고 사랑하며(욥 1:8; 합 3:17-18), 우리가 알지 못하는 하나님의 깊은 섭리를 받아들일 준비가 되어 있다.

5. 저항의 영성을 가져야 한다

(1) 참된 그리스도인의 경건이란?

지금 내 아파트에 강도가 들어와서 아내와 딸을 죽이려 한다면, 기독교인은 어떻게 해야 할까?

만약 이때 강도가 "너희 하나님이 원수도 사랑하라고 했으니 전 재산과 순결까지도 내게 바쳐라!"고 말했다고 해서 들어줘야 할까?

성경은 세상의 권력자들에게 순종하기를 가르친다(롬 13:1-7; 딛 3:1). 또 하

---

[7] 김영한, 『하이데거에서 리꾀르까지』, (서울 : 박영사, 2003), 133-144.

나님께서는 임금들과 높은 지위에 있는 모든 사람을 위해 기도하라고 말씀하신다(딤전 2:2).

그런데 만약 국가가 권력을 남용하여 기독교의 신앙의 기초 권리 자체를 침해한다면, 신자는 어떻게 대처해야 할까?(계 13장)

또 만약 이슬람 국가가 전 세계를 지배할 물리적인 힘이 있어서, 이슬람교를 믿지 아니하는 자를 다 죽인다고 위협한다면 어떻게 해야 할까?

> 우리는 사망자만 2,977명이나 되는 2001년 9월 11일 미국 세계무역센터 테러 사건을 기억한다. 그때의 일이다. 테러범들이 탈취한 비행기 중 어느 한 비행기에서 다음과 같은 일이 일어난다. 테러리스트들에 의해 비행기 조종사는 죽고, 대신 어떤 테러리스트가 비행기를 운항하고 있는데, 이제 몇 분이 지나면 승객 모두가 테러범들이 목표로 정한 백악관 건물에 부딪쳐 그들과 함께 죽을 수밖에 없는 운명에 처한다.
>
> 뒤늦게 이 사실을 알게 된 기독교 명문 휘튼대를 졸업한 토드 비머 등 친구 몇 명은, 긴박하게 돌아가는 상황 속에서 '주기도문'을 외우는 것을 신호로 납치범들과 격투를 벌이고, 결국 불행하게도 비행기에 탄 사람들 모두가 죽는다. 그 결과 미국의 정치 심장부 백악관은 건재하게 되었다.

이런 상황에 부닥칠 때, 신자는 어떻게 해야 할까?

이때도 기도만 하고 홀로 묵묵히 죽어야 할까?

예수님은 오른뺨을 치면 왼뺨도 대주라고 하셨다(마 5:39). 그러나 이는 어디까지나 "공의의 기준 안에서의 개인적인 악"에 대한 문제다. 가령 예수님께서 십자가에 못 박히시기 전, 대제사장의 종에게 맞으시자, "말을 잘못하였으면 그 잘못한 것을 증거하라! 잘하였으면 네가 어찌하여 나를 치느냐?"(요 18:23)라고 말씀하셨음을 생각해 보라!

그러므로 이 말씀을 공의의 기준 밖에서의 사회, 국가 등이 연결될 때도 똑같이 다뤄야 한다고 해석한다면 모순에 빠진다.

가령 내가 죽어서 하나님의 나라가 확장된다면 좋겠지만, 오히려 다른 종교가 확장되어 갓 태어난 자식이 아무것도 모르고 이단 종파로 넘어가면 되겠는가?

이는 나 혼자 희생한다고 해결되는 것이 아니고 어차피 죽어야 한다면, "내 이웃을 살리고 죽느냐? 아니면 사실상 내 이웃을 모른 체하고 죽느냐?"의 문제다. 나는 죽어도 괜찮지만, 그로 말미암아 내 이웃 내 민족까지 죽어야 한다면, 전자와 같이 다뤄서는 안 된다.

그러므로 어떻게 해서든지 강도를 제압할 수 있다면 칼을 빼앗아야 한다. 기준이 다른 영적인 개까지는 그나마 나은데, 아예 미친개처럼 된 경우에는 몽둥이가 약이다.[8] 긴급한 비상 상황에서는 더 많은 생명을 구하기 위해 물리적 폭력이 필요하다면 그것마저도 동원해야 한다. 기독교인은 이런 예외적이고도 급박하며 중대한 상황이 발생할 때, 모른 체하면 안 된다. 어느 집단이나 국가가 종교적 목적을 위해 테러나 전쟁을 일으킨다면, 신앙공동체 전체를 위해 싸워야 한다. 또 세상의 권력자가 반종교적인 복종을 강요하면 저항해야 한다(행 5:29).[9] 인간에 대한 복종이 전능하신 하나님에 대한 불복종이 되어서는 안 된다.[10] 우리는 비둘기처럼 순결하고 뱀처럼 지혜로워야 한다(마 10:16).

20세기 말 복음주의 대가인 프란시스 쉐퍼도 하나님의 기준과 다른, 국가의 공격에 대항한 전쟁은 하나님께서 승인한 전쟁으로 보았다.[11] "악법도 법이다."

---

8 나치 시대에 독일의 천재 신학자 본회퍼는 "미친 사람이 모는 차에 희생되는 많은 사람을 돌보는 것만이 나의 과제가 아니다. 이 미친 사람의 운전을 중단시키는 것이 나의 과제다."라고 하면서 나치에 저항했다(이형기, 『본회퍼의 신학사상』 [서울 : 장로회신학대학출판부, 1991], 28, 중인용).

9 이에 대해 마틴 루터는 논리상 제후들은 특별히 종교 문제들에 대한 황제의 침해를 힘으로써 저지하는 것은 정당하다고 본다. 칼빈도 역시 고위 계급만이 국가 권위에 대한 물리적인 저항을 행사할 수 있는 특권을 가진다고 제시한다(헬무트 틸리케, 『헬무트 틸리케의 기독교 정치윤리』, 윌리엄 H. 라자렛 편, 곽재욱 역 [서울 : 화평앤샬롬, 2007], 347).

10 존 칼빈, 『기독교 강요 下』, 632.

11 프란시스 쉐퍼는 피신하거나 항거할 모든 방법이 다 막히게 될 때, 방어적인 입장에서 무력을 사용하는 것은 적합한 일이라고 보았다. 즉 그는 특히 히틀러 시대의 독일과 독일에 점령된 나라들에 살았던 참된 그리스도인들은 거짓된 국가에 반대해야 했고, 이웃에 사는 유대인들을 독일의 비밀경찰로부터 숨겨줘야 했음을 들면서, 이 경우 정부는 이미 그 권위를 파기하였으므로, 국민으로부터 어떠한 요구를 할 권리도 상실한 것이라고 보았다(프란시스 쉐퍼, 『기독교 사회관』, 생명의말씀사 역 [서울 : 생명의말씀사, 1995], 743-755).

라는 소크라테스의 말은 이럴 때 적용되지 않는다. 이럴 때는 시민 불복종 운동을 해야 하고, 때에 따라서는 종교전쟁까지도 감수해야 한다.

(2) 집총 거부는 악이다

군대와 국가는 인정하는데 집총은 거부하는 자에게 필자는 묻고 싶다.
"대한민국 모든 국민이 집총을 거부하면 어떻게 되겠는가?
이는 결국 다른 사람의 희생으로 자신의 특권만을 누리려는 이기적인 심보 아닌가?
또 결과적으로 평화를 가장한 폭력이 아닌가?"
왜냐하면 나 하나의 종교적 양심으로 말미암아, 사실상 우리나라가 북한에 넘어가도 된다는 말인 까닭이다.
그러므로 평화의 이름으로 군대를 해체하고자 하는 양심의 자유를 국가가 보호해 줄 필요는 없다. 표출된 양심은 사회적인 책임이 따르기에, 그 양심이 국가안전보장, 질서유지, 공공복리 등과 거슬려서는 안 된다. 즉 다른 사람의 양심을 침해하면 법의 보호 대상이 되는 양심이 아니라, 신앙을 빙자하여 특권을 누리려는 불량한 양심일 뿐이다. 참 양심이라면 마치 나의 자유가 다른 사람의 자유를 침해해서는 안 되는 것처럼, 나의 양심이 다른 사람의 양심에 피해를 줘서도 안 되기 때문이다.

6. 인내의 열매를 맺어야 한다

(1) 인내의 정의

'아스맙'이라는 사막 식물은 15-20년에 한 번 비가 올 때 꽃을 피우고, 수만 개의 씨를 터트린 후 죽는다고 한다. 또 어떤 매미는 자신의 천적인 기생충을 피하려고 17년씩이나 땅속에서 애벌레 생활을 한다고 한다. 그런데 어리석은 인간은 당장 자기 손에 뭔가 주어지지 않으면 견디지 못하는 경향이 있다.
'인내'의 사전적 의미는 '괴로움이나 어려움을 참고 견디는 것'이다. 이에 비해 기독교 '인내'(ὑπομονή, 휘포모네)는 "굳은 마음으로 하나님의 일을 이루기 위해 어려운 고비를 잘 견디어 내는 것"을 말한다. 이러한 인내는 기독교의 모든 덕목에서 열매를 맺게 하고, 참사랑의 질적인 깊이를 더해 주며, 인격을 단련시킨다(롬 5:4).

'인내'를 가장 잘 보여주는 단어가 바로 '열매'다. '열매'(καρπός, 카르포스)라 함은 "끝까지 인내로 참아 승리한 결과물"을 말하는데, 상식적으로 열매까지 맺히려면 씨, 줄기, 가지, 잎사귀 등의 과정을 거쳐야 하듯이, 하나님의 말씀도 순식간에 부풀리는 누룩이 아닌 까닭에, 철저한 속죄의 과정이나 주님을 영접하는 과정 없이 바로 열매가 맺히지 않는다.

(2) 열매를 맺는 방법

말씀하신 것은 반드시 이루신다는 점에서(민 23:19; 렘 33:2) 하나님의 모든 말씀은 "열매의 말씀"이라고 할 수 있다. 그래서 그런지 하나님께서는 "열매"를 매우 중요하게 여기시고(눅 13:6-9; 마 21:19, 43; 13:3-8; 요 15:2), 열매로 보아 좋은 나무와 나쁜 나무를 분별할 수 있다고 말씀하신다(마 12:33-34, 참고 마 7:18-19; 눅 3:9).

그러기에 우리도 한번 시작했으면 반드시 끝(열매)을 맺는 자가 되어야 한다. 중도에 포기할 것 같으면 아예 시작 자체를 안 하는 것이 낫다. 이에 대해 성경은 일의 시작보다는 끝이 좋다고 말씀하시고(전 7:1-2, 8, 참고 눅 14:28-30), 성령으로 시작했으면, 육체로 마치지 말고 끝까지 성령으로 마치라고 말씀하신다(갈 3:3).

그러면 어떻게 해야 열매가 맺힐까?

첫째, 포도나무 되시는 예수님께 접붙여 있어야만 한다(요 15:4-5; 롬 11:24). 즉 가지 된 우리에게 열매가 항상 있기 위하여 참 포도나무 되시는 주님만을 의지하고 있어야 한다.

둘째, 뿌리가 튼튼해야 한다. 뿌리가 썩으면 겉 가지가 멀쩡해도 얼마 가지 못한다. 따라서 예수님을 향하여 얼마나 속 중심을 견실하게 가지고 있어야 하는지 모른다.

셋째, 열매의 말씀을 먹으면 우리 안에 씨가 남게 되는데, 이 씨가 자기 안에서 열매로 되기 위해서는 착하고 좋은 마음으로 말씀을 듣고 깨달아 지키며 오래도록 참아야 한다(눅 8:15; 마 13:23). 가령 "믿음의 열매가 생겼다" 함은 곧 "죄의 뿌리가 뽑혔음"을 의미하는데, 그럴 정도가 될 때까지 인내했다는 얘기다.

넷째, 씨가 죽어야만 한다. 성경은 한 알의 밀알이 땅에 떨어져 죽을 때 많은 열매를 낼 수 있다고 말씀하시고(요 12:24), 또 주님과 복음을 위하여 집이나 형제나 자매나 어미나 아비나 자식이나 전토를 버린 자는 금세에 있어 집과 형제와 자매와 모친과 자식과 전토를 백 배나 받되, 핍박을 겸하여 받고, 내세에 영생을 받지 못할 자가 없다고 말씀하신다(막 10:29-30).

다섯째, 뿌린 씨를 온 정성을 다해서 보살펴야 한다. 잡초는 그냥 둬도 자라지만, 좋은 열매를 얻으려면 온갖 정성을 다해야 하는 까닭이다.

그런데 보통 과일나무가 그러하듯이, 한 번 열매를 맺으면 그다음 열매는 처음보다 더 많아지고 시간도 단축된다. 마찬가지로 우리가 예수님 안에서 열매를 맺으면, 주님이 가지를 쳐주셔서 심령이 더 깨끗해짐으로, 더 많은 열매를 맺게 된다(요 15:1-2). 심령이 깨끗해져 주님 안에서 쌓은 사랑과 선(善)이 넘치는 자는 복이 안 가려고 해도 가지 않을 수 없는데, 이것이 더욱 많은 열매를 맺을 수밖에 없는 이유다.

이에 대해 성경은 "너희가 나를 택한 것이 아니요 내가 너희를 택하여 세웠나니, 이는 너희로 가서 과실을 맺게 하고 또 너희 과실이 항상 있게 하여, 내 이름으로 아버지께 무엇을 구하든지 다 받게 하려 함이니라."(요 15:16)고 말씀하신다.

(3) 열매를 맺을 때까지 인내하는 법을 배워야 한다

믿음의 조상 아브라함을 보라! 그는 일흔다섯 살에 하나님의 약속의 말씀을 믿고 하란(밧단아람)에 있는(참고 창 11:26-28, 31; 12:4-5; 15:7; 행 7:2-4) 본토 아비 집을 떠난 후, 무려 25년이 흘러, 즉 그의 나이 백 세가 되어 자기 몸의 죽은 것 같음과 사라의 태의 죽은 것 같았을 때조차도 믿음이 약하여지지 아니하고 독자 이삭을 얻었다(롬 4:19). 그런가 하면 믿음의 조상의 계보를 잇는 이삭도 마흔 살에 결혼하여, 20년이 지나서야 쌍둥이 에서와 야곱을 얻었다(창 25:20-25). 믿음의 조상이라면 당장에 복을 받아야 한다고 생각하지만, 성경은 그렇게 말씀하지 않는다.

오히려 성경은 하나님의 뜻을 행한 후에 그 약속을 받기 위하여, 인내가 필요하다고 말씀하신다(히 10:36, 참고 시 40:1). 하나님의 계명과 믿음을 지키는 성도는 (한결같이) 인내한다(계 14:12). 선을 행하되 낙심하지 말지니 피곤하지(지쳐 포기하지) 아니하면 때가 이를 때 거두게 된다는 말씀이나(갈 6:9), 끝까지 인내하는 자가 최후 승리를 얻는다는 말씀도 마찬가지이다(눅 21:19).

그러므로 조급함은 사탄의 전형적인 작전임을 알아, 당장에 효과가 나지 않는다고 성급하게 구는 태도를 버려야 한다. 급할수록 느긋이 한 발짝 뒤로 물러서야 한다. 십자가에서 그 참혹한 고통을 다 참으신 주님의 인내를 배워, 하나님의 때가 찰 때까지 오래도록 기다리며 인내를 온전히 이뤄야 한다(약 1:4). 그리하여 회개의 열매(마 3:8), 행위의 열매(잠 1:31), 빛의 열매(엡 5:9), 찬미의 제사를 드리는(예수님의 이름을 증거하는) 입술의 열매(히 13:15; 잠 13:2), 성령의 열매(갈 5:22), 의의 열매(빌 1:11, 참고 히 12:11), 공의의 열매(암 6:12) 등을 풍성하게 맺도록 해야 한다.

7. 고난을 이겨야 한다

유명한 학원 강사는 학생에게 이해하기 쉽고 재미있게 요점 위주로 강의하기는 하지만, 학생으로 하여금 기본서와 참고서를 고르는 능력, 시험 경향에 맞춰 요점과 맥락을 파악한 후 이를 종합하는 능력, 이해할 것과 암기할 것 등에 대한 우선순위를 매기는 능력 등 학생으로 하여금 공부에 대한 자생력(自生力)을 키워주지 못할 수 있다. 성경을 보면, 다윗의 뒤를 이은 솔로몬 왕이 훗날 실족한 이유도 아마 아버지가 이뤄놓은 것을 대부분 물려받았기 때문이 아닌가 싶다.

그럼에도 뜻밖에 많은 기독교인이 십자가의 고난은 예수님이 다 담당하셨으니, 자기는 당할 필요가 없다고 생각하고 있다. 주님은 십자가 고난을 당하지 못하게 하는 것에 대해서 사탄의 방해로 보셨는데(마 16:21-23), 이들은 오히려 고난을 사탄의 역사로 보는 것이다(참고 암 6:6).

(1) 고난을 허락하신 이유

그렇다면 왜 하나님께서 우리에게 고난을 허락하실까?

① 하나님과의 더 깊은 관계를 맺기 위해서다

험한 풍파는 우리의 약함과 하나님의 강하심을 분명히 알게 하여, 하나님께 빨리 돌아오도록 한다. 성도가 당하는 고난은 현세에 대한 애착을 버리게 하여, 현세의 삶이 이생의 삶에 비하여 아무것도 아니라는 것을 주지시킨다. 이에 대해 성경은 하나님께서 우리에게 큰 고통을 더하신 것은 궁극적으로 (하늘의) 평안을 주려 하심이라고 말씀하신다(사 38:17).

하나님은 환난을 통해 더욱 당신만 의지하도록 하여 하나님과의 관계를 강화시킨다. 그래서 성경은 이렇게 말씀하신다.

> 형제들아! 우리가 아시아에서 당한 환난을 너희가 알지 못하기를 원치 아니하노니, 힘에 지나도록 심한 고생을 받아 살 소망까지 끊어지고, 우리 마음에 사형 선고를 받은 줄 알았으니, 이는 우리로 자기를 의뢰하지 말고 오직 죽은 자를 다시 살리시는 하나님만 의뢰하게 하심이라(고후 1:8-9).

② 사탄과 원수가 되었기 때문이다

대적 마귀는 말씀이 없는 (영혼의) 빈집을 찾아다니면서(마 12:44), 깨어 있지 못한 인간의 영혼 안에 가라지를 덧뿌리고 가며(마 13:25), 마치 우는 사자같이 두루 다니며 삼킬 자를 찾는다(벧전 5:8). 또 때로는 동방의 욥에게 그러했듯이, 하나님을 잘 섬기는 자에게 큰 고난을 주기도 한다(욥 2:7).

특히 성경을 보면, 시몬 베드로가 예수님을 향해 "주는 그리스도시오, 살아계신 하나님의 아들이시니이다!"라는 신앙고백을 한 후, 본격적으로 예수님의 고난이 시작되었다고 말씀하신다(마 16:16-21). 이 이야기는 신자에게도 그대로 적용된다. 즉 예수님을 구세주로 모셔들인 순간, 사탄을 원수로 삼은 것이 되기에, 그때부터 사탄이 그를 가만히 내버려 두지 않게 되는 것이다. 하나님께서는 (죄와 섞인) 세상이 잘못되었다고 증거하시기에, 세상으로부터 택함을 입어 세상에 속하지 않은 자, 곧 하나님의 말씀을 받은 자도 세상으로부터 미움을 받을 수밖에 없다(요 15:19; 17:14). 그래서 성경은 그리스도 예수님 안에서 경건하게 살고자 하는 자는 박해를 받게 된다고 말씀하신다(딤후 3:12).

③ 정말 하나님을 향한 사랑이 있는지 확인하기 위해서다

하나님을 진정으로 사랑하는 신자인지는 힘든 고난이 올 때 어떻게 나오는지를 보면 알 수 있다. 말씀으로 말미암아 핍박이 온다고 해서 바로 돌아서고 의심하는 사람과 주님이 어떻게 함께할 수 있겠는가?

아무리 극한 상황이 오더라도 배신하지 않고 주님을 믿을 사람과만 천국에서 같이 지낼 수 있지 않겠는가?

진정 주님을 사랑하는 자에게는 고난이 문제가 되지 않는다. 오히려 고난이 주님을 향한 자기의 진심을 확인할 수 있게 해 주니 얼마나 기쁜지 모른다. 정녕 그리스도를 위해 고난을 받을 수 있다는 기쁨이 그에게 있다. 이런 자는 거친 물결도 신앙의 항해에 도움을 주어 더 빨리 간다고 생각하며, 무엇보다 자기 대신 억울하게 고난을 당하신 주님을 생각할 때, 자기가 당하는 현재의 고난도 과분하다고 생각한다.

④ 천국의 기업을 주시기 위해서다

하나님은 우리가 하나님의 나라에 들어가려면 많은 환난을 겪어야 할 것이라고 말씀하시면서도(행 14:22), 우리로 하여금 고상하며 근심하게 하심이 본심이 아니라고 말씀하신다(애 3:33).

왜 그렇게 말씀하셨을까?

그것은 하나님이 천국이라는 엄청난 "기업"(נַחֲלָה, 나할라, κληρονομία, 클레로노미아, 基業)을 우리에게 주시기를 기뻐하시기 때문이다(눅 12:32; 시 16:6).

그런데 준비되지 않은 아들에게 기업을 물려줄 자는 없을 것이다. 마찬가지로 하나님께서는 영적인 전쟁에서 제대로 싸울 수 있도록 우리를 연단하시되, 어떤 유혹을 받아도 죄와 타협하지 않을 중심에 이를 때까지 고난의 도가니 속에서 연단하신다.

출애굽한 이스라엘 백성으로 하여금 일주일이면 갈 수 있는 해안도로 대신, 40년 광야의 길을 걷게 하신 이유가 무엇이었겠는가?

그것은 준비되지 않은 자가 가나안 땅에 가면 오히려 더 화를 입을 수 있기 때문이 아니었겠는가?(신 8:2)

⑤ 더 큰 영광을 주시기 위해서다

양궁 선수들이 공동묘지 담력 훈련과 지옥 훈련을 하는 이유가 올림픽에서 더 큰 영광을 얻기 위해서인 것처럼, 하나님께서는 어떤 상황에서도 주님을 맞이하는 자세가 흔들림이 없도록 성도에게 고난을 허락하신다. 충분한 훈련이 없으면, 엄청난 부담이 가중되는 상황에서 평정심을 잃기 쉬워 자기 실력을 발휘하기 어렵다.

그래서 하나님은 택한 자의 신앙의 순도를 높이기 위하여 고난의 풀무에서 연단하셔서(렘 9:7; 사 48:10) 더 강한 하나님의 사람으로 만드신다(잠 17:3; 27:21). 가령 어떤 자에게 있어 가장 큰 약점이 교만이라고 했을 때, 하나님께서는 그 교만을 제거하기 위한 환경을 조성하셔서, 그것을 버리지 않으면 도저히 견딜 수 없게 하신다.

그런데 이러한 십자가 고난은 아무에게나 주어지지 않고, 하나님의 특별한 사랑을 입은 자들에게 큰 선물로 주어진다. 하나님은 신자가 잘못을 전혀 하지 않았음에도, 십자가의 고난을 주실 정도로 그를 특별히 사랑하신다.

모든 생명이 고난을 통해서 성장하는 것처럼, 그리스도인의 신앙도 고난을 통해서 성장한다. 골이 깊어야 산이 높은 것처럼 고난 없이는 영광도 없다(롬 8:17). 이에 대해 성경은 그리스도도 이 세대에 많은 고난을 받고 나서 자기 영광에 들어가셨다고 말씀하신다(눅 24:26).

그러기에 성도라면, 믿음의 시련은 곧 예수 그리스도의 나타나실 때 칭찬과 영광과 존귀를 얻게 하실 것이라는 말씀을 믿고(벧전 1:7), 자기에게 주어진 고난을 피해서는 안 된다. 이에 대해 본회퍼는 고난을 벗어던지지 않고 등에 지고 참고 견디는 것이 진정 예수님을 발견하는 것이라고 말한다.[12]

⑥ 주님의 고난을 더 잘 이해하도록 하기 위해서다

고난을 받을 때, 주님이 나 대신 당하신 억울한 고난을 더 잘 헤아릴 수 있게 된다. 고난을 몸소 체험하지 않으면 고난을 당하신 하나님의 심정을 제대로 알기 힘들다.

아울러 상대방을 더 깊이 사랑하려면, 그가 가진 아픔과 고통의 깊은 곳에 들어가야 하듯이, 하나님께서는 이웃의 아픔을 더 깊이 이해할 수 있도록 고난을 허용하신다. 사랑은 시련이 많을수록 깊어지는 법이다.

> 하나님께서 누군가를 교회의 그릇으로 사용하려 하실 때는 그 사람을 용도에 맞게 쓰시기 위하여 더 많은 수고를 기울이십니다. 그런 사람은 더 많은 시련과 유혹을 겪어 보아야 하며, 더 많이 낮아져야 합니다. 그렇게 함으로써 양심의 문제로 곤고(困苦)해하는 영혼들을 위로하며 격려하기에 더욱 합당한 도구가 되는 것입니다.[13]

⑦ 억울하게 핍박당하는 곳에 하나님의 마음이 쏠리게 된다

장애인으로 태어난 아이에게 더 마음이 가는 것이 부모의 심정이다. 마찬가지로 우리가 억울한 핍박을 당하면, 하나님의 마음이 여기에 쏠리게 된다.

불의한 재판관도 과부의 억울한 소원을 들어주시는데, 하물며 의로운 재판관이신 하나님은 얼마나 잘 들어주시겠는가?(눅 18:7)

자식이 속을 썩이면 얼마나 부모의 마음이 타들어 가는가?

---

12 디이트리히 본회퍼, 『십자가 부활의 명상』, 88.
13 크리스토퍼 러브, 『낙망하는 내 영혼의 회복』, 44.

하물며 자식이 아버지를 위해서 억울한 일을 당하는데 마음이 가지 않겠는가?

우리의 마음을 지으시고 하늘에서 우리의 모든 심령과 행사를 감찰하시며 우리의 억울한 모든 사정을 아시는 하나님께서는(창 16:13; 시 33:13-14; 왕상 8:39; 시 33:15; 11:4; 잠 16:2; 21:2) 이 세상에서 해결 안 되면 영원한 저 세상에서 완전히 신원(伸冤)하시는 분이다(신 10:18; 시 140:12; 사 51:22; 61:2; 단 7:22; 계 18:20).

⑧ 환경이 마냥 편하면 십자가의 길을 가기 힘들다

고난이 없으면 곧 권태로움을 느끼고, 세상이 주는 편안함에 안일하게 젖어들기 쉽다. 너무 편해지면 주님께 자기를 내어드리는 것이 상대적으로 어려워질 수 있다.

이에 대해 성경은 다음과 같이 말씀하신다.

> 여수룬(יְשֻׁרוּן, 예슈룬, 올바른 자, 여기서는 이스라엘)이 살찌매 발로 찼도다! 네가 살찌고 부하고 윤택하매 자기를 지으신 하나님을 버리며 자기를 구원하신 반석을 경홀히 여겼도다(신 32:15, 참고 신 8:12-14)

이스라엘이 장차 가나안 땅에 들어가서 풍요롭게 될 때 하나님과 맺은 언약을 버리게 될 것임을 예언한 말씀이다. 마찬가지로 예수님을 믿은 이후에 더 편한 환경이 조성되면, 자칫 십자가를 지는 일을 등한시하기 쉽다. 하나님의 종들에게 많은 연단이 주어지는 것은 이 때문이다. 그래서 우리를 사랑하시는 하나님께서는 심판 날 당신을 맞이하기가 수월하도록 우리에게 더 혹독한 환경을 조성하신다.

그러므로 고난의 도가니 속에서 연단 중인 자에게 마냥 달콤한 과자를 쥐여주는 것만이 사랑이 아님을 알아야 한다. 오히려 하나님의 말씀을 잘 실천하는데도 핍박을 당하면, 세상이 주는 쾌락에 빠져들 여지가 없게 되고(벧전 4:1), 더욱 정신을 바짝 차려 주님만 의지하게 되므로 그 핍박을 허락하신 분께 감사해야 한다.

(2) 고난을 이기는 법

예수님은 당신이 직접 시험을 받아 고난을 당하셨기에, 시험받는 자들을 능히 도우실 수 있다(히 2:18). 이에 대해 본회퍼는 고난당한 하나님이 이 세상에서 무력하고 약하게 보이지만, 바로 이렇게 함으로써 우리와 함께 있고 우리를 도와줄 수 있다고 말한다.[14]

그러기에 모든 것을 견디게 하는 하나님의 사랑을 받은 자는 핍박을 받을 때마다, 항상 자기를 위해 죽어주신 하나님을 생각하며, 선을 행하는 가운데 자기 영혼을 하나님께 의탁해야 한다(벧전 4:19). 십자가에서 모든 고난을 참으신 분의 능력으로만이, 주어진 고난을 능히 질 수 있다.[15] 즉 지긋지긋한 연단을 끝내기 위해서는 하나님의 약속의 말씀을 자기 안에 이뤄놓아야 한다(시 105:19). 하나님의 약속들은 믿음이 가라앉지 않게 해 주는 공기주머니이며, 그리스도인들이 고난을 당할 때 먹고 살 젖줄인 까닭이다.[16]

(3) 고난으로 얻는 유익들

성경은 고난을 통해 신앙의 인격이 성장하게 되고, 정금 같은 신앙을 가지게 되며, 주님의 율례를 배울 수 있게 된다고 말씀하신다(시 119:71, 92; 눅 17:25; 욥 23:10). 뻔히 손해 볼 줄 알면서 하나님의 말씀을 지키면, 하나님과 더 깊은 신뢰 관계가 형성된다. 나무는 바람이 심한 곳에서 뿌리를 더 깊이 내리듯이, 고난이 심할수록 성령님이 강하게 역사하셔서 신앙의 중심이 더 깊게 내려간다. 이런 의미에서 고난은 주님의 사랑에 더 가까이 가게 하는 좋은 음식이요, 깊이 파고 들어갈수록 더 많은 것을 얻게 하는 깊은 광산이다.[17]

그런데 왜 많은 사람이 고난을 당하면 주님이 자기를 사랑하지 않는다고 생각할까?

예수 그리스도도 아무 위로도 못 받으셨다면, 우리가 위로를 못 받는 것은

14　디이트리히 본회퍼, 『옥중서간』, 211-212.
15　디이트리히 본회퍼, 『나를 따르라』, 92.
16　토마스 왓슨, 『팔복 해설』, 419.
17　디이트리히 본회퍼, 『제자의 길과 십자가』, 강철성 역 (서울: 오리진, 1999), 119.

놀랄 일이 못 될 텐데 말이다.[18] 그것은 궁극적으로 주님을 사랑의 주님으로만 믿지, 공의의 주님으로는 믿지 않기 때문이다. 즉 주님의 공의의 기준을 잘 지켰음에도 온갖 불통이 있는 이유는 지금 당장보다 오랜 시간이 지난 후에 더 크게 이뤄지는 당신의 엄정한 공의를 보여주시기 위함이요(전 5:8), 또 그리 아니하실지라도 사랑하시는 당신의 크고 원대한 사랑에 동참시키기 위함인데, 이를 믿지 않아서인 것이다.

신앙이 있는 자가 핍박을 받으면, 오히려 하나님이 자기를 곱절로 사랑하심을 알게 된다. 그래서 하나님이 공의의 하나님이심을 믿는 자라면, 주님을 위하여 필연적으로 받게 되는 고난이 얼마나 기쁜지 모른다. 왜냐하면 예수님 때문에 욕을 얻어먹고 핍박을 당하고 억울한 일을 당하면, 영광의 영이 그 사람 위에서 안식하게 되고, 훗날 큰 상까지 받게 되기 때문이다(마 5:11-12; 살후 1:6-7; 눅 6:22-23; 벧전 3:14; 4:12-14). 이처럼 하나님을 경외하는 사람이 겪는 고난은 복이 된다.

그러기에 세상의 기준에서 볼 때 신자가 받는 고난과 핍박은 저주라고 할 수 있지만, 믿음의 기준에서 볼 때는 하나님이 주시는 그 큰 사랑이 그의 영혼 안에 가득 차 있을 것이기에 더 큰 축복이라고 할 수 있다. 핍박과 방해를 받으면 당장에는 더 느리게 갈 수밖에 없겠으나, 이 핍박을 믿음으로 이기면 질적으로 더 큰 능력을 받게 되니 결국엔 더 빨리 가게 된다. 이런 자는 겉보기에 사탄에 진 것 같지만, 오히려 이런 자가 사탄을 믿음으로 이긴 자이다.

(4) 예수님과 함께 영광을 받기 위해 고난도 받아야 한다

성경은 선을 행함으로 고난을 받는 것이 하나님의 뜻이라고 말씀하신다(벧전 3:17). 또 하나님이 우리에게 은혜를 주신 것은 예수님을 위해 고난을 받도록 하기 위함이라고 말씀하신다(빌 1:29).

고난이라는 혹독한 겨울은 은혜라는 봄꽃을 피워낸다.[19] 현재의 고난은 장차

---

18 토마스 왓슨, 『팔복 해설』, 145.
19 토마스 왓슨, 『하나님을 경외하는 사람』, 242.

우리에게 나타날 영광과 족히(감히) 비교되지 않는다(롬 8:18). 그러기에 예수님과 함께 영광을 받기 위해 고난도 함께 받아야 한다(롬 8:17). 환난은 인내를, 인내는 연단을, 연단은 소망을 이루게 하므로, 환난 가운데 그리스도의 고난에 참여하는 것으로 즐거워해야 한다(롬 5:3-4; 벧전 4:13).

또한 의인들에게 고난이 많지만 하나님께서 그 모든 고난에서 건지심을 믿고(시 34:19), 그리스도의 남은 고난을 자기 육체에 채워야 한다(골 1:24). 최종 구원을 이루려는 신자들에게 주어지는 고난이 너무 힘이 들어 절로 탄식이 나오더라도, 성령님이 말할 수 없는 탄식으로 우리를 위하여 친히 간구하심을 믿고 나아가야 한다(롬 8:26, 28).

모든 은혜의 하나님, 곧 그리스도 안에서 우리를 부르사 당신의 영원한 영광에 들어가게 하신 하나님께서는 잠깐 고난을 당한 우리를 친히 온전하게 하시며, 굳건하게 하시고, 강하게 하시며, 터를 견고하게 하실 것임을 믿고서 말이다(벧전 5:10).

어머니가 아이에게 쓴 약을 주고는 뒤에 설탕을 주는 것처럼, 진정 하나님께서는 성도가 당하는 핍박의 쓴 약을 완화하시기 위하여 성령의 위로를 주시는 분이다.[20]

성경은 말씀하신다.

> 예수 그리스도께서 이미 육체에 고난을 받으셨으니 너희도 같은 마음으로 갑옷을 삼으라!(왜냐하면) 이는 육체의 고난을 받은 자가 죄를 그쳤음이니(벧전 4:1).

여기서 "육체의 고난을 받은"(παθὼν σαρκι, 파쏜 사르키)은 동사 분사 과거형이, "죄를 그쳤음이니"(πέπαυται, 페파우타이)는 동사 직설법 완료형이 쓰였다. 따라서 이 말씀은 하나님의 말씀을 지키며 경건한 삶을 산다는 이유로 핍박받아 육체에까지 고난을 받은 자는 이미 죄와의 인연을 끊은 자라는 명백한 증거가 생긴 것이기에, 이미 육체에 (십자가) 고난을 받으셨던 예수님과 같은 마음,

---

[20] 토마스 왓슨, 『팔복 해설』, 430.

즉 십자가 핍박으로 인한 육체의 고난이 올 때 달게 받겠다는 마음으로 단단히 무장하라는 뜻이다.

> 아브라함과 야곱과 이삭 모두 주로 하나님이 약속하신 가나안 땅 중에서 벧엘(880m), 헤브론(930m) 등에 거처하며 살았는데 이 땅들이 모두 고지대였음은 흥미롭다. 다윗 왕이 거했던 예루살렘(820m)도 높은 고지대에 있었다. 이에 반해 보통 사람들이 좋아했던 요단강가나 야곱이 환난을 겪은 세겜 땅은 낮은 지대에 있었다. 특히 당시 사람들이 많이 살았던 여리고성은 해저 350m에 있었고, 소돔과 고모라 성이 있었던 곳도 해저 400m에 있었는데, 이 지역들은 모두 풍부한 물과 비옥한 땅을 가지고 있는 등 사람들이 살기에 매우 편안한 지대였다.

사실 높은 지대에서 살기 위해서는 식수 부족, 교통 불편 등 여러모로 불편한 점을 감수해야 한다. 그러나 높은 곳에는 하나님만을 의지하지 않으면 살 수 없는 은혜가 있다. 그래서 하나님의 모든 관심이 이곳에 쏠려있다(신 11:12).

존귀한 사람을 가까이 두면, 내 능력으로는 평생 한 번도 가볼 수 없는 곳도 가볼 수 있다. 사업하는 사람이라면 줄을 어디에 대느냐에 따라 회사의 사활이 달려있다는 사실을 실감할 것이다. 우리 신앙도 마찬가지다. 우리는 비록 땅에 살지만, 하늘에 계신 하나님과 연줄만 닿아있으면 평생 가볼 수 없는 높은 곳에 다닐 수 있다.

그러므로 하박국 3장 17-19절에 "비록 무화과나무가 무성치 못하며 … 외양간에 소가 없을지라도 … 나의 구원의 하나님을 인하여 기뻐하리로다! 주 여호와는 나의 힘이시라! 나의 발을 사슴과 같게 하사 나로 나의 높은 곳에 다니게 하시리로다!"라고 말씀하시는 것처럼, 지극히 높고 거룩한 곳에 계시는 하나님께서는 우리도 지극히 높은 곳(차원)에서 살기를 원하시므로(사 58:14), 그리 아니하실지라도 여호와를 나의 힘으로 삼아 높은 곳(차원)에 다니는 자가 되어야 한다.

더 나아가 구약 시대에 이스라엘의 죄와 허물을 짊어지고 황량한 광야로 버려져 결국 맹수에 찢겨 죽을 수밖에 없었던 '아사셀'(עֲזָאזֵל, 아자젤)[21](레 16:10)처럼, 신약 시대의 예수님도 성문 밖에서 버려진 채 십자가형을 당하셨음을 상기하고, 고난의 모범을 보이신 주님을 따라서(벧전 2:21) 우리도 치욕을 짊어지고 세상에 나가야 한다(히 13:14). 하나님의 큰 사랑을 거저 받은 자는 하나님이 그를 낮은 데서 찾아내시었듯이, 그도 낮은 곳으로 가야 하는 것이다.[22]

8. 광야의 영성을 가져야 한다

광야는 거칠고 황량하며 뱀과 전갈이 우글거려 살기가 매우 힘든 곳이다. 이 광야는 히브리어로 "미드바르"(מִדְבָּר)라고 하는데 이는 "다바르"(דָּבָר, 말씀)에서 나왔다. 여기에는 하나님의 절대적인 은혜의 말씀이 아니면 조금도 살 수 없는 곳이라는 의미가 담겨있다. 그래서 이런 곳에서는 커피 한 잔, 물 한 모금만 있어도 감사가 넘친다.

믿음의 선진들 대부분은 이곳에서 훈련을 받았다. 가령 세례 요한이 이곳에서 메뚜기와 석청을 먹으며 사역을 감당했고, 모세도 광야 40년 동안 연단 받고 하나님께 쓰임 받은 후에도 40년을 광야에서 보냈다. 예수님도 공생애 사역을 시작할 때 성령님께 이끌려 광야에서 40일 동안 밤낮으로 기도하셨다.

그런가 하면 사도 바울도 하나님으로부터 크게 쓰임 받기 전에 3년 동안 아라비아에서 훈련을 받았는데(갈 1:17-18), 그에게 이런 광야의 영성이 있었기에, 어떤 환경에서도 족한 줄 알았고, 다른 이들처럼 얼마든지 복음으로 인한 권(權)을 쓸 수 있었지만 쓰지 않았으며, 오히려 이것이 하나님 앞에 상급이 된다고 고백했다(고전 9:12, 18).

---

[21] 이스라엘의 대속죄일(7월 10일) 때 두 마리의 염소가 선택되어, 그중에 제비를 뽑아 한 마리를 광야로 내보내는데 그 염소가 바로 '아사셀'이다. 이스라엘 백성의 모든 죄를 전가한 아사셀 염소를 광야로 내보내 죽게 함으로써 이스라엘의 모든 죄악이 제거되었음을 다시 한번 알리는 이 의식은 인류의 모든 죄악을 홀로 짊어지시고 예루살렘 밖 갈보리 십자가 제단에서 죽으신 예수 그리스도를 상징하고 있다(사 53:6-12; 레 16:7-10).

[22] 디이트리히 본회퍼, 『신도의 공동생활』, 문익환 역 (서울 : 대한기독교서회, 1998), 120.

그만큼 광야의 영성이 중요하다. 그래서 신명기 8장 2-3절에서 다음과 같이 말씀하신다.

> 네 하나님 여호와께서 이 사십 년 동안에 너로 광야의 길을 걷게 하신 것을 기억하라. 이는 너를 낮추시며 너를 시험하사 네 마음이 어떠한지 그 명령을 지키는지 아니 지키는지 알려 하심이라. 너를 낮추시며 너로 주리게 하시며, 또 너도 알지 못하며 네 열조(列祖)도 알지 못하던 만나를 네게 먹이신 것은 사람이 떡으로만 사는 것이 아니요, 여호와의 입에서 나오는 모든 말씀으로 사는 줄을 너로 알게 하려 하심이니라.

그러므로 예수님이 부요하신 자로서 우리를 위하여 가난하게 되심은 그의 가난함을 인하여 우리로 부요케 하려 하심이듯이(고후 8:9), 우리도 예수님 안에서 풍요롭지만, 보다 더 많은 사람을 지옥으로부터 건지기 위하여 광야의 영성을 가져야 한다. '노블레스 오블리주'(noblesse oblige)[23]의 정신이 하나님의 은혜를 받은 자에게도 그대로 해당된다. "너희는 광야에서 여호와의 길을 예비하라. 사막에서 우리 하나님의 대로를 평탄케 하라."(사 40:3)는 음성이 세례 요한뿐만 아니라 우리에게도 필요하다.

특히 예전보다 모든 면에서 훨씬 풍요로워진 현대의 세상에서, 사도 바울처럼 가난한 자 같으나 많은 사람을 부요하게 하고, 아무것도 없는 자 같으나 모든 것을 가진 자라는(고후 6:10) 광야의 영성을 지니고 사는 것이 얼마나 중요한지 모른다. 이 세상 어떤 것도 광야보다 더 힘든 환경일 수는 없을 것이기에, 광야의 영성이 있으면 항상 첫사랑을 잊지 않고 발전적으로 승화시킬 수 있으며 어떤 환난이 와도 요동하지 않고 극복할 수 있다.

---

23 '노블레스 오블리주'는 "높은 사회적 신분에 상응하는 도덕적 의무"를 뜻하는 말이다. 이는 초기 로마 시대에 왕과 귀족들이 보여준 투철한 도덕의식과 솔선수범하는 공공정신에서 비롯되었는데, 이 정신을 이어받아 제1차 세계대전과 제2차 세계대전에 참여한 영국의 고위층 자제들 중 약 2,000여 명이 전사했고, 또 6·25전쟁에 참여한 미군 장성의 아들들 중 35명이 목숨을 잃거나 부상을 입었다. 이 정신은 누가복음 12장 48절의 "무릇 많이 받은 자에게는 많이 찾을 것이요"라는 말씀을 그 근거로 삼고 있다.

9. 시험을 이겨야 한다

기도로 3년 6개월이나 하늘을 닫을 수 있었던 엘리야도 자기의 마음을 시험으로부터 닫을 수는 없었다.²⁴ 시험²⁵에는 크게 하나님의 시험(test)과 사탄의 유혹(temptation)이 있다. 하나님이 주시는 시험에 합격하지 못하면, 더 높은 단계에 진입하지 못하고 거기서 멈추게 되어 더 큰 복을 받지 못할 뿐이지만, 사탄의 유혹에 넘어가면 사탄의 종이 되고 만다.

(1) 예수님이 당하신 세 가지 시험(유혹)

예수님은 성령에 이끌리어 광야에서 40일 동안 계시면서 금식하셨는데, 그 금식이 끝난 후 사탄에게 세 가지 유혹을 받으셨다(마 4:1-10; 막 1:12-13; 눅 4:1-13). 구약 시대에 최초의 인간을 유혹하여 넘어뜨렸던 사탄은 다시 공생애 사역을 시작하려는 하나님의 아들을 유혹하여 넘어뜨리려 했다.

① 첫 번째 시험

먼저 사탄은 40일 금식 후 몹시 허기진 예수님께 이렇게 유혹했다.

> 네가 하나님의 아들이라면 이 돌들로 떡덩이가 되게 하라!(마 4:3)

이 유혹은 자신의 육적인 이익을 위해 하나님의 사랑을 역이용하라는 유혹이었다. 이에 대해 예수님은 말씀으로 물리치셨다.

> 사람이 떡으로만 살 것이 아니요, 하나님의 입으로부터 나오는 모든 말씀으로 살 것이니라(마 4:4; 신 8:3).

---

24 토마스 왓슨, 『주기도문 해설』, 456.
25 '시험'에 '유혹'까지도 포함하여 혼용하기도 한다. 다만 하나님께서 하시는 시험에는 '유혹'이라는 말을 쓰지 않는다. 또 시험을 크게 'test'의 의미로의 '시험'과 'trials'의 의미로의 '시련, 혹은 연단'으로 나누기도 한다.

예수님은 한 번도 하나님의 아들의 능력을 자신을 위하여 사용하지 않으셨다. 가령 예수님이 오병이어와 칠병이어[26]의 기적을 일으키셨을 때도, 군중이 온종일 또는 사흘 내내 당신의 말씀을 듣다가 집에 가는 도중에, 혹 쓰러질까 싶어 기적을 행하셨을 뿐이었다.

그러기에 이 시험은 (하나님의) 아들이라고 해서 아무것이나 원하면 되는 것이 아니라는 점에서 '소망 시험', 돌들을 떡덩이로 만들어 보라는 점에서 '물질적인 (탐욕) 시험'(약 1:14) '육신의 정욕 시험'(요일 2:16) '먹음직한 시험'(창 3:6)이라 할 수 있다.

② 두 번째 시험
두 번째 시험[27]에서 사탄은 이렇게 유혹했다.

> 네가 하나님의 아들이거든 성전 꼭대기[28]에서 뛰어내려 보아라!(마 4:6)

사탄은 지금 예수님에게 가장 중요한 사역이 곧 당신이 하나님의 아들이시라는 것을 이스라엘 백성들로 하여금 믿도록 하는 것이었음을 알고서, "성전 꼭대기에서 뛰어내려도 멀쩡하면, 메시아인 것을 가장 빨리 알게 할 수 있을 것이다. 너는 하나님의 아들이니까, 성전 꼭대기에서 뛰어내려도 당연히 하나님이 지켜 주실 것이다."라고 유혹했다.

사탄은 이 유혹에서 시편 91장 11절의 말씀을 교묘하게 변질시켰다. 즉,

---

26 '오병이어'(마 14:14-21; 막 6:35-44; 눅 9:12-17; 요 6:5-14)는 유대인이 살고 있는 갈릴리에서 하루 동안 굶으면서 일어난 사건이지만, '칠병이어'(마 15:32-39; 막 8:1-10)는 이방인이 살고 있는 데가볼리에서 사흘 동안 예수님과 함께 있으면서 일어난 사건이다. '오병이어' 때는 유대인들이 예수님을 왕으로 삼으려고 해서인지, '칠병이어' 때는 아예 예수님이 무리를 흩으셨다고 말씀하신다.

27 두 번째 시험과 세 번째 시험이 마태복음과 누가복음의 순서가 다르지만, 여기서는 마태복음의 순서에 따른다.

28 성전 꼭대기에 140m 가량의 낭떠러지가 있었고, 그 밑에는 급경사의 기드론 시냇가가 있었는데, 제사장이 새벽 예배에 희생 제물을 바칠 시간이 왔음을 알리기 위하여 성전 꼭대기 탑 위에서 나팔을 불 때, 많은 사람이 그 광경을 보았다고 한다. 즉 성전 꼭대기가 하나님의 아들의 능력을 한 번에 잘 나타낼 수 있는 장소였다는 뜻이다.

하나님이 너(여호와를 피난처로 삼은 자)**를 위하여 천사들을 명하사, 모든 길에서 지키게 하심이라.**

이 말씀 중에서,

첫째, "네 모든 길"이라는 말씀을 뺌으로, 하나님이 "모든 길"에서 지켜주시는 것이 아니라는 느낌을 풍기도록 하여 하나님의 사랑을 의심하게끔 하였다.

둘째, "하나님을 피난처로 삼은 자들을 지켜주신다"라는 말씀을 "하나님을 시험하는 자도 당연히 지켜주실 것이다"라는 말씀으로 교묘하게 변질시킴으로써, 자기가 하는 모든 일을 당연히 하나님이 기뻐하셔야 한다고 여기는 자라면 이 유혹에 걸리기 쉽게끔 했다.

그러나 예수님은 당신이 하나님의 아들임을 증거하기 위해서는 그러한 기적을 통해서가 아니라, 반드시 당신이 직접 십자가에서 죽고 부활하셔야만 한다는 사실을 잘 알고 계셨다. 그래서 예수님은 말씀으로 물리치셨다.

주 너의 하나님을 시험하지 말라(마 4:7; 신 6:16)

그러기에 이 시험은 아들이라는 이유로 하나님의 신뢰를 역이용해서는 안 된다는 점에서 '믿음 시험', 명예욕을 자극한다는 점에서 '정신적인 (교만) 시험' '이생의 자랑 시험'(요일 2:16), 눈에 확 띄게 성전 꼭대기에서 보여주라는 점에서 '보암직한 시험'(창 3:6)이라 할 수 있다.

③ 세 번째 시험

1차 유혹과 2차 유혹에 실패한 사탄은 이제 예수님께 세상 나라의 모든 영광을 보여준 후에, 자기에게 경배하면 이 모든 것을 다 주겠다고 유혹했다(마 4:8-9). 한마디로 모든 세상을 통치할 수 있는 대통령으로 만들어줄 테니 단지 자기에게 절만 하라는 유혹이었다. 부귀영화를 위해서라면 사탄에게 은밀하게 절을 해서라도 쟁취하고야 말겠다는 생각을 가진 자라면 넘어가기 쉬운 유혹이었다.

그러나 생각해 보라!

사탄의 주장대로 이 모든 것을 하나님이 사탄에게 넘겨주셨다고 하더라도, 예수님이 하나님이신데 이분에게 뭘 더 줄 수 있겠는가?

더구나 예수님이 추구하는 영광은 얼마 안 있으면 사라질 세상 권세를 차지하는 영광이 아니라, 그것을 초월하여 영원히 없어지지 아니하는 하늘 영광이었다. 그래서 예수님은 말씀으로 단호하게 사탄을 물리치셨다.

> 사탄아 물러가라! 기록되었으되, 주 너의 하나님께 경배하고 다만 그를 섬기라!(마 4:10)

그러기에 이 시험은 목적을 달성하기 위해서 어떤 대상이라도 섬겨서는 안 된다는 점에서 '사랑 시험' '영적인 (우상) 시험', 천하만국과 그 영광을 모두 보여줬다는 점에서 '안목의 정욕 시험'(요일 2:16) '지혜롭게 할 만한 탐스러운 시험'(창 3:6)이라 할 수 있다.

(2) 사탄은 유혹한다

이처럼 사탄은 하나님의 큰 섭리 안에서 하나님의 묵인(默認)하심에 따라 인간을 유혹한다. 그런데 일단 마귀의 유혹에 빠지면 그 손길을 벗어나기가 쉽지 않기에, 가능하면 마귀의 첫 유혹이 시작되기 전에 시험(유혹)에 들지 않도록 깨어서 기도해야 한다(마 26:41; 6:13; 막 14:38; 눅 11:4).

이 사탄의 유혹과 관련하여 네 가지 유의점이 있다.

첫째, 사탄의 유혹은 딱 한 번만 있는 것이 아니라, 신앙의 여정 동안 끝없이 전개된다는 점이다. 그래서 성경은 마귀가 예수님에게 모든 시험(유혹)을 다 한 후에, "얼마 동안" 떠났다고 말씀하신다(눅 4:13).

> 특히 요즘 들어 사주팔자의 유혹이 많은데, 이 사주팔자는 세상의 모든 일이 공중의 10가지 기운과 짐승의 12가지 기운, 그리고 땅의 5가지 기운의 조합으로 결정된다고 한다. 이 공중권세의 법칙에 의하면, 인간의 운명이 거의 정해

져 있다고 하나, 물질을 바쳐 굿을 하거나 도를 닦아 수양하면 팔자를 고칠 수 있다고 한다. 그러나 하나님 앞에 회개하여 성령으로 거듭난 자는 이런 법칙을 주관하는 사탄을 이긴 자이기 때문에, 이 법칙과 아무 상관이 없다.

둘째, 사탄은 누가 봐도 뻔한 문제는 잘 유혹하지 않는다는 점이다. 인간의 약점을 누구보다도 잘 아는 사탄은 눈에 잘 띄지 않게, 아무것도 아닌 것처럼 보이는 것에서 주로 유혹한다. 특히 신앙적인 양심과 하나님의 말씀이 바로 서 있지 못하면 판단하기 어려운 상황에서 곧잘 유혹하여, 준비가 갖춰지지 않은 자를 넘어지게 한다.

> 어떤 새는 다른 새의 알을 자기 것인 줄 생각하고 까는 수가 있습니다. 이처럼 우리는 가끔 마귀의 의향을 그것들이 우리 자신의 마음으로부터 오는 것으로 생각하고 부화시킵니다(마 16:22).[29]

셋째, 호사다마(好事多魔)라고 기도를 많이 하거나 은혜를 크게 받았을 때, 사탄의 유혹이 더 있을 수 있다는 점이다. 우리 생각에 기도를 많이 하면 유혹이 없을 것 같지만 그렇지 않다.

신앙이 좋은 지도자 한 명만 실족시키면, 그 밑에 있는 수많은 성도들이 넘어지는 것은 시간문제 아닌가?

넷째, 사탄이 유혹한다고 해서 '내가 하나님께 유혹을 받는다.'라고 말하지 말아야 한다는 점이다(약 1:13). 왜냐하면 하나님은 악에게 유혹받지도 아니하시고 친히 아무도 유혹하지 않으시기 때문이다(약 1:13).

(3) 하나님은 시험하신다

오히려 하나님은 의인을 시험하사 그 폐부(肺腑, כְּלָיוֹת, 켈라요트, 콩팥, 속마음)와 심장(לֵב, 레브, 진심)을 보신다고 말씀하신다(렘 20:12; 17:10, 참고 계 2:23; 시

---

[29] 토마스 왓슨, 『주기도문 해설』, 459.

139:23). 가령 하나님께서는 구약 시대에 히스기야 왕의 심중에 있는 것을 다 알고자 그를 시험하셨다(왕하 20:14-18; 대하 32:31, 참고 렘 35:2-19). 이는 오늘날에도 마찬가지인데, 하나님께서는 신자의 마음이 정말 진실인지 알기 위해 때로는 진실을 감추고 시험하시곤 한다.

그런가 하면 하나님은 어떤 인간을 존귀하게 사용하시기 전에, 또는 큰 복을 주시기 전에, 어떠한 상황에서도 율법을 준행하여 그 복을 받을 그릇이 되는지 시험하신다(신 8:2; 13:3; 창 22:1; 42:16; 출 20:20). 그에게 가장 좋은 것을 주시려고, 당신께서 그에게 주신 가장 소중한 것으로 시험하시는 것이다. 좋은 시험일수록 까다롭고 어려운 것처럼, 더 큰 복을 주시려는 하나님의 시험도 그러하다. 가령 하나님께서 아브라함에게 기적적인 선물로 주신 외아들 이삭을 당신께 제물로 바치라고 하셨던 사건을 생각해 보라!(창 22:2)

그러면 하나님이 시험하실 때 어떤 자세를 가져야 할까?

첫째, 하나님의 시험 문제가 사람에 따라 그 수준과 유형이 다르다고 하더라도, 오직 하나님께서는 미쁘사(신실하사) 어떤 인간이라도 감당치 못할 시험당함을 허락지 아니하시고, 시험당할 즈음에 또한 피할 길을 내어주신다는 사실을 믿어야 한다(고전 10:13). 하나님은 우리의 멍에를 더 가볍게 하시든가, 아니면 우리의 믿음을 더 강하게 하실 것이다.[30]

둘째, 믿음의 시련이 불로 연단하여도 없어질 금보다 더 귀하여 예수 그리스도의 나타나실 때 칭찬과 영광과 존귀를 얻게 하기에, 때로는 여러 가지 시험으로 말미암아 잠깐 근심할 수 있겠지만, 오히려 크게 기뻐해야 한다(벧전 1:6-7; 약 1:2). 불같은 시험을 통과할 때마다, 믿음이 성숙해지며 정금 같은 믿음을 가지게 되고(욥 23:10), 하나님이 더 큰 일도 맡기실 것이므로 잘 인내해야 한다(약 1:12). 이에 대해 성경은 시험을 견뎌낸 자라는 인정을 받으면, 주께서 자기를 사랑하는 자들에게 약속하신 생명의 면류관을 얻게 된다고 말씀하신다(약 1:12, 표준새번역, 참고 계 2:10).

셋째, 정말 사랑하면 상대방이 아무리 나를 시험해도 자기 안에서 그를 향한

---

30 토마스 왓슨, 『주기도문 해설』, 303.

사랑이 타오르는 것을 막지 못하는 것처럼, 시험을 이기려면 하나님을 몸과 마음을 다하여 사랑해야 한다. 가령 격랑의 오랜 세월 속에서 하나님께서 아브라함에게 많은 체험을 주셨기에, 하나님을 사랑한 그는 그분이 자기 아들을 당신께 바치라고 하실 때도, 하나님이 친히 준비하심을 믿고 맡겨 시험을 통과함으로 큰 복을 받을 수 있었다(창 22:8).

넷째, 예수님이 몸소 시험을 받아 고난을 당하셨은즉, 시험받는 자들을 능히 도우실 수 있으므로(히 2:18), 어떤 시험이든 주님 앞에 자기를 다 바치고 있어야 한다. 이런 면에서 신자의 모든 시험은 예수 그리스도의 시험이요, 모든 승리는 예수 그리스도의 승리다.[31]

다섯째, 하나님은 경건한 자를 시험에서 건지시기 때문에 더욱 경건에 이르도록 노력해야 한다(벧후 2:9). 즉 경건한 자에게도 여전히 시련과 핍박이 있기 마련이지만, 노아처럼 주님을 경외하고 세상과 구별된 태도를 가지고 하나님의 뜻대로 행하려는 의인은 하나님께서 모든 불경건한 악인들을 멸하시려는 시험에서 구원해 주실 것이기에, 더욱 하나님을 경외하고 사랑해야 한다.

(4) 하나님을 시험하면 안 된다

그런데 어떤 이들은 "믿는 자들은 뱀을 집으며 무슨 독을 마실지라도 해를 받지 아니한다."라는 마가복음 16장 18절의 말씀을 근거로, 기도했으니 어떤 것을 먹어도 괜찮다고 생각한다. 하지만 이 말씀은 어떤 독을 먹어도 괜찮다는 말씀이 아니라, 일차적으로 성령의 권능을 받은 자들이 사탄의 권세를 짓밟게 된다는 의미이고, 이차적으로 바울이 멜리데 섬에서 뱀에 물렸으나 무사한 것처럼, 어쩌다 독을 먹었을 때 정말 기적적인 하나님의 은혜로 살 수 있다는 뜻이다.

또 "너희의 온전한 십일조를 창고에 들여 나의 집에 양식이 있게 하고, 그것으로 나를 시험하여 내가 하늘 문을 열고 너희에게 복을 쌓을 곳이 없도록 붓지 아니하나 보라!"(말 3:10)는 말씀도, 진짜로 하나님을 시험해 보라는 뜻이 아니

---

31 디이트리히 본회퍼, 『창조, 타락, 유혹』, 문희석 역 (서울 : 대한기독교서회, 1988), 194.

라, 내 인생 전체가 다 하나님의 소유라는 것을 인정하는 최소한의 신앙고백자에게 확실히 복을 주시겠다는 의미다. 그러므로 "물질의 주인은 그래도 나다."라는 의식을 가진 자는 십일조가 오히려 큰 시험거리가 된다.

> 필자가 대학교 2학년 때 하나님의 은혜를 깊이 체험했으면서도 학교 길을 가다가 문득 '에이! 눈에도 보이지 않는데 하나님은 안 계시잖아!' 하면서 마음속으로 의심의 목소리를 낸 적이 있다. 그리고 건강을 위하여 운동장에 가서 농구를 했는데, 수비하다가 상대방 공격수가 강하게 던진 농구공에 엄지손가락을 정면으로 맞아 그 중간 마디가 바깥쪽으로 90도 꺾여버리는 사고를 당했다. 정말 아파서 죽는 줄 알았다.
>
> 그로부터 몇 달 후 다시 학교 길을 가다가 '예전에 다친 것은 우연이겠지! 에이! 하나님은 안 계시잖아!' 하면서 일부러 다시 의심의 목소리를 내봤다. 그리고 이번에도 역시 같은 운동장에 가서 농구를 했다. 공교롭게도 당시 그곳에는 키가 평균 195cm가 넘는 배구 선수들이 농구를 하고 있었는데, 좀 끼워달라고 해서 함께 게임을 하는 도중, 한 상대방 선수가 레이업 슛을 하는 찰라, 그걸 수비하려고 덤볐다가 그만 그의 체중이 실린 무릎에 나의 명치를 그대로 찍히고 말았다.
>
> 아니나 다를까?
>
> 숨을 쉬기조차 힘들어 실오라기 같은 호흡을 하면서 10여 분 이상 입에서 게거품만 품었다. 아마도 그때 호흡을 조금만 더 늦게 했더라면 죽었을 것이다.

성경은 마음을 강퍅하게 하여 하나님을 시험하면 뱀에게 멸망당하며(고전 10:9; 히 3:8), 하나님의 영을 시험하면 죽임을 당한다고 말씀하신다(행 5:9). 설사 하나님을 시험하여 응답을 받았더라도, (결국은) 하나님께서 그들의 영혼을 파리(쇠약)하게 하신다고 말씀하신다(시 106:14-15; 민 11:18, 33).

그러기에 바리새인처럼 하나님을 시험하지 말아야 한다(신 6:16). 오히려 나 자신이 (참된) 믿음에 있는지 시험하고(πειράζω, 페이라조, 철저히 점검하고) 확증해야(δοκιμάζω, 도키마조, 분별하여 증명해야) 하며(고후 13:5), 아울러 가령 요즘처럼 영(靈)이 혼탁한 시대에 어떤 영들이 하나님께 속하였는지 먼저 시험해 보는 (δοκιμάζω, 도키마조) 등(요일 4:1), 하나님을 기쁘시게 할 것이 무엇인지 시험해 봐야 한다(엡 5:10).

10. 사탄 마귀를 이기려면

마귀의 일을 멸하려고 오신 예수님은(요일 3:8), 우리가 사탄을 믿음으로 정복하기 원하신다.
그러면 어떻게 해야 마귀를 제압할 수 있을까?
첫째, 마귀를 대적하려면 하나님께 순복해야 한다(약 4:7). 사탄과의 영적 전쟁은 마치 씨름과 같아서 순수한 믿음으로, 하나님께 순복하여 온몸과 힘과 정성과 마음을 다해 전인적으로 저항·대적하지 않으면 이기기 쉽지 않다. 따라서 피조물인 인간은 영물(靈物)인 사탄을 절대로 이길 수 없으니, 주님이 이기시도록 자기를 다 맡겨야 한다. 완전한 흑암의 세력인 사탄과 싸워 이기려면, 주님의 완전한 참빛밖에 없다. 빛이 오면 어둠은 물러가게 되어 있다. 죽음을 두려워하지 않고 주님을 의지할 때, 사탄도 더는 나를 잡고 흔들지 못한다. 죽기까지 자기 생명을 아끼지 않으면, 예수님의 피와 자기의 증거하는 말로 사탄을 이길 수 있다(계 12:11).

하나님은 사탄과는 전혀 비교할 수 없을 정도로 무한한 능력을 가지신 분이다. 혹시나 사탄 마귀가 두려워 마음이 불안할 때 전지전능하신 하나님과 예수님의 일이 기록되어 있는 창세기나 4복음서를 믿음으로 소리 내어 읽기만 해도 마음이 평안해지는 이유가 여기에 있다.

둘째, 내 안에 주님의 이름만 있어야 한다. 내 안에 온전히 주님만 있을 때 주님의 이름이 내 안에 있게 되는데, 이때 주님의 이름으로 명령하면 사탄을 이길 수 있다. 그러기에 예수님의 이름을 한없이 드렵게 여기고, 나를 불쌍히 여겨 모든 죄를 용서해 주신 그 사랑에 온전히 거하는 가운데, 예수님의 이름에 내 삶의 모든 것이 걸려 있도록 해야 한다(행 3:6).

셋째, 믿음을 굳게 하여 사탄을 엄하게 꾸짖어야 한다(벧전 5:8). 사탄에게 질 바엔 차라리 죽음을 선택하겠다는 단호한 각오가 있어야 한다. 마귀에게 틈을 줘서는 안 된다(엡 4:27). 산에서 멧돼지를 만날 때 그냥 무서워서 줄행랑치면 더욱 위험해질 수 있듯이, 행여나 사탄을 대적하지 않고 두려워하여 물러서면 사탄의 밥이 될 수 있다. 호리라도 사탄을 두려워할 필요가 없는 이유는 사탄의 인간을 향한 공격은 반드시 하나님의 허락[32]이 있어야만 하기 때문이다(삿 9:23; 대하 18:20-21; 삼상 16:14; 18:10; 욥 1:6-7; 슥 3:1-2).

넷째, 죄에 대해 원수로 생각해야 한다(시 97:10). 죄만 생각하면 분노의 역류가 흘러야 한다. 죄와는 피 흘리기까지 싸워야 한다(히 12:4). 죄는 인정사정 봐 줄 필요 없다. 그리하여 죄를 다스리는 자가 되어야 한다(창 4:7).

다섯째, 우리 안에서 조금이라도 높은 자리를 차지하고 있는 사탄을 끌어내려야 한다. 사탄을 조금이라도 불쌍히 여기면 안 된다(신 7:2). 마귀는 찢어 죽여야 할 대상이지, 인격적으로 대화할 상대가 아니다. 사탄은 사정없이 짓밟아야 한다. 그리하여 사탄으로 하여금, 이러한 자괴감이 들도록 해야 한다.

"얼마나 나를 싫어하면, 목숨까지 다 버리고 싫어할까?"

사탄을 완전히 진멸하지 않거나 조금이라도 용서하고 동정하면, 내가 죽는다.[33] 사탄은 영물이기에, 어설프게 세상을 버렸다고 아무리 하소연해 봐야 아무 소용없다. 버릴 때 왕창 다 버려야 한다. 이쯤은 허용해도 괜찮다는 사탄의 유혹에 결코 넘어가서는 안 된다.

여섯째, 사탄과 연관한 물질이 있다면 그것마저 다 버려야 한다. 가령 자기 집에 귀신을 숭배하는 데 사용했던 금불상이나 부적이 있다면 설사 값이 많이 나가더라도 조금도 아까워하지 말고 다 없애야 한다(삼상 15:9).

일곱째, 마치 댐에 조그만 구멍이 나면 후에 온 댐이 다 무너질 수 있는 것처

---

32 이에 대해 토마스 브룩스는 사탄은 우리에게 뭔가 해를 끼치기 이전에 이중적인 허가, 곧 하나님으로부터, 그리고 우리 자신으로부터도 허가를 받아야 한다고 말한다(토마스 브룩스, 『사탄의 책략 물리치기』, 406).

33 가령 사울을 보라! 그는 가룟 유다처럼 대놓고 하나님을 배신한 것이 아니고 하나님의 명령 몇 가지만을 어겼을 뿐인데, 그의 딴에는 이 정도는 하나님께서도 눈감아 주실 것으로 생각했겠지만, 결국 하나님께 버림을 받고 말았다(삼상 15:23, 참고 왕상 20:35-43).

럼, 미세한 악의 누룩이라도 허용하면 걷잡을 수 없이 커진다는 것을 알아야 한다(고전 5:6; 갈 5:9). 우리가 탐닉하는 죄 하나가 영혼에 끼어 그리스도의 피가 흘러 들어오지 못하도록 막고, 제아무리 울타리를 튼튼히 세워도 틈 하나를 그대로 두면 들짐승들이 들락거리며 곡식을 결딴낸다.[34] 소위 "나비 효과"[35]가 우리 영혼 문제에도 그대로 적용된다.

따라서 가능하면 아주 미세한 악의 시작 단계에서부터 허용하지 말아야 한다. 즉 어둠의 씨가 내 마음에 본의 아니게 뿌려졌다면, 가능한 한 처음부터 싹이 나지 못하도록 해야 한다. 이에 대해 마틴 루터는 다음과 같이 말한다.

"새들이 머리 위로 지나가는 것을 막을 수는 없지만, 머리 위에 둥지를 틀게 해서는 안 된다."

그리고 본의 아니게 죄를 허용했다면, 더 이상 진전되지 않도록 작은 죄라도 초기에 진압해야 한다. 사악하고 악독한 묵은 누룩을 내어 버려야 한다(고전 5:7-8). 미세한 죄라도 허용했다는 것은 신앙의 안전판이 깨졌다는 얘기이기 때문이다.

여덟째, 하나님의 전신갑주(πανοπλία, 파노플리아, 완전히 무장한 갑옷)를 입어야 한다(엡 6:13). 즉 진리의 허리띠를 단단히 동여매어 거추장스러운 옷 때문에 밟히거나 넘어지지 않도록 해야 하고, 예수 그리스도의 의의 흉배(胸背)[36]를 가슴(마음) 한복판에 붙여야 한다. 또 외출할 때 평안의 복음의 예비한 것으로 신을 신어야 하고, 성도에게 끊임없이 낙심과 의심의 불화살을 쏘아대는 것을 막기 위해 믿음의 방패를 가져야 하며, 구원의 확신의 투구를 써야 하고, 성령의 검, 곧 하나님의 말씀을 가지고 있어야 한다(엡 6:14-17).

특히 이 가운데 사탄을 향한 유일한 공격용 무기가 다름 아닌 하나님의 말씀

---

34 토마스 왓슨, 『경건』, 237.
35 "나비효과"란 불확실한 문제를 해결할 때 쓰는 용어로, 나비의 날갯짓과 같은 지극히 작은 움직임이 지구 반대편에서 큰 폭풍으로 될 수도 있다는 이론이다. 영어로 'Butterfly Effect'라고 부르는 이 말은 1961년 미국의 에드워드 로렌츠(E. Lorentz)를 중심으로 기상학에서 처음 쓰인 말로, 훗날 물리학에서 말하는 "카오스 이론"(Chaos Theory)의 토대가 되었다.
36 옛날 칼이나 창으로 전투할 때 신체 중에서 가장 공격을 많이 받는 곳이 급소가 모인 가슴이었기에, 구리나 철판 위에 가죽을 씌워 만든 흉배로 이 가슴을 보호했다고 한다. 일종의 '가슴막이'인 셈이다.

임은 흥미롭다(요 12:48; 살후 2:8; 계 19:15). 예수님께서도 이 하나님의 말씀을 가지고 사탄의 세 가지 유혹을 이기셨다. 그러기에 우리는 사탄을 능히 제압하기 위하여 무엇보다도 더욱 예리한 말씀으로 단단히 무장하여(체화시켜) 사탄의 심장에 성령의 검을 꽂는 자가 되어야 한다.

11. 하나님과 인간 앞에서 겸손해야 한다

(1) 겸손의 정의

학문의 대가일수록 학문에 대한 자세가 얼마나 겸손한지 모른다. 학문의 무궁무진한 넓이와 깊이 속에 자기는 아무것도 아니라는 것을 알기 때문이다.

하물며 능력적이고도 인격적으로 하나님을 만나야 하는 세계에서는 얼마나 더 그러해야 하겠는가?

참된 신앙을 가진 자는 시간이 갈수록 배울 게 더 많아지는 법이다. 그만큼 진리에 대해서 활짝 열려있기 때문이다. 예수님은 우리로 하여금 생명을 얻게 하려고 오셨다. 그러나 여기서 다 끝난 것이 아니다. 예수님은 우리가 더 풍성한 생명을 얻도록 하려고 오셨다(요 10:10). 예수님은 우리로 하여금 어떤 수준에 안주하지 않고 겸손하게 끊임없이 더 깊은 진리의 세계에 들어가도록 하셨다. 이것이 생명의 속성이었던 까닭이다.

하나님의 본체이시면서도 하나님과 동등함을 취하지 않으신 예수님은(빌 2:6) 마음이 겸손하시고 온유하시다(슥 9:9; 마 11:29). 그래서 당신의 능력으로 인간의 질병을 고쳐주셨음에도, 그 공로를 우리에게 돌리셨다. 가령 예수님은 열두 해를 혈루증으로 앓는 한 여자의 질병을 고쳐 주시면서 이렇게 말씀하셨다.

> 네 믿음이 너를 구원하였으니 평안히 가라! 네 병에서 놓여 건강할지어다!
> (막 5:34)

이렇게 예수님은 이 세상에서 낮아져 섬기는 도를 몸소 보이시고(요 13:4),

우리로 하여금 당신의 겸손을 배우게 하셨다(빌 2:3; 롬 12:3; 골 3:12; 벧전 3:8).

여기서 "겸손"(ענוה, 아나와)은 세상적인 자아가 깨지지 않은 겸손이나, 자기의 영광을 구하는 겸손이나, 처세를 위해 굽실거리는 비굴한 겸손이 아니라, "하나님 앞에서 죄를 자각하여, 교만한 마음을 버리고 낮은 데 처하는 마음가짐"을 말한다(대하 33:12).

(2) 겸손해야 하늘의 보고(寶庫)가 열린다

지극히 높으신 주님이 일부러 낮아지셔서 인간을 사랑하시는데, 지극히 하찮은 인간이 주님보다 높아져서야 되겠는가?

하나님이 이렇게 낮아지셔서 나를 위해 죽어주셨다면, 나는 얼마나 낮아져야 하겠는가?

이에 대해 성경은 어린아이처럼 낮아져 섬기는 자가 큰 자라고 말씀하시며(마 18:4; 23:11; 눅 9:48; 22:26), 하나님 앞에서 자기를 낮출 때, 때가 되면 주님께서 높이신다고 말씀하신다(마 23:12; 눅 16:15; 18:14; 약 4:10; 벧전 5:6).

모순되게도 하나님의 보물은 높은 곳에 있지 않고 굽히지 않으면 취할 수 없는 낮은 곳에 있다. 바람이 고기압에서 저기압으로 불듯이, 성령의 바람도 낮아진 자에게 임한다. 하나님 앞에서 겸손할 때, 하늘의 보고(寶庫)가 열려 하늘의 양식을 먹을 수 있다(시 10:17). 하나님께서는 겸손한 자에게 은혜를 베푸시고(잠 3:34; 약 4:6; 벧전 5:5), 그의 영을 소성시키시며(사 57:15) 구원하신다(시 116:6; 149:4). 그러기에 겸손은 존귀의 앞잡이다(잠 15:33; 18:12).

이처럼 하나님께서는 우리에게 은혜를 주실 때, 먼저 낮추시고 주신다. 은혜를 받은 만큼 자기를 비워 낮아지지 아니하면, 그 은혜를 감당할 수 없기 때문이다. 이에 대해 성경은 도무지 낮아지지 않고서는 주님을 높일 수 없으므로, 예수님이 있는 곳에 예수님을 섬기는 자가 있다고 달씀하신다(요 12:26).

(3) 하나님이 원하시는 열매는 갈수록 고개를 숙인다

하나님 앞에 겸손할수록 하나님의 겸손한 뜻을 더 잘 헤아려 순종하게 된다. 겸손하면 주님의 겸손을 더 닮게 되고 더 큰 주님의 겸손이 그를 지배하게 된다. 또 낮아진 만큼 예수님 한 분만으로 만족하며 예수님만 증거한다. 왜냐하면 예수님은 겸손의 왕이시기 때문이다.

질 좋은 재료를 사용해서 싸게 공급하고 거기에다 서비스도 좋았으면 하는 것이 소비자의 마음이다. 현명한 사업자라면 소비자의 이런 마음을 놓칠 리 없다. 신앙도 마찬가지이다. 겸손한 자는 문턱이 지극히 낮다. 그래서 누구든지 진실로 원하는 자에게 주님께 받은 참사랑의 물을 마실 수 있게 한다.

무엇보다도 하나님께서 원하시는 열매는 시간이 갈수록 고개를 숙인다. 겸손의 경지가 높으면 자존심을 상하게 하는데도 낮아지니, 누가 봐도 겸손하다는 소리를 듣는다. 누가 자존심을 긁어도 자기 안의 주님의 사랑이 이내 녹이기 때문이다.

또한 누구나 부러워하는 성공을 했어도 그것으로 전혀 즐기지 않을 중심이 있다. 가령 교만의 뿌리가 빠지지 않은 자는 칭찬을 받을 때 자기가 잘해서 그런 것처럼 목을 곧게 하지만, 겸손한 자는 하나님과 이웃이 그를 높여 줄 때도 오히려 더 큰 죄인임을 선명히 느껴, 언제든지 이런 자리를 내려놓을 중심이 있다.

요컨대 부활의 사랑은 나는 죽어도 이웃은 살림으로써 나는 더욱 살고 이웃도 사는 사랑이다. 따라서 내가 시퍼렇게 살아 영광을 받는 것은 주님의 부활의 사랑이 아니다. 왜냐하면 이는 곧 자기는 그저 주님이 불쌍히 여겨주신 존재에 불과한 것이 아니라는 얘기가 되기 때문이다.

어느 때부터인지 몰라도 겸손에 대한 조절 능력을 잃어버렸다는 얘기는 첫사랑을 잃어버렸다는 얘기다. 그러기에 철저히 회개하여 교만의 뿔을 꺾고 다시 첫사랑을 회복해야 한다. 그리하여 하나님의 말씀을 지키는 겸손한 자가 되어 하나님을 찾고 (더) 겸손을 구하며(습 2:3), 하나님을 영화롭게 하기 위해 자신을 더 깊이 낮추는 자가 되어야 한다(참고 엡 4:2).

> 모든 은혜로운 감정은 상한 심령의 감정입니다. 진정한 기독교적 사랑은 겸손하고 상한 심령의 사랑입니다. … 아무리 열렬한 것이더라도 성도의 갈망은 겸

손한 갈망이고, 성도의 소망은 겸손한 소망입니다.[37]

12. 온유해야 한다

보통 사람들은 뻐꾸기가 '뻐꾹' 하며 우는 소리는 듣기 좋아하는데, 쥐가 찍찍거리는 소리나 날카롭게 찢어지는 소리는 듣기 싫어한다.

왜 그럴까?

그 이유는 날카로운 소리를 들으면, 뇌신경(腦神經)과 그와 연결된 위신경(胃神經) 모두 부정적인 영향을 입는 까닭이다. 특히 위에는 '제2의 뇌'라고 일컬을 정도로 신경세포가 많은데, 그 부분의 신경세포가 움츠러들면 속까지 거북해지곤 한다.

보통 '온유'는 "마음씨가 따뜻하고 부드러움" "온순하고 온화함"을 말한다. 이에 비해 사랑의 속성 중 하나를 차지하고, 또 성령의 열매 중 하나를 구성하는(갈 5:23) 기독교의 '온유'(יָנָו, 아나우, πραΰτης, 프라위테스)는 이것 말고도 다음과 같은 다양한 의미를 지닌다.

첫째, 온유는 "주님의 사랑에 의해 굳은 마음이 녹아져 살처럼 부드러운 마음이 된 것"으로, "하나님으로부터 말미암는 겸허함"을 뜻한다(겔 11:19-20). 가령 사우나 실에 들어가면, 아무리 차가운 사람이라도 긴장이 풀어지고 신체가 이완되듯이, 주님의 불같은 십자가로 인해 우리의 강퍅한 품성이 녹아져 따뜻하고 부드러운 품성으로 변화를 받게 된다.

> 녹아내린 마음은 말씀을 듣기에 합당합니다. 이제야 말씀이 진정으로 들리는 것입니다. 마음이 부드러워진 요시야는 율법의 말씀을 듣고 겸손히 자신을 낮추어 옷을 찢었습니다(대하 34:19). 그의 마음은 녹아서 부드러워진 밀랍과 같았

---

37 조나단 에드워즈, 『신앙감정론』, 339.

으니, 마침내 그 위에 말씀의 도장이 선명히 찍힐 수 있었던 것입니다.[38]

둘째, 온유는 야생마가 길드는 것처럼, "성령님에 의해서 우리의 성품이 길드는 것"을 뜻한다. 이 온유의 품성은 참혹한 십자가에서조차 하나님의 뜻에 순종한 주님의 십자가에서 그 극치를 발견할 수 있다. 여기서 "길들다"(δαμάζω, 다마조)는 "매인 바 되었다"라는 뜻으로, 주님의 사랑의 멍에에 매이면 모든 언행심사가 거기에 구속받게 된다. 주님의 사랑의 구속에 길듦으로 자신을 이기는 자는 항상 겸손하고 여유가 있으며 온유하지만, 길들지 못한 자는 그 중심이 항상 교만하고 조급하고 강퍅하다.

셋째, 온유는 "핍박을 당했을 때조차도 부드럽고 온순하게 인내하는 성품"이다. 가령 노령의 모세가 그의 아내 십보라가 죽은 후 구스(에티오피아) 여자를 취했을 때, 그의 누이 미리암과 형 아론이 이를 (웬 주책이냐고?) 비방하자(민 12:2), 화가 날 법도 한데 아무 대응을 하지 않았다. 하나님께서는 이런 모세를 두고, 그를 지상의 모든 사람보다 온유한 사람이라고 인정하셨다(민 12:3). 즉 온유는 자신을 비방하는 소리가 들려도 이에 대항하지 않고 성령님 안에서 감정을 억제하여, 오히려 자신을 돌아본 채 묵묵히 참고 하나님의 뜻을 기다리는 마음이다.

넷째, 온유는 참사랑의 "완충제"이다. 어린이가 뛰어놀다가 모나고 딱딱한 표면에 넘어지면 크게 다치기 마련이지만, 부드럽고 푹신푹신하며 둥글둥글한 표면에 넘어지면 별로 다치지 않는다. 마찬가지로 온유는 질퍽한 진흙(옥토)과 같아서, 자기에게 오는 악에 대한 충격을 받쳐 줄 만한 저항력이 충분하다. 이런 마음을 가지면, 하나님의 말씀의 씨가 자기 마음에 떨어져도 사뿐히 안착시키며, 설사 이웃이 자기에게 악을 행해도 저항하지 않고 오히려 부드럽게 흡수한다.

이러한 온유는 믿음으로 세상을 이긴 승리의 기쁨 속에서, 충만한 여유로움을 간직한 채 나온다. 십자가의 사랑에 젖은 온유한 마음은 능히 딱딱하고 차

---

[38] 토마스 왓슨, 『회개』, 114.

가운 이웃의 악을 부드럽고 따뜻하게 녹일 수 있다. 자기가 받아들인 주님의 사랑이, 이때 바로 튀어나오려고 하는 보복성 마음을 이내 잠재우기 때문이다. 그래서 핍박을 가한 이웃에게도 보복하지 않을 뿐만 아니라, 오히려 주님의 위로가 그의 마음을 항상 잔잔하게 만들어 주기 때문에 이웃의 거센 마음도 잔잔하게 한다.

다섯째, 온유는 참사랑의 "윤활유"이다. 기독교의 온유는 미끈거리는 돼지기름과 같은 것이 아니라, 거룩한 하늘의 부드러움을 구가하는 향유와 같아 짜내면 짜낼수록 더 고소하고 향기롭다. 그래서 온유한 자는 이웃에게 사랑을 줄 때, 자기 마음이 이내 촉촉하고도 부드럽게 적셔짐을 느낄 수 있다. 이렇게 온유한 마음은 자기 안에 형성된 참사랑을 원활하게 돌아가게 한다.

요컨대 성경은 온유한 자가 (하나님의) 땅을 차지하고 풍부한 화평으로 즐기게 되며(마 5:5; 시 37:11), 바로 이 온유한 자를 하나님께서 공의로 지도하시고 이 자에게 당신의 도를 가르치신다고 말씀하신다(시 25:9). 그러기에 우리는 십자가의 도를 받을 때 겸손하고 온유함으로 받아야 하며(약 1:21), 또 주님의 온유를 배운 자로서 강한 믿음의 토대 위에 온순하고 따뜻하고 부드러운 마음을 가진 자가 되어, 부드러운 혀를 가지고 (이웃의) 뼈(강퍅한 심령)까지 꺾는 자가 되어야 한다(잠 25:15).

13. 교만의 뿔을 높여서는 안 된다

인간에게는 본능적으로 교만의 욕구가 있다. 이를테면 "뭔가 높아지려는 마음" "대접받으려는 마음" "나를 알아주기를 바라는 마음" "내 영광을 구하고 싶은 마음" 등과 같이 말이다. 보통 '교만'은 "잘난 체하여 뽐내고 버릇이 없음"을 말한다. 이에 비해 기독교의 '교만(גָּאוֹן, 가온, ὑπερηφανία, 휘페레파니아)'(잠 16:18; 막 7:22)은 '나를 다른 사람 위에 올려놓거나 자기가 주인이 되어, 사실상 하나님의 자리에 앉아있음'을 뜻한다. 그런데 세상 관점에서는 교만한 것이 아니지만, 하나님 관점에서는 교만한 것들이 뜻밖에 많다. 다음의 몇 가지를 살펴본다.

(1) 신앙 교만은 세상 교만보다 더 악하다

자기는 실천하지 않으면서 이웃에게 하나님의 도(道)를 가르치는 자가(롬 2:21) 정작 알아야 할 것은 가르치는 선생이 더 큰 심판을 받을 수 있다는 사실 아닌가?(약 3:1)

교만한 자는 신앙적인 성공을 이룬 것이 자기가 잘 나서 그런 줄 알고 우쭐해 함으로, 신앙의 진보를 거기서 멈춰 버리게 한다. 자기의 신앙적인 중심을 어느새 잃어버려 하나님 앞에 자기 의가 충만한 나머지 교만해진 까닭이다. 어떤 면에서는 종교적인 탈을 썼기 때문에, 세상적인 교만보다 신앙적인 교만이 더 악하다고 할 수 있다.

그러기에 직분이 높다고 잘 믿는 척, 사랑이 많은 척하며 티를 내서는 안 된다. 또 오래 신앙생활을 했다고, 은사를 많이 받았다고, 말씀을 많이 안다고 해서 당연히 하나님과 가깝다고 생각해서도 안 된다. 하나님으로부터 받은바 은혜는 시시각각 변하기 때문이다. 항상 새롭게 그 기준이 설정된다는 얘기다(눅 12:47-48). 이것이 관계를 반영하는 진리의 속성이다. 그래서 진리에 서 있는 자는 과거에 아무리 많이 이루어 놓았어도 지금 항상 새로 시작한다.

(2) 피조물의 한계를 넘으면 안 된다

교만한 자는 마땅히 생각할 그 이상의 생각을 품고(롬 12:3), 주제넘게 피조물로서의 한계를 넘거나, 신만이 할 수 있는 영역을 수시로 침범한다.

이에 대한 몇 가지 예를 살펴보자.

첫째, "신(神)은 누가 만들어 냈는가? 신이 있다면, 신(神) 위에 신은?

아! 그것은 공허한 것이구나!"

이른바 자신이 피조물이면서도 조물주를 넘어서 사고하는 경우다. 이런 자는 신만이 하실 수 있는 영역을 침범하여 피조물로서의 존재를 부정한다.

이런 자가 온전할 수 있겠는가?

결국 그는 또 하나의 괴리, 즉 피조물로서 당연히 가져야 하는 생각과 피조물임을 부인함으로 가지게 된 생각으로 말미암아 자기 중심을 잃어버리고 만다.

둘째, 인지상정(人之常情)을 넘는 경우다. 가령 참 인간이기도 하셨던 예수님은 잠시 후에 살리실 것임에도, 이미 죽은 지 나흘 된 나사로 앞에서 슬프게 우셨다고 성경은 증언한다(요 11:35-36).

주님도 이러하시거늘, 연약한 인간이 인지상정을 무시하고 인간으로서 당연히 해야 하는 부분이나, 하지 말아야 하는 부분을 아무 거리낌 없이 넘어서야 말이 되겠는가?

이는 곧 참 인간이기를 거부하는 태도 외에 다름 아니다.

셋째, 하나님 앞에서 한 번 더 머리를 굴리는 경우다. 가령 어차피 만세 전에 천국에 갈 자가 정해져 있으니, 현세에서 아무런 노력을 할 필요가 없다고 생각하거나, 또 하나님의 말씀을 모두 지키면 머리가 되고 꼬리가 되지 않게 하시며 위에만 있고 아래에 있지 않게 하신다는 신명기 28장 13절의 말씀을 왜곡하여, 주님을 믿는다는 이유로 항상 머리 되는 위치에서 그에 걸맞은 대접을 받으려 하거나, 또 죄인이라는 인식이 자기 마음에 희미해진다고 일부러 죄를 지음으로써, 인간이 지켜야 할 양심을 스스로 갉아먹는 경우 등이 이에 해당한다.

하나님을 믿기 때문에 반드시 복을 받아야만 한다고 생각하여, 때로는 악한 방법을 동원하는 경우도 마찬가지이다. 가령 이렇게 질문하는 경우다.

"거짓말로 하나님의 참되심을 더 풍성하게 하여 하나님의 영광이 되었다면 (즉 과정이 악하였을지라도 결과가 하나님께 영광이 되었다면), 어찌 죄인처럼 심판을 받겠느냐?"(롬 3:7)

이에 대해 성경은 반문하신다.

"은혜를 더하게 하려고, 죄에 거할 수 있느냐?"(롬 6:1, 참고 롬 6:15; 갈 2:17)

이런 자는 항상 열심히 머리로 계산하지만 결국 스스로 어둠의 세력이 파놓은 함정에 빠지고 만다(참고 시 7:15; 35:7; 140:5; 잠 26:27; 전 10:8).

넷째, 가령 자기를 왜 이렇게 못생기게(또는 장애인으로) 빚으셨냐고 불평하는 것처럼, 토기장이 되시는 하나님에게 원망 불평하며 따지는 경우다. 이에 대해 성경은 진흙이 토기장이에게 자기 주제도 모르고 "너는 무엇을 만드는가?"라고 질문할 수 있겠느냐고 말씀하신다(사 45:9).

(3) 주제넘게 과욕을 부리면 안 된다

봉지는 작은데 욕심을 부려 많이 담으려고 하면 그 봉지가 터져 버리는 것처럼, 신앙도 주제넘게 과욕을 부리면 복이 변해 화가 될 수 있다.

1단계 하나님의 말씀도 감당할 중심이 형성되지 못했으면서 무리하게 5단계 그것을 원한다면 그 말씀이 그에게 진정 유익을 줄 수 있겠는가?

얼마나 많은 종들이 처음에 굉장한 은사를 받아 사역을 왕성하게 펼친다고 했으나, 도중에 인간적인 욕심을 허용한 나머지, 하나님께 응답을 받지도 않았으면서도 마치 받은 것처럼 자기와 남을 속여 넘겨졌으며, 또 얼마나 많은 종들이 신앙을 빙자한 자기 야망으로 교회를 운영하다 하나님의 나라에 폐를 끼쳤던가?

(4) 자기가 하나님이 되면 안 된다

피조물이 자기의 존재를 망각하고 조물주 행세를 하는 자들이 있다. 이들 중 어떤 자는 자신이 "재림주"라고 주장하며, 또 어떤 자는 심지어 자기와 성적(性的)인 관계를 맺어야 영생을 얻는다고 가르치기도 한다. 그런데 재림주가 오셨을 때 온 우주적인 부활이 있어야 하는데, 그자를 제외하고 나나 내 이웃이나 어느 누구도 부활하지 않았음을 볼 때 허위라는 것을 금방 알 수 있다.

참사랑을 위해 대신 죽었다가 다시 살아나지도 않았으면서 하나님의 자리에 앉다니! 인간이 아무리 자기가 신이라고 주장해도 인간은 인간일 뿐(겔 28:2), 어떤 형태에서건 자기가 신(神)이 되려고 시도하는 자는 아주 간교한 어둠의 영을 허용할 뿐이다.

(5) 더 깊은 경지까지 가는데 가장 큰 적은 교만이다

군대에서 병장이 이병에게 "너 참 잘하는구나! 자세 편안히 해!"라고 칭찬할 때, 이병이 그 얘기가 진짜인 줄 알고 자세를 풀면, 이후에 많은 고생을 하게 된다. 신앙의 세계에서도 마찬가지이다. 그래서 하나님은 칭찬으로 우리를 연단하신다고 말씀하신다(잠 27:21). 누군가를 칭찬해 줄 때는 이 칭찬으로 힘을 얻어 더 겸손하게 잘할 것이라는 기대가 포함된 셈인데, 이 기대를 충족하지 못하면 더 깊은 경지까지 가기 힘들다.

이처럼 신앙은 자기가 조금이라도 남들보다 우위에 있다고 생각하면, 그 즉시로 가장 하위의 신앙이 되어 버린다. 이런 의미에서 신앙생활의 가장 큰 적은 교만이다. 교만은 이미 만족하게 만들어 앞으로 더 나아가지 못하게 하기 때문이다.

> 부패한 본성은 마지막 숨을 다하는 순간까지 우리의 마음에서 사라지지 않기에, … 어느 독일 신학자는 사람들이 격려의 차원에서 하나님을 위해 그가 행한 많은 일들을 열거할 때면, "그 불을 저리 치우시오! 내 안에서는 아직도 교만의 지푸라기가 도사리고 있소이다!"라고 말했다고 한다.[39]

(6) 자기를 자랑하면 안 된다

하나님의 영광을 구한다고 했으나 사실은 자기 영광을 은근히 구하는 자가 있다. 하지만 이 자가 알아야 할 것은 하나님은 높이 계셔도 낮은 자를 내려다 보시며, 멀리서도 교만한 자를 아신다는 사실이다(시 138:6).

성경은 아무것도 아니면서 무언가 되는 줄로 생각하면 자신을 속이는 자요(갈 6:3), 무엇이든지 안다고 생각하는 자는 아무것도 모르는 자라고 말씀하신다(고전 8:2). 또 스스로 옳다 하면서 사람 중에 높임을 받는 자를 하나님이 미워하신다고 말씀하시며(눅 16:15), 심지어 자랑하는 자는 천국에 못 들어간다고 말씀하신다(롬 1:30).

그러므로 우리는 하나님의 은혜를 받지 않은 사람처럼 자기 지혜를 자랑하면 안 되고(고전 4:7), 자랑하더라도 하나님이 주신 분량 이상의 자랑을 하면 안 된다(고후 10:13). 즉 굳이 자랑하려면 십자가와 예수님만 자랑하거나(갈 6:14; 빌 3:3), 아니면 주님 안에서 자기의 약한 것을 자랑해야 한다(고후 11:30).

행여나 믿음으로 자기 몸을 불살라 내어주어도 자랑하지 말아야 할 것은, 사랑이 없는 가운데 행했을 수 있기 때문이다. 이에 대해 성경은 오직 하나님만

---

39 존 플라벨, 『하나님의 섭리』, 150.

이 높이시고 낮추시며(시 75:7), 주님이 칭찬하시는 자가 비로소 옳다 인정을 받게 될 것이라고 말씀하신다(고전 4:5; 고후 10:18).

(7) 교만하면 하나님과 인간에게 버림을 받는다

교만한 자는 눈이 높고, 자기보다 더 잘났다고 고개 드는 사람을 견디지 못하며, 또 항상 자기가 중심이 아니어서는 만족하지 못한다. 그러기에 자기만의 틀을 고정해 놓고, 모든 것, 심지어 하나님까지도 여기에 짜 맞추려는 경향이 있다. 예로부터 이런 자는 자기의 이름을 내기 위해 바벨탑을 쌓아 그 탑(מִגְדָּל, 미그달) 꼭대기를 하늘에까지 닿게 하고, 또 하늘에 올라 하나님의 별 위에 자기 보좌를 높이려고 한다(창 11:4; 사 14:13).

하지만 하나님은 이런 자를 다 흩어버리시며(창 11:4), 음부 밑까지 끌어내리시고 물리치시고 버리시고 심판하신다고 말씀하신다(사 14:12-15; 약 4:6; 벧전 5:5; 삼상 15:26; 잠 19:29). 이처럼 교만은 패망의 선봉이요, 거만한 마음은 넘어짐의 앞잡이다(잠 16:18). 즉 교만하면 가장 먼저 패망하고, 거만하면 가장 먼저 넘어진다.

> 하나님은 아담과 하와에게 복을 주시며 "생육하고 번성하여 땅에 충만하라. 땅을 정복하라. 바다의 고기와 공중의 새와 땅에 움직이는 모든 생물을 다스리라."고 명령하셨다(창 1:28). 그러나 어리석은 인간들이 하나님의 이러한 뜻을 배반하여 이루 헤아릴 수 없는 죄악을 짓게 되었고, 결국 노아 시대에 노아와 그 가족을 제외한 모든 인류가 물로 심판받아 멸망하였다. 그 후 하나님은 셈의 후손 26족속, 함의 후손 30족속, 야벳의 후손 14족속을 합하여 모두 "70족속"[40]으로 새로운 인류를 이루게 하셨다(창 10장).
> 그런데 어리석은 인간들이 또다시 하나님의 자비로운 뜻을 저버리고 교만한 가운데 하나님을 대적했다. 그중 여호와 앞에서 특이한 사냥꾼이었던 함의 후

---

[40] 여기서 70이라는 숫자는 완전수 7×10으로 물 심판을 통과한 새 백성의 완성된 수를 상징한다. 참고로 구약 시대 요셉의 초청으로 이집트로 내려간 야곱 가족의 수가 70명이었고(창 46:27), 광야에서 이스라엘을 대표하는 기구도 70명이었다(출 24:9).

손 니므롯은 특히 심했다. 그는 자기 나라를 "시날"⁴¹(שִׁנְעָר, 신아르) 땅의 바벨과 에렉과 악갓과 갈레에서 시작한 후(창 10:8-10), 앗수르로 세력을 확장해갔다. 즉 니므롯을 중심으로 하는 70족속의 후손들은(추정) 동방으로 옮기다가 시날 평지를 만나 거기서 성과 대를 쌓아 대 꼭대기를 하늘에 닿게 하여 자기와 함께한 사람들의 이름을 내고 온 지면에 흩어짐을 면하려 했다(창 11:2-4).

사정이 이리되자 하나님은 원래 하나뿐이었던 온 땅의 언어와 구음(חָפָה, 말)을 혼잡하게 하여 인간들끼리 서로 의사소통을 하지 못하게 하고, 사실상 강제로 이들을 전 세계에 흩어버리셨다. 하나님의 말씀에 불순종하여 현실에 안주하여 흩어짐을 면하고 자기만의 바벨탑을 쌓아 교만한 용도로 힘을 모으려 했던 사악한 인간들로 하여금 서로 말을 알아듣지 못하게 하여 사실상 강제로 흩어버리신 것이다.

이때 그 장소의 이름을 온 땅의 언어를 혼잡하게 하셨다는 의미에서 "바벨"(בָּבֶל, 혼란)이라 하셨는데(창 11:9), 이 바벨은 하나님의 심판의 표이면서도, 동시에 하나님으로부터 너무 멀리 나아가 더 큰 악을 저지름으로 또다시 멸망하지 않도록 배려하신 하나님의 은혜의 표였다.

오늘날 과학과 의학이 발달하여 매우 편해지고 먹거리도 넘쳐나지만, 그와 비례하여 자기만의 세계에 빠져 바벨탑을 쌓는 자들도 무수히 양산되고 있다. 그러나 사랑의 하나님께서는 교만하여 당신의 말씀에 불순종하는 자들이 너무 멀리 당신으로부터 떠나가지 않도록 혼탁함과 공허감을 주셔서 그들의 바벨

---

41 "시날"은 유브라데 강과 티그리스 강 사이에 메소포타미아 계곡 하류의 매우 비옥한 평원지대를 가리키는데, 이 지역은 후에 "수메르" "아카드" "바빌로니아"로 불렸다. 셈-아르박삿-셀라를 중심으로 믿음의 계보를 이어갔던 에벨(עֵבֶר, 에벨, 건너편 지역)은 아마도 그 이름이 말해주듯이(여기서부터 이스라엘 사람이 '히브리인'이라고 불린다. 참고 창 14:13; 출 2:11; 삼상 13:19; 욘 1:9), 당시의 특이한 사냥꾼 니므롯을 피하여 유브라데 강을 건너 갈대아 우르 쪽으로 옮겨갔던 것으로 보인다. 그 후 벨렉(פֶּלֶג, 펠레그, 나눔) 때 바벨탑에서 언어 혼란이 일어나 세상이 나뉘었고, 르우-스룩-나홀-데라-아브라함이 그 뒤를 이어 하나님의 구속의 역사를 이루어 갔다(대상 1:28-31). 즉 유대인들의 또 다른 별칭이 되어 있는 히브리인이라는 이름은, 이렇게 아브라함 이전부터 광범위한 지역에 살던 아브라함의 선조인 에벨의 후손들을 지칭하는 이름이었다. 그리하여 그 후손들 가운데 아브라함과 이삭과 야곱의 후손들이 번성하면서 히브리인이라는 명칭은 자연스럽게 이스라엘 후손들을 가리키게 되었다.

탑을 무너뜨리시며, 그들을 흩어버리신다(참고 레 26:33; 신 4:27; 28:25, 64; 시 92:9; 106:27; 렘 24:9; 29:18; 34:17; 겔 34:5-6). 특히 하나님의 은혜를 받은 자가 양심이 불량하여 이 은혜를 혼자서만 간직하는 가운데 세상에 흩어짐을 면하려(복음을 전해 주지 않으려) 할 경우, 그 받은 은혜마저도 거둬가신다(마 25:24-30).

여기서 하나님께서 바벨탑 사건을 통하여 강제로라도 서로 간에 의사소통을 이루지 못하게 하여 전 세계에 흩으신 이유가 무엇이었겠는가?

그것은 결국 자기만의 바벨탑을 쌓은 인류가 하나님을 대적하는 데서 돌이켜 회개하고 복음을 믿음으로, 잃어버린 하나님의 형상을 회복하여 예수 그리스도 안에서 하나 되게 하려는 것이었다.

그래서 신약 시대에 하나님은 오순절 날 마가의 다락방에 모인 각국에서 온 성도들로 성령의 충만함을 받게 하시고, 성령님이 말하게 하심을 따라 그들에게 방언의 은사를 선물로 주셨다. 그리하여 그들이 전혀 다른 언어를 사용했음에도 성령님의 도우심으로 "하나님의 큰일"에 대한 뜻을 모두 알아듣게 하셨다(행 2:1-11, 참고 계 7:9-10). 이처럼 하나님은 구약 시대에 바벨탑 사건 이후 온 땅에 흩어져 다른 방언을 사용하는 인류를, 신약 시대에 예수님 안에서 하나 되게 하셨다(참고 신 30:3; 시 147:2; 겔 20:34, 41; 28:25, 참고 슥 11:16).

오늘날에도 하나님은 당신의 종들에게 성령의 권능과 성령 충만을 부어주셔서, 땅끝 곧 70족속(모든 인류)을 향해 나아가 복음을 전하도록 하신다(마 28:19-20; 막 16:15; 행 1:8). 공생애 기간 예수님께서 70명의 전도자를 파송하신 것이 전혀 우연이 아니었던 것이다(눅 10:1). 이처럼 "70"이라는 숫자에는 모든 인류를 구원하라는 하나님의 심오한 뜻이 담겨 있다.

요컨대 하나님은 믿음의 사람들, 곧 자기만의 바벨탑을 깨뜨린 겸손한 자들을 전 세계에 흩으사, 아직까지 바벨탑을 깨뜨리지 못해 혼란에 빠진 자들을 멸망의 구렁텅이에서 건져내어, 온 땅이 하나님을 경외하며 예수님을 믿어 그 땅을 믿음으로 정복하는 사람들로 가득 채워지기를 간절히 바라신다.

14. 말을 조심해서 해야 한다

(1) 하나님이 하신 말씀은 반드시 이뤄진다

"말 한마디로 천 냥 빚을 갚는다" "빈 깡통이 요란하다"는 등 말과 관련된 속담이 얼마나 많은지 모른다. 말이 얼마나 중요하면 그러하겠는가?

성경에서도 죽고 사는 것이 혀의 권세에 달렸으며(잠 18:21), 입의 열매로 말미암아 복록(בוֹט, 토브, 福祿, 좋은 것)을 누리게 된다고 말씀하신다(잠 13:2).

말씀으로 온 세상을 창조하신 하나님은 동일한 말씀으로 죽은 영혼을 살리기도 하시며 죽이기도 하신다(요 1:1-3; 12:48). 그 어떤 경우든 하나님께서 하신 말씀은 반드시 이루어진다(민 23:19; 사 45:23). 그래서인지 하나님께서는 우리 인간의 행동과 함께 말을 영적인 열매의 주요 척도 중 하나로 보신다(히 13:15).

능력이 많을수록 말한 바를 이루며, 그 말에 대해서 책임을 지는 법이다. 가령 대통령의 말 한마디는 얼마나 큰 비중을 차지하는지 모른다. 전에 필자가 연평도에서 군 생활을 할 때, 별 세 개짜리 장군이 헬리콥터를 타고 온다고 하자, 해병대들이 하루 만에 산을 깎아 헬리콥터 착륙장을 만든 것을 본 적이 있다.

(2) 때에 맞는 말을 해야 한다

말 한마디에 얼마만큼의 사랑이 담겼는지 가늠해 보았는가?

주님 안에서 자기의 정체성을 찾은 목소리인가?

나를 위해 내 모든 죄악을 참으신 분을 전폭 의지한 말인가?

그리스도의 사랑과 인격과 마음을 담아낸 말인가?

주님의 심금을 울리는 말인가?

성경은 입술을 제어하는 자에게 지혜가 있고(잠 10:19), 입을 지키는 자는 그 생명을 보전하며(잠 13:3; 21:23), 미련한 자라도 잠잠하면 지혜로운 자로 여겨진다고 말씀하신다(잠 17:28). 또 지식이 있는 자는 말을 아끼고(잠 17:27), 명철한 사람의 입의 말은 깊은 물과 같아서(잠 18:4), 대답할 말을 깊이 생각한다고 말씀하신다(잠 15:28).

특히 하나님께서는 우리의 말이 당신의 귀에 들린 대로 행하시고(민 14:28), 심지어 심판 날에는 우리가 무슨 무익한 말을 하든지, 그 말로 의롭다함을 받고 그 말로 정죄함을 받게 된다고 말씀하신다(마 12:36-37). 그만큼 하나님께서는 말을 중요하게 다루신다.

마음에 천국이 이뤄지면 언어도 바뀌는 법이다. 거룩하고 전능하신 분을 자기 안에 모시고 있고, 또 모든 죄를 그분으로부터 용서받아 모든 것이 새로워진 사람이라면, 말과 행동이 그 사랑에 구속된 가운데에서 나올 것이기에 겸손하고 온유하게 나올 수밖에 없다.

그러므로 하나님의 절대적인 은혜를 받은 자는 가능하면 온전한 자가 되어 말에 실수가 없는 경지까지 올라가(약 3:2), 하나님이 말씀하시는 것처럼 말을 해야 하며(벧전 4:11), 하나님의 은혜 가운데서 소금으로 고르게 함같이 말해야 한다(골 4:6). 이에 대해 성경은 때에 맞는 말이 참으로 아름다우며(잠 15:23), 경우에 합당한 말은 아로새긴 은쟁반에 금사과와 같고(잠 25:11), 선한 말은 우리 영혼에 꿀송이 같아 뼈에 양약이 된다고 말씀하신다(잠 15:26; 16:24).

성화될수록, 말씀을 받을 때 그 안에 든 생명을 더 크게 느끼고 더 깊이 받아들이며, 말과 행동과 생각이 무거워지고, 그의 입에서 주님의 말씀만 나오게 되며, 말 한마디에 하나님의 나라의 권위가 그만큼 더 실린다.

반대로 속이 빈 가라지를 보라! 얼마나 가벼운가?

즉 가라지 신자일수록 얼마나 말을 가볍게 하며, 하나님의 말씀에 대한 가치도 가볍게 보는지 모른다.

(3) 부정적인 말은 피해야 한다

무심코 던진 말 한마디가 아주 높은 데서 떨어뜨린 돌멩이처럼 되어 이웃에게 심대한 상처를 주는 경우가 있다. 영육 간에 해독이 오는 말, 남에게 상처를 주기 쉬운 말, 부정적인 말, 더러운 말 등을 입 밖에도 내지 말아야 하는 이유다(엡 4:29). 선한 말이 긍정적인 효과를 내는 것은 어려워도, 악한 말이 상처를 주는 것은 한순간이다. 그러기에 무익한 말, 책임지지 못할 말들을 피해야 한다.

왜 쓸데없는 말을 함으로써 귀한 시간과 정력을 낭비하는가?

이것은 모두 주님의 마음과 온전히 연합하지 못했기 때문에 벌어지는 일 아닌가?

말을 통해서 하나님께 받은 은혜를 다 쏟아버리는 자처럼 어리석은 자가 없다. 그래서 성경은 어리석은 자는 말을 많이 하며(전 10:14), 사연을 듣기도 전에 대답하여 수치를 당한다고 말씀하신다(잠 18:13). 말하는데 조급한 사람보다 미련한 사람에게 더 바랄 것이 있고(잠 29:20, 참고 약 1:19), 말이 많으면 허물을 면하기 어려우며(잠 10:19), 입술을 크게 벌리는 자는 멸망당한다는 말씀도 마찬가지이다(잠 13:3). 스스로 경건하다 생각하며 자기 혀를 재갈 먹이지 아니하고 자기 마음을 속이는 자의 경건은 헛것이다(약 1:26).

하나님께서 우리가 얼마나 혀를 조심하기를 바라셨으면 다음과 같이 말씀하셨겠는가?

> **혀는 불(πῦρ, 퓌르)이요, 불의의 세계라. 여러 종류의 짐승과 새와 벌레와 바다의 생물은 다 사람이 길들일 수 있고 길들여 왔거니와, 혀는 능히 길들일 사람이 없나니, 쉬지 아니하는 악이요 죽이는 독이 가득한 것이라(약 3:6-8).**

여기서 "쉬지 아니하는"(ἀκατάστατος, 아카타스타토스)은 "불안정한, 변덕스러운"이며, "죽이는"(θανατήφορος, 싸나테포로스)은 "치명적인"이라는 뜻이다. 즉 작은 불이 온 나무를 태우듯이, 길들지 않은 세 치의 혀는 변덕스러운 악과 치명적인 독으로 가득한 불이 되어 온 영혼을 죽이게 된다는 것이다.

그러기에 우리는 하나님께 우리 입에 파수꾼을 세워달라고(시 141:3), 그리고 우리 입에 재갈을 먹여 달라고 기도해야 한다(시 39:1-2, 참고 약 1:26). 또 가능하면 말을 해도 되고 안 해도 될 상황이라면 침묵하는 것이 좋고, 주님이 허락하실 때까지 말을 하지 않는 훈련을 할 필요가 있다. 성화의 경지가 깊은 사람은 그 시간에 쓸데없는 말을 많이 하는 것이 아니라, 십자가 앞에 자기를 더 죽일 것이기 때문이다.

15. 신앙공동체 모두를 품어야 한다

(1) 술을 먹어도 좋은가?(아디아포라 문제)

기독교인이 술을 먹는 것에 대하여 "뭐 이런 것 가지고 그러느냐?"라고 말할 수 있다. 예수님이 가나 혼인 잔치에서 기적을 일으켜 새 포도주를 만드셨고, 성만찬에서는 포도주[42]를 드셨으며(요 2:10; 마 26:27), 사도 바울도 디모데에게 비위와 자주 나는 병을 위해서 포도주를 조금씩 쓰라고 말했으니 말이다(딤전 5:23, 참고 신 14:23-26).

그러나 이를 오해해서는 안 된다. 예수님은 술을 즐기기 위해서 마신 것이 아니었다. 그때의 상황과 지금의 상황은 전혀 달랐다. 즉 이스라엘은 석회수가 많고, 또 강수량이 적고 날씨가 무더워 병균에 오염된 물이 많았기에 음료 대용으로 포도주를 사용했던 것이다.

오히려 성경은 대부분 술 취하는 것을 부정적으로 본다(롬 13:13; 갈 5:21; 엡 5:18; 고전 6:10; 잠 20:1; 31:6). 심지어 하나님은 대제사장 아론과 그의 자손들이 포도주나 독주를 마신 채 성막에 들어가면 죽는다고 말씀하셨다(레 10:9).

그렇다면 기독교인의 술에 대한 자세는 어떠해야 할까?

이에 대한 답은 간단하다. 만약 알코올중독자가 술을 끊으러 교회에 왔는데, 자기를 인도하는 목자가 술 자체가 나쁜 게 아니라며 함께 술을 즐기자고 한다면 말이 되겠는가?

목회를 잘해서 몇억짜리 차를 몰고 다니는 경우나, 성도들이 낸 헌금을 가지고 자기 자식을 사장에 앉혀 사업을 시키는 경우도 이와 맥을 같이 한다.

개인적으로는 모르겠지만 신앙공동체 전체를 놓고 볼 때, 이런 모습은 정말 한 영혼을 진정으로 사랑하는 모습이 아닐 것이다. 하루 끼니를 걱정해야만 하는 가난한 자들이나 일반인들, 심지어 신자들마저도 이를 보고 시험에 들 수 있는 까닭이다.

성경이 한 명의 작은 영혼이라도 실족하는 것은 하나님의 뜻이 아니라고 말

---

[42] 여기서 사용된 '포도주'라는 단어 '오이노스'(οἶνος)는 "wine"으로 번역된다.

씀하고 있지 않은가?(마 18:14; 막 9:42)

그러기에 큰 틀에서 보면, 하나님과 신앙공동체를 충분히 헤아리지 않은 가운데서 행동하는 것은 말씀에 어긋난 태도라고 할 수 있다.

이것이 바로 '아디아포라'(Adiaphora)의 문제다. 여기서 '아디아포라'[43]란 '한계를 정해 놓지 않은 문제' '중요하지 않은 문제'를 말한다(롬 14:14-23; 고전 8:8-13; 10:23-33). 이는 기독교의 본질, 즉 구원 문제와 직접적인 관련이 없는 문제로, 각자의 신앙 양심에 따라 행하도록 허락하신 문제다.[44]

그러면 어디까지가 아디아포라일까?

가령 세례를 줌에 있어, "머리에 물을 뿌리느냐? 아니면 물에 몸을 푹 잠기게 하느냐?"는 별로 문제될 게 없을 것이다. 하지만 '아디아포라'를 악용하여, 방 안에서 인터넷 예배를 드려도 특별히 나쁠 것이 없다고 생각하거나, 신자가 술 취하여 정신을 차리지 못하고 남에게 피해를 준다면 사정이 다르다.

이에 대해 성경은 아디아포라에 속한 모든 문제는 덕을 세우는 방향, 곧 내 유익이 아닌 교회(신앙공동체)의 유익을 구하는 방향으로 풀어나가라고 말씀하신다(롬 14:19; 고전 10:23-24, 33). 즉 성경에 명확한 규정이 없는 경우, 기독교의 본질을 해치지 않는다면, (신앙공동체 전체의 유익을 위하여) 강자가 약자를 사랑으로 배려하는 것이 참된 신앙인의 모습이라는 것이다(롬 14:15).

(2) 이기주의는 죄악이다

> 민수기 32장을 보면, 40년 광야 연단 생활을 끝낼 무렵 이스라엘은 바산 왕 옥과 아모리 왕 시혼과 미디안 족속 등이 차지한 요단강 동편을 모두 정복하고, 가나안 땅 바로 앞 모압 평지에 머문다. 이 중 요단강 동편의 땅은 비록 하나님이 약속하신 땅은 아니었으나, 이 지역에 살고 있었던 주민들이 요단 서편으로

---

43 '중요한'이라는 의미를 가진 '디아포라'에 반대접두어 'a'가 붙어서 '아디아포라'(Adiaphora)가 되었다.
44 종교개혁 당시에도 로마 가톨릭교회의 예배 양식에 대하여, 루터는 성서가 '명백히 금하지 않는 한' 받아들일 수 있다고 보았지만, 칼빈은 성서가 '명백히 명하지 않는 한' 거부해야 한다고 보았다.

가려는 이스라엘의 앞길을 막았기 때문에 하나님이 정복하라고 허용하신 땅이었다.

당시 요단강 동편의 땅은 매우 비옥했고 가축을 키우기에 적당한 장소였으므로, 이스라엘 12지파 중 가축을 많이 소유하고 있었던 르우벤과 갓 지파가 모세에게 이 땅들을 자기들에게 분배해 주고 이후 요단강을 건너가 가나안 일곱 족속과의 전쟁에 참여함이 없이 이곳에서 살게 해달라고 요청한다(민 32:5).[45]

그런데 지금 르우벤과 갓 지파가 소유하기를 원하는 이 땅은 저들이 홀로 싸워서 얻은 땅이 아니라, 이스라엘의 모든 지파가 함께 싸워서 얻은 땅이었다. 그럼에도 모든 지파가 함께 얻은 땅을 자기들은 소유하면서, 다른 지파들의 어려움이나 형편은 아랑곳하지 않고 자기들만 편안하게 살겠다고 요구한 것이다. 모세는 이들의 이런 이기주의적인 행태가 다른 지파들을 낙담케 하고 하나님께 죄가 된다고 책망한다(민 32:23). "나 혼자쯤은 괜찮겠지!" 하는 태도가 하나님 앞에서 죄가 된다는 것이다.

르우벤과 갓 지파가 이런 행태를 보였던 근본적인 이유는 하나님께서 신앙 공동체 전체를 보시는 분임을 놓쳤기 때문이었고, 또 하나님이 주신 비전의 절대적인 중요성을 간과했기 때문이었다. 즉 하나님이 약속해 주신 요단강 서편의 가나안 땅은 출애굽 한 후 갈 곳이 없어 가는 장소가 아니었다. 하나님은 이미 약 430여 년 전부터 이 땅을 언급했고, 이 목적을 위하여 이스라엘을 출애굽 시켰으며, 그래서 이 비전을 우습게 안 이스라엘 백성들로 하여금 그 비전에 대한 가치를 바로 알고 그 비전을 다시 회복하라고 무려 40년 동안 광야 연단을 겪게 하셨던 것이다.

결국 그들은 모세의 명령에 따라 일단 요단 동편에 처자와 목축을 남겨 두고, 다른 지파와 합세하여 요단 서편 31명의 왕을 다 무찌른 후, 하나님이 원치 않았음에도, 다시 요단강 동편 땅에 돌아와 한동안은 편안하게 산다. 하지만 얼마 가지 못해 주변 국가들로부터 더 많은 고난과 시련을 겪어야만 했다. 왜

---

45 므낫세 지파 가운데 마길과 야손 등도 나중에 르우벤과 갓 지파와 의견을 같이한다(민 32:39-42). 그래서 므낫세 반 지파라 한다.

냐하면 그 지역은 지역적으로 군사적 · 경제적 요충지였던 까닭이다.

훗날 이들이 요단강가에 '엣' 제단을 쌓는다. 그 이유는 하나님이 약속하신 요단 서편의 땅에 머물지 않음으로 말미암아, 훗날 이들의 후손이 하나님과 아무 상관도 없고 분깃도 없을뿐더러 여호와 경외하기를 그칠까 봐 우려해서였다.

그런데 이것이 나머지 지파들에게 걸림이 되어 전쟁이 일어날뻔한다(수 22:11-26). 그 이유는 이 '엣' 제단이 우상 숭배의 목적용이라고 오해를 받았기 때문이다. 이스라엘에게 좋지 않은 추억이 있는데, 예전에도 가데스에서 10명의 정탐꾼의 부정적인 보고로 말미암아, 이스라엘 신앙공동체 전체가 광야 40년 동안 죽을 고생을 했던 것이다. 즉 두 지파 반이 세운 엣 제단이 나머지 지파 모두를 파멸로 이끌까 봐 두려워서였다. 이처럼 두 지파 반은 발은 요단동편에 두면서, 마음은 젖과 꿀이 흐르는 약속의 땅을 동경하는 이중적인 행태를 보임으로써, 그에 대한 대가를 톡톡히 치러야만 했다.

(3) 신앙공동체 전체를 헤아려야 한다

그러면 여기서 성경이 얼마나 신앙공동체 전체를 헤아리는 태도를 중요하게 다루는지 몇 가지 예를 소개해 보고자 한다.

첫째, 페르시아 아하수에로 왕(BC 485-464) 때, 당시 총리였던 아말렉 후손 하만에 의해 온 이스라엘 족속이 멸족당할 위험에 처하자, 바벨론 포로로 끌려온 대궐 문지기 모르드개가 자기 조카이자 아하수에로 왕비였던 에스더에게 이렇게 말한다.

"유대인은 다른 데로 말미암아 구원을 얻겠지만, 네가 나서지 않으면 너와 네 집은 멸망하게 될 것이다."(에 4:14)

즉 동족이 위험에 처해 있는데, 알고도 모른 체하면 호를 당한다는 것이다.

둘째, 하나님께서는 기업(基業)을 대신 이어 줄 사람이 없을 때, 친척 중에서 가장(家長)에 대한 책임을 지도록 하셨는데, 이 책임을 회피하면 그자에게 침을 뱉고, "신을 벗긴 자의 집"으로 칭하라고 하셨다(신 25:10). 이처럼 하나님은 신앙의 연대책임을 회피하는 자를 매우 싫어하시고 부끄럽게 하신다.

셋째, 예수님은 하나님의 아들이기에 성전세를 내실 필요가 전혀 없으셨지만 일반인이 이 때문에 실족하지 않도록, 베드로에게 바다에 가서 낚시를 던져 먼저 오르는 고기의 입을 열어 돈 한 세겔[46]이 나오면, 그것으로 당신과 베드로를 위하여 주라고 하셨다(마 17:24-27). 즉 예수님께서는 하나님의 아들이시면서도, 사회의 법이 하나님의 법에 어긋나지 않는 한, 이를 성실히 준수하셨던 것이다.

넷째, "여자가 머리에 쓴 것을 벗으면 욕되니, 여자는 머리에 쓰고 기도해야 한다."(고전 11:5)라는 말씀도 같은 맥락이다. 가령 당시 유대교에서는 남자 유대인들의 경우 모자를 쓰고 예배를 드렸고, 여자의 경우에는 외출할 때나 예배 드릴 때 머리에 두건 같은 것을 쓰지 않으면, 탕녀나 노예나 죄인으로 취급되었다.

남자의 경우 아마도 구약 시대에 모세가 두 번째 돌판을 가지고 시내산에서 내려올 때, 하나님을 만난 그의 얼굴에 광채가 나게 되었는데, 이 모습을 백성들이 두려워하자 얼굴을 수건으로 가렸던 것을 두고(출 34:33), 후에 하나님 앞에 예배 드릴 때 머리에 뭔가를 쓰지 않으면 하나님 앞에 죄가 된다고 생각한 듯 하다.

그러나 예수님을 영접한 이후에는 사정이 달라져, 남자가 예배 드릴 때 모자를 쓰면, 머리 되시는 그리스도를 욕되게 한 것이 되었다(고전 11:4).

이에 비해 여자의 경우는 좀 달랐다. 즉 남자는 하나님의 형상이요 영광이자 여자의 머리였던 반면(고전 11:3, 7), (여자가 남자에게서 나왔다는) 하나님의 창조 질서 측면에서 남자의 영광일 뿐이었던 여자는 머리에 뭔가를 쓰지 않으면 그 머리 되는 남자를 욕되게 한 것처럼 여겨졌다(고전 11:5, 7). 왜냐하면 당시 여자가 머리에 쓰는 것은 "순결과 복종과 헌신"을 상징하고 있었던 까닭이다.

---

46 "반 세겔"은 "두 드라크마"에 해당하는데, 이는 노동자의 이틀 치 품삯이다. "반 세겔"은 유대인 중 20세 이상 된 자는 누구나 다 내게 되어 있는 것으로, 그 돈은 예배와 성전 유지비용 등에 사용되었다.

이처럼 성경은 아무리 예수님 안에서 모든 것이 자유로워졌어도, 신앙공동체에 해를 끼칠 것 같으면 절제해야 한다고 말씀하신다. 즉 하나님께서는 어지러움의 하나님이 아니라 오직 화평의 하나님이시기 때문에(고전 14:33), 모든 것을 적당하게 하고 질서대로 해야 한다(고전 14:40).

하나님은 예수님 안에서 각 개인을 보기도 하시지만, 아울러 신앙공동체 안에서 각 개인을 보기도 하신다. 성경에서 중요한 것은 하나님 앞에 있는 전체적 인간이다.[47]

하나님은 우리가 하나님과 신앙공동체 전체 유익을 위할 것을 전제로 능력을 주신다. 한 명의 종을 온전히 만들기 위해 주변 사람을 힘들게 하는 것도 서로 하나라는 것을 주지시키기 위함이요, 나중에 그 한 명의 종이 주변 사람들까지 살릴 수 있는 까닭이다.

이처럼 기독교의 자유는 철저히 전체적인 신앙공동체 안에서의 이타적인 자유이기에 사랑의 연대책임을 감당한다.

그러므로 신앙공동체 전체의 입장은 무시하고, 남이 어떻게 되거나 말거나 나나 내 가족이나 내 교회만 잘되면 된다고 생각해서는 안 된다. 하나님에 대한 책임만 중요하게 여기고, 이웃과 사회에 대한 책임을 무시해서도 안 된다. 해도 그만 안 해도 그만이 아니다. 오히려 신앙인은 사람들이 실족하지 않도록 교회에 덕을 세워야 한다(롬 15:2; 고전 14:12).

사도 바울을 보라! 그는 복음으로 인한 권세를 충분히 사용할 수 있었음에도 그 권세를 쓰지 않았다(고전 9:4-12). 오히려 그는 더 많은 영혼을 구원하기(얻기) 위해서 스스로 모든 사람의 종이 되었다(고전 9:19-20).[48] 더 나아가 그는 그리스도께서 주신 자유라고 하더라도 그 자유로 거리낌 없이 우상 제물을 먹음으로써 형제의 약한 양심을 상하게 하여 실족케 할 것 같으면, 그리스도께 죄를 짓는 것으로 보아 영원히 고기를 먹지 않겠다고 선포했다(고전 8:12-13; 10:24; 롬 14:21, 참고 마 18:14).

---

47 에버하르트 베트게 편, 『옥중서신』, 207.

48 이에 대해 마틴 루터는 "기독교인은 가장 자유로운 주체자이며 누구에게도 종속되지 않는다. 동시에 기독교인은 모두에게 가장 충실한 종이며, 스스로 모두에게 종속되어 있다."라고 말한다.

16. 징계를 달게 받아야 한다

(1) 하나님은 인생 채찍으로 징계하신다

많은 사람이 죄를 지었을 때, 당장에 벌이 내려지지 않는다는 이유로 하나님이 없다고 생각하곤 한다. 이에 대해 성경은 말씀하신다.

> 네가 이 일을 행하여도 내가 잠잠하였더니, 네가 나를 너와 같은 줄로 생각하였도다! 그러나 내가 너를 책망하여 네 죄를 네 목전에 차례로 베풀리라!
> (시 50:21)
>
> 내가 그 여러 악을 기억하였음을 저희가 마음에 생각지 아니하거니와, 이제 그 행위가 저희를 에워싸고 내 목전에 있도다!(호 7:2)
>
> 네가 누구로 하여 놀랐기에 거짓을 말하며 나를 생각지 아니하며 이를 마음에 두지 아니하였느냐? 네가 나를 경외치 아니함은 내가 오랫동안 잠잠함을 인함이 아니냐?(사 57:11)

그저 하나님은 당신의 이름을 위하여 노하기를 더디 하시고, 당신의 영예를 위하여 참고 멸절하지 아니했을 뿐이라는 것이다(사 48:9; 단 9:19; 삼상 12:22). 즉 홍해의 기적을 허용하심도 이스라엘 백성이 잘나서가 아니라, 이방인들에게 당신의 이름이 더럽혀지지 않게 하기 위해서였고(겔 20:9), 패역하여 하나님의 말씀에 불순종한 이스라엘을 아주 멸하지 아니하심도 당신의 이름이 열국 앞에서 더럽히지 않게 하기 위해서였다(겔 20:14).

하나님은 사랑의 하나님이시기에 죄를 지었을 때 처음부터 가혹하게 다루지 아니하시고 일단은 싸매주시고 덮어주신다. 하지만 하나님은 공의와 질투의 하나님이시기도 하기에 자식에게 충분한 시간을 줘도 회개하지 않을 때 사정없이 매를 대신다(신 8:5; 잠 3:12; 히 12:6).

"징계"(παιδεία, 파이데이아)는 적극적으로는 하나님의 의로우심을 알게 하기 위해서, 소극적으로는 죄를 각성하기 위해서 행해지는데, 자기가 잘못해서 맞는 매라는 점에서 "시험"과 근본적으로 다르다. 성경은 하나님께서 이런 매를 통해 자식의 많은 죄를 씻어, 지옥의 위험으로부터 구하신다고 말씀하신다 (잠 19:18; 13:24; 20:30; 22:15; 23:14; 29:17).

그러나 사랑하는 자식에게 매를 댈 때 얼마나 마음이 아프시겠는가?

그래서 그런지 구약 시대 율법에서 이렇게 말씀하신다.

사십까지는 때리려니와 그것을 넘기지는 못할지니, 만일 그것을 넘겨 과다히 때리면 네가 네 형제로 천히 여김을 받게 할까 하노라(신 25:3, 참고 고후 11:24).

그러므로 죄를 범했으면서도 당분간 아무런 조치가 취해지지 않았다고 해서 안심해서는 안 된다. 왜냐하면 성경이 하나님께서 우리의 죄에 대하여 보응(報應)할 날에는 반드시 보응하시고, 우리를 구원할지라도 공도로 징책할 것이라고 말씀하시기 때문이다(출 32:34; 렘 30:11; 46:28).

영의 아버지 되시는 하나님의 징계는 당신께 돌아오지 않으면 살 수 없게 만드는 채찍이다. 하나님은 당신의 아들이 세상을 사랑하면 강제로라도 세상과 원수가 되도록 징계하셔서, 자식이 가는 길이 확실히 틀렸다는 것을 보여주신다. 그러기에 징계를 맞는 자는 매를 순히 받고, 그것을 정하신 자를 순종해야 한다(미 6:9).

여기서 유의할 점은 하나님이 우리를 징계하실 때에는 악의 뿌리가 뽑힐 때까지 매를 대신다는 점이다. 징계의 매를 댈 때, 자식이 울부짖는 바람에 자식의 악의 뿌리를 완전히 뽑지 않은 채 매를 거두면, 남아있는 악의 뿌리가 후에 걷잡을 수 없게 자라기 때문이다. 이것이 징계가 속히 끝나지 않는 이유다. 그래서 성경은 하나님의 진노는 당신 마음의 뜻한 바를 다 이루기 전까지는 쉬지 아니하신다고 말씀하신다(렘 23:20; 30:24).

징계는 그 당시에 너무 아프고 힘이 들지만, 잘 이겨내기만 하면 후에 그토록 고마운 것이 없다. 그래서 성경은 징계가 당시에는 슬퍼 보이나, 후에 그로 말미암아 훈련된 자들에게는 의의 평강한 열매를 맺는다고 말씀하신다(히 12:11). 즉 매를 맞고 철저히 회개한 자에게는 예수 그리스도의 믿음의 의와 평강이 충만하게 된다.

(2) 징계에 대한 신앙인의 태도

우리가 조금만 잘해도 상을 주시는 하나님께서는 우리가 잘못할 때에는 참고 참으시다가 도저히 안 되겠다 싶을 때 매를 대신다. 그러므로 인간이 하나님 앞에 잘못해서 매를 맞을 때는 다 그만한 이유가 있음을 알아야 한다.

육신의 아버지가 우리를 징계해도 공경하는 법이거늘(히 12:9), 하물며 영의 아버지인 하나님의 징계를 받을 때는 더욱 존경하고 복종해야 하지 않겠는가?

양심이 살아있는 자식이라면, 아버지께 매를 맞는 것이 더 속이 편하다고 생각할 것이다. 징계를 통해 자기의 죄를 용서하려고 작정하신 하나님의 사랑에 더 크게 고마워할 것이다. 이런 자에게는 징계가 꿀송이처럼 달콤할 것이다. 그러나 양심마저 무뎌진 자식은 이렇게 매를 대시는 아버지가 너무 가혹하다며 아버지를 원망하거나, 어떻게든 그 징계를 피하고자 도망칠 것이다. 그를 기다리는 것은 오직 파멸뿐인데도 말이다. 가령 남유다 마지막 왕 시드기야를 보라! 그는 하나님께서 이방 왕을 도구로 삼아 정하신 징계, 곧 바벨론 왕의 다스림을 받겠다고 맹약한 바를 업신여겨 이집트를 의지하다가 결국 비참한 결말을 맞이하고 말았다(겔 17:13-16).

그러므로 징계를 받는 자는 다음과 같이 고백하며 나아가야 한다.

> 내가 여호와께 범죄하였으니, 주께서 나를 위하여 심판하사 신원하시기까지는 그의 진노를 당하려니와, 주께서 나를 인도하사 광명에 이르게 하시리니, 내가 그의 의를 보리로다(미 7:8)

또 하나님의 진노 중에라도 긍휼을 잊지 말아 달라고 하나님께 기도해야 한다(합 3:2). 이에 대해 예레미야와 다니엘은 이렇게 기도했다.

> 여호와여! 나를 징계하옵시되, 너그러이 하시고 진노로 하지 마옵소서! 주께서 나로 없어지게 하실까 두려워하나이다(렘 10:24).
>
> 주여! 들으소서! 주여! 용서하소서! … 나의 하나님이여! 주 자신을 위하여 하시옵소서! 이는 주의 성(城)과 주의 백성이 주의 이름으로 일컫는바 됨이니이다

(단 9:18-19, 참고 렘 14:7-9; 겔 36:21-22).

아울러 징계를 받는 자는 하나님이 사랑하는 자마다 책망하고 징계하심을 믿고 열심을 내어 회개해야 한다(계 3:19; 히 12:7). 어떤 일이 있어도 하나님의 징계를 가볍게 여기지 말고, (하나님으로부터) 책망을 받을 때 낙심해서는 안 된다(히 12:5). 이는 노염은 잠깐이요 은총은 평생이며, 저녁에는 울음이 기숙할지라도 아침에는 기쁨이 올 것이기 때문이다(시 30:5).

17. 비판하면 안 된다

(1) 비판이 앞서는 이유

흔히 "비판"(批判)은 "사물의 옳고 그름을 가리어 판단하거나 밝히는 것"을 가리킨다. 이에 비해 기독교의 "비판"(κρίμα, 크리마)은 심판자의 "심판"처럼 "사람을 율법의 잣대로 정죄하여 낙인찍는 행위"를 말한다(마 7:1).

그런데 왜 우리는 자꾸 어떤 사람의 잘못을 볼 때, 비판하는 마음이 앞서곤 할까?

그 이유는 다음과 같다.

첫째, 비판을 통하여 이웃의 불의에 대하여 가지는 (자신의) 답답함을 빨리 풀려고 하기 때문이다. 어찌 보면 자기방어의 본능, 곧 자기를 주님 안에서 지키려는 몸부림인 셈이다. 그러나 주님의 은혜로 깨끗해진 자가 이웃의 죄와 허물에 대하여 분명히 구별하는 것까지는 좋은데, 정도를 넘어 자기도 그렇게 될까 봐 미리부터 겁을 내고 비판하는 것은 문제다. 왜냐하면 이웃을 위해 먼저 사랑의 희생을 쏟지도 않고, 마치 자기가 하나님이라도 된 듯이 단번에 해결하려고 하기 때문이다.

참 이웃이라면 이웃의 영혼의 집에 불이 났을 때, 어떻게든 불을 꺼 보려고 피눈물 나는 기도를 먼저 뿌릴 것이다. 그러므로 하나님의 사랑을 감당할 중심이 약하다는 이유로 먼저 비판하는 자는 결국 "이웃을 내 몸같이 사랑하라!"는 하나님의 말씀을 두려워하지 않은 것이 된다.

둘째, 자꾸 이웃의 잘못과 단점을 보고 정죄하고 보복하려는 것은 교만한 까닭이다. 하나님에게 묶인 것이 있는 자가 이웃을 쉽게 정죄한다. 교만이 자기 안에서 꿈틀대기에, 그 교만을 주체할 수 없어 이웃을 비판하는 것이다. 그러니까 정죄 속에는 "나는 너보다 더 의인이다."라는 의식이 깔려 있다.

셋째, 자기의 죄(들보)가 아직 주님께 용서받지 못했기 때문이다. 자기의 깊은 상처가 아직 주님의 손에 어루만져지지 않은 경우, 그 부분을 찌르면 아프게 되어 있다. 그리하여 그 용서받지 못한 부분들이 이웃에게 냉랭한 정죄의 기운으로 흐르게 되는 것이다. 이는 아직 그 부분에 대하여 자기를 대신해서 주님께서 고통을 당하셨음을 온전히 받아들이지 않았기 때문이다.

(2) 이웃을 함부로 판단·정죄해서는 안 된다

하나님께서는 상한 갈대를 꺾지 아니하며 꺼져가는 심지를 끄지 아니하기를 심판하여 이길 때까지 하신다(마 12:20). 하나님께서는 어떻게든 작은 불씨를 살려서, 그 불을 활활 타오르게 하여 나머지 어둠을 밝히시길 원한다. 그러나 악인은 99가지를 잘해도 단 한 가지를 못하면, 그것을 집중적으로 공격한다.

> 어느 날 서기관들과 바리새인들이 예수님을 시험하기 위해서 간음하다 잡힌 여자를 예수님께 데려왔는데(요 8:6), 예수님께서는 죄 없는 자가 먼저 돌로 치라고 응수하셨다. 이 말씀을 듣고 양심의 가책을 받아 어른으로 시작하여 젊은 이까지 하나씩 하나씩 나가고 오직 예수님과 그 가운데 서 있는 여자만 남게 되었다.
> 이때 예수님께서는 이 여인에게 "나도 너를 정죄하지 아니하노니, 가서 다시는 죄를 범치 말라!"고 말씀하셨다(요 8:11). 그리고 한 말씀 덧붙이셨다. "너희는 육체를 따라 판단하나 나는 아무도 판단치 아니하노라!"(요 8:15-16)

사랑에 빠지면 남의 단점을 잘 볼 수 없듯이, 하나님과 사랑에 빠지면, 하나님의 영이 뇌를 비롯해 우리의 전 인격을 압도하기에 이웃의 단점보다 장점을 훨씬 더 크게 본다. 주님께 죄용서 받은 기쁨을 놓치지 않는 자는 자기가 그보다 더 큰 죄인이기 때문에, 이웃의 단점을 비판할 겨를이 없고 함부로 정죄하지도 못한다. 가령 주님을 맞이하러 나간 신부를 보라! 자기 등불을 태울 기름도 모자랄 수 있기에 다른 데에 눈 돌릴 틈도 없었다(마 25:9).

그러므로 우리는 주님이 재림하시기까지 아무것도 판단하지 말고 업신여기지도 말아야 한다(고전 4:5; 롬 14:10). 이웃에게 열매가 없어 보여도 뿌리는 튼튼하게 남아있을 수 있으므로, 이웃의 한 면만 보고 이웃의 전 인격을 판단해서는 안 된다. 특히 자신의 큰 죄를 뽑아내지 않고 이웃의 잘못을 날카롭게 비판하는 우를 범해서는 안 된다. 이는 설사 그 비판이 옳다고 해도 자신의 상태가 위선적인 상태이기 때문이다.

그래서 성경은 판단받지 않으려면 남을 판단하지 말아야 하고(마 7:1-2; 눅 6:37), 정죄받지 않으려면 정죄하지 말아야 하며(눅 5:37), 비판받지 아니하려거든 비판하지 말아야 한다고 말씀하신다(마 7:1). 이웃을 판단하는 자는 율법의 준행자가 아니라 율법의 판단자, 곧 자기가 하나님(재판관)이 된 것과 같아(약 4:11) 그 판단하는 것으로 자기를 정죄한 것이 된다(롬 2:1).

성경은 천사장 미가엘도 모세의 시체에 대하여 마귀와 다투어 변론할 때에 감히 훼방하는 판결을 쓰지 못하고, 다만 "주께서 너를 꾸짖으시기를 원하노라."고 말했다고 말씀하신다(유 1:9). 이는 사탄의 방해조차도 하나님께서 허락하신 것이기 때문에, 사탄을 모욕적인 말로 단죄하는 것 자체를 하나님의 영광을 훼방하는 것으로 여겨 이마저도 주님께 맡겼다는 뜻이다. 이것이 일개의 피조물인 우리가 함부로 이웃을 판단하고 정죄함으로써 하나님의 주권과 영광을 거슬러서는 안 되는 이유다.

(3) 참종을 함부로 비방하면 안 된다

성경은 모세의 처 십보라가 죽은 후, 구스 여자를 취했다는 이유로 하나님의 충성스러운 종 모세를 비방했던 그의 형 아론과 그의 누이 미리암이 징계를 받아 문둥병에 걸렸으며(민 12:1-10), 또 모세와 아론을 통해 세운 하나님의 권위를 업신여긴 고라와 그의 일당들도 모두 산 채로 음부에 매장되고 말았다고 말씀하신다(민 16장).

왜 이렇게 되었을까?

그 이유는 하나님이 함께하는 종에게 "너를 축복하는 자에게는 내가 복을 내리고, 너를 저주하는 자에게는 내가 저주할 것이다."라는 말씀이 미치기 때문이다(창 12:3; 27:29; 민 24:9; 사 54:15-17; 슥 2:8). 하나님의 기준에 연합한 참종을 대적하면 사실상 하나님을 대적한 것이 되기에, 이런 종을 인간적인 잣대로 비판하면 화가 미칠 수 있다(사 54:17).

성경은 예수님께서 이 세상에 오신 이유가 시어머니와 며느리가 불화하도록 하기 위함이라고 말씀하신다(마 12:35; 눅 12:53).

왜 예수님을 믿는데 분쟁이 발생하는가?

그것은 하나님의 공의의 기준과 세상의 기준이 달라 충돌을 일으키기 때문이다. 예수님의 기준과 달리, 진리를 파괴하는 화평 추구는 사탄과 세상이 추구하는 거짓된 화평일 뿐이다(유 1:23). 이에 대해 성경은 "하나님의 공의에 바로 선 자를 대적하여 송사하는 모든 혀는 하나님에게 정죄를 당하리니, 이는 여호와의 종들의 기업이요, 그들이 하나님에게서 얻은 공의니라."(사 54:14-17)고 말씀하신다. 즉 그들이 분쟁을 일으킬지라도 하나님으로부터 말미암지 아니한 것이므로 누구든지 그(영적인 신부로서의 성도)와 분쟁을 일으키는 자는 그로 말미암아 패망하게 된다는 것이다(사 54:15).

하나님께 기름부음을 받은 사울 왕이 훗날 변질되어 사위인 다윗을 죽이려 했을 때, 억울하게 쫓겨 다니던 다윗이 그를 죽일 기회가 두 번이나 있었음에도 하나님을 두려워하여 살려준 것을 보라!(삼상 24:4; 26:11)

사울을 죽이면 집도 없이 억울하게 도망 다니는 신세를 면하고 이스라엘의 왕이 될 수 있었을 텐데!

왜 그랬을까? 이는 하나님의 기름 부은 자를 만지지 말며 하나님의 선지자를 상하게 하지 말아야 한다는 하나님의 말씀 때문이었다(대상 16:22).

하나님의 종들은 대개 하나님과 관계가 가까운 자들이다.

그런데 이런 자들이 변질되면 하나님의 마음이 얼마나 아프시겠는가?

모르긴 몰라도 보통 사람보다 훨씬 더 마음이 찢어질 것이다. 이런 상황에서 아무런 사랑도 없이 그 종을 비방하니 마치 불난 집에 기름을 붓는 격이 되어, 하나님의 진노(震怒)를 사게 되는 것이다. 하나님만이 하실 수 있는 비판을 자기가 주제넘게 하고 있기 때문이다.

18. 책망의 조건

그렇다면 이웃이 불의를 행해도 언제까지나 가만히 내버려 둬야 할까?
큰 잘못을 해도 하나님께서 알아서 처리해 주실 테니, 그저 그분께 맡기는 것만이 참된 믿음일까?
과연 사랑은 좋은 것만 생각하고 나쁜 것은 마냥 덮어만 두는 것일까?

(1) 책망의 필요성

잘못된 길을 가고 있는 친구에게 충고할 경우 관계가 틀어질까 봐 방관한다면 진정한 친구가 아닐 것이다. 자식이 잘못해도 마냥 봐주면, 그 자식은 아버지의 자기를 향한 사랑을 맹목적이고도 의례적인 사랑으로 생각할 것이다. 결국 그 자식은 부모로부터 진정한 사랑을 받지 못한 관계로 참사랑의 결핍증을 앓는 문제아가 될 것이다.

자기가 잘못한 줄 분명히 알 때 일정 기간 덮어주는 것은 괜찮다. 하지만 자신이 잘못한 줄도 모르고 그냥 넘어가는 경우나, 또 잘못한 줄 알면서도 뻔뻔하고 당돌하게 나오는 경우에는 문제가 다르다. 이때는 허물을 덮어주는 것이 오히려 죄를 더 키울 수 있다. 이 경우 겉보기에 화평한 것처럼 보여도, 이것은 진정으로 화평을 구한 것이 아니다.

물론 무조건 허물을 덮어 줌으로써, 그 당시로는 그 이웃이 고마워할 수 있겠지만, 사실상 그 악인이 멸망하도록 방관하는 것은 주님의 뜻이 아니다. 그것은 마치 내 죄를 잘 알면서도 그냥 모른 체하고 관대하게 덮어두는 것과 같다.

나의 편리한 믿음이 이웃의 영혼을 죽일 수 있다. 하나님은 이웃의 죄를 알면서 그 길에서 떠나도록 경고하지 않을 때, 그 핏값을 내 손에서 찾겠다고 말씀하신다(겔 3:18-21; 33:6-9).

많은 기적을 체험하고서도 회개하지 아니하는 도시들(고라신, 벳새다)을 책망하신 예수님을 보라!(눅 10:13) 예수님은 위선적인 바리새인들은 매우 단호하게 꾸짖으셨으며(마 23:13), 우리의 허물을 덮어줘도 하나님의 기준 안에서 덮어주셨다. 가령 예수님은 돌에 맞아 죽을 뻔한 탕녀를 구해줬지만, 그녀에게 다시는 죄를 짓지 말도록 온유하게 책망하셨던 것이다(요 8:11).

(2) 드러나게 꾸짖는 것이 감추인 사랑보다 낫다

그러기에 이때는 상대방이 좀 냉혹하게 느껴질지 몰라도 따끔하게 충고해야 한다. 우리는 열매 없는 어둠의 일들에 관여하지 말고 오히려 그것들을 책망해야 하며(엡 5:11-12), 죄를 범한 자들을 엄히 꾸짖어 더 큰 죄를 짓지 않도록 해야 한다(딛 1:1; 레 19:17-18).

즉 어떤 사람이 잘못을 범하였을 때, 신령한 자는 그를 온유한 심령으로 바로잡아 주되, 자신도 돌아보아 시험을 받지 않도록 해야 하며(갈 6:1), 또 어떤 이가 말씀에 불순종하면 지목하여 사귀지 말고, 그를 부끄럽게 하되 원수같이 생각하지는 말고 형제같이 권해야 한다(살후 3:14-15). 처음엔 야속하다고 생각하겠지만, 후에 그가 철저히 회개한 후 하나님께 돌아왔을 때, 이것이 더 큰 사랑임을 알게 될 테니 말이다.

칼빈도 사랑은 모든 허물을 가리운다는 말씀이(잠 10:12) 그냥 무조건적으로 죄를 옳게 보거나 덮어준다는 의미가 아니라, 관대하게 보며 비난으로 악화시키지 않고 하나님의 기준으로 돌아오도록 충고로 고쳐주는 것이라고 본다.[49]

성경은 사람을 꾸짖는 자는 혀로 아첨하는 자보다 후에 더욱 은총을 받게 되며(잠 28:23), 드러나게 꾸짖는 것이 감추인 사랑보다 낫다고 말씀하신다(잠 27:5). 또 악인을 꾸짖는 자들에게는 즐거움과 좋은 복이 임하게 되며(잠 24:24-25), 기름과 향수가 마음을 즐겁게 하듯, 친구의 간절한 충고도 마음을 즐겁게 한다고 말씀하신다(잠 27:9).

---

[49] 존 칼빈, 『기독교 강요 3권』, 104.

(3) 책망의 조건

주님은 모든 일에 원망과 시비가 없게 하라고 말씀하셨다(빌 2:14). 그런데 이웃이 잘못했을 때 여러 사람 앞에서 그에게 창피를 주면, 대개 분위기가 냉랭해지고 관계가 틀어지기 십상이다. 특히 기준이 다른 사람들을 책망하면 그가 오히려 나를 공격하고 헐뜯을 수 있다.[50] 그래서 성경은 교만한 자를 책망하면 수치를 당하고, 악인을 꾸짖는 자는 오명을 입는다고 말씀하신다(잠 9:7).

따라서 이웃을 책망하기 전에 몇 가지 살펴볼 것이 있다.

첫째, 내가 과연 주님 앞에 온전히 서 있는지 아닌지다. 남을 책망하려면 먼저 자기 들보를 주님 앞에 온전히 씻긴 자가 되어야 한다. 이런 자라야 비로소 범죄한 영혼들을 통해 자신을 돌아보며 자신의 연약함과 부패성을 깨달아 온유한 심령으로 그를 책망할 수 있다.[51]

둘째, 교회 내에서 벌어진 문제들을 판단하기 위해서는 먼저 "신령한 자" 곧 "여호와의 신에 감동받은 자"가 되어 있어야 한다. 왜냐하면 "신령한 자는 모든 것을 판단하나, 자기는 아무에게도 판단을 받지 아니하느니라."(고전 2:15)고 말씀하시기 때문이다. 그래서 미가 선지자는 "오직 나는 여호와의 신으로 말미암아 권능(חַכֹּ, 코아흐, 영적 능력)과 공의(מִשְׁפָּט, 미쉬파트)와 재능(גְּבוּרָה, 게부라, 용기, 정신적 능력)으로 채움을 얻고 야곱의 허물과 이스라엘의 죄를 그들에게 보이리라."(미 3:8)고 선포했던 것이다.

셋째, 언제 그 이웃이 회개할지 모르므로, 가능한 한 그 사람 스스로 고칠 때까지 오래 참아 주고, 그다음에 예외적으로 잘못을 지적해줘야 한다.

넷째, 충고하더라도 신앙적인 군림을 하는 것이 아니라, 은혜의 선을 넘지 않는 가운데 지혜롭게 해야 한다. 급하게 이웃의 잘못을 바로잡으려고 들면 역효과를 낳기에, 그 사람의 인격을 최대로 존중해 주는 가운데, 가능하면 스스로 깨달아 고치도록 유도해야 한다.

---

50 가령 예레미야 선지자가 하나님의 명령에 따라, 불순종을 겹듭한 이스라엘이 이방 나라 바벨론에게 멸망당한다고 선포하자, 시드기야 왕의 대신들이 예레미야의 이 말이 도성에 남아있는 군인과 백성의 사기를 떨어뜨리고, 재앙을 재촉할 뿐이라고 하면서 왕의 허락을 받아내, 그를 근위대의 뜰 안에 있는 왕자 말기야의 집에 있는 진흙 웅덩이에 집어 넣어버렸다(렘 38:4-6).

51 토마스 굿윈, 『그리스도인의 성장』, 58.

다섯째, 사사로운 감정 없이, 용서를 정죄보다 더 크게 하는 가운데에서 해야 한다. 이는 다짜고짜 책망하는 것이 아니라, 사랑에서 나온 충고라야 이웃이 마음을 열 것이기 때문이다.

(4) 책망받는 자의 자세

그러면 책망받는 자는 어떠한 자세를 가져야 할까?

성경은 책망을 싫어하는 자는 짐승과 같고(잠 12:1), 훈계를 거절하는 자에게는 궁핍과 수치가 임하며(잠 13:18), 자주 책망을 받으면서도 목이 곧은 자는 갑자기 패망을 당한다고 말씀하신다(잠 29:1). 또한 현명한 자를 한 번 책망하는 것이 어리석은 자를 백 번 때리는 것보다 더 깊이 박히고(잠 17:10), 또 명철한 자를 꾸짖을 때 그가 지식을 얻게 된다고 말씀하신다(잠 19:25).

> 우리가 사자에게 먹히듯 죄에게 잡아먹히게 되었을 때 설교자의 책망으로 이 죄를 쏘아 죽인다면 우리로서는 감사할 일 아닙니까?
> 은혜로운 영혼은 날카로운 말씀의 창이 자신의 종기를 찔러 터뜨리면 기뻐합니다. 그는 책망을 보석 귀고리처럼 걸고 다닙니다.[52]

그러므로 우리는 지혜로운 자가 되어 책망을 달게 받는 자가 되어야 한다. 슬기로운 자의 책망은 청종하는 귀에 금고리와 정금 장식임을 알아(잠 25:12) 우리의 생명인 훈계를 굳게 붙잡아 놓치지 말고(잠 4:13), 하나님께서 사랑하는 자를 책망하여 징계하는 줄 믿고 열심을 내어 회개해야 한다(계 3:19). 낙심하지 않고 책망을 달게 받을 때 우리에게 더 나은 미래가 펼쳐질 것이다. 또 성숙한 신앙인은 설사 그 책망과 충고가 엉터리라고 하더라도, 항상 겸허한 자세로 경청할 것이다.

이에 대해 성경은 말씀하신다.

---

[52] 토마스 왓슨, 『경건』, 107.

훈계를 저버리면 가난과 수치가 닥치지만, 꾸지람을 받아들이면 존경을 받느니라(잠 13:18).

나(하나님)의 책망을 듣고 돌이키라. 내가 나의 신을 너희에게 부어주며 나의 말을 너희에게 보이리라(잠 1:23).

19. 섭리에 대한 확신이 주는 유익

전지전능하신 하나님은 세상을 창조하신 후에도 모든 만물을 여전히 다스리시고 계신다. 이를 신학적인 용어로 "섭리"(攝理, providence)라고 부른다. "섭리"는 "창조물을 보존하고 지배하며 협력하는 하나님의 행동"을 말한다. 이런 의미에서 "섭리"를 "지속적인 창조"[53]라고 부르기도 한다. "창조"와 "섭리"는 우리를 향한 하나님의 사랑이 영원히 지속됨을 보여준다(하이델베르크 교리문답 29문). 그래서 칼빈은 하나님이 피조물을 돌보신다는 "섭리"에 대한 확신 없이 하나님의 "창조"를 믿을 수 없다고 말한다.[54]

"섭리"에는 "일반 섭리"와 "특별 섭리"가 있다. "일반 섭리"는 "자연의 질서를 유지하며 자연 본래의 목적에 맞도록 하는 것"을 말하고,[55] "특별 섭리"는 한마디로 "기적"을 말하는데, 개혁신학은 이 "기적"이 하나님의 창조 사역을 파괴하는 것이 아니라, 오히려 회복한다고 본다.[56]

> 필자가 대학교 다닐 무렵, 테니스에 깊이 빠진 적이 있었다. 특히 강서브를 연마하기에 여념이 없었다. 아파트 단지 내 테니스장 울타리를 벽으로 삼아, 정말 있는 힘을 다하여 하루에도 100번 이상씩 서브 연습을 하곤 했다. 필자의

---

[53] 여기서 "지속적인 창조"라는 의미는 "또 다른 창조"를 의미하지 않고 "창조의 원리를 지속하신다"는 의미다. 한 번 사랑했다고 다 끝난 것이 아니라 계속 사랑의 교제가 있어야 그 사랑을 보존할 수 있는 것처럼, 하나님은 그 사랑을 계속 주시고 계신다.
[54] 존 칼빈, 『기독교 강요 上』, 305-307.
[55] 존 칼빈, 『기독교 강요 上』, 318.
[56] 루이스 벌코프, 『조직신학 上』 (서울 : 크리스챤다이제스트, 2002), 384-385.

서브가 얼마나 강했냐 하면, 쿵후 3단의 무술인도 내 서브를 피하지 못하여 코에 맞아 코피가 날 정도였다.

그런데 어느 날, 테니스 복식 게임을 할 때였다. 어떤 나이 많은 분이 네트 바로 앞에 있는 나를 빤히 보면서 일부러 공으로 나를 맞추는 것이 아닌가?

그뿐 아니었다. 당시 그 복식 게임자 중에서 내 나이가 가장 어렸는데, 그분 쪽으로 공이 흘러가도 나이 어린 내가 가서 주워오지 않으면, 많은 사람 앞에서 "정말 버릇없는 아이"라고 헐뜯곤 했다. 나는 어이가 없었다.

"아니 내가 볼보이라도 된단 말인가?"

그러던 어느 날 여느 때와 같이 테니스장 울타리를 벽으로 삼아 강서브 연습을 하고 있었다. 그리고 진짜 이번에는 내 생애 젖 먹던 힘까지 모두 쏟아부어 라켓으로 공을 때렸다고 생각했다. 그런데 갑자기 저쪽에서 아주 크게 "뻑" 소리가 들렸다. 그리고 어떤 분이 쓰러졌다. 알고 보니 내가 불편하게 여겼던 바로 그분이었다. 내 강서브 연습공이 그분의 뒤통수를 강타한 것이다.

어떻게 이런 일이 일어날 수 있을까?

코치부터 테니스장에 있던 많은 사람이 그 원인 조사에 나섰다. 결국 그 울타리 철조망에 공 딱 한 개 정도만 통과할 수 있는 구멍이 나 있었는데, 나도 몰랐던 바로 그 구멍을 통과하여 정확하게 그분의 뒤통수를 맞췄음을 확인하고, 누구도 이에 대해 이의를 달지 않았다. 일부러 그 구멍을 통해 움직이고 있는 사람 뒤통수를 맞출 사람은 전 세계 어디에도 없을 것이기 때문이다. 이 일로 그분께 너무도 죄송스러워 고개를 들 수 없었지만, 하나님의 섭리가 얼마나 오묘한지 다시 한번 실감할 수 있었다.

태풍은 농부나 어부들에게 달갑지 않은 존재이지만, 태풍이 없으면 바닷물을 뒤엎어 산소를 공급하지 못해, 해수의 염도가 높아져 해조류들이 살 수 없게 된다고 한다. 그러기에 태풍이 우리에게 얼마나 유익한지 모른다. 마찬가지로 지금 당하고 있는 이해할 수 없는 아픔과 슬픔도 훗날에 전화위복이 되어 우리에게 큰 유익이 될 수 있다.

하나님께서 우리에게 정말 좋은 것을 주시기 위해, 우리로 하여금 다른 길로 가는 것을 막기도 하시는 이유가 여기에 있다.

성경은 하나님을 사랑하는 자, 곧 그 뜻대로 부르심을 입은 자들에게는 모든 것이 합력하여 선을 이룬다고 말씀하신다(롬 8:28). 즉 인간 편에서 '하나님을 사랑하는 자' 곧 하나님 편에서 '그 뜻대로 부르심을 입은 자'는[57] 하나님께 꽉 밀착하여 하나님의 말씀을 지키는 자인데, 이런 자는 설사 핍박이 오더라도 믿음으로 악을 이길 것이기에, 결국 모든 것이(심지어 악과 사망까지도) 합력해서 선을 이루게 된다. 이처럼 경건한 사람들에게는 악한 것도 선을 이루지만, 악인에게는 선한 것도 해를 끼친다.[58]

요컨대 하나님의 나라에는 우연도 없고 버릴 것도 없다. 그래서 성경은 오묘한 일이 하나님께 속하였다고 말씀하시며(신 29:29), 우리 안에서 착한 일을 시작하신 하나님께서 그리스도 재림의 날까지 (구원을) 온전히 이루신다고 말씀하신다(빌 1:6). "죄인이 백 번 악을 행하고도 장수하거니와, 내가 정녕히 아노니 하나님을 경외하여 그 앞에서 경외하는 자가 잘될 것이다."(전 8:12, 참고 전 7:15)라는 말씀도 마찬가지이다.

그러므로 하나님의 "섭리"에 대한 확신을 가지는 것이 중요하다. 이런 확신은 모든 역경에서 우리를 돕고 더욱 하나님을 붙잡게 하며 기쁜 마음으로 하나님을 신뢰하게 한다.[59] 하지만 "섭리"의 유익을 얻기 위해서는 먼저 겸손한 마음으로 하나님을 두려워하며 공경해야 한다. 이런 자라야 섭리를 바르고 유익하게 생각하며,[60] 하나님이 하신 모든 일이 까닭 없이 하신 일이 아님을 알 것이기 때문이다(겔 14:23).

> 내가 돌이켜 해 아래서 보니, 빠른 경주자라고 선착하는 것이 아니며, 유력자라고 전쟁에 승리하는 것이 아니며, 지혜자라고 식물을 얻는 것이 아니며, 명철자라고 재물을 얻는 것이 아니며, 기능자라고 은총을 입는 것이 아니니, 이

---

57 이한수, 『로마서』, (서울: 이레서원, 2002), 685.
58 토마스 왓슨, 『고난의 참된 의미』, 77.
59 존 칼빈, 『기독교 강요 上』, 336.
60 존 칼빈, 『기독교 강요 上』, 325.

는 시기와 우연이 이 모든 자에게 임함이라(전 9:11).

20. 오늘날 성찬의 의미

(1) 성만찬 제정 배경

성만찬 의식은 주님이 십자가에 못 박히기 전날, 주님의 명령으로 행해졌다 (고전 11:23). 제정 당시 성만찬은 십자가 고난의 현장을 맞이하는 비장한 분위기 속에서 진행되었다. 말이 최후의 만찬이지, 사실상 예수님의 십자가 죽음을 앞두고 사랑하는 제자들과 작별하는 자리였다.

이때 예수 그리스도께서는 떡을 가지고 축복하신 후, 당신의 제자들에게 당신의 몸을 받아먹으라며 떼어 주시고(마 26:26), 또 많은 사람을 위해 흘리는 당신의 피, 곧 언약의 피를 모두 마시고 나누라고 하셨다(마 26:27-28; 눅 22:17). 주님은 우리가 당신의 사랑을 잃어버리면 죽는다는 것을 매우 잘 아셨다. 그래서 죽음이 임박한 순간까지도 연약하기 그지없는 우리가 혹시 잊을까 봐 이렇게 우리로 하여금 "보이는 말씀"이자 "언약의 표(인침)"로서의 성찬식을 준행하도록 세심하게 배려하셨다.

주님은 십자가 죽음을 통해 당신의 귀한 살과 피까지 다 내어주시고 부활하사, 지금도 모든 것을 내어주시고 계신다. 그러기에 우리는 항상 최고의 만찬을 먹고 있는 셈이다. 그런데 어리석게도 우리는 이를 자꾸 잊어버리며 언제 우리가 이런 만찬을 먹고 있느냐고 반문한다. 성만찬은 이런 자를 위해 마련되었다.

(2) 구약의 유월절과 신약의 성만찬의 차이

성찬을 예표하는 것이 구약 시대의 유월절이다. 유월절은 이스라엘 백성이 약 430년 동안 이집트에서 노예생활을 한 데서 해방된 것을 기념하는 절기로, 이날 이스라엘 백성들은 '양고기'와 '쓴 나물'과 '무교병'(無酵餠)을 허리에 띠를 띠고 발에 신을 신고 손에 지팡이를 잡고 급히 먹었는데(출 12:11), 여기서 '어린양고기'는 '그리스도의 희생된 몸'을, '쓴 나물'은 '과거 애굽에서 겪은 노예생활의 고통(죄로 인한 고통)'을, '무교병'은 '정말 긴급하게 출애굽함(구원받음)과 하나님의 백성으로 흠(부패) 없이 순수하게 살아야 함'을 상징한다.

가나안 땅에 들어가서도 유월절 절기 동안 제물로 바친 소나 양과 함께 무교병 곧 고난의 떡을 함께 먹은 이유가 여기에 있다. 즉 이는 이스라엘 백성이 노예 생활을 했던 애굽 땅에서 촌각(寸刻, 1분 1초)을 다툴 정도로 정말 급히 나온 날을 기억하도록 하기 위함이었다(신 16:3).

이에 비해 구약 시대 유월절의 연장선 위에 있는 신약 시대 성만찬은 다음과 같은 의의를 가진다.

① 그리스도의 고난과 죽음을 기념하는 의식이다

성만찬은 갈보리 어린양을 생각하며 기념하는 의식이다. 즉 더는 육체로 우리와 함께 있지 않을 그리스도의 죽음을 기념하는 예식이다(고전 11:24-25). 예수님은 우리더러 성만찬 의식을 행함으로 우리의 죄를 대속하기 위해 내어주신 당신의 몸과 피, 즉 죽음으로 이루신 새 언약을 기념하고(눅 22:19-20; 고전 11:25), 당신이 다시 오실 때까지 당신의 죽으심을 전하라고 하셨다(고전 11:26). 여기에는 주님이 우리를 위해 행하신 엄청난 희생의 공로를 결코 잊어서는 안 된다는 의미가 담겨있다.

② 그리스도의 사랑을 먹는 것이다

주님은 당신의 몸을 찢어서 우리에게 주셨고, 당신의 피를 대신 흘려서 우리의 죄를 씻기셨다.

얼마나 우리를 사랑하셨으면 당신의 몸까지 찢으시면서 주셨을까?

성찬은 구약 시대의 유월절 식사의 확장이자 완성으로, 하늘로부터 내려온 산 떡, 곧 예수 그리스도의 생명을 성도들에게 아낌없이 나누어 주는 예식이다(요 6:53). 즉 성찬은 참사랑을 먹는 것이지(요 6:5), 가톨릭의 "화체설"[61](化體說)처럼, 눈에 보이는 떡 자체에 힘이 있는 것이 아니다(웨스트민스터 교리문답 27장).

---

[61] "화체설"(化體說, 가톨릭에서는 실체변화설)은 가톨릭 미사(Missa) 때마다 사제가 빵과 포도주를 축성할 때 실제로 예수님의 몸과 피로 변화된다는 설이다.

③ 주님의 생명에 참여하는 것이다

> 나는 하늘로서 내려온 산 떡이니, 사람이 이 떡을 먹으면 영생하리라. 나의 줄 떡은 곧 세상의 생명을 위한 내 살이로라(요 6:51).

성찬을 통해 주님의 찢긴 살과 피를 먹으면, 주님의 고난과 죽으심에 그리고 주님의 영적인 몸에 성령을 통해 참여한 것이 되어, 우리도 주님의 찢긴 몸의 일부가 된다(하이델베르크 교리문답 76문).[62] 즉 성찬의 본질적인 의미는 날마다 믿음으로 예수 그리스도의 살과 피, 곧 그리스도의 생명에 참여함으로써, 한시도 주님의 사랑을 잊지 않게 하려는 데 있다(고전 10:16-17, 하이델베르크 교리문답 79문).

④ 거룩한 주님의 몸 된 공동체에 참여하는 것이다

성만찬은 그리스도의 거룩한 몸의 공동체에 참여함으로써, 당신의 사랑 안에서 모두가 하나 되라고 제정되었다. 성찬을 통하여 그리스도의 전체의 몸과 그의 부분적인 몸 간에 서로 유기적 교제가 이뤄진다. 그러기에 주님의 거룩한 몸의 일부가 된 자는 성찬식에 참여하는 모두가 주님의 살과 피를 나눈 한 형제들임을 알기에, 서로를 사랑하고 존중한다.

⑤ 미래의 천국 공동체를 미리 체험하는 것이다

지금 성찬에 참여하는 자들이 하나님의 나라에서 예수님과 함께 천국 잔치의 식탁에 참여하게 되기 때문에, 성만찬은 미래의 천국 공동체를 미리 체험하는 자리다.

이런 의미에서 성찬은 이 땅에서 천국의 기쁨을 미리 맛보게 함으로써, 구약의 유월절 의식의 종말을 고하고, 재림을 예표하는 예식이다(마 26:26-29). 즉 성찬식은 재림 신앙을 보전하기 위하여 주님이 제정하셨다.

---

[62] 그 몸을 먹었다고 찢긴 몸의 일부가 되는 것이 아니라, 그 사랑을 먹었을 때 찢긴 몸의 일부가 된다.

(3) 성찬식에 참여하여 얻는 유익

이렇게 주님은 '우리를 위하여' 성만찬을 제정하셨다. 예수님은 성찬을 통하여, '사랑'이라는 모습으로 우리의 영혼에 들어온다. 떡과 잔을 통하여 그리스도를 받을 때 그분의 사랑에 더 친밀하게 연합된다. 그리고 우리 마음속 성소에서 우리와 함께 영원한 성찬을 하기 원하신다.

이런 성찬을 통해 우리는 다음과 같은 유익을 얻을 수 있다.
첫째, 성령님의 은총을 전달받아 성령의 충만함을 입게 된다.
둘째, 영적 에너지를 공급받는다.
셋째, 그리스도 안에서 서로 하나가 된다(고전 10:16-17).
넷째, 죄 사함의 언약을 다시 한번 확인하게 된다.
다섯째, 육(肉)이 베어지는 마음의 할례를 받은 자로서, 구원받은 백성으로 살고 있다는 증표를 가지게 된다.
여섯째, 우리의 영혼에 주님의 영생의 살과 피가 새겨짐으로(하이델베르크 교리문답 77문, 75문), 믿음으로 된 의를 인침받아(롬 4:11) 믿음이 더욱 굳건하게 된다.
일곱째, 재림을 사모하게 된다.

이 세상의 빵이 긍휼로 부서졌고,

영혼의 포도주가 긍휼로 쏟아졌다.

생명의 말씀을 전하신 분에 의해,

죽음으로 우리 죄를 없애주신 분에 의해,

슬픔으로 부서진 이 마음을 보시고,

죄인들이 쏟아놓은 이 눈물을 보신 다음,

당신의 성찬이,

당신의 은총으로,

우리 영혼 키우는 징표 되게 하소서.

-레지날드 헤버(Reginald Heber)-

(4) 성찬식을 대하는 자세

그런데 성경은 성찬식 때 주님의 살과 피를 분별하지 못하고 합당치 않게 먹고 마시면 자기의 죄를 먹고 마시는 것으로(고전 11:29), 결국 주님의 몸과 피를 범하는(욕보인) 죄를 얻게 된다고 말씀하신다(고전 11:27). 그래서 구약 시대 유월절을 지키기 전에 반드시 먼저 할례를 받도록 명하셨던 것이다(출 12:48; 수 5:3).

가룟 유다를 보라!

그는 예수님을 배반하여 팔 생각을 가졌으면서도 주의 떡과 잔을 마심으로 비참한 최후를 맞이했지 않았는가?

그러기에 성찬식을 거행할 때 반드시 자기를 살피고 그 후에야 이 떡을 먹고 이 잔을 마셔야 한다(고전 11:28). 하나님 앞에 걸림이 되는 모든 죄를 철저히 회개한 후, 이 의식에 참여해야 심판을 면할 수 있다(고전 11:32).

우리를 위하여 새긴 (눈에 보이는) 우상을 만들지 말라는 하나님께서 왜 눈에 보이는 은혜의 표징, 곧 성례(세례식과 성찬식)만큼은 우리에게 허락해 주셨을까?

이는 십자가로 구원받은 성도는 하나님의 은혜가 아니면 조금도 살 수 없는 존재라는 사실을 세계만방에 전하라는 뜻 외에 다름 아니다.

그러므로 성찬이 성찬 자체로 끝나서는 안 되고, 주님의 살과 피를 마실 때마다 "저도 주님의 사랑에 합당한 삶을 살게요!"라는 결단과 함께, 예수 그리스도께서 우리를 위해서 죽으셨음(과 부활하셨음)을, 주님이 다시 오실 때까지 지속적으로 전해 주고 가르치는 자가 되어야 한다(고전 11:26).

아울러 우리가 육신의 몸을 입을 때 어머니의 피가 흘려진 것처럼, 우리가 영의 몸을 입을 때 예수 그리스도의 피가 흘려졌기에, 이제 우리가 주님과 이웃을 위하여 희생할 차례다. 이것이 그리스도의 지체된 자로서 마땅한 도리다.

The Compass to Heaven
The Essence of Christian Faith

제6부

종말

19장   천국과 천년왕국

19장

천국과 천년왕국

1. 성경에서 종말의 개념

1992년 10월 29일 밤에, 약 2만 명의 한국의 다미선교회 추종자들이 하늘로 휴거(들림 받음)될 것을 기다리고 있었지만, 촌극으로 끝나고 말았다. 또 2,000년에는 노스트라다무스의 예언에 따라 우리 인류가 멸망할 것이라고 주장하던 사람들이 있었지만, 이 역시 거짓으로 밝혀졌다.

보통 "종말"이라고 할 때, 핵전쟁이나 혜성 충돌 등으로 인해 모든 인류가 한꺼번에 죽는 것으로 이해한다. 이에 비해 개혁신학에서 기독교의 종말(終末)은 "초림하신 예수 그리스도의 부활 승천 후 재림하시기까지의 모든 기간"[1]을 일컫는다. 이 관점에 의하면, 지금 우리는 종말에 살고 있는 셈이다.

성경은 주님의 날이 도둑같이 온다고 말씀하시는데, 이날에는 하늘들이 굉장한 소리를 내며 불에 타서 녹아지고, 우주의 구성 요소들도 맹렬한 불에 녹게 된다고 말씀하신다(벧후 3:10-13; 히 12:26-27, 참고 사 66:15-16; 34:4). 즉 현재 하늘들과 땅은 심판의 날에 하나님의 말씀으로 불사르기 위하여 보존된 것일 뿐이다(벧후 3:7).

---

1 다니엘서와 요한계시록에서 이 종말의 때를 "한 때 두 때 반 때"(단 7:25; 12:7; 계 12:14) 즉 "마흔두 달"(계 11:2; 13:5, 3년 반) "1,260일"(계 11:3; 12:6) 등으로 상징하고 있다. 그런데 좀 더 광의적 의미에서, 예수님이 곧 말씀이시기에, 구약 시대나 신약 시대 할 것 없이, 말씀이 임한 날, 곧 말씀과 더불어 내 세상적인 자아도 죽은 날이 예비적 의미에서 종말이라고 할 수 있다. 이것이 성도가 매일 종말론적으로 살아가는 이유다. 그리고 궁극적으로 재림하실 예수님을 만나는 날이 바로 세상 끝날(종말)이다. 그때 영원한 천국과 지옥이 결정되기 때문이다.

그런데 스가랴 14장 7절을 보면, 이날이 낮과 밤이 아니라 "어두워져 갈 때 빛이 있는 날"이라고 말씀하신다. 그리고 바로 뒤를 이어 스가랴 14장 9절에서 "그날에 여호와께서 홀로 하나이실 것이다."라고 받고 있다. 그러므로 이날을 낮과 밤이 있는 현세의 차원으로 이해해선 안 되고, 주님의 재림이 있는 날, 즉 차원이 달라져 영의 몸으로 변화될 때 하늘들을 비롯한 온 우주가 녹는 듯한 현상을 체험하게 되는 날로 이해해야 한다.

성경은 이 종말의 때를 하늘에 있는 천사를 비롯하여 아무도 아는 사람이 없고, 오직 하나님만이 아신다고 말씀하신다(마 24:36; 행 1:7). 따라서 우리는 천국 복음이 모든 민족에게 증거되기 위하여 온 세상에 전파될 때 비로소 종말이 오게 된다는 하나님의 말씀을 근거로, 종말의 대략적인 때만을 가늠해 볼 수 있다(마 24:14).

그러면 언제쯤 복음이 온 세상에 전파될까?

성경은 구원받은 이방인의 충만한 수가 채워지기까지 유대인들이 완악하게 되지만, 결국 (천국 복음을 전파받은) 이방인들이 복 받는 모습을 보고 질투가 난 유대인들도 예수님을 믿어, 구약 시대의 유대인들 가운데 신앙을 지킨 남은 자들 모두가 합해져, 온 이스라엘이 구원받게 된다고 말씀하신다(롬 11:25-26).

여기서 "온 이스라엘"이 문제가 된다. 이를 로마서 11장의 유대인 동족 구원을 향한 바울의 애틋함을 반영하여 문자 그대로 "구원받는 모든 유대인"으로 볼 수 있지만, 성경에서 본질적인 의미의 이스라엘은 '이면적 유대인'(롬 2:29) '하나님의 이스라엘'(갈 6:16) '(육신이 아니라) 영을 따라 난 이스라엘'(참고 고전 10:18) 등을 의미하고 있고, 이방인 신자도 아브라함의 자손(갈 3:7)이라고 보고 있기에, 꼭 그렇게 볼 필요는 없다.

또한 성경은 땅에서 구속받은 자들로서, 이마에 예수님의 이름과 하나님의 이름이 새겨진 무리, 곧 이스라엘 각 지파 중에서 하나님의 인(印)을 맞은 무리가 "십사만 사천"이라고 말씀하신다(계 7:4; 14:1). 여기서 "십사만 사천"이라는 숫자도 문자적인 의미가 아니라, 인류의 "모든 역사 동안에 구원받은 크고 완전한 무리"를 상징하고 있기에 정확히 몇 명이라고 단정할 필요도 없다. 왜냐하면 결국 인류 역사가 진행되는 동안, 온 지구 위에서 예수님을 모르는 태아들이 지속해서 태어날 것이고, 이들에게도 복음이 전파되어야 종말이 올 것이기 때문이다.

> 이 144,000을 문자 그대로 해석하여, 이스라엘의 12지파의 수를 의미한다고 보는 견해가 있는데(12,000×12), 이들은 요한계시록 7장 4절(내가 인침을 받은 자의 수를 들으니 이스라엘 자손의 각 지파 중에서 인침을 받은 자들이 십사만 사천이니)과 로마서 11장 26절(그리하여 온 이스라엘이 구원을 받으리라)을 근거로, 이 144,000명이 "구약과 신약 시대에 구원받는 유대인들의 모든 무리"를 의미한다고 본다. 하지만 이 주장에는 다음과 같은 모순이 있다.
>
> 첫째, 요한계시록 7장과 역대상 2-9장을 보면 단 지파가 이스라엘의 12지파에 빠져 있다는 점, 또 단 지파가 하나님이 주신 기업을 팽개치고(수 19:40-48) 강제로 북쪽 지역의 가나안 원주민을 점령한 점(삿 18:12), 그리고 창세기 49장 17절의 "단은 길의 뱀이요, 첩경의 독사(毒蛇)리로다."라는 야곱의 예언의 연장선 위에서, 훗날 이 단 지파가 적그리스도의 세력을 형성한다고 여겨지는 점 등을 근거로, 단 지파 중 한 사람도 144,000에 포함되지 않는다고 보는데, 요한계시록과 맥락을 같이 하는 에스겔 48장 1절에는 단 지파가 포함되어 있기에, 성경 간 서로 충돌이 일어난다.
>
> 둘째, 이스라엘 12지파의 인구수가 각기 다 차이가 있는데, 획일적으로 12,000명씩 같게 산정했다.
>
> 셋째, 아담과 아브라함 등 이스라엘의 12지파가 형성되기 이전에 하나님을 믿은 무리 등이 빠져 있다.
>
> 넷째, 요한계시록 7장 4절의 144,000명의 뒤를 이어 7장 9절에 흰옷 입은 무수한 무리가 나오는데, 전자는 신앙심 깊고 후자는 평범한 이방 신앙인이라고 하더라도, 이들 모두 성령으로 인침을 받은 같은 무리다(참고 계 14:4-5; 7:14-15; 엡 1:13; 딤후 2:19).
>
> 그래서 필자는 이 144,000이 구약의 이스라엘 12지파×신약의 12제자×10의 세제곱(1,000), 즉 "구약 시대와 신약 시대에 하나님과 예수님을 믿는 모든 신앙인"을 의미하는 것으로 보는 것이 타당하다고 생각한다.

2. 부활 때 우리는 어떻게 되는가?

예수님은 부활하신 후의 당신의 몸에 살과 뼈가 있다는 것을 보여 주셨다(눅 24:39). 성경은 저 세상을 얻기에 합당한 자들과 죽은 자들로부터 부활한 자들은 장가갈 수 없고, 다시 죽을 수도 없고, 천사들과 동등하며, 부활의 자녀로서 하나님의 자녀들이라고 말씀하신다(마 22:30; 막 12:24-25; 눅 20:35-36). 하나님께는 모든 사람이 살아있다는 것이다(눅 20:37-38).

그런데 성경은 마지막 나팔 소리가 나면 눈 깜짝하는 순간에 우리 모두 변화된다고 말씀하신다(고전 15:51-52). 즉 심판 날 주님의 절대적인 권능으로 말미암아 우리 몸이 순식간에 부활의 몸으로 변하고, 죽은 자들도 썩지 아니하는 몸으로 일으켜진다.

가령 밀의 씨를 뿌릴 때에는 그저 알갱이일 뿐이지만, 후에 하나님이 그 뜻대로 저에게 형체를 주어 밀의 형체를 가지게 하시는 것처럼(고전 15:38), 우리의 육체가 죽을 때(뿌릴 때)에는 그저 육체일 뿐이지만, 후에 하나님이 그 형체를 주셔서 하늘에 속한 자의 형상을 입게 된다(고전 15:49).

이때의 몸은 욕된 것에서 영광스러운 몸으로, 약한 것에서 강한 몸으로, 육의 몸에서 신령한 몸으로 다시 사는 몸이다(고전 15:42-44, 참고 고후 5:3-4). 즉 이날에는 잃어버린 하나님의 형상의 완전한 회복이 이뤄져, 시공을 초월한 영원한 생명이 깃든 몸, 곧 다시 죽을 수 없는 몸을 입는다.

그리하여 재림의 때, 그리스도 안에서 죽은 자들이 먼저 일어나고, 그 후 우리 살아남은 자도 저희와 함께 구름 속으로 끌어올려 공중에서 주님을 영접하게 되며, 그 후에 마지막이 온다(살전 4:16-17). 이 마지막은 모든 정사와 모든 권세와 능력이 폐해지고, 그 나라가 하나님께 바쳐질 때로(고전 15:24), 맨 나중에 멸망당하는 원수는 사망(θάνατος, 싸나토스)이다(고전 15:26).

즉 이때 어떤 사람들의 죄는 밝히 드러나 먼저 심판으로 나아가고, 어떤 사람들의 죄는 그 뒤를 좇게 되는데(딤전 5:24), 사탄과 짐승과 짐승 앞에서 표적을 행하던 거짓 선지자(불법한 자)는 주 예수께서 그 입의 기운으로 저를 죽이시어(살후 2:8, 참고 요 12:48) 불못에 산 채로 던져지며(계 19:20-21), 예루살렘을 대적한 자들도 살과 눈과 혀가 녹아 없어진다(슥 14:12). 그리고 궁극적으로 하나님의 백보좌 심판 때, 사망과 음부(陰府)마저도 불못에 던져진다(계 20:13-14).

아담의 7대손 에녹은 예수님께서 무수한 성도와 함께 재림하셔서, 모든 사람을 심판하실 것을 일찌감치 예언했다(유 1:14-16). 성경은 예수님께서 하나님의 영광으로 자기 천사들과 함께 오실 때, 어둠에 감춰진 것들과 마음의 뜻을 나타내시고(고전 4:5; 벧후 3:10), 생명록과 행위록(들)에 기록된 대로(말 3:16; 출 32:33; 사 4:3; 단 7:10; 눅 10:20; 계 20:12) 모든 행위와 모든 은밀한 일을 선악 간에 심판하실 것이라고 말씀하신다(마 16:27; 전 12:14, 참고 계 2:23; 렘 17:10).

3. 천년왕국에 대한 여러 학설들

요한계시록 20장 4절과 6절에 다음과 같이 말씀하신다.

> 예수님의 증거와 하나님의 말씀을 인하여 목 베임을 받은 자의 영혼들과, 또 짐승과 그의 우상에게 경배하지도 아니하고 이마와 손에 그의 표를 받지도 아니한 자들이 살아서 그리스도로 더불어 천 년 동안 왕 노릇 하니(계 20:4)
> 첫째 부활에 참여하는 자들은 복이 있고 거룩하도다! 둘째 사망이 그들을 다스리는 권세가 없고, 도리어 그들이 하나님과 그리스도의 제사장이 되어 천 년 동안 그리스도로 더불어 왕 노릇 할 것이다(계 20:6).

이게 소위 "천년왕국"이다.

그런데 주님과 함께 천 년 동안 다스린다고 했을 때 "그 천 년의 의미가 무엇이냐?"에 따라 설(說)이 갈린다. 즉 천년왕국 전에 주님이 재림하시면 "전(前)천년설"[2]이고, 천년왕국 이후에 주님이 재림하시면 "후(後)천년설"이다. "무(無)천

---

[2] "전천년설"은 성경에서 의인과 악인의 부활 시차가 천 년 차이가 있는 것이 아니라는 점(요 5:25), 부활체와 비부활체의 공존이 생긴다는 점 때문에 개혁신학은 받아들이지 않는다. 특히 예수님의 이중 재림(공중 재림과 지상 재림)을 주장하는 "세대주의적 전천년설"은 더욱 그러하다.

년설"3은 천국 운동이 교회를 통해서 계속 자라고 확장되어 그리스도 재림 때에 그리스도의 왕국과 바로 연결된다는 설로, '천 년'이란 기간은 상징적인 의미일 뿐, 천년왕국 이전·이후와 아무 관계가 없이. 바로 예수님의 초림과 재림 사이가 천년왕국이며, 이 천년왕국과 같은 세상이 일정 기간 지나면 주님이 재림하신다고 본다. 특히 이 설은 지금이 바로 천년왕국 시대가 시작되어 실현되고 있다는 의미에서, "지금 실현되고 있는 천년왕국설"이라고도 부른다.

또한 "전천년설"에는 "역사적 전천년설"과 "세대(世代)주의적 전천년설"이 있다. "역사적 전천년설"은 약 2,000년 전 예수님이 유대 땅에 오신 이후(초림) 세상은 악과 선이 계속 대립하다가, 세상의 마지막에 적그리스도가 나타나 모든 사람이 큰 환난을 겪고, 이 환난의 마지막에 주님이 재림하셔서 적그리스도를 물리치시고 천년왕국을 건설한다는 설이다. 또 "세대주의적 전천년설"은 역사적 전천년설과 달리, 일단 예수님이 공중에서 재림하여 성도의 휴거 사건이 있고, 7년 대환난을 거쳐 예수님이 지상에 재림함으로 천년왕국이 시작된다는 설이다.4

끝으로 "후천년설"은 전 세계에 복음이 전파되어, 성령의 역사로 세상이 발전하여 차츰 유토피아로 되었을 때, 예수님이 재림하신다는 설이다. 즉 복음을 통해 세상의 악들이 점차 줄어 다 제거되면 주님이 재림하신다고 본다. 그러나 이 설은 세상이 발전할수록 지상천국이 되는 것이 아니라, 악도 더 극렬해짐을 들어 폐지되었다.

---

3 "무천년설"은 카이퍼, 칼빈, 어거스틴, 바빙크 등 주로 종교개혁자들과 현재 개혁신학자들이 따르고 있다(마 13:24-30; 단 7:14; 눅 1:33; 히 1:8; 계 11:15).

4 즉 "역사적 전천년설"에 의하면 "대환난-예수님의 재림-성도의 휴거(부활)-천년왕국-최후 심판-새 하늘과 새 땅" 순으로, "세대주의적 전천년설"에 의하면 "예수님의 공중 재림-성도의 휴거-대환난-예수님의 지상 재림-천년왕국-최후 심판-새 하늘과 새 땅" 순으로 진행된다. 특히 세대주의적 전천년설은 인류의 시대를 7개 시대(순결[에덴동산], 양심[노아의 홍수까지], 인간 통치[바벨탑 사건까지], 약속[아브라함에서 시내산까지], 율법[모세부터 세례 요한까지], 교회[예수님 초림부터 재림까지], 천년왕국[재림 이후])로 나누고 각 시대마다 인간에 대한 하나님의 구원의 경영 방침이 다르다고 말한다(앤드류 카이벤호벤, 『개혁교회의 종말론』, 심재승 역 [서울 : 이레서원, 2001], 83-84). 세대주의자들은 7시대 중 마지막 세대인 천년왕국 시대에서 이스라엘 민족이 주(主)가 된다고 주장한다. 심지어 이들은 시대마다 구원의 방침이 다르므로, 신약 시대의 사람들은 전혀 구약 율법을 지킬 필요가 없다고까지 말한다(안토니 A. 호크마, 『개혁주의 종말론』, 류호준 역 [서울 : CLC, 2002], 169-178).

4. 첫째 부활과 둘째 사망

요한계시록 20장 7-8절에 다음과 같이 말씀하신다.

> 천 년이 차매, 사탄이 그 옥(φυλακη, 필라케, 감옥)에서 놓여, 나와서 땅의 사방 백성, 곧 곡과 마곡을 미혹하고 모아 싸움을 붙이리니, 그 수가 바닷가의 모래 같으리라.

그러면 여기서 다음과 같은 질문이 생긴다.
"천 년 동안 묶인 사탄이 풀려나, '곡과 마곡'이라는 민족들을 미혹하여 전쟁을 벌였을 때의 전쟁은 지구 종말의 전쟁이라고 알려진 '아마겟돈' 전쟁과 무슨 관계가 있을까?"

앞서 언급했듯이 "세대주의적 전천년설"의 주장처럼, 주님과 함께 천 년 동안 다스리는 자들이 이미 첫째 부활한 자들이라면, 천년왕국 이후 '곡과 마곡'이라는 아직 부활하지 않은 자들과 공존하는 모순이 발생한다.

여기서 우리는 "첫째 부활"의 개념을 좀 더 명확히 이해할 필요가 있다. 성경에는 "첫째 부활"과 "둘째 사망"만 나오는데(계 20:5-6, 14), 이 말씀을 풀어 보면 다음과 같다.

즉 모든 인간이 죽는 "첫째 사망"과 백보좌 심판 때 영혼과 몸이 천국이나 지옥에 가는 "둘째 부활"은 믿는 자나 불신자나 똑같다. 이 가운데 "첫째 부활"에 속한 자는 회개하고 예수님을 믿음으로 이미 구원받은 자이기에, "첫째 사망"을 당해도 영원히 지옥에 가는 "둘째 사망" 없이 곧바로 "둘째 부활"(생명의 부활)로 이어져 천국에 간다. 하지만 불신자 곧 "첫째 부활"에 속하지 못한 자는 "첫째 사망"을 당했을 때 "둘째 부활"(심판의 부활)로 이어져 "둘째 사망" 곧 영원한 지옥 불못에 들어간다(요 5:29; 마 25:46).[5]

---

5   즉 불신자는 "첫째 사망–둘째 부활–둘째 사망–지옥" 순으로, 신자는 "첫째 부활(중생)–첫째 사망–둘째 부활–천국" 순으로 가게 된다. 정리하자면 불신자는 첫째 부활이 없어 둘째 사망을 맞이하고, 신자는 첫째 부활이 있어 둘째 사망을 맞이하지 않는다.

그러기에 성경에서 "첫째 부활"은 "예수님을 믿고 중생함으로 주님과 함께 왕 노릇 하는 것"을 의미한다고 봐야 한다. 그 이유는 다음과 같다.

첫째, "첫째 부활"의 개념을 액면 그대로 해석하여 "예수님께서 재림할 때 있게 될 온 우주적인 부활"을 의미하는 것으로 보면, 그 후의 "곡(Γώγ)과 마곡(Μαγώγ)과의 전쟁"이 해석되지 않기 때문이다(계 20:3).[6]

둘째, 성경에서 왕 노릇 한다는 개념은 예수님을 구세주로 믿어, 주님과 함께 사랑으로 다스린다는 개념이기 때문이다(롬 5:17; 딤후 2:12; 계 5:10).

이런 관점에서 볼 때 천년왕국은 결국 "교회 공동체"라고 할 수 있으며, 요한계시록 20장 2절에 "사탄을 천 년 동안 결박했다"는 말씀은 곧 "예수님을 믿는 자들을 주님이 보호하심으로 사탄이 결박당한 상태"를 의미한다고 할 수 있다.

아울러 요한계시록 20장 7-8절에 천 년이 지난 후에 사탄이 옥에서 놓여 땅의 사방 백성, 곧 "곡과 마곡"[7]을 미혹하여 싸움을 붙이지만 결국은 패배하고 만다는 말씀도, 예수님을 믿는 자들이 최후의 영적 전쟁에서 잠시 미혹을 받을지라도, 결국은 주님이 승리하게 하신다는 의미로 해석할 수 있다(참고 계 19:11).

---

6 왜 그런가? 그 이유는 첫째, 부활한 사람은 다시 죽을 수 없기 때문이다. 가령 성경에 요한복음 11장의 죽은 나사로가 다시 살아난 것은 첫째 부활이 아니라 표적적인 부활일뿐이다. 둘째, 목 베임을 당한 자들의 영혼들과 또 짐승과 그의 우상에게 경배하지 아니하고 그들의 이마와 손에 그의 표를 받지 아니한 자들로 살아서 부활한 자들은 부활하지 않은 사람들과 공존할 수 없기 때문이다. 즉 첫째 부활자들이 주님과 더불어 천 년 동안 다스린다고 할 때의 주님은 재림의 주님이시기에, 모든 사람이 부활해야 하는데, 특정한 사람들만 부활하는 것은 모순된다(참고 눅 21:35; 계 3:10). 셋째, 천 년이 차매 사탄이 그 옥에서 놓여나와서 땅의 사방 백성 곧 곡과 마곡을 미혹하고 모아 싸움을 붙인다고 했을 때, 이때의 전쟁에 참여하는 자들은 부활자들이 아니기 때문이다. 한 번 부활했으면 거기서 노력하여 천국과 지옥을 결정할 수 있는 여지가 전혀 없다(롬 8:30). 넷째, 곡과 마곡과의 전쟁에서 남은 자들 중에서 목베임을 당한 순교자들은 이미 끝나버린 첫째 부활자들의 잔치인 천년왕국에 참여할 수 없다는 얘기가 되기 때문이다. 누구는 되고 누구는 안 되고 하는 것은 성경의 원리에 맞지 않는다.

7 일단 문자 그대로 보면, 성경에서 "마곡"은 노아의 손자이며 야벳의 둘째 아들로, 훗날 이스라엘 동북쪽에 자리하고 있는 북방 민족인 "로스와 메섹과 두발 족속, 혹은 나라"를 가리키고(참고 겔 27:13), "곡"은 그 나라의 왕들의 이름을 가리킨다(창 10:2; 겔 38:2). 하지만 요한계시록 20장 8절을 보면, "곡과 마곡"이란 말이 "어떤 특정한 지역"을 의미하는 것이 아니라, 오히려 "그리스도와 교회를 대적하는 미혹 받은 무리"로 해석되기에, 이 말씀은 "마곡"의 통치자 "곡"이 사탄의 사주를 받아 군대를 모집하여 메시야의 나라를 공격할 것이지만, 결국은 파멸되어 불못에 던져진다는 뜻이라고 할 수 있다(겔 38:21-23; 계 20:9).

즉 요한계시록에서 나오는 "용"이나 "짐승" 등의 용어를 문자 그대로 해석하기보다는 "각 사람 안에 있는 영적 악(용)의 세력"을 상징한다고 보아, 예수님을 믿음으로 결박되었던 영적인 악의 세력(용)이 잠시 풀려나, 자기 안에 잠재적으로 남아있는 "곡과 마곡"의 세력을 미혹하여 최후 전쟁을 벌이더라도, 성도는 믿음으로 승리하여, 결국 그 세력들은 영원한 불못에 빠지고 자신은 천국에 들어가게 된다.

특히 요한계시록의 전개 구조가 시간적인 순서에 따라 기록되지 않고, 또 요한계시록의 세 가지 재앙(일곱 인 재앙, 일곱 나팔 재앙, 일곱 대접 재앙)도 (비록 출발점이 다르다 할지라도) 같은 종류의 사건을 점진적으로 그 환난의 정도와 범위를 확대하여 마지막 종말을 향하여 전개시키고 있음을 볼 때[8](계 6장; 8-9장; 16장, 참고 마 24장; 막 13장; 눅 21장), 인류 최후의 전쟁인 "아마겟돈 전쟁"[9](계 16:16)과 "곡과 마곡과의 전쟁"(계 20:8)은 같은 맥락의 전쟁임을 알 수 있다.[10] 그러므로 꼭 지구 종말의 "아마겟돈 전쟁"이 문자 그대로 "유브라데 강"[11](계 9:16; 16:12)이나, 아니면 "므깃도"에서 벌어질 것이라고 해석할 필요도 없다.

---

8 가령 3가지 종류의 재앙들(일곱 인과 일곱 나팔과 일곱 대접) 중에서 여섯 번째만 살펴보면, 여섯 번째 인 재앙에서는 하늘 징조와 지진이 있고(계 6:12-17), 여섯 번째 나팔 재앙에서는 네 천사가 거느린 2억의 마병대가 사람들의 1/3을 죽이는 유브라데 전쟁이 있으며(계 9:13-21), 여섯 번째 대접 재앙에서는 지구 종말 전쟁이라 불리는 아마겟돈 전쟁이 있다(계 16:12-16).

9 '아마겟돈'(Αρμαγεδδών)은 히브리어 '하르 므깃도'(הַר מְגִדּוֹ, 하르 므깃도, 므깃도 산)에서 온 말이다. 므깃도 산은 예루살렘 서북쪽 갈멜산 아래 있는 지역으로, 고대로부터 전쟁의 격전지였으며 교통의 요지였다. 구약 성경을 보면 이곳에서 드보라와 바락이 가나안 족속 야빈의 군대 장관 시스라를 멸하였고(삿 4:15-16), 예후가 유다 왕 아하시야를 제거했으며(왕하 9:27; 대하 35:22), 요시야 왕이 애굽과 용감히 싸우다가 전사한 곳도 바로 이곳이었다(왕하 23:29).

10 "역사적 전천년설"에 의하면, "아마겟돈 전쟁"은 7년 대환난 끝, 곧 천년왕국 전에 사탄 휘하의 짐승과 땅의 임금들이 통솔하여 벌이는 불신자들 간의 전쟁인데 반하여, "곡과 마곡 전쟁"은 천년왕국 후에 사탄이 직접 지휘하는 그리스도의 세력과 적그리스도의 세력 간의 전쟁이다. 하지만 무천년설(본서의 입장)은 두 전쟁을 사실상 같은 전쟁으로 본다.

11 유브라데 강은 에덴동산의 네 번째 강이었으며(창 2:14), 인류 4대 문명의 발상지 중 하나였다. 이 지역을 중심으로 동방과 서방이 갈라지기에, 많은 사람이 여기서 인류 최후의 전쟁이 일어난다고 보고 있다(계 9:16; 16:12).

5. 천국과 새 예루살렘성

성경은 율법을 상징하는 "시내산"과 복음을 상징하는 "시온산"을 비교하면서, 모세가 율법을 받기 위해서 이르렀던 곳인 시내산만 하더라도 심히 두렵고 떨리는데, 복음을 받아들인 자들이 가는 곳인 시온산(천국)은 얼마나 더하겠느냐고 반문한다(히 12:21-22). 그러면서 이 시온산에는 "살아계신 하나님의 도성인 하늘의 예루살렘과, 천만 천사와, 하늘에 기록한 장자(長子)들의 총회와, 교회와, 만민의 심판자이신 하나님과, 및 온전케 된 의인의 영들과, 새 언약의 중보이신 예수님과, 및 아벨의 피보다 더 낫게 말하는 뿌린 피" 등이 있다고 말씀하신다(히 12:22-24).

또 성경은 마지막 심판 날에 "거룩한 성 새 예루살렘이 하나님께로부터 하늘에서 내려오니, 그 예비한 것이 신부가 남편을 위하여 단장한 것 같더라."고 말씀하신다(계 21:1-2).

이 성은 장광고가 12,000스타디온[12](στάδιον)의 정입방체로서, 하나님의 영광이 비취기 때문에, 그 성의 빛이 지극히 귀한 보석 같고 벽옥과 수정같이 맑다(계 21:11). 그리고 그 성벽의 두께는 144규빗(약 64.8m)인데 벽옥으로 싸였으며, 성의 성곽의 기초석은 각색 보석으로 꾸몄고, 그 열두 문은 열두 진주인데 문마다 (통으로 된) 한 개의 진주로 되어 있으며, 그 성의 길은 맑은 유리 같은 정금이다(계 21:16-21). 거기에는 하나님과 예수님의 보좌에서 흘러나오는 생명수의 강이 있고(계 22:1), 그 도성의 거리 한가운데로 흐르는 그 강의 주변에는 생명나무가 있는데, 그 나무는 열두 가지 열매를 달마다 맺고, 그 나무 잎사귀들은 만국을 치료하기 위하여 존재한다(계 22:2).

또한 하나님의 도성 안에는 성전(ναός, 나오스)이 없는데, 그 이유는 하나님과 예수님이 그곳의 성전(ναός, 나오스) 자체가 되시기 때문이다(계 21:22-26). 또한

---

12 12,000스타디온은 물리적인 거리로 약 2,220km인데, 1스타디온이 당시 고대 헬라의 측량 길이로 오늘날 약 184.8m이므로, 이는 영적으로 이스라엘 12지파가 완전수 10의 세제곱과 합해져, "구원받은 무리를 얼마든지 수용할 수 있는 무한한 장소"를 상징한다. 특히 구약 시대에 하나님의 임재가 있는 지성소도 장광고 10규빗(약 4.5m, 솔로몬 성전은 약 9m)의 정입방체였음은 흥미롭다(대하 3:8).

주 하나님이 그곳을 비추시므로 그곳에는 등불과 햇빛이 쓸데없고 다시 밤도 없다(계 22:5, 참고 사 60:19-21).

구약 족장 시대부터 이스라엘은 이동식 주거형태인 "장막"(אֹהֶל, 오헬, tent)(창 12:8)에서 생활했다. 그래서인지 자연스럽게 이 장막이 하나님이 거하시는 "성막"[13](מִשְׁכָּן, 미쉬칸, 聖幕, tabernacle)(출 26:1)으로 이어졌다. 이곳에서 이스라엘 백성들이 하나님 아버지를 만났기에 이 성막은 "회막"(אֹהֶל מוֹעֵד, 오헬 모에드, tent for meeting)(출 33:7)으로도 불렸다. 성막은 바깥뜰(the court)과 성소로서의 첫째 장막과 지성소로서의 둘째 장막으로 나뉘는데(참고 출 26:15-37; 히 9:6-7), 두 장막은 지성소(the most Holy Place)와 성소(the Holy Place)를 나누는 휘장(פָּרֹכֶת, 포레케트)으로, 그리고 성소와 바깥뜰을 나누는 또 다른 휘장(מָסָךְ, 마사크)으로 구분되어 있었다(출 26:31, 36).

구약 시대에 대제사장은 1년에 딱 한 번 지성소(ἅγιον, 하기온)에 들어가 자신과 가족, 그다음 백성을 위해 각각 수송아지와 염소를 속죄 제물로 삼아 그 피를 취해 법궤 위에 있는 속죄소[14] 위와 앞에 뿌렸다(레 16:15). 이에 비해 신약 시대에 장래 좋은 일의 대제사장으로 오신 예수 그리스도께서는 손으로 짓지 아니한 … 더 크고 온전한 장막(σκηνή, 스케네, tabernacle)으로 말미암아, 오직 당신의 피로 영원한 속죄를 이루어 단번에 들어가셨다(히 9:11-12).

이 온전한 장막이 예수 그리스도의 몸, 곧 성전(ναός, 나오스)으로, 이분을 믿는 성도의 몸도 지체로서의 성전(ναός, 나오스)이 된다(요 2:19; 고전 3:16). 그런데 성

13　이 성막은 "증거막"(민 1:53) "성소"(출 25:8) "법막(法幕)"(대하 24:6) "하나님의 집"(삿 18:31) "여호와의 집"(삼상 1:7) "하나님의 처소"(행 7:46) 등으로 불린다.
14　"시은좌(施恩座)로 불리는 "속죄소"(贖罪所, כַּפֹּרֶת, 캅포레트, ἱλαστήριον, 힐라스테리온)는 정금으로 만든 증거궤 위의 뚜껑, 곧 증거궤 위에 있는 두 그룹들(כְּרֻבִים, 케루빔, 천사들)로 하여금 그 날개를 높이 펴서 그 날개로 속죄소를 덮도록 한 뚜껑에 "죄를 덮어주는 처소"를 말한다(출 25:20; 37:9). 그런데 로마서 3장 25절을 보면, 이 "속죄소"가 예수님을 가리키고 있다. 즉 "화목제물" 예수님을 "속죄소"를 의미하는 헬라어 "힐라스테리온"을 쓰고 있는 것이다(참고 히 9:5).

전은 머리 되시는 주님이 거하시고 다스리시는 곳이다. 이에 대하여 요한복음 1장 14절에 "말씀이 육신이 되어 우리 가운데 거하시므로"라고 말씀하신다. 여기서 "거하시므로"(ἐσκήνωσεν, 에스케노쎈)는 "거하다"(σκηνόω, 스케노오)의 직설법 과거형으로 쓰여 "장막을 치셨다, 거주하셨다"는 뜻이다. 즉 예수님께서 우리 안에 장막을 치시며(거하시며) 다스리실 때의 몸이 곧 지체로서의 성전(ναὸς, 나오스)이다.

성경은 예수님이 십자가에서 죽으실 때 예수님의 몸을 상징하고 있는 (지)성소의 휘장이 둘로 갈라졌다고 말씀하신다(히 10:20; 마 27:51; 막 15:38; 눅 23:45). 이는 온전한 장막(성막, 회막) 되시는 예수님이 십자가에서 당신의 몸을 찢어 우리로 하여금 하나님을 직접 만날 수 있게 하셨다는 의미를 담고 있다(만인제사장설). 즉 온전한 장막이신 예수님이 당신의 몸을 찢어(십자가에서 죽으시고) 부활하심으로 우리로 하여금 성소에서 지성소로 나갈 길을 활짝 열어놓으신 것이다(히 10:19-20). 그리하여 회막이 하나님을 만나는 장소였던 것처럼, 회막 되시는 예수님이 우리 가운데 거하심으로 우리가 직접 하나님을 만날 수 있게 되었다.

구약 시대에 하나님께서 이스라엘과 언약을 맺으셨다는 증거로(출 34:27) 언약궤 속에 십계명의 두 돌판을 넣어두도록 하셨다. 그래서 이 두 돌판이 '증거판'으로 불리고(출 40:20), 이 증거판을 담아둔 법궤는 '증거궤'로 불린다(출 27:21; 민 17:4). 마찬가지로 하늘에 있는 장막도 이 증거궤를 모셔둠으로 인해(계 11:19) "증거 장막"(τῆς σκηνῆς τοῦ μαρτυρίου, 테스 스케네스 투 마르튜리우)으로 불리는데, 이 장막이 "성전", 곧 마지막 날 하늘에서 내려오는 영적인 신부로서의 거룩한 "새 예루살렘 도성"이다(계 21:9-10). 그러면서도 성경은 주 하나님 곧 전능하신 이와 및 어린 양이 성전 자체가 되신다고 말씀하신다(계 21:23).

성경은 사도 요한이 환상을 통해, 하늘에 있는 증거 장막 성전이 열려, 성전(지성소) 안에 있는 하나님의 언약궤를 보았다고 말씀하신다(계 15:5; 11:19). 그런데 통상 언약궤(증거궤)는 "말씀"과 "하나님의 임재"를 상징한다. 따라서 이 문장은 마지막 날에 지성소(휘장)가 열려 하나님 아버지를 만나게 된다는 뜻을 담고 있다. 왜냐하면 성경이 하나님께서 이 "속죄소" 위, 곧 증거궤 위에 있는 두 그룹들(천사들) 사이에서 인간을(인간 대표 아론과 모세를) 만나셨다고 말씀하시기 때문이다(출 25:21-22; 30:6; 레 16:13; 민 7:89).

성경은 (마지막 날) 이 하나님의 장막이 사람들과 함께 있어, 하나님이 저희와 함께 거하실 것이라고 말씀하신다(계 21:3). 즉 우리 안에 하나님의 성전이 이뤄진 자, 곧 예수님께서 우리 안에 장막을 치시고 거하시며 다스리시는 자는 영원한 천국에서도 그대로 이어져, 증거 장막 성전에서 보좌에 앉으신 이가 그 위에 장막을 치시고, 그와 함께 거하시며 다스리시게 된다(참고 계 7:15). 그래서 성경은 "땅에 있는 우리의 장막집(οἰκία τοῦ σκήνους, 오이키아 투 스케노스, earthly house of tabernacle)이 무너지면 하나님께서 지으신 집, 곧 손으로 지은 것이 아니요, 하늘에 있는 영원한 (장막)집이 있는 줄 아나니"(고후 5:1)라고 말씀하신다.

이처럼 천국은 죄와 마귀와 아무 상관없는 나라이며, 죄인들이 회개한 기쁨으로 충만한 곳이고(눅 15:7), 다시는 사망이나 슬픔이나 고통도 없으며(계 21:4) 사랑만 존재하는 곳이다. 그 이유는 심판의 날에 참빛 되시는 하나님께서 영광의 빛을 비추시므로 어떤 어둠이라도 낄 자리가 없고, 영원히 죽지 아니하는 몸을 입으며, 하나님께서 성도의 모든 눈물을 닦아내시기 때문이다(계 21:4).

그런데 하나님의 나라는 겉모양만 멋있다고 이뤄지는 것이 아니라, 하나님이 우리 안에 오셔서 다스림으로써 이뤄진다. 즉 우리가 지상에 살면서 하나님의 다스림을 받으면, 우리 안에 천국이 미리 이뤄진다. 지상천국도 이렇게 인간의 심령 안에 천국이 이뤄짐을 토대로, 온 인류에 퍼져 나갈 때 이뤄진다. 그래서 성경은 하나님의 나라는 볼 수 있게 오는 것이 아니고, 이 세상에 속한 것이 아니며(요 18:36), 오직 우리 안에(ἐντὸς ὑμῶν, 엔토스 휘몬, within you) 있다고 말씀하신다(눅 17:21).

사랑의 하나님께서는 상상할 수 없을 정도로 좋은 천국을 우리와 함께 나누고 싶어 하신다.

천국이 얼마나 좋으면, 시편 기자가 주의 궁정에서 한 날이 다른 곳에서 천 날보다 나으며, 악인의 장막에 거하는 것보다 하나님의 집에서 문지기가 되는 편이 더 낫다고 고백했겠는가?(시 84:10)

예수님도 "네 손이나 네 발이 너를 범죄하게 하거든 찍어 내버리라! 장애인이나 절뚝발이로 영생에 들어가는 것이 두 손과 두 발을 가지고 영원한 불에 던지우는 것보다 나으니라."(마 18:8)고 말씀하신다.

끝으로 성경은 이 천국에 많은 처소(τόπος, 토포스, 거처)가 있어서 부활 승천하신 예수님이 우리와 함께 영원히 거하시기 위해서 모든 사람을 당신에게로 이끌어 오신다고 말씀하신다(요 14:2-3, 참고 요 12:32). 이에 대해 루이스 벌코프는 이 말씀을 근거로, 다음과 같이 말한다.

"우리가 장래에 들어가게 될 완전한 하나님의 나라는 장소적인 것으로 이해해야 한다."[15]

믿음과 믿음에 의한 행위들에 따라 영원히 거하게 될 천국 처소도 개인차가 있을 것임은 두말할 필요도 없다. 따라서 우리는 영원히 썩지 아니하는 상급과 면류관을 위하여 이 세상에서 더욱 힘을 쓰고 애를 써야 하며, 더 나아가 더 나은 천국 처소를 마련할 수 있도록 하늘에 보물을 더욱 많이 쌓아놓아야 한다.

6. 지옥과 음부

성경에는 지옥을 크게 두 가지로 말한다. 하나는 '음부'(陰府)인데, 히브리어 '스올'(שְׁאוֹל, 쉐올)을 번역한 것으로, 헬라어로 '하데스'(ᾅδης)라고 한다(욘 2:3; 눅 16:23). 대체로 '음부'는 구약 성경에서 "죽은 영혼들이 일시적으로 가는 곳"을 가리키며(계 20:13-15; 전 15:55), 신약 성경에서는 "죽은 자들이 있는 곳"을 일컫는다(행 2:27; 2:31).[16]

15　루이스 벌코프, 『조직신학 下』, 737.
16　기타 지옥의 또 다른 표현으로, '타르타로스'(τάρταρος)를 사용하여 '악인들이 거하는 음울하고 어두운 지하 세계'(벧후 2:4, 원문에서는 이 명사를 동사 분사형 과거로 쓰고 있음)를, '아빗소

또 하나는 말 그대로 '지옥'(地獄)이다(눅 12:5; 막 9:43; 마 13:42). '지옥'이라는 단어는 헬라어로 '게엔나'(γέεννα), 히브리어로 '게 힌놈'(בֵּי הִנֹּם)이라고 하는데(수 15:8; 대하 33:6; 렘 32:35), '불붙는 쓰레기장'[17]이라는 뜻을 지닌다.

'지옥'은 '죽은 자의 영혼뿐만 아니라, 영적인 몸까지도 영원히 가게 되는 곳'이라는 점에서 '음부'와 다르다. 요한계시록 20장 13절을 보면, 마지막 심판 때 바다가 그 가운데서 죽은 자들을 내어 주고, 또 사망과 음부도 그 가운데서 죽은 자들을 내어 줘,[18] 결국 사탄과 적그리스도와 거짓 선지자 등과 함께 불못(지옥)에 던져진다고 말씀하신다. 그러므로 음부가 먼저요, 불못이 그다음이다.

이에 대하여 루이스 벌코프는 '스올'이나 '하데스'와 같은 용어들이 항상 동일한 의미로 쓰이고 있지는 않으며, 때로는 '지하 세계' '죽음의 상태' '무덤' '지옥' 등 다양한 뜻으로 사용되고 있다고 말한다.[19] 그런데 '음부'든 '지옥'이든 인간이 한 번 죽으면 차원이 완전히 달라질 것이고, 음부에 있는 자가 다시 천국에 갈 수도 없는 노릇이기에 순서의 차이만 있다고 할 수 있다.

이에 대해 루터는 '지옥'을 좀 더 광의적으로 해석하여 다음과 같이 말한다. "최후의 심판 앞에 특별한 처소가 마련될 필요는 없고, 오히려 각자가 죽음의 최종 고난과 하나님의 진노를 느끼는 한에 있어, 그가 있는 곳이 음부가 된다."[20] 이 견해에 의하면, "예수님이 없는 곳"이 곧 "지옥"인 셈이다.

왜 지옥이 있어야 하는가?

스'(ἄβυσσος)를 사용하여 '타락한 천사들의 감옥인 음부의 깊은 심연'(무저갱, 無底坑)(눅 8:31; 계 9:1-2; 11:7; 20:3)을, '조포스'(ζόφος)를 사용하여 '지옥의 어두움'(흑암)(유 1:6)을 나타내기도 한다.

[17] 그곳에서 황소 형상의 몰록(Moloch) 우상을 숭배했고, 그 우상 숭배에는 인신 제사가 뒤따랐는데(왕하 16:3; 21:6), 그 광경이 너무 처참하여 그곳을 '게-힌놈'(힌놈 골짜기)이라고 불렀다고 한다. 훗날 그 제사가 폐지되었음에도, 여전히 그곳에다 죽은 동물이나 범죄자들의 시체를 버린 후 태우는 과정에서 유대인들은 그곳을 자연스럽게 심판의 장소로 생각했다고 알려진다(렘 7:32; 대하 28:3).

[18] 여기서 '바다'는 '무덤이 없는 죽은 자들의 시체가 있는 곳'을, '사망'은 '인간은 누구나 죽는다는 하나님의 법'을 상징한다.

[19] 루이스 벌코프, 『조직신학 下』, 954.

[20] 김영한, 『헬무트 틸리케-종교개혁적인 성령론적 신학』, 205, 중인용.

그것은 하나님의 공의를 시행할 처소가 있어야 했기 때문이다.

땅 위의 제왕들도 범죄자들을 처벌할 감옥을 마련하거든, 하물며 하나님께 그런 감옥이 없으시겠는가?

… 하나님의 법이 침해당했는데도 벌을 주지 않는다면, 이는 하나님의 거룩하심과 공의와 일치하지 않는다.[21]

죄는 무한하신 위엄을 거슬러 범해진 것이므로 그 형벌도 무한해야 하는데, 유한한 죄인은 무한한 진노를 한꺼번에 감당할 수 없으므로 영원히 만족시키지 않으면 안 된다.[22] 그래서 지옥에서는 하나님의 진노가 무한히 계속된다.

그러면 지옥은 어떤 곳일까?

성경에 묘사된 지옥의 특징은 다음과 같다.

첫째, 불과 유황으로 타는 못으로(계 21:8) 너무도 뜨거워 영원히 목마를 수밖에 없는 곳이다(눅 16:24-25). 즉 지옥에서는 불과 유황으로 고난을 받는데, 그 고난의 연기가 세세토록 올라간다. 짐승과 그의 우상에게 경배하고 그 이름의 표를 받는 자는 누구든지 밤낮 쉼을 얻지 못한다(계 14:9-11). 즉 이곳에서는 목이 말라도 물 한 방울 먹을 수 없고(눅 16:24), 일체의 안식이나 만족이 없이 오로지 영원한 괴로움만 있다(잠 27:20; 계 14:10-11; 20:10).

둘째, 미꾸라지에 소금을 넣으면 견디기 힘들어 막 몸부림을 치듯이, 또 배추에 소금을 뿌려 절이면 배춧속에 소금의 짠맛이 깊이 배이듯이, 지옥은 불로 소금 치듯함을 받아(ἁλισθήσεται, 할리스쎄세타이, 소금 치는 것을 당해) 너무 뜨겁고 고통스러워 도저히 참기 힘든 곳이며, 또 불로 절여지듯 그 맹렬한 심판의 불이 불구덩이(풀무불)에(마 13:42) 던져진 자들의 몸에 깊이 배이게 되어 고통이 가중되므로 통곡하며 몸부림치게 되는 곳이다(막 9:49).

셋째, 일 초도 상종하기 싫은 사탄 마귀, 거짓 선지자 등을 비롯한 온갖 흉측한 자들만 모여 있기에, 슬피 울며 이를 갈 수밖에 없는 곳이다(눅 13:28).

---

21 토마스 왓슨, 『십계명 해설』, 76.
22 토마스 왓슨, 『십계명 해설』, 333.

넷째, 인간은 본성적으로 흉측한 동물을 싫어하는 법인데, 지옥에는 끔찍한 벌레와 구더기가 영원히 죽지 않고 득실대는 곳이다(사 66:24; 막 9:44). 이에 대해 요한 웨슬레는 지구상에 잔인하고 독이 있는 동물들이 창조된 이유는, 인간에게 지옥에서의 마지막 심판에 대해 알게 하기 위해서라고 말한다.

다섯째, 단테가 『신곡』에서 지옥은 모든 희망이 사라진 곳이라고 묘사하고 있듯이, 이곳에 한번 들어가면 다시 나올 기회가 전혀 없고(사 33:14), 죽고 싶어도 죽지 못하는 곳이다. 따라서 무슨 수를 쓰든지 이곳만은 가지 말고 볼 일이다.

그럼에도 수많은 세상 사람들은 열정과 열의라는 불 마차를 타고 천국에 가기보다, 깃털 베개를 베고 지옥에 가는 것을 선택하고 있다니![23]

지옥의 고통에 비하면 이생의 모든 고통은 조소거리와 조롱에 지나지 않으며 일종의 희롱에 지나지 않을 텐데 말이다.[24]

7. 항상 지금 깨어 있어야 한다

우리는 며칠 떠나는 여행을 위해서도 철저히 준비하기에, 하다못해 칫솔만 빼놓고 가도 마치 큰일이라도 난 듯이 굴곤 한다. 그런데 왜 우리가 앞으로 영원히 거하게 될 천국을 위해서는 별로 준비하지 않을까?

> 마태복음 25장 1-12절의 비유를 보면, 천국은 등을 들고 신랑을 맞으러 나간 열 명의 처녀와 같다고 말씀하신다.[25] 이 중 미련한 다섯 처녀는 등까지는 준비했지만, 등불을 밝힘으로 소모되는 기름을 충분히 준비하지 않은 채, "속히 오리라!"는 신랑의 말을 가볍게 여기고 졸며 잔다. 그러다가 밤중에 전혀 예측하지 못한 시간에 신랑이 오자, 등을 밝힐 기름이 없음을 깨닫고, 급하게 지혜로

---

23 토마스 왓슨, 『천국을 침노하라』, 130.
24 토마스 왓슨, 『주기도문 해설』, 546.
25 당시 이스라엘에서는 한 쌍의 남녀가 결혼할 때, 신랑이 데리러 올 때까지 신부의 여자 친구 열 명 정도가 들러리 역할을 하면서 1주일 정도를 신부와 함께 보냈다고 한다.

운 다섯 처녀에게 기름을 달라고 부탁한다. 하지만 지혜로운 다섯 처녀는 자기들이 쓸 기름도 부족하다며 거절한다. 할 수 없이 어리석은 다섯 처녀는 기름을 사러 나가야만 했는데, 이들이 기름을 가지고 돌아왔을 때는 준비하고 있었던 처녀들은 신랑과 함께 혼인 잔치에 들어가고, 문은 이미 닫힌 뒤였다.

하나님께서는 이 비유를 통하여 영적인 신부 되는 우리가 영적인 신랑 되시는 예수님을 어떻게 맞이해야 하는지를 잘 보여주고 있다.

첫째, 눈에 보이지 않는 기름을 평소에 충분히 마련해 두고 있어야 한다. 겉만 보고 계산하고 판단하는 세상의 논리에 편승하여 현실이 더 급하고 중요하다고 여기면, 어떻게든 일단 등만 준비해 놓으면 된다고 생각하게 된다. 하지만 하나님은 등보다는 기름을 더 중요하게 보신다는 점에 유의해야 한다.

그러기에 가령 신앙생활 하다가 내 신앙 하나 유지하는 것도 버겁다고 느낄 때가 있다면, 이때가 바로 은혜의 기름이 소진된 때라고 할 수 있으니, 다른 무엇보다도 먼저 하나님의 은혜를 충전시켜 놓아야 한다. 하나님 앞에서는 그럴싸한 겉껍데기 등(신앙)을 가진 것보다 은혜의 기름을 더 잘 준비해 놓고 있는 것이 지혜로운 처사다.

둘째, "내가 반드시 속히 오리라!"(계 22:12, 참고 계 2:16; 3:11; 22:7, 12, 20)는 신랑의 말씀을 자기 생명보다도 더 무겁게 여기고 있어야 한다. 그렇지 않고 신랑의 말을 경홀히 여기면 '언제 신랑이 올지도 모르는데 기름을 미리 준비하면 뭐하나?'라는 생각을 하게 되고, 등을 밝히는데 절대적인 역할을 하게 되는 기름, 곧 믿음을 우습게 여겨 "어떻게든 되겠지!" 하면서 얼마든지 다른 사람에게 빌려 쓸 수 있다고 착각하게 된다.

사실 미리 기름을 준비해 놓는 것은 당장에 쓸 것도 아니고, 누가 알아주는 것도 아니며, 무엇보다 번거로운 일이므로 결코 쉬운 일이 아니다. 즉 미래에 대한 분명한 믿음이 없이는 매우 힘든 작업이다. 하지만 충분한 기름을 준비함이 없는 믿음은 사실상 죽은 믿음일 뿐이기에, 천국에 들어가기를 원하는 자는 반드시 속히 오리라고 하신 예수님의 말씀을 내 생명보다도 더 무겁고 소중히 여기고 있어야 한다.

셋째, 성경은 우리가 전혀 예기치 못한 시간에, 그것도 속히 예수님께서 재림하신다고 말씀하시므로, 항상 기도함으로 깨어 있어 주님 맞을 준비를 해야 한다(마 24:43-51; 26:41; 눅 21:36; 막 13:33). 이에 대해 성경은 여호와의 큰 날, 곧 마지막 날이 가깝고도 심히 빠르다고 말씀하시며(습 1:14), 하나님의 묵시(약속)의 말씀은 더디게 이뤄지는 것처럼 보여도 속히 이루어지고(합 2:3), 당신의 때가 될 때 당신의 약속의 말씀도 속히(지체 없이) 이루어질 것이라고 말씀하신다(사 60:22; 겔 12:28).

그러기에 우리는 울부짖는 사자처럼 삼킬 자를 찾아 두루 다니는 마귀의 먹잇감이 되어서는 안 되며, 또 사탄 마귀의 꾐에 빠져 게으름과 안일의 둔한 잠을 자서는 안 되고(마 25:13; 골 4:2), 정신을 바짝 차려 주님과 함께 깨어 있어야 한다(벧전 5:8).

이에 대해 토마스 왓슨은 게으른 사람들은 마귀의 테니스공인데, 마귀와 유혹이 그 공의 수명이 다할 때까지 치고받으며 논다고 말한다.[26]

우리의 영원한 미래가 결정되는 이토록 중대한 날을 위하여 아무런 대비도 하지 않는다면 얼마나 어리석은 자가 되겠는가?

> 중대한 일을 처리해야 하는데 주어진 시간이 짧다면 잠시도 머뭇거려서는 안 됩니다. 여행자가 말을 타고 먼 길을 가야 하는데 해가 지기 시작하면 어둠이 찾아오기 전에 더욱 박차를 가해 달려가야 합니다. 우리도 가야 할 여정이 먼데 죽음의 밤이 다가오고 있습니다. 따라서 우리의 나태한 마음에 박차를 가해 좀 더 신속하게 움직일 필요가 있습니다.[27]

누가복음 12장 35-37절에 다음과 같이 말씀하신다.

> 허리에 띠를 띠고 등불을 켜고 서 있으라. 너희는 마치 그 주인이 혼인집에서

---

[26] 토마스 왓슨, 『경건』, 263.
[27] 토마스 왓슨, 『천국을 침노하라』, 203.

돌아와 문을 두드리면 곧 열어주려고 기다리는 사람과 같이 되라. 주인이 와서 깨어 있는 것을 보면 그 종들은 복이 있으리로다. 내가 진실로 너희에게 이르노니 주인이 띠를 띠고 그 종들을 자리에 앉히고 나아와 수종하리라.

즉 주님을 맞이할 준비를 철저히 갖춰 항상 성실하고 겸손하게 "저는 그저 무익한 종일뿐입니다."라는 마음으로 주님을 기다리면, 훗날 주님의 큰 위로를 받게 된다(눅 17:10).

넷째, 주님을 맞이할 때 벌거벗어서는 안 되고(고후 5:3; 계 3:18) 반드시 회개의 세마포로 짠 예복과 예수 그리스도의 칭의의 흰옷을 입고 주님을 맞이할 준비를 해야 한다(막 16:5; 롬 13:14; 갈 3:27; 계 3:4-5, 18; 4:4; 7:9, 13; 19:8). 세속의 죄로 물든(더럽혀진) 옷을 입고는 천국에 갈 수 없기 때문이다.

다섯째, 미래에 주님을 맞이하는 일을 마치 지금 현재에 벌어지고 있는 일이라도 되는 것처럼 종말론적으로 준비하면서 살아가야 한다. 천국에 대한 소망을 가진 자에게 있어서, 죽음은 끝이 아니라 시작이요, 더 좋은 세계로 나가게 하는 통로요 영원 속으로 통하는 관문일 뿐이다. 그래서 왓슨은 죽음의 날이 신자에게는 그의 출생의 날보다 더 낫다고 말한다.[28]

믿음의 눈이 떠질수록 이생과 천국의 간격이 가까워져 천국 길이 확실히 보일 것이므로, 오늘이 종말이라도 되는 듯이 늘 꺼어서 주님 맞을 준비를 하게 된다. 하나님 앞에 은혜의 기름을 잘 준비한 자들일수록 어서 속히 주님이 오시기만을 학수고대하며(고전 16:22; 계 22:20, 참고 빌 4:5; 벧후 3:12).[29] 사도 바울처럼 "내가 담대히 원하는 것은 몸을 떠나 차라리 주와 함께 거하는 것이라."(고후 5:8)는 고백을 하게 된다. 왜냐하면 믿음과 (믿음에 의한) 행함에 따라서 (마 16:27; 롬 2:6; 딤후 4:14; 계 2:23; 22:12), 세상의 영화와는 비교도 안 되는 하

---

[28] 토마스 왓슨, 『주기도문 해설』, 260.
[29] 이를 '마라나타'(μαρὰν ἀθα, Marana tha)라고 한다. 이는 아람어 "마라나"(우리 주)와 "타"(오다)를 헬라어로 음역한 말로, 고린도전서 16장 22절의 "주께서 임하시느니라!"에서 한 번 사용되었다. 이 의미(재림에 대한 소망의 간절함)가 가장 잘 드러난 어구가 요한계시록 22장 20절의 "주 예수여 오시옵소서!"이다.

늘의 상급(賞給)과 면류관[30]이 하나님으로부터 영원한 처소와 함께 자기에게 주어짐을 잘 알고 있기 때문이다(참고 딤후 4:8; 약 1:12; 계 2:10; 벧전 5:4; 고전 9:25; 마 10:41-42; 히 11:6).

노아가 살던 당시의 사람들도 노아를 통해 하나님의 심판에 대해서 들었을 것이지만 아무도 그 말을 믿지 않았고, 오직 노아와 그 가족만이 약 100여 년 이상의 인고(忍苦)의 세월 동안, 말씀이 이뤄짐을 믿고 준비했기에 구원받을 수 있었다. 현대에도 마찬가지이다. 여러 하나님의 종들을 통해 최후의 심판이 있다고 미리 알려주지만, 그 말씀을 믿고 준비한 자만이 비로소 구원받을 수 있다.

성 어거스틴(St. Augustine)은 다음과 같이 말한다.

"시간이라는 것은 다 현재이다. 과거는 기억해 볼 수 있는 현재이고, 미래는 기대할 수 있는 현재이다."[31]

무디(Moody)는 다음과 같이 말한다.

"우리의 마지막 날이 우리에게 알려지지 않은 이유는, 우리로 하여금 그날그날을 마지막 날로 알고 살게 하려는 데 있다."

성경도 말씀하신다.

> 보라! 지금이야말로 은혜 받을 만한 때요, 보라! 지금이야말로 구원의 날이로다!(고후 6:2)
>
> 지금이 곧 여호와를 찾을 때니, 너희 묵은 땅을 기경하라!(호 10:12)

그러므로 신앙의 시제는 항상 지금임을 잊지 말고, 오직 오늘이라 일컫는 동안에 매일 피차 권면하여, 죄의 유혹으로 강퍅케 됨을 면해야 한다(히 3:13). 그저 이 세상은 천국의 그림자요 모형일 뿐이며, 우리 인생은 천국에서 떠나 잠시 나그네로서의 삶을 사는 것일 뿐임을 알아, 죽음의 시간에 두렵기보다는 오히려 즐거울 수 있도록 현재의 삶을 영위하도록 해야 한다.[32]

---

30 가령 "의의 면류관"(딤후 4:8) "생명의 면류관"(약 1:12; 계 2:10) "썩지 않을 면류관"(고전 9:25), "영광의 면류관"(벧전 5:4) 등.
31 어거스틴, 『고백록』, 김광채 역 (서울 : CLC, 2004), 361.
32 토마스 아 켐피스, 『그리스도를 본받아』, 64.

참고문헌

고든 J. 스파이크만, 『개혁주의 신학』, 류호준·심재승 역 (서울 : CLC, 2002).

김세윤 외 2인, 『하나님 나라 복음: 신·구약을 관통하는 하나님의 다스림』, (서울 : 새물결플러스, 2013).

김세윤, 『구원이란 무엇인가?』, (서울 : 두란노아카데미, 2001).

김영한, 『하이데거에서 리꾀르까지』, (서울 : 박영사, 2003).

김영한, 『헬무트 틸리케—종교개혁적인 성령론적 신학』, (서울 : 살림, 2005).

김재진, 『조직신학 속의 영성』, 한국조직신학회 논총 7집, (서울 : 대한기독교서회, 2002).

달라스 윌라드, 『마음의 혁신』, 윤종석 역 (서울 : 복있는 사람, 2003).

데이비드 클락슨, 『구원 얻는 믿음』, 송영의 역 (서울 : 지평서원, 2006).

데이비드 클락슨, 『살아 역사하는 믿음』, 송영의 역 (서울 : 지평서원, 2006).

디이트리히 본회퍼, 『기독론』, 이종성 역 (서울 : 대한기독교서회, 1979).

디이트리히 본회퍼, 『나를 따르라』, 허혁 역 (서울 : 대한기독교서회, 1965).

디이트리히 본회퍼, 『신도의 공동생활』, 문익환 역 (서울 : 대한기독교서회, 1998).

디이트리히 본회퍼, 『십자가 부활의 명상』, 연규홍 역 (서울 : 청우, 2003).

디이트리히 본회퍼, 『옥중서간』, 에버하르트 베트게 편, 고범서 역 (서울 : 대한기독교서회, 2002).

디이트리히 본회퍼,『윤리』, 손규태 역 (서울 : 대한기독교서회, 1974).
디이트리히 본회퍼,『제자의 길과 십자가』, 강철성 역 (서울 : 오리진, 1999).
디이트리히 본회퍼,『창조, 타락, 유혹』, 문희석 역 (서울 : 대한기독교서회, 1988).
로버트 L. 레이몬드,『개혁주의 기독론』, 나용화 역 (서울 : CLC, 2007).
루이스 벌코프,『조직신학 上』, 권수경 · 이상원 역 (서울 : 크리스챤다이제스트, 2002).
루이스 벌코프,『조직신학 中』, 권수경 · 이상원 역 (서울 : 크리스챤다이제스트, 2000).
루이스 벌코프,『조직신학 下』, 권수경 · 이상원 역 (서울 : 크리스챤다이제스트, 2002).
리차드 십스,『내가 어찌 너를 버리겠느냐』, 조계광 역 (서울 : 규장, 2008).
리차드 십스,『영광스러운 부르심』, 이태복 역 (서울 : 지평서원, 2008).
리처드 J. 포스터 외 23인,『믿음으로 사는 지혜』, 마크 엘스던 듀 편, 박순영 역 (서울 : 서로사랑, 2003).
리처드 J. 포스터,『생수의 강』, 박조앤 역 (서울 : 두란노, 2000).
리처드 J. 포스터,『심플라이프』, 윤종석 역 (서울 : 규장, 2003).
리처드 J. 포스터,『영적 훈련과 성장』, 권달천 · 황을호 역 (서울 : 생명의말씀사, 1986).
리처드 백스터,『참된 목자』, 고신석 역 (서울 : 프리셉트, 2011).
리처드 백스터,『회개했는가』, 배응준 역 (서울 : 규장, 2012).
매튜 미드,『유사 그리스도인』, 장호익 역 (서울 : 지평서원, 2008).
박봉랑,『신의 세속화』, (서울 : 대한기독교서회, 1983).
박윤선,『개혁주의 교리학』, (서울 : 영음사, 2003).
박재순,『하나님 없이 하나님 앞에』, (서울 : 한울, 1993).
성 어거스틴,『참회록』, 송용자 역 (서울 : 씨뿌리는 사람, 2008).
스테판 챠녹,『거듭남의 본질』, 손성은 역 (서울 : 지평서원, 2007).
안토니 A. 호크마,『개혁주의 구원론』, 류호준 역 (서울 : CLC, 2001).
안토니 A. 호크마,『개혁주의 인간론』, 류호준 역 (서울 : CLC, 2004).
안토니 A. 호크마,『개혁주의 종말론』, 류호준 역 (서울 : CLC, 2002).
앤드류 카이벤호벤,『개혁교회의 종말론』, 심재승 역 (서울 : 이레서원, 2001).
에드워즈 존 파이퍼 공저,『하나님의 열심』, 백금산 역 (서울 : 부흥과 개혁사, 2003).

오스 기니스, 『소명』, 홍병룡 역 (서울 : IVP, 2000).

월터 마샬, 『성화의 신비』, 장호준 역 (서울 : 복 있는 사람, 2015).

이한수, 『로마서』, (서울: 이레서원, 2002).

이형기, 『본회퍼의 신학사상』, (서울 : 장로회신학대학출판부, 1991).

제임스 뷰캐넌, 『성령의 사역, 회심과 부흥』, 신호섭 역 (서울 : 지평서원, 2006).

제임스 패커, 『성령을 아는 지식』, 홍종락 역 (서울 : 홍성사, 2006).

조나단 에드워즈, 『놀라운 회심의 이야기』, 양낙흥 역 (서울 : 크리스챤다이제스트, 2002).

조나단 에드워즈, 『신앙감정론』, 존 스미스 편, 정성욱 역 (서울 : 부흥과개혁사, 2005).

조나단 에드워즈, 『애정의 영성』, 정혜숙 역 (서울 : 브니엘, 2005).

조나단 에드워즈, 『진노한 하나님의 손에 붙들린 죄인들』, 안보헌 역 (서울 : 생명의말씀사, 2004).

조셉 얼라인, 『회개의 참된 의미』, 이길상 역 (서울 : 목회자료사, 1991).

존 맥아더, 『복음을 부끄러워하는 교회』, 황성철 역 (서울 : 생명의말씀사, 2010).

존 번연, 『경외함의 진수』, 이태복 역 (서울 : 지평서원, 2009).

존 번연, 『의롭다 하시는 하나님』, 마리 오 역 (서울 : 씨뿌리는 사람, 2007).

존 번연, 『천로역정』, 박영호 역 (서울 : CLC, 1993).

존 스토트, 『그리스도의 십자가』, 황영철 · 정옥배 역 (서울 : IVP, 2007).

존 오웬, 『시험』, 김귀탁 역 (서울 : 부흥과개혁사, 2009).

존 파이퍼, 『고난의 영웅들』, 이용중 역 (서울 : 부흥과개혁사, 2008).

존 파이퍼, 『칭의 교리를 사수하라』, 장호익 역 (서울 : 부흥과개혁사, 2007).

존 파이퍼, 『하나님을 맛보는 묵상』, 김재영 역 (서울 : 좋은씨앗, 2006).

존 프레스톤, 『황금홀』, 홍상은 역 (서울 : 지평서원, 2005).

존 플라벨, 『마음 지키기』, 애덤 엠브리 편, 이대은 역 (서울 : 생명의말씀사, 2014).

존 플라벨, 『은혜의 방식』, 서문강 역 (서울 : 청교도신앙사, 2011).

존 플라벨, 『하나님의 섭리』, 조계광 역 (서울 : 규장, 2009).

존 칼빈, 『기독교 강요 2권』, 김충호 역 (서울 : 한국 출판사, 2000).

존 칼빈, 『기독교 강요 3권』, 김충호 역 (서울 : 한국 출판사, 2000).

존 칼빈, 『기독교 강요 4권』, 김충호 역 (서울 : 한국 출판사, 2000).
존 칼빈, 『기독교 강요 上』, 신복윤 외 3인 역 (서울 : 생명의말씀사, 2002).
존 칼빈, 『기독교 강요 中』, 신복윤 외 3인 역 (서울 : 생명의말씀사, 2002).
존 칼빈, 『기독교 강요 下』, 신복윤 외 3인 역 (서울 : 생명의말씀사, 2002).
찰스 스탠리, 『깨어짐의 은혜』, 오수현 역 (서울 : 올리브북스, 2010).
찰스 피니, 『하나님의 마음을 움직이는 기도』, 서진희 역 (서울 : 베드로서원, 2009).
최갑종, 『칭의란 무엇인가』, (서울 : 새물결플러스, 2016).
크리스토퍼 러브, 『낙망하는 내 영혼의 회복』, 이광식 역 (서울 : 지평서원, 2007).
토마스 굿윈, 『그리스도인의 성장』, 황의무 역 (서울 : 지평서원, 2010).
토마스 굿윈, 『믿음의 본질2』, 임원주 역 (서울 : 부흥과개혁사, 2013).
토마스 브룩스, 『사탄의 책략 물리치기』, 서창원 · 최도형 역 (서울 : 엘맨, 2007).
토마스 브룩스, 『지상에서 누리는 천국』, 이태복 역 (서울 : 지평서원, 2012).
토마스 아 켐피스, 『그리스도를 본받아』, 조항래 역 (서울 : 예찬사, 1990).
토마스 왓슨, 『경건』, 김동완 역 (서울 : 복있는 사람, 2015).
토마스 왓슨, 『고난의 참된 의미』, 임세일 역 (서울 : 목회자료사, 2013).
토마스 왓슨, 『묵상의 산에 오르라』, 돈 키슬러 편, 조계광 역 (서울 : 생명의말씀사, 2013).
토마스 왓슨, 『십계명 해설』, 이기양 역 (서울 : CLC, 2016).
토마스 왓슨, 『안심하라』, 조계광 역 (서울 : 규장, 2009).
토마스 왓슨, 『주기도문 해설』, 이기양 역 (서울 : CLC, 2008).
토마스 왓슨, 『천국을 침노하라』, 돈 키슬러 편, 조계광 역 (서울 : 생명의말씀사, 2014).
토마스 왓슨, 『팔복 해설』, 라형택 역 (서울 : CLC, 2012).
토마스 왓슨, 『하나님을 경외하는 사람』, 조계광 역 (서울 : 규장, 2008).
토마스 왓슨, 『회개』, 김동완 역 (서울 : 복 있는 사람, 2015).
톰 스매일, 『잊혀진 아버지』, 정옥배 역 (서울 : IVP, 2005).
프란시스 쉐퍼, 『기독교 사회관』, 생명의말씀사 역 (서울 : 생명의말씀사, 1995).
필립 H. 입슨, 『칭의론 논쟁』, 석기신 · 신호섭 역 (서울 : CLC, 2001).

하워드 L. 라이스, 『개혁신학 영성』, 황성철 역 (서울 : CLC, 1995).

헤르만 바빙크, 『개혁교의학2』, 박태현 역 (서울 : 부흥과개혁사, 2011).

헤르만 바빙크, 『개혁주의 신론』, 이승구 역 (서울 : CLC, 1998).

헤르만 바빙크, 『하나님의 큰일』, 김영규 역 (서울 : CLC, 1999).

헬무트 틸리케, 『헬무트 틸리케의 기독교 정치윤리』, 윌리엄 H. 라자렛 편, 곽재욱 역 (서울 : 화평앤샬롬, 2007).

헬무트 틸리케, 『헬무트 틸리케의 주기도문』, 박규태 역 (서울 : 홍성사, 2008).

홍순원, 『헬무트 틸리케의 신학과 윤리』, (서울 : 컨콜디아사, 2005).

A. W. 토저 외 영성작가들, 『하나님의 약속을 말하다』, 최은미 역 (서울 : 가치창조, 2008).

A. W. 토저, 『내 자아를 버려라』, 이용복 역 (서울 : 규장, 2008).

E. M. 바운즈, 『기도의 능력』, 이정윤 역 (서울 : 생명의말씀사, 2011).

J. C. 라일, 『거룩』, 장호준 역 (서울 : 복 있는 사람, 2009).

J. 밀턴, 『실낙원』, 이경애 역 (서울 : 일신서적, 1994).

M. R. 디한, 『율법이냐 은혜냐』, 이용화 역 (서울 : 생명의말씀사, 2005).

천국의 나침반: 기독교 복음의 핵심
The Compass to Heaven: The Essence of Christian Faith

2017년 12월 15일 초판 발행

지 은 이 | 김만열

편　　집 | 정희연, 곽진수
디 자 인 | 서민정, 전지혜
펴 낸 곳 | 사)기독교문서선교회
등　　록 | 제16-25호(1980. 1. 18)
주　　소 | 서울시 서초구 방배로 68
전　　화 | 02) 586-8761~3(본사)　031) 942-8761(영업부)
팩　　스 | 02) 523-0131(본사)　031) 942-8763(영업부)
홈페이지 | www.clcbook.com
이 메 일 | clckor@gmail.com
온 라 인 | 기업은행 073-000308-04-020, 국민은행 043-01-0379-646
　　　　　　예금주: 사)기독교문서선교회

978-89-341-1741-4 (93230)

* 낙장·파본은 교환해 드립니다.

이 도서의 국립중앙도서관 출판시 도서목록(CIP)은 서지정보유통지원시스템 홈페이지(http://seoji.nl.go.kr)와
국가자료공동목록시스템(http://www.nl.go.kr/kolisnet)에서 이용하실 수 있습니다.
(CIP제어번호: CIP2017030557)